侵权法报告 Qinquanfa Baogao

侵权法报告（第9卷）

张民安 主编

公共场所隐私权研究
——公共场所隐私权理论的产生、发展、确立、争议和具体适用

张民安 主　编
宋志斌 副主编

中山大學出版社
SUN YAT-SEN UNIVERSITY PRESS
·广州·

版权所有　翻印必究

图书在版编目（CIP）数据

公共场所隐私权研究：公共场所隐私权理论的产生、发展、确立、争议和具体适用/张民安主编；宋志斌副主编.—广州：中山大学出版社，2016.9

（侵权法报告·第9卷/张民安主编）
ISBN 978-7-306-05775-4

Ⅰ.①公…　Ⅱ.①张…②宋…　Ⅲ.①公共场所—隐私权—研究　Ⅳ.①D913.04

中国版本图书馆CIP数据核字（2016）第181910号

出版人：	徐　劲
策划编辑：	蔡浩然
责任编辑：	蔡浩然
封面设计：	方楚娟
责任校对：	杨文泉
责任技编：	何雅涛
出版发行：	中山大学出版社
电　　话：	编辑部 020-84111996，84113349，84111997，84110779
	发行部 020-84111998，84111981，84111160
地　　址：	广州市新港西路135号
邮　　编：	510275　　　传　真：020-84036565
网　　址：	http://www.zsup.com.cn　　E-mail:zdcbs@mail.sysu.edu.cn
印刷　者：	广东省农垦总局印刷厂
规　　格：	787mm×1092mm　1/16　35.5印张　545千字
版次印次：	2016年9月第1版　2016年9月第1次印刷
定　　价：	69.90元

如发现本书因印装质量影响阅读，请与出版社发行部联系调换

主编特别声明

提出新观点,倡导新观念,援引新资料,解决新问题,推动中国侵权法理论的创新和学术的进步,是《侵权法报告》一贯的宗旨,也是《侵权法报告》主编一直追求的目标。

《侵权法报告》凭借主编张民安教授和宋志斌律师良好的专业素质、外语水平以及与国内外侵权法理论界和侵权法实务界的良好关系,从理论和实务、国内和国外两个角度诠释当代侵权法的最新理念,揭示当代侵权法案例中所蕴含的内涵,提升我国侵权法的理论水准,为我国立法机关科学地制定侵权法提供理论支撑,为我国司法机关妥当地解决纷繁复杂的侵权案件提供理论指导。

尊敬的读者,如果您在《侵权法报告》中读到所援引的案例、法官的判词、学者的精辟论述和提出的学术观点,并且在出版著作或撰写文章时引用,请您遵守最基本的学术规范和尊重作者最基本的权利,加上诸如"转引自张民安主编:《侵权法报告》"等字样,以体现对《侵权法报告》作者和译者艰辛劳动的尊重。因为学术虽然是开放的,但是,作者和译者的劳动是应当得到保护的。只有这样,学术才能繁荣,侵权法学才能进步,在学术上倡导新观念、提出新观点的学者才能体现其价值。

序

一、人与场所之间的关系

所谓场所,是指他人或者公民享受生活或者从事活动的处所或者空间。当人在某种处所或者空间享受生活或者从事活动时,他们在其中享受生活和从事活动的处所和空间就属于场所。因此,当他人在其住所内享受家庭生活时,他人的住所就是场所,当他人在其庭院内养花植草时,他人的庭院也是场所,当政府官员在其办公室接待来访者和处理其他公务时,他们的办公室也是场所,当他人晚饭后到公园散步时,他人散步的公园也是场所。因为,无论是他人的住所、庭院、办公室还是他人散步的公园均是他人享受生活和从事活动的地方、处所和空间。

在民法上,人和场所之间的关系十分密切。

一方面,场所离不开人,因为场所在性质上就是人享受生活和从事活动的地方。虽然场所属于空间、地域或者地方,但是,空间、地域和地方并不一定是场所。因为当某一空间、地域和地方存在享受生活和从事活动的人时,则这一空间、地域和地方就是场所。反之,当某一空间、地域或者地方不存在享受生活或者从事活动的人时,则这一空间、地域和地方就不是场所。

另一方面,人也离不开场所。无论人们是否意识到,人是须臾不能够离开场所的,就像人须臾不能够离开空气和氧气一样,因为人从出生那一刻开始一直到死亡时止,他们均处于某一个具体场所当中。当人出生时,他们可能身处医院的产房当中,而当人死亡时,他们则可能身处医院的停尸间当中。在人出生之后到其死亡之前,他们均身处某一个具体的场所当中,他们要么身处其住所当中,要么身处其办公室当中,要么身处机场、火车站或者码头当中,等等。

二、私人场所和公共场所的分类

虽然人总是身处某种场所,但是,不同的人所身处的场所不同,甚至同一个人在不同时期所身处的场所也不同。问题在于，人们是否应当对人所身处的场所做出分类？如果人们要对他们所身处的场所做出分类，他们基于什么目的做出此种分类？他们应当如何对人所身处的场所进行分类？在法律上，人们在不同时期基于不同的目的对这样的问题做出了明确的说明。

（一）住所和非住所的区分

在19世纪末期之前，人们普遍将场所分为住所、居所和住所、居所之外的场所。例如，在19世纪末期之前，基于防止政府执法人员擅自侵入公民住所的考虑，英美法系国家的学者普遍将场所分为公民的住所、居所和住所、居所之外的场所，因为他们认为，如果他人的住所是公民的住所、居所，则政府执法人员不得随意进入，除非他们在具备某种正当理由的情况下获得了搜查令，反之，政府执法人员则能够随意进入，他们此时无须持有搜查令。再例如，在19世纪中后期，基于私人生活受尊重权范围的确定，法国民法学者将场所分为家庭和家庭之外的场所，因为某些民法学者认为，私人生活受尊重权仅仅以他人的家庭生活为限，不包括他人在其家庭之外的场所的生活，而某些民法学者则认为，除了他人的家庭生活属于其私人生活的范围之外，他人在其家庭之外的某些生活也属于其私人生活。

（二）公共场所和私人场所的区分

如今，人们不再将他人的住所、居所与其住所、居所之外的场所对应，而是普遍将公共场所与私人场所相对应。换言之，在当今两大法系国家和我国，人们普遍将人身处的场所分为公共场所和私人场所。例如，无论是美国还是我国，立法者均在他们制定的禁烟条例或者禁烟法律当中明确区分公共场所和私人场所，因为根据这些条例或者法律，如果他人身处公共场所，则他们将被禁止吸烟；相反，如果他人身处私人场所，则这些禁烟条例或者禁烟法律将不会对其适用。再例如，在我国，国务院在其《公共场所卫生管理条例》当中就明确区分公共场所和私人场所，因为该《管理条例》仅仅适用于公共场所，不属于私人场所。

当今两大法系国家和我国，虽然立法者喜好在禁烟条例或者禁烟法律当中明确区分公共场所和私人场所，但是，普通社会公众则更愿意在隐私侵权领域区分公共场所和私人场所。因为，传统的隐私侵权理论认为，仅在他人身处私人场所时，他人才享有隐私权、私人生活受尊重权，而当他人身处公共场所时，则他人丧失了隐私权、私人生活受尊重权。不过，随着近些年来公共摄像头的大量使用，随着全面的、无孔不入的监控性社会的降临，人们明显感觉到公共场所没有隐私的观念是站不住脚的，他们迫切要求加强公共场所隐私权的保护，防止他们在公共场所的一举一动、一言一行被公共摄像头所拍摄、所公开、所整理并因此成为政府无所不包的数据库当中的内容。

（三）室内公共场所和室外公共场所的区分

虽然人们普遍区分公共场所和私人场所，但是，当人们基于不同的目的而使用公共场所和私人场所时，他们对公共场所和私人场所范围的界定并不完全相同。例如，当人们基于禁烟的目的而使用公共场所时，他们所谓的公共场所未必与人们基于隐私保护目的而使用的公共场所相同。再例如，当人们基于公共卫生的维护和疾病预防的目的而使用公共场所时，他们所谓的公共场所也未必与人们基于隐私保护目的而使用的公共场所相同。事实上，当人们基于禁烟目的或者公共卫生维护的目的而使用公共场所时，他们所谓的公共场所往往是指室内公共场所，诸如宾馆、饭馆、旅店、招待所、咖啡馆、酒吧、茶座、候诊室、候车室等，不包括室外公共场所，诸如广场、公共道路、大街小巷等。

（四）隐私领域公共场所的界定

笔者认为，从隐私保护的目的来看，所谓公共场所，是指允许社会公众随意进入的所有场所。任何场所，无论是一个社会公众进入还是多个社会公众进入，无论社会公众进入场所的目的是什么，只要社会公众能够随意进入，即为公共场所。因为社会公众能够随意进入室内公共场所，因此，室内公共场所属于隐私保护领域的公共场所。例如，宾馆、饭馆、旅店、招待所、咖啡馆、酒吧、茶座、候诊室、候车室就属于隐私保护领域的公共场所。再例如，影剧院、音乐厅、图书馆、展览馆、科技馆、文化馆、博物馆、美术馆、纪念馆、档案馆等也属于隐私保护领域的公共场所。因为社会公众能够随意进入室外公共场所，因此，室外公共场所也属于隐私保护领域的公共场所，例如，北京的天安门广场、广州的花城广场就属于隐私保护领域的公共场所。再例如，广州市新港西路也属于隐私保护领域的室外公共场所。

所谓随意进入，是指两个方面的含义：其一，一般的社会公众能够按照自己的意愿进入任何公共场所，他们在进入这些场所时无需获得场所的所有权人或者占有权人的同意。当然，如果公共场所的所有权人或者占有权人对社会公众进入场所的时间做出了明确限定，则社会公众也应当遵守这些限定。其二，政府执法人员能够按照自己的意愿进入任何公共场所，他们在进入这些场所时无需获得搜查令或者扣押令。

所谓私人场所，则是指不允许社会公众随意进入的场所。如果某种场所必须获得场所的所有权人或者占有权人的允许才能够进入，或者虽然没有获得他们的允许，如果政府执法人员必须在具备某种正当理由的情况下通过获得搜查令或者扣押令的方式进入，则该种场所就属于私人场所。因为社会公众进入他人的住所需要获得他人的同意，因此，他人的住所就属于其私人场所。因为社会公众进入他人的庭院需要获得他人的同意，因此他人的庭院也属于其私人场所。因为社会公众进入他人的小汽车里面需要获得他人的同意，因此，他人的小汽车的乘坐空间也属于私人场所。

当我们从隐私保护的目的出发对公共场所和私人场所进行界定时，公共场所和私人场所的界定往往同所有权没有关系，因一方面，即便公共场所有所有权人，人们根本就没有必要论及公共场所的所有权人。因此，广州火车站虽然属于广州市政府所有，也就是属于国家所有；但是，广州火车站属于公共场所，除了社会公众能够随意进入之外，政府执法人员也能够随意进入，无论是社会公众的进入还是政府执法人员的进入均不会侵犯广州市政府对广州火车站所享有的财产所有权。另一方面，即便占有私人场所的人对其占有的私人场所不享有财产所有权，他们仍然对其在私人场所内的所作所为享有隐私权。因此，当他人将其承租的房屋作为住所使用时，即便他人对其承租的房屋不享有所有权，他们对其房屋内的家庭生活仍然享有隐私权，包括出租人在内的社会公众、政府执法人员仍然应当尊重他人对其承租屋所享有的隐私权，不得随意进入他人的承租屋内；否则，应当对他人承担隐私侵权责任。

三、私人场所隐私权的存在

当他人身处其住所或者居所时，他人对其住所或者居所享有财产所有权，这就是不动产所有权，因为，当他人的住所、居所属于他人自身所有时，则他人即对其住所、居所享有物权、所有权，基于物权尤其是所有权所具有的排他性效力，他人既能够排除一般社会公众的进入、侵入，也能够排除政府执法人员的进入、侵入。如果包括政府执法人员在内的行为人擅自进入、侵入他人对其享有所有权的住所、居所，则他们的进入行为、侵入行为当然侵犯了他人对其住所、居所所享有的财产所有权，应当根据不动产侵入侵权责任制度对他人承担侵权责任。即便政府执法人员通过非法侵入的方式获得了他人有罪的犯罪证据，在定罪时该种犯罪证据也应当被排除，这就是非法证据排除制度。

当他人身处其住所或者居所时，他人对其住所或者居所享有财产承租权、财产借用权，这就是不动产承租权和不动产借用权，因为，即便他人的住所、居所不属于他人自身所有，而是他人通过租赁或者借用的方式所获得，他人仍然对其承租和借用的住所、居所享有排他性的占有权、使用权，就像所有权人对其自身的房屋享有排他性的占有权和使用权一样。基于承租权、借用权所具有的排他性效力，除了能够排除一般社会公众和政府执法人员的随意进入、侵入之外，他人也能够排除出租人和出借人的随意进入、侵入。当这些行为人擅自进入、侵入他人的住所或者居所时，他们的进入行为、侵入行为当然侵犯了他人对其住所、居所享有的承租权、使用权，应当根据不动产侵入侵权责任制度对他人承担侵权责任。

问题在于，在上述两种情况下，他人对其住所、居所是否享有隐私权？如果行为人擅自进入、侵入他人的住所、居所，他们的非法进入行为、侵入行为是否侵犯了他人的隐私权、私人生活受尊重权？笔者认为，答案是肯定的，在上述两种情况下，他人对其住所、居所享有或者同时享有隐私权、私人生活受尊重权。在民法上，他人的住所、居所并不仅仅是他人的财产、财物、不动产所有权、不动产承租权,他人的住所、居所所承载的内容要远比单纯的财产、财物的价值大,因为,他人的家庭所担负着让家庭成员过着免受别人打扰的私人生活和缅怀逝去亲人的功能。①

在当今社会,虽然人们不得不进入社会从事各种各样的活动,但是,人们也普遍感觉到社会的冷酷无情,普遍感觉到他们无法在社会当中与其他人之间建立起彼此信任、互相依赖的关系,因为社会是一种心灵沙漠（désert psychologique）。如果人们要过着彼此信任、相互依赖的生活,他们就必须远离社会、逃离社会、从社会当中抽离并因此过着家庭生活,因为家庭是家庭成员的堡垒、庇护所,是家庭成员的心灵绿洲,是家庭成员远离其他人侵扰、打扰的场所,是家庭成员之间建立个人关系的场所,是他们过着个人生活、私人生活的地方。②

在当今社会,无论社会是怎样的冷酷无情,家庭成员之间的私人生活则可能是温情脉脉的,长辈对晚辈的关心、期望尽管在长辈逝去前也许并没有引起晚辈的重视,但是,一旦长辈离去,则晚辈会时不时地唤起对长辈的记忆,长辈的音容笑貌、长辈的言谈举止和长辈生活的点点滴滴,均成为晚辈相思、哀思或者哀悼的记忆。③

四、公共场所隐私权的存在

在民法上,如果他人身处私人场所,尤其是如果他人身处其住所、居所当中,则他人对其住所、居所当中的所作所为享有隐私权、私人生活受尊重权,行为人不得侵扰、偷拍或者公开他人在其私人场所的所作所为,否则,应当对他人承担隐私侵权责任。问题在于,当他人身处公共场所时,他人是否享有隐私权、私人生活受尊重权?

在法国,法官普遍承认公共场所隐私权的存在。他们认为,除了在私人场所享有私人生活受尊重权之外,他人在公共场所也享有私人生活受尊重权。而在当今法国,民法学者之间则存在不同的意见。某

---

① 张民安:《法国民法》,清华大学出版社2015年版,第202页。
② 张民安:《法国民法》,清华大学出版社2015年版,第202页。
③ 张民安:《法国民法》,清华大学出版社2015年版,第202页。

些民法学者认为，虽然他人在公共场所虽然享有肖像权，但是，他人在公共场所不可能享有私人生活受尊重权，而某些民法学者则认为，他人在公共场所仍然享有私人生活受尊重权。

在美国，联邦最高法院在20世纪60年代的案件当中宣告，隐私权的存在同他人所处的场所是公共场所还是私人场所无关，只要他人在主观上有隐私期待，并且他们在主观上的此种隐私期待在客观上是合理的，则他人就享有隐私权；否则，他们就不享有隐私权，无论他人所处的场所是公共场所还是私人场所，均是如此。不过，为了实现政府的执法利益，美国联邦最高法院从20世纪70年代开始大范围限缩他人在公共场所的隐私权，因为它认为，当他人身处公共场所时，即便他人在主观上有隐私期待，他们的此种隐私期待在客观上也是不合理的。

在美国，学者普遍反对公共场所无隐私的一般规则，他们认为，由于大规模、全天候监控时代的来临，法律应当承认公共场所隐私权的存在，否则，除了他人的隐私权遭受侵犯之外，社会的公共利益也会遭受侵犯，因为，在公共场所欠缺隐私权的情况下，他人不愿意参与公共场所的活动，他们担心政府执法人员通过监控手段收集其个人信息。

在我国，虽然《侵权责任法》对隐私权和侵权责任做出了规定，但是，除了第2条使用了"隐私权"三个字之外，《侵权责任法》没有对隐私权和隐私侵权责任做出任何具体的规定。因此，公共场所是否存在隐私权，立法者没有做出规定。在我国，主流的民法学者很少对公共场所与隐私权之间的关系做出研究，因此，公共场所是否存在隐私权，我国大多数民法学者均没有做出说明。笔者认为，我国法律应当承认公共场所的隐私权。

五、《侵权法报告》（第9卷）对公共场所隐私权的关注

在我国，民法学者普遍对场所隐私权理论知之甚少，无论是私人场所隐私权还是公共场所隐私权，我国民法学者几乎均没有什么了解，更不用说做出过研究了，因为，除了少有民法学者出版场所隐私权方面的专著之外，民法学者也很少发表场所隐私权方面的论文。

为了让我国民法学者了解场所隐私权的一般理论，为了让我国民

法学者了解私人场所隐私权和公共场所隐私权的一般理论，为了推动我国民法学者对场所隐私权理论的研究，笔者同时在所主编的《侵权法报告》（第9卷）[①] 和《民商法学家》（第12卷）[②] 当中对场所隐私权进行详尽的研究，其中的《侵权法报告》（第9卷）集中讨论公共场所的隐私权问题，诸如：公共场所隐私权的一般理论，学者关于公共场所隐私权是否存在的争议，监控时代的公共场所隐私权以及公共道路上的隐私权。而《民商法学家》（第12卷）则集中讨论场所隐私权的一般理论，诸如场所隐私权的性质、场所隐私权的历史发展、住所隐私权、监控时代的场所隐私权等。

想他人所不能想，言他人所不能言，著他人所不能著，编他人所不能编，对迄今为止被认为是天经地义、理所当然的某些基本民商法理论、某些基本民商法制度提出挑战，介绍或者提出某些"不同凡响"的甚至被认为是"离经叛道"的民商法理论和民商法观点，是编者20年以来所一直追求的目标，也是编者在《侵权法报告》当中所希望实现的目的。

《侵权法报告》（第9卷）之所以能够顺利出版，除了主编和各著译者的努力之外，还得益于中山大学出版社和蔡浩然编审的鼎力支持，在《侵权法报告》（第9卷）即将出版之际，本书主编真诚地对他们表示由衷的感谢！

张民安教授
2016年4月16日
于广州中山大学法学院

[①] 张民安主编：《公共场所隐私权研究》，中山大学出版社2016年版。
[②] 张民安主编：《场所隐私权研究》，中山大学出版社2016年版。

目 录

第一编 公共场所隐私权的一般理论

公共场所隐私权理论研究 ……………………… 张民安
 一、导论 ……………………………………………………（1）
 二、公共场所隐私权在法国民法当中的地位 ……………（3）
 三、公共场所隐私权在美国普通法和宪法当中的地位 …（10）
 四、公共场所隐私权在我国民法当中的确立 ……………（39）
 五、结语 ……………………………………………………（56）

信息时代的公共场所隐私权 …… 海伦·尼森鲍姆 著 凌玲 译
 一、导论 ……………………………………………………（57）
 二、公共场所隐私权存在的问题 …………………………（59）
 三、公民不享有公共场所隐私权的原因 …………………（63）
 四、人们是否应当保护公共场所隐私权 …………………（73）
 五、隐私权与语境的完整性 ………………………………（76）
 六、信息组合 ………………………………………………（79）
 七、公共场所隐私权是一种真正的隐私权益 ……………（83）
 八、政策的默认 ……………………………………………（86）
 九、结语 ……………………………………………………（88）

公共场所隐私权的变迁
 ——对 United States v. Jones 一案的评析 …… 宋志斌 丁双玥
 一、导论 ……………………………………………………（89）
 二、美国联邦最高法院对待公共场所隐私权态度的变化 …（90）
 三、United States v. Jones 一案的判决 ……………………（99）
 四、United States v. Jones 一案的评析 ……………………（110）
 五、United States v. Jones 一案对我国隐私权理论的启示
  …………………………………………………………（124）

关于公共场所隐私权研究 ……………… N.A. 莫寒 著　敬罗晖 译
　　一、导论 ……………………………………………… (129)
　　二、Von Hannover v. Germany 一案 ………………… (130)
　　三、英国普通法对公共场所隐私权的保护方式 ……… (133)
　　四、公共场所隐私权的理论根据 ……………………… (140)
　　五、影响公共场所隐私权的因素 ……………………… (142)
　　六、重要议题：照片拍摄者的法律责任 ……………… (151)
　　七、结语 ……………………………………………… (153)

第二编　有关公共场所隐私权的争议

确立公共场所隐私权的必要性
　　——论科技发展对公共场所隐私权的影响
　　　　　　………………… 克里斯廷·M. 比斯利 著　凌玲 译
　　一、导论 ……………………………………………… (155)
　　二、公民不享有公共场所隐私权的原因 ……………… (158)
　　三、公民享有公共场所隐私权的必要性 ……………… (166)
　　四、制定公民享有公共场所隐私权的法律 …………… (171)
　　五、在立法和司法层面承认公民享有公共场所隐私权 … (179)
　　六、结语 ……………………………………………… (184)

隐私权的再思考：公共场所的合理隐私期待
　　　　　　………………… 兰斯·E. 罗滕伯格 著　陈圆欣 译
　　一、导论 ……………………………………………… (185)
　　二、重新研究传统权利：未受侵犯的个性和隐私权 … (187)
　　三、刑事法律与隐私权保护的历史 …………………… (189)
　　四、揭露有关隐私权保护的刑事法律的重要缺陷 …… (193)
　　五、承认公民在公共场所享有合理的隐私期待 ……… (197)
　　六、结语 ……………………………………………… (200)

隐私权与合理的偏执：公共场所隐私权的保护
　　　　　　………… 伊丽莎白·佩顿·辛普森 著　敬罗晖 译
　　一、导论 ……………………………………………… (201)

二、英美法系中合理的偏执判断标准 …………………（205）
三、超越偏执：公共场所隐私权的现实性和重要性 ……（214）
四、结语 …………………………………………………（236）

公共场所无隐私规则的正当性
………………海迪·雷默·安德森 著 王 垚 译
一、导论 …………………………………………………（237）
二、公开披露行为与公民隐私权之间的冲突 …………（240）
三、公共场所无隐私规则的例外 ………………………（246）
四、公开披露行为所带来的好处应该如何超越匿名权的损害
 …………………………………………………………（248）
五、结语 …………………………………………………（262）

第三编　公共监控时代的公共场所隐私权

公共场所隐私权：公共场所的监控与公民所享有的匿名权
………………克里斯托弗·斯洛博金 著 陈圆欣 译
一、导论 …………………………………………………（263）
二、公共视频监控的现状与前景 ………………………（267）
三、公民在公共场所享有的匿名权 ……………………（275）
四、实现公民所享有的公共场所匿名权 ………………（302）
五、结语：不一样的《美国联邦宪法第四修正案》……（320）

电子视觉监控与公共场所的合理隐私期待
………………马科斯·吉尔基斯 著 杨雅卉 译
一、导论 …………………………………………………（323）
二、政府对电子视觉监控技术的运用以及政府滥用该技术的
 潜在可能性 ……………………………………………（324）
三、《美国联邦宪法第四修正案》对视频摄像头监控行为
 所产生的影响 …………………………………………（337）
四、《美国联邦宪法第一修正案》对视频摄像头监控行为
 所产生的影响 …………………………………………（361）
五、结语 …………………………………………………（367）

匿名的合理期待 …………… 乔弗里·M. 斯波克 著　陈圆欣 译
　　一、导论 ……………………………………………… (371)
　　二、隐私的合理期待 ………………………………… (376)
　　三、隐私与匿名 ……………………………………… (390)
　　四、匿名的合理期待 ………………………………… (403)
　　五、结语 ……………………………………………… (427)

第四编　公共道路上的隐私权

公民在公共道路上的隐私权
　　　　………………… 桃乐丝·J. 格兰西 著　凌玲 译
　　一、导论 ……………………………………………… (430)
　　二、追踪科技 ………………………………………… (433)
　　三、公民在公共道路上的隐私权益 ………………… (448)
　　四、承认公民在公共道路上享有合法的隐私权 …… (460)
　　五、结语 ……………………………………………… (504)

车牌自动识别系统（ALPR）对他人隐私权的侵犯
　　——《美国联邦宪法第四修正案》当中的马赛克理论
　　　　………… 杰西卡·古铁雷斯·阿尔姆 著　陈圆欣 译
　　一、导论 ……………………………………………… (506)
　　二、背景 ……………………………………………… (508)
　　三、分析 ……………………………………………… (525)
　　四、结语 ……………………………………………… (532)

公共道路上的隐私权所面临的风险
　　　　……………………… 杰弗里·H. 雷曼 著　敬罗晖 译
　　一、导论 ……………………………………………… (533)
　　二、自由权遭受外部损害的风险 …………………… (540)
　　三、自由权遭受内部损害的风险 …………………… (543)
　　四、象征意义上的风险 ……………………………… (544)
　　五、政治心理学异化的风险 ………………………… (546)
　　六、结语 ……………………………………………… (549)

第一编 公共场所隐私权的一般理论

公共场所隐私权理论研究

张民安[①]

目　次

一、导论
二、公共场所隐私权在法国民法当中的地位
三、公共场所隐私权在美国普通法和宪法当中的地位
四、公共场所隐私权在我国民法当中的确立
五、结语

一、导论

在当今两大法系国家和我国，无论立法者是否对私人场所的隐私权做出明确规定，两大法系国家和我国的法律均承认他人对其私人场所享有的隐私权，尤其是均承认他人对其住所、居所所享有的隐私权，当行为人尤其是政府执法人员侵犯他人对私人场所所享有的隐私权时，法官均会责令行为人对他人遭受的损害承担赔偿责任，这一点是毫无疑问的，是不言自明的。

不过，当他人身处公共场所时，他人对其公共场所是否享有隐私权，两大法系国家的法律做出的说明并不完全相同。总的说来，法国法持肯定的意见，而美国法则持否定的意见，我国《侵权责任法》

[①] 张民安，中山大学法学院教授，博士生导师。

则根本没有对这样的问题做出说明，法官也没有在其司法判例当中做出任何说明。除了法律做出的说明不同之外，两大法系国家的民法学者在此问题上也存在不同的意见。

总的说来，在法国，某些民法学者持否定态度，认为公共场所无隐私权，而某些民法学者则持肯定态度，认为公共场所就像私人场所一样存在隐私权。在美国，情况也是如此，某些民法学者认为，公共场所不应当存在隐私权，而某些民法学者则认为，公共场所应当存在隐私权。在我国，除了笔者的学生曾经对这样的问题做出过说明之外，几乎没有学者对这样的问题做出说明。少数学者虽然对这样的问题做出过说明，但是，他们几乎均持否定的意见，认为公共场所无隐私权。

从隐私保护的目的来看，所谓公共场所，是指允许社会公众随意进入的所有场所。任何场所，无论是一个社会公众进入还是多个社会公众进入，无论社会公众进入场所的目的是什么，只要社会公众能够随意进入，即为公共场所。因为社会公众能够随意进入室内公共场所，因此，室内公共场所属于隐私保护领域的公共场所。例如，宾馆、饭馆、旅店、招待所、咖啡馆、酒吧、茶座、候诊室、候车室就属于隐私保护领域的公共场所。再例如，影剧院、音乐厅、图书馆、展览馆、科技馆、文化馆、博物馆、美术馆、纪念馆、档案馆等也属于隐私保护领域的公共场所。

因为社会公众能够随意进入室外公共场所，因此，室外公共场所也属于隐私保护领域的公共场所。例如，北京的天安门广场、广州的花城广场就属于隐私保护领域的公共场所。再例如，广州市新港西路也属于隐私保护领域的室外公共场所。

所谓随意进入，是指两个方面的含义：其一，一般的社会公众能够按照自己的意愿进入任何公共场所，他们在进入这些场所时无需获得场所的所有权人或者占有权人的同意。当然，如果公共场所的所有权人或者占有权人对社会公众进入场所的时间做出了明确限定，则社会公众也应当遵守这些限定。其二，政府执法人员能够按照自己的意愿进入任何公共场所，他们在进入这些场所时无需获得搜查令或者扣押令。

所谓私人场所，则是指不允许社会公众随意进入的场所。如果某种场所必须获得场所的所有权人或者占有权人的允许才能够进入,或者虽然没有获得他们的允许,但如果政府执法人员必须在具备某种正当理由的情况下通过获得搜查令或者扣押令的方式进入,则该种场所就属于私人场所。因为社会公众进入他人的住所需要获得他人的同意,因此,他人的住所就属于其私人场所。因为社会公众进入他人的庭院需要获得他人的同意,因此他人的庭院也属于其私人场所。因为社会公众进入他人的小汽车需要获得他人的同意,因此,他人的小汽车的乘坐空间也属于私人场所。

二、公共场所隐私权在法国民法当中的地位

在法国,虽然立法者早在1868年的法律第11条当中就对私人生活受尊重权做出了明确规定,[①] 虽然立法者在1970年的《法国民法典》第9条当中对私人生活受尊重权做出了明确规定,[②] 但是,他们均没有对这些法律条款所规定的私人生活范围做出明确规定。[③] 因此,除了发生在私人场所的生活属于这些法律所规定的私人生活之外,发生在公共场所的生活是否也属于这些法律条款所规定的私人生活,这些法律条款并没有做出规定。

在法国,自19世纪中后期以来一直到今天,法国的法官和民法学者就认为,当他人的生活发生在其私人场所尤其是发生在其家庭当中时,则他们的生活尤其是家庭生活属于这些法律条款所规定的私人生活范围,行为人当然应当尊重他人在其私人场所的生活,否则,他们的行为将构成隐私侵权行为,应当对他人承担侵权责任。问题在于,当他人身处公共场所时,他人是否对其公共场所的所作所为享有隐私权?如果行为人侵犯他人在公共场所的所作所为,他们是否应当按照法国1868年的法律和1970年的法律规定对他人承担隐私侵权责任?对此问题,无论是在19世纪中后期还是在当今,民法学者和法官均存在不同的意见。

---

① 张民安:《法国人格权法(上)》,清华大学出版社2016年版,第454页。
② 张民安:《法国人格权法(上)》,清华大学出版社2016年版,第452页。
③ 张民安:《法国的隐私权研究》,载张民安主编:《隐私权的比较研究》,中山大学出版社2013年版,第164页。

(一) 法国 19 世纪中后期的民法学者和法官关于公共场所是否存在私人生活受尊重权的争议

在 19 世纪中后期，法国某些民法学者认为，虽然法国 1868 年的法律第 11 条保护他人的私人生活免受侵犯，但是，该条所规定的私人生活并不包括他人在公共场所的生活，仅仅是指他人在私人场所即家庭当中的生活，当行为人侵犯他人在公共场所的所作所为时，他们并不对他人承担隐私侵权责任。

例如，在 1869 年的《新闻自由法》当中，Rousset 就采取此种理论，认为私人生活受尊重权仅以私人场所为限，公共场所不可能存在私人生活受尊重权，他指出："根据立法者在立法会所进行的讨论当中所表达的观念，我认为，该条所规定的私人生活似乎应当限定在他人在其家庭当中所实施的行为或者所发生的事实的范围之内，是指他人在其不可侵犯的住所当中所进行的生活，此种生活从他人的家门口开始一直到他人在其家庭生活当中所进行的亲密活动；换言之，私人生活也就是家庭内部生活的同义词。"①

"在他人的私人生活之外，他人所享有的生活则是其家庭外部生活，他人的家庭外部生活属于社会生活，而社会生活则属于世人。因此，如果他人的生活发生在大街小巷上，如果他人的生活发生公共庆祝活动当中，如果他人的生活发生在公共场所，如果他人的生活发生在赛马场，如果他人的生活发生在杂技表演场，如果他人的生活发生在戏院，如果他人的生活发生在沙龙当中，或者如果他人的生活发生在教堂寺院里面，则他人的这些生活均不属于私人生活。当他人来到这些地方干着自己的勾当时，当他人来到这些地方炫耀他人非法获得的财富时，如果《完全巴黎》(Tout Paris) 将他人在这些场所所进行的这些行为公开，则他人不得主张法国 1868 年法律第 11 条的保护，因为他们的这些行为已经从被围墙隔离的生活当中走了出来。"②

---

① M. Gustave Rousset, Code général des lois sur la presse et autres moyens de publication, Imprimerie Et Librairie Générale De Jurisprudence, 1869, p. 71.
② M. Gustave Rousset, Code général des lois sur la presse et autres moyens de publication, Imprimerie et librairie générale de jurisprudence, 1869, p. 71.

不过，在 19 世纪中后期，某些民法学者对此种理论持严厉的批判态度，他们认为，将 1868 年的法律所规定的私人生活限定在家庭生活的做法过分狭隘。为了对他人的私人生活提供保护，人们应当对该条所规定的私人生活做广义的理解，除了他人的家庭生活属于他人的私人生活范围之外，他人在其家庭之外所实施的某些行为也属于该条所规定的私人生活范围，如果他人在其家庭之外所实施的这些行为不具有公共特征的话，或者如果他人在其家庭之外所实施的这些行为不具有让社会公众关注的特点的话。

因此，即便他人身处公共场所或别人的家中，如果他人在公共场所或者别人的家中所实施的行为没有公共特征或者没有让社会公众关注的特点的话，则他们在这些场所所实施的行为也属于法国 1868 年法律第 11 条所保护的私人生活范围，当新闻媒体公开他人在其家庭之内所实施的行为时，它们的公开行为固然属于该条所规定的需要对其进行刑事制裁的犯罪行为，当新闻媒体公开他人在其家庭之外的场所所实施的具有私人特征的行为时，它们的公开行为也属于该条所规定的需要对其进行刑事制裁的犯罪行为。换言之，即便他人身处公共场所，他们仍然享有私人生活受尊重权，至少在他人的所作所为不具有公共特征的情况下是如此。在法国，Antoine Giboulot 和 Godin 等人就采取此种理论。

在其 1869 年的《新闻法评注》当中，法国学者 Giboulot 主张公共场所存在部分私人生活受尊重权的理论。他指出，如果新闻媒体在它们的报纸杂志当中公开他人在没有公共特征的活动当中所实施的任何行为，则它们的公开行为将构成法国 1886 年法律第 11 条所规定的公开他人私人生活的行为，应当根据该条的规定承担刑事责任，即便人们很少对该条所规定的私人生活做出界定。①

除了 Giboulot 主张公共场所存在私人生活受尊重权的理论之外，法国学者 Godin 等人也主张公共场所存在私人生活受尊重权的理论。他们指出："实际上，我们能够确定无疑地说，私人生活并不仅仅包

---

① Antoine Giboulot, Commentaire théorique et pratique de la loi sur la presse du 11 mai 1868, Pichon-Lamy et Dewez, 1869, n202; Jules Godin et al., Journal du Droit Criminel, Paris, Libraires de la Cour de Cassation, 1887, p. 67.

括公民在其自己住所内所实施的所有行为,它还包括公民在其自身住所之外的场所所实施的行为:公民在别人的住所内所实施的行为,公民在诸如剧院、音乐厅和陈列馆等公共场所所实施的行为以及公民通过公共方式所实施的行为,如果他们的这些行为并不是以具有公共特征的方式或者以被众人所关心的方式(dans un caractère public ou entourés)付诸实施的话……公民在这些场所所实施的行为之所以属于私人生活的范围,是因为他们在这些场所所实施的行为具有私人特征(caractère prive),我们可以适当地说,他人在这些场所所实施的行为是他人个人生活的延续。"①

在 19 世纪中后期,除了上述学者主张公共场所存在私人生活受尊重权之外,法国当时的法官也认为,即便他人身处公共场所,但是如果他人在公共场所的所作所为具有私人特征的话,则他人此时仍然享有私人生活受尊重权。例如,在 1872 年 6 月 7 日的案件中,法国的法官就采取此种理论,他们认为,当一批贵妇人(les dames)在某一个专区区长(sous-préfet)家举行舞会派对时,如果新闻媒体在它们的报纸杂志当中将其中的一个贵妇人参加该次舞会派对的情况公开,则它们的公开行为当然属于侵犯他人所享有的私人生活的行为。② 此外,法国最高法院在其所报告的案件当中也认为,一旦他人在戏院进行戏剧表演,则他人的戏剧表演属于法国 1868 年法律第 11 条所规定的私人生活范围,如果新闻媒体在它们的报纸杂志当中公开他人在戏院所进行的戏剧表演,则它们的公开行为也侵犯了他人所享有的私人生活受尊重权,也应当遭受刑事制裁。③

(二)法国当今民法学者和法官关于公共场所是否存在私人生活受尊重权的争议

在当今法国,在公共场所是否存在《法国民法典》第 9 条所规

---

① Jules Godin et al., Journal du Droit Criminel, Paris, Libraires de la Cour de Cassation, 1887, p. 68.

② C. de Potitiers, 7 juin 1872; Jules Godin et al., Journal du Droit Criminel, Paris, Libraires de la Cour de Cassation, 1887, p. 68.

③ Jules Godin et al., Journal du Droit Criminel, Paris, Libraires de la Cour de Cassation, 1887, p. 68.

定的私人生活的问题上，也就是，在公共场所是否存在私人生活受尊重权的问题上，民法学者和法官也存在不同的意见。某些民法学者认为，虽然他人在公共场所享有肖像权，但是，他人在公共场所绝对不享有私人生活受尊重权，这就公共场所无私人生活受尊重权的理论，也就是公共场所无隐私权的理论。在当今法国，民法学者 Yvaine Buffelan-Lanore 和 Virginie Larribau-Terneyre 就采取此种理论，他们指出："当他人身处公共场所时，他人的私人生活就消灭。但是，他人在此时仍然享有获得法律保护的肖像权。"[1]

在法国，某些民法学者认为，原则上，公共场所不存在《法国民法典》第 9 条所规定的私人生活受尊重权，但是，在一种例外情况下，即便他人身处公共场所，他人仍然享有该条所规定的私人生活受尊重权，这就是，如果他人在公共场所的所作所为在被公开之后会让他人丢人现眼、会让他人受到歧视或者遭受讥笑、讽刺的话，则他人对其在公共场所的所作所为享有私人生活受尊重权，如果此时行为人将他人在公共场所的所作所为予以公开，则他人有权要求法官责令行为人对其遭受的损害承担赔偿责任。在当今法国，民法学者 Raymond 和 Florence Laroche-Gisserot 等人采取此种理论。

Raymond 对此种例外规则做出了明确说明，他指出："原则上，他人的私人生活不是发生在公共场所的生活。正如某种职业场所是一种公共场所一样（当然，在特殊情况下，职业场所也是私人场所），他人的饭厅、商场的后部、他人的办公室、他人的医务室或者他人的病房等则是他人的私人场所。不过，在某些例外情况下，即便他人身处公共场所，他人的生活仍然构成私人生活：公开他人参与公共游行获得的信息可能会侵犯他人享有的秘密，应当对他人承担侵权责任。"[2]

Florence Laroche-Gisserot 也对此种例外规则做出了明确说明，他也指出："如果他人所从事的活动属于公共活动，或者如果行为人所

---

[1] Yvaine Buffelan-Lanore, Virginie Larribau-Terneyre, Droit civil, Introduction, Biens, Personne, Famille, 17e édition, Dalloz, p. 288；张民安：《法国的隐私权研究》，载张民安主编：《隐私权的比较研究》，中山大学出版社 2013 年版，第 158 页。
[2] Guy Raymond, Droit Civil, 2e éditon, litec, p. 88；张民安：《法国的隐私权研究》，载张民安主编：《隐私权的比较研究》，中山大学出版社 2013 年版，第 159 页。

公开的事项属于政府官员或者其他公众人物的活动,则他们所从事的这些活动并不受《法国民法典》第9条的保护。但是,如果行为人基于让他人丢人现眼的目的或者基于让他人受到歧视的目的公开他人参加公开活动的信息,则基于他人的主张,法官有权查封公开他人参加公共活动信息的报纸杂志,或者根据情况责令行为人对他人遭受的损害承担赔偿责任。"①

在当今法国,某些民法学者认为,无论他人是身处私人场所还是身处公共场所,他们均享有《法国民法典》第9条所规定的私人生活受尊重权,因为无论是在私人场所还是在公共场所,他人的生活均能够构成私人生活。在法国,Bernard 采取此种理论,已如前述。

在当今法国,除了民法学者在公共场所是否存在私人生活受尊重权的问题上存在争议之外,法国法官也在此种问题上存在不同的意见。总的说来,有截然对立的两种不同理论。某些法官认为,当他人身处公共场所时,他人绝对不会享有私人生活受尊重权,因为他人在公共场所的任何行为在性质上均不是私人生活。②而某些法官则认为,即便他人身处公共场所,他人仍然享有私人生活受尊重权,因为他人在公共场所的所作所为仍然构成其私人生活,行为人不得擅自公开他人在公共场所的所作所为,否则,应当对他人承担侵权责任。③ 在这两种不同的理论当中,上述第一种理论即否定理论属于少数法官所主张的理论,而上述第二种理论即肯定理论则属于大多数法国所主张的理论。

(三) 法国民法学者和法官在公共场所是否存在私人生活受尊重权的问题上存在争议的主要原因

在法国,民法学者和法官之所以在公共场所是否存在私人生活受

---

① Florence Laroche-Gisserot, Les Personnes, 8 édition, Montchrestien, p. 398;张民安:《法国的隐私权研究》,载张民安主编:《隐私权的比较研究》,中山大学出版社 2013 年版,第 159 页。

② 张民安:《法国的隐私权研究》,载张民安主编:《隐私权的比较研究》,中山大学出版社 2013 年版,第 156 页。

③ 张民安:《法国的隐私权研究》,载张民安主编:《隐私权的比较研究》,中山大学出版社 2013 年版,第 156 - 158 页。

尊重权的问题上存在上述截然相反的两种不同意见，一个最主要的原因是，法国的某些民法学者和法官不区分私人生活受尊重权和肖像权、声音权甚至姓名权，而另外一些民法学者和法官则明确区分私人生活受尊重权和肖像权、声音权甚至姓名权。

在法国，某些民法学者和法官并不明确区分私人生活受尊重权和肖像权、声音权甚至姓名权，他们认为，他人的肖像、声音甚至姓名也均属于其私人生活的范围，当他人身处公共场所时，如果行为人未经他人同意就擅自拍摄他人在公共场所的肖像、偷录他人在公共场所的声音甚至使用身处公共场所的他人的姓名，则他们的行为也侵犯了他人所享有的私人生活受尊重权，因为私人生活受尊重权包含了他人在公共场所当中所享有的肖像权、声音权甚至姓名权。① 在他人的肖像权、声音权甚至姓名权遭受侵犯的情况下，这些民法学者和法官之所以将他人享有的这些主观权利看作《法国民法典》第9条所规定的私人生活受尊重权，其原因多种多样，诸如私人生活受尊重权和肖像权、声音权之间界限模棱两可、法官能够适用《法国民法典》第9条所规定的各种各样的法律保护措施保护他人的利益免遭侵犯等。② 这就是上述学者承认公共场所存在私人生活受尊重权的原因。

在法国，某些民法学者和法官明确区分私人生活受尊重权和肖像权、声音权甚至姓名权，他们认为，他人的私人生活受尊重权并不包括他人在公共场所的肖像权、声音权甚至姓名权，当行为人公开他人在公共场所的肖像、声音或者姓名时，他们的公开行为并没有侵犯他人的私人生活受尊重权，而仅仅侵犯了他人享有的肖像权、声音权和姓名权，因为肖像权、声音权和姓名权独立于《法国民法典》第9

---

① 张民安：《法国的隐私权研究》，载张民安主编：《隐私权的比较研究》，中山大学出版社2013年版，第146－147页；张民安：《法国人格权法（上）》，清华大学出版社2016年版，第539页。

② 张民安：《法国的隐私权研究》，载张民安主编：《隐私权的比较研究》，中山大学出版社2013年版，第149－150页；张民安：《法国人格权法（上）》，清华大学出版社2016年版，第539－541页。

条所规定的私人生活受尊重权。① 这就是上述学者否认公共场所存在私人生活受尊重权的原因。

三、公共场所隐私权在美国普通法和宪法当中的地位

在美国，如果他人身处私人场所，尤其是，如果他人身处其住所、居所当中，则他人当然享有隐私权，行为人既不得擅自进入、侵入他人的私人场所，也不得擅自公开他人在其私人场所的所作所为，否则，他们的行为将构成隐私侵权行为，应当对他人承担法律责任。他们承担法律责任的根据或者是美国的普通法，或者是《美国联邦宪法第四修正案》（以下简称为《第四修正案》），因为除了美国的普通法会保护他人的私人场所免受侵犯之外，《第四修正案》也会保护他人对其私人场所所享有的隐私权。

然而，问题在于，当他人身处公共场所时，他人是否享有隐私权？如果行为人尤其是政府执法人员干预他人在公共场所的所作所为，监控、收集他人在公共场所的行为或者信息，他们所实施的这些行为是否构成隐私侵权行为？对此问题，民法学者和法官之中都存在完全不同的两种意见：某些民法学者和法官认为，当他人身处公共场所时，他人无法享有隐私权，当行为人尤其是政府执法人员干预他人在公共场所的所作所为时，他们的干预行为也不构成隐私侵权行为，无需对他人承担法律责任。而某些民法学者和法官则认为，即便他人身处公共场所，他人仍然享有隐私权，当行为人尤其是政府执法人员干预他人在公共场所的所作所为时，他们的干预行为仍然构成隐私侵权行为，应当对他人承担法律责任。

（一）Prosser 教授关于公共场所无隐私的理论

在美国，反对公共场所隐私权理论的最著名学者莫过于 William

---

① 张民安：《法国的隐私权研究》，载张民安主编：《隐私权的比较研究》，中山大学出版社 2013 年版，第 147-148 页；张民安：《法国人格权法（上）》，清华大学出版社 2016 年版，第 457 页。

Prosser 教授。① 无论是在其著名的学术论文《论隐私权》当中还是在其著名的侵权法著作《侵权行为法》当中，他均明确主张他人在公共场所不享有隐私权的理论。

在 1960 年的《加利福尼亚法律评论》当中，Prosser 教授发表了迄今为止唯一一篇能够与美国学者 Samuel Warren 和 Louis Brandeis 在 1890 年的《哈佛法律评论》所发表的《论隐私权》一文相提并论的著名文章《论隐私权》。② 在这篇文章当中，Prosser 教授除了在美国的侵权法当中确立了隐私侵权的四分法理论之外，还在美国的隐私侵权责任制度确立了公共场所无隐私的一般规则。在对其所确立的四种隐私侵权责任当中的第一种隐私侵权责任即侵扰他人安宁的隐私侵权（Intrusion upon the plaintiff's seclusion or solitude, or into his private affairs）做出详细阐述时，Prosser 教授明确指出，侵扰他人安宁的隐私侵权应当建立在被侵扰的事务、被侵扰的场所或者被窃听的内容在性质上属于"私人"性质的"事务"、"私人"性质的"场所"和"私人"性质的"内容"的基础上，即便行为人对他人的事务、场所或者内容进行侵扰，如果他们所侵扰的事务、场所或者内容在性质上不属于其"私人事务"、"私人场所"或者"私人内容"，则他们的侵扰行为也不构成侵扰他人安宁的隐私侵权，无须对他人承担隐私侵权责任。

"因此，十分清楚的是，如果行为人对他人的事务进行窃听或者侵扰，他们所窃听或者侵扰的事务应当是私人性质的事务。一方面，当行为人对他人的庭前作证加以记录时，他人无权主张隐私侵权之

---

① 在美国，谈及隐私侵权法不得不提 William Prosser 教授，虽然 Samuel Warren 和 Louis Brandeis 在 1890 年发表的著名的《论隐私权》一文对美国隐私侵权法产生了重要的影响，但是 Prosser 教授才是美国隐私侵权法的主要缔造者。Prosser 教授将 Warren 和 Brandeis 定义的模糊的"隐私权"划分为四种隐私侵权责任制度，这一分类在隐私侵权领域得到广泛的认可，无论学说还是司法判例均对其予以承认。因此，Warren 和 Brandeis 为隐私侵权种下了原始种子，Prosser 教授则将 Warren 和 Brandeis 所提出的隐私侵权予以系统化、组织化，使隐私侵权成为井井有条和合情合理的制度，而这是过去的隐私侵权所不曾有过的。尼尔·M. 理查德、丹尼尔·J. 索洛韦伊：《Prosser 教授的隐私权理论：混合遗产》，蔡雅智译，载张民安主编：《隐私权的比较研究》，中山大学出版社 2013 年版，第 305 页。
② William L. Prosser, Privacy, (1960) 48 CAL. L. REV. 383, pp. 383–422.

诉。当循规蹈矩的警察对他人进行拍照、提取他人的指模或者进行量度时，他人无权主张隐私侵权之诉。当行为人按照公司法的规定检查并且公开披露公司的记录时，公司也不得主张隐私侵权之诉。当他人身处公共街道或者其他任何公共场所时，他们均不享有独处权，如果行为人在这些场所仅仅是跟踪他人，则他们的跟踪行为并不会侵犯他人享有的隐私权。当他人身处公共街道或者其他任何公共场所时，如果行为人拍摄他人在这些公共场所的照片，他们的拍照行为也不会侵犯他人所享有的隐私权，因为行为人在这些场所所进行的拍照行为等同于任何在这些公共场所的人对他人所做出的记录行为，与这些人对他人的所作所为进行充分的书面描写没有两样，因为当他人身处这些公共场所时，他人就已经进入了公共视野（public sight），除了对他人拍照的行为人能够自由看见他人之外，所有在这些公共场所的人均能够自由看见他人。另一方面，当他人躺在医院的病床上时，或者当他人隐居在其家中时，如果行为人在没有获得他人同意的情况下对他人进行拍照，则他们的拍照行为将构成侵犯他人隐私权的行为，他人也因此有权向法院提起隐私侵权之诉。"①

除了在其《论隐私权》一文当中对上述规则做出了明确说明之外，在其第五版的《侵权行为法》当中，Prosser教授原封不动地、一字不差地重复了他在其《论隐私权》当中所发表的上述意见，认为当他人在公共街道或者任何其他公共场所时，他人并不享有免受不合理侵扰的隐私权。② 不过，虽然仍然坚持公共场所无隐私的一般规则，但是，在其《侵权行为法》当中，Prosser教授的态度已经有所弱化，因为在其1960年的《论隐私权》当中，他在坚持公共场所无隐私规则的同时并没有承认该种一般规则存在例外。

而在其第五版的《侵权行为法》当中，他虽然仍然承认公共场所无隐私的一般规则，但是，他已经开始承认该种一般规则存在例外，在例外情况下，即便他人身处公共场所，他人仍然享有隐私权，

---

① William L. Prosser, Privacy, (1960) 48 CAL. L. REV. 383, pp. 391-392.
② W. Page Keeton et al., Prosser & Keeton on the Law of Torts, 5th ed., West Publishing Co., 1984, pp. 855-856；威廉·普罗瑟、W. 佩奇·基顿：《论隐私权》，廖嘉娴译，载张民安主编：《美国当代隐私权研究》，中山大学出版社2013年版，第189-190页。

当行为人侵犯他人在公共场所享有的隐私权时，他人仍然有权提起隐私侵权之诉。这种例外情况是，当一名女士身处游乐场时，如果行为人乘她的裙子突然被风吹起时对其进行拍摄，则他们的拍摄行为将侵犯他人的隐私权，因为在此时，他人的裙子突然被风吹起的事务属于私人事务，因此，"即便他人身处某一公共场所，他人的某些事务仍然可能是其私人事务。"①

在美国，Prosser 教授在其《论隐私权》和《侵权行为法》当中对待公共场所隐私权的否定态度直接对《美国侵权法复述（第二版）》产生了影响，因为《美国侵权法复述（第二版）》是由 Prosser 教授负责起草的，他是该复述的报告者（Reporter）。在其《美国侵权法复述（第二版）》当中，除了对其他的侵权责任制度做出了规定之外，他也将其他在其《论隐私权》一文当中所主张的四分法的隐私侵权责任制度规定在该复述当中。②

在规定侵扰他人安宁的隐私侵权责任时，《美国侵权法复述（第二版）》第 652B 条并没有对公共场所是否存在隐私权做出任何规定，因为该条仅仅规定，如果行为人以现实方式或者其他方式侵扰他人的独居、安宁或者其私人事务或者关切，在他们的侵扰行为达到了让一个有理性的人高度反感的程度时，他们就应当对他人遭受的损害承担法律责任。至于说他人的独居、安宁、私人事务或者关切究竟是发生在私人场所还是公共场所，该条并没有做出任何说明。

不过，Prosser 教授虽然没有在《美国侵权法复述（第二版）》第 652B 条当中对公共场所无隐私的一般规则做出明确规定，但是，他仍然将其关于公共场所无隐私的一般规则规定在《美国侵权法复述（第二版）》当中，这就是《美国侵权法复述（第二版）》第 652B 条的官方评论 c。第 652B 条的官方评论 c 规定：虽然行为人应当根据第 652B 条的规定对他人承担法律责任，但是，仅在行为人侵入他人

---

① W. Page Keeton et al., Prosser & Keeton on the Law of Torts, 5th ed., West Publishing Co., 1984, p. 856；威廉·普罗瑟、W. 佩奇·基顿：《论隐私权》，廖嘉娴译，载张民安主编：《美国当代隐私权研究》，中山大学出版社 2013 年版，第 190 页。

② 尼尔·M. 理查德、丹尼尔·J. 索洛韦伊：《Prosser 教授的隐私权理论：混合遗产》，蔡雅智译，载张民安主编：《隐私权的比较研究》，中山大学出版社 2013 年版，第 319 – 323 页。

的某种私人场所或者侵犯他人的私人隐居场所时,他们从而需要根据该条的规定对他人承担法律责任……当他人在公共道路上行走时,如果行为人对他人实施观察行为甚至对他人实施拍照行为,他们无需根据该条的规定对他人承担法律责任,因为在此时,他人并非身处其私人隐居场所,而是出现在公共场所,社会公众能够通过肉眼观察到他人。①

在《美国侵权法复述(第二版)》第652B条当中,Prosser教授也没有对公共场所无隐私的一般规则的例外做出明确规定。不过,在《美国侵权法复述(第二版)》第652B条的官方评论当中,Prosser教授也对公共场所无隐私的例外规则做出了明确说明,该官方评论指出:然而,即便他人身处公共场所,他人的某些事务仍然不应当被展现在公众的眼前,例如他人究竟是穿了内裤还是没有穿内裤。当行为人对他人的这些事务实施侵扰时,他们的侵扰行为仍然构成隐私侵权行为。②

总之,根据Prosser教授的意见,原则上,他人对其在公共场所的所作所为是不享有隐私权的,当行为人对他人在公共场所的所作所为实施侵扰行为时,他人不得提起隐私侵权之诉。在例外情况下,即便他人身处公共场所,他人对其所作所为仍然享有隐私权,当行为人对他人在公共场所的所作所为实施侵扰行为时,他人有权提起隐私侵权之诉。Prosser教授之所以认定公共场所无隐私,其根据有两个:其一,默示根据(the implicit premise),也就是,一旦他人冒险(venture)进入公共场所,则他人实际上就是自愿承担被社会公众进行公开审视的风险,这就是所谓的自愿承担风险的理论(assumption of the risk),简称为风险自担理论。其二,明示根据(the explicit premise),也就是,当他人进入公共场所时,行为人对他人的观察行为等同于他们对他人的拍照行为,观察行为与拍照行为之间没有任何差异。③

---

① Restatement (Second) of Torts, § 652B cmt. c.
② Restatement (Second) of Torts, § 652B cmt. c.
③ Andrew Jay McClurg, Bringing Privacy Law Out of the Closet: A Tort Theory of Liability for Intrusions in Public Places, 73 N. C. L. Rev. 989, p. 1036;安德鲁·杰·麦克拉格:《打开隐私侵权的闭塞空间:公共场所隐私侵权理论》,骆俊菲译,载张民安主编:《隐私权的比较研究》,中山大学出版社2013年版,第298页。

（二）美国法官对公共场所无隐私规则的固守

1. 美国法官在两个隐私权领域对公共场所无隐私规则的坚持

在美国，无论民法学者对公共场所无隐私规则做出如何严厉的批判，法官仍然固守 Prosser 教授在其《论隐私权》的文章、《侵权行为法》的著作和《美国侵权法复述（第二版）》当中所采取的规则，不承认他人在公共场所享有隐私权，当行为人在公共场所侵扰他人的安宁或者公开他人的事务时，他们几乎均会拒绝责令行为人对他人承担法律责任。

应当注意的是，美国法官对公共场所无隐私规则的固守既表现在传统的隐私权领域，也表现在新的隐私权领域。所谓传统的隐私权领域，是指美国侵权法领域、普通法领域的隐私权，也就是侵扰他人安宁的隐私侵权责任领域。在这一领域，法官严格固守公共场所无隐私的一般规则。所谓新的隐私权领域，是指美国宪法领域的隐私权即宪法性隐私权，也就是《第四修正案》所规定的隐私权。在这一领域，美国法官同样固守公共场所无隐私的一般规则。

2. 美国法官在传统的隐私侵权责任领域对公共场所无隐私规则的固守

在《美国侵权法复述（第二版）》第 652B 条对侵扰他人安宁的隐私侵权做出了明确规定之后，如果他人以行为人在公共场所侵扰其安宁或者侵犯其私人事务为由向法院起诉，要求法官责令行为人根据该条的规定对其遭受的损害承担侵权责任，除了少数法官之外，绝大多数法官均采取《美国侵权法复述（第二版）》在其第 652B 条的官方评论 c 当中所确立的规则，拒绝责令行为人根据第 652B 条的规定对他人承担隐私侵权责任，因为他们认为，他人对其在公共场所的所作所为并不享有隐私权。

例如，在 1953 年的 Gill v. Hearst Publishing Co. 一案①中，法官就在传统的隐私侵权责任领域采取了公共场所无隐私的一般规则，认为他人在公共场所不享有隐私权。②在该案中，原告是在洛杉矶市农

---

① 253 P. 2d 441（Cal. 1953）.
② William L. Prosser, Privacy, 48 Cal. L. Rev. 391 (1960).

贸市场（Farmer's Market）摆摊卖甜点和冰激凌的一对夫妇，当丈夫搂着妻子并且浪漫地靠在一块儿坐着时，被告偷拍了原告的相片并且在其报纸上公开。原告向法院起诉，要求法官责令被告就其拍摄和公开自己亲密相片的行为对自己承担赔偿责任。法官认定，被告无须就其拍摄和公开原告亲密相片的行为对原告承担隐私侵权责任，因为法官认为，当原告在公共场所做出亲密举动时，他们实际上是自愿将其在公共场所的所作所为对社会公众公开，因此，他们除了应当承担被其他社会公众看到的风险之外，也应当承担被新闻媒体的记者看到、拍摄和在其报纸杂志上公开的危险。

再例如，在 1988 年的 Foster v. LivingWell Midwest, Inc. 一案①中，法官在传统的隐私侵权责任领域采取了公共场所无隐私的一般规则，认为他人在公共场所不享有隐私权。在该案中，原告是一名健身俱乐部的会员，当她在被告俱乐部做运动时，在没有获得原告同意的情况下，被告的工作人员不仅拍摄了她做运动的录像，而且还将部分录像内容制作成电视广告放映。原告向法院起诉，要求法官责令被告对其承担隐私侵权责任，因为原告认为，被告的行为侵犯了她所享有的隐私权。

法官认为，虽然被告的确拍摄和公开了原告做运动的部分内容，但是，原告无权要求被告对其承担隐私侵权责任，因为原告所从事的活动是在公共场所即俱乐部实施的，她对于公共场所的所作所为并不享有隐私权，法官指出："当行为人将他人的姓名或者容貌在社会公众面前公开时，他人不得仅仅因为这样的原因而享有反对行为人公开的权利。因为，一方面，无论是他人的姓名还是他人的容貌均不是他人的私人事务，另一方面，无论是他人的姓名还是他人的容貌均是社会公众能够观察得到的。"②

同样，在 1991 年的 Borton v. Unisys Corp. 一案③中，法官在传统

---

① Foster v. Living Well Midwest, Inc., No. 88－5340, 1988 WL 134497, at 1 (6th Cir. Dec. 16, 1988).

② Foster v. Living Well Midwest, Inc., No. 88－5340, 1988 WL 134497, at 2－3 (6th Cir. Dec. 16, 1988).

③ Borton v. Unisys Corp., Civ. A. No. 90－4793, 1991 WL 915, at 2, 11 (E. D. Pa. Jan. 4, 1991) (mem.).

的隐私侵权责任领域采取了公共场所无隐私的一般规则，认为他人在公共场所不享有隐私权。在该案中，原告是被告公司的一名员工。原告诉称，在一次公司会议上，原告的同事从后面靠近她并用手摸了她的胸部，这个情景不仅被被告公司拍下了照片，而且还被被告公司制作成幻灯片反复播放。原告向法院起诉，认为被告的行为构成侵扰他人安宁的隐私侵权行为，应当对其遭受的损害承担赔偿责任。法官认为，原告无权要求被告对其承担隐私侵权责任，因为原告在公共场所没有隐私权，法官指出："我认为，虽然被告在本案中的确给原告拍照，但是，被告所拍摄的相片根本就没有披露原告的私人生活、具有亲密关系的细节。虽然被告的确拍摄了有关的相片，但是，被告的相片是在公共场所所拍摄的，是当着被告公司其他雇员的面拍摄的。"[1]

3. 美国法官在《美国联邦宪法第四修正案》的领域对公共场所无隐私规则的坚持

虽然《宪法第四修正案》早在 19 世纪末期就已经开始保护公民的住所和其他财产免受政府执法人员无理搜查或者扣押行为的侵害，但是，在 1967 年之前，《第四修正案》所保护的场所仅限于公民的私人场所即住所、居所，并且当政府执法人员现实地进入、侵入公民的住所、居所时，美国联邦最高法院也仅仅认定他们的进入行为、侵入行为侵犯了公民所享有的财产所有权或者其他财产权，已如前述。

不过，在 1967 年，这一切均发生了天翻地覆的变化，因为这一年，美国联邦最高法院不仅在著名的 Katz v. United States 一案[2]中认定，《第四修正案》所保护的权利不再是公民的财产所有权或者其他财产权，而是公民对其住所、居所所享有的隐私权，这就是宪法性隐私、《第四修正案》所规定的隐私权，而且还在该案中认定，《第四修正案》既可能保护公民在私人场所的隐私权，也可能保护公民在公共场所的隐私权，因为在该案中，美国联邦最高法院的 Stewart 大法官明确宣称，《第四修正案》所保护的是人而不是场所，即便他人身处公共场所，如果他人在公共场所的所作所为被他人视为具有私密性质的私人事务，则《第四修正案》仍然保护他人在公共场所的

---

[1] Borton v. Unisys Corp., Civ. A. No. 90-4793, 1991 WL 915, at 10.
[2] 389 U.S. 347 (1967).

所作所为，如果政府执法人员要探寻公民在公共场所的所作所为，他们仍然应当按照《第四修正案》的规定获得搜查令，或者存在不需要搜查令的例外情况，否则，他们对公民在公共场所的所作所为所实施的探寻行为在性质上仍然属于不合理的搜查行为，侵犯了公民在公共场所所享有的隐私权，已如前述。

当 Stewart 大法官在 Katz v. United States 一案中发表上述著名的论断时，人们最初可能会精神为之一振，对美国联邦最高法院在《第四修正案》的范围内保护公民所享有的宪法性隐私权寄予厚望，因为他们以为，既然《第四修正案》所保护的是人而不是场所，则《第四修正案》除了会保护所处私人场所当中的人之外，也会保护所处公共场所当中的人。因为在 Katz 一案之后，有学者在 1972 年的法学期刊当中发表了如下评论："Katz 一案的判决书指出，不论他人身在何处，他都有权作出以下期待——他的人身、财产都能够免遭政府部门的无理搜查与扣押。Katz 一案的判决摒弃了 Olmstead 一案的原则，从而提出了这项全新的标准——合理的隐私期待。此外，该案的判决意见依然认为，政府部门无理的搜查与扣押行为无疑侵犯了美国联邦宪法所保护的领域。Katz 一案的判决改变了法院判断隐私领域、私人事务的标准。"①

而事实上，美国联邦最高法院此后的做法让人们大跌眼镜、深感失望，因为自 1967 年开始，美国联邦最高法院在一系列的著名案件当中均借口 Harlan 大法官在 Katz 一案的并存意见当中所确立的"隐私合理期待"理论来否定公民在公共场所所享有的隐私权，让公民依据《第四修正案》所享有的宪法性隐私权几乎消失殆尽。

在 Katz v. United States 一案中，Harlan 大法官指出："根据我的理解，从以往的判决中，我们可以得出一个对《第四修正案》保护对象的双重要求，这就是：其一，公民对其隐私表现出了真实的、主观的期待；其二，公民所表现出的此种真实的、主观的隐私期待被社

---

① Comment, The Concept of Privacy and the Fourth Amendment, 6 U. MICH. J. L. REF. 154, 176 (1972)；大卫·M. 奥布赖恩：《隐私的合理期待理论》，张雨译，载张民安主编：《隐私合理期待总论》，中山大学出版社 2015 年版，第 97 页。

会认为是合理的隐私期待。"① 换句话说，Harlan 大法官认为，在决定《第四修正案》所保护的对象时，法官应当考虑双重要求，这就是，公民对政府执法人员搜查或者扣押的场所或者事物表现出真实的、主观的隐私期待；社会公众认定公民对这些场所或者事物所享有的真实的、主观的隐私期待是合理的；一旦具备这两个要求，则按照《第四修正案》的要求，政府执法人员就不得对这些场所或者事物实施搜查行为或者扣押行为，否则，他们的搜查行为或者扣押行为将会违反《第四修正案》的规定，除非他们具备各种各样的例外规则的要求。②

当公民在公共场所从事任何活动时，无论他们所从事的活动是合法的还是非法的，政府执法人员均有可能对他们在公共场所的所作所为进行探寻、侦查或者监控。在没有获得搜查令的情况下，如果政府执法人员对公民在公共场所的所作所为进行探寻、侦查或者监控，他们所实施的这些探寻、侦查或者监控是否违反了《第四修正案》的规定，是否侵犯了公民依据《第四修正案》所享有的宪法性隐私权？对此问题，自 20 世纪 60 年代末期以来，美国联邦最高法院几乎均做出了否定的回答，它认为，只要他人身处公共场所，政府执法人员就能够在没有获得搜查令的情况下对他人实施探寻、侦查或者监控行为，他们所实施的这些行为并没有违反《第四修正案》的规定，因为他们实施的这些行为并没有侵犯他人所享有的宪法性隐私权。

美国联邦最高法院之所以采取上述规则，是因为它认为，当他人身处公共场所时，即便他人对其在公共场所的所作所为具有真实的、主观的隐私期待，即便他们在主观上真实期待包括政府执法人员在内的所有社会公众均应当尊重他们在公共场所的所作所为，但是，他人的此种真实的、主观上的隐私期待在客观上是不合理的，因为，社会公众普遍认为，当他人冒险进入公共场所时，他人实际上将自己置于社会公众的视野，除了应当承担被社会公众以目视或者科技手段探

---

① 389 U.S. 347, 361 (1967)；张民安：《隐私合理期待理论研究》，载张民安主编：《隐私合理期待总论》，中山大学出版社 2015 年版，第 19－20 页。

② 张民安：《隐私合理期待理论研究》，载张民安主编：《隐私合理期待总论》，中山大学出版社 2015 年版，第 19 页。

寻、侦查或者监控他人的风险之外，他人也应当承担被政府执法人员以目视或者科技手段探寻、侦查或者监控他人的风险。

在美国，联邦最高法院在大量的案件当中对此种规则做出了说明，认为即便公民对其在公共场所的所作所为享有真正的、主观上的隐私期待，他们的此种主观隐私期待在客观上也是不合理的。换言之，公民在公共场所不享有《第四修正案》所规定的宪法性隐私权。例如，在1976年的United States v. Santana一案①中，美国联邦最高法院就采取了此种规则。在该案中，Santana当时站在自己的家门口，手提着一个装有海洛因的纸袋，后来Santana回到自家的住宅，随后她遭到了警察的逮捕。Rehnquist大法官指出：" 根据普通法对财产权的规定，他人的居所，连同周围的院落都属于他人的隐私。然而，Santana在案发时却是身处'公共'场所，她当时并不享有任何合理的隐私期待。"② 因为Santana对自己的家门口并不享有合理的隐私期待，所以，警方在没有搜查证的情况下，也可以根据合理依据来逮捕她。③

再例如，在1983年的著名案件United States v. Knotts一案④中，美国联邦最高法院也采取此种规则，认定公民对其公共场所的所作所为享有主观上的隐私期待是不合理的。在该案中，警察将一种名叫寻呼机的电子跟踪设备安装在一罐化学药品上，并将它销售给一个有犯罪嫌疑的毒品制造商。警察利用电子监控设备以及寻呼机发出的信号跟踪了这名嫌疑犯的汽车，汽车上装有很多罐化学物品。可是，警察跟丢了这个电子信号一个小时左右的时间。后来，一架直升机捕捉到寻呼机的电子信号，这一信号指示寻呼机位于一个小屋的周围。美国联邦最高法院总结道，没有人能对他们开在公共道路或者开放领域的

---

① 427 U. S. 39 (1976).
② United States v. Santana, 427 U. S. at 42. Earlier that term, in United States v. Watson, 423 U. S. 411 (1976),
③ 大卫·M. 奥布赖恩：《隐私的合理期待理论》，张雨译，载张民安主编：《隐私合理期待总论》，中山大学出版社2015年版，第101页。
④ 460 U. S. 276 (1983).

汽车享有合理隐私期待。①

同样，在2005年的Illinois v. Caballes一案②中，美国联邦最高法院也采取此种规则，认定公民在公共场所并不享有隐私权。在该案中，Caballes因超速行驶而被警察拦截，而警察当时恰好带着一只毒品嗅探犬（drug-sniffing dog）。由于嗅探犬对车辆的后备厢做出警示反应，故警察搜查了车辆后备厢并发现其中藏有毒品。美国联邦最高法院认为，警察利用警犬发现被告藏匿的毒品并不构成搜查行为，因为它认为，即便Caballes在主观上对其车辆的后备厢享有隐私期待，但是，没有社会公众会认定他的此种主观隐私期待在客观上是合理的。③

（三）美国学者对公共场所无隐私规则的严厉批判

1. 美国学者在两个领域对公共场所无隐私规则做出的批判

迄今为止，美国联邦最高法院仍然坚持公共场所无隐私的一般规则，认为当他人身处公共场所时，他们原则上对其在公共场所的所作所为不享有隐私权，当行为人尤其是政府执法人员探寻、侦查或者监控他人在公共场所的所作所为、一举一动时，他们所实施的行为并不构成侵犯他人隐私权的行为，包括没有侵犯他人所享有的普通法上的隐私权和没有侵犯他人所享有的《第四修正案》所规定的宪法性隐私权，已如前述。美国联邦最高法院的此种做法当然对行为人的行为自由权提供了强大的保护，尤其是对政府执法人员的执法利益提供了强大的保护，但是，它所采取的此种做法则严重牺牲了他人所享有的隐私权，严重削弱了《第四修正案》对公民所享有的基本权利即宪法性隐私权的保护。为了对他人的隐私权提供强大的保护，为了防止行为人尤其是政府执法人员借口打击犯罪、预防犯罪的执法利益的需要而恣意侵犯他人的隐私权，美国大量的学者开始批判公共场所无隐

---

① 斯蒂芬·P. 琼斯：《公民的合理隐私期待》，王垚译，载张民安主编：《隐私合理期待总论》，中山大学出版社2015年版，第155页。
② 543 U. S. 405（2005）.
③ 奥林·S. 科尔：《〈美国联邦宪法第四修正案〉对隐私合理期待所提供的四种保护模式》，罗小艺译，载张民安主编：《隐私合理期待总论》，中山大学出版社2015年版，第362页。

私的一般规则，主张公共场所有隐私的一般理论。

在美国，主张公共场所有隐私的一般理论的学者在两个领域主张这一理论：

其一，针对《美国侵权法复述（第二版）》在侵扰他人安宁的隐私侵权领域否认公共场所隐私权存在的情况，美国的大量学者均对法官固守该复述的做法提出严厉的批判，他们认为，在侵扰他人安宁的隐私侵权领域，人们应当废除普通法所固守的公共场所无隐私的一般规则，并因此在侵扰他人安宁的隐私侵权领域建立公共场所有隐私的一般规则。

其二，针对美国联邦最高法院在《第四修正案》领域否认公共场所隐私权存在的情况，美国大量的学者均对美国联邦最高法院所固守的公共场所无隐私的一般规则做出严厉的批判，他们或者认为，应当在《第四修正案》领域完全废除隐私的合理期待理论，因为虽然美国联邦最高法院在《第四修正案》领域确立了隐私的合理期待理论，但是，它所确立的此种理论是"易变的"、"不符合逻辑的"，甚至是有可能引起"混乱的"，他们或者认为，此种理论在极力扩张政府执法人员所享有的权利的同时几乎完全窒息了公民所享有的隐私权。[①]

2. 美国学者在传统隐私权领域对公共场所无隐私的一般理论做出的批判

在美国，虽然不少学者均在侵扰他人安宁的隐私侵权领域主张公共场所有隐私的一般规则，但是，最著名的学者莫过于 Andrew Jay McClurg 教授。在 1995 年的《北卡罗莱纳大学法律评论》上，McClurg 发表了著名的学术论文《打开隐私侵权的闭塞空间：公共场所隐私侵权理论》。在该文章当中，他对美国法官在侵扰他人安宁的隐私侵权领域所持有的公共场所无隐私的一般规则做出了严厉的批判，认为应当在侵扰他人安宁的隐私侵权领域建立公共场所有隐私的一般规则。他的此种主张影响巨大，大量的美国学者以他的此种主张为基础主张美国普通法要废除公共场所无隐私的一般规则，代之以公

[①] 张民安：《隐私合理期待理论研究》，载张民安主编：《隐私合理期待总论》，中山大学出版社 2015 年版，第 27–29 页。

共场所有隐私的一般规则。①

在其《打开隐私侵权的闭塞空间：公共场所隐私侵权理论》一文当中，McClurg认为，在遵循"公共场所无隐私"的一般规则时，法官既没有完全理解隐私的本质，也没有认清侵扰他人安宁的隐私侵权所保护的利益的性质；即使他人身处公共场所，即便社会公众能够在公共场所看到他人的所作所为，他人并非对其在公共场所的任何所作所为均不享有隐私权，事实上，他人对其在公共场所的某些所作所为享有隐私权，当行为人探寻、侦查或者监控他人在公共场所的所作所为时，他们所实施的这些行为仍然侵犯了他人所享有的隐私权。换言之，侵权法应当承认并且保护他人在公共场所的隐私权。②

McClurg认为，侵权法之所以应当承认和保护公共场所的隐私权，其原因多种多样，其中包括：

首先，在当今美国，无论人们是否意识到或者是否承认，他人所享有的隐私权正在不断萎缩，导致了公共场所无隐私规则的确立。"尽管人们很关心自己的隐私权并坚信侵权法应当保护他们的个人隐私权，但是事实上，侵权法上的隐私权范围正在不断缩减，甚至可以说隐私权正面临消失的危险，至少有几种形式的隐私权已经不再被法律所保护。法官的判决对侵权行为的认定不当，削弱了侵权法对个人隐私权利的保护作用。隐私权的权利范围正在减小的这种现象对于理解本文非常重要，因为它造成了有关公共场所侵扰行为法律规范的空白。"③

其次，在当今美国，伴随着他人隐私权不断萎缩的是日益增加的

---

① Andrew Jay McClurg, Bringing Privacy Law Out of the Closet: A Tort Theory of Liability for Intrusions in Public Places, 73 N. C. L. Rev. 989, p. 1036；安德鲁·杰·麦克拉格：《打开隐私侵权的闭塞空间：公共场所隐私侵权理论》，骆俊菲译，载张民安主编：《隐私权的比较研究》，中山大学出版社2013年版，第270-342页。

② Andrew Jay McClurg, Bringing Privacy Law Out of the Closet: A Tort Theory of Liability for Intrusions in Public Places, 73 N. C. L. Rev. 989, p. 995；安德鲁·杰·麦克拉格：《打开隐私侵权的闭塞空间：公共场所隐私侵权理论》，骆俊菲译，载张民安主编：《隐私权的比较研究》，中山大学出版社2013年版，第270-342页。

③ Andrew Jay McClurg, Bringing Privacy Law Out of the Closet: A Tort Theory of Liability for Intrusions in Public Places, 73 N. C. L. Rev. 989, p. 996；安德鲁·杰·麦克拉格：《打开隐私侵权的闭塞空间：公共场所隐私侵权理论》，骆俊菲译，载张民安主编：《隐私权的比较研究》，中山大学出版社2013年版，第270-342页。

对他人个人隐私侵犯的威胁。"在侵权法上的隐私权范围正在日渐缩小的同时,社会对个人隐私权的威胁却日益增加,因为我们生活的社会正变得越来越具有侵扰性,文明程度越来越低。"①

一方面,在当今美国,大众传媒日渐扩张,已经覆盖了社会生活的方方面面,耸人听闻似乎是传媒报道所共有的特点。"无论是1994年那条关于电台节目主持人 Howard Stern 坐在马桶上被一群竞争做 Howard Stern 小姐的女性包围的新闻②,还是说唱艺人 Ice-T 的歌词叫嚣着杀死警察的新闻③,又或者是某全国发行的杂志在封面上刊登了女演员 Demi Moore 在怀孕八个月时的裸照的新闻④等等,各种媒体的目标都是要比前人走得更远。⑤对于媒体而言似乎没有任何举动是越界的或离谱的。"⑥另一方面,在当今美国,行为人用来窥探他人私人生活的器材可谓五花八门,诸如:可以放置在公文包、项链、时钟、烟雾探测器、天花板洒水器里的隐蔽摄像机;既可以"听到隔壁房间里的声音"又可以远距离窃听的麦克风;既可以藏在签字笔内又可以藏在电源插座内或其他任何东西里的无线电发射器、电话窃听器、夜视镜、电子开锁器,甚至是汽车追踪器材;等等。并且,人们都可以轻易买到这些窥视器材。⑦

不过,"这些监视器材尽管让人不安,但是毕竟不是普遍使用的设备,相比之下,摄录机(video camcorder)对于隐私权的威胁更为

---

① Andrew Jay McClurg, Bringing Privacy Law Out of the Closet: A Tort Theory of Liability for Intrusions in Public Places, 73 N. C. L. Rev. 989, p. 1009;安德鲁·杰·麦克拉格:《打开隐私侵权的闭塞空间:公共场所隐私权理论》,骆俊菲译,载张民安主编:《隐私权的比较研究》,中山大学出版社2013年版,第270-342页。

② Ring Out the Old, Gross Out the New, Newsweek, Jan. 17, 1994, at 33.

③ See Eric Snider, Ice T Takes the Plunge and Wins, St. Petersburg Times, Aug. 1, 1992, at 1D.

④ Sexes Watch: Picture Perfect, L. A. Times, July 22, 1991, at B6.

⑤ See Martha Bayles, The Shock-Art Fallacy, Atlantic, Feb. 1994, at 18, 20.

⑥ Andrew Jay McClurg, Bringing Privacy Law Out of the Closet: A Tort Theory of Liability for Intrusions in Public Places, 73 N. C. L. Rev. 989, p. 1016;安德鲁·杰·麦克拉格:《打开隐私侵权的闭塞空间:公共场所隐私权理论》,骆俊菲译,载张民安主编:《隐私权的比较研究》,中山大学出版社2013年版,第286页。

⑦ Andrew Jay McClurg, Bringing Privacy Law Out of the Closet: A Tort Theory of Liability for Intrusions in Public Places, 73 N. C. L. Rev. 989, pp. 1018-1019;安德鲁·杰·麦克拉格:《打开隐私侵权的闭塞空间:公共场所隐私权理论》,骆俊菲译,载张民安主编:《隐私权的比较研究》,中山大学出版社2013年版,第288页。

贴近人们的生活，其危险性更实在。摄像技术改变了我们观察周围世界的方式，也反过来改变了我们周围的人观察我们的方式。无论我们是在酒店里，在停车场，在法院里，在摇滚演唱会上，在运动会上，在校车上，在工作场所，在收费亭或者甚至在教堂里，每时每刻我们的日常生活被他人拍摄下来的可能性都很高。"①

最后，Prosser 教授所主张的公共场所无隐私的理论是不正确的。无论是在其《论隐私权》一文当中还是在其负责起草的《美国侵权法复述（第二版）》当中，Prosser 教授均认为，他人之所以对其公共场所的所作所为不享有隐私权，一方面是因为，在他人明知进入公共场所会存在被别人看到、听到的风险的情况下仍然冒险进入公共场所，他人应当承受被人探寻、侦查和监控的风险，这就是所谓的自担风险理论；另一方面是因为，当他人进入公共场所时，行为人对他人进行的拍照同行为人对其进行观察的行为之间不存在任何差异，既然他人应当承受行为人对其进行的观察行为，则他人也应当承受行为人对其上述的拍照行为，已如前述。

事实上，Prosser 教授的这两个理由均是站不住脚的，均是错误的。一方面，虽然自担风险能够在侵权责任领域适用，但是，自担风险理论无法在公共场所领域适用，因为，根据自担风险的理论，仅在他人完全了解了行为人的行为对其可能引起的损害之后，如果他人仍然自愿选择在风险可能发生的范围内行为，则当他人因为此种可能的风险而遭受损害时，他人不得要求行为人对其遭受的损害承担赔偿责任。在公共场所引起的侵权案件当中，当他人进入公共场所时，他人既无法知道行为人会对其进行拍照，更不会自愿表示会承受被行为人拍照并且被行为人公开的危险。② 另一方面，虽然 Prosser 教授认为，

---

① Andrew Jay McClurg, Bringing Privacy Law Out of the Closet: A Tort Theory of Liability for Intrusions in Public Places, 73 N. C. L. Rev. 989, pp. 1019 – 1020；安德鲁·杰·麦克拉格：《打开隐私侵权的闭塞空间：公共场所隐私侵权理论》，骆俊菲译，载张民安主编：《隐私权的比较研究》，中山大学出版社 2013 年版，第 288 页。

② Andrew Jay McClurg, Bringing Privacy Law Out of the Closet: A Tort Theory of Liability for Intrusions in Public Places, 73 N. C. L. Rev. 989, pp. 1036 – 1041；安德鲁·杰·麦克拉格：《打开隐私侵权的闭塞空间：公共场所隐私侵权理论》，骆俊菲译，载张民安主编：《隐私权的比较研究》，中山大学出版社 2013 年版，第 298 – 301 页。

行为人对身处公共场所的他人所进行的拍照行为与身处公共场所的他人所进行的观察行为是没有任何差异的,但实际上,这两者之间存在重大差异:虽然行为人会对他人进行肉眼观察,但是,行为人所实施的侵扰行为仅仅是暂时的、一瞬间的,而当行为人对他人进行拍照时,则他们对他人所实施的侵扰行为则是恒久性的,会导致他人对其相片丧失控制;当行为人对他人进行肉眼观察时,他们无法将他人观察所得在社会公众明确传播,而当行为人对他人进行拍照时,他们可能会在他人无法控制的范围内传播他人的相片。[1]

McClurg教授认为,应当对《美国侵权法复述(第二版)》第652B条进行重新构造,以便该条能够同时保护他人在私人场所的隐私权和公共场所的隐私权,当行为人侵入他人在私人场所和公共场所的安宁时,他们应当根据该条的规定对他人遭受的损害承担隐私侵权责任。为此,McClurg教授既对侵扰他人安宁的隐私侵权做出了自己的界定,也对侵扰他人安宁的隐私侵权的构成因素做出了详细的阐述。所谓侵扰他人安宁的隐私侵权行为,是指行为人故意以物理性的方式或者其他方式干涉他人的私人事务或相关事项的行为,无论行为发生的场所是在物理性的私人领域还是向公众公开的领域,如果行为人的侵扰行为达到令一个有理性的人高度反感的程度,行为人就应当对他人承担隐私侵权责任。[2]

在判断行为人实施的某行为是否达到令一个有理性的人高度反感的程度时,应当考虑以下因素:①行为人的动机;②侵扰行为的程度,包括行为持续的时间、影响的范围和实施方式;③根据行为发生地的风俗和习惯,他人是否可以合理期待免受该行为的侵扰;④行为人实施侵扰行为前是否征得他人的同意;⑤他人是否采取行动表示反

---

[1] Andrew Jay McClurg, Bringing Privacy Law Out of the Closet: A Tort Theory of Liability for Intrusions in Public Places, 73 N. C. L. Rev. 989, pp. 1041 – 1049;安德鲁·杰·麦克拉格:《打开隐私侵权的闭塞空间:公共场所隐私侵权理论》,骆俊菲译,载张民安主编:《隐私权的比较研究》,中山大学出版社2013年版,第301 – 304页。

[2] Andrew Jay McClurg, Bringing Privacy Law Out of the Closet: A Tort Theory of Liability for Intrusions in Public Places, 73 N. C. L. Rev. 989, p. 1058;安德鲁·杰·麦克拉格:《打开隐私侵权的闭塞空间:公共场所隐私侵权理论》,骆俊菲译,载张民安主编:《隐私权的比较研究》,中山大学出版社2013年版,第317页。

对行为人实施该行为，而这种表示必须是可以让有理性的人所理解的；⑥行为人是否将通过侵扰行为获取的他人肖像或其他信息予以公开传播；⑦通过侵扰行为获取的他人肖像或其他个人信息是否涉及法定公共利益。行为人的行为只要符合以上七个因素中的一个或者几个，即可认定其行为达到令一个有理性的人高度反感的程度，七个要素无分主次，具体需要适用哪些因素进行判断视具体个案而定。①

3. 美国学者在《美国联邦宪法第四修正案》领域对公共场所无隐私规则的批判

在美国，除了在普通法领域对公共场所无隐私的一般规则做出严厉批判之外，学者尤其是在《第四修正案》的领域对公共场所无隐私的一般规则做出严厉批判。笔者在前面的内容当中已经指出，在美国，在决定公民是否享有《第四修正案》所规定的宪法性隐私权时，法官除了要考虑公民是否对其在公共场所的所作所为享有主观的隐私期待之外，还要考虑公民的此种主观的隐私期待在客观上是否合理，这就是所谓的隐私合理期待理论，已如前述。

从理论上讲，即便他人身处公共场所，如果他人对其在公共场所的所作所为享有主观上的隐私期待，并且如果他人的此种主观隐私期待在客观上是合理的，则他人就享有《第四修正案》所规定的宪法性隐私权。不过，在实践当中，他人在公共场所所享有的此种宪法性的隐私权几乎是不可能享有的，因为，在决定他人的主观隐私期待在客观上是否合理时，美国的法官几乎是一边倒地认为，他人的主观隐私期待在客观上不可能是合理的，而美国法官之所以一边倒地认定他人主观上的隐私期待在客观上是不合理的，其原因仅有一个，这就是，他人身处公共场所，社会公众不可能认定他人在公共场所还享有合理的隐私期待，社会公众会合理地认定，身处公共场所的人应当接受包括政府执法人员在内的任何行为人的探寻、侦查和监控，已如前述。

---

① Andrew Jay McClurg, Bringing Privacy Law Out of the Closet: A Tort Theory of Liability for Intrusions in Public Places, 73 N. C. L. Rev. 989, pp. 1058 – 1085；安德鲁·杰·麦克拉格：《打开隐私侵权的闭塞空间：公共场所隐私侵权理论》，骆俊菲译，载张民安主编：《隐私权的比较研究》，中山大学出版社2013年版，第317 – 339页。

因为美国法官往往借口主观隐私期待在客观上不合理的理由否定他人在公共场所享有的宪法性隐私权,因此,在对《第四修正案》领域的公共场所无隐私理论做出批判时,美国几乎所有的学者均将其矛盾对准隐私合理期待理论当中的第二个构成要素即客观的隐私期待:虽然美国联邦最高法院在其司法判例当中将隐私的合理期待看作他人享有隐私权的判断标准,但是,他人的主观隐私期待在什么情况下是合理的、在什么情况下是不合理的,美国联邦最高法院并没有确立明确的、简便可行的判断标准,导致《第四修正案》方面的法律混乱不堪、矛盾重重,无法形成有机整体。

例如,在其《〈美国联邦宪法第四修正案〉对隐私合理期待所提供的四种保护模式》当中,Orin S. Kerr 教授就对隐私合理期待理论做出了严厉批判。Kerr 教授指出,在美国,《第四修正案》的核心问题是隐私合理期待的判断标准(the reasonable expectation of privacy test)问题。虽然美国联邦最高法院认定,《第四修正案》对政府执法人员所实施的侵犯公民合理隐私期待的行为进行规范和调整,但是,似乎没有人能够知道,公民的隐私期待在什么情况下在宪法上是"合理的"。美国联邦最高法院曾经一而再再而三地强调,在判断公民的隐私期待是否合理时,人们不得适用某种单一的判断标准(a single test)。在某些案件当中,美国联邦最高法院认为,在判断公民的隐私期待是否合理时,除了应当考虑不动产或者动产所有权法之外,人们还应当考虑社会所承认和所允许的看法(understandings)。而在另外一些案件当中,美国联邦最高法院则认定,在判断公民的隐私期待是否合理时,人们不得考虑不动产或者动产所有权法,并且人们也不知道社会所承认和所允许的看法究竟是什么。自 Harlan 大法官在 Katz v. United States 一案中提出隐私合理期待的判断标准以来,时间虽然已经过去了 40 多年,但是,美国联邦最高法院仍然无法清楚地阐明"隐私的合理期待"这一术语的具体含义。①

---

① Orin S. Kerr, Four Models of Fourth Amendment Protection, 60 Stan. L. Rev. 503, pp. 504 – 505;奥林·S. 科尔:《〈美国联邦宪法第四修正案〉对隐私合理期待所提供的四种保护模式》,罗小艺译,载张民安主编:《隐私合理期待总论》,中山大学出版社 2015 年版,第 354 – 355 页。

对于此种现状，美国学术界普遍感到困惑不安并因此引起了学术界的广泛批评。某些学者对美国联邦最高法院的做法进行了强烈的谴责，认为它的做法是"让人极度不安、难以收拾"的做法，是"非常不稳定"的做法，是"前后矛盾、完全处于杂乱无章当中"的做法。为了确立隐私合理期待的判断标准，人们在其出版的各种各样的专著和案例教程当中不遗余力，试图对此种判断标准做出阐述。不过，在确立隐私合理期待的判断标准时，绝大多数学者仅仅在他们的专著和案例教程当中重复了美国联邦最高法院在其一系列的案例当中所做出的说明。某些学者甚至在他们的专著和案例教程当中宣称，判断公民的隐私期待是否合理的唯一方法是，如果美国联邦最高法院的五位大法官同时认为公民的隐私期待是合理的，则公民的隐私期待就是合理的。虽然在隐私合理期待的判断标准问题上，美国学者并没有取得一致意见，但是，他们均在一个问题上取得了一致意见，这就是，美国联邦最高法院所处理的有关隐私合理期待的案件均是败笔。①

再例如，在其《宪法第四修正案保护范围的判断标准———一种实用主义的方法》当中，Daniel J. Solove 教授也对隐私合理期待理论做出了严厉批判。他指出，在今时今日的美国，隐私合理期待的判断标准决定着《第四修正案》所保护的范围，自美国联邦最高法院在 1967 年就 Katz v. United States 一案做出裁判以来，在判断政府执法人员收集公民信息的行为是否违反了《第四修正案》所保护的范围时，美国联邦最高法院一直都在探寻，公民对政府执法人员收集的信息是否存在社会承认为"合理的隐私期待"。然而，在适用隐私的合理期待理论判断标准时，美国联邦最高法院所做出的司法判例形形色

---

① Orin S. Kerr, Four Models of Fourth Amendment Protection, 60 Stan. L. Rev. 503, p. 505；奥林·S. 科尔：《〈美国联邦宪法第四修正案〉对隐私合理期待所提供的四种保护模式》，罗小艺译，载张民安主编：《隐私合理期待总论》，中山大学出版社 2015 年版，第 355 页。

色，导致它在同一问题上所得出的结论相互矛盾，彼此之间欠缺一致性。①

Solove 教授认为，乍一看，隐私合理期待的判断标准似乎意义非凡、作用重大，因为美国联邦最高法院在其判决当中指出："《第四修正案》的核心功能是保护公民的隐私和人格尊严免受国家在没有搜查令的情况下所实施的侵扰行为的侵害。因此，对公民隐私的保护是《第四修正案》的核心目的和统一目的。在规范政府所实施的信息搜集行为时，对公民隐私的保护提供了指导作用。在判断政府所实施的信息搜集行为是否属于《第四修正案》所规定的搜查行为时，法官抛弃了他们那些过时的考量因素，诸如政府执法人员是否实施了现实的侵入行为，而直接将《第四修正案》所关注的核心放在公民的隐私上，而公民的隐私是自由和民主社会的核心价值。此外，隐私合理期待的判断标准也具有灵活性，它能够随着社会的发展而发展，能够与当下的社会价值相适应。"②

然而，在实践当中，隐私合理期待的判断标准并没有起到这样的作用。在隐私合理期待理论确立之后，美国联邦最高法院采取的隐私观（conception of privacy）是极端狭隘的（overly narrow）、颠三倒四的、短视的隐私观，除了严重窒息公民的自由之外，它所采取的隐私观还与社会完全脱节。这一点，许多的学者均做出了明确说明。Scott Sundby 教授指出："虽然美国联邦最高法院认定《第四修正案》涉及公民隐私权的保护，但是，它关于《第四修正案》所规定的隐私权理论无法满足今时今日社会变化的需要，因为在今时今日，人们所生活的世界越来越变成了一个没有隐私的世界。事实上，美国联邦最高法院关于《第四修正案》所规定的隐私权理论表明，它不愿意通过

---

① Daniel J. Solove, Fourth Amendment Pragmatism, 51 B. C. L. Rev. 1511, p. 1511；丹尼尔·J. 索洛韦伊：《〈美国联邦宪法第四修正案〉保护范围的判断标准——一种实用主义的方法》，敬罗晖译，载张民安主编：《隐私合理期待总论》，中山大学出版社 2015 年版，第 536 页。

② Daniel J. Solove, Fourth Amendment Pragmatism, 51 B. C. L. Rev. 1511, p. 1519；丹尼尔·J. 索洛韦伊：《〈美国联邦宪法第四修正案〉保护范围的判断标准——一种实用主义的方法》，敬罗晖译，载张民安主编：《隐私合理期待总论》，中山大学出版社 2015 年版，第 543 – 544 页。

司法方式拓展公民所享有的个人权利。"① Morgan Cloud 教授也指出："当人们得出 Katz 一案所确立的隐私合理期待理论是失败的结论时，他们所得出的此种结论是公平的，至少就《第四修正案》的最初目的的实现而言是如此：如果隐私合理期待判断标准的最初目的是为了规范和调整政府执法人员对现代监控技术的使用行为的话，则《第四修正案》所规定的此种目的没有成功实现。"②

同样，在其《为了更好地保密而超越纯粹的保密利益——拓展〈宪法第四修正案〉所保护的隐私范围》当中，James J. Tomkovicz 教授也对隐私合理期待理论做出了严厉批判。他认为，美国联邦最高法院在 1967 年的 Katz 一案中所确立的规则是值得称颂的，因为它体现了科技时代社会发展和变化的需要，能够维护社会的基本价值即公民的隐私权免受政府的侵犯。③ 然而，在 Katz 一案的规则确立之后，人们开始对美国联邦最高法院的做法感到失望，因为在分析政府执法人员所实施的行为是否侵犯了《第四修正案》赋予公民的隐私权时，美国联邦最高法院虽然采用了隐私的合理期待理论，但是，它采取了一种限制性的、事实性的隐私权理论，这种理论仅仅关注公民在行为时是否处于秘密状态，当公民身处公共场所时，美国联邦最高法院就会认定他们对其所作所为不享有合理的隐私期待，政府执法人员就能够对他们采取任何措施。④

因为此种原因，美国联邦最高法院既违反了它在 Katz 一案中所做出的承诺，也违背了《第四修正案》所肩负的旨在保护公民免受

---

① Scott E. Sundby, "Everyman" 's Fourth Amendment: Privacy or Mutual Trust Between Government and Citizen, 94 COLUM. L. REv. 1751, 1771 (1994).

② Morgan Cloud, Rube Goldberg Meets the Constitution: The Supreme Court, Technology and the Fourth Amendment, 72 Miss. L. J. 5, 28 – 29 (2002).

③ Daniel J. Solove, Fourth Amendment Pragmatism, 51 B. C. L. Rev. 1511, p. 1520；丹尼尔·J. 索洛韦伊：《〈美国联邦宪法第四修正案〉保护范围的判断标准——一种实用主义的方法》，敬罗晖译，载张民安主编：《隐私合理期待总论》，中山大学出版社 2015 年版，第 544 页。

④ James J. Tomkovicz, Beyond Secrecy for Secrecy's Sake: Toward an Expanded Vision of the Fourth Amendment Privacy Province, 36 Hastings L. J. 645, pp. 646 – 648；詹姆斯·J. 汤姆克维兹：《为了更好地保密而超越纯粹的保密利益——拓展〈美国联邦宪法第四修正案〉所保护的隐私范围》，孙言译，载张民安主编：《隐私合理期待总论》，中山大学出版社 2015 年版，第 177 – 178 页。

政府执法人员侵害的目的。"由此导致的结果是,《第四修正案》无法按照联邦宪法的设想发挥自由社会基础的作用。尽管《一九八四》的阴影还未笼罩着我们,但是当前《第四修正案》规则适用与判断分析的失败让我们逐渐接近一种奥威尔式的社会,在这种社会中,如果公民想要获得一丁点儿的隐私权,那么他们就必须把自己置于一个毫不透光、密不透气的盒子当中。"①

James J. Tomkovicz 教授认为,虽然美国联邦最高法院在分析《第四修正案》所规定的隐私权时采取了隐私的合理期待理论,但是,它在分析此种理论时采取了一种错误的分析方法,这就是,它认为,隐私权在本质上就是一种为了保密而保密的利益。隐私权所具有的保密特征要求公民小心翼翼地保护或"保持"其私人事项的保密性。因此,如果公民没有展现其具有保密的期待,例如,如果他们没有建造屏障,如果他们在其他公民面前公开说话,或者他们在公共场合行走,则他们几乎不具有保护其私人事项保密性的利益,因此公民也就不具有《第四修正案》所保护的隐私利益。②

实际上,美国联邦最高法院所采取的此种分析方法存在逻辑上的缺陷,例如,根据此种分析方法,公民的隐私权要么处于一种全有的状态,要么处于一切全无的状态:当公民身处私人场所时,则他们就享有隐私权,而当公民身处公共场所时,则他们就不享有隐私权。实际上,即便公民身处公共场所,他们也未必一定就不享有隐私权,因为即便公民身处公共场所,他们也可能会选择将部分内容保密,而选

---

① James J. Tomkovicz, Beyond Secrecy for Secrecy's Sake: Toward an Expanded Vision of the Fourth Amendment Privacy Province, 36 Hastings L. J. 645, p. 648;詹姆斯·J. 汤姆克维兹:《为了更好地保密而超越纯粹的保密利益——拓展〈美国联邦宪法第四修正案〉所保护的隐私范围》,孙言译,载张民安主编:《隐私合理期待总论》,中山大学出版社 2015 年版,第 178 – 179 页。

② James J. Tomkovicz, Beyond Secrecy for Secrecy's Sake: Toward an Expanded Vision of the Fourth Amendment Privacy Province, 36 Hastings L. J. 645, p. 680;詹姆斯·J. 汤姆克维兹:《为了更好地保密而超越纯粹的保密利益——拓展〈美国联邦宪法第四修正案〉所保护的隐私范围》,孙言译,载张民安主编:《隐私合理期待总论》,中山大学出版社 2015 年版,第 195 页。

择将部分内容公开。①

在当今美国,学者之所以普遍对美国联邦最高法院所确立的隐私合理期待理论持批判态度,是因为他们认为,美国联邦最高法院的做法在限制甚至剥夺公民所享有的隐私权的同时还纵容了政府恣意行为的产生,因为,为了实现各种各样的目的,政府开始对公民实施全面监控,导致公民在公共场所的一举一动、一言一行均被政府所掌控。如果学者不对美国联邦最高法院所确立的隐私合理期待理论进行批判,尤其是,如果学者不对美国联邦最高法院在《第四修正案》领域所确立的公共场所无隐私的规则做出严厉的批判,则他们担心,随着政府执法人员权力的急剧膨胀,随着无处不在、无孔不入的监控设备的使用,随着社会公众参与公共活动积极性的萎缩,美国社会可能会成为 George Orwell 在其小说《一九八四》当中所描写的由"老大哥"主宰的"极权社会"。

这部"二战"后问世的震惊世人的小说描绘了一个令人毛骨悚然的未来世界,政府首脑"老大哥"(Big Brother)有着一张难以名状的脸,为了确保公民的正统思想与其政权的长存不朽,他对公民进行着侵扰性的、全天候的监控,在"老大哥"幽灵般的统治下,个人的隐私与自由荡然无存,因为在"极权社会","党员从出生到死亡,没有一天能够逃过思想警察的眼睛。即便在他独处之时,他也无法肯定自己是否真的独自一人。无论他身处何地,睡着或是醒着、工作或是休息、在浴室或是在床上,他都在毫无预警、全然无知的情况下受到监控。他的任何言行举止都不会被放过。他的情感关系、休闲活动、对待妻儿的方式、独处时的面部表情、睡觉时说的梦话,甚至于身体的动作特点都受到密切的审视。不仅实际犯下的轻罪会被侦查,即便是很不起眼的古怪举动、习惯上的任何变化以及任何可能被视为内心挣扎征兆的紧张不安的怪癖,都必然会遭到思想警察的监

---

① James J. Tomkovicz, Beyond Secrecy for Secrecy's Sake: Toward an Expanded Vision of the Fourth Amendment Privacy Province, 36 Hastings L. J. 645, pp. 680 – 681;詹姆斯·J. 汤姆科维兹:《为了更好地保密而超越纯粹的保密利益——拓展〈美国联邦宪法第四修正案〉所保护的隐私范围》,孙言译,载张民安主编:《隐私合理期待总论》,中山大学出版社 2015 年版,第 195 – 196 页。

查。在生活的任何方面，他都没有自由选择的权利。"①

　　在当今美国，在对《第四修正案》领域的隐私合理期待理论做出批判时，某些学者的态度是，完全废除《第四修正案》领域的隐私合理期待，并且在《第四修正案》领域采取其他分析方法。例如，在其《〈美国联邦宪法第四修正案〉保护范围的判断标准———一种实用主义的方法》当中，Daniel J. Solove 教授就采取此种理论。

　　Solove 教授指出，在判断政府所实施的行为是否构成《第四修正案》所规定的搜查行为时，隐私合理期待的判断标准无法修复，它注定要灭亡。因为，从它构建的方式来说，隐私合理期待的判断标准是要建立一种测量社会隐私观的实证主义度量标准。然而，即使美国联邦最高法院在其判决中认定某种隐私期待是被社会所认可的，即"合理的"，它也从未引用任何实证性证据来支撑其观点。实际上，美国联邦最高法院从未采取任何措施去决定，社会认为哪些隐私期待属于合理的隐私期待。很明显，法官们并不具有感知公民喜好和价值观的能力，于是法官们只能根据自己的喜好和观点来判断他人的隐私期待是否合理，而不管他们的判断是否与社会公众的观点相一致。在许多情况下，虽然法院可能认定政府的某种执法行为侵犯了公民的隐私，但公民则可能持相反的态度，他们可能会认为政府的此种执法行为并没有侵犯他们的隐私。②

　　Solove 教授还指出，当政府采集公民的个人信息时，在判断他们所实施的信息采集行为是否构成《第四修正案》所规定的搜查行为时，人们应当采取一种新的分析方法即实用主义的方法，根据此种方法，当公民对政府实施的某种信息采集行为的合理性产生质疑时，《第四修正案》就应当规范此种政府信息采集行为：一方面，政府信息采集行为经常会产生许多妨害自由和民主的问题，因为政府所实施

---

① G. Orwell, Nineteen Eighty-four 211 – 12 (1949); 布莱恩·J. 赛尔：《合理隐私期待保护的一种新模式》, 孙言译, 载张民安主编：《隐私合理期待总论》, 中山大学出版社 2015 年版, 第 312 – 313 页。

② Daniel J. Solove, Fourth Amendment Pragmatism, 51 B. C. L. Rev. 1511, pp. 1521 – 1527; 丹尼尔·J. 索洛韦伊：《〈美国联邦宪法第四修正案〉保护范围的判断标准———一种实用主义的方法》, 敬罗晖译, 载张民安主编：《隐私合理期待总论》, 中山大学出版社 2015 年版, 第 546 – 553 页。

的信息采集行为可能会侵犯公民的隐私或者抑制公民的言论自由与集会自由，使公民不敢表达自己的思想；另一方面，政府所实施的信息采集行为会使政府大量获得公民的个人信息，导致政府间接获得许多未被限制的权力或自由裁量的权力；政府官员也可能因此滥用自己的职权。当上述问题产生时，《第四修正案》就应当介入。上述问题都是宪法层面的问题，因为这些问题对于确定政府权力范围、政府与公民之间的关系以及公民行使自治权、言论自由、交流自由、结社自由、政治活动自由、追求自我发展、表达自己的意见、信仰和价值观等方面具有基础性作用。①

在美国，某些学者虽然对《第四修正案》领域的隐私合理期待理论持批判态度，但是，他们并不希望像 Solove 教授那样完全抛弃该种理论，他们只希望对该种理论进行修正和完善，以便在保留该种理论的前提下拓展该种理论所保护的隐私权范围，让公民的隐私权能够在更大的范围内得以保护。例如，Kerr 教授和 Tomkovicz 教授就是如此。在其《〈美国联邦宪法第四修正案〉对隐私合理期待所提供的四种保护模式》当中，Kerr 教授认为，虽然隐私的合理期待理论存在这样或者那样的问题，但是，在判断政府执法人员所实施的行为是否构成《第四修正案》所规定的搜查行为时，人们仍然应当坚持此种判断标准，不过，在适用此种判断标准时，人们应当区分四种不同的模式即可能性模式、私人事实模式、实在法模式和法律目的模式。②

而在其《为了更好地保密而超越纯粹的保密利益——拓展〈美国联邦宪法第四修正案〉所保护的隐私范围》当中，Tomkovicz 教授认为，"隐私合理期待"的术语具有误导性，应当予以摒弃，当务之急是我们应当提出一种更加可取的术语，以取代"隐私合理期待"

---

① Daniel J. Solove, Fourth Amendment Pragmatism, 51 B. C. L. Rev. 1511, p. 1528；丹尼尔·J. 索洛韦伊：《〈美国联邦宪法第四修正案〉保护范围的判断标准——一种实用主义的方法》，敬罗晖译，载张民安主编：《隐私合理期待总论》，中山大学出版社 2015 年版，第 554 页。

② Orin S. Kerr, Four Models of Fourth Amendment Protection, 60 Stan. L. Rev. 503, pp. 507 – 524；奥林·S. 科尔：《〈美国联邦宪法第四修正案〉对隐私合理期待所提供的四种保护模式》，罗小艺译，载张民安主编：《隐私合理期待总论》，中山大学出版社 2015 年版，第 354 – 355 页。

这一术语。我们最好不要将核心问题表述为他人期待何种隐私权,或是他人有权期待政府给予其何种隐私权。更确切地说,核心问题应当是,在享受宪法保证的权利与利益时,他人需要何种信息性隐私权。因此,笔者的初步建议是,可以将"隐私期待"的术语替换为"隐私需要"。在他人面对政府的搜查行为时,法院应当根据他人享有宪法性的信息隐私权的根本原因来判断他人的"需要";并且这些原因中应当包括但不限于他人享有的为了保密而保密的利益。①

(四) 公共场所隐私权的承认

在美国,某些学者认为,在当今的监控时代,在《第四修正案》所保护的隐私权领域,人们所要做的事情是,除了认定公民对其住所或者其他私人场所享有免受政府执法人员所实施的搜查行为或者扣押行为侵犯的隐私权之外,法律还应当认定公民对其在公共场所的所作所为享有免受政府执法人员所实施的搜查行为或者扣押行为侵犯的隐私权。当政府执法人员对他人的住所或者其他私人场所实施监控行为时,他们应当遵循《第四修正案》的要求,当政府执法人员对身处公共场所的公民实施监控行为时,他们也应当遵循《第四修正案》的要求,否则,他们所实施的监控行为将构成非法行为,将产生非法行为所产生的各种各样的后果,例如,他们通过监控行为所获得的证据应当被排除等。换言之,这些学者认为,为了克服隐私合理期待理论无法保护公民在公共场所享有的隐私权,人们应当拓展隐私合理期待理论所保护的隐私范围,除了通过此种理论保护公民在私人场所的隐私权之外,也通过此种理论保护公民在公共场所的隐私权。

这些学者认为,当公民身处私人场所时,他们固然享有免受政府执法人员通过监控手段予以监控的隐私权,而当公民身处公共场所时,他们也并非绝对、完全丧失免受政府执法人员监控的隐私权。如果公民在主观上对其所作所为享有隐私期待并且他们在主观上的此种

---

① James J. Tomkovicz, Beyond Secrecy for Secrecy's Sake: Toward an Expanded Vision of the Fourth Amendment Privacy Province, 36 Hastings L. J. 645, pp. 698-699;詹姆斯·J.汤姆克维兹:《为了更好地保密而超越纯粹的保密利益——拓展〈美国联邦宪法第四修正案〉所保护的隐私范围》,孙言译,载张民安主编:《隐私合理期待总论》,中山大学出版社2015年版,第205页。

隐私期待在客观上是合理的，则即便公民身处公共场所，他们仍然享有《第四修正案》所规定的隐私权，政府执法人员仍然不得对其实施监控行为，除非政府执法人员按照《第四修正案》的规定获得了搜查令，或者存在不需要搜查令的例外情况，否则，他们对公民所实施的监控行为将构成《第四修正案》所规定的不合理的搜查行为。换言之，这些学者认为，在判断公民是否在公共场所享有隐私权时，法律仍然应当采用美国联邦最高法院在前述 Katz 一案中所确立的两步分析法的理论，分别从主观和客观两个不同的角度分析。所不同的是，这些学者认为，不能够仅仅因为公民身处公共场所就认定他们在主观上的隐私期待在客观上是不合理的，事实上，即便公民身处公共场所，他们对其在公共场所的所作所为享有的主观隐私期待在客观上仍然具有合理性。

例如，在其《公共场所隐私权：公共场所的监控与公民所享有的匿名权》一文当中，Christopher Slobogin 教授就采取此种理论。他指出，在公共场所中，如果政府执法人员运用复杂的技术 24 小时地监视、聚焦、追踪和记录每个公民的活动，每个地方发生的事情，那么这些技术需要受到《第四修正案》的规制。然而，美国联邦最高法院在 United States v. Knotts 一案①中则认为，即便公民对其在公共场所的所作所为享有主观上的隐私期待，他们的此种隐私期待在客观上也是不合理的，因为社会公众认为，当公民在大街上驾驶机动车时，他们对其移动路线不享有任何合理的隐私期待；当政府执法人员利用蜂鸣器对公民驾驶机动车的行为将追踪时，他们所为的追踪行为与直接用目光监视公民的移动过程并没有什么不同。②

Christopher Slobogin 教授认为，美国联邦最高法院的此种做法忽视了当今社会普遍存在的一种现象，这就是，在当下城市中，甚至在一些郊区的公共场所内，技术监控随处可见。虽然追踪装置是技术监控的一种，但是在建筑和电话亭内所安装的摄像机才是公民隐私的最

---

① United States v. Knotts, 460 U. S. 276 (1983).
② Christopher Slobogin, Public Privacy: Camera Surveillance of Public Places and the Right to Anonymity, 72 Miss. L. J. 213, pp. 215 – 216；克里斯托弗·斯洛博金：《公共场所隐私权：公共场所的监控与公民所享有的匿名权》，陈圆欣译，载张民安主编：《公共场所隐私权研究》，中山大学出版社 2016 年版，第 263 – 322 页。

大威胁。传统的粒状视频成像技术只能由摄像机操作人员掌握,而如今它迅速地被实时提供高质量图像的数字技术所取代,警察和其他处于远距离的人,包括控制中心和巡逻车都可以运用这项技术。相对于成堆的录像带而言,数字化更有利于长时间存储信息,因此能够更长期地保存图像和被更多的人看到,通过相应的电脑程序,我们就可以辨认出摄像机下的人(即"生物识别技术")。我们正受到政府撒网式的监控。①

为了规范和调整政府在公共场所所实行的监控行为,我们必须承认公民在公共场所享有隐私权和匿名权,因为当政府持续、重复地监控无辜公民在公共场所的一举一动、一言一行时,它们的监控行为既不符合公众的期望,也不能够被宽恕,因为政府实施的公共监控行为侵犯了公民通过行为和言语表达自己内心想法的权利。《第四修正案》把公民在公共场所享有的匿名权作为隐私期待的一部分,正如美国联邦最高法院广为人知的名言所说的那样,"社会承认的便是合理的"。②

再例如,在其《视频监控和公共场所隐私权的构建——〈美国联邦宪法第四修正案〉与世界新态势的融合》一文当中,Marc Jonathan Blitz 教授也采取此种做法,认为在坚持隐私合理期待理论的同时,人们应当认定公民在监控时代所享有的公共场所隐私权。Blitz 教授指出,我们所生活的物理环境充满了监控摄像头。监控无处不在,墙上、树上、房屋上,只要公民走在公共场所内,其行为和言论必定会留下电子痕迹。科学家们已经研发了相应的科技来捕捉公民日常活动所产生的各种电子数据,并将此类数据汇集起来,构建记载公民个人过往数据的电子档案记录。与此同时,政府调查人员也在采用

---

① Christopher Slobogin, Public Privacy: Camera Surveillance of Public Places and the Right to Anonymity, 72 Miss. L. J. 213, p. 216;克里斯托弗·斯洛博金:《公共场所隐私权:公共场所的监控与公民所享有的匿名权》,陈圆欣译,载张民安主编:《公共场所隐私权研究》,中山大学出版社 2016 年版,第 263-322 页。

② Christopher Slobogin, Public Privacy: Camera Surveillance of Public Places and the Right to Anonymity, 72 Miss. L. J. 213, p. 217;克里斯托弗·斯洛博金:《公共场所隐私权:公共场所的监控与公民所享有的匿名权》,陈圆欣译,载张民安主编:《公共场所隐私权研究》,中山大学出版社 2016 年版,第 263-322 页。

另一种形式侵入公民的私人世界：警察花费大量时间呆在监控室内，不断倒带或者快进以掌握嫌疑人的私人生活；如果警察想要掌握犯罪嫌疑人的细节信息，那么他们就可以对视频进行慢速或者暂停，仔细研究嫌疑人的脸部表情、肌肉反应以及每一个呼吸；如果警察对嫌疑人的童年经历充满好奇，那么他们还可以调出记录着嫌疑人过往生活的视频进行观看。即使在监控视频尚未如此发达的年代，公民也知道，公共监控视频有可能会被未来的人所看到。①

虽然我们可能直觉地认为，对普遍存在的视频监控进行宪法性规范有其合理性和必要性，但是现行的《第四修正案》却采取了截然不同的态度。究其原因，大量的视频监控都发生在公共领域，如公园、街道和高速公路等，而一直以来法院不愿意承认公民享有公共场所隐私权，因为当公民身处公共场所时，他们无法有效地将个人的隐私信息隐藏起来。与政府执法人员随意拦截公民并对其进行搜查的行为不同，大量的视频监控所披露的仅仅是所有人都能够看到的表面信息（visible surface）。② 为了应对公共场所的监控对公民所产生的影响，法院不应当直接保护公民在公共场所的隐私期待，而应当承认和保护公共生活的特定属性，包括公共场所的属性、匿名权以及和隐私权相关的其他利益等，以便间接保护公民对其公共生活享有的隐私权。③

四、公共场所隐私权在我国民法当中的确立

（一）问题的提出

在我国，立法者虽然在《中华人民共和国民法通则》（以下简称

---

① Marc Jonathan Blitz, Video Surveillance and the Constitution of Public Space: Fitting the Fourth Amendment to a World that Tracks Image and Identity, 82 Tex. L. Rev. 1349, p. 1350.
② Marc Jonathan Blitz, Video Surveillance and the Constitution of Public Space: Fitting the Fourth Amendment to a World that Tracks Image and Identity, 82 Tex. L. Rev. 1349, p. 1357.
③ Marc Jonathan Blitz, Video Surveillance and the Constitution of Public Space: Fitting the Fourth Amendment to a World that Tracks Image and Identity, 82 Tex. L. Rev. 1349, p. 1364.

《民法通则》》当中对他人所享有的民事权利做出了详细的规定,尤其是,虽然立法者在《民法通则》第五章第四节当中对人身权做出了规定,但是,立法者并没有在《民法通则》当中对他人所享有的隐私权做出明确规定。① 我国立法者之所以不在《民法通则》当中对隐私权做出明确规定,其原因虽然多种多样,但是一个最主要的原因是,在《民法通则》制定的时代,隐私权没有存在的现实可能性,至少在立法者看来是如此。在民法上,隐私权是建立在他人的私人生活与其公共生活区分的基础上,而我国长久以来均不存在此种区分理论,因为长久以来,社会实行的规则是公私不分,他人的所有生活在性质上均属于公共生活,个人是无法从社会当中抽离并因此过着远离公共生活的私人生活。

在立法者没有对隐私权做出明确规定的情况下,如果行为人未经他人同意就擅自公开他人的私人生活,他们是否要就其公开他人私人生活的行为对他人承担侵权责任?如果他们应当对他人承担侵权责任,他们所承担的侵权责任究竟是什么性质的侵权责任?对此问题,我国最高法院在1988年的司法解释《关于贯彻执行〈中华人民共和国民法通则〉若干问题的意见(试行)》当中做出了明确回答,它认为,当行为人公开他人的私人生活时,他们应当就其公开行为引起的损害对他人承担侵权责任,他们所承担的此种侵权责任在性质上属于名誉侵权责任。这就是该司法解释的第140条,该条规定:以书面、口头等形式宣扬他人的隐私,或者捏造事实公然丑化他人人格,以及用侮辱、诽谤等方式损害他人名誉,造成一定影响的,应当认定为侵害公民名誉权的行为。此后,最高法院在众多的司法解释当中均坚持此种态度,在否定隐私权和隐私侵权责任独立性的同时,它均将隐私权和隐私侵权责任看作《民法通则》第101条和第120条所规定的名誉权和名誉侵权责任的组成部分。②

---

① 张民安:《无形人格侵权责任研究》,北京大学出版社2012年版,第457页;张民安:《隐私合理期待理论研究》,载张民安主编:《隐私合理期待总论》,中山大学出版社2015年版,第43页。
② 张民安:《无形人格侵权责任研究》,北京大学出版社2012年版,第458-459页;张民安:《隐私合理期待理论研究》,载张民安主编:《隐私合理期待总论》,中山大学出版社2015年版,第43页。

虽然类推适用名誉权和名誉侵权责任的做法能够填补《民法通则》没有规定隐私权和隐私侵权责任的法律漏洞，但是，此种做法显然混淆了隐私权和名誉权、隐私侵权和名誉侵权之间的关系，因为，隐私侵权以行为人公开他人的真实私人生活作为基础，而名誉侵权则以行为人做出虚假的具有名誉毁损性质的陈述作为必要条件。为了在制定法上明确区分隐私权、隐私侵权责任和名誉权、名誉侵权责任，为了将隐私权和隐私侵权责任从名誉权和名誉侵权责任当中剥离出来，我国立法者在其2008年制定的《中华人民共和国侵权责任法》（以下简称《侵权责任法》）当中除了对名誉权和名誉侵权责任做出了明确规定之外，也对隐私权和隐私侵权责任做出了明确规定，这就是《侵权责任法》第2条的规定。

《侵权责任法》第2条规定：侵害民事权益，应当依照本法承担侵权责任。本法所称民事权益，包括生命权、健康权、姓名权、名誉权、荣誉权、肖像权、隐私权、婚姻自主权、监护权、所有权、用益物权、担保物权、著作权、专利权、商标专用权、发现权、股权、继承权等人身、财产权益。在这里，立法者除了明确承认名誉权之外也明确承认了隐私权的存在，因为他们明确规定，如果行为人侵犯他人享有的名誉权，他们应当根据《侵权责任法》的规定对他人承担法律责任，如果行为人侵犯他人享有的隐私权，他们同样要根据《侵权责任法》的规定对他人承担法律责任。

不过，虽然立法者首次在《侵权责任法》当中承认了隐私权和隐私侵权责任的独立性，但是，除了在《侵权责任法》第2条当中使用了"隐私权"这三个字之外，他们并没有在《侵权责任法》当中对隐私权做出任何具体规定。当然，如果行为人侵犯他人依据《侵权责任法》第2条所享有的隐私权，则他们也应当根据《侵权责任法》第21条和第22条的规定对他人承担广义的侵权责任，除了要赔偿他人所遭受的精神损害之外还应当停止侵害的侵权责任。不过，无论是《侵权责任法》当中的第21条还是《侵权责任法》当中的第22条均不是直接对隐私侵权责任做出具体规定的法律条款，而是能够普遍适用的一般法律条款，除了能够在隐私侵权领域适用之外，这两个法律条款也能够在其他侵权领域适用。

因为立法者除了在《侵权责任法》当中使用了"隐私权"这三

个字之外并没有对隐私权和隐私侵权责任的任何内容做出明确、具体的规定,因此,即便我国民法已经承认了隐私权和隐私侵权责任的独立存在,隐私权和隐私侵权责任在我国的民法当中仍然是模棱两可的,其内涵和外延仍然是不确定的。在我国,《侵权责任法》第2条所规定的"隐私权"该如何界定?该条所规定的"隐私权"是否应当加以分类,如果应当加以分类,对该条规定的"隐私权"进行分类的标准是什么?如果行为人侵犯他人依据第2条规定所享有的"隐私权",他们当然应当根据《侵权责任法》的规定对他人承担法律责任。问题在于,他们实施的隐私侵犯行为有哪些?他人遭受的损害有哪些?行为人侵犯他人隐私权的行为究竟是过错行为还是非过错行为?换言之,行为人对他人承担隐私侵权责任应当具备哪些具体的构成要件?如果隐私权要加以分类,隐私权的类型对隐私侵权责任的构成要件是否产生影响?如果产生影响,这些影响是什么?对于这些问题,立法者均没有在《侵权责任法》当中做出任何规定。

在我国,由于受到了各种各样的正当或者不正当利益的影响,最高法院喜欢就立法者制定的各种各样的民事法律做出司法解释。① 不过,在《侵权责任法》通过之后,最高法院一反常态,除了在2010年就《侵权责任法》的适用问题做出了简单的解释之外,没有对《侵权责任法》做出任何司法解释。因此,即便《侵权责任法》在隐私权和隐私侵权责任的问题上存在上述不确定的内容,最高法院也没有通过司法解释做出任何说明。

在我国,《侵权责任法》第2条所规定的隐私权同场所之间的关系是什么?当他人身处其住所、居所或者其他私人场所时,他人是否享有该条规定的隐私权?当他人身处诸如广州白云机场、广州花城广场等公共场所时,他人是否享有该条规定的隐私权?《侵权责任法》第2条所规定的"隐私权"与该条规定的"肖像权"之间的关系如何?在未经他人同意的情况下,如果行为人擅自进入、侵入他人的住所、居所拍摄他人的肖像,他们所实施的拍摄行为究竟是侵犯了他人依据《侵权责任法》第2条的规定所享有的"隐私权"还是"肖像权"?

---

① 张民安主编:《美国当代隐私权研究》,中山大学出版社2013年版,序言,第16-19页。

同样，在未经他人同意的情况下，如果行为人尤其是政府执法人员在公共场所跟踪他人、监控他人在公共场所的一举一动、一言一行，或者如果行为人尤其是政府执法人员在他人的机动车上安装 GPS 监控他人在公共道路上的行踪，他们实施的跟踪行为、监控行为究竟是侵犯了他人根据《侵权责任法》第 2 条所规定的"隐私权"还是"肖像权"？对于这些问题，除了立法者没有做出任何规定之外，最高法院也没有通过其司法解释做出任何解释。

笔者认为，在我国，《侵权责任法》第 2 条所规定的"隐私权"除了包括私人场所的隐私权之外，也包括了公共场所的隐私权，当行为人侵犯他人享有的私人场所隐私权时，他们固然应当根据该法第 21 条和第 22 条的规定对他人承担法律责任，当行为人侵犯他人享有的公共场所隐私权时，他们也应当根据该法第 21 条和第 22 条的规定对他人承担法律责任。他人之所以在公共场所享有隐私权，其主要原因有三：其一，即便他人身处公共场所，他人仍然享有私人生活，这就是公共场所的私人生活；其二，当行为人在公共场所拍摄他人的肖像时，他们的拍摄行为未必侵犯他人享有的肖像权，而是侵犯他人享有的隐私权；其三，当政府执法人员在公共场所监控公民的一举一动、一言一行时，他们的监控行为仍然让公民遭受严重的精神损害。

（二）他人在公共场所的私人生活

在我国，他人之所以享有公共场所隐私权，第一个也是最主要的原因是，虽然他人身处公共场所，他人仍然享有私人生活，仍然享有要求别人尤其是政府执法人员尊重其私人生活的权利，这就是公共场所的隐私权。

在民法上，无论人们是否对隐私权有不同的意见，无论不同国家的民法学者是否在隐私权的界定方面达成了一致意见，他们均普遍认为，隐私权就是私人生活受尊重权，这一点在法国和在英美法系国家是如此，[①] 在我国也同样如此。因为，在民法上，隐私权仅仅保护他

[①] 张民安：《法国人格权法（上）》，清华大学出版社 2016 年版，第 510－511 页；丹尼尔·J. 索洛韦伊：《隐私权的定义》，黄淑芳译，载张民安主编：《美国当代隐私权研究》，中山大学出版社 2013 年版，第 11－39 页。

人的私人生活、个人生活，不会保护他人的公共生活、社会生活。当他人的生活在性质上属于其私人生活、个人生活时，则除了一般的行为人应当尊重其生活之外，政府尤其应当尊重他人的生活。如果行为人尤其是政府不尊重他人的私人生活、个人生活，则他们侵犯他人私人生活、个人生活的行为将构成隐私侵权行为，应当对他人承担侵权责任。相反，如果他人的生活在性质上属于其公共生活、社会生活，则除了一般的行为人能够将其生活公开之外，政府尤其会将他人的生活公开。无论是一般的行为人还是政府，他们公开他人公共生活、社会生活的行为均不构成隐私侵权行为，即便因此给他人造成严重的道德损害，他们也无须对他人遭受的损害承担赔偿责任。

此种规则属于侵权法的一般规则，除了法国民法和美国的侵权法严格遵循之外，我国的《侵权责任法》也应当严格遵循。换言之，虽然我国《侵权责任法》第2条没有对隐私权做出界定，但是，该条所规定的隐私权当然保护他人的私人生活、个人生活免受侵犯，不会保护他人的公共生活、社会生活免受侵犯。因为这样的原因，《法国民法典》第9条明确规定了私人生活受尊重权，法国民法学者和法官普遍认为，《法国民法典》第9条所保护的生活仅仅是他人的私人生活。[①]

在民法上，至于私人生活、公共生活和私人住所、公共场所之间的关系如何，我国民法学者并没有做出过多的说明。笔者认为，虽然他人的私人生活往往等同于私人场所的生活，虽然他人的公共生活往往等同于他人在公共场所的生活，但是，他人在私人场所的所有生活并非均是私人生活，就像他人在公共场所的所有生活也并非均是公共生活、社会生活一样，因为，就像他人在私人场所的某些生活在性质上也属于公共生活、社会生活一样，他人在公共场所的某些生活在性质上也属于其私人生活、个人生活。

当他人身处私人场所时，他人在私人场所的生活在性质上往往属于私人生活，尤其是，当他人身处其住所、居所当中时，他人在其住所、居所当中的生活即家庭生活往往属于私人生活。因为这样的原

---

① 张民安：《法国的隐私权研究》，载张民安主编：《隐私权的比较研究》，中山大学出版社2013年版，第164 – 180页。

因，无论是《法国民法典》、英美法系国家的普通法还是国际或者地区的人权公约均保护他人的家庭生活免受侵犯，包括政府执法人员之内的任何行为人均不得随意进入、侵入他人的住所、居所，否则，他们的随意进入、侵入行为将侵犯他人所享有的私人生活受尊重权即隐私权。

然而，当他人身处其私人场所时，他人在其私人场所当中的生活是否均为私人生活、个人生活？对此问题，无论是法国学者还是英美法系国家的学者均没有做出明确的说明。这些国家的学者之所以不对这样的问题做出说明，或者是因为在这些国家，他人在其私人场所的生活在性质上均属于其私人生活、个人生活，不存在私人场所发生公共生活、社会生活的可能性。而在我国，情况则完全不同。即便他人是在他人的住所或者居所当中，他人所进行的生活也可能不是单纯的私人生活、个人生活，而是公共生活、社会生活。

一方面，如果他人在其住所、居所当中从商，则他人基于从商的需要所产生的生活在性质上属于其公共生活，不属于其私人生活。在我国，某些地方政府基于从商自由的考虑，允许他人在其住所或者居所当中经商，此时，他人的住所、居所究竟是其私人场所还是公共场所？他人其住所、居所当中的所作所为究竟是其私人生活还是其公共生活？对此问题，我国民法学者没有做出说明。笔者认为，在民法上，他人的住所、居所在性质上属于其家庭生活的场所，因此，当然属于私人场所。但是，当他人将其住所、居所同时作为经商的场所时，他人在其住所、居所当中的生活就具有双重性：在某些情况下，他人的生活在性质上属于其私人生活，而在某些情况下，他人的生活则属于其公共生活。他人的生活究竟是其私人生活还是其公共生活，取决于他人在其住所、居所当中所作所为的性质：如果他人在其住所、居所当中的所作所为属于其家庭生活的组成部分，则他人的生活在性质上属于其私人生活，当他人在其住所、居所当中的所作所为属于其商事活动的组成部分时，则他人的生活在性质上就属于其公共生活。

另一方面，如果政府官员在其住所、居所当中过着一般社会公众不会在其住所、居所所过的生活，则他们在其住所、居所当中的生活在性质上就属于其公共生活，不属于其私人生活。在我国，私人生活与公共生活不分、私人场所与公共场所不分的最典型范例并不是他人将其住所、居所同时看作家庭生活和商事经营活动的场所,而是我国的政府官员同时将其住所、居所看作其家庭生活和公共生活的场所。

在我国,当政府官员下班回家之后,他们原本应当仅仅住所、居所当中从事家庭生活的场所,就像一般的社会公众在下班之后会将其住所、居所看作其家庭生活的场所一样。不过,实际情况并非如此。在我国,大量的政府官员公私不分,除了在其住所、居所当中过着家庭生活之外,他们也在其住所、居所当中招待所谓的宾朋好友,除了与其家庭成员过着私人生活之外,他们也在其住所、居所当中处理公事。此时,政府官员在其家中的生活究竟是私人生活还是公共生活,其中的那些生活属于其私人生活,哪些生活属于其公共生活?笔者认为,当政府官员在其家庭当中过着一般家庭成员所过着的生活时,则他们在其家庭当中的生活在性质上属于其私人生活,而当政府官员在其家庭当中处理一般的家庭成员不会在其家庭当中处理的事务时,则他们在其家庭当中的生活在性质上就属于其公共生活、社会生活的组成部分。

当他人身处公共场所时,他人在公共场所的生活在性质上往往属于公共生活、社会生活,尤其是当他人在性质上属于政府官员、公职人员时,更是如此。在我国,当他人身处公共场所时,他人在公共场所的一举一动、一言一行是否均属于其公共生活、社会生活的组成部分?对此问题,我国民法学者并没有做出任何说明。笔者认为,当他人身处公共场所时,他人在公共场所的一举一动、一言一行并非均构成公共生活、社会生活,其中的某些举动和言行在性质上属于其公共生活、社会生活,而其中的某些举动和言行在性质上则仅仅属于私人生活个人生活,不属于或者同时属于其公共生活、社会生活。包括政府执法人员在内的行为人均应当尊重他人在公共场所的私人生活,不得侵犯他人在公共场所的私人生活,否则,应当对他人承担隐私侵权责任,这就是公共场所的隐私权。

例如,如果一名女士在广州白云机场的候机大厅掀起自己的内衣并给自己的婴幼儿喂奶,她的所作所为当然发生在公共场所。问题在于,她在大庭广众之中掀起内衣的行为、她在众目睽睽之下喂养其婴幼儿的行为在性质上究竟属于其公共生活还是属于其私人生活?笔者认为，这名女士在公共场所所为的这两个行为在性质上均属于其私人生活的组成部分，并不属于其公共场所的组成部分。既然这名女士在公共场所掀起内衣和喂养其婴幼儿的行为在性质上属于其私人生活，则在该候机大厅的所有人均应当尊重其私人生活，不得拍摄或者公开该女士在候机大厅内的所作所为，否则，他们的行为就侵犯了该女士所享有的隐私权，这就是该女士在公共场所享有的隐私权。

再例如，如果两个朋友在广州的北京路步行街闲逛，当其中的一个朋友将其嘴巴凑到另一个朋友的耳边并且告知自己已经离婚的事实时，这两个朋友的言行当然发生在公共场所。问题在于，他们在北京路的言行究竟属于其私人生活的组成部分还是属于其公共生活的组成部分？笔者认为，这两个朋友的言行虽然发生在公共场所，但是，他们的言行在性质上属于私人生活，不属于公共生活。包括政府在内的所有行为人均应当尊重这两个朋友在公共场所的言行，不得偷听、偷录或者偷拍他们在公共场所的举动或者言行，否则，他们的行为侵犯了这两个朋友所享有的隐私权，这就是这两个朋友在公共场所享有的隐私权。

同样，如果一个人坐在广州越秀公园的板凳上聚精会神地阅读小说，他的所作所为当然发生在公共场所。问题在于，他在板凳上阅读小说的行为究竟属于其私人生活还是公共生活？笔者认为，他在公共场所阅读小说的行为在性质上不属于公共生活的组成部分，而属于其私人生活。因此，政府执法人员既不得凑近该人，看一看该人所阅读的小说究竟是什么小说，也不得通过搭载了变焦镜头的监控设备看清该人正在阅读的小说内容。一旦政府执法人员在没有获得搜查令的情况下实施这些行为，则他们实施的这些行为侵犯了该人所享有的隐私权，应当对该人承担侵权责任，如果政府执法人员通过这些方式获得了他人正在阅读有关实施犯罪行为的书籍，他们通过这些方式所获得的犯罪证据也应当被排除。

当他人身处公共场所时，他人的某些所作所为在性质上属于其私人生活，而某些所作所为则属于其公共生活，当他人在公共场所的所作所为在性质上属于私人生活时，则他人对其私人生活享有要求包括政府在内的行为人予以尊重的权利，这就是公共场所的隐私权。而当他人在公共场所的所作所为在性质上属于其公共生活时，则他人对其公共生活并不享有隐私权，行为人能够将他人在公共场所的所作所为予以公开。问题在于，如何判断他人在公共场所的所作所为在性质上究竟属于私人生活还是公共生活？对此问题，我国民法学者普遍没有做出说明。笔者认为，判断他人在公共场所的所作所为究竟在性质上属于私人生活还是公共生活，其标准有二：其一，他人的身份是否属于正在履行公职的政府官员、公职人员；其二，他人是否意图通过自己的行为引起社会公众的关注。

在我国，判断他人在公共场所的所作所为在性质上究竟是其私人生活还是公共生活，第一个标准是他人的身份标准，这就是，如果身处公共场所的人在性质上属于正在履行公职的政府官员、公职人员，则他们在公共场所履行职责的行为在性质上就属于其公共生活，不属于其私人生活，他人对其在公共场所的所作所为不享有隐私权。相反，如果身处公共场所的人在性质上不属于正在履行公职的人，则他们在公共场所的所作所为在性质上不属于公共生活，而属于私人生活，除非他们意图通过自己的行为引起社会公众的关注。不过，在我国，正在公共场所履行公职的政府官员、公职人员应当做出广义的理解，除了党政机关的工作人员之外，我国的事业单位、社会团体和国有企业的工作人员也均包含在内。

根据此种判断标准，公共场所所发生的公共生活原则上仅限于正在公共场所履行职责的政府官员、公职人员，不包括普通社会公众。因此，即便普通社会公众身处公共场所，他们在公共场所的所作所为原则上不构成公共生活，而仅仅构成其私人生活。不过，即便是普通的社会公众，他人在公共场所的所作所为也可能构成公共生活。因为，如果身处公共场所的普通社会公众希望通过自己的行为引起别人的关注，则他人在公共场所的所作所为将丧失私人生活的性质，而转化为公共生活的性质。此时，他人不得对其在公共场所的所作所为主张隐私权。例如，当上述两个朋友在广州的北京路步行街漫步时，如果一个朋友对另外一个朋友高声诉说其离婚的事情，则他们在公共场所的言行将不再属于其私人生活的范围。再例如，当一对情人在大街上当众热烈接吻时，则他们在大街上的所作所为就不再属于其私人生活的范围。

（三）行为人在公共场所对他人拍照的行为可能会侵犯他人在公共场所的隐私权

在我国，他人之所以享有公共场所隐私权，第二个主要原因是，虽然他人在公共场所享有肖像权，但是，他人在公共场所未必一定享有肖像权，就像他人在私人场所未必享有肖像权一样。为了保护他人在公共场所的肖像不被行为人随意拍摄，为了让他人在公共场所不再担惊受怕，我们应当承认他人在公共场所对其肖像享有的隐私权。

在法国，虽然民法学者普遍区分私人生活受尊重权和肖像权，但是，法国法官自19世纪中后期开始一直到今天均不明确区分私人生活受尊重权和肖像权，当行为人在公共场所拍摄他人的肖像时，法官一直将行为人拍摄他人肖像的行为视为侵犯他人私人生活受尊重权的行为，这就是法国民法一直承认公共场所隐私权的一个重要原因。[①]而在美国，隐私权除了保护他人的私人事务和私人生活安宁之外还包括他人的姓名、肖像和其他人格特征免受侵犯。已如前述。因此，在当今法国和美国，它们所谓的私人生活受尊重权和隐私权在性质上属于广义的权利，除了包括我国《侵权责任法》第2条所规定的隐私权之外，还包括我国《侵权责任法》第2条所规定的肖像权和姓名权。

在法国和美国，法律之所以将肖像权看作私人生活受尊重权和隐私权的组成部分，其原因虽然多种多样，但是一个主要的原因在于，当行为人进入他人的私人场所偷拍他人的肖像时，他们的偷拍行为当然侵犯了他人的私人生活受尊重权和隐私权。随着偷拍行为从他人的私人场所走向公共场所，法国和美国的法官就将私人生活受尊重权和隐私权从私人场所延伸到公共场所，这就是法国和美国的法律承认公共场所隐私权的重要原因。而在我国，情况则完全不同，因为在《侵权责任法》当中，立法者既在第2条当中规定隐私权，也在该条当中规定了姓名权和肖像权。隐私权既不包含姓名权，更不包括肖像

[①] 张民安：《法国的隐私权研究》，载张民安主编：《隐私权的比较研究》，中山大学出版社2013年版，第155–160页；张民安：《法国人格权法（上）》，清华大学出版社2016年版，第539–541页。

权。这一点，既让我国《侵权责任法》不同于法国民法，也让我国《侵权责任法》区别于美国的普通法。

总之，在法国和美国，法律之所以承认公共场所的隐私权，是因为他们所谓的隐私权是广义的，包含了肖像权在内。而在我国，《侵权责任法》所谓的隐私权则是狭义的，并不包括肖像权内在。因为我国法律明确区分隐私权和肖像权，因此，我国法律似乎没有必要像法国和美国法律一样承认公共场所的隐私权。不过，此种想法是错误的，因为在我国，即便法律明确区分隐私权和肖像权，我们仍然应当承认公共场所隐私权的存在，这就是，当他人身处公共场所时，如果行为人拍摄他人的肖像，在他人能够主张肖像侵权责任的情况下，则他人对其肖像享有的权利在性质上属于《侵权责任法》第2条所规定的肖像权，而在他人无法主张肖像侵权责任的情况下，他人对其肖像享有的权利在性质上属于《侵权责任法》第2条规定的隐私权，这就是公共场所的隐私权。

在我国，《侵权责任法》第2条虽然同时对他人所享有的隐私权和肖像权做出了明确规定，但是，立法者并没有对这两种侵权责任制度之间的关系做出具体说明。不过，我国《民法通则》则对肖像权和肖像侵权责任做出了明确的限定，这就是《民法通则》第100条的规定。该条规定：公民享有肖像权，未经本人同意，不得以营利为目的使用公民的肖像。根据该条的规定，如果他人要以自己的肖像权受到侵犯为由向法院起诉，要求法官根据《民法通则》第120条、《侵权责任法》第21条和第22条的规定对其承担肖像侵权责任，他们应当同时具备三个条件：其一，行为人使用他人的肖像；其二，行为人以营利为目的使用他人的肖像；其三，行为人在使用他人的肖像时没有获得他人的同意。①

如果他人无法证明行为人符合上述三个必要条件，则即便行为人侵犯他人对其肖像所享有的权利，他人也不得以肖像权遭受侵犯为由向法院起诉，要求法官责令行为人对其承担肖像侵权责任。因此，即便行为人仅仅拍摄他人的肖像，无论他们是在私人场所还是在公共场所拍摄他人的肖像，如果他们没有使用所拍摄的肖像，或者虽然使用

---

① 张民安：《无形人格侵权责任研究》，北京大学出版社2012年版，第650–651页。

所拍摄的肖像，但是他们不是基于营利的目的，他人不得要求法官责令行为人对其承担肖像侵权责任，因为在这些情况下，他人对其肖像并不享有肖像权。

问题在于，在上述情况下，如果行为人无法就其拍摄他人肖像的行为对他人承担肖像侵权责任，如果他们无法就其使用他人肖像的行为对他人承担肖像侵权责任，他们是否应当就其拍摄他人肖像的行为或者使用其肖像的行为对他人承担其他侵权责任？如果要承担，他们应当承担什么性质的侵权责任？对此问题，我国民法学者没有做出任何说明。笔者认为，在上述情况下，行为人应当就拍摄或者使用他人肖像的行为对他人承担隐私侵权责任，行为人承担此种侵权责任的法律根据是《侵权责任法》第 2 条、第 21 条和第 22 条。

一方面，当行为人偷拍他人在私人场所的肖像时，如果他们将其拍摄的肖像用于营利目的时，他们既应当对他人承担肖像侵权责任，也应当对他人承担隐私侵权责任，因为他们的偷拍行为既侵犯了他人对其肖像所享有的免受使用权即肖像权，也侵犯了他人对其肖像所享有的隐私权，同时构成肖像侵权和隐私侵权的竞合。究竟是主张肖像侵权责任的承担还是主张隐私侵权责任的承担，由他人自由选择。当行为人偷拍他人在私人场所的肖像时，如果他们没有使用所偷拍的肖像，或者虽然使用了所偷拍的肖像，但是不是基于营利目的，则他们的偷拍行为或者使用行为仅仅侵犯了他人享有的隐私权，没有侵犯他人享有的肖像权，因为他人在私人场所的肖像属于其私人生活的组成部分。

另一方面，当行为人偷拍他人在公共场所的肖像时，如果他们将其偷拍的肖像用于营利目的，则他们偷拍和使用他人肖像的行为侵犯了他人享有的肖像权，应当对他人承担肖像侵权责任。当行为人拍摄他人在公共场所的肖像时，如果他们没有使用所偷拍的肖像，或者虽然使用，但是不是基于营利目的，则他们的偷拍行为或者使用行为仅仅侵犯了他人享有的隐私权，没有侵犯他人享有的肖像权，应当对他人承担隐私侵权责任。

当行为人偷拍他人在公共场所的肖像时，或者当行为人不是基于营利目的使用他人的肖像时，他们的偷拍行为和使用行为之所以构成隐私侵权行为，是因为在未经他人同意的情况下，行为人的拍摄行为和使用行为会侵扰他人在公共场所的安宁，就像会侵扰他人在私人场所的安宁一样，让他人心生恐惧，因为担心被人监控而无法在公共场所自由自在的生活。

（四）公共场所的随意监控要求我国的《侵权责任法》承认公共场所隐私权

在我国，他人之所以享有公共场所隐私权，第三个主要原因是，如果他人不享有公共场所隐私权，则当他人身处公共场所时，他们会因为行为人尤其是政府执法人员所实施的监控行为而遭受侵扰并因此遭受精神损害。

在当今社会，政府普遍基于各种各样的目的在公共场所安装公共摄像头，对公民在公共场所的一举一动、一言一行进行监控。例如，在英国，政府将视频监控技术用于监控城市中心区域、公共交通设施和犯罪高发区域，视频监控系统已经运作了相当长的一段时间。英国政府安装了超过 400 万个监控摄像头，政府执法人员通过这些摄像头观察着公民生活的方方面面，从乘车上下班到购物再到就餐，几乎没有任何遗漏。[①] 再例如，在美国，纽约也在 1993 年开始实施自己的公共视频监控计划。其后的五年内，纽约公共住房项目区域的犯罪率下降了 30% 到 50%，而公共住房项目区域正是视频监控摄像头所监控的区域。据估计，纽约的监控摄像头数量在过去的五年中从 2397 个增加到了 7200 个，增幅达 300%。[②]

在我国，政府同样在公共场所安装监控设备，对公民在公共场所的一举一动、所作所为施加控制，并且它们宣称，它们这样做的目的在于维护社会的公共利益："随着社会的发展，各类犯罪事故威胁着

---

① Max Guirguis, Electronic Visual Surveillance and the Reasonable Expectation of Privacy, 9 J. Tech. L. & Pol'y 143, p. 146；马科斯·吉尔基斯：《电子视觉监控与公共场所的合理隐私期待》，杨雅卉译，载张民安主编：《公共场所隐私权研究》，中山大学出版社 2016 年版，第 326 页。

② Max Guirguis, Electronic Visual Surveillance and the Reasonable Expectation of Privacy, 9 J. Tech. L. & Pol'y 143, pp. 147 – 148；马科斯·吉尔基斯：《电子视觉监控与公共场所的合理隐私期待》，杨雅卉译，载张民安主编：《公共场所隐私权研究》，中山大学出版社 2016 年版，第 328 – 329 页。

每位市民的生命和财产安全,社会安全越来越受到关注,公共场所的视频监控更有安装的必要,安装视频监控对社会安全管理的作用非常大。"①

在2011年,北京市东城区公安部门发布了《关于开展非经营上网服务场所依法落实安全技术保护措施的通知》,要求北京市东城区的所有咖啡店、酒店、小酒吧等场所安装"互联网公共上网服务场所安全管理系统",用于监控用户信息。② 在2016年3月20日,北京市发布了《关于积极推进"互联网+"行动的实施意见》,该《实施意见》明确规定,北京市今后将优化城市重点公共场所物联网监控设备布局,增强维稳处突保障能力。③

在我国,虽然人们感觉到公共摄像头"无处不在",但是,他们对"无处不在"的公共摄像头几乎一无所知:

第一,在我国,人们所安装的公共摄像头总数有多少,每一个城市所安装的公共摄像头又有多少?例如,北京、上海和广州究竟安装了多少部摄像头?人们完全不知道、不知情,没有任何人、任何机构对此做出统计、说明。

第二,在我国,究竟是什么人、在什么地方、基于什么目的和使用何种费用安装、管理和运行公共摄像头?在我国,是政府在安装公共摄像头,还是企业公司在安装公共摄像头,抑或是公民个人在安装公共摄像头?如果是政府在安装公共摄像头,政府的哪些机构在安装公共摄像头,它们在什么地方安装公共摄像头,它们基于什么样的目的安装公共摄像头,它们安装公共摄像头、管理公共摄像头、运行公共摄像头的费用是多少,这些费用从哪里出?如果是企业、公司或者个人安装公共摄像头,究竟是哪些企业、公司或者个人在安装公共摄像头,他们在哪些地方安装公共摄像头,他们基于什么样的目的安装公共摄像头,他们是自愿安装公共摄像头还是基于政府的要求按照公共摄像头,如果他们是自愿安装公共摄像头,他们安装、管理和运行公共摄像头的费用是多少、这些费用如何出?如果他们是基于政府的

---

① http://www.afzhan.com/news/detail/44742.html.
② http://roll.sohu.com/20110727/n314674098.shtml.
③ http://www.afzhan.com/news/detail/44742.html.

要求而安装公共摄像头,他们的安装、管理和运行公共摄像头的费用是政府支付还是他们自身支付?对于这些问题,我们完全一无所知,没有任何人、任何机构对此做出统计、说明。

第三,在我国,遍布大街小巷的公共摄像头每天运行多长时间?是24小时无间断的运行,还是仅仅在固定的一段时间运行?如果仅仅在固定的一段时间运行,它们究竟在一天当中的哪一段时间运行?遍布大街小巷的公共摄像头的监控功能如何,究竟是否实现了人们安装公共摄像头的目的,或者究竟在多大程度或者范围内实现了人们安装公共摄像头的目的?例如,如果人们宣称安装公共摄像头能够打击犯罪、减少犯罪和预防犯罪,当人们安装了公共摄像头时,安装了公共摄像头的城市、地区或者街道的犯罪率比没有安装公共摄像头之前是否有所下降,如果有所下降,究竟降幅有多大?例如,如果人们宣称安装公共摄像头能够增加破案率,当他们安装了公共摄像头时,政府执法人员的破案率真的增加了吗?如果增加了,究竟在多大的幅度内增加了?对于这些问题,我们同样一无所知,没有任何人、任何机构对此做出统计、说明。

第四,在我国,公共摄像头是什么人在进行管理,他们是如何进行管理的,哪些人能够接触、观看、调取、复制、使用公共摄像头所拍摄的内容?他们基于什么样的目的能够从事这些行为?他们实施这些行为时是否需要遵循一定的程序,是否应当具备一定的条件,如果需要遵循一定的程序和需要具备一定的条件,这些程序是什么,这些条件是什么?如果他们在实施这些行为时没有遵循所要求的程序或者条件,他们是否应当遭受制裁,如果应当遭受制裁,他们应当遭受的制裁是什么?这些公共摄像头所拍摄的内容是否保留下来,如果要保留,它们究竟保留多长时间?对于这些问题,我们同样一无所知,没有任何人、任何机构对此做出规定或者说明。

在我国,虽然我们不知道我国总的公共摄像头有多少,虽然我们不知道每一个城市的公共摄像头有多少,但是,我们知道,在我国,公共摄像头数量一定不少,也一定不会少。首先,当我们走在大街小巷时,我们会发现星罗棋布的公共摄像头正在忙碌地工作,正在将大街小巷所发生的一切事情拍摄下来,并且放在某一个不为人所知的地方。其次,当我们驾驶机动车走在高速公路或者其他的公共道路上时，我们每时每刻都会遭遇公路上的公共摄像头的对焦，我们在公路上的一举一动均会被记录在案。再次，当我们进入商场、火车站、汽车站或者飞机场等公共场所时，我们在这些场所的一举一动、一言一行均会被这些场所的公共摄像头记录下来并且被保管在某些不为人知的地方。最后，在其他公共场所，我们同样能够随时感受到公共摄像头的存在。仅以我所在的中山大学为例。在中山大学的南校区，公共摄像头无处不在，当笔者晚饭后在南校区散步时，笔者发现我每走50米左右的距离就能够发现公共摄像头正在运行和拍摄。

在我国，正如在其他国家，公共摄像头当然具有自己无法替代的功能，诸如它们能够威慑犯罪分子，预防他们在公共场所实施犯罪行为；一旦犯罪分子在公共场所实施了犯罪行为，公共摄像头能够帮助政府执法人员收集证据并且将犯罪分子缉拿归案；在对犯罪分子进行定罪量刑时，公共摄像头所拍摄的内容能够起到其他性质的证据所无法起到的作用，等等。不过，公共摄像头的这些功能不能够无限夸大。事实上，通过对英国、美国和其他国家的公共摄像头所起的作用的分析，当今大量的民法学者均承认，公共摄像头所起到的作用被夸大了。

首先，公共摄像头并不能够预防犯罪的发生，更不可能消灭犯罪的发生，事实上，它们只能够转移犯罪分子实施犯罪的场所：当犯罪分子发现公共场所有公共摄像头时，他们就不会在有公共摄像头的公共场所实施犯罪，而是转移到没有公共摄像头的公共场所实施犯罪；其次，公共摄像头虽然能够在一定程度上帮助政府执法人员侦破案件，但是，公共摄像头所起到的此种作用仍然是有限的，因为，虽然公共摄像头会记录下犯罪分子实施犯罪的行为，但是，犯罪分子在实施犯罪行为时往往会采取逃避监控或者伪装的方式，让政府执法人员通过视频监控发现其犯罪的蛛丝马迹困难重重；即便公共摄像头能够记录下犯罪分子实施犯罪行为的过程，当政府执法人员发现犯罪分子的行踪时，公共摄像头当中所记载的内容早已被清除，政府执法人员无法使用摄像头来追查犯罪分子。

在我国，公共摄像头所拍摄的视频很难作为定罪量刑的有效证据，因为我国的公共摄像头技术较为落后，即便将犯罪分子实施犯罪行为的过程拍摄了下来，所拍摄的内容也往往模棱两可，似是而非，无法起到一锤定音的作用。

如果说公共摄像头所起到的作用被夸大的话，那么，公共摄像头所起到的破坏作用则有目共睹：当人们发现大街小巷遍布公共摄像头时，人们就会减少在公共场所所进行的活动，即便他们不得不到公共场所从事活动，他们也会采取各种各样的方式将自己隐藏起来，不让公共摄像头将自己的形象拍摄下来。例如，在公共场所活动时，人们可能会戴上口罩，或者用黑色的面纱或者头巾将自己的面部遮挡住，以防止公共摄像头将其形象拍摄下来。

为什么人们如此害怕公共摄像头的存在？这是因为，公共摄像头让人们担惊受怕，公共摄像头会改变人们的行为方式，让他们在公共场所的行为与其在没有公共摄像头的场所判若两人：在没有摄像头监控的情况下，人们感觉自由自在、无拘无束，既能够随心所欲地做出自己希望做出的行为，也能够畅所欲言，随意说出自己希望说的话。但是，一旦他们知道自己被公共摄像头所监控，则他们会像变色龙一样马上变了一个人，变成了另外一个人：他们变得拘谨、紧张、害怕，既不会侃侃而谈，也不会畅所欲言，而是通过一定的方式将自己伪装起来，让自己成为社会公众尤其是政府执法人员眼中的好公民。总之，公共场所的监控行为会引起公众的反感情绪，扭曲了公民对周遭世界的认识，妨碍了公民根据自己的意愿做出合理选择的权利。

五、结语

为了保护人们从事公共活动的积极性，为了保护公民在公共场所的独处权，让公民能够按照自己的意志自由自在、无拘无束地生活。我们应当减少公共场所的监控行为；我国应当规范公共场所的监控行为，应当制定法律，对公共场所监控的目的、公共场所监控的程序、公共场所监控的管理等一系列问题做出明确规定。

信息时代的公共场所隐私权

海伦·尼森鲍姆[①]著　凌玲[②]译

目　次

一、导论
二、公共场所隐私权存在的问题
三、公民不享有公共场所隐私权的原因
四、人们是否应当保护公共场所隐私权
五、隐私权与语境的完整性
六、信息组合
七、公共场所隐私权是一种真正的隐私权益
八、政策的默认
九、结语

一、导论

在参与日常的商贸活动或者公共活动时，人们需要与别人共同记录、分析以及交流相互之间的信息——这原本是很常见的日常交流方式，但如今，人们对这种日常的信息交流持有越来越高的警惕心和愤懑情绪。这是因为，人们在日常生活中泄漏的信息会被其他别有用心的人收集并加以利用。在当今社会，人人都可以通过电子技术向信息提供者购买自己想要的信息。尽管在很久之前，哲学理论不仅承认公民信息与公民隐私权之间存在紧密的联系，而且还主张通过限制收

[①] 海伦·尼森鲍姆（Helen Nissenbaum）美国纽约大学法学院教授，美国纽约大学信息法律研究中心主任。
[②] 凌玲，中山大学法学院助教。

集、分析、分享信息的行为来保护公民隐私权,但是,这些理论保护的主要是公民的隐私信息或敏感信息。也就是说,这些学说不保护普通的公民信息。

虽然笔者不否认,保护隐私信息和敏感信息很重要,但是,笔者坚持认为,有关隐私权的理论应当承认,不仅隐私信息和敏感信息与公民隐私权之间存在紧密的联系,而且,存在于公共场所之内的其他类型的信息也与公民隐私权之间存在紧密的联系。在最近几十年里,随着信息科技发展对现代监控技术的提高,信息对公民隐私权的重要性逐渐显露出来,并使得人们开始讨论公民的公共场所隐私权问题——这也是本文的讨论主题。Larry Hunter[1](一名计算机科学家)曾在1985年实施一项调查,通过这项调查,她认为,"计算机带来的信息革命不在于信息的收集,而在于计算机可以对人们已经自愿披露的信息进行分析和研究。"

在本文中,笔者将会论证,即使在过去许多备受称颂和广受认可的隐私权法律和隐私权理论中,社会都明确将公共场所排除在公民能享有隐私权的范围之外,但实际上,公民的公共场所隐私权是一种值得人们探讨和保护的隐私权益。

以下是本文的论述步骤:首先,笔者会对引发公共场所隐私权争论的情形和社会活动展开分析;其次,笔者会解释,为什么主要的隐私权理论不能妥善解决人们在公共场所引发的隐私权问题。再次,笔者将会剖析,现代监控活动的哪些特点使得人们认为,其引发的问题就是标准的隐私权理论所要解决的问题——这是本文的中心内容。最后,在本文的结论部分,笔者将会探讨,人们应当怎样将公共场所隐私权理论融入传统的隐私权理论当中。尽管在本文中,笔者并没有贡献出自己的观点,但是,笔者认为,在现存的隐私权理论中,已经存在能够融合公共场所隐私权的理论依据。例如,Ferdinand Schoeman所著的《隐私权与社会自由》[2]以及Judith De Cew最近撰写的《对

---

[1] Larry Hunter, "Public Image," Whole Earth Review (January, 1985). ReprintedinDeborah-Johnsonand. Helen Nissenbaum, Computers, Ethics, and Social Values (EnglewoodCliffs: PrenticeHall, 1995), p. 294.

[2] JudithWagnerDeCew, In Pursuit of Privacy: Law, Ethics, and the Rise of Technology (Ithaca: Cornell University Press, 1997).

隐私权的追求》①里提到的理论依据。在这一部分中，通过指出以前的隐私权理论存在的难题，笔者将会为新的隐私权理论的建立指明方向。

二、公共场所隐私权存在的问题

笔者之所以对公共场所隐私权存在的问题感兴趣，是因为在现实生活中，大部分人都会在公共场所遭某些尴尬的事情，不仅如此，这些事情还会迅速在公众和大型媒体中广泛传播。在公共场所中，人们的一举一动几乎全都被监控摄像头记录下来。经过零售商、邮购公司、医护人员、保健人员、美容院员工等人的广泛传播，人们的各种信息很容易被别人收集、储存、分析，有时候甚至会被别人在更大的范围内广为传播。人们曾经出现过的地方、身上有哪些显著的特点、人生的重要时刻，如生日、结婚、离婚、财产、驾驶证、车辆登记、违规行为、亲子关系、死亡等信息，全都被美国联邦政府、州政府等机构详细地记录下来。

根据这些庞大的信息，人们不仅可以通过姓名、住址、电话号码、信用卡号码、社会保险号、护照号码等信息来识别别人；还可以通过形容别人的年龄、发色、眼睛的颜色、身高、视力、邮件或电子购买单、信用卡、旅程、雇佣历史、租赁历史、房产交易、住址变动、年龄、有多少孩子、订阅的杂志来指认别人。正是因为人们有太多的信息被别人知晓，所以，这种信息识别的方法是无穷无尽的。

不管人们愿不愿意接受这个事实，但实际上，信息科技的发展就代表着人们的信息将会被别人收集。大量的计算机数据库为人们提供了收集别人信息的最佳平台。世界上所有的信息都被存放在电子数据库里面。通过电子数据库，人们不仅可以将信息永久地储存起来，而且还可以对这些信息进行无限制的传送——这是信息科技时代的一大标志。如果没有信息科技，那么，信息的收集者和使用者既无法收集信息（信息的收集一般通过监控的方式实现）和创造出可以大量储存信息的数据库，也无法快速搜索出能够促进信息交流的信息。尽管

---

① Ferdinand Schoeman, Privacy and Social Freedom. Cambridge: Cambridge University Press, 1992.

40年过去了，但是，能够使用信息和创造计算机数据库的主体主要还是政府和其他大型组织，普通人则没有这种权利。

随着信息科技，尤其是综合数字电子网络科技的发展，社会又出现了一种新的信息收集方式。当代社会是一个科技社会，每时每刻都有大量的人通过计算机技术进行网络互动。随着信息科技的发展，由于网络交流不仅日益简单、廉价、快速，而且交流的内容也日益丰富；因此，无论是政府、公民，还是私营的代理机构都明确地表示，自己很乐意在网络上与别人进行交流互动。在电子（计算机）空间里面，人们的一言一行（如电子交易记录、网络浏览记录）都会被电子数据库直接记录下来。电子数据库不仅可以毫不费力地记录人们的邮件地址、系统特性、网络活动等信息，而且还可以将这些信息与现实世界的信息组合起来。这种记录人们活动信息的科技产品既是信息交流的媒介，又是信息的储存器。

通过信息记录和信息组合这两种方式，信息科技使得电子监控技术发展到一个新层次。在人们的活动信息被各种机构、组织以及与信息接收者收集之前，新的监控技术就已经通过能够从其他途径（不管是最初途径还是二级途径）获取信息的网络二级用户和服务提供者那里获取所有的信息。这些信息的二级提供者包括信息咨询公司、医药保险机构以及名单经纪人。尽管二级信息收集者的信息有一部分来自私营公司（如银行、信用卡公司以及各式各样的经销商）；但是，二级信息收集者所获取的大部分信息一般来自政府的记录。在以前，如果行为人通过二级信息收集者收集他人信息并煞费苦心地将这些信息导入电子数据库，那么，行为人将要为自己的行为而承担法律责任，现在则不需要了。

电子数据库为信息交易提供了巨大的便利：人们不仅可以通过电子数据库搜查别人的信息，甚至还可以将这个电子数据库买下。一些政府机构很快就意识到，它们拥有的庞大的电子信息会成为它们收入的一大来源。[1] 但是，即使在政府机构企图利用自己拥有的信息进行

---

[1] SeeIver Peterson, PublicInformation, Business Rates: State Agencies Turn Data Base Recor-dIn to Cash Cows, *The New York Times*, July 14, 1997.

获利的想法遭到阻碍时，法院也会迫使政府机构这么做。① 网络信息的二级收集遭到了人们很大的质疑，不仅是因为人们认为，它在很大程度上激起了行为人永无休止地收集他人信息的欲望以及它可能会引起永无止尽的信息交易行为；还因为，人们一开始就认为这种信息收集行为是不合法的。学者和政策倡导者认为，网络信息的二级收集行为是一种疯狂的、不受控制的公共信息收集行为，会带来公共政策和公司政策都无法解决的隐私权问题。

尽管政府在制定公共政策时，并没有完全忽略信息主体的隐私权问题，但是，这主要是因为，高度曝光的媒体活动使它们不得不关注这个问题，而不是因为，它们本身就对公共场所隐私权有多大的关注。被称为"Bork法案"的《视频隐私保护法》能够很好地说明这一事实。在美国参议院举行的听证会中，Robert Bork被提名为美国联邦最高法院的陪审法官，美国的一个国际报刊擅自发布了有关此次提名的视频观看记录。当时，为了解决类似情况所引发的隐私权问题，保护消费者的视频观看记录不受未经同意的披露，美国国会在匆忙之间颁布了《视频隐私保护法》。立法的匆忙使得该法充斥着零碎的、前后矛盾的规定，并不能真正解决相关的隐私问题。②

公共监控带来的隐私权问题似乎已经超出了主要的隐私权理论方法能够解决的范围，它引发了人们对隐私权的两面性的思考。换言之，隐私权既保护公民的私人生活免受别人的侵扰，也保护公民的私人生活免受政府机构的侵扰。通过建立一个有说服力的、能够解决公共场所隐私权的法律框架，隐私权的哲学理论和法学理论可以为法院解决公共监控带来的隐私权问题提供一些微小的帮助。尽管这些理论促使人们明白，隐私权的道德基础在于，当人们的隐私受到一些传统的威胁（例如私人场所会遭到别人的侵扰、私人信息会遭到别人的滥用）时，隐私权会保护人们免受政府和别人的侵扰，但实际上，公共场所隐私权是传统的隐私权理论的一个盲点。一般情况下，公民不享有公共场所隐私权——传统的隐私权理论并没有随着信息科技的

---

① Higg-A-Rella, Inc. v. Countyof Essex；141 N. J. 35 (1985).
② See Smith, Managing Privacy, and Priscilla M. Regan, Legislating Privacy：Technology, Social Valuesand Public Policy (Chapel Hill：The University of North Carolina Press, 1995).

发展而产生相应的变化，因此，它无法解决在信息时代新出现的隐私权问题。

尽管 Hunter 不仅低估了信息收集技术的发展对隐私权的影响，而且还低估了信息科技对私人场所的侵扰和监控，但是，他仍然准确地预料出，信息分析技术不仅会成为侵扰公民隐私权的源头之一，而且，由于被分析的信息都是公民自愿与别人分享的信息，所以，在某种意义上，公民是侵犯自己的隐私权的共犯之一。尽管在哲学层面上，传统的隐私权观点仍因为其历史意义以及严密性而始终发挥着十分重要的作用，但是，在公共监控、信息记录、信息分析似乎完全不受控制地、疯狂地增长的信息时代，它们无法再为人们提供足够的隐私权保护。

本文将着重讲解隐私权的理论基础和概念基础，而不是隐私权的公共政策或商业政策。在讲解这些内容时，笔者会考虑隐私权对社会产生的实际影响。笔者尤其着重论证，隐私权缺乏一个清楚连贯的哲学基础，这不仅对隐私权理论的发展毫无助益，并且还在一定程度上导致了隐私权法律和政策的不完整和相互矛盾。笔者将会通过一个实际案例，即 Lotus Marketplace 一案，来说明隐私权概念的不完善会对隐私权保护产生严重的不良影响。

在 1990 年 4 月，Lotus Development 公司（一款流行软件的开发者和经销商）和 Equifax Inc. 公司（收集和销售消费者经济交易信息的公司"三巨头"之一）宣布，它们打算开发一个叫"Lotus Marketplace：Households"的电子数据库，这个数据库将会包括美国 120000000 人的实际信息和推演信息。这些信息包括公民的姓名、住址、住宅类型、婚姻状况、性别、年龄、家庭收入、生活方式、购物倾向等。这两家公司希望，它们可以用光盘来记录和销售数据库里面的信息，这样，它们的信息产品会更受买家欢迎。但由于这个计划遭到了民众强烈的反对——它们收到了 30000 封抗议信，所以，它们的高管在 1991 年 1 月宣布取消这个计划。正当民众和隐私权的倡导者在为隐私权的胜利而欢呼时，这两家公司的高管坚持认为，它们的计划之所以会遭到阻碍，仅仅是因为民众对其计划存在消极对抗和误解，而不是因为计划本身存在错误。公司高管坚持认为，他们的产品不会侵犯公民隐私权。

尽管 Lotus Marketplace 一案被誉为隐私权的胜利，但实际上，类似"Lotus Marketplace：Households"数据库的信息收集手段在众多的信息收集技术中是十分微不足道的——现实的信息收集技术已经远远超过了该数据库所能搜查的信息范围和信息量。这个事实表明，如果社会对隐私权缺乏足够的了解以及清楚连贯的隐私权原则规范，那么，民众撤销"Lotus Marketplace：Households"数据库的行为本身并不足以使民众克服新的信息技术给隐私权带来的挑战。[①] 但令人担忧的是，一方面，社会并没有一致认同，信息技术会使公民的隐私权受到更加剧烈的侵害；另一方面，社会也没有很好地理解，信息技术是如何侵犯公民隐私权的。还有一个案例也能很好地说明这一点，在该案例中，政策倡导者为维护隐私权而进行坚持不懈的努力，但是他们的努力带来的仅仅是某些个案的成功，而不是真正的隐私权的胜利。如果没有潜在的关联把每个人的努力都凝聚起来，那么，每个人都只会为自己的利益而战斗；因此，公共场所隐私权的命运仍然掌握在那些最有精力和游说能力的人手中——这完全没有体现出公共场所隐私权的根本价值。

三、公民不享有公共场所隐私权的原因

在解答人们为何会把类似"Lotus Marketplace：Households"数据库的技术和产品视为对隐私权的侵害之前，笔者先解释，为什么主要的隐私权哲学理论不能直接解决由广泛的公共监控所引发的一系列问题。如果人们在公共场所真的存在正当的隐私权益，那么，人们不仅要为此构建一个比以前更具说服力的法律体系，而且还必须反思，为什么隐私权哲学理论和规范理论都明确否认，公共场所隐私权是一种真正的隐私权益。

影响隐私权的规范理论的因素有很多，这些因素使得隐私权理论在着重解决某些类型的问题同时，忽略了其他问题的存在。通过反思为何这些理论会特别排除公共场所隐私权的规范效力，笔者不仅会对这些理论进行检讨，从而指出三个使得隐私权理论排除公共场所隐私

[①] Helen Nissenbaum, "Toward an Approach to Privacy in Public: Challenges of Information Technology".

权的因素，而且还会将这三个因素分别归类为理论层面的因素、规范层面的因素和经验层面的因素。

（一）理论层面的因素

对很多人而言，公民隐私权会在公共场所遭到侵犯是一个非常不合常理的、与隐私权理论相互矛盾的观点。人们之所以这么想，可能是因为，在政治和法学理论上，"公共"（public）和"隐私"（private）是作为一对意思相反的术语出现的。尽管这两个术语的语境可能有所不同，但是，它们经常被用来对场所进行严格的二分——即，一个场所要么是公共场所，要么是隐私场所。例如，在某些语境中，"隐私"一词指的是家庭关系或私人的、亲密的关系；相反，"公共"一词指的是私人以外的社交或社区关系。又例如，在某些语境中，"公共"一词指的是政府机构；相反，"隐私"一词指的是市民或"私人"机构（如公司）。在法律层面上，"隐私"一词（在此指"私法"）一般特指规定公民作为独立的个人所享有的权利与责任的法律；相反，"公共"一词（在此指"公法"）一般用来处理官方机构或政府机构之间的纷争。除了笔者之外，还有其他学者也关注过这一点，如 Judith W. DeCew，他敏锐地观察到："公共"与"隐私"两个术语之间的区别有时候被人们用来区分政府的管辖区域与公民自我管理的区域；有时候又被人们用来区分社会生活中的政治现象和家庭现象。语言表述的多样性塑造了这些含义虽然不完全相同但却存在交叉的概念。尽管如此，人们还是假设，"公共"与"隐私"之间存在明确的界限，两者绝对不可混为一谈。[1]

根据主要的隐私权理论家的观点，隐私权的概念和价值仅仅针对隐私（私人）场所而言，换言之，公民只有在隐私场所才享有隐私权，在公共场所则不享有隐私权。因此，在过去的几十年里，隐私权场所最严重的哲学和法律问题在于，人们在讨论隐私权保护时，总是用这种武断的语言二分法对公民本应享有隐私权的场所割裂为一定能够享有隐私权的隐私场所和一定不享有隐私权的公共场所。

许多哲学家、政治家、法律和政治理论家、学者、政策倡导者、

---

[1] Judith DeCew, In Pursuit of Privacy: Law, Ethics, and the Rise of Technology, p. 10.

作家认为，隐私权是将政府驱逐出公民个人以及私营机构的生活的有效途径，所以，他们根据这种公共—隐私二分法，把场所分为公民个体或私营机构以及政府机构。在历史上，鉴于政府热衷于用电子数据库将公民信息储存起来，所以，这种绝对的二分法在保护公民隐私权的层面上取得了很好的效果。当然，尽管如此，政府仍然拥有足够的信息和人力资源将它们平时收集的海量公民信息进行电子处理。在1965年，社会科学研究院以提高工作效率和工作效益为由，提议政府设立联邦数据处理中心以整理海量的公民信息，但由于这个提议会对政治以及公民个人信息安全带来巨大的隐患，因此，它马上遭到了很多批判。[1]

在那个时期，人们把隐私权视为协调政府权力与公民个人权利的重要途径，因此，在社会科学研究院的提议出现后，立即有许多关于隐私权的调查和学说通过遵循该观点来对其进行反驳。这个做法将隐私权的概念、价值与个人和政府关系的主要理论联系起来。通过展现隐私权是公民维持其权利和自治权以反对政府对公民进行压迫的重要途径，公民可以合理地提高隐私权的价值。如果能够利用隐私权是协调政府权力和个人权利的重要途径这个传统思想，那么，隐私权的倡导者和学者可以为主张公民应当享有公共场所隐私权以反对政府的信息记录行为获取更多的支持。像 Big Brother（George Orwell 的小说《1984年》里面描述的一种图片）那样强大的图片，以及人们被极权政府监控的生活经历对公民带来的巨大伤害，使得隐私权倡导者更加努力地主张公民享有公共场所隐私权。

传统的隐私—公共二分法明确地将场所分为隐私的和敏感的场所以及非隐私的场所，为了与这种理论保持一致，隐私权哲学家极力主张，在隐私的、敏感的场所内，隐私权应当保护公民免受来自政府或其他公民或信息收集机构的侵扰；但是在与隐私场所相对的公共场所，隐私权则不具备这种效力。这种主张的基础在于，它假设个人的、家庭的、隐私的场所与公共场所之间存在相当大的区别。传统的

---

[1] See Priscilla Regan, Legislating Privacy: Technology, Social Values, and Public Policy, for an excellent discussion of privacy policy. Regan pinpoints the SSRC's 1965 proposal as a key point in the history of privacy policy with respect to records of information about people.

隐私权理论强调的隐私权保护模式是这样的：公民在某些场所能享有隐私权，在另一些场所则不享有隐私权。研究隐私权的学者对这种模式十分感兴趣。他们设想，安全的物理空间、隐私的心理空间甚至大量的信息空间，都是隐私的或敏感的场所，在这些场所里面，公民都享有高度的自治权。

总是强调隐私空间（或场所）的重要性的学者会认为，捍卫这些场所的完整性是一种提高公民自治权、自由权、人际关系和人们之间的信任等好处的重要途径。提出这种观点的学者主张，公民享有这些好处的必要基础在于：公民对其隐私场所享有主权。因此，通过论证隐私权持有这些被广泛认可的价值，理论家塑造出（invest with）隐私权的价值——但这些价值都仅针对隐私场所而非公共场所。

在这一部分，笔者将尝试着阐述，公共—隐私二分法在本质上导致了某些隐私调查行为的出现。当终于通过公共—隐私二分法挖掘出隐私权的价值和重要作用时，人们又遇上了新的问题。公共—隐私二分法将所有的场所进行理论上的分类（隐私场所或公共场所），这使得人们不仅很难把这两种类型的场所联系起来，而且还很难摆脱这样一个困境：在隐私场所中，公民的隐私权应当得到保护；但是，在公共场所中，公民的隐私权则得不到丝毫的保护。笔者认为，在某种意义上，隐私权的公共—隐私二分法已经决定了隐私权的理论和政策走向，它在本质上导致了隐私权理论和政策的保护措施都集中在隐私场所。换言之，它已经使得公共场所隐私权成为了一个自相矛盾的学说。因为根据公共—隐私二分法，毫无疑问，公民在公共场所根本不享有任何的隐私权，学者又谈何要维护公民的公共场所隐私权？

（二）规范层面的因素

如果说，通过重点保护隐私场所的隐私权而否定公共场所隐私权的方式，公共—隐私二分法这个理论构想已经深刻地影响了隐私权的理论发展；那么，通过证明行为人曝光他人信息的行为是不合理行为来证明隐私权的合理性的论证模式，也已经成为了公民享有隐私权的规范论证模式。因为公共场所属于公共—隐私二分法中所说的不具备隐私权益的场所，所以，建议公民享有公共场所隐私权的主张注定会很容易受到公共—隐私二分法的攻击——并且，这种攻击在理论上几乎是"压倒一切"的,支持公共场所隐私权的任何理由在它面前都显得缺乏理论依据。为什么会这样?

隐私权的理论家和倡导者普遍会认为,尽管隐私权是一种重要的权益,但是,它也必须协调自己与其他冲突权利之间的关系。尽管理论家都努力通过各种方法去论证,公民的隐私权应当得到保护,但是,他们认识到,社会在保护一个人隐私权时,不可避免地会限制别人的自由权,甚至有可能会对别人的自由权造成侵害。甚至连赞同公民享有隐私权的学者都认同,为了保障隐私权的某些冲突权利免受过大的侵犯,人们应当恰当地限制隐私权的行使。为了达到隐私权与其冲突权利之间的平衡,人们总是频繁在法律或者社会生活中选择牺牲公共场所隐私权,这使得公共场所隐私权成为权利协调过程中的最大受害者。

Jeffrey Reiman 曾在其文章[①]中对上述观点表示赞同。他认为,一方面,隐私权会限制人们的实践行为(例如它限制人们对与己无关的事情进行过多的询问;以及在路上通过别人家开着的窗口窥探别人的生活);另一方面,尽管隐私权对于公民自我意识的形成十分重要,但是,这也不代表,为了保护别人的自我意识,人们甚至在拥挤的大街上也不享有自由的行动权和表达权。换言之,为了保障隐私权,公民虽然在自由权上做出了一定的让步,但是,这种让步的底线在于公民在公共场所不享有隐私权——在公共场所内,公民隐私权不能对抗公民自由权。

这个对公共场所隐私权的反对理由之所以得到如此多的支持,是因为,公民自由权早已经在很多人的心中根深蒂固。一方面,尽管那些支持公共场所隐私权的观点认为,否认公共场所隐私权会侵犯那些表面上无害但实际上涉及公民隐私的信息,但是,大部分人还是认为,即便如此,这些信息所涉及的隐私权也无法超越其冲突权利(公民自由权)。另一方面,如果人们不采取足够的措施去隐藏自己的行为或者信息,那么,社会公众一般会认为,人们既然自愿地将自己的信息暴露于公共场所,就不应该指望自己的信息还能像以前一样无人知晓,也不应该指望自己能够限制别人获取或传播自己的信息。

---

① Jeffrey Reiman, "Privacy, Intimacy and Personhood".

例如，如果你今天穿着一件红色毛衣走到大街上，那么，就等于你自愿告诉别人你今天穿着红色毛衣——此时，你完全没有理由指望自己还能限制别人看到你的红色毛衣。

因为这种限制是对公民的自由权的侵犯，因此，它是不合理的、大错特错的。如果你选择在公共场所暴露自己，那么，别人必定会看到并获取你身上所呈现出来的信息，那么，你不能将别人获取你的信息的行为视为侵犯你的隐私权的行为，也不能限制别人观察或者记录你，你既不能要求别人为了不看到你而特意在拥挤的大街上闭着眼，也不能阻止别人记住你穿的衣服，更不能阻止别人把自己在大街上看到的信息告诉别人。类似的这些要求都会对公民自由权造成了过多的、不合理的限制。如果要用法律用语来总结这些反对公共场所隐私权的理由，那么，人们可能会说："公民在公共场所不享有合理隐私期待。"即我们无权限制别人获取我们自愿暴露在大庭广众之下的个人信息。

据笔者所知，上述这些隐私权的理论观点在隐私权的发展史上几乎是至高无上的，很少有学者对它们提出直接的质疑。例如，Charles Fried 曾在其一篇极具影响力的文章[①]中极力捍卫隐私权，但即便如此，他仍然在文章中明确表示，人们必须对隐私权做出合理的限制。一方面，他主张，公民应当享有隐私权以保证他能够掌控自己的信息，这种权利应当以法律的形式固定下来，正如他本人所言，"如果我们通过公法来授予公民自我掌控的权利，那么，我们不仅可以尽可能掌握该权利，还可以表现我们对该权利的重视程度"。另一方面，他认为，尽管法律应当承认公民隐私权，但是，法律仅仅应当将公民享有隐私权的信息限定在有限的、"被指定的"范围之内。根据他的观点，"被指定的"信息范围会随着社会的改变而发生很大的改变，它包含"隐私的或敏感的"信息，不包括被认为能够从"公共场所"获取的信息。他认为，"无可避免地，人们的隐私权必定会受到某些具体的社会制度的严重限制"，因为，"别人也肯定要行使自己的权利。"

Larry Hunter 也提出了相类似的理由，他认为，"尽管我们认为，

[①] Charles Fried, *Privacy*, *The Yale Law Journal*, Volume 77, p. 493.

行为人从窗外往里窥探他人生活的行为侵犯了他人的隐私权；但是，如果反过来说，行为人从自家窗口往外观察他人的行为会侵犯他人的隐私权——这明显是我们不能够接受的观点"。① 所以，对这些行为（例如从自己窗口往外看）的限制会对公民自由权造成人们无法接受的限制——这又是一个"压倒一切"的规范论证。

不管是在实践层面上，还是在理论层面上，公共监控的合理性在于，人们不能合理地阻止别人感知、注意、谈论在公共场所发生的事情。这种论证模式可以很好地证明，人们可以通过收集信息获取商业利益。在 Lotus Marketplace：Households 一案中，公司高管就是通过类似的论证模式来证明他们所提议的产品的合法性。他们强调，他们公司的产品只会收集和使用公共场所的信息，不会侵犯公民的隐私场所的信息，也绝不会收集和使用公民的隐私信息或敏感信息。

这种强大的论证模式经常出现在判例法中。例如，在 California v. Greenwood 一案②中，这个案件成为了很多涉及公民对其垃圾所享有的隐私权的案件的先例。在该案中，警察让 Greenwood 的垃圾收集员工将 Greenwood 的垃圾与别人的垃圾分开并且拿给他们化验。法院在审判该案时，判定警察的行为未违反《美国联邦宪法第四修正案》。法院的多数意见书给出了以下的观点：

如果为了让别人可以拿走自己的垃圾，人们把自己的垃圾放在"一个特别适合进行公众调查的地方"，那么，被调查者对那些被自己丢弃的东西不享有合理隐私期待。

在 United States v. Scott 一案③中，Scott 将自己的文件扔进碎纸机里绞碎之后才把文件扔掉，随后，IRS 机构复原了这些文件。审判该案的法官认定，IRS 机构是合法行为。法院的判决理由如下：

在我们看来，一个人将自己的垃圾绞碎之后再扔到公共场所的行为，并不会使得他/她对这些垃圾享有隐私权。正如，在公共场所和别人说悄悄话的人，不能排除有第三人听到自己的谈话的可能性，所以，他/她对自己的谈话也不享有合理隐私期待。上述两种情形中的

---

① Larry Hunter, "Public Image," p. 295.
② 486 U. S. 35, 108 S. Ct. 1625, 100 L. Ed. 2d 30 (1988).
③ 975 F. 2d 927 (1st Circ. 1992).

当事人都不享有合理隐私期待，因为他们的行为都不能排除自己的信息或物品有被别人获取的风险。在后一种情形中，谈话者不能排除谈话被别人听到的风险；在前一种情形中，扔垃圾的人不能排除垃圾在自己丢弃之后被别人检查和修复的风险。换言之，在这两种情形中，当事人的合理隐私期待都被自己的行为严重地削弱了。法律允许执法机关自由地在公共场所收集证据并利用科技将证据恢复。①

在 Florida v. Riley 一案②中，警察驾驶飞机在距离地面 400 英尺的高空上观察被告的温室（警察怀疑被告在那里种植大麻）。审判该案的法院认定，警察的行为不是非法的搜查行为。O'Connor 大法官在意见书里面写道："我认为，在该案中，警察的行为并不侵犯任何被社会承认为'合理的'③ 隐私期待。"④ 她认为，人们不可以合理地期待警察为了避免自己在公共大道上看到他们的住宅里面的东西就特意闭上自己的眼睛，同样，人们也不可以合理地期待，警察不能在"平常的航空交通"能够到达的高空上观察自己的住宅。

总之，笔者尝试向人们说明，学者希望从理论层面和实践层面上定义和捍卫公共场所隐私权的意图，已经被隐私权的冲突权利的论证模式逐渐摧毁。笔者将这种论证模式称为"强大的规范论证模式"，笔者之所以这么命名，是因为，这个名称不仅已经得到了哲学家、政策制定者和法官的支持，而且它的使用还可以促使人们获得经济利益。

（三）经验层面的因素

在这一部分，笔者将简要阐述隐私权理论忽视公共场所隐私权的第三种解释。

笔者认为，人们之所以会对令人烦躁的监控行为背后的哲学理论依据产生分歧，在很大程度上是因为，在信息科技快速发展之前，隐私权的哲学理论不具备发生重大改变的事实依据。在以前，当人们走

---

① Quoted from LaFave, Search and Seizure, p. 603.
② 488 U. S. 445; 109 S. Ct. 693; 1989 U. S. LEXIS 580; 102 L. Ed. 2d 835; 57 U. S. L. W. 4126.
③ Katz v. United States, 389 U. S. 347, 361 (1967).
④ Florida v. Reilly (O'Connor, J. concurring).

在公共大街上时,即使人们不认识街上的其他人,人们也可以数出街上的人数,但这并不代表被观察的人真的会被别人观察到具体的信息。人们可以在一个虚构的侦探故事中看到这种假设。在这个故事中,Alexander Gold 正在审问一个涉嫌杀人的嫌疑犯,他们的对话如下①:

"你的话让人觉得,你一定很讨厌他,而且想要杀了他。"

"我没有,真的没有。如果真是我杀了他,我怎么会告诉你我的感受?"

"这可说不定。没准你就是想用这种方法麻痹我。"

"可是,Moriarty 教授,我知道您真的……"Kirsch 的声音越来越低。

Alexander 笑了,他说,"好啦,我们谈些别的吧。当 Talbot 被人杀死的时候,你在哪?"

"在中央公园乱逛。"

"有人看到你在公园吗?"

"好多人都看到了。"

"所以你有不在场的证据了?"

"未必。"

正如这段话所说的那样,中央公园有好多人看到了 Kirsch,但未必真有一个人认出了 Kirsch。大多数人都会合理地假设:要么完全没有人注意自己,要么人人都只是观察到一些零零碎碎的信息,这些信息不足以使别人认出自己。一方面,人们在公共场所获取的信息是零碎的、无法拼凑在一起的;另一方面,人们的大脑也无法有效地将这些零碎的信息记得很清楚。在以前,即使人们日常的外出活动被别人看到,人们也不必担心,过多的公共监控会影响自己的生活。例如,当人们外出时,有一个人注意到他穿了什么,又有第二个人看到他买了什么,第三个人听到他在和别人谈论儿子,第四个人看到他参加了支持同性恋的活动。他的这些信息都暴露在公共场所,但是,没有人会观察到哪些足以对他造成威胁或侵犯的信息,也没有人有能力把所有人的信息收集和组合起来,形成能够对他造成侵犯的信息。

---

① Herbert Resnicow, The Gold Solution. New York:St. Martin's Press, 1983, pp. 116 – 117.

如今，重要的计算机技术发展对我们的信息设备产生了巨大的影响。例如，信息储存越来越廉价、信息储存的容量越来越大、网络数据库越来越复杂和常见、出现了专门进行数据加工的系统、机构和组织掌控了大量的信息。① 这些信息科技发展和实践活动意味着：①人们可以在虚拟世界（计算机）无限量地记录信息；②人们可以在虚拟世界（计算机）对无限的信息进行无限的分析和组合；③人们可以在虚拟世界（计算机）将信息永久地储存起来。人们把这些科技与智能的监控技术相结合，促使监控行为与监控的模式的快速发展。

信息科技的发展对人们的影响是多方面的。在公共场所，人们不仅能够获取大量的信息，而且还能通过信息技术将这些信息进行系统的分析以及永久的保存。人们可以利用这些信息做很多事情，例如，对新旧信息进行对比分析、对不同的人的信息进行对比、通过网络与信息主体交流。上文中的 Kirsch 也将会找到自己的不在场证据，以及上文假设的"他"所暴露出来的所有信息（如穿着、交易、谈话等）都会被人们记录下来。笔者相信，在信息科技的影响下，这些信息肯定会比本文所说的更加详细具体生动。

实际上，人们最能强烈地感受到信息科技给公共信息带来的巨大改变。根据《信息自由法》②，除了《1974 年隐私权法》规定的某些特殊信息之外，人们可以自由地访问所有的政府信息。即使人们的少数信息受到《1974 年隐私权法》的保护而不为人知，但是人们的大部分信息，如生日、死亡、婚史、驾驶记录、房产记录、庭审记录以及其他信息，都属于公共信息，都可以被别人轻易地获取。在计算机技术和互联网技术快速发展之前，人们要获取别人的公共信息需要耗费大量的时间和金钱。例如，在以前，人们要知道别人某方面的信息，都要特意到相关的政府机构搜查和复制他们想要的信息——这实际是对公共信息的一种保护，在很大程度上限制了信息的获取和曝光。

公共信息的计算机化已经使得人们可以从相关的政府机构以及信息中介机构那里轻而易举地获取别人的信息。因此，这些公共信息就

---

① Smith, Managing Privacy, pp. 180 – 181.
② F. O. I. A. 5 U. S. Code, sec 552, 1966, strengthenedin 1974 and 1976.

真的彻底变成"公共"信息了。在两个没有经过新泽西州最高法院审判的案件中,审理案件的法院承认,公共信息的表现模式(如计算机信息或纸质信息)会对这些"公共"信息的实际公开程度产生深远的影响。① 同时,限制访问驾驶信息的支持者主张,当国家做出允许公民访问驾驶信息的决定时,这个决定会使得驾驶信息变成真正的"公共"信息,这与驾驶信息原本的状态和性质是十分不同的。在美国的一次公共协商中,隐私权倡导者建议,人们应当重新评估公共信息的含义。在评估时,人们需要考虑的关键问题有:访问公共信息的条件、公共信息的构成条件。除了隐私权倡导者以外,其他的代表有营销员、信息经纪人、中介机构,这些人都极力反对隐私权倡导者的提议。

笔者认为,作为对公共场所隐私权的问题的第三种消极解释,在人们还没有用强大的信息技术对公民信息进行收集和分析时,公民在公共场所不会遭受过大的隐私权威胁。同样地,通过颁布法律以及道德规范等方法,人们已经可以很好地保护自己的隐私权不受侵犯。这并不会令人感到意外,因此,这个理论不能很好地回应公共场所隐私权的问题,因为在这个时候,社会根本还不存在公共场所隐私权的问题。

四、人们是否应当保护公共场所隐私权

在这一部分内容当中,笔者将会解释,由哲学理论和规范理论发展而来的隐私权理论为什么不能解释隐私权在"公共"场所遭受到的侵害。由于理论层面、规范层面以及实践层面的原因,这些隐私权理论不仅缺乏解决公共场所隐私权争论的机制;而且也没有考虑过,有关在非隐私场所发生的监控行为的问题;更没有考虑过,在非隐私场所发生的监控行为在什么时候能为人接受,什么时候不能。在本文中,笔者假设,隐私权的规范理论应当考虑承认公共场所隐私权——笔者相信,这个假设经得起直接的考验,因为,现代信息科技的发展为公共场所隐私权取得确立提供了令人信服的现实依据,也可以说,

---

① See Higg-A-Rella, Inc. v. County of Essex. 141 N. J. 35 (1985) and Doe V. Poritz, 142 N. J. 1 (1995).

现代信息科技的发展使得隐私权理论有了自我调节的空间和机会。

如今，公共监控已经引起了广大民众的担忧和愤懑，这从 Lotus Marketplace：Households 一案中的那 30000 封反对信中就可以看出来。此外，在 1990 年的一次民意调查①中，90% 的民众认为，如今消费者被迫向公众提交了过多的个人信息。这一切，都是公共监控引起民众忧虑的体现。正如下文引用的一段文摘②所言，公民的个人信息正在通过形形色色的登记方式泄露出去：

"最近，有几家公司在没有得到公民许可的情况下，就滥用手中的权利擅自公开了大量的公民信息。这种做法不仅十分没有教养，而且还可能给某些公民带来危险。这是一个真实的故事：最近，我准备按照 MacUser 杂志提供的技术指导，处理一些垃圾邮件。我按照指引连接了几个服务器，结果，这些服务器连接的信息不仅包括我的姓名和邮箱地址，而是还包括家庭住址、电话号码等。其中，两个服务器甚至还在电子地图上详细指出我家住址所在地。信息传播者在传播我的信息时，完全没有事先获得我的同意，这实在是太可怕了，这是对我的隐私权的严重侵犯。"

尽管这些抱怨体现了人们在道德层面上的需求——即人们不希望自己过多的信息曝光在公共之下，但可惜的是，人们很可能只是把它当做某些人的特殊偏好或者愿望，更可悲的是，还可能有人认为这是抱怨者无能的体现。William Parent 和 Tom Gerety 是著名的隐私权学者，他们为隐私权概念的发展做出了卓越的贡献。Tom Gerety 曾忧心忡忡地指出，隐私权的概念之所以存在如此多的问题，不是因为它的含义太过狭窄，而是因为它的含义过于宽泛，这种宽泛的含义使得所有律师都可以把一切事物归于隐私权的范围之内，如果一个法律概念宽广得足以容纳一切事物与空间，那么，这个概念对我们而言是没什么实际用处的。③

Tom Gerety 将隐私权比喻成"公民自治的岛屿"，不仅如此，他

---

① Smith, Managing Privacy, p. 125.
② Jon Handler, submitted to RISKS Forum Digest, DEC 23, 1996.
③ Tom Gerety, Redefining Privacy, *Harvard Civil Rights-Civil Liberties Law Review*, 12 (2) (1977), p. 234.

还将自治权的范围限定为"公民身份的隐私性"。Parent 则认为，隐私权的保护范围仅包括公民的私人信息，并且，这种私人信息必须不是别人能从公共场所获取的信息。此外，他还将私人信息以外的所有信息总结为，"不能合理地称之为隐私的信息"。因此，根据 William Parent 和 Tom Gerety 的观点，公共监控并不会侵犯公民隐私权。

笔者的观点恰好与 William Parent 和 Tom Gerety 相反。尽管隐私权的哲学理论的主要目的是严格限制隐私权概念的恣意拓展，但是，如今隐私权的规范论证已经使得它既不能发挥其原本应当具备的作用，也不能顺应民意；这使得它已经对隐私权的发展发挥不了多大的作用，甚至说，如今它完全与隐私权的发展毫无关系。但如今，即使我们拒绝接受 William Parent 和 Tom Gerety 给隐私权所提出的狭窄的定义，但这也不代表着，我们有足够的理由论证：公共监控和公共数据收集已经在道德层面上侵犯了我们的隐私权。我们可以将人们对公共监控和公共信息收集的不满和愤懑视为一种强烈的社会情感指向，而不是仅仅将其视为某些个体的个人情感。但是，人们的这种不满和愤懑必须是大部分人的一致感受。此外，我们还必须找出这种情绪的根源在哪里。只有这样，我们才可以正确地判断，公共场所隐私权是否属于道德层面上的隐私权的合法部分。如果是的话，我们还要明确说明，公共场所隐私权在什么情形中才属于合法的隐私权。为了给公众的愤懑情绪寻找一个合理的道德基础，我们必须证明，公众的这种不满情绪绝非是人们单纯的感情喜好或者愿望，而是人们一种很强烈的、必要的需求。

带着这个目的，笔者探寻了公共信息收集的两个主要方面的内容：第一个是信息转移方面的活动。第二个是与信息收集、校对、组合等相关的活动。在这里，笔者还会介绍有关"信息挖掘""信息剖析""信息匹配"等相关活动。尽管这两方面的活动有所重叠，但是，第二个方面的活动有其自身的特点所在（笔者将会详细介绍），所以，笔者还是将两者分开讨论。笔者将论证：公共监控这两方面的活动给公民的公共场所隐私权带来了严重的问题——这个问题是合格的隐私权理论必须解决的问题，这些问题在传统上就已经被承认为公民隐私权的一部分。

五、隐私权与语境的完整性

大部分人对与自己相关的信息都十分敏感。人们一般可以判断出，什么样的信息适合在什么时候公开，什么样的信息适合在什么样的情形中被记录下来。例如，人们在看病的时候会把自己的身体信息告知医生；会向孩子的老师透露孩子的学习状态……在人们参与的各种交易活动中，会分别有各自的规范（明示的或者默示的）来规定，活动各方应当提交的信息数量以及类型等。但是，并非所有的这些规范都必定是合理的、受人尊重的。笔者认为，如果一个规范能够保持其语境的完整性，那么，这个规范就是合理的、受人尊重的规则；反之，则不是。

这些规范会在不同的语境中对相同的信息做出不同的规定。它们会在具体的语境中认定，哪些信息是合适的信息，哪些不是。例如，它们会规定，雇主可以要求员工提交详细的有关就业经历和教育水平的信息——这是合适的；但如果雇主要求员工提交有关其婚史或性取向的信息，那么，这就是不合适的。平日里，人们会向政府机关提交大量的信息——虽然人们认为这是合适的做法，但是，人们会把相关的信息交给相应的政府机关，而不会将自己的信息随随便便就交给一个与这些信息毫不相关的政府机关。此外，还有一些信息是公民拒绝提交给任何一个政府机关的，如宗教信仰。即使是对相互很熟悉的家庭成员，如果他们老是刺探我们某些不堪回首的情史，我们也会感到很痛苦。此外，并非只有私人的、敏感的或者隐私的信息会勾起我们这种痛苦。例如，有时候一名商店员工为了完成现金交易而向我们索取姓名和地址等信息，我们也可能会感到不乐意甚至痛苦。又例如，《纽约时报》要求其网上订阅者填写一份包括订阅者的姓名、住址、收入、性别、年龄等信息在内的表格，这也会令订阅者感到十分烦躁。在日常生活中，类似的情形非常常见，笔者在此不一一列举。

不管制定这些信息规范的当事人是以签订双方协议的形式达成共识还是因为某一方当事人的绝对权威而达成共识，这些规范都在很大程度上受到了当时的社会以及文化的影响。尽管笔者如今还没有专门针对这种语境和规范的现成理论作为论证依据，但实际上，不同时代社会和文化对公共场所隐私权有着极为重要的影响。此外，至少有某些信息规范的语境完整性不仅仅来源于惯例，而且还来源于该规范所要保护的独立的个人价值或者社会价值，又或者是个人价值和社会价值的综合体。这是因为，如果这些信息规范的语境完整性表达的仅仅是惯例，那么，评论家可能会认为，人们迟早会接受由信息技术带来的新秩序以及有关公共监控的新的隐私惯例。这正如 O'Connor 大法官认为，航空技术通过改变了警察的监控方式改变了隐私权的惯例一样，随着公民信息的手机和使用方法的改变，有关隐私权的信息规范也应当有所改变。针对本文第二章所描述的公共监控提出的反对意见都将失去意义。

尽管现存的有关隐私权哲学的探讨实际上还不能解决上文所提出的问题，但是，它也在一定程度上支持，某些独立的价值受信息规范的语境完整性保护的观点。例如，James Rachels 认为，公民的隐私权不仅包括公民决定是否与别人分享信息的权利，还包括公民决定在何时与何人分享信息的权利。因为人们享有在不同的程度上向不同的人分享信息的权利，所以人们可以自己定义与不同的人之间的亲密程度：人际关系可以分许多种。无论是在哪种人际关系中，人们都会考量自己与对方的熟悉程度，并据此来把握自己的言行举止以及决定自己要在多大程度上与对方分享自己的信息。[1]

James Rachels 认为，界定自己与别人的关系的性质和亲近程度是人们必须掌握的一种能力，因为这是人们自主能力（自治权）的一个重要体现，这种能力应当得到保护。如果人们在与别人的人际交往中无法得知或者甚至无法掌控别人了解多少关于自己的信息，那么，这会令人们感到尴尬、不自在甚至恐惧。

Schoeman 也在信息规范的语境完整性中看到了类似的价值，他曾写道：人们必须与不同的人之间维持着不同的人际关系，而不能对所有人采取同一种态度和相处方式，因为，某些信息在某种人际关系的语境中是合适的，但在另一种人际关系的语境中则是非常不合适的。

他还曾在其他文章中阐述了这一点：萨克拉门托的一名女同性恋者会在旧金山积极参与同性恋活动，但是，她却会在萨克拉门托的家

---

[1] James Rachels, Why Privacy is Important, *Philosophy & Public Affairs*, 1975, 4 (4), p. 328.

人和同事面前隐藏自己的性取向。一名教授会在同性恋酒吧高调地与其他同性恋者交流自己对于性的看法,但他不会在自己的学校里公开自己的性取向。毫无疑问,旧金山大街以及同性恋酒吧都是公共场所。那这是否意味着,本文所列举的两个人主动放弃了不被社会公众过度关注自己的权利?如果他们在自己不愿出现的其他环境之中被人发现了自己的性取向,他们是否会感到自己的生活受到了侵犯?[1] 这些答案都是很明显的。这都体现了语境完整性对人们的隐私期待的深刻影响。

通过判断语境完整性是否被违反来判断公民隐私权是否被侵犯,比通过判断公民的隐私或敏感场所是否被侵犯来判断隐私权是否被侵犯更加具有逻辑性和系统性。尽管人们会把通过特殊的身份或地位来判断公民隐私权是否遭到侵犯的方法归为后者,但是,人们并不因此认为,在隐私场所之外,人们的隐私权就不再受隐私权规范的保护。换言之,人们不会认为,如果人们离开某些特定的场所,人们的信息就与其原本的语境相剥离,从而变成了人们口中所说的"人人有份"的信息。如果在公共广场上被一个完全陌生的人问及自己的姓名,一般人都会为此感到不舒服,上述的观点和态度正是受到了这种情绪的影响。反过来,如果是在一些特别的环境和人际交往中,只要别人问的信息符合当时的环境或人际关系,那么,即使被问到更隐私、更敏感的信息,人们也不会觉得自己的隐私权遭到了侵犯。这就是为什么,以公共—隐私二分法作为判断隐私权存在与否的标准的隐私权传统理论认为,只有在隐私信息或者隐私场所被不恰当地披露或侵扰时,公民隐私权才遭到侵犯;而现行的隐私权理论则以语境的完整性作为公民隐私权是否遭到侵犯的判断标准。因为,前者认为隐私权规范仅与隐私或敏感信息有关,而后者认为,实际上,隐私权规范与所有信息都有关。

在如今的公共监控活动中,信息转移的频率十分高。例如,人们的商店交易信息会被商店卖给杂志的销售者。有时候,信息不仅会发生空间上的转移,还会发生时空上的转移。例如,很久之前收集的信

---

[1] F. Schoeman, "Gossip and Privacy" in R. F. Goodman and A. B. Ze'ev (eds.), Good Gossip, University Press of Kansas, 1994, p. 73.

息会被人们转移到当前的环境之中——人的记忆会衰退,但是,计算机会可以把信息永久记录下来。

在一名女演员被谋杀之后,警察发现,凶手是通过女演员的驾驶记录来跟踪她的。这使得人们不仅因为凶手的残暴而感到愤怒,而且还因为凶手可以获取被害者的驾驶记录而感到十分气愤。因此,收集大量公民驾驶信息和机动车车主信息的国家机动车部门激起了隐私权倡导者以及担忧广泛的计算机化信息交易会侵害自己的公民的愤懑情绪。这种情绪因为类似女演员被谋杀的事件变得更加剧烈,这导致美国出台了《驾驶隐私权保护法》①(1993),该法禁止了某些驾驶记录的交易行为。但是,美国的评论家认为,该法规定的限制是远远不够的。

人们普遍认为,对于不被视为"隐私"的信息,人们可以自由对其进行传送、交换、买卖等转移活动。参与这些活动的人都假设这些信息都不再具备其语境的完整性,变成了"人人有份"的信息。人们对与信息转移有关的活动的愤懑情绪逐渐衍生了一种与上述观点很不一样的观点:在这些信息转移的活动中,即使相关信息不是隐私的或者敏感的信息,但实际上,隐私规范的语境完整性以及公民的隐私权都遭到了侵犯。如果行为人在未得到他人许可的情况下,就擅自传播他人信息,那么,不管行为人传播行为侵犯的是他人的隐私或敏感场所的完整性还是语境的完整性,行为人的行为都会激发他人的愤懑情绪。有一些学者会通过质疑公民为何重视隐私权这一问题来攻击有关语境完整性的理论。

六、信息组合

当代信息收集技术的核心技术有"信息剖析"、"信息匹配"、"信息组合"和"信息挖掘",这些核心技术将零碎的信息以及不同的信息源重新组合成带着复杂的图案信息的数据库。学者 Smith 在其文章中详细描述了这些技术。例如,A. T. &T 在对 800 个电话记录进行信息组合的基础上出品了一款专为消费者服务的专业目录②;为了

---

① 103rd Congress, H. R. 3365.

② Smith, Managing Privacy, p. 185.

将自己出品的公民档案推销出去，Citicorp 对消费者的信用卡交易记录进行了数据剖析；银行通过组合自己享有的信息，开发出一个能将公民信息分成不同信息组的专业电子系统；为了开发可以清晰地展现公民的消费能力、消费活动、消费数据以及人口数据的综合档案，超级数据局可以从征信机构、社会安全局、法院等各个机构收集公民信息。

私营公司可以无限地使用信息组合技术。有一段时间，为了促进经济发展，圣地亚哥市政府的执法机关和药品管理局都经常使用信息组合技术。它们开发出一款包含了 1250000 选民的姓名、住址、电话号码、职业、出生地等信息的光盘，并将之进行销售。[1]

不管是信息对象，还是信息的收集者，他们都敏锐地感受到，一旦公民信息被汇编成电子档案，那么，公民的信息等于发生了质的变化。一方面，对于信息收集者而言，将信息汇编成电子档案的技术是信息技术发展中最能令人兴奋的技术。不管是政府机构还是私营公司，都可以从中获利——要么直接通过信息的组合获利，要么通过从别的机构购买组合过的信息而获利。信息组合技术可以把很多毫无价值的信息组合成极具价值的信息组合体。另一方面，对于信息主体而言，信息组合体无疑是十分惹人恼怒的。

当信息组合技术组成的信息组合体受到公众的质疑时，能够从信息组合体中获利的人（或机构）便以上文提到的"压倒一切的规范论证"来论证信息组合体存在的合理性和合法性。他们认为，如果他们是从公共场所获取了相关信息，并且信息对象没有采取任何行动隐藏自己的信息，那么，人们就没有理由禁止他们对信息组合体的使用。此外，禁止信息收集和信息组合的做法会侵犯观察、记录、组合信息的公民的自由权。人们没有理由阻碍勤劳智慧的企业家利用被别人暴露在公共场所的信息发家致富。因此，人们对电子档案等信息组合产物的反感情绪应当被社会视为一种个人的不满情绪，而不是一种重要的道德考量。

如果信息组合的支持者的观点是正确的，那么，信息组合不会侵犯人们任何的隐私场所。因为，人们使用的信息都是别人自愿提供的

---

[1] Smith, Managing Privacy, p. 190.

信息，既不是偷来的，也不是诱骗来的。如此一来，什么样的信息组合活动才会侵犯公民的隐私权益？

即使我们认同信息组合的支持者的观点，但是，他们关于信息组合的设想似乎还是没注意到某些很关键的问题。该问题在于，仅仅透过自己家的窗户观察外面的世界而并不进行记录的行为与下面一段话描述的行为之间存在巨大的区别。下面这段话引自 Hunter 学者的文章，原文如下：

"设想一下，如果我将自己看到窗外的所有事情以及周围发生的事情都写下来，那么，将会发生什么事情。假设如果我们相互之间分享自己的笔记以及从自己看到的窗外世界，并将我们所知晓的所有信息汇编起来，那么，又会发生什么事情。如果我们在信息共享后，将所有的信息进行分类，那么，我们将会得到我们所认识的所有人的详细个人档案。即使人们在大街上被别人看到，但实际上很少有人能识别出大街上的哪一个人做了哪件事，也就是说，即使人们在大街上经常会被别人注视，但是由于大部分人都默默无闻、不为人知，所以，人们不会因为自己在大街上暴露自己而受到侵犯。但是，如果人们在公共场所的一举一动都被别人详细地记录、收集和分析，那么，情况就不一样了，当所有信息都组合在一起，人们的详细信息很可能被别人得知，并因此受到别人的侵犯。即使信息收集者不使用自己收集到的信息，但是，这种经过组合的信息组合体的存在还是会让人们刻意地改变自己在公共场所的行为。"[①]

透过自家的窗户观察外面的世界的日常行为与 Hunter 设想的行为有着本质上的差别。前者几乎不会对被观察者产生任何危害，但是后者却完全相反。接下来的一段话引自 James Boyle 的一本著作，它表达了与 Hunter 一样的观点。这段话的原文如下："为什么商店会仅因为某些客户办了会员卡（电子卡）就给该客户打折？这是因为，现在的科技使商店可以通过电子卡来储存客户以前的消费记录，并将这些记录与人口统计信息连接起来。如此一来，广告商很快就可以知道有关会员的所有信息——小到会员喜欢用哪个牌子的厕纸，大到会员购买高档用品的频率。总之，通过使用信息技术，商家可以获得

---

① Hunter, L. "Public Image," p. 295.

有关会员的所有详细信息。如果我们不重新定义隐私权这个概念,那么,信息技术将会彻底销毁我们的隐私权。"

尽管对于这两段被引用的话描述的监控行为而言,所获取的信息量、信息细节、信息的彻底性以及信息的范围这些因素十分重要。但是,如果如今的监控活动比起以前的监控活动而言,仅仅是这些因素中的一个发生了变化,那么,如今的监控活动不会让人感觉它超越了人们的道德底线。实际上,人们之所以对如今的监控活动抱有如此大的敌意,还因为以下两个重要的因素。一方面,信息汇编和组合的过程总是伴随着信息的转移,信息组合者将信息抽离原本合适的语境并将其嵌入到信息主体不了解的语境中,这就等于破坏了信息原本的语境完整性。换言之,人们之所以认为信息组合行为越过了人们的道德底线,很大程度上因为它破坏了信息原本的语境完整性。另一方面,也是信息组合危害性最大的方面,尽管零碎的信息的泄露不会对信息主体造成过大的伤害,但是,信息组合技术可以将零碎的信息汇集成一个信息组合体,这个信息组合体会使信息主体被别人牢牢地记住,从此,信息主体的宁静生活将被打破。

信息组合体的价值在于,它表现的信息是以多维的形式出现的,它可以比二维的图像展现出更多的信息。不仅如此,信息组合体形成的图像展现出来的信息量实际上要比其原本的各部分信息机械拼凑在一起的总量大很多,因为,信息组合体不仅可以展现各个小部分的信息,还可以在原本的信息的基础之上推演出其他信息。这正如 Jeffrey Reiman[①] 所观察的那样:"通过将在公共场所获取的零碎的信息组合在一起,你不仅可以得到有关一个人的私人生活的所有详细信息。你可以知道他所有的朋友,他以何为生;还可以通过这些信息来推测他是否准时、是否公正等。"

例如,如果我们知道,有人在药店买了一份测孕纸,那么,我们就能推测出她最近都参与了哪种类型的活动;如果我们知道,有人加入了某党派,那么,我们就能推测出他/她对某些社会问题和政治问

---

① Jeffrey H. Reiman, "Driving to the Panopticon: A Philosophical Exploration of the Risks to Privacy Posed by the Highway Technology of the Future," Santa Clara Computer and High Technology Law Journal, 1995, 11 (1).

题的看法。换言之，信息组合体形成的图像为我们提供了多方面认识别人的途径、多种辨识别人的形式以及了解别人内心想法的方法。

正如上文所言，电子档案提供的图像能够使人们在更广的范围内、更深的程度上以及更长的时空内更好地了解一个人。这些图像所展现的信息量之大，足以使得人们可以了解信息对象的性格、偏好；甚至可以为我们操控信息对象提供建议。曾经有一个服务提供商对此夸耀道："98%的用户都会乖乖地将他们的详细信息提交给我们，并且，因为我们的用户都有固定的电子邮箱地址，所以，我们得到的用户信息都是十分精确的信息。因为我们将用户信息存入一个复杂的电子数据库里面，所以，我们对信息的使用十分简单灵活。根据您的需要，我们不仅可以根据不同的标准对所有用户进行分组，而且还可以将不同的信息分组，这样一来，您就可以通过我们提供的信息拓展自己的客户群体，提高销售量。此外，由于我们的用户都是《纽约时报》的网络订阅者，所以，他们在这一带都是很有影响力的人。"

通过人口信息档案、金融档案、消费者档案，商家可以准确地识别他们的客户群体。如此一来，人们可以将电子档案当作一种为使用者（大多时候是指商家）提供目标群体的设备。

总而言之，本文的第五、第六部分主要论证了公共监控之所以会引起公众的消极反应，至少在一定程度上是因为公共监控本身的特质很能令人感到道德上的反感。一方面，公共监控的活动通常会侵犯隐私规范的语境完整性（因为公共监控把应该存在于某种语境中的信息转移到另一种语境中）。社会早已经承认了隐私和敏感场所的语境完整性的重要性，只不过社会还没有充分认识到其他场所中的语境完整性的重要性。另一方面，现代信息技术中的信息剖析、信息组合、信息挖掘技术为信息收集者调查、识别甚至操控信息对象提供了良好的途径，而公共监控恰恰为这些信息技术提供了大量的信息源，这也是人们对公共监控深恶痛绝的原因之一。

七、公共场所隐私权是一种真正的隐私权益

在本文的开端，笔者阐述了，以前那些以解决政府、个人以及其他机构的行为给公民隐私权带来的问题为主要目的的隐私权哲学理论为什么不能解决信息科技给隐私权带来的变化。笔者之所以这么做，

是为了论证，即使很多隐私权理论都已经在核心理论上否认了公共场所隐私权的存在，但是，隐私权理论也应当承认，如今的公共监控活动会对真正的隐私权益造成侵犯。尽管笔者已经批判了主要的隐私权理论，因为它们忽略了在公共场所存在的重要隐私权益；但是，笔者也是在对这些理论进行深入探讨的基础之上，向人们展示，为什么身处公共场所的公民也享有合法的隐私权益。为了区分会对公民隐私权造成侵害的公共监控活动以及不会对公民隐私权造成侵犯的公共监控活动，人们必须在法院的审判方面以及隐私权理论的发展方面做进一步的努力和改善。主要的隐私权理论为隐私权发展做出的最主要的贡献在于将隐私权和其他价值联系起来。对于许多人而言，隐私权是很珍贵的，值得他们将其当作一种重要的道德权利或法律权利（或两者兼之）来保护，因为，隐私权可以保护和促使其他目的的实现。例如，Alan Westin 在其一部很有影响力的著作[1]中宣称，隐私权在一个民主自由的社会中促使了公民其他目的的实现：它提高了公民自治权，公民自治权可理解为公民渴望避免成为他人傀儡的强烈愿望。[2] 它不仅创造了一个受保护的领域，使公民得以自由地宣泄自己的感情以及掌控自己的个人活动与信息[3]，而且还创造了一个保障公民交流自由的规范。Ruth Gavison 则认为，隐私权也在保护其他深入人心的价值（保护自由行动的权利）上发挥了重要的作用。[4] 还有其他一些学者也认为，隐私权对公民个人价值和社会价值的实现都很有裨益。

这些观点都认为，隐私权实际上是为人们创造了一个"安全的天堂"，在这里，人们可以免受别人的监视和非难。在这些隐私的领域中，人们可以掌控自己的生活。通过掌控自己的隐私或敏感信息，人们会注意区分与不同的人交流时应当在多大的程度上分享自己的信息。通过使公民得以掌控自己的信息以及自主决定与别人分享多少自己的信息，隐私权提高了公民的自主权和创造力。

在强大的计算机技术问世之前，隐私权理论只要保护公民在隐私

---

[1] Privacy and Freedom.
[2] Alan F. Westin, Privacy and Freedom, New York: Atheneum, 1967, p. 33.
[3] Ibid., p. 36.
[4] Ruth Gavison, Privacy and the Limits of the Law, p. 442.

的或敏感的场所的隐私权就已经足以保护公民不受外界的不法侵扰。通过对公民行为施加相对较少的限制，隐私权可以为公民提供比较适度的保护。因为，正如本文第三章第三节（经验层面的因素）所讨论的那样，在以前，由于人脑记忆的缺陷、人们对被观察对象的视而不见、信息记录的困难等因素的影响，人们在公共场所根本不需要担心自己的信息遭到侵犯，所以，人们将隐私权的限制规范适用到公共场所反而是不太合适的。只有在信息记录变得方便、信息储存时间变得长久、记录的信息足够详细的情况下，人们才有必要扩大隐私权的规范限制，将这些限制适用到公共场所。

但如今，随着信息科技的发展，人们对别人的信息越来越感兴趣，不管这些信息到底是不是有利用价值的信息。此外，强大的信息科技使得人们获取的信息十分详细具体，人们可以通过将别人的各种信息组合成强大的电子信息档案，并通过这些电子档案来影响别人的行为甚至操控别人。那些不谨慎隐藏自己的信息以及不了解别人对自己的了解程度的人，尤其容易受到别人的操控。也有一些人保持着较好的警惕心，将自己的隐私保护得很好，却在与人交往时不得不时时刻刻都要保持警惕、怀疑甚至试探之心，这实在太令人感到疲惫了。DeCew 将信息科技给人际交往带来的这种改变称为"令人寒心的影响"。[①] 原本传统的隐私权价值可以更好地保护隐私领域，但如今，这种价值却使得人们在公共场所的隐私权很容易受到别人的侵犯。因为在当今社会，人们的非隐私信息比隐私信息更容易受到别人的侵犯。这迫使我们必须在公民自由权（如观察和记录别人的信息的权利）与公民隐私权（如被观察与记录的公民的隐私权益）之间做出恰当的协调。

根据上述被考虑的因素，我们可以得出这样一个结论：人们对公共监控活动所表达的愤懑和不满情绪并非是一种荒谬或者不理智的情绪宣泄，而是对当今社会承认公共监控会侵犯公民隐私权的一种表现。社会承认和保护公民的公共场所隐私权的理由与承认和保护公民的传统隐私权的理由是十分相近的，因为，支持隐私权保护公民的隐

[①] Judith Wagner DeCew, In Pursuit of Privacy: Law, Ethics, and the Rise of Technology. Ithaca: Cornell University Press, 1997, p. 64.

私场所免受侵犯背后的价值，也会在当今社会形形色色的公共监控活动中受到侵犯。正如上文所提到的那样，这些价值是很宽泛的，它包括了：①公民自治权、自由权、公民个性等公民价值；②保护公民之间的亲密关系、公民健康、公民创造力、个人成长等公民应当享有的能力；③社会的民主与自由等社会价值。在当今社会，实施公告监控活动的人可以利用信息科技，采取一些特殊的方法去监视、偷听、别人，从而获取大量的别人的信息。在这种情况下，人们获取某些信息的行为是不合法的。防止这种事情的发生是隐私权应当具备的基本职能之一。

八、政策的默认

笔者写这篇文章的主要目的在于，呼吁社会通过拓展或修改传统的隐私权哲学理论的方法，使传统的隐私权哲学理论得以适应公共场所隐私权的现实发展。笔者希望，我们美国可以考虑承认公共场所隐私权的合法性。

要达到这个目的，笔者认为，社会应当强调隐私权的语境完整性，以弱化传统隐私权理论中的隐私——公共二分法的影响。隐私权语境完整性的出现与隐私权的规范的出现并非毫不相关，而是相互影响的。无论如何，在很久以前，人们就主张在某些关系中，其中一方要对另一方的信息保密，例如，医生要对患者的信息保密，牧师要对倾诉者的信息保密等。人们可以将这些关系和语境视为人们要求在人际关系中享有信息（隐私）语境完整性的一种表现。同样地，人们不仅可以将《视频隐私保护法》视为法律对消费者视频观看记录隐私的保护，而且还可以将其视为类似的隐私权法在视频观看领域的一次拓展。在这些基础之上，人们可以将语境完整性这一原则适用到形形色色的社会环境或场所之中，例如，我们可以在医药保险领域、慈善机构以及大型超市等环境或场所之中适用语境完整性这一原则来保护身在其中的人们的隐私权（包括公共场所隐私权）。

有些隐私权倡导者反对社会以逐渐赋予各个领域隐私权的方法来保护公民隐私权——他们认为这种做法并不够彻底，不能完整地保护公民应当享有的隐私权。相反，他们认为社会应当通过"全面"承认隐私权的方法来保护和发展公民隐私权。不管在什么情形中，公民对自己的所有信息都享有控制权。根据传统的隐私权理论,人们要享有隐私权,必须先论证自己对自己的信息(尤其是被别人收集和使用的信息)享有控制权的重要性;但如果人们承认,隐私权是公民的一项基本权利,那么,人们要享有隐私权不需要做出过多的论证,相反,收集和使用别人的信息的人必须论证自己收集或使用别人信息的必要性;否则,其收集信息或使用信息的行为是违法行为。尽管如今我们美国社会急需能对公共场所隐私权提供保护的隐私权政策机制,但是,笔者并不打算在此过多地探讨该政策机制。

在为本文下结论之前,笔者会考虑一个可能会反对公共场所隐私权的因素,该因素笔者在上文提过——隐私权中"压倒一切"的规范论证。人们是否已经对该规范论证有了足够的了解?更重要的是,人们是否能够通过否定该规范论证来捍卫公共场所隐私权?

正如我们所看到的那样,用该规范论证来反对公共场所隐私权的人一般通过指出相关信息不是隐私或敏感信息来达到自己的目的。此外,这些人还会主张,既然信息主体已经将相关信息暴露于在公众场所之中,那么,信息主体就不能再要求别人不能收集或使用这些相关信息。

笔者认为,人们应当对该规范论证有深入的了解。

首先,该规范论证能够发挥否定隐私权的效力的前提在于一个这样的推测:人们认为,人们一旦自愿出现在公共场所,就等于默认,别人有权收集或使用自己透露出的相关信息。例如,进入超市购物的人等于默认超市的其他人可以看到他/她买的东西,即使他们明确向别人表示自己不希望别人看到自己,但是,他们也不能阻止别人这么做,更不能指望别人不会泄露这些信息。又例如,到药店买避孕药的人注定会泄露自己性生活,因为他们不能阻止别人看到自己买了什么东西,也不能阻止别人把自己看到的信息公开或传播。

其次,即使该规范论证的道德基础被破坏了,但是,它还有一个反对公共场所隐私权的实践层面的理由。正如 Reiman 所说的那样(上文有提及),如果有人自愿在拥挤的大街上暴露自己或公开自己的信息,而隐私权规范还赋予这些人不被别人观看的权利,那么,这就等于,社会为了极度保护某些人的隐私权而阻止人们参与正常的公共活动。这明显是不合理的,正如 O'Connor 所言,人们不能要求经过自己身边的政府人员"特意闭上自己的眼睛"。所以说，在实践层面上，该规范论证表面上仍然具有足以反对公共场所隐私权的理由。

即使公共场所隐私权似乎会给人们带来不合理的负担，但这并不代表着，人们找不到既不会为人们带来过重的负担，又不会过度牺牲人们的公共场所隐私权的方法。要做到这一点，人们应当承认，自愿泄露信息的行为与主张对信息的控制权的行为之间是存在区别的，并不是说，公民自愿泄露自己的信息就等于放弃自己对信息的控制权。尽管在一开始，人们要意识到这两点之间的区别似乎是很困难甚至是不可能的，美国曾经在知识产权领域做过这样的尝试。为了令人们可以在对某些作品没有控制权的情形中仍然有权曝光这些作品，美国的知识产权法特意将专利权与著作权分开。尽管笔者并不认为，公民隐私权是公民自主权的一种表现形式，但是，笔者认为，为了制定合理的隐私权政策，在知识产权法中发展起来的、已经被成功实践过的法律机制照样可以被人们适用到隐私权保护的法律机制中。

九、结语

本文认为，公民享有公共场所隐私权。尽管本文没有与传统理论相连接的理论作为公民享有公共场所隐私权的依据，但是，本文提出了一些原则，这些原则可以作为支持公民享有公共场所隐私权的理论依据。在过去，因为人们只是把这些原则当作与隐私权有些许关联的道德权利罢了，所以，主流的隐私权法律理论和哲学理论都不认为这些原则可以作为公民享有公共场所隐私权的依据。在此，笔者必须指出，隐私权语境完整性这一原则和没有任何信息天生带着"人人有份"的性质这一原则，对于反对行为人对他人进行的信息组合、信息剖析、信息挖掘等行为是很有价值的。这些原则可以为人们提供一种判断标准，帮助人们正确区分哪些公共监控活动和公共记录行为会侵犯公民的隐私权。

公共场所隐私权的变迁

——对 United States v. Jones 一案的评析

宋志斌[①] 丁双玥[②]

目 次

一、导论
二、美国联邦最高法院对待公共场所隐私权态度的变化
三、United States v. Jones 一案的判决
四、United States v. Jones 一案的评析
五、United States v. Jones 一案对我国隐私权理论的启示

一、导论

1890 年，Samuel Warren 和 Louis Brandeis 发表《论隐私权》[③]，美国的隐私权自此独立。Warren 和 Brandeis 总结道，在公民遭受诽谤和其著作权、财产权、契约自由被侵犯的情况下，社会默认公民享有一种被称为"独处权"的权利。他们认为，侵犯公民隐私权的行为应当被视为一种独立的侵权行为。自隐私权独立以来，公民对自己在封闭的私人场所中的事物和行为享有隐私权是不言而喻的，而对于公民对自己身处公共场所的行为是否享有隐私权这一问题，学者们则争论不休。公民在公共场所有无隐私？如果有，范围是什么？如何判

---

① 宋志斌，广东南方福瑞德律师事务所专职律师、副主任和高级合伙人。
② 丁双玥，中山大学法学院助教。
③ The Right to Privacy.

断？这些问题不仅仅是学者们多有涉及的问题，也是美国联邦最高法院需要做出判断的重要问题。

法院通常拒绝承认公民在公共场所享有隐私权的主张。然而，这种观点遭到了广大学者的批判。随着科技的进步，信息挖掘和信息传播变得越来越容易，公民的隐私变得无所遁形并遭受越来越多的侵害，若仅以场所性质判断公民隐私的有无，那么法律对公民隐私的保护就会变得非常狭隘且无力。因此，在 Katz v. United States 一案[①]中，美国联邦最高法院最终认定，公民在公共场所也享有隐私权，并通过确立合理隐私期待标准来判断公民是否享有隐私权。但是，"公共场所有隐私"的理论并没有被绝对化。

在 Katz 一案之后的一些案例中，在适用合理隐私期待标准判断公民在公共场所是否享有合理隐私期待时，美国联邦最高法院收缩了"公共场所有隐私"的范围，并认定，公民对其处于公共场所的某些信息并不享有合理的隐私期待，无法受到《美国联邦宪法第四修正案》（以下简称《第四修正案》）的保护。不过，到了 2012 年，美国联邦最高法院在此问题上的态度有所转化，它认为，在一定的条件下，公民对其在公共场所的行为或者信息也享有隐私权，这就是美国联邦最高法院在 2012 年的 United States v. Jones 一案中确立的新规则。

本文中，笔者将简述与公共场所隐私权相关的一些案例和观点，并分析美国联邦最高法院在 2012 年对 Jones 一案做出的判决，借此理清美国联邦最高法院对公共场所隐私权的态度的变化。

二、美国联邦最高法院对待公共场所隐私权态度的变化

（一）公共场所无隐私的一般规则

1960 年，Dean William Prosser 发表了《论隐私权》[②]一文，他提出的理论最终被《美国侵权法复述（第二版）》[③]所采纳。Prosser 教授认为，隐私侵权行为是由四种各自独立的侵权行为组成的综合体，

---

① 389 U. S. 347 (1967).
② Privacy. 48 CAL. L. REv. 383 (1960).
③ Restatement (Second) of Torts (1977).

这四种侵权行为分别是：①不合理侵扰他人安宁的隐私侵权行为；②公开披露他人私人事实的隐私侵权行为；③公开丑化他人形象的隐私侵权行为；④擅自使用他人姓名、肖像或者照片的隐私侵权行为。除此之外，Prosser 教授提出，为了证明行为人的行为侵犯了受害人的隐私利益，受害人必须证明行为人侵犯了受害人的私人事实。只有当行为人的行为侵犯的是受害人的私人事实（而非公共事实）时，行为人才需要为自己的行为承担隐私侵权责任。

在某种程度上，这种四分法使得侵权法不能及时地吸纳新兴的隐私侵权类型。Prosser 教授关于隐私侵权四分法的最主要担忧就是，这一方法"严格地限制了公民能够在公共场所实施的行为"。Prosser 教授特别担心的是，隐私侵权四分法不能很好地约束媒体。为了限制公众通过媒体肆意地获取他人的信息，Prosser 教授"试图限制隐私侵权四分法的扩张"，并且 Prosser 教授也成功了。他阻碍隐私侵权四分法的扩张所采用的一种方法就是，坚持"公共场所无隐私"规则。Prosser 教授提出："当他人在大街上行走时，或者当他人进入任何其他公共场所时，他人均不享有独处权。因此，当行为人仅仅是跟踪他人时，他们实施的跟踪行为并不构成隐私侵权行为。同样，当行为人在大街上或公共场所拍摄他人肖像时，他们实施的拍摄行为也不构成隐私侵权行为。因为行为人实施的拍照行为仅仅相当于做了一个记录，即，行为人记录了他人在进入公共视野时所从事的行为，而他人的此种行为是任何其他在场的公众都能免费看见的，因此，行为人实施的拍摄行为跟一个完整的书面描述行为没有本质的区别。"①

《美国侵权法复述（第二版）》也回应了 Prosser 教授对隐私侵权所施加的限制，它指出："当他人已经将自己的行为故意暴露于公众视野中时，即使行为人对他人的行为作进一步的公开，行为人也无须承担侵权责任。"② 与此同时，《美国侵权法复述（第二版）》官方评论也明确承认，法律保护他人的隐私事务不被公开，它指出："他人都有自己的生活，也都从事自己的行当，对于某些事实，他人只愿意深埋心底或者充其量只告诉自己的亲朋好友，而不愿向社会公开。当

---

① William L. Prosser, Privacy, (1960) 48 CAL. L. REV. 383, pp. 391 – 392.

② Restatement (Second) of Torts, § 652D cmt. b.

行为人将他人生活的私密细节以一种使理性人感到高度反感的方式对社会公众公开时，他人就有权提起隐私侵权之诉，除非行为人公开的事实与社会公众享有的合法公共利益有关。"① 因此，当行为人公开他人私密的事务时，虽然我们能够对他人提起的隐私侵权之诉作出限制，但是《美国侵权法复述（第二版）》承认，除非行为人所公开的事实与社会公众享有的重大社会公共利益有关，否则，对于他人的某些特定事项，行为人不能公之于众，这些不能被公开的特定事项受到《侵权法》的保护。

在 Prosser 教授观点的影响下，美国法院认定，在公共场所发生的一切事情都不属于私人事实。根据美国的法律和美国法院的认定，自愿出现在公共场所的公民不仅应当承担被别人观察的风险；而且还应当承担被别人拍照以及被拍摄的照片被广泛传播的风险。② 例如，在 Gill v. Hearst Publishing Co. 一案③中，被告不仅在一家超市里面偷拍了原告（一对夫妻），而且还在没有获得原告同意的情况下擅自将照片公之于众。原告认为被告的行为侵犯了自己的隐私权，因此，他们向法院提出诉讼。但是，法院驳回了原告的诉求并强调，该案的判决依据在于，那些在公共场所被人拍摄的照片并不涉及公民的隐私，所以被告并没有侵犯原告的隐私权。

在"公共场所无隐私"理论成为美国主流司法观点时，法院都会以场所的性质判断公民隐私权的有无。一般的司法解释都认为，公民出现在公共场所即被视为已经放弃了其隐私期待。实际上，"公共场所无隐私"理论最初具有一定的价值，一是因为，这个理论可以作为一个明确而容易执行的判断标准，帮助人们简单快捷地判断隐私期待存在与否；二是因为，这个理论不会对普通公民的隐私期待造成过大的侵害（因为在当时的科技状况下，行为人在公共场所实施偷拍行为都并非易事）。但是，随着科学技术的发展和数字化时代的到来，信息挖掘和信息传播变得越来越容易，隐私权也陷入非常复杂、危险的环境中。如果以这种过于简单、狭隘的方式判断公民隐私权的

---

① Restatement (Second) of Torts, § 652D cmt. b.
② Freedom of the Press: A Reference Guide to the United States Constitution 93.
③ 253 P. 2d 441 (Cal. 1953).

有无，那么隐私权的范围就会大大受限，公民的隐私会遭受严重的侵害。为了保护他人在公共场所所进行的活动，防止行为人在未经他人同意的情况下擅自公开他人在公共场所所从事的活动，美国某些学者开始对 Prosser 教授所主张的公共场所无隐私的规则做出这样或者那样的批判，认为应当确立公共场所有隐私的规则。最终，美国联邦最高法院在 Katz v. United States 一案①中确立了合理隐私期待理论，认定"公共场所有隐私"。

（二）美国联邦最高法院在 Katz v. United States 一案所确立的公共场所有隐私的规则

1967 年，Harlan 大法官在 Katz v. United States 一案②的并存意见中提出了合理隐私期待理论，自此，美国联邦最高法院放弃了单一的以场所性质判断隐私有无的方式，开始采用合理隐私期待标准分析公民是否享有隐私权。在 Katz 一案中，政府执法人员在公共电话亭外安装了窃听装置，并通过该装置监听到了被告人在电话亭中的通话内容。Katz 打电话的行为发生在公共电话亭中，政府执法人员实施的监听行为也发生在公共场所中，但是法院拒绝适用陈旧的理论武断地认定公民在公共场所不享有隐私权，而是认定，政府执法人员实施的行为侵犯了 Katz 的合理隐私期待，也就是说，美国联邦最高法院承认，公民在公共场所也享有合理的隐私期待。因为《第四修正案》"保护的是人，而非场所"，因此，"即使他人身处公共场所，只要他人刻意将其在公共场所的所作所为视为隐秘，则他人在公共场所的所作所为也应当受到法律的保护。"③

合理隐私期待理论认为，在判断公民对自己的行为是否享有隐私权时，行为发生的场所并不是唯一的决定要素，不能单纯地以公共场所为由否认公民的隐私权益，而是应该以多种因素综合判断公民隐私期待的合理性，最终决定公民隐私权的有无。该理论以主、客观隐私期待两步分析法（第一步：判断公民对某个事物是否享有主观的隐

---

① 389 U. S. 347（1967）.

② 389 U. S. 347.

③ Katz, 389 U. S. , at 351 – 352.

私期待；第二步：判断社会公众是否承认公民的此种隐私期待是客观合理的）判断公民对某种信息是否享有合理的隐私期待，无论该种信息发生在公共场所还是私人场所，一旦确定公民享有合理的隐私期待，那么他们的合理隐私期待就应当受到《第四修正案》的保护。

不得不承认，合理隐私期待理论应时而生，摆脱了单一的"特定场所"理论，改变了"公共场所无隐私"的陈旧观念，对保护公民的隐私权发挥了极大的作用，尤其是对公民在公共场所的隐私权提供了保护。但是，该理论也并非十全十美。虽然合理隐私期待理论非常灵活，既能够适应飞速发展的社会，也能够将《第四修正案》的保护范围扩大到公共场所隐私权，但是它的灵活性和不稳定性也常常受到很多学者的诟病。其一，隐私期待在客观上是否合理没有统一的标准，法官们只能根据自己的喜好和价值观来判断他人的隐私期待是否合理，所以，法官们很容易混淆他们自己的隐私期待与假设的理性人的隐私期待，这使得这一判断过于主观而欠缺客观性。其二，公民主观上的隐私期待会随社会、科技的变化发生改变。重大的技术变革总是会使公众的隐私期待处于不断变化的状态。现代很多技术以牺牲人们的隐私为代价换得更多的便利和安全，并且很多人都认为这种牺牲是值得的。此外，即使社会公众并不欢迎新型科技必然带来的对隐私的侵蚀，但是他们最终还是会使自己顺应这种发展，因为这种发展是不可避免的。

所以，虽然 Katz 一案确立了合理隐私期待标准，并认定场所的性质不能决定公民合理隐私期待的有无，因此确认了公民在公共场所也享有隐私权，但是美国联邦最高法院没有在 Katz 一案中提供明确、客观的判断标准和结论。这一切都使得法院在适用合理隐私期待理论时遇到种种障碍和不确定性。Katz 一案之后，法院在某些案例中运用合理隐私判断标准判断公民是否享有隐私权时发展了其他新的要素，这些用于判断合理隐私期待的新要素收缩了公民隐私权的范围。因此，法院认定，在某些情况下，公民在公共场所的隐私期待并不合理，因而不受《第四修正案》的保护。

（三）对公共场所隐私权范围的收缩

美国联邦最高法院通过合理隐私期待理论确认了公民在公共场所

享有隐私权，然而，法院在下述几个案例中又重新解释了合理隐私期待理论并限制了公共场所隐私权的范围。

1. United States v. Knotts 一案①

在1983年的Knotts一案中，政府执法人员获知，有人订购了大量的化学制品，这些化学制品除了可用于合法用途以外，还能用来制作非法药物。在交易之前，政府执法人员获得了卖方的同意，在其中一个货箱内安装了无线寻呼机，然后卖方将货物交付给犯罪嫌疑人。随后，政府执法人员利用无线寻呼机监视货箱的移动路线，同一天内货箱从购买地点一直移动到了威斯康星州某农村的一个小屋附近。

美国联邦最高法院采用合理隐私期待标准分析了此案，它强调："法院是否适用《第四修正案》保护公民，取决于公民是否以自己'享有的隐私合理期待'受到政府执法人员行为的侵犯为理由向法院提出请求。"在Knotts一案中，所有法官的意见全体一致，法院认定被告人没有证明政府执法人员实施的行为侵犯了公民对隐私的合理期待：公民开着车在公共道路上从一个地方行驶到另一个地方，在这个移动过程中他并没有合理的隐私期待。当公民在公共道路上开车行驶的时候，他就自愿地向任何人传递了以下信息，即他在特定的道路上朝特定的方向行驶、他停泊的地点以及他最终离开公共道路进入私人住所的目的地。

在本案中，美国联邦最高法院认定，当公民驾车在公共道路上行驶时，其对汽车的行驶方向、停泊地点、目的地等信息并不享有合理的隐私期待，因为当公民在公共道路上驾车行驶时，他就自愿地向任何人传递了这些信息，政府执法人员利用无线寻呼机获取这些已经公开的信息，并没有违反《第四修正案》的规定。

2. Oliver v. United States 一案②

在1984年的Oliver一案中，政府执法人员现实地侵入了被告的大麻种植地，这些大麻种植地周围树有栅栏以及标有"不得入内"的警示牌。被告提出证据异议称，因为被告在其种植地上设有栅栏和警示牌以宣示自己享有"隐私合理期待"，所以政府执法人员现实地

---

① 460 U.S. 276 (1983).

② 466 U.S. 170, 180 (1984).

侵入该种植地的行为就是非法搜查行为。但是，美国联邦最高法院驳回了这一异议，并认定，被告人对其"开阔地带"并不享有合理隐私期待。

美国联邦最高法院认为，《第四修正案》的保护范围仅限于公民的人身、房屋、文件和财产，并不能扩张到公民所拥有的公开场所。① Powell 大法官认为，在判断政府执法人员的监控行为是否侵犯的公民的隐私权时，法官应当综合考虑以下要件：其一，立法者的立法目的；其二，他人隐私在不同场所的用途；其三，社会对特定场所保护的认知度。法院明确将私人场所和公开场所区分开来，并认定被告所拥有的大麻种植地属于"开阔地带"，它并不是人们从事私人活动的场所。另外，被告人的大麻种植地上也不存在任何为了社会利益而从事的个人活动。因此，被告的大麻种植地并不属于《第四修正案》保护的特定私人土地，其对大麻种植地的隐私期待并不合理。

在本案中，美国联邦最高法院提出了与 Katz 一案的观点大不相同的"公共场所"与"私人场所"的区分规则，也就是说，只有某个场所是从事私人活动的场所时，公民对其隐私期待才是合理的，该场所才能受到《第四修正案》的保护。

3. Dow Chemical Co. v. United States 一案②

在 1986 年的 Dow 一案中，美国环保局（EPA）雇用了航拍机拍摄了 Dow 公司运营的 2000 英亩的化工厂的照片。Dow 公司向美国联邦地区法院提起诉讼，声称这些航拍照片可能泄露了该公司有价值的商业秘密，而这些商业秘密应该得到保护（特别是关于几间露天车间的商业秘密）。Dow 公司还提出，美国环保局工作人员实施的行为构成《第四修正案》规定的搜查行为，并且该搜查行为违反了《第四修正案》的规定。为了证明自己享有《第四修正案》赋予的隐私免受航空摄像行为侵犯的权利，Dow 公司提出，生产基地内的空地构成"工业庭院"，特别是，因为工厂已经"采取了一切商业上可行的措施，保护商业机密和工厂范围内的财物"，所以 Dow 公司的整个工厂都应受到《第四修正案》的保护。

---

① Hester v. United States 265 U.S. 57 (1924).

② 476 U.S. 227 (1986).

对于 Dow 公司的工业基地应该被视为住所庭院还是开阔地带问题，美国联邦最高法院的法官们形成了 5 票对 4 票的多数意见，首席大法官 Burger 总结认为，"鉴于美国环保局实施空中监视行为的目的"，将工业基地视为一片开阔地带更为恰当。在分析 Dow 公司的隐私期待时，法院特别强调了监视对象，它认为，环保局获得的信息仅是工厂的整体布局，并没有揭露工厂的隐私，而工厂的外观布局并不受到宪法的保护。对于 Dow 公司提出工厂已经采取一切商业上可行的措施保护其隐私的理由，首席大法官 Burger 认为："Dow 公司没有对空中监视的侵入行为采取任何预防措施。车间并不临近一个飞机频繁起落的机场，Dow 公司仅仅是跟踪辨认飞过工厂的飞机，随后再检查飞行员是否拍摄了工厂照片，这些行为并不能构成'专门用于保护工厂免受航空拍摄的预防措施'。"美国联邦最高法院低调但明确地指出，在这种情况下，要保护隐私免受空中监视的代价就是建设屋顶。如果 Dow 公司不愿意或不能支付这种代价，那么它就只能放弃隐私了。此外，美国联邦最高法院也提出，政府执法人员使用航空拍摄技术实施的监控行为也不是现实侵入行为。

在本案中，美国联邦最高法院从被监控场所的性质、被监控信息的性质以及监控行为的性质等多个角度，对 Dow 公司不享有合理的隐私期待进行了论证，最终认定，Dow 公司对其工厂整体外观布局并不享有合理的隐私期待，政府执法人员利用航拍技术从高空拍摄工厂的行为并没有侵犯其隐私权。

4. California v. Ciraolo 一案[①]

在 1986 年的 Ciraolo 一案中，被告的后院中种植了大麻，而警方从地面上进行监视是不可能的，因为被告的后院被 6 英尺高的外栅栏和 10 英尺高的内栅栏包围着。因此，两位受过大麻鉴别培训的警官弄到一架私人飞机，飞行进入被告住所上空的可航行区域，垂直高度约 1000 英尺。在这个有利的位置，两位警官辨认出了被告院子中的大麻植物。他们将这一信息写进了宣誓书，并且获得了搜查令，从而搜查了被告的院子并扣押了 73 株大麻植物。Ciraolo 提出，政府执法人员实施的空中监视行为是一种非法搜查行为，这种行为使搜查令的

---

① 476 U.S. 207 (1986).

获得失去了正当性（搜查令的颁发需要可信的理由，而可信的理由主要地来自于监视行为获得的信息），也使根据搜查令扣押的证据失去了正当性。Ciraolo 主张，为了表明他享有对自己院子内事物的隐私期待，他已经实施了一切合理的防护措施，并辩称自己并没有"故意地"将庭院暴露于政府执法人员的空中监视之下。

美国联邦最高法院承认，Ciraolo 院子外 10 英尺高的栅栏明确地证明了，"至少从地面视角"，Ciraolo 主观上想要"隐藏大麻植物"。所以，Ciraolo 已经证明其对院子内的植物有主观上的隐私期待。法院也承认，Ciraolo 的后院属于其住所庭院的范围，因此《第四修正案》保护 Ciraolo 的后院免受政府执法人员的无理搜查。但是，法院认定，Ciraolo 主观上的隐私期待并不合理。虽然《第四修正案》保护公民住所免受政府执法人员不合理的搜查和扣押，但是《第四修正案》还不至于要求政府执法人员在路过一所公共大道上的住所时要闭上自己的眼睛。即使公民采取了某些措施阻止别人观察他的行为或信息，这些措施也不能阻止政府执法人员在公共场所的有利观察点实施监视行为，政府执法人员有权在公共观察点上清晰地监视公民的活动。即使身处自己的房屋或者办公室中，公民故意暴露于众的事物也不是《第四修正案》所保护的对象。此外，法院强调，当政府执法人员的飞机在公共的、可航行的空域内飞行时，他们实施的监视行为是以"非现实侵入方式"进行的，并且政府执法人员实施的监视行为是在 1000 英尺的高空以肉眼探测大麻植物，并没有其他科技设备的辅助。法院强调："在从这片空域飞过的普通飞机中，若有人向下一瞥，他们也能够看到政府执法人员在这片空域看到的所有事物。"

在本案中，美国联邦最高法院采用了 Katz 一案确立的两步分析法，虽然法院承认 Ciraolo 对自己庭院内的植物有主观上的隐私期待，但是，通过分析政府执法人员监视行为的发生地点、监视行为的性质，法院利用"故意暴露于众理论"和"第三人行为理论"认定，"被告期待他的后院免受空中监视是不合理的，并且这种期待也不是社会所认可的合理期待。"

5. 评价

的确，在上述四个案例中，美国联邦最高法院并没有完全遵从 Katz 一案的判决，而是收缩了 Katz 一案所确立的规则。尽管 Katz 一案认为,《第四修正案》的保护并不完全取决于"特定场所要件"(场所的性质),但是在 Oliver 一案和 Dow 一案中,美国联邦最高法院还是提出《第四修正案》对"公共场所"、"开阔地带"不予保护。尽管 Katz 一案提出,无论是现实侵入行为还是非现实侵入行为,均有可能构成非法搜查行为,但是在政府执法人员实施空中监控行为的案件中,美国联邦最高法院还是认定,非现实侵入行为是空中监控行为不构成搜查行为的原因之一。另外,在 Katz 一案之后的这些案例中,法院都强调,这些案件中被监控的信息与 Katz 一案中被监听的通话信息是完全不同的,也就是从被监控对象的性质角度收缩了公共场所隐私权的范围。

Katz 一案确立的规则具有里程碑式的意义,它标志着公民的隐私权不再以场所性质为限,而美国联邦最高法院却在随后的案件中多次发展或利用传统的要素收缩了公共场所隐私权的范围。直至 2012 年,在对 United States v. Jones 一案[1]做出判决时,美国联邦最高法院对公共场所隐私权的收缩之势似乎有所减弱,它又一次承认了公民在公共场所享有合理的隐私期待,至少是有条件地承认了公共场所隐私权的存在。

三、United States v. Jones 一案的判决

(一)案情介绍

2004 年,公民 Antonie Jones 在哥伦比亚特区拥有并运营一家夜总会,由于其涉嫌从事毒品交易,Jones 成为美国联邦调查局(FBI)和警察局特别工作组的调查对象。政府执法人员使用了多种侦察设备对 Jones 实施监控,包括对其夜总会的视觉监控,安装摄像机监控夜总会的前门,以及使用描笔式电子记录器(用来记录用户打电话的次数、日期、时间等)和窃听装置监控 Jones 的移动电话。

2005 年,基于通过实施上述监控行为获取的信息,政府执法人员向美国哥伦比亚特区法院申请了搜查令,申请法院授权他们在登记于 Jones 妻子名下的大切诺基吉普车上安装电子跟踪设备。哥伦比亚

---

[1] 132 S. Ct. 945 (2012).

特区法院签发了搜查令，该搜查令授权政府执法人员在上述汽车上安装电子跟踪设备，区域为哥伦比亚特区，时限为 10 天。

在实施调查行为的第 11 天，在哥伦比亚特区之外的地区即马里兰州，当该吉普车被停放在一个公共停车场时，政府执法人员在该吉普车的底盘上安装了 GPS 跟踪装置。在接下来的 28 天中，政府执法人员利用 GPS 装置跟踪吉普车的移动路线，并且在该吉普车被停放在马里兰州另一处公共停车场时，他们还为跟踪装备更换过电池。通过卫星信号，GPS 跟踪设备能将吉普车所在位置精确定位到 50 至 100 英尺范围内，并通过移动电话将位置信息发送到政府执法人员的电脑中。在政府执法人员实施跟踪行为的 4 周时间内，该设备传送的信息数据超过 2000 页。

最终，政府执法人员以多项罪状向哥伦比亚特区法院起诉了 Jones 和其他相关的共谋者，指控他们共谋蓄意贩卖和占有要贩卖的 5 千克或者更多可卡因和 5 克或者更多可卡因碱，因此他们违反了《美国法典》第 21 编第 841 条和第 846 条（21 U. S. C. §§841，846）的规定。在庭审前，Jones 向法院提出请求，要求法院排除政府执法人员通过 GPS 装置获得的证据。哥伦比亚特区法院仅部分支持了该请求，即当汽车停放在 Jones 住所旁的车库中时，政府执法人员通过 GPS 装置获得的相关证据被法院排除。① 除此之外，法院采信了其余的证据，因为法院认为，"当公民驾驶汽车行驶在公共道路上时，他对自己从一个地方到另一个地方的移动路线信息并不享有合理的隐私期待。"② 在 2006 年 10 月对 Jones 的庭审中，陪审团对共谋问题未能做出裁定。

在 2007 年 3 月，一个大陪审团重新审判了政府执法人员对 Jones 提出的控告，政府执法人员指控 Jones 和其他共犯实施了共谋犯罪。在此次庭审中，政府执法人员提交了与第一次庭审相同的通过 GPS 装置获得的数据，这些数据证明，Jones 与所谓的共谋者的藏匿屋有关联，而政府执法人员在共谋者的藏匿屋中发现 850000 美元现金，97 千克可卡因以及 1 千克可卡因碱。大陪审团做出有罪裁决，Jones

---

① 451 F. Supp. 2d 71, 88 (2006).
② 460 U. S. 276, 281 (1983).

被哥伦比亚特区法院判处终身监禁。

美国哥伦比亚特区巡回上诉法庭撤消了哥伦比亚特区法院的认定，巡回上诉法庭认为，因为政府执法人员在没有搜查令允许的情况下使用 GPS 装置获得了证据，所以特区法院对此类证据的采信违背了《第四修正案》的规定。① 政府执法人员提出申请，请求法庭全体法官复审此案，而巡回上诉法庭的四位法官对此申请持反对意见，因此，哥伦比亚特区巡回上诉法庭拒绝了这一申请。② 最终，美国联邦最高法院同意复审此案。

（二）美国联邦最高法院判决的理由

美国联邦最高法院认定，政府执法人员在该汽车上安装 GPS 装置的行为和他们使用 GPS 装置监控汽车移动路线的行为，均构成《第四修正案》规定的搜查行为。其理由如下：

第一，《第四修正案》保护公民的权利，这就是，公民对其人身、住所、文件和财物享有的免受政府执法人员无理搜查和扣押的安全权。因此，为了获得信息，当政府执法人员对公民的"财物"实施现实侵入行为时，他们的行为构成《第四修正案》所规定的"搜查行为"。在制宪者们制定《第四修正案》时，他们在修正案中列举了这种现实侵入行为，因此当政府执法人员实施此种现实侵入行为时，他们实施的行为必然构成《第四修正案》所规定的搜查行为。

第二，这一认定与美国联邦最高法院做出的涉及《第四修正案》的司法判例相一致。在 20 世纪后半叶以前，这些司法判例都依赖于普通法中关于非法侵入的理论。在 20 世纪后半叶以后的案件中，美国联邦最高法院对于此类案件的分析脱离了仅仅基于财产理论的分析方式，而采用了 Harlan 大法官在 Katz v. United States 一案③并存意见中提出的分析方式，Harlan 大法官提出，《第四修正案》保护的是公民的"合理隐私期待"。因此，在本案中，法院无需再讨论政府执法人员提出的 Jones 不享有"合理隐私期待"的观点，因为在 Katz 一案

① United States v. Maynard, 615 F. 3d 544 (2010).
② 625 F. 3d 766 (2010).
③ 389 U. S. 347.

确立的规则下，Jones 享有的《第四修正案》赋予的权利不会有增强或减弱。实际上，法院必须要确定的问题是："在适用《第四修正案》的规定时，法院应当以何种程度保护公民的隐私免受政府执法人员的侵害。"①

在 Katz 一案中，法院没有否认，《第四修正案》体现了其对政府执法人员实施的某些行为的特别关注，这些行为就是，政府执法人员对第四修正案列举出的公民财产实施的现实侵入行为。Katz 一案确立的合理隐私期待标准是对普通法现实侵入标准的补充，而不是取代了普通法的现实侵入标准。在 Katz 一案之后的一些判例中，如 Alderman v. United States 一案②，Soldal v. Cook County 一案③，United States v. Knotts 一案④以及 United States v. Karo 一案⑤，政府执法人员使用"无线寻呼机"实施了监控行为，"无线寻呼机"是代表另一种电子监控形式的电子跟踪装置，在这些案件中，法院驳回了以《第四修正案》的规定限制政府执法人员使用"无线寻呼机"行为的请求，但是，在这些案件中，法院并没有否认政府执法人员实施的行为构成搜查行为。在 New York v. Class 一案⑥和 Oliver v. United States 一案⑦中，法院也没有支持政府执法人员的主张。

第三，政府当局提出另一个理由，这就是，即使政府执法人员安装 GPS 跟踪装置的行为和使用该装置实施的监控行为均构成搜查行为，它们也都是合理的搜查行为。由于政府当局在此前下级法院的审理过程中未提出此种理由，所以法院认为政府当局已经丧失提出此项理由的权利。

（三）大法官 Scalia 撰写的法院意见

在本案中，美国联邦最高法院并没有像哥伦比亚特区巡回上诉法

---

① Kyllo v. United States, 533 U. S. 27, 34.
② 394 U. S. 165, 176.
③ 506 U. S. 56, 64.
④ 460 U. S. 276.
⑤ 468 U. S. 705.
⑥ 475 U. S. 106.
⑦ 466 U. S. 170.

庭一样，从合理隐私期待理论的角度进行分析，而是从现实侵入理论角度做了分析，并认定，法院在此案中无须分析公民对政府执法人员获取的信息是否享有合理的隐私期待，从现实侵入理论的角度进行分析就足以确定政府执法人员实施的行为违反了《第四修正案》的规定。

1. 法院以现实侵入行为理论认定政府执法人员实施行为构成搜查行为

《第四修正案》在相关部分规定："公民对其人身、住所、文件和财物享有免受政府执法人员无理搜查和扣押的安全权，这项权利不容侵犯。"毫无疑问，公民的汽车属于修正案中规定的"财物"。① 本院认为，政府执法人员在被监控的汽车上安装 GPS 装置的行为和他们使用 GPS 装置监控汽车移动路线的行为，均构成《第四修正案》所规定的"搜查行为"。

明确本案的事实是非常重要的，为了获得某些信息，政府执法人员会现实地侵占公民的私有财产。毫无疑问，政府执法人员实施的这种现实侵入行为必然构成《第四修正案》规定的"搜查行为"。Entick v. Carrington 一案②被人们视为标志性的判例，它标志着英国人的自由，在制定《美国联邦宪法》时，所有美国政治家都熟知这一判例，并且，对于政府执法人员实施搜查行为和扣押行为这一问题，人们认为，这一判例最真实、最根本地表达了宪法对政府执法人员的限制。③

在 Entick v. Carrington 一案中，在分析政府执法人员实施的搜查行为和扣押行为时，Camden 伯爵以平实的语言表述了保护公民财产权利的重要意义："我们的法律认定每一个公民的财产都是神圣的，这就意味着，在没有获得他人同意的情况下，行为人不得进入他人的住所；否则，即使行为人没有对他人的财产造成任何损害，行为人也会被视为侵入者；所以，如果行为人踏入他人的场所，那么他必须根

---

① United States v. Chadwick, 433 U. S. 1. 12 (1977).
② 95 Eng. Rep. 807 (C. P. 1765).
③ Brower v. County of Inyo, 489 U. S. 593, 596 (1989) (quoting Boyd v. United States, 116 U. S. 616, 626 (1886).

据法律证明其行为的正当性。"①

《第四修正案》的字面表述就是想要体现它与财产的紧密联系，因为，如果它不想表达这种紧密联系，那么它就可以仅仅表述为："公民享有免受政府执法人员无理搜查和扣押的安全权"，而"公民对其人身、住所、文件和财物"这句表述就是多余的了。

在20世纪后半叶之前，我们涉及《第四修正案》的司法判例都依赖于普通法中的现实侵入理论，这一点与《第四修正案》和财产的紧密联系是一致的。② 因此，在 Olmstead v. United States 一案③中，法院认定，政府执法人员将窃听装置安装在公共街道的电话线上的行为，不构成《第四修正案》规定的搜查行为，因为"政府执法人员并没有现实侵入被告的住所或办公室"。

当然，在20世纪后半叶之后，法院对于此类案件的分析脱离了仅仅基于财产理论的分析方式。在 Katz v. United States 一案④中，美国联邦最高法院认定："《第四修正案》保护的是人，而非场所，政府执法人员在公共电话亭中安装窃听装置的行为违反了《第四修正案》的规定。"在 Katz 一案中，Harlan 大法官在其并存意见中提出了合理隐私期待分析理论，该分析理论认为，当政府执法人员实施的行为侵犯了公民的"合理隐私期待"时，他们的行为就违反了《第四修正案》的规定，在20世纪后半叶的案件中，美国联邦最高法院适用了 Harlan 大法官提出的这一分析方式。

在本案中，政府执法人员主张，如果以 Harlan 大法官提出的标准来衡量，那么政府执法人员实施的行为并不构成搜查行为，因为 Jones 对政府执法人员安装跟踪装置的吉普车部位（车身底部）不享有合理隐私期待，对吉普车在公共道路上的位置信息也不享有合理的隐私期待，这些信息对于他人来说都是可见的。但是，美国联邦最高法院无需讨论政府执法人员提出的这一主张，因为在 Katz 一案确立

---

① Entick, 95 Eng. Rep. at 817 (C. P. 1765).
② Kyllo v. United States, 533 U. S. 27, 31 (2001); Kerr, The Fourth Amendment and New Technologies: Constitutional Myths and the Case for Caution, 102 Mich. L. Rev. 801, 816 (2004).
③ 277 U. S. 438 (1928).
④ 389 U. S. 347, 351 (1967).

的规则下，Jones 享有的《第四修正案》赋予的权利不会有增强或减弱。实际上，美国联邦最高法院必须要确定的是："在适用《第四修正案》的规定时，法院应当以何种程度保护公民的隐私免受政府执法人员的侵害。"①

正如上文已经说明的，曾经有很长一段时间，人们认为《第四修正案》体现出其特别关注政府执法人员的某些行为，这就是，政府执法人员对《第四修正案》所列举的公民的某些区域（公民的人身、住所、文件和财物）实施的现实侵入行为。在 Katz 一案中，美国联邦最高法院并没有否认这一认识。在 Katz 一案之后不到两年的时间内，美国联邦最高法院在另一起案件中支持了被告的论点，即当政府执法人员在没有搜查令的情况下，在非被告人的住宅中安放电子监控设备时，他们通过电子监控设备获得的被告人与非被告人之间的谈话内容不应作为证据提交法院。法院意见抛弃了反对意见的观点，反对意见认为，只有当住宅所有者自己的谈话隐私被政府执法人员侵犯时②，政府执法人员实施的行为才违反《第四修正案》的规定。法院认为："Katz 一案确立的规则认定《第四修正案》保护公民和公民的私人谈话内容，但是这并不意味着 Katz 一案确立的规则意图撤销《第四修正案》对公民住宅的保护。"③

在 1992 年的 Soldal v. Cook County 一案④中，美国联邦最高法院的大法官们全体一致驳回了政府执法人员提出的理由，政府执法人员提出，当政府执法人员强制移动公民的拖车房屋时，尽管在"技术意义"上确实发生了"扣押行为"，但是政府执法人员实施的行为并没有违反《第四修正案》的规定，因为政府执法人员并没有"侵犯公民的隐私"。法院解释："Katz 一案确立的规则是要说明，财产权理论并不是判断政府执法人员实施的行为是否违反《第四修正案》规定的唯一衡量标准，它并不意味着，法院要扼杀其先前承认的对公民财产的保护。"⑤

---

① Kyllo v. United States, 533 U. S. 27, 34.
② Alderman v. United States, 394 U. S. 165, 176 (1969).
③ Alderman v. United States, 394 U. S. 165, 176 (1969).
④ 506 U. S. 56 (1992).
⑤ 506 U. S. at 64.

正如 Brennan 大法官在 Knotts 一案的并存意见中解释的一样，Katz 一案确立的规则并没有侵蚀这一基本理论，这就是，"为了获取信息，当政府执法人员对受宪法保护的区域实施现实侵入行为时，他们实施的行为就违反了《第四修正案》的规定"[1]。在美国联邦最高法院对"合理的隐私期待"下定义时，法院在该定义中就已经具体体现了对以往权利（财产权利）的保护，法院认定，"合理的隐私期待"理论有《第四修正案》以外的理论来源，既涉及不动产法律理论或个人财产法律理论，也涉及社会公众所承认和允许的对合理隐私期待的理解。[2] Katz 一案确立的规则并没有缩小《第四修正案》的保护范围。

政府执法人员主张，在 Katz 一案之后的几个案例中，美国联邦最高法院已经认定政府执法人员实施的行为不构成《第四修正案》规定的搜查行为。这一主张主要依赖于两个判例，在以下的两个判例中，法院驳回了以《第四修正案》的规定限制政府执法人员使用"无线寻呼机"（"无线寻呼机"是代表另一种电子监控形式的电子跟踪装置）的请求。

第一个判例是 Knotts 一案，在该案中，为了监控三氯甲烷容器的位置信息，政府执法人员将一个"无线寻呼机"安装在三氯甲烷容器中，法院认定，政府执法人员使用"无线寻呼机"的行为没有违反《第四修正案》的规定。[3]

法院认为，Knotts 一案中法院的认定并没有违反合理隐私期待规则，因为该案中政府执法人员获得的信息是公民自愿传播到公共场所的信息，这些信息是，携带三氯甲烷容器的汽车在公共道路上的位置信息和三氯甲烷容器被卸载到 Knotts 小屋附近的开阔地带的位置信息。但是，正如之前所论述的，Katz 一案确立的合理隐私期待标准并不是取代了普通法的现实侵入标准，而是对现实侵入标准的补充。

在 Knotts 一案中，法院仅讨论了合理隐私期待标准，因为控辩双方没有对现实侵入标准进行争论。在 Knotts 取得三氯甲烷容器之前，

---

[1] 460 U. S., at 286.
[2] Minnesota v. Carter, 525 U. S. 83, 88 (1998).
[3] 460 U. S., at 278.

在获得三氯甲烷销售商同意的情况下，政府执法人员才将无线寻呼机安装在三氯甲烷容器中。Knotts 并没有对政府执法人员实施的安装行为提出异议，所以在分析政府执法人员实施的行为是否违反了《第四修正案》的规定时，法院明确拒绝考虑政府执法人员实施的安装行为对分析产生的影响。如果政府执法人员能够论证，在 Knotts 一案中，即使政府执法人员通过无线寻呼机获得的信息不仅仅是公共信息，政府执法人员实施的行为也不构成违反宪法的搜查行为，那么，Knotts 一案或许是能够支持政府执法人员主张的相关案件。但是，政府执法人员并没有提出这样的论证，所以，美国联邦最高法院认为 Knotts 一案并不能支持其主张。

第二个判例是 United States v. Karo 一案①，与 Knotts 一案一样，该案不会产生不同的结论。对于 Karo 一案，美国联邦最高法院要讨论的仍然是分析 Knotts 一案后遗留的问题，即，政府执法人员在容器内安装无线寻呼机的行为是否构成搜查行为或扣押行为。就像在 Knotts 一案中一样，在 Karo 一案中，当政府执法人员在容器中安装无线寻呼机时，被告人还没有获得该容器，该容器属于第三方。因此，法院需要判断的确切问题就是：在获得第三方（该容器原持有人）同意的情况下，政府执法人员在容器中安装了无线寻呼机，而买方（被告人）在接受容器时并不知道该容器中存在无线寻呼机，那么政府执法人员实施的安装行为是否构成搜查行为或扣押行为，美国联邦最高法院认定，政府执法人员实施的安装行为并不构成搜查行为或扣押行为。因为，政府执法人员对该容器实施现实接触行为仅是在被告人 Karo 取得容器之前；并且，在转让该容器时，政府执法人员并没有利用容器内的无线寻呼机对转让进行监控，无线寻呼机没有传达出任何关于转让的信息，因此政府执法人员也没有侵犯 Karo 的相关隐私。这一结论与法院接下来要认定的结论是高度一致的。这就是，当 Karo 接受该容器时，他就接受了无线寻呼机和其他所有容器内的物质，因此，即使政府执法人员利用无线寻呼机监控该容器的位置信息，Karo 也无权反对无线寻呼机的存在。但是，在 Jones 一案中，当政府执法人员侵入式地在吉普车上安装信息收集装置时，

---

① 468 U.S. 705（1984）.

Jones 是拥有该吉普车的，这与 Knotts 一案和 Karo 一案的基础事实非常不同。

政府执法人员还提出了法院在 New York v. Class 一案①中的解释，即："由于汽车的外部是暴露在公众视野中的，因此政府执法人员对汽车外部事实的检查行为不构成'搜查行为'。"然而，正如政府执法人员所承认的一样，该案中法院的这种解释与 Jones 一案并没有什么深刻联系，因为在 Jones 一案中，政府执法人员实施的行为不仅仅是对被告汽车的视觉检查行为。当政府执法人员在吉普车上安装跟踪装置时，他们就已经侵犯了受法律保护的区域。然而，美国联邦最高法院认为，Class 一案确实有其重要的影响，因为在该案中法院认定，当政府执法人员短暂地进入公民汽车内部实施检查行为时，政府执法人员实施的行为构成搜查行为。

最后，美国联邦最高法院对 Oliver v. United States 一案②所做的判决也不能支持政府执法人员提出的观点。在 Oliver 一案中，政府执法人员在实施信息搜集行为时，侵入了一片"开阔地带"，法院认定，即便政府执法人员实施的行为构成普通法中的侵入行为，但是他们实施的行为不构成《第四修正案》规定的搜查行为。简单地讲，开阔地带是不同于公民住宅的庭院的，它并不是《第四修正案》所列举出的受宪法保护的区域。政府执法人员对开阔地带实施的现实侵入行为，不同于本案争议中政府执法人员对公民"财物"实施的现实侵入行为，并不构成《第四修正案》所规定的搜查行为。

2. 法院对 Alito 大法官不同观点的回应

并存意见一开始就指责美国联邦最高法院适用"18 世纪的侵权行为法律"判断现代政府执法人员实施的行为。这种指责是一种曲解。法院所适用的是确保公民免受政府执法人员无理搜查和扣押行为的保障制度，本院认为，法院适用此种保障制度能够为公民的权利提供最低程度的保护。并存意见并不认可这种观点。即使 Katz 一案确立的合理隐私期待标准排除了先前就存在的权利，并存意见还是选择排他地适用合理隐私期待标准来判断政府执法人员实施行为的合

---

① 475 U.S. 106 (1986).
② 466 U.S. 170 (1984).

法性。

并存意见批判法院所采取的分析方式,它认为,在政府执法人员没有实施现实接触行为的案件中,例如那些只涉及电子信号传送的案件,法院所采取的分析方式"尤其容易造成令人苦恼的问题"。美国联邦最高法院完全无法理解并存意见的这种观点。并存意见将 Katz 一案确立的合理隐私期待规则作为唯一的判断标准,不同于并存意见的是,美国联邦最高法院并没有将现实侵入规则作为唯一的判断标准。如果在某个案件中,政府执法人员仅实施了电子信号的传送行为而没有实施现实侵入行为,那么法院将适用 Katz 一案确立的规则分析政府执法人员实施的行为。

实际上,在本案中,并存意见坚持排他地适用 Katz 一案确立的规则,而正是并存意见的这种不必要的坚持才"尤其容易造成令人苦恼的问题"。迄今为止,美国联邦最高法院还没有偏离这种认识,这就是,政府执法人员仅仅实施视觉观察行为并不构成搜查行为。因此,在 Knotts 一案中法院认定:"当公民驾驶汽车在公共道路上行驶时,公民对自己从一个地方到另一个地方的移动信息不享有合理的隐私期待。"① 因此,就像并存意见提出的假设一样,如果政府执法人员对 Jones 实施为期四周的"传统监视行为",即使这种监视行为"需要动用大量的政府执法人员、许多的汽车,甚至需要动用空中援助",通过之前的判例,美国联邦最高法院还是认定,政府执法人员实施的这种视觉观察行为是宪法所允许的。但是,如果政府执法人员没有实施附随的现实侵入行为,而仅是通过使用电子设备达到了同样的结果,那么,美国联邦最高法院可能会认定政府执法人员实施的行为违反了宪法的规定,侵犯了公民的隐私,但是在本案中,美国联邦最高法院并不需要解决这一问题。

如果要解决这一问题,就会导致法院面临不必要的、多余的令人苦恼问题。并存意见提出,"在相对较短的时间内,政府执法人员对公民在公共道路上的移动行为实施监控"是被允许的,但是,"政府执法人员长期利用 GPS 监控装置对大部分犯罪活动实施调查行为"是不被允许的。并存意见提出的这种观点为我们的司法判例体系增添

---

① 460 U.S., at 281.

了新的观点。迄今为止，还没有判例提出过这样的主张，即，政府执法人员实施的行为是否构成搜查行为，取决于他们所调查的犯罪行为的性质。即使法院接受这一新观点，它也无法解释这些问题，即，为什么政府执法人员实施四周的侦查行为，他们的行为时间就"无疑"是过长的呢？为什么共谋贩卖毒品且涉及持有大量现金和毒品的行为不被视为"特别严重的犯罪行为"，从而不可以对其实施更长时间的监控呢？政府执法人员对涉嫌供应偷盗所得的电子商品的供应者实施为期两天的监控，他们实施监控的时间是否过长呢？或者，政府执法人员对恐怖活动犯罪嫌疑人实施为期六个月的监控，他们实施监控的时间是否过长呢？或许，只有在将来的某个案件中，法院才能解决这些"令人苦恼的问题"，因为法院必须在一个不涉及典型的侵入型搜查行为的案件中适用 Katz 一案确立的判断标准（合理隐私期待判断标准）才能对这些问题作出回答；但是在本案中，法院没有理由急于解决这些问题。

3. 法院依程序性规定驳回了政府执法人员新提出的理由

政府执法人员提出另一个理由，即，即使政府执法人员安装 GPS 跟踪装置的行为和使用该装置实施的监控行为均构成搜查行为，它们也都是符合《第四修正案》规定的合理的搜查行为，因此也是合法行为，因为，政府执法人员有合理的怀疑，甚至有合理的理由相信，Jones 是一个共谋贩卖毒品的大规模组织的领导者。法院没有必要考虑政府执法人员提出的这一理由。因为政府执法人员在此前下级法院的审理过程中未提出该项理由，美国哥伦比亚特区巡回上诉法庭也没有讨论该理由。所以，法院认为政府执法人员已经丧失了提出此项理由的权利。

四、United States v. Jones 一案的评析

尽管，美国联邦最高法院做出的意见并没有从合理隐私期待理论的角度分析政府执法人员实施的监控行为，仅仅确认了政府执法人员实施的行为侵犯了公民的财产权利，对他们的行为是否侵犯了公民的合理隐私期待并没有做出详细说明。但是，Sotomayor 大法官和 Alito 大法官提出的并存意见指出，在本案中，认定政府执法人员实施的行为侵犯了公民的合理隐私期待是十分必要的。Alito 大法官甚至责备

法院适用陈旧的现实侵入理论做出裁决，规避对合理隐私期待问题做出说明。从几位大法官的并存意见可以看出，美国联邦最高法院的大法官们对公共场所隐私权范围的限缩有所放松，他们认为，公民对于其在公共场所的一些行为信息仍然享有合理的隐私期待。

（一）Sotomayor 大法官撰写的并存意见

Sotomayor 大法官并没有批判法院意见在本案中适用现实侵入理论进行判断，但是，他也指出，现实侵入理论的不足必须有合理隐私期待理论作为补充，同时，他也赞同 Alito 大法官提出的观点，这就是，即使犯罪活动发生在公共场所，"在侦查大部分犯罪活动时，政府执法人员长时间使用 GPS 实施监控行为会侵犯公民的合理隐私期待"。

1. Sotomayor 大法官赞同法院以现实侵入行为理论分析政府执法人员实施的行为

Sotomayor 指出，他赞同法院意见，因为在本案中，他认同政府执法人员实施的行为构成《第四修正案》所规定的搜查行为，至少可以说，"在本案中，为了获得相关信息，政府执法人员对受宪法保护的区域实施了现实侵入行为"。本案中，在不具备有效的搜查证也没有获得被告 Antoine Jones 同意的情况下，政府执法人员在 Jones 的吉普车上安装了 GPS 跟踪装置，之后他们又利用该装置监控吉普车的移动路线长达四个星期。为了对 Jones 实施监控行为，政府执法人员侵占了 Jones 的财产，因此政府执法人员实施的行为侵害了 Jones 享有的受《第四修正案》保护的隐私利益。

当然，《第四修正案》的规定不仅仅只涉及政府执法人员对公民财产实施的现实侵入行为。更准确地说，即使政府执法人员没有实施现实侵入行为，"只要他们实施的行为侵犯了社会公众所认可的公民的合理隐私期待，那么他们实施的行为就构成《第四修正案》所规定的搜查行为"。在 Katz 一案之前类似的案件中，美国联邦最高法院通常关注公民的财产权利是否受到了政府执法人员的侵犯，而在 Katz 一案中，美国联邦最高法院认定，政府执法人员实施的行为是否构成《第四修正案》规定的搜查行为，并不取决于政府执法人员是否对公民的财产实施了现实侵入行为，通过这一认定，美国联邦最高法院扩大了其关注范围，即从仅仅关注公民的财产权扩大到公民的隐私权利。当然，就像法院多数意见所澄清的，Katz 一案确立的合理隐私期待判断标准并没有取代或减少先于其产生的普通法的现实侵入标准，而是对现实侵入标准的补充。因此，"为了获得信息，当政府执法人员对受宪法保护的区域实施现实侵入行为时，他们实施的行为就违反了《第四修正案》的规定"①。大法官 Alito 提出的分析方法完全忽视了政府执法人员对 Jones 吉普车实施的现实侵入行为与宪法规定之间的联系，公民对其占有或控制的财产享有固有的隐私期待，大法官 Alito 的分析方法损害了长期以来受到宪法保护的公民的隐私期待。相反，法院多数意见所采用的现实侵入标准以最低程度反映出这一宪法理论：为了获取信息，当政府执法人员对公民的财产实施现实侵入行为时，他们实施的行为就构成《第四修正案》规定的搜查行为。只需要重申这一理论，法院就足以对本案作出裁决。

2. 现实侵入行为理论的缺陷需要合理隐私期待理论补充

尽管如此，正如大法官 Alito 所指出的，现在政府执法人员掌握的许多监控技术都无须他们实施现实的侵入行为。随着这些技术越来越普遍，政府当局将会号召制造厂或所有者在他们生产或拥有的汽车和智能手机上安装跟踪装置或 GPS 定位装置。在政府执法人员使用电子监视方式或其他新型监视方式的案件中，他们并没有对公民的财产实施现实侵入行为，法院多数意见所采用的现实侵入标准对法院的判断无法提供任何指导。但是，法院多数法官意见提出："如果在某个案件中，政府执法人员仅实施了电子信号的传送行为而没有实施现实侵入行为，那么本院将适用 Katz 一案确立的规则分析政府执法人员实施的行为。"正如大法官 Alito 敏锐地观察到的现象，能够使政府执法人员实施无现实侵入监控行为的先进科技，同样也将影响到 Katz 一案确立的规则，因为这些先进的科技会使社会对隐私期待的观念发生演变。在这种规律下，应同意大法官 Alito 的观点，即，至少在侦查大部分犯罪活动时，政府执法人员长时间使用 GPS 定位装置实施监控行为会侵犯公民的隐私期待。

在某些案件中，即使政府执法人员只是利用 GPS 定位装置跟踪

---

① United States v. Knotts, 460 U.S. 276, 286 (1983).

装置实施短期的监控行为,他们实施的行为也需要法院特别的关注,因为他们利用 GPS 定位装置实施的监控行为具有某些特征,法院应该以 Katz 一案确立的规则分析这些特征。利用 GPS 定位装置实施监控,政府执法人员可以获取公民从事公共活动的精确的、全面的记录,而这些公共活动能够反映出大量的关于公民的家庭关系、政治关系、职业关系、宗教关系以及性关系的细节信息。不难想象,泄露个人的 GPS 定位装置数据信息毫无疑问会泄露具有隐私性质的个人活动信息,如去精神科医院的活动信息、去整形外科医院的活动信息、去人流诊所的活动信息、去艾滋病治疗中心的活动信息、去脱衣舞俱乐部的活动信息、去找刑事犯罪辩护律师的活动信息、在计时汽车旅馆住宿的活动信息,参加协会会议的活动信息、去清真寺及基督教堂的活动信息等。政府执法人员可以储存这些记录,并在将来的很长时间内高效地提取这些记录以获得相关信息。并且,因为 GPS 定位装置监控方式相比于其他传统监控方式更加便宜,且政府执法人员可以利用其实施秘密的监控,所以它能使政府执法人员轻松规避限制他们滥施执法行为的普通审查:"限制警力资源并减少社会敌意。"①

当公民意识到政府执法人员可能对其实施监控行为时,公民会因此不敢行使自己享有的结社自由权和表达自由权。政府执法人员搜集的数据揭露了公民身份的隐私信息,如果不限制政府执法人员搜集信息的权力,那么他们就极可能会滥用此权力。当政府执法人员享有不受限制的自由裁量权,他们就会选择以成本较低的 GPS 定位装置监控方式跟踪某个公民,从而获得该公民大量的私人信息,最终结果就是,GPS 监控行为将会以不利于民主社会的方式改变公民和政府之间的关系。②

在判断公民的所有公共活动中存在多少社会认可的合理隐私期待时,Sotomayor 会将上述 GPS 定位装置监控方式的特征纳入考虑范围。公众是否会合理地预料到,政府执法人员可能记录并汇总整理关于公民日常活动的信息,然后,他们或多或少能通过这些信息确定公民的政治信仰、宗教信仰和性习惯等?虽然政府执法人员能够通过合法的

---

① Illinois v. Lidster, 540 U. S. 419, 426 (2004).
② United States v. Cuevas-Perez, 640 F. 3d 272, 285 (CA7 2011).

传统的监控技术获得实施 GPS 定位装置监控行为所获得的信息,但是我并不将此视为决定性因素。如果在没有实施现实侵入行为的情况下,政府执法人员利用电子技术实施监控行为,获得了他们通过实施传统监控行为得到的同样的信息,那么他们实施的行为是否构成违反宪法的侵犯公民隐私的行为还未有定论。另外,还应考虑,在没有任何同等分支机构监督的情况下,把实施 GPS 定位装置监控行为的决定权交付给行政管理人员是否是恰当的,因为《第四修正案》的立法目的就是约束政府执法人员滥用职权的行为并阻止政府执法人员实施普遍的监控行为,而 GPS 定位装置这种监视工具极容易被滥用。

更重要的是,我们有必要重新考量一个前提,这就是,公民对其自愿泄露给第三方的信息不享有合理的隐私期待。这种观点完全不适合数字化时代,在数字化时代,在完成日常任务的过程中,人们要将大量的个人信息泄露给第三方。例如:在拨打电话或发送短信时,人们将自己的电话号码泄露给了移动电话运营商;在浏览网页和收发电子邮件时,人们将自己的网址泄露给了互联网服务提供商;在互联网上购买书籍、日用品以及药物时,人们将自己的信息泄露给了网络零售商。就像大法官 Alito 指出的,某些人或许会认为,为了生活便利将隐私信息进行"交易"是"值得"的,或者某些人会接受这样的观点,即"缩小隐私的范围"是"不可避免的"。Sotomayor 很怀疑人们会毫无抱怨地向没有搜查令的政府执法人员透露他们最近一周或一个月或一年期间上网记录。但是,无论社会的期待是什么,只有当涉及《第四修正案》的司法判例将公民的秘密视为公民隐私权的前提条件时,社会的期待才会获得宪法的保护。出于某些有限的目的,公民会将其隐私信息自愿地透露给其他社会成员,Sotomayor 并不认为,仅仅因为公民自愿透露这些信息,所有这样的信息就会丧失《第四修正案》的保护。隐私并不是可分离的商品,所以人们无法以全有或全无的方式占有隐私。当人们出于有限的商业目的将某些信息透露给银行或电信公司时,人们不应承担这些信息以其他目的被泄露给别人的风险。[①] 即使身处于公共场所,一个人刻意保持为隐私的信

---

① Smith, 442 U.S., at 749.

息，应当受到宪法的保护。①

当然，法院没有必要在本案中解决这些难题，因为政府执法人员对 Jones 的吉普车实施了现实侵入行为，这就足以使法院从狭义的基础上裁决本案。因此，Sotomayor 赞同法院多数意见。

（二） Alito 大法官撰写的并存意见

Alito 大法官认同政府执法人员实施的行为构成《第四修正案》规定的搜查行为。他认为，法院意见采用现实侵入行为理论分析政府执法人员的行为是不明智的，因为法院既曲解了《第四修正案》的规定；也没有遵从现行的涉及《第四修正案》的判例法；同时，法院的判决也非常武断。

在其并存意见中，Alito 大法官不仅指出了法院判决理由的各种缺陷，也从合理隐私期待理论的角度分析了这一问题，这就是，政府执法人员对被告人驾驶汽车的移动信息实施长时间的监控行为，是否侵犯了被告人的合理隐私期待。

1. 法院意见没有成功论证政府执法人员实施的行为构成搜查行为

（1）法院适用现实侵入行为理论并不能论证政府执法人员实施的行为构成搜查行为。《第四修正案》规定，禁止政府执法人员实施"无理的搜查行为和扣押行为"，而法院并没有解释，政府执法人员安装或使用 GPS 装置的行为如何构成无理的搜查行为和扣押行为。法院并没有主张政府执法人员实施的行为构成扣押行为。当政府执法人员实施的行为"对公民对其财产享有的占有利益造成严重的妨碍"② 时，政府执法人员实施的行为就构成扣押行为，而本案中并不存在扣押行为。的确，政府执法人员采用监控技术的成功之处就在于，GPS 装置无论如何都不会妨碍汽车的运行，因为如果人们能够觉察汽车的运行受到了妨碍，他们就有可能会发现跟踪装置。

尽管法院的确认定政府执法人员安装和使用 GPS 装置的行为构成搜查行为，但是，这一结论建立在一个有疑问的观点之上，这个观点就是，如果适用《第四修正案》的分析方法，那么政府执法人员

---

① Katz, 389 U. S., at 351–352.
② United States v. Jacobsen, 466 U. S. 109, 113 (1984).

实施的安装行为和使用行为这两个步骤就是不可分的。如果分别对这两个行为进行分析，那么法院的观点就根本无法解释为什么两个行为都构成搜查行为。很明显的是，政府执法人员安装 GPS 装置的行为本身并不构成搜查行为；如果该装置没有起作用或者政府执法人员没有使用它的话，政府执法人员就不会获得任何信息。另外，法院也没有主张政府执法人员使用该装置的行为构成搜查行为。相反，法院认同了 United States v. Knotts 一案①的判决观点，即，当政府执法人员利用秘密植入的电子设备监控汽车在公共道路上的移动路线时，他们实施的行为并不构成搜查行为。

笔者认同法院的这一观点，即，"本院必须确定在适用《第四修正案》的规定时，法院应当以何种程度保护公民的隐私免受政府执法人员的侵害。"但是，18 世纪晚期政府执法人员实施的行为与本案中政府执法人员实施的行为不可能是类似的。法院的理论似乎是这样的，即，就像最初被理解的那样，搜查行为包含所有为了搜集证据而实施的技术性侵入行为。但是我们明白，这种观点并不正确。普通法规定，所有未经授权侵入私人财产的行为都是可诉的，但是，现实侵入一片开阔地带而不是住所的"庭院"的行为，并不属于《第四修正案》规定范围内的行为，因为，庭院之外的私人财产并不是《第四修正案》规定的"房屋"的一部分。

（2）在 Katz 一案之后法院已经抛弃了现实侵入行为理论。法院对本案中政府执法人员实施的行为的论证，与其以往对搭线监听行为和电子监听行为的论证是非常相似的，也就是说，法院认定，政府执法人员为了搜集证据而实施的技术性侵入行为构成搜查行为。在早期的涉及电子监控行为的案件中，法院认定，为了监控被告的私人谈话内容，在未经授权的情况下，政府执法人员对被告居住的房屋实施现实侵入行为时，他们实施的行为构成《第四修正案》规定的搜查行为。②在 Silverman 一案③中，被监听的被告的房屋与隔壁的空房是相连接的，并且两套房屋共有一道墙壁，政府执法人员通过钻透这道墙

---

① 460 U.S. 276 (1983).
② Silverman v. United States, 365 U.S. 505, 509 (1961).
③ 365 U.S. 505, 509 (1961).

壁嵌入了"钉型麦克风",在隔壁的空房中监听到了被告房屋中发生的谈话内容。法院认定政府执法人员实施的此种行为构成搜查行为,因为政府执法人员安装的麦克风与被监听的房屋中的暖气管相连接,因此政府执法人员的实施的行为侵占了该房屋不可分割的一部分。

相反,在政府执法人员没有实施现实侵入行为的案件中,法院认定政府执法人员实施的行为不构成搜查行为。因此在 Olmstead v. United States 一案[1]中,法院认定,政府执法人员实施的行为不构成搜查行为,因为政府执法人员是在房屋附近的街道上实施对房屋室内通讯线路的搭线行为的。同样地,在 Goldman v. United States 一案[2]中,法院也认定政府执法人员实施的行为不构成搜查行为,在该案中,为了窃听到被告办公室中发生的谈话内容,政府执法人员在被告办公室的外墙上安置了"侦听电话机"。

上述案件中法院适用的现实侵入规则屡受批判。在 Olmstead 一案中,大法官 Brandeis 认为,政府执法人员在何处实施连接电话线路的搭线行为并不重要。他提出,虽然政府执法人员通过线路传输私人谈话内容信息的行为并不符合《第四修正案》规定的字面含义,但是,《第四修正案》应该被理解为,它禁止政府执法人员对公民的隐私信息实施任何无理侵入行为。法院的判决似乎并没有关注这一问题,即,在未经授权的情况下,政府执法人员现实侵入了公民的房屋。当政府执法人员对房屋内的私密信息实施窃听、记录或揭露行为时,他们实施的难道不是不当行为吗?法院不能根据政府执法人员所利用的电子设备的侵入深度,甚至根据该电子设备距离房屋内部的距离远近来衡量政府执法人员实施的行为对公民隐私造成的损害。[3] 现在,在搜查公民的住所或办公室时,政府执法人员不再需要现实进入这些场所,因为科技已经创造了非常有效的可以侵入公民隐私的设备,这些设备使政府执法人员无须通过直接的、明显的镇压方式就能获得公民的隐私信息,那些直接的、明显的镇压方式备受人们的厌恶

---

[1] 277 U. S. 438 (1928).
[2] 316 U. S. 129, 135 (1942).
[3] Silverman v. United States, 365 U. S. 505, 509 (1961).

并且应该受到《第四修正案》的制约。①

在 Katz v. United States 一案②中，法院最终抛开了陈旧的判断方式，并认定，政府执法人员是否实施现实侵入行为并不是判断他们实施的行为是否违反《第四修正案》的必要条件。在 Katz 一案中，政府执法人员将一个监听装置安装在一个公用电话亭的外部，并通过该装置监听到了被告人在电话亭中的通话内容。政府执法人员实施的行为并没有现实侵入被告人占有的区域，但是在该案中，法院拒绝适用陈旧的理论，并认定，虽然政府执法人员使用的电子设备恰好没有穿透电话亭的外壁，但是这一事实对于判断政府执法人员实施的行为是否违反宪法并没有什么意义。判断政府执法人员实施的行为是否违反《第四修正案》的规定，并不取决于政府执法人员是否对封闭的场所实施了现实侵入行为。③ 在 Rakas v. Illinois 一案④中，法院认为 Katz 一案的判决认定，公民享有受《第四修正案》保护的权利，这一权利并不取决于政府执法人员侵入公民的场所是否侵犯了公民的财产权，而是取决于公民对政府执法人员侵入的场所是否享有合理的隐私期待。政府执法人员实施的行为是否侵犯了《第四修正案》保护的公民权利，与他们是否现实侵入了公民的财产无关。⑤ 法院认定，真正有决定性意义的因素是，政府执法人员实施的行为是否侵犯了被告在使用电话亭时合理地享有的隐私。

在确立了这一分析方式后，法院在之后涉及技术性侵入行为的案件中都适用此种分析方式，即在判断政府执法人员实施的行为是否违反宪法规定时，他们是否实施现实侵入行为既不是充分条件也不是必要条件。⑥

对比以下两个判例：在 Katz 一案中，政府执法人员没有实施现实侵入行为，但是法院认定政府执法人员违反了《第四修正案》的

---

① Goldman v. United States, 316 U. S. 129, 135（1942）.
② 389 U. S. 347（1967）.
③ 389 U. S. , at 353.
④ 439 U. S. 128, 143（1978）.
⑤ Kyllo v. United States, 533 U. S. 27, 34.
⑥ United States v. Karo, 468 U. S. 705, 713（1984）.

规定；而在 Oliver v. United States 一案①中，政府执法人员实施了现实侵入行为，但是法院认定政府执法人员没有违反《第四修正案》的规定。在 Oliver 一案中，法院认定："在判断公民的隐私期待是否合理时，公民享有的财产权并不是唯一的决定因素，而是判断要素之一。'这种观点已经不足以令人信服，即，将政府执法人员是否侵犯了公民的财产权益作为判断政府执法人员是否实施了搜查行为和扣押行为的决定性要素'。"②

2. 对法院意见所采用判例的反驳

法院多数意见认定，Katz 一案之后的两个判例——Soldal v. Cook County 一案③和 Alderman v. United States 一案④已经说明，只要政府执法人员实施了技术性侵入行为，就足以认定他们的行为构成搜查行为，但是这两个判例并不能支持多数意见的这种观点。

在 Soldal 一案中，政府执法人员在没有取得公民同意的情况下，将公民的拖车房屋拖走，法院认定，即使政府执法人员实施的行为没有侵犯房车所有者的个人隐私，他们实施的行为也构成扣押行为。但是在本案中，法院并没有证实政府执法人员实施了扣押行为，政府执法人员也明显没有实施扣押行为。

在 Alderman 一案中，政府执法人员秘密地在公民的住所中安装了窃听装置并窃听到了第三人在房屋内的谈话内容，法院认定，该公民享有的关于《第四修正案》的权利受到了政府执法人员上述行为的侵犯。Alderman 一案的判决应该被理解为，房屋所有者对发生在其房屋内的所有谈话内容都享有合理的隐私期待。在判断公民是否享有受《第四修正案》保护的隐私利益时，法院并没有完全抛弃财产权理论。⑤ 财产权理论反映出社会明确承认，公民有理由在某些区域中随心所欲地进行活动，因此在判断公民的隐私期待是否合理时，也应该通过财产权理论进行衡量。⑥ 房屋所有者对其房屋内的所有物品

---

① 466 U. S. 170 (1984).
② Warden v. Hayden, 387 U. S. 294, 304 (1967).
③ 506 U. S. 56 (1992).
④ 394 U. S. 165 (1969).
⑤ Rakas v. Illinois, 439 U. S., at 144, n. 12.
⑥ Rakas v. Illinois, 439 U. S., at 153.

都享有合理的隐私期待,包括哪些属于他人但存在于该房屋中的物品。①

总而言之,法院多数意见很难生搬硬套地适用 Katz 一案之后的这两个判例来论证其以现实侵入标准为基础的理论。

3. 法院意见存在的其他问题

在本案中,法院所采用的分析方法与现存的很多判例都不一致,而这仅仅是法院分析方法的问题之一。

笔者将简略地指出其他存在的四点问题。

第一,法院的判决在很大程度上忽略了真正重要的事实(政府执法人员使用 GPS 定位装置实施了长时间的跟踪行为),而将主要的注意力放在那些相对来说次要的事实上(政府执法人员将一个又小又轻的物体安装在汽车底部,这个物体无论如何都不会影响到汽车的运行)。根据现代侵权行为法律的规定,安装这样一个又小又轻的物体的行为被视为是微不足道的行为,不足以引起侵权行为法律的保护。对个人财产实施的未造成损害的行为和微不足道的行为都是不可诉的。② 但是法院认为,政府执法人员实施的安装行为违反了《第四修正案》的规定。相反,如果政府执法人员无需实施技术性侵入行为就能对被监控对象实施长期的监控,那么法院的理论就无法给予被监控者任何保护,例如,假设联邦政府要求或劝导汽车制造商在每一辆汽车中安装 GPS 定位装置,那么政府执法人员无需实施技术性侵入行为就可以实施监控行为了。

第二,法院的分析方式导致了不一致的结果。按照法院的理论,即使政府执法人员仅仅在很短的时间内在汽车上安装 GPS 定位装置并使用该装置跟踪该汽车,他们实施的行为还是会引起《第四修正案》的适用。但是,如果政府执法人员使用没有警方标志的警车和空中援助的方式对同一辆汽车实施更长时间的跟踪行为,他们的这种跟踪行为就不会受到《第四修正案》的约束。在本案中,法院适用了《第四修正案》的规定,法院的理由是:汽车原本登记在被告人的妻子的名下,在被告人的妻子将汽车转交给被告人作为其专用之

---

① United States v. Karo, 468 U. S. , at 732.
② Prosser & Keeton §14, at 87; D. Dobbs, Law of Torts 124 (2000).

后，政府执法人员才在该汽车上安装 GPS 定位装置。但是，按照法院的理论，如果政府执法人员在该汽车被转交给被告人作为专用之前就在该汽车上安装 GPS 定位装置的话，结论就会完全不同。法院的判决建立在这一假设上，即，作为受托人，被告人对该汽车至少享有财产权利，但是，只有在受托期限内，在动产受到侵害时，受托人才有权就行为人实施的侵入行为提起诉讼。所以，如果在被告人的妻子将汽车钥匙交给被告人之前，政府执法人员就在该汽车上安装 GPS 定位装置，那么被告人将可能无权要求政府执法人员就他们实施的侵入行为承担责任——并且可以推测，法院也不会适用《第四修正案》的规定。

第三，如果依照法院的理论进行判决，那么《第四修正案》在联邦各州的有效范围将是不一致的。一方面，如果本案中的事件发生在实行夫妻共有财产制的州辖区内，或者发生在适用《美国统一婚姻财产法》的州辖区内，那么被告人实际上就是该汽车的所有人，因此，政府执法人员在被告人妻子转交汽车钥匙之前或之后安装 GPS 定位装置都是无关紧要的。另一方面，如果本案中的事件发生在不实行夫妻共有财产制的州辖区内，那么涉案汽车登记在被告人妻子的名下，就可以推定她是该汽车唯一的所有者。

第四，如果在某些案件中，政府执法人员对被监控目标实施了电子监控行为而没有实施现实接触行为，那么法院依据侵权行为法律审理这些案件就尤其容易产生令人苦恼的问题。例如，假设在本案中，车辆在被购买时就装备有被盗车辆监测系统，而政府执法人员秘密启动此系统对被告人实施跟踪行为。那么政府执法人员发射无线信号启动此种系统的行为是否构成对公民动产的侵入行为呢？传统上，侵入一个动产需要对其实施现实接触行为。近年来，在很多案件中都涉及政府执法人员利用计算机系统实施电子接触行为，各级法院都努力试图将陈旧的侵权行为理论适用到这些案件中，有一些法院甚至认定，当信息在计算机之间相互传递时发生的电子传输行为也可以适用侵权行为理论。但是在适用美国联邦最高法院的侵权行为理论时，这样的判例应该被遵守吗？假设法院的理论中至关重要的是关于侵入行为的法律，而这些关于侵入行为的法律在订立《第四修正案》的时候就已经存在了，那么，近年来的这些判例是代表了法律的改变，还是意味着法院仅仅只是将陈旧的侵权法律适用于新的环境。

4. 合理隐私期待理论的缺陷以及先进科技对该理论的挑战

Katz一案确立的合理隐私期待判断标准避免了上述提到的困难和复杂问题，但是这个标准也有自己的难题。它包含一定程度的循环性，并且在适用Katz一案确立的判断标准时，法官们很容易混淆他们自己的隐私期待与假设的理性人的隐私期待。此外，Katz一案确立的判断标准依赖于这一假设，即，假设的理性人具有完善的、稳定的隐私期待体系。但是，科技会改变这些隐私期待。重大的技术变革会导致社会进入这样的时期，在这个时期，公众的隐私期待处于不断变化的状态，最终，重大的技术变革会导致公众对某些隐私期待的态度发生重大改变。新型科技以牺牲人们的隐私换得更多的便利或安全，并且很多人认为这个交易是值得的。虽然，社会公众并不欢迎新型科技必然带来的对隐私的侵蚀，但是他们最终还是会使自己顺应这种发展，因为这种发展不可避免的。

社会对新出现的政府执法人员侵犯公民隐私的方式表现出担忧，这种担忧可能会鞭策立法机关制定新的法律保护公民隐私免受新型方式的侵犯。社会对政府执法人员实施的搭线窃听行为的担忧最终使立法机关制定了新的法律限制政府执法人员实施此种行为。在Katz一案之后，对于解决该案所呈现出的复杂议题，美国国会并没有置之不理，它没有将这个复杂议题留给法院，让法院逐步确立一套关于《第四修正案》的判例法。相反，美国国会迅速地制定了一部综合性的法律[①]，并且自法律颁布之后，政府执法人员实施的搭线窃听行为主要由该法律进行规制，而不是通过判例法进行规制。具有讽刺意味的是，尽管Katz一案的判决已经否定了Olmstead一案的判决，但是Katz一案之后，法院并没有完全依赖Katz一案确立的规则分析此后的案件，首席大法官Taft建议，在以后的案件中，对政府执法人员实施的搭线窃听行为最好由国会制定的法律进行规制，这一建议得到了其他法官的支持。

近年来，社会上已经出现了很多新型设备，它们能够用来监控人们的活动。在一些场所，闭路电视视频监控无处不在。在收费公路

---

① 18 U.S.C. §§2510-2522 (2006 ed. and Supp. IV).

上，驾车的人们如果选择使用便利的自动收费系统，那么他们的移动路线就会被自动收费系统精确地记录。许多驾驶者购买的汽车是具备定位装置的，这种装置能够使服务中心在任何时间确定汽车的位置，以便在需要时提供道路救援，并在汽车被盗时找到该汽车所在的位置。

最典型的是，手机和其他无线设备可以使无线运营商跟踪并记录这些设备使用者的位置信息。据报道，截至2011年6月，美国境内人们使用的无线设备数量超过3.2亿。对于老式手机来说，能否确定该手机的精确位置取决于搭建的网络塔的密度，但是，现代新型"智能手机"装备有GPS定位装置，它能够使人们更精确地跟踪手机持有者。例如，当智能手机使用者激活其手机上的GPS功能时，供应商就能够监控该手机的地理位置和移动速度，在供应商结合（"众包"行为）某一条道路上所有开通GPS功能的手机的移动速度信息之后，它就能将该道路的实时交通状况反馈给手机使用者。同样，手机位置跟踪服务作为一种"社交"工具被提供给社会公众，这种服务可以使用户确定其他使用这种服务的用户的位置信息。这些设备和其他新型设备所具有的功能和社会公众对这些设备的使用，将会不断地改变普通公众对其日常活动的隐私期待。

5. 用合理隐私期待理论分析GPS监控行为

在计算机出现之前，能够最好地保护公民隐私的方式的既不是宪法也不是法律，而是现实情况对监控行为的制约。政府执法人员想要实施长期的传统监控行为非常困难且成本很高，因此，他们很少实施长期的传统监视行为。在本案中，政府执法人员对汽车的位置信息实施了长达数周的持续监控行为，如果政府执法人员通过传统监控方式对汽车实施监控，那么他们将需要动用大量的人员、许多的汽车，甚至需要动用空中援助才能完成。只有在实施极其重要的调查行为时，消耗如此多的执法资源才是正当的。然而，像本案中政府执法人员所使用的这种设备，使他们能够相对容易地实施长期监控行为，且消耗的成本相对更低。在科技发生重大变革的情况下，立法也许是解决隐私担忧的最佳途径。立法机关更适合完成这些任务，即，衡量公众不断变化的隐私期待观念、制定详细的规则以及综合地平衡隐私利益和公共安全利益。

迄今为止，美国国会和大部分州出于执法目的，都没有颁布相关法律规制政府执法人员使用 GPS 跟踪技术的行为。在本案中，我们能做的就是适用现存的《第四修正案》理论，并判断政府执法人员在具体案件中使用 GPS 跟踪设备的行为是否包含某种程度的侵入性，而这种侵入性是否超出了一个理性人的预料。

根据上述分析，政府执法人员对公民在公共道路上的移动信息实施相对较短时间的监控行为是合理的，因为他们实施的行为与社会所承认的合理的隐私期待是一致的。但是，当政府执法人员在调查大部分犯罪行为的过程中，长期使用 GPS 设备实施监控行为时，他们就侵犯了公民的隐私期待。因为，对于大部分犯罪行为，社会的预期是：政府执法人员的确无法做到长时间地秘密监控并记录公民所驾驶汽车的每一个移动行为。在本案中，政府执法人员对被告人驾驶汽车的每一个移动行为实施了长达四周的监控。但是，我们没有必要认为，跟踪汽车位置的精确程度与政府执法人员实施的行为是否构成搜查行为有关，因为，在对汽车四周内的移动路线进行标记之前，政府执法人员实施的行为已经构成了搜查行为。其他案件可能会提出更复杂的问题。因为法院需要判断一个问题：政府执法人员在某段时间内实施了 GPS 监控行为，他们的行为时间是否足够长以至于法院认定他们的实施的行为足以构成《第四修正案》规定的搜查行为，但是，当这个问题存在不确定性时，政府执法人员总是会提出，他们实施的行为有搜查令的允许。我们同样没有必要考虑这一问题，即，在调查严重犯罪行为的过程中，政府执法人员实施长时间的 GPS 监控行为是否会侵犯宪法所保护的公民隐私。因为在这样的案件中，政府执法人员可以使用传统上可用的技术实施长时间的跟踪行为。

五、United States v. Jones 一案对我国隐私权理论的启示

几十年来，公共场所隐私权的问题始终没有尘埃落定，美国联邦最高法院对这一问题的态度经历了从无到有，从宽松到限缩，又从限缩到有所放松的历程。

为了限制隐私权的过分扩张，Prosser 教授提出"公共场所无隐私"的观点，这一观点深刻地影响了美国法院对公民在公共场所是

否享有隐私权的判断。在 Katz 一案之前，美国联邦最高法院一直以场所的性质判断公民隐私权的有无，并认为，公民对于其在公共场所的所作所为并不享有隐私权。这种判断非黑即白，明确但武断，给公民的隐私权造成了很大威胁。直到 1967 年，美国联邦最高法院在 Katz 一案中确立了合理隐私期待理论，以宪法的权威保护公民的合理隐私期待免受政府执法人员的侵犯。Katz 一案将《第四修正案》的保护范围从财产权扩大到隐私权，并且承认，公民在公共场所也享有合理的隐私期待。自此，"公共场所有隐私"的观点获得美国联邦最高法院的认可，法院不再单一地凭借场所的性质判断公民隐私权的有无，而是通过合理隐私期待理论判断公民隐私权的有无。

但是，Katz 一案确立的规则过于宽泛灵活，在实践中难以操作，如果无法认定公民在公共场所中的哪些隐私期待是合理的，哪些隐私期待是不合理的，那么合理隐私期待理论就发挥不了什么作用，"公共场所隐私权"的范围也会变得模糊不清。在 Katz 一案之后的很多案例中，都涉及了公民在公共场所的隐私期待，为了分析这些隐私期待，美国联邦最高法院提出了一些新的因素来限制 Katz 一案过于宽泛的规则，其中，场所的性质又被法院作为判断隐私期待合理性的因素之一。我们可以看到，在这些案件中，法院将公共场所的公开性质视为公民隐私期待不合理性的因素之一，它或多或少都以场所的非私人性质（公共场所、开阔地带等）认定公民在这些案件中不享有合理的隐私期待。此外，法院还利用故意暴露于众理论、第三人行为理论、现实侵入行为理论、监视对象的性质等多种因素否认了公民隐私期待的合理性。虽然美国联邦最高法院并没有明确推翻"公共场所有隐私"的理论，但是，不难看出，法院对这些案件的分析大大收缩了公共场所隐私权的范围。由于合理隐私期待理论的灵活性，从 Katz 一案到这些案件，美国联邦最高法院的判决总令人觉得模棱两可，无法确定合理隐私期待理论的要素，也无法确定公共场所隐私权的范围。到 2012 年，United States v. Jones 一案时，这种对公共场所隐私权的限缩之势有所放松。

在 Jones 一案中，虽然美国联邦最高法院认定政府执法人员实施的行为构成《第四修正案》规定的搜查行为，但是，法官们是从不同角度进行分析最终达成这一结论的。法院意见以现实侵入行为理论分析了政府执法人员实施的行为，认定政府执法人员的行为侵犯了 Jones 的财产，所以他们实施的行为是违法的。而 Alito 大法官则以合理隐私期待理论分析了本案中公民的隐私期待的合理性，并反对法院采用现实侵入行为理论分析此案。Sotomayor 大法官虽然并不反对以现实侵入行为理论分析此案，但他也赞同 Alito 大法官的做法，他们都认为，公民在此案中享有的隐私期待是合理的，法院对现代社会中的 GPS 的监控行为应该予以重视。因为公民在公共场所的位置信息与公民的私生活密信息切相关，如果这些信息被政府执法人员长期、大量获取，那么公民的很多私生活信息都会随着公民在公共场所的位置信息被暴露出来，公民的隐私将处于非常危险的境地。Alito 大法官认为："政府执法人员对公民在公共道路上的移动信息实施相对较短时间的监控行为是合理的，因为他们实施的行为与社会所承认的合理的隐私期待是一致的。但是，当政府执法人员在调查大部分犯罪行为的过程中，长期使用 GPS 设备实施监控行为时，他们就侵犯了公民的隐私期待。因为，对于大部分犯罪行为，社会的预期是：政府执法人员和他人不会长时间地秘密监控并记录公民所驾驶汽车的每一个移动行为。"

从这一判断似乎可以看出，美国联邦最高法院的大法官们对公共场所隐私权的限制有所放松，至少，大法官们不愿看到政府执法人员肆无忌惮地长期对所有犯罪行为实施 GPS 监控，并认为这种监控行为侵犯了公民的合理隐私期待，所以违反了《第四修正案》的规定。大法官们并不否认公共场所有隐私权，但是，因为合理隐私期待理论的不确定性、现代社会的快速变化、执法机关的需要等原因，还有很多问题并不是美国联邦最高法院能够确定并做出结论的。我们能从此案中确定的就是，美国联邦最高法院承认在一定条件下公共场所有隐私，并且其对公共场所隐私权的限制有所放松。

从美国公共场所隐私权的发展历程和美国联邦最高法院做出的这些判例中，我们不难看出，承认并保护公民在公共场所的隐私权是具有重大意义的。我国并不处于科技落后的 19 世纪，而是处于科技飞速发展的年代，信息挖掘和信息传播十分方便快捷，不得不承认，在这样的社会中，无论在公共场所还是在私人场所，公民的隐私都会陷入非常复杂、危险的境地。现在，政府部门对公共场所的监控无处不在，几乎所有公共场所都能看到摄像头的存在，我国政府执法人员也同美国政府执法人员一样，享受着先进监控技术带来的便利。虽然安装这些监控设施是出于公共安全目的和执法目的，但是，就如美国的大法官们所指出的，公民在公共场所的行为信息与公民的私生活密信息切相关，如果这些信息被政府执法人员长期、大量获取，那么公民的很多私生活信息都会随着公民在公共场所的行为信息被暴露出来，公民的隐私将处于非常危险的境地。所以，虽然我们不能放弃先进技术带来的安全和便利，但是为了保护公民在公共场所的隐私，政府部门实施的监控行为也应受到最低要求的限制。

在我国，法律并不十分重视隐私权的保护。直至 2008 年，全国人大才在《中华人民共和国侵权责任法》（以下称"《侵权责任法》"）第二条中规定了"隐私权"三个字，此外，立法机关没有在《侵权责任法》中对隐私权再做出任何规定；其他法律文件中关于隐私的条款零零散散且多为间接表述。虽然最高人民法院对涉及隐私权的问题做出过一些司法解释，但是迄今为止，最高人民法院也没有对公共场所是否有隐私权做出任何规定。所以，在我国，法律没有承认公民在公共场所享有隐私权就成了隐私权保护方面的重大缺陷。笔者认为，至少在一定条件下，在一定范围内，我国应该承认公民在公共场所享有隐私权。

除了有条件地承认公共场所隐私权以外，我们还应注意肖像权和公共场所隐私权之间的区别。在法国，隐私权的概念是广义的，从 19 世纪到今天，肖像权一直都是隐私权的组成部分，法国的法官既没有区分肖像权和隐私权，也没有区分公共场所隐私和私人场所隐私；在美国，隐私权的概念也是广义的，从其对侵犯隐私行为的四分法也可以看出，肖像权是隐私权的组成部分，而不是独立于隐私权的部分。在我国，《侵权责任法》第二条中既规定了隐私权，也规定了肖像权，《中华人民共和国民法通则》（以下称"《民法通则》"）中仅规定了肖像权，没有规定隐私权。当政府执法人员监控公民在公共场所的行为时，他们实施的不合理的监控行为侵犯的是公民的肖像权还是公民的隐私权呢？实际上，政府执法人员实施的监控行为不可能侵犯公民的肖像权。按照《民法通则》的规定，侵犯他人肖像权的侵权行为建立在行为人具有营利目的的基础之上，只有当行为人基于营利目的拍摄、使用、传播他人的肖像时，行为人才可能侵犯了他人的肖像权。政府执法人员对公民在公共场所的行为实施监控并不是为了营利，而是出于执法目的或公共利益的考虑。所以，政府执法人员实施的监控行为不可能侵犯公民的肖像权；但是，如果政府执法人员对公民在公共场所的行为的监控超出了必要限度，那么，政府执法人员就会侵犯公民的隐私权。

关于公共场所隐私权研究

N. A. 莫寒[①]著 敬罗晖[②]译

目　次

一、导论
二、Von Hannover v. Germany 一案
三、英国普通法对公共场所隐私权的保护方式
四、公共场所隐私权的理论根据
五、影响公共场所隐私权的因素
六、重要议题：照片拍摄者的法律责任
七、结语

一、导论

早在 Campbell v. MGN Ltd 一案[③]中，英国上议院就承认了"隐私权"概念在普通法中的地位，但在司法实践当中，仍然有许多重要的问题需要英国法院予以解决，其中一个问题便是：公民在公共场所中是否享有合理隐私期待；如果有，那么在怎样的情况下，公民能够主张其在公共场所中应当享有合理隐私期待。举例而言，当公民参加其母亲的葬礼或者因为意外入院接受治疗时，发现有人对其进行拍摄，那么其是否有权向法院提起诉讼，要求法院认定拍摄者侵犯其隐私权？又或者说，是否存在一项法律规则明确表示，公民在公共场所不享有隐私权？

---

① N. A. 莫寒（N. A. Moreham），英国威灵顿维多利亚大学法学院教授。
② 敬罗晖，中山大学法学院助教。
③ Campbell v. MGN Ltd.［2004］U KHL 22；［2004］2 A. C. 457.

过往的法院判决往往认为，由于公民在公共场所不享有隐私权，因此即使别人以拍摄照片的方式披露其在公共场所中的言行，该拍摄行为仍然不属于侵权行为。但近年来，无论是英国法院还是欧洲人权法院，都不再简单地运用上述规则做出判决。这便引起了一个更为重要的问题：如果公民的隐私权并不取决于其所处位置的性质，那么在判断公民是否享有合法的隐私利益时，法院应当采纳怎样的判断标准？

当公民所处的位置是公共场所（如公园、沙滩、餐厅、酒吧或者运动场等社会大众都能够进入的场所）时，法院应当如何解决上述问题，这便是笔者写作本文的目的。

在本文的第二部分和第三部分，笔者将回顾英国法院和欧洲人权法院做出的判决，分析公民的公共场所隐私权能够在多大程度上受到法律保护。在第四部分，笔者将分析"公共场所隐私权"这一概念的理论根据。在第五部分，笔者将分析影响公共场所隐私权的因素，如公民所处场所的性质、公民实施的行为的性质、别人获取公民信息的方式以及该信息指向公民的程度等。笔者相信，通过分析过往案例中的法院判决意见（dicta）及其所蕴含的法律原则，我们能够得知英国法保护公民公共场所隐私权的基本框架。

二、Von Hannover v. Germany 一案

公民在公共场所是否享有隐私权以及公民如何才能享有公共场所隐私权，长期以来都是学者重点关注的问题，但在欧洲人权法院做出 Von Hannover v. Germany 一案[①]判决后，这一问题又具有了新的时代意义。摩纳哥 Caroline 公主发起长达十年的运动，要求别人不得在未获得其同意的情况下，公布与其私人日常生活有关的照片，而 Von Hannover 一案正是此次运动的高潮。本案中，拍摄者通过一系列照片向公众刻画了 Caroline 公主的日常活动，包括骑马、购物（有时是单独出行，有时则是有保镖陪同）、骑自行车、在同伴的陪同下在餐厅用餐、在奥地利滑雪、离开其在巴黎的居所（有时是自己一人，有时则跟丈夫一起）、与丈夫一同打网球（包括其事先单独骑自行车

---

① App. No. 59320/00, 24 June 2004. 1.

到达网球场），甚至包括其在俱乐部被绊倒的照片等。涉案照片披露了 Caroline 公主在公共场所以及半公共场所中的所有日常生活细节。

德国联邦宪法法院（Bundesverfassungsgericht）并未支持 Caroline 公主的主张，在法院看来，Caroline 公主是"当代社会最卓越的公众人物"，因此当 Caroline 公主离开自己的住宅时，除非其能够完全脱离社会公众的视野，或者进入一个隐蔽的场所，否则其不得主张享有隐私权。[①] 德国联邦宪法法院认定，即便是完全娱乐性的新闻报道或者照片，只要能够有助于公众形成对 Caroline 公主的看法，都应当受到德国著作权法的保护。也就是说，虽然一般法律规则认定，拍摄者不得在未获得被拍摄者同意的情况下公布其照片，但是由于本案的被拍摄者是公众人物，因此拍摄者得以不遵守此法律规定。

在欧洲人权法院看来，德国联邦法院未能对 Caroline 公主给予足够的保护，而且也没有按照欧盟制宪大会在 1950 年通过的人权保护宣言第八章所规定的那样，尊重 Caroline 公主的私人生活。四分之三的大法官均认为，在平衡公民的隐私利益和表达自由利益时最重要的因素就是，如果拍摄者所拍摄的照片不会引起大众对一般利益（general interest）的争议，那么就应当对该照片予以保护。法官们说道："报道事实和报道公民私人生活的细节之间存在巨大的差异：报道事实，哪怕是有争议的事实，都能够帮助政治家积极地发挥其作用，从而更好地维护民主社会；但本案并不属于报道事实，而是报道 Caroline 公主的私人生活细节，而当 Caroline 公主在进行日常活动时，其并没有行使其政治责任和作用。在前一类案件中，媒体发挥了其民主社会中'看门狗（watchdog）'的作用，将有关社会利益的事件的信息传播给大众，但后一类案件则远非如此。"

法官们承认，公众人物的私人生活的确会对社会大众造成"重要的影响"（特别当该公众人物是政治家时），因此公民的知情权的确应当得到保障。但是如果媒体披露公众人物的私人生活的唯一目的就是满足大众的好奇心，那么事情的性质将发生根本变化。在这种情况下，我们应当对表达自由进行限制性解释。因此，法官们总结道："即便公众人物不是在非常隐蔽的场所进行其私人生活，社会大众仍

---

① See Bundesverfassungsgerichts (First Division) 1BvR 653/96, 15 December 1999.

然不得因此认为其有权知道该公众人物的私人生活的点滴细节。即便的确存在公共利益，在法院看来，该公共利益仍然应当让步于公众人物的私人生活不受打扰的权利。"

就隐私利益看来，法院认为"即便在公共场所中，公民与别人仍然会有一个互动的区域（zone of interaction），该区域仍然属于公民'私人生活'的范围"。因此，欧洲人权法院认为，不能仅仅因为Caroline公主是位"卓越的公众人物"，就认定其隐私权需要受到限制；如果德国想要根据欧洲人权宣言第八章之规定履行其积极义务，那么就应当对"当代社会"的例外情况进行必要的限制性解释。因此，尽管德国联邦宪法法院认为，当政治家在行使其政治功能时，法院可以将其标签化为"卓越的公众人物"；但是在本案中，Caroline公主并没有行使其政治功能，而仅仅是皇室的成员之一，因此不应当将其标签化为"卓越的公众人物"，而应当认定其是独立的"个人"。

最终，欧洲人权法院认定，德国联邦宪法法院对不同类型的公众人物以及不同类型的场所的界定过于模糊，以至于公民无法事先判断其属于哪一类型的公众人物，也无法事先判断其所处的位置是否受到法律的保护。这导致德国法律无法对被拍摄的公众人物的私人生活提供足够的保护。欧洲人权法院的法官说道："在新闻自由和公共利益的旗号下，当代社会'卓越的'的公众人物的私人生活难以获得保护，除非他所处的场所是一个隐蔽的、隔离于外界视野之外的场所，并且他还应当证明该场所的确非常隐蔽（这将会非常难以证明）。如果他无法找到上述隐蔽的场所，那么他就应当预见到别人会在任一时间拍摄其照片，并且该照片和相关的新闻报道会飞速传播开来，哪怕该照片和新闻报道的内容纯粹是该公众人物的私人生活。但在本院看来，上述的空间隔离判断标准（criterion of spatial isolation）尽管在学理上非常贴切，但是在实际生活中确实非模棱两可，公民无法根据该判断标准事先作出准确的判断。本案中，虽然德国联邦宪法法院将Caroline公主认定为'当代社会卓越的公众人物'，但是该法院并不能因此便以此种粗暴的方式侵入Caroline公主的私人生活领域之内。"

除Von Hannove一案，欧洲人权法院还做出许多其他的判决，将公民隐私权的范围拓展至私人场所以外的空间，笔者也将会在下文分析 Peck v. United Kingdom 一案和 PG、JH v. United Kingdom 一案①。然而，Von Hannove 一案是第一个跟媒体有关的案件（虽然不是直接相关），媒体通过拍摄 Caroline 公主日常生活，侵犯了 Caroline 公主的隐私权。因此本案也便具有格外深远的意义，本案判决表明：即使公民身处于公共场所之中，但这并不意味着媒体就可以自由地拍摄公民的照片并将其公布出去，而且，如果新闻媒体是为了满足公众的好奇心而传播该照片，那么便不得以表达自由或者公共利益作为其开脱的理由。因此，正如 Eady J. 在 McKennitt v. Ash 一案②中所说的那样："从 Hannove 一案、Peck 一案和 PG、JH 一案看来，在某些情况下，特别是相对公共的情况下，承认和保护公民的隐私期待、尊重公民的私人生活正在成为一种趋势。如今我们不能再僵硬地对发生在私人场所的事件和发生在公共场所、会被别人目击的事件进行区分。"

简言之，在斯特拉斯堡的法院，如果法官仍然简单地因为申请人（claimant）身处于公共场所当中，而拒绝保护其隐私权，那么该判决将会受到来自四面八方的挑战和质问。

三、英国普通法对公共场所隐私权的保护方式

为何欧洲人权法院不愿意对私人场所和公共场所进行严格的区分？为了回答这一问题，我们首先应当关注泄密行为和隐私行为（breach of confidence and privacy actions），看看这两种行为在多大程度上保护了公民的"公共场所隐私权"。

英国普通法上有关保护公民隐私权的众多案件中，最引人注目的便是由上议院做出判决的 Campbell v. MGN Ltd 一案③。本案中，超模 Naomi Campbell 向法院提起诉讼，要求认定 MGN 有限公司侵犯其隐私权，因为该公司刊登了一篇概述 Campbell 为了戒掉毒瘾而参加治疗的具体时间、地点和次数的文章，并附带一张 Campbell 走出治疗室的照片。（原告承认，其曾发表声明称自己将会远离毒品，因此被告的确有权发表文章，告知公众原告并没有遵守其声明，但是原告

---

① See (2003) 36 E. H. R. R. 41 and App. No. 44787/98, 25 September 2001, respectively.
② McKennitt v. Ash [2005] E WHC3 003 (Q. B.).
③ Campbell v. MGN Ltd. [2004] U KHL 22; [2004] 2 A. C. 457.

认为,被告所披露的额外的细节已经构成对原告隐私权的侵犯。)该审判团共有五名法官,尽管并不是所有法官都认为被告的发表行为(publication)侵犯了原告的隐私权,但多数法官仍然认为,被告的行为已经构成侵权行为,而且五位法官都认为,英国法律早已承认,公民的私人信息应当享有受到法律保护的权利。

正如 Hoffmann 法官所说,在判决本案时,尽管表面上法官们似乎采用了不同的分析方法,但这些分析方法所蕴含的基本原则却不存在根本分歧。因此,尽管多数法官仍然坚持将上述行为定性为"泄密行为",但是法官们都认为,对上述行为提出控诉(gravamen)本身就是在保护公民的私人信息。法官们还制定出明确的判断标准:Nicholls 法官认为,如果公民对被披露的信息享有合理隐私期待,那么该信息就应当属于"隐私"。Baroness Hale 则认为,"如果公布信息的人知道或者应当知道公民对该信息享有合理隐私期待,即公民有权希望该信息保密",那么公布者就应当受到欧洲人权宣言第八章有关隐私权规定的限制。

英国普通法所面临的进一步问题则是,如果公民能够证明其对某一私人信息享有合理隐私期待,那么法院就应当保护这一私人信息。因此我们首先需要解决的是,英国法院到底在多大程度上承认公民能够在公共场所享有合理隐私期待?

(一) 传统的泄密案件

尽管法院从未就公民是否在公共场所享有合理隐私期待一事做出公开说明,但是过往泄密案件的判决表明,如果某一信息已经被社会公众所知晓,那么公民就不得要求别人对该信息进行保密(confidentiality)。时任副领事的 Megarry 在 Coco v. Clark 一案[1]中表示,如果某一事物是公共财产或者众所周知,那么公民则无权以别人泄密为由、就该事物提起诉讼。无论谈话场所多么的隐秘,如果该谈话内容已经是人尽皆知,那么公民也不得主张别人披露该谈话的行为构成泄密行为。

Goff 法官在 Attorney-General and Observer Ltd. v. Times News-

---

[1] Coco v. Clark [1969] R. P. C. 41, 47.

papers Ltd. 一案①（即 Spycatcher 一案）中更为详细地阐述上述理论：保密原则只适用于仍然处于秘密状态的信息。具体而言，一旦该信息进入公共区域（也就是说，涉案信息是所有人都可以获得的，因此该信息无论在任何状况下，都无法被认定为处于秘密状态的信息），那么基本原则就是，该信息不再适用保密原则。

这一理论非常浅显而直白，当每个人都知道该信息时，该信息自然无法被保密。关键问题在于，究竟在何种情况下，我们才能说某一信息已经进入了"公共区域"。

另一方面，法院也对"公共区域"这一概念的范围进行限制，即只有当某一信息被一定多数量的人们所知晓时，我们才能说该信息已经进入了公共区域。因此在 Spycatcher 一案中，Keith 法官认定，第三人公布公民个人信息的行为并不会损害该信息的保密程度。与之相似，在 Stephens v. Avery 一案②中，副领事 Nicolas Browne Wilkinson 先生认为，与公民性生活有关的信息并不属于保密信息，因为与该公民发生性行为的另一方同样知道该信息。

然而在许多案件中，法院却对"公共区域"进行扩张解释。首先，有些法官认为，如果公民在公共场所与别人谈论自己的私人事务（比如性生活或者特定的社会关系），那么该信息就已经进入了公共区域。因此，在 Lennon v. News Group Ltd. And Twist 一案③中，Denning 法官认定，虽然前披头士成员 John Lennon 的前妻在媒体上公布了两人的婚姻信息，但是 Lennon 不得限制其前妻的公布行为，因为两人曾在媒体上谈论过双方之间的亲密关系，其婚姻信息实际上早就进入了公共区域，而不再属于私人信息。同样，在最近的 Theakston v. MGN Ltd. 一案④中，Ouseley 法官认定，由于原告曾在媒体上披露与其人脉关系和性生活相关的信息（为了塑造其富有魅力、能够吸引女性的形象），因此即使被告刊登文章绘声绘色地描述原告到伦敦一家妓院（brothel）的情形，原告仍然不得禁止被告实施该行为。

---

① Attorney-General and Observer Ltd. v. Times Newspapers Ltd. ［1990］1 A. C. 109, 282.
② Stephens v. Avery ［1998］1 Ch. 449.
③ Lennon v. News Group Ltd. And Twist ［1978］F. S. R. 573, 574 – 575.
④ Theakston v. MGN Ltd. ［2002］EWHC 137（Q. B）; ［2002］E. M. L. R. 22.

法院还认为，即使某一信息从未被披露，但如果该信息与发生在公共场所的某一事件有关，该信息仍然可能会被视为已经进入了公共区域。因此，在 Woodward v. Hutchins 一案①中，Denning 法官认定，虽然该乐队是在大型喷气式客机内吸食毒品和表现异常，但是这仍然是一个所有公众都可以进入的公共场所，因此被告披露该事件的行为并不属于侵犯该乐队隐私权的行为。原告向法院申请临时禁令，但 Denning 法官并未采纳原告的主张，Denning 法官认为：被告 Hutchins 先生是一位媒体人，假如他参加了一场有许多来宾的舞会，任何发生在该舞会上的事件都可能会被 Hutchins 先生和其他来宾所知晓，因此这些信息也同样已经进入了公共区域。任何公民不得主张该事件与相关信息仍然属于保密信息。本案中，由于该大型喷气式客机是一个公共场所，一旦发生任何事件，飞机内的乘客都可能会知晓该事件，所以该事件也同样进入了公共区域。

Ouseley 法官在 Theakston 一案中提出类似观点，虽然被告撰写文章披露原告去妓院，但是该行为不应当受到限制，这是因为：根据相关证据，我们很容易判断原告所去的地方就是妓院，任何过路人也都可能会看到原告进出该场所，并能够很快推断出原告去妓院的事实。原告作为公众人物，其面容十分容易被公众所识别，而且也能够引起公众的注意。除此以外，该妓院内的其他顾客和妓女、工作人员都会发现原告进入了该妓院。

根据上述判决意见，如果某一信息早就已被披露，或者该信息与某一发生于公共场所内的事件相关，那么该信息也不应当属于保密信息。然而正如笔者将在下文所分析的那样，我们应当用评判的眼光看待上述判决意见，而且当涉案信息是照片时，法院并没有用此种论证方式对案件进行分析。

（二）照片和现代隐私权案件

在许多案件中，法院都认为虽然照片是信息的一种存在形式，但照片具有独特性，第三人公布照片的行为可能会侵犯公民的私生活，甚至是以一种羞辱性、毁灭性的方式侵入公民的私生活。因此，在

---

① Woodward v. Hutchins [1977] 1 W. L. R. 760, 764.

Douglas v. Hello! 一案①中，Keene 法官认为："照片实际上无法传达信息，而只能告诉公众发生了哪些事件、参与者长相如何。"在 D v. L 一案②（一位匿名音乐家向法院提出主张，要求法院禁止其前合作伙伴公布两人之间的对话信息，因为其合作伙伴是在未告知该音乐家的情况下，偷录了该对话）中，Waller 法官表示："照片内所蕴含的信息比你想象的多得多。"在 Douglas 一案中，Phillips 法官说道："照片并不仅仅是一种传递事实信息（factual information）的方式。一张照片毫无疑问可以捕捉一项具有纪念意义的事件的每一个细节，这是文字无法企及的。而且，照片可以反映出被拍摄者的性格和情绪，虽然这种反映并不完全正确。"

Phillips 法官所言无误。照片（或者类似的记录型工具）跟素描或者简介不一样，照片使得读者能够自行作出判断：如果 X 上传了一张 Y 赤裸着上身在偏僻的沙滩游泳的照片，那么读者可以直观地看到 Y 赤裸上身的景象，同时也可以观察 Y 的身体语言、行为、地点和其他跟 Y 有关的细节。同样，如果 Z 公布一段 X 和 Y 亲密地共进晚餐的视频，那么读者可以直观地看到 X 和 Y 的穿衣打扮、两人的互动情况、谈话类型等。而素描和简介则与照片不同，读者所看到的东西都是经过作者"过滤"的内容，作者如果表达天分良好，那么读者看到的东西则更接近事实，否则读者看到的，极有可能是作者对事实的错误描述。

法院还在许多案件中对照片和简介之间的区别进行阐述，也就是说，公民可以就公开出版的照片提起诉讼，但是不得就公开出版的简介提起诉讼。因此，在 Theakston 一案中，Ouseley 法官禁止被告出版记录着原告进入巴黎的妓院实施性行为的照片，但其并不禁止被告发表文章描述同一事件。在 Campbell 一案中，Hoffmann 法官说道："公民可以发表文章、以文字的形式描述一事件，但这并不意味着公民可以发表与该事件相关的照片。"无独有偶，在 D v. L 一案中，Waller 法官认为："即使某一照片所传达的信息已经了进入公共区域，如果拍摄者的拍摄行为不正当，那么法院仍然有权禁止拍摄者出版该照

---

① Douglas v. Hello! [2001] Q. B. 967 (Douglas (No. 1)).
② D v. L [2004] E. M. L. R..

片。但如果原告提出请求，法院有权不予回应。"

在 Douglas 一案中，Phillips 法官进一步阐述该理论，在他看来，即使某一照片已经被公布，但是如果第三人在没有告知被拍摄者的情况下再次公布该照片，其行为仍然可能侵犯被拍摄者的隐私权。他写道："如果有关某一公众人物的私人生活信息已经被公布，那么即使法律禁止第三人公布与此相关的其他信息，似乎都不能起到保护该公众人物隐私权的作用。但是如果涉案信息是照片的话，那么情况则更为特殊。照片不仅仅会向读者传递信息，而且还会对被拍摄者的私人生活造成侵犯，因为照片使得读者能够重点关注被拍摄者私人生活的点滴细节。因此，当第三人再次公布该照片时，它使得之前没有看到该照片的读者也能够从中了解到被拍摄者的私人生活，对被拍摄者造成二次隐私权侵犯。即使是那些已经看过该照片的读者，在他再次阅读该照片时，实际上也是对被拍摄者隐私权的再次伤害。"

尽管在 Lennon 一案和 Theakston 一案中，法官都认为，如果某一信息已经被披露，那么该信息则无法继续维持其保密状态，无法受到法律的保护，但是这一理论并不适用于照片。也就是说，要不就是照片和简介所适用的法律原则不同，要不就是 Lennon 一案和 Theakston 一案的判决结果滞后于现代科技的发展。McKennitt v. Ash 一案①（该案中，原告是著名的民谣歌手，她向法院申请禁令，要求法院禁止其朋友发表跟其私生活有关的文章）的判决结果表明，Lennon 一案和 Theakston 一案的判决结果的确滞后于现代科技的发展。Eady 法官认为，虽然原告在宣传饮水安全的工作中，曾与媒体讨论过其未婚夫已死亡这一事件，但这并不意味着被告有权发表长达七页的文章，详细描述原告与其未婚夫之间的亲密关系以及原告对于其未婚夫死亡的反应。Eady 法官认为，过往的判决往往是采用"一刀切"（all-or-nothing）的方法，即如果某一信息已经在商业媒体上被披露过，那么公民则无权主张对该信息继续享有隐私权，但是如果该信息涉及公民的私人生活，则法院不应当采用这种"一刀切"的分析方式，相反，除非能够证明某一信息已经不再值得受到法律的保护，否则我们仍然应当假定，该信息有受保护的必要性。他写道："在没有获得公民同

---

① McKennitt v. Ash [2005] E WHC3 003 (Q. B.).

意的情况下，即使别人已经将公民的私人信息披露给新闻媒体或者某一区域内的读者，第三人仍然不得再次公布该信息，否则仍然是对该公民隐私权的侵犯。因为第三人的再次披露行为，使得该公民的私人生活被更多的人所知晓，这必定会给该公民的心理、精神带来巨大的压力和损害。"

Eady 法官将上述理论延展至 D v. L 一案和 Douglas 一案中。事实证明，即使 X 在小时候曾遭受性虐待这一事件已经被 1000 名读者所知悉，但是如果第三人再次将该事件报道给另外 1000 名读者，那么该行为仍然会对 X 造成重大不利影响。简言之，每一次的事件回顾对于 X 而言，都是一次新的羞辱（humiliation）。在笔者看来，Eady 法官对第三人实施的公布行为（publication）的解读能够更好地保护公民的隐私权，即除非被公布的信息已经完全不涉及公民的隐私内容，否则该信息仍然应当受到法律保护。相对于 Woodward 一案和 Lennon 一案所适用的理论而言，Eady 法官提出的理论更具有实效性（effective）。

在 Woodward 一案和 Theakston 一案中，法院认为，如果某一事件发生于公共场所，那么该事件便不属于私人的或者保密的信息。但如果涉案信息是照片时，法院则不应当适用该理论。举例而言，在 Campbell 一案中，Hoffmann 法官认为，公民在公共场所不可避免地会被别人偷拍，如果拍摄者有权向公众公布该照片，那么无疑会对公民的隐私权造成侵犯，特别是当公民的失态行为被记录成为照片时尤为如此。Hope 法官则认为，第三人以照片形式披露原告接受治疗这一行为，会对原告的精神造成莫大的损害，同时也会侵犯原告的隐私权。正如笔者将在下文所阐述的那样，Eady 法官提出的分析方法相对于 Woodward 一案和 Theakston 一案的分析方法而言，似乎更符合隐私利益的本质。

尽管该问题暂未得到解决，但英国法院似乎倾向于扩展公民隐私权的保护范围，使得公民即便身处于公共场所中，其隐私权仍然可能受到法律保护。Von Hannover 一案的判决结果证明，公民的公共场所隐私权受到法律保护指日可待。法院如今面临的困难在于，法院需要确认公民在何种情况下才能够享有公共场所隐私权。笔者会在下文中对该问题进行分析，但是笔者认为，我们首先应当分析"公共场所隐私权"这一概念的理论根据。

四、公共场所隐私权的理论根据

笔者在其他文章中对"隐私权"的概念进行了定义，笔者认为，所谓"隐私权"，是指公民所享有的根据自己的意愿允许别人进入其生活空间（access）和阻止别人在没有获得其同意的情况下进入其生活空间的权利。其中的所谓"进入"，是指别人通过各种感官（看、听以及接触等）了解公民、与该公民进行身体接触或者获得与该公民相关的信息。如果别人在未经公民同意的情况下进入公民的生活空间，或者帮助第三人进入公民的生活空间，那么该行为便侵犯了公民的隐私权。然而，将公民的隐私利益建基于公民的主观愿望的分析方法在实际中难以操作，因此笔者主张，公民在主张任何权利时，都应当符合合理性要求。因此，如果在特定环境下，公民能够合理地预期别人不会进入其生活空间，那么法院便应当认定公民在此时享有隐私权。

无论从学理或者实践层面理解上述定义，我们都能得出一个共同的结论：公民在公共场所有可能享有隐私期待。

首先，尽管公民在公共场所的确会被别人观察，但是当公民进入公共场所时，公民能够选择被披露的信息的多少。举例而言，X 可以选择穿特定的衣服来遮挡其私密部位；当对话会被别人听见时，X 可以选择不讨论私人事务；当进行私密的活动时，如接受医学治疗、未穿衣服、瞻仰亲人遗容时，公民可以选择不对外公开，以防止别人的窥视。因此，正如《美国侵权法复述（第二版）》第 625B 条规定的那样："即使在公共场所，仍然有许多事物属于公民的私人事务，如公民是否有穿内衣裤等，这些私人事务并没有被展示给公众，因此当别人试图了解此类事物时，也同样侵犯公民的隐私权。"在公共场所中，如果别人通过科技设备打破公民的自我保护防御机制（self-protection barriers），如偷看 X 的内衣裤、偷听 X 与朋友的谈话等，就属于未经 X 同意进入其生活空间的行为，而且根据上文的定义，这一行为也构成对 X 隐私权的侵犯。

其次，如果某人在公共场所观察另一公民，并将观察所得的图像或者信息向更多的、不同类型的受众宣传，那么此行为也可能会侵犯该公民的隐私权。以 X 上传一段 Y 在沙滩上裸露上半身的视频为例：如果 X 不上传视频，那么只有当时在沙滩上的其他游客能够看到 Y 裸露上半身的情景；但如今 Y 的同事、亲戚和数不清的陌生人都可能会看到该视频。① 无论是沙滩上的观察者或者是网络上的观察者，实际上都是随机组合在一起的陌生人：Y 选择在沙滩上赤裸上半身晒太阳，其行为会被沙滩上的游客观察到，而 X 上传视频的行为则使得 Y 的行为会被另一群陌生人透过网络所知悉。再比如，当 Y 走在牛津街上时，她预期过路的人会在不经意间观察她，但她并不希望自己的行为被电视观众所知晓。因此如果 X 将 Y 在牛津街上散步的视频在电视上播放时，那么 X 的行为就侵犯了 Y 的隐私权。X 的行为帮助更多的不同类型的人"进入"Y 的生活空间，这是 Y 所不希望发生的。因此上述两个案例中，X 的行为都侵犯了 Y 的隐私权。

有的学者对这一观点提出反对意见，他们认为，当公民进入公共场所时，公民实际上知道别人能够进入自己的生活空间——任何人都可以在同一沙滩上行走或者游泳、也可以在同一家酒吧内饮酒——因此如果别人将公民的图像传播给更多受众时，公民无权禁止别人的此种行为。即便读者没有看到 X 拍摄的照片，但只要读者当时也在那个沙滩上，他也能够看到 Y 裸露上半身的情景，那么 Y 为什么有权禁止 X 公布该照片呢？笔者认为，持此类观点的学者忽略了一个重要的问题：即实际看到（access）和可能看到（accessibility）之间存在巨大的差异。当 Y 在沙滩上裸露上半身时，理论上的确是任何人都可能会看到该场景，通过互联网看到该视频的读者也的确可以根据自己的意愿进入该沙滩，实际上，真正能够看到 Y 裸露上半身的，只有那些当时恰好在沙滩上的少数游客。这一差异非常重要，Y 在实施此行为时，她能够预见到沙滩上有多少人能够看到她裸露的场景，但 Y 无法预见到其他人会通过网络看到该场景。如果透过网络看到她裸露的人当时也在该沙滩上时，Y 也许会改变其行为，比如转移晒太阳的地点或者不裸露上半身等。X 上传视频的行为，使得最终看到 Y 裸露的人比 Y 原先所预想的要多得多，因此 X 实际上阻碍了 Y 选

---

① See A. Jay. McClurg; L. Barnett Lidsky, "Prying, Spying and Lying: Intrusive Newsgathering and What the Law Should do about it" (1998) 73 Tul, L, Rev 173.

择的权利,比如选择向哪些人裸露上半身,以及在哪种情况下裸露上半身的权利,因此X的行为同样侵犯了Y的隐私权。

笔者认为,"公民在公共场所享有合理隐私期待"这一观点是有以下理论依据的:其一,公民可以选择向公众披露的个人信息的多寡;其二,别人可能会向大众宣传公民在公共场所实施的行为,使得受众的范围远比公民设想的多得多。也就是说,即使在某些情况下,公民能够预见到会有人能够看到其实施的全部或者部分行为,但是该公民无法预见到全体公众都能够通过某种手段或者媒介看到其实施的全部或者部分行为。

五、影响公共场所隐私权的因素

英国法院的判断是正确的,在特定情况下,即使身处公共场所,公民仍然可以享有合理隐私期待。法院的任务在于确定公民在怎样的情况下可以主张公共场所隐私权,而且法院应当用一种原则性的、一致性的方法,对此种隐私利益进行解读。笔者将在本部分中,对能够引起公共场所隐私权的因素进行分析,检视公民所处的位置、实施的行为、别人获取信息的方式以及该信息指向公民的程度等因素与公民的公共场所隐私权之间的关联性。首先应当说明的是,虽然在某些情况下,只要满足一个因素公民就可以享有合理隐私期待,但在绝大多数情况下,除非满足两个或者两个以上因素,否则公民是很难主张自己有合理隐私期待的。举例而言,当Y穿着短裤和T恤站在游泳池旁时,即使发现别人偷拍,Y也很难向法院提起有效的诉讼;但如果Y希望穿透视泳装的行为不被别人窥视,并且向游泳馆缴纳了额外的费用,此时第三人则不得潜入该游泳池进行偷拍,否则Y有权对其提起诉讼。出于文章简洁易懂的需要,笔者将在下文中对上述四个因素进行逐一分析。

值得注意的是,如果不分析第三人实施的侵入行为的特定形式,我们也很难判断公民是否享有公共场所隐私权以及在怎样的情况下享有公共场所隐私权。举例而言,当Y将X撞车后由于受伤而躺在地上的情景传播给其他人时,Y的行为可能侵犯了X的隐私权;但如果Y只是将该情景复述给其朋友,那么Y的行为则难以被认定为侵犯X隐私权的行为。同样地,出于Y所享有的隐私利益,X不得将

Y 在无人的沙滩上赤裸上半身的场景拍摄成照片并公布该照片，但是如果 X 仅仅是将该情景以简介的形式传播，那么该行为也并不一定侵犯了 X 的隐私利益。为了避免混淆公共场所问题和法院如何解决不同类型的披露行为这一问题，笔者假定，第三人实施的侵入行为就是向公众宣传公民私人信息和图像的行为。

在判断公民是否享有合理隐私期待，即希望别人不将其影像向公众传播时，法院究竟会考虑哪些相关因素。

（一）场所

在判断公民在公共场所是否享有合理隐私期待时，法院首先考虑的因素是公民当时所处场所的性质。法院坚持认为，当公民实施某一隐私行为时，他能够遇见到在场的人会知悉其隐私，但是如果第三人通过照片或者其他方式，使得不在场的、数量众多的人也能够知悉该公民的隐私，那么第三人的行为很可能就侵犯了该公民的隐私权。因此，在审理 Peck 一案时，欧洲人权法院解释道：当原告在 1995 年 8 月 20 日那天走进 Brentwood 时，他只能预见到身边经过的人可能会看到该场景，但是由于被告将该行为披露出来，使得更多当时不在现场的人也知道原告实施了该行为，这是原告在事发当时无法预见到的。

在 Jagger v. Darling 一案①中，原告在伦敦一家酒吧门口与伴侣实施性行为，没想到该场景被闭路电视记录了下来，更令原告始料未及的是，被告将该视频公布了出去，原告因此向法院提出申请，要求法院禁止被告公布该视频。Bell 法官认为，原告与其男朋友实施性行为的地方相对隐蔽，在正常情况下，其行为是不会被酒吧的其他顾客所看到，因此原告自然也无法预见到该行为会被闭路电视全程拍摄下来。

法院认为，如果当公民在实施某一场所实施隐私行为时，如果该行为被过路人发现的概率非常低，那么公民应当对该行为享有合理隐私期待。笔者对此观点持赞同意见，而且正如上文讨论过的那样，公民会根据周边的环境调整自己的行为，如果周边的人很少，甚至几乎没有人时，公民的行为举止可能会相对开放。举例而言，即使 Y 不

---

① Jagger v. Darling [2005] EWHC 683 (Ch. D).

希望陌生人看到其裸体，但是如果她知道除了自己的男朋友外，别人都不会进入某一泳池时，她可能会愿意进行裸泳。同理，当 X 和 Y 在公园的长凳上聊天时，如果他们知道别人不会听到其谈话内容，那么他们可能就会谈论彼此间的私密事务。如果他们觉得谈话内容可能会被别人窃听，那么他们可能就会选择不在该公共场所谈及私人事务。可以说，在公共场所中，如果能够获得公民私人信息的人越少，那么公民则越可能就该信息主张合理隐私期待。但法院应当在此基础上更进一步：即当公民身处于某一特定场所时，即使该场所名义上是公共场所，但是如果该场所足够偏僻，别人在不借助科技设备的情况下，无法看到或者听到公民实施的行为，那么公民则有权主张合理隐私期待。如果被告披露公民的隐私信息，那么被告则需要承担举证责任，证明原告不得在该环境下享有合理隐私期待，或者被告是出于公共利益考量才披露原告的隐私。但问题在于，没有证据证明为什么在偏僻的地方仍然存在公共利益，甚至这种公共利益还要凌驾于公民的合理隐私期待之上：公民每天都会进入公共场所，但是并不是出于窃听别人谈话或者用摄像机镜头拍摄别人的目的；对于专业的调查记者，当其是出于保护公共利益的目的实施监视行为，并且其监视行为能够揭露别人实施的严重不当行为（比如别人正在实施或者准备实施重大犯罪等）时，其监视行为才能够免于法律的处罚。

虽然法院还没有对此做出明确规定，但当公民进入某一场所，希望能够找到志同道合的人，特别是希望别人也同样实施令人感到尴尬的、亲密的甚至是裸露的行为时，公民在该场所中更有可能享有合理隐私期待。因此，当 X 穿着女装进入一个正在举办奇装异服活动的酒吧时，他应当享有更为充分的隐私期待，这是当他穿着女装走在繁华的街道上所不能享有的：在该酒吧内，所有的男人都身穿女装，彼此之间更能相互容忍和让步，甚至彼此欣赏；但在繁华街道上，如果别人想要拍摄 X 的照片时，往往是都是出于猎奇目的，这必然会让 X 感觉到非常尴尬。因此，如果第三人通过照片公布公民的隐私行为，法院除了考虑受众的数量外，还应当考虑受众的具体身份。

（二）公民实施的行为的性质

在判断公民是否享有公共场所隐私权时，法院考虑的第二个因素就是公民实施的行为的性质。

1. 亲密事件、尴尬事件或者创伤事件

首先，如果别人公布的信息重点描画了公民所经历的亲密的、创伤性的或者是尴尬的瞬间，那么该公布行为会给公民带来非常大的伤害。因此在 Peck 一案中，欧洲人权法院强调，如果市政委员会（local council）将与原告有关的视频公布出去，使得每个人都能够看到原告拿着刀走过街道并且实施自杀行为的场景，那么市政委员会的公布行为实际上将原告放在一个非常容易受到外界伤害的位置。欧洲人权法院认为：虽然原告进入了公共场所，但他并不是出于参加公共事件的目的进入公共场所，他也不是公众人物。事发当时已是深夜，原告身心俱疲，尽管他的确拿着刀子站在公共街道上，但他的行为并没有触犯任何刑事法律。

欧洲人权法院的这一判决获得了普遍的支持，Hoffmann 法官在 Campbell 一案中也承认，本案的判决可能会促使英国法建立一套隐私权保护机制。除了表示赞同外，Hoffmann 法官还说道：如果第三人拍摄的照片揭示了令公民感到羞愧或者尴尬的瞬间，即使第三人是在公共场所拍摄的照片，但是该第三人的行为也可能侵犯了公民的隐私权，因为其行为披露了公民的个人信息。

新西兰法院做出了类似的判决，在 Hosking v. Runting 一案[①]中，五名上诉法院法官一致同意撤销对被告的禁止令：虽然被告的照片记录了两名小孩在奥克兰街道上被车撞倒的场景，但是由于被告是在公共场所内拍摄该照片，因此被告的行为并不侵犯任何人的隐私权。但 Gault 法官和 Blanchard 法官也承认：诸如 Peck 一案和 Campbell 一案等案件从某种程度上采用了类似的规则（在上述两个案件中，法官都认为，如果公民是在公共街道上被拍摄，那么公民不得主张享有隐私权），这一规则广泛地被适用。在某些特殊情况下，公民有权禁止别人进一步披露跟该公民相关的信息，即便别人目睹了事件的全过程，而无需借助任何媒体便得知了该公民的隐私信息。然而，本案与上述两个案件有明显的不同之处。

Anderson 法官也认为，本案原告的处境和 Peck 先生的处境大不

---

① Hosking v. Runting [2004] NZCA 34; [2005] 1 N.Z.L.R. 1.

相同，本案中，即使被告的确披露了某些跟原告相关的信息，但是所有被披露的信息并不会给原告造成身心压力，更不会使原告感到尴尬或者无所适从。

法院认为，当公民所处的环境是尴尬的或者会导致创伤的（traumatic），那么该公民应当受到法律的特殊对待。然而，自食其果与迫于无奈之间存在巨大的差别：当 X 被拍到由于心脏病接受医学治疗时，他会感到尴尬；当 X 被拍到在公共街道上对着女朋友大喊大叫或者在大街上裸奔时，他同样会感觉到尴尬。很明显，这两种尴尬的境地是不一样的。

在 Daily Times Democrat v. Graham 一案①中，美国法院注意到这种自愿发生某一事件和被迫卷入某一事件之间的差别。本案中，一家报社公布了记录原告在游乐园中裙子被吹起来的瞬间的照片，法院最终认定该公布行为不正当，应当受到处罚。在法院看来，正常的公共事件和由于公民无法控制的原因而发生的亲密的或者令人尴尬的事件不同。虽然当公民在"自然状态下"，别人的确可以将他作为公共场景的一部分拍摄下来，但是，如果由于超越公民意志的原因，使得公民被迫陷入尴尬的局面，那么此时公民仍然有权主张法律对其进行保护，别人不得以不礼貌的甚至粗鄙的手段侵犯其隐私权。不能因为不幸降临公民的头上，就认定公民因此丧失受到法律保护的权利。

在笔者看来，英国法院也应当认识到这一区别，并且还应当认定，如果公民被迫陷入尴尬的、会导致创伤的局面，那么公民仍然应当享有合理隐私期待。正如前文所阐述的那样，在公共场所内，虽然公民不得不被别人观察，但是公民可以通过改变自己的着装和行为举止等，使别人无法得知更多的私人信息。公民会修饰自己的言行以自保一旦发生意外事件，公民的自保行为便难以发挥作用，公民不得不暴露于公众的眼光之下。举例而言，如果 Y 在公共场所突然分娩或者发生事故，救护人员为了抢救她不得不脱掉其衣服，Y 原本希望衣服能够帮其遮挡隐私部位，但是现在衣服不能再发挥原有的作用，过路的每个人都能够因此看到 Y 的裸体。又比如说，X 一般都只在自己家中进行私密行为，但当 X 被抢劫时，X 的自保机制便难以发挥

---

① Daily Times Democrat v. Graham1 62 So. 2d 474 (1964), at p. 478, emphasis added.

作用，X 不得不将其情感创伤表露于公众之下。在上述情况下，在场的人会不可避免地进入 X 和 Y 的生活空间，如果有人将该场景拍摄下来并且公布出来，那么无疑会对 X 和 Y 的自尊和隐私造成重大伤害。因此，在笔者看来，如果某一披露公民信息的行为不符合公民的意志（如 Y 的裙子被风吹起来，或者 Y 在车祸后，救护人员脱掉她的衣服对其实施抢救），或者公民是出于参加令人心碎的活动（如参加爱人的葬礼或者辨认遗体等）的目的而进入公共场所，又或者实施某一私人行为时（如分娩或者流产）时，即便公民身处公共场所，其仍然应当享有合理隐私期待。

当公民非自愿地公布自己的隐私时，其应当受到隐私权保护，但这并不意味着当公民自愿实施某一私密行为时，其就无法享有合理隐私期待。正如 Peck 一案所指出的那样，公民自愿实施的行为可能使公民变得易受伤害（vulnerable），在这种情况下，公民仍然应当受到法律的保护。法院还指出，即使公民是在自愿的情况下实施某一披露自己隐私的行为，公民仍然有权享有合理隐私期待。当第三人通过照片披露的信息跟公民的性生活相关时，法院倾向于禁止第三人实施该披露行为。那么我们似乎也可以说，如果第三人拍摄公民在沙滩裸游、穿着泳装游泳或者在草丛解手的照片时，法院也应当倾向于禁止第三人公布此类照片。

值得注意的是，公众往往对发生在别人身上的尴尬事件或者悲怆事件抱有浓厚的兴趣，而公民的隐私权与公共利益之间又常常发生矛盾。除非有非常重要的公共利益的存在，否则不应当以此为借口，拍摄照片记录公民私密的或者尴尬的瞬间，更不得将该照片公之于众，否则就侵犯了该公民的隐私权，特别是当该公民是由于不可抗力而陷入尴尬的境况时，更是如此。除此之外，如果第三人以公共利益的名义披露公民的信息，但所披露的信息对于公共利益并无裨益，那么该披露行为仍然侵犯了公民的隐私利益；正如欧洲人权法院在 Peck 一案中所说，被告的确是出于公共利益考量而安装闭路电视，但是这并不意味着被告公布记录着原告试图自杀的视频的行为是合法的，除非被告能够证明在该段视频中存在着重大的公共利益。而且，一旦发生重大事件（如恐怖主义炸弹袭击或者毁灭性的飓风等），如果公民因此受伤而接受治疗，或者公民不希望暴露于镜头之下，那么媒体应当尊重公民的意愿，避免公布公民身体的私密部分。

2. 引起别人注意的事件

能够引起别人注意的事件也应当属于"公民实施的行为的性质"之下，但这类事件却存在诸多争议。一方面，欧洲人权委员会认为，如果公民主动参加备受瞩目的公共事件时，比如反种族隔离抗议活动或者被大量报道的静坐示威活动等，虽然公民有权要求别人尊重其私人生活，但是该权利并不是能够被强制执行的权利。另一方面，普通法国家认为，公民日常的生活状态（normality）可能会对公民有不利影响。举例而言，在 Campbell 一案中，Baroness Hale 法官认为，如果被告拍摄的是原告"在大街上从事商业活动"的照片，那么原告则不太可能会向被告提起诉讼，因为原告知道，"公众对原告穿怎样的衣服去买牛奶非常好奇"，而且"该照片并不会披露原告的隐私信息"。这似乎将原告置于两难之地：无论参与引人注目的事件，或是进行日常琐碎的活动，公民都难以享有合理隐私期待，那么公民究竟要怎么做才能享有合理隐私期待呢？

虽然存在冲突，但笔者认为还是应当采用 Strasbourg 一案的分析方法：当公民安静地坐在餐厅内或者外出买杯牛奶时，其应当享有更充分的隐私权；当其在橄榄球赛场上奔跑或者跟保镖打架时，其应当享有相对较小的隐私权。然而在现实中，Baroness Hale 法官的理论似乎只能用于区分记录公民日常状况的照片和记录公民的私密时刻或者悲怆时刻的照片。Baroness Hale 法官的理论跟现实有出入：公民希望对其私密时刻享有更多的隐私权，对于其进行日常行为的时刻，公民则往往不介意是否能够受到隐私权的保护。

（三）获取公民信息的方式

在分析公民是否享有公共场所隐私权时的第三个考虑因素就是别人获取公民信息的方式，笔者将从暗中获取信息、采用科技设备打破公民的自保机制和骚扰行为等方面进行阐析。

1. 暗中获取信息

英国法院在多个案件中表达了其对第三人实施的、暗中获取公民个人信息行为的反对态度。广播标准委员会认定，暗中摄录某家电子产品店前的公共区域的行为违反了广播规范，Woolf 法官对此表示认同，而且其还认为，这种暗中摄录的行为会给公民造成额外的负担，因为"公民无法得知自己的哪些行为被摄录，更无法做出任何回应"。另一案件中，英国报业投诉委员会认定，被告拍摄的、记录着原告在马略尔卡岛的沙滩上玩耍情景的照片并没有违反行业规范，原告请求法院审查该委员会做出的决定。Silber 法官认为，被告是在未告知原告的情况下，暗中拍摄此照片，这一行为剥夺了原告拒绝被拍摄的权利，原告无法采取措施远离摄像机镜头，也无法阻止被告拍摄跟原告相关的、具有新闻价值的照片。

在 Campbell 一案中，Hope 法官也非常关注"被告暗中拍摄照片"这一细节，在他看来，第三人的偷拍行为会让公民产生被冒犯之感。在诸如 R v. Loveridge, Lee, and Loverige 一案①等刑事案件中，Woolf 法官认为，"即便拍摄的影片中不含有隐私信息，但第三人在公共场所偷拍的行为侵犯了公民的隐私权。"因此正如 Baroness Hale 法官在 Campbell 一案中所说那样，虽然法院"还没有明确规定，公民可以仅凭别人偷拍这一行为，就主张对照片的内容享有合理隐私期待"，但是法院倾向于认定，公民有权希望自己在公共场所不被偷拍，或者说，至少有权希望别人不把偷拍的照片公布出去。

正如 Woolf 法官和 Silber 法官所说，暗中观察公民的行为对公民而言非常具有侵扰性，因为它使得公民无法以正常的自保机制（self-presentation）予以回应。举例而言，假如当 Z 用望远镜窥视 Y 洗澡时，Y 因为不知道 Z 在暗中观察自己，当然也不会拿衣物遮蔽自己的身体；假如 Z 使用长筒传声器（能放大声音）记录 X 和 Y 的谈话，X 和 Y 由于不知道有人在偷听其讲话，因此不会故意转而谈些无伤大雅的琐碎事件。Z 的行为令人讨厌，不仅仅是因为其行为使其能够在未经 X 或 Y 同意的情况下进入其生活空间，而且还因为 Z 误导了 X 和 Y 对其所处环境的判断。正如 Stanley Benn 所说，X 和 Y 要不就身处"傻子的天堂"，要不就身处"傻子的地狱"，但无论如何都不能掩盖一个事实：Z 欺骗了 X 和 Y。

当公民以为自己不被别人监视或者监听时，往往会产生上述问题，因此公民在此情况下应当被推定为享有合理隐私期待。然而，即

---

① R v. Loveridge, Lee, and Loverige [2001] EWCA Crim 973.

便公民在被偷拍时身处一个更为公共性的场所内，如街道、餐厅或者购物中心，公民仍然有可能享有合理隐私期待。如果 Y 上传偷拍的、记录 X 在酒吧喝酒的视频，那么 Y 使得 X 的行为被更多人所知晓，而且更重要的是，X 事先不知道 Y 在偷拍，因此 X 无法根据受众调整自己的行为，比如穿不同类型的衣服、降低说话的声音或者做一些会被公众赞美的行为。看到该视频的受众只能够看到经过 Y 剪辑过的内容，而且如果 Y 事先告知 X 要摄录 X 的行为，那么受众看到的内容必然又会有所不同。因此，Y 的行为很可能会被认定为侵犯了 X 的合理隐私期待。

2. 采用科技设备打破公民的自保机制

跟偷拍相似，第三人也可能会采用科技设备打破公民的自保机制，以获得公民的隐私信息。举例而言，Y 为了遮挡其身体而穿着整齐，她能够合理地期待 Z 不采用 X 光扫描仪窥视其身体。同理，在上文所引用的情形中，X 和 Y 也同样有权合理地期待 Z 不采用长筒传声器记录其谈话内容。虽然英国法院还没有就这一问题发布公开声明，但法院暗示我们，除了 Peck 一案的"令人尴尬的状况"外，如果别人故意通过窥视公民的服装或者偷听其谈话的方式，使公民陷入尴尬境地，那么公民也应当享有合理隐私期待。笔者认为，实际上，一旦第三人采用科技设备观察公民，公民就应当有权享有合理隐私期待。

3. 骚扰行为

正如 Von Hannover 一案所阐述的那样，如果第三人获取公民私人信息是为了长期骚扰公民，那么这一行为也应当受到法律的限制。欧洲人权法院认为，"小报（tabloid press）常常出于长期骚扰公民的目的发表跟公民有关的照片，这一行为严重侵犯公民的私人生活，甚至是对公民的迫害"。严格来说，即便法院暂时只考虑德国杂志出版社公布某些照片或者文章这一行为的合法性，然而出版社拍摄照片时的环境状况（无论是否征得被拍摄者的同意）以及公众人物所遭受的骚扰，也应当是法院在审理案件的过程中应当予以考虑的重要因素。

这似乎非常合理。在面对第三人实施的侵入私人生活空间的行为时，长期受骚扰的公民和之前未曾受到骚扰的公民都承受着同样的压力，但是前者需要长期处理别人侵入其私人生活这一问题，因此在裁决特定第三人实施的侵扰行为时,法院应当考虑其长期生活状况。在笔者看来,如果公民长期受到骚扰,那么当特定第三人实施侵扰行为时,法院更应当认定该公民有权就第三人的行为提起诉讼。

(四) 被披露的信息指向公民的程度

在判断公民是否享有公共场所隐私权时,法院应当考虑的最后一个因素就是:被披露的信息指向公民的程度。加拿大最高法院在审理Aubry v. Editions Vice-Versa Inc. 一案[①]时高度关注这一因素,本案中,一名摄影师拍摄了一张记录原告坐在一栋大厦前的阶梯上的照片,法院最终认定该摄影师的行为违反了魁北克州人权和自由权法第五章之规定,其行为侵犯了照片中的女子的隐私权。尽管多数法官都认为:"只有当照片中的图像能够指向特定公民时,该公民方能引用该法第五章请求保护。"如果原告并不是涉案照片中的"主要拍摄对象",或者原告是"意外"闯进被告的镜头中,而被告的目的是为了拍摄公共场所内的景物或在公共场所内实施特定行为的某一群体,那么只要被告能够说明选取该公共场所作为背景的理由,那么被告的行为便不属于违反该法第五章的行为,原告不得就被告的上述行为提起诉讼。除 Campbell 一案外,该分析方法也指导着英国法院审理其他类似的案件:当第三人拍摄并公布 X 参加足球赛的照片时,X 胜诉概率较高;但如果 X 仅仅是照片中众多球迷之一,那么 X 的胜诉概率则相对较低。然而,这一指导意见实质上是消极的:根据该指导意见,如果公民不是照片的"主要拍摄对象",那么公民则无权提起诉讼;但它并没有说明在怎样的情况下,公民才能够享有合理隐私期待。没有任何迹象表明英国法院应当采纳魁北克最高法院的方式,我们也不应当轻率地认为:只要公民是涉案照片的主要拍摄对象,该公民就能够胜诉。

六、重要议题:照片拍摄者的法律责任

笔者在上文中分析了公民何时能够享有合理隐私期待(即希望自己的照片不会被公诸于众),但笔者认为有必要简要地分析,如果

[①] Aubry v. Editions Vice-Versa Inc. (1998) 157 DLR (4TH) 577.

第三人在公共场所内拍摄公民的照片或记录其对话，该第三人是否应当承担法律责任，Campbell 一案的判决是否倾向于否定性回答。Hope 法官认为，在一个自由的社会中，公民在公共场所内拍照似乎是一件再正常不过的事了；Hoffmann 法官则认为，无论是否是公众人物，只要他们进入公共场所，都应当预见到别人可能会在未经其同意的情况下，拍摄其照片，就像他们自己会在未经别人同意的情况下观察别人一样。两位法官似乎都认同 Prosser 教授提出的著名主张，即"拍照行为和记录行为（recording）本质上跟文字版的简介并无差异，它就像一道公共画面，只要进入该公共场所，任何人都可以自由地观看"。

然而，有的学者主张，如果未经被拍摄者的同意拍摄照片，那么被拍摄者在某些情况下有权提起诉讼。因此，在审理 Campbell 一案时，Hope 法官引用了 PG 一案，表达其对欧洲人权法院的支持态度。在 PG 一案中，欧洲人权法院认为：当公民走在公共街道上时，他不可避免地会被过路的人所看见，而且保全人员也可以通过闭路电视看到他走在街道上的场景。一旦有人将发生于公共区域内的事件通过科技手段系统性地或者永久性地保存下来，那么该行为则有可能会侵犯公民的隐私期待。

英国报业投诉委员会制定的行业规范第三条规定，不得在未经被拍摄者同意的情况下，在私人场所对其进行拍摄；无论该场所是公共财产或是私人财产，只要公民对其享有合理隐私期待，那么该场所便应当被视为"私人场所"。因此，如果公民能够证明其在拍摄之当时享有合理隐私期待，即便其身处场所为公共场所，其仍然有权对拍摄者提起诉讼。

Prosser 教授认为，在公共场所观察别人的行为和拍摄别人的行为之间并无差别，但笔者并不赞同。在笔者看来，如果别人在公共场所对公民进行拍照，那么该拍摄行为仍然可能侵犯了公民的隐私。正如上文所述，照片使得受众能够独立地观察照片中的被拍摄对象：如果 X 看到 Y 裸泳的照片，那么 X 可以清晰地看到 Y 裸体的样子、其身体语言、行为举止甚至喜好。而且，照片拍摄者能够控制该照片受众的数量：如果 X 拍摄了 Y 裸体的照片，那么除了 Y 以外，X 也同样能够决定让哪些人看到 Y 的裸体。因此，正如 Andrew Jay McClurg

所说，拍摄者实际上使得受众也能够看到其所看到的景象，而被拍摄者则失去了对自己的身体或者其他事物的绝对控制权。

一旦 X 享有此种控制权将会产生严重的问题，因为 X 可以利用这一控制权加剧其原始观察行为的影响，比如将该照片分享给其他读者观看（X 的朋友、Y 的同事或者不计其数的网络使用者等），或者出于个人性满足的目的反复观看该照片。如果 X 只是用肉眼观看 Y 站在沙滩上或者公共街道上的场景，那么 X 并不会侵犯 Y 的私人生活空间；一旦 X 将该场景拍摄下来，那么 X 可以通过反复观看照片的方式不断侵犯 Y 的私人生活空间。X 不但侵害 Y 的隐私权，而且使 Y 陷入尴尬境地。举例而言，当 X 在接受医学治疗或者由于车祸严重受伤时，路人在一旁用手机拍摄下这一情景，那么该行为毫无疑问会让 X 感到雪上加霜，甚至严重挫伤 X 的自尊心。在上述两个情境中，旁观者将 X 的不幸遭遇视作某种景象（spectacle），而且在后一种情境中，旁观者甚至可能会将该视频上传至网络上或者出于个人欣赏的目的反复观看，这对 X 而言无疑是二次伤害。

笔者主张，当公民是在不情愿的情况下被拍摄到其私密的、悲怆的瞬间，或是当公民合理地认为其所处的场所不在公众的视野范围之内，抑或是拍摄者使用科技设备打破公民的自保机制时，那么公民有权对拍摄者提起诉讼。这一规则无须牵扯到公共场所的使用性质：公民在公共场所进行日常活动时，无法预见到别人会将其尴尬的瞬间拍摄下来；当公民身处偏僻隐秘的场所时，他能够合理地预见到别人不会看到其实施的行为；当公民走在大街上时，他无法预见到别人会借助科技设备窥视其身体。然而，我们需要对该规则做出必要限制。如果媒体能够证明，在新闻采集之当时，其真诚地认为其所采集的新闻内容牵涉到公共利益，那么公民不得对该新闻采集行为提起诉讼。另外，如果第三人能够证明其在拍摄照片之时，不知道被拍摄者正处于一种私密的或者悲怆的状态，那么公民也不得就第三人的拍摄行为提起诉讼。

七、结语

实际上，公民在公共场所并不绝对地不享有隐私权，因为英国法院已经在许多案件中表达了其保护公民公共场所隐私权的意愿，而且英国法院似乎做好了面对各种挑战的准备。

　　笔者写作本文的目的一方面是为了分析法院应当采取何种措施保护公民的公共场所隐私权，另一方面则是分析当法院某一特殊案件中具体分析公民是否享有公共场所隐私权时，应当具体考虑公民所处的场所、公民实施的行为的性质、第三人获取公民照片或者信息的方式以及该信息指向公民的程度等因素。当公民是在不情愿的情况下被拍摄到其私密的、悲怆的瞬间，或是当公民合理地认为其所处的场所不在公众的视野范围之内，或者是拍摄者使用科技设备打破公民的自保机制时，那么公民应当有权享有合理隐私期待。法院应当认识到上述隐私利益，因为它不仅仅与《人权保护宣言》第八章的精神相呼应，而且也给法院保护公民的隐私权提供理论支持。

第二编　有关公共场所隐私权的争议

确立公共场所隐私权的必要性
——论科技发展对公共场所隐私权的影响

克里斯廷·M. 比斯利[①]著　凌玲[②]译

目　次

一、导论
二、公民不享有公共场所隐私权的原因
三、公民享有公共场所隐私权的必要性
四、制定公民享有公共场所隐私权的法律
五、在立法和司法层面承认公民享有公共场所隐私权
六、结语

一、导论

不管我们是否承认，但实际上，我们都享有一定的公共场所隐私权。让我们设想以下三个情景：

一个女人在公共海滩冲浪时被大浪打翻了，当她站起来时，她发现自己上身的泳衣已经被浪卷走了。此时，海滩上的其他冲浪者用手机拍下了这个可怜的女人。两天之后，有人把她只穿着底裤的照片传

---

① 克里斯廷·M. 比斯利（Kristin M. Beasley），美国南伊利诺伊大学法学院法学博士。
② 凌玲，中山大学法学院助教。

到博客上，使她尴尬不已。

一个女人正在健身房的衣帽间里换衣服。在既没有告知这个女人也没有取得其同意的情况下，衣帽间里的另一个人就用手机拍下了这个女人只穿着内衣的画面。很快，这些照片就被人上传到一个专门收集类似照片的网站。

一个穿着短裙的女人正走在露天游乐场的路上，当她走到一个路口时，她眼前突然闪过一道强光。她立即拐过路口，抓住一个正在用手机从她的裙子下面往上偷拍其内裤的人。原来，这个人打算在偷拍她之后，把她的照片（在美国，类似的照片被人称为"裙内风光"照）上传到一个被称为"up-skirt"（"裙内风光"）的网站。

大多数人不仅认为这些女人的隐私权受到了不同程度的侵犯，而且还会十分惊讶地发现，这些女人几乎找不到可以维护其隐私权的传统依据。之所以会出现这种局面，是因为在普通法上，如果原告（一般是女性）主张被告的行为侵犯其隐私权，那么，原告必须证明自己在当时享有"合理隐私期待"；只有这样，法院才可能把被告的行为判定为隐私侵权行为。在传统上，如果公民出现在公共场所，那么，他/她会被默认为放弃自己所享有的隐私期待。美国之所以存在这种观念，是因为以下两个原因。一方面，《美国联邦宪法第一修正案》赋予公民言论自由权，但是，一个公民在行使言论自由权时，经常会与另一个公民的隐私权产生冲突。因此，法院必须平衡公民隐私权与言论自由权之间的关系，不可以厚此薄彼。另一方面，在传统上，法院把公民享有的隐私期待规定在很狭窄的范围之内。[①]

在过去，社会逐渐达成一个共识——如果公民呆在自己的房屋里面，那么，他/她在绝大多数情况下都享有合理的隐私期待；但是，如果他/她出现在公共场所，那么，他/她等于自动放弃了自己所享有的隐私期待。社会之所以会达成这样一个共识，是因为以下两个原因：一方面，这个理论可以作为一个明晰而容易执行的判断标准，帮助人们简单快捷地判断隐私期待存在与否。另一方面，这个理论不会对普通公民的隐私期待造成过大的侵害。一是因为在以前，行为人很难在他人未知的情况下拍摄他人的照片，二是因为，如果被偷拍的照

---

① See, e.g. Florida Star v. B. J. F., 491 U. S. 524 (1989).

片本身不具备新闻价值，那么，行为人几乎不可能将这些照片进行广泛的传播。

但是，如今拍摄手机以及微型电子数码相机的问世，使得行为人可以随时随地偷拍他人。科技的发展极大地提高了行为人的拍摄能力，使得本文设想的尴尬情景经常出现。不仅如此，电脑科技的发展还使得公民在网络公开照片的行为变得更加便利、廉价。这些因素都使得公民的隐私权越来越容易遭到侵犯。在过去，如果一个女人在无心的情况下暴露出她的内衣或者身体的某些私密部位，那么，只有小部分人能看到她的窘态；但如今，在相同的情况下，可能全世界的人（或者可能性更大、对其危害更大的是，她所在的整个社区的人）都能看到她当时的窘态。很明显，随着新科技的发展，人们对何种行为会侵犯公民合理隐私期待的看法，也应当有所改变。不幸的是，美国普通法无法突破克服它那有限的、想象力匮乏的判例所带来的局限。因此，如果要切实保护公民的隐私权，那么，美国必须在立法上明确地扩大公民所享有的隐私权利。

本文将分成以下四个部分。

首先，笔者将会列出对公民隐私权造成侵害的四种方式：公开披露他人的私人事实，公开丑化他人形象，为商业目的擅自使用他人肖像，侵扰他人独居的安宁。在这一部分，通过揭示公民在上述四个情景中能够采取的应对之策，本文将指出，为何社会对科技发展给公民隐私权带来的影响认识粗浅。本文还会进一步揭示以下两个事实：保护公民隐私权在当今社会的重要性；为何公民隐私权的保护范围正在快速缩减。

其次，本文将会回顾，为了禁止类似上述情景对公民隐私权的侵害，美国的法院和立法机关采取了哪些行动。某些州的立法机关曾尝试，将与上文类似的偷拍行为定为犯罪行为。这种做法在不同的州获得了不同程度的成功。本文将会探讨，这些刑事法规的法律用语对保护公民隐私权的重要性。一方面，立法机关必须保证，这些刑事法规的法律用语所表达的意思足够狭窄，否则，这些刑事法规会因为其法律用语所表达的意思过于宽泛而侵犯《美国联邦宪法第一修正案》赋予公民的言论自由权。另一方面，立法机关还必须使这些法律用语具备足够的灵活性，以便将那些用新方法侵犯他人隐私权的行为也归为犯罪行为。

再次，本文将会讨论，为了达到公民隐私权和言论自由权之间的平衡，美国的立法机关在采用法律用语时，是如何借鉴以前的立法机关在规定隐私侵权行为构成要件时所采用的法律用语的。为了更好地保护公民隐私权，美国有一些州在刑事立法中规定，在某些情形中，公民即使身处公共场所也享有隐私权。通过检验这种方法的得与失，本文将会合理地推测，如果立法机关将上述刑事立法所采用的法律用语照搬到民事侵权法当中，那么，公民隐私权将会遭遇哪些难题。

最后，为了改正普通法关于公民离家即无合理隐私期待的推定，笔者希望，各个州的立法机关能够创设一些新的法律用语或重新解释一些现存的法律用语。

二、公民不享有公共场所隐私权的原因

时至今日，美国仍然没有承认公民隐私权的合法性。随着新科技对公民隐私权的侵害日益严重以及新闻对公民、社会、家庭的事务报道得越来越多，社会公众开始呼吁，美国的法律应当保护公民隐私权。

（一）美国对公民隐私权的承认

虽然人类是群居动物，但是，不管从心理学角度还是社会学角度来讲，人们都需要有自己的隐私空间。[1] 不过，直到1890年，也就是 Samuel Warren 和 Louis Brandeis 发表《论隐私权》[2] 的那一年，美国的公民隐私权才真正起步。Warren 和 Brandeis 总结道，在公民遭受诽谤以及其著作权、财产权、契约自由被侵犯的情况下，社会默认公民享有一种被称为"独处权"的权利。他们认为，侵犯公民隐私权的行为应当被视为一种独立的侵权行为。

有学者认为，Warren 之所以会写这篇文章，至少是因为，当新

---

[1] Deckle Mclean, Privacy And Its Invasion 1–4, 9 (1995).
[2] Louis D. Brandeis, Samuel D. Warren, Right to Privacy, (1890) 4 Harv. L. Rev. 193.

闻对其妻子所从事的社交活动进行过分报道时，他对此感到十分恼怒。① 在19世纪80年代，改良的"干片"胶卷使得拍摄者可以在观察对象不留心的情况下对其进行偷拍。科技的发展使得人们开始担忧自己应当享有的宁静生活被打破——正如 Warren 和 Brandeis 所说，这种科技的发展使行为人对他人生活的观察已经"在各方面都明显超过了合适和体面的范围"。② 在 Samuel Warren 和 Louis Brandeis 发表《论隐私权》几年之后，美国的很多州都明确地将行为人侵犯他人隐私权的行为定为侵权行为。③

在1960年，Dean William Prosser 发表了《论隐私权》④ 一文。在该文当中，Prosser 不仅检讨了法院根据 Warren 和 Brandeis 的《论隐私权》一文做出的判决，而且还总结道，隐私侵权行为实际上不是一种侵权行为，而是由四种各自独立的侵权行为组成的综合体，这四种侵权行为分别是：侵扰原告独居或隐居安宁或者侵犯原告私人事实的隐私侵权行为；公开披露与原告有关的、令有理性的人感到尴尬的私人事实的隐私侵权行为；在公众面前丑化原告形象的隐私侵权行为；为商业目的擅自使用原告肖像或姓名的隐私侵权行为。正如很多州所做的那样，《美国侵权法复述（第二版）》最终采纳了 Prosser 的构想，将隐私侵权行为分为四类。⑤

（二）四种隐私侵权行为的构成要件及其如何限制人们对隐私侵权法的滥用

尽管认为自己的隐私权受到侵犯的原告有权提起隐私侵权诉讼，但是，因为《美国联邦宪法第一修正案》保护公民的言论自由权，所以，《美国侵权法复述（第二版）》和美国的法院在很多情况下都

---

① E. g., Melville B. Nimmer, The Right to Publicity, 19 LAw & CONTEMP. PROBS. 203, 206 (1954).
② Samuel Warren & Louis Brandeis, The Right to Privacy, 4 HARv. L. REv. 193, 195 – 196 (1890).
③ Lyrissa Barnett Lidsky & R. George Wright, Freedom of the Press; A Reference Guide To The United States Constitution 92 (2004).
④ Privacy. 48 CAL. L. REv. 383 (1960).
⑤ Restatement (second) of Torts 652A – 652E (1977).

不支持原告的诉求。① 尽管在理论上，为遭到侵犯的原告提供法律救济并非不可能，但是，"为了给解决原告遭受精神痛苦的其他侵权法留出合适的空间，美国联邦最高法院对隐私侵权法的适用设置了一定的限制"，因此，在很多情况下，美国的法院在审理涉及隐私侵权的案件时，会适用其他侵权法进行判案。

1. 公开披露他人的私人事实

《美国侵权法复述（第二版）》明确规定，为了证明被告的行为侵犯自己的私人事实，原告必须证明以下四个事项：①被告对原告私人事实的披露必须是公开披露；②被告公开披露的私人事实涉及原告的隐私生活；③被告公开披露原告私人事实的行为会极大地冒犯一个有理性的公民；④被告对公开披露的私人事实不享有合法的公共利益。② 首先，法律不保护那些过分敏感的公民，如果被告的行为不会使"有理性的公民"感到冒犯，那么，被告不需要为自己的行为承担隐私侵权责任。其次，被拍摄的照片不能包含与公共利益相关的内容，否则，被告的拍摄行为不构成隐私侵权行为。这使得报纸在报道令人尴尬却极具新闻价值的照片时，并不需要承担隐私侵权责任。最后，只有当被告行为侵犯的是原告的私人事实（而非公共事实）时，被告才需要为自己的行为承担隐私侵权责任。美国的法院已经认定，在公共场所发生的一切事情都不属于私人事实，因为，根据美国的法律，自愿出现在公共场所的公民"不仅应当自己承担被别人观察的风险；而且还应当自己承担被别人拍照以及自己的照片被广泛传播的风险"③。例如，在 Gill v. Hearst Publishing Co. 一案④中，被告不仅在一家超市里面偷拍了原告（一对夫妻），而且还在没有获得原告同意的情况下就擅自将照片公之于众。原告认为被告的行为侵犯了自己的隐私权，因此，他们向法院提出诉讼。但是，法院驳回了他们的诉求。审判该案的法院强调，该案的判决依据在于，那些在公共场所被

---

① Lidsky & Wright, Freedom of The Press: A Reference Guide To The United States Constitution 91 (2004).
② Restatement (second) of Torts § 652D.
③ Lidsky & Wright, Freedom of The Press: A Reference Guide To The United States Constitution 93.
④ 253 P. 2d 441 (Cal. 1953).

人拍下来的照片并不涉及公民的隐私。在被告为自己公开披露他人私人事实的行为承担隐私侵权责任的案件中，法院都会强调，被告实施侵权行为的场所不是公共场所。

如果行为人将他人照片放到网上的行为构成隐私侵权行为所说的"公开披露"行为，那么，在本文设想的三个情景中，行为人（拍摄者）的行为都构成公开披露他人私人事实的隐私侵权行为。为什么这么说呢？首先，女人的乳房或内衣都是"与其隐私生活密切相关的事物"。其次，行为人拍下这些照片仅仅是为了娱乐自己及其观众。因此，这些照片不具备新闻价值，更"不存在合法的公共利益"。最后，因为公民只会在封闭的空间内换衣服，以免让别人看到自己，所以，这些照片必然会"令有理性的人感觉到极大的冒犯"。综上所述，在本文设想的三个情景中，拍摄者的行为都满足了构成隐私侵权行为的四个要件。

但是，根据被社会普遍接受的司法观点，如果公民自愿出现在公共场所，那么，他/她不仅要自己承担被别人观看的风险，而且还要承担被别人偷拍的风险。在 Gill 一案①中，美国联邦最高法院解释道，如果仅仅因为一个特殊的意外事件被现场以外的很多人看到，原告就提起隐私侵权诉讼，那么，法院不会支持原告的诉求。例如，在本文设想的第一个情境中，沙滩上其他的冲浪者都看到了那个裸露上身的可怜女人，但他们不会因为自己看到这些事实就要承担隐私侵权责任；同样地，那些偷拍女人的人也不需要为自己的行为承担隐私侵权责任。更进一步讲，即使有人广泛传播这些照片，他们也不用为自己的行为承担任何隐私侵权责任。在这个情景中，公众既不会因为自己看到了那个女人就要受到法律的惩罚，也不需要在告知那个女人或者得到那个女人的允许后，才能睁开眼睛看她或者将这件事传出去。根据美国现在对法律的理解，大部分的法院会认定，当那个女人自愿出现在公共场所时，她已经自动放弃了自己享有的隐私权。

在本文设想的第三个情景中，当女人穿着短裙出现在露天游乐场时，她已经自动放弃了自己享有的隐私权。因为，她能预料到，当她的短裙被风掀起时，她的内裤会被别人看到，所以，当她自愿出现在

---

① 253 P. 2d 441 (Cal. 1953).

公共场所时，她应当承担发生这种事情的风险。同样地，她也应当承担自己被别人拍到内裤的风险。在穿着短裙的女人引起尴尬场面的情形中，尤其是在这个女人意识到自己有可能被别人看到或者拍照的情况下，美国的法院不愿意改变它们对风险自担理论的解读。至于法院的这种做法是否会对女性造成巨大的影响（比男性所受到的影响要大很多），这不在本文所讨论的范围之内。

与另外两个女人相比，本文设想的第三个女人有更充分的理由主张，她并没有放弃自己的隐私权；因为当她被偷拍时，她身处一个封闭的衣帽间（而非一个公共场所）里面。一方面，因为这样的衣帽间不对外开放，至少对异性不开放，所以，它并不是一个真正意义上的公共场所。另一方面，法院至少会认为，当公民身处被社会认为远离传统"偷窥狂"的场所时，法律应当保障公民所享有的合理隐私期待。[1] 例如，当身处自己家的厨房、衣帽间、关着门的办公室时，即使公民通常不会裸着身子，但是，法律也应当保障公民在上述场所内享有合理隐私期待。因为，当身处上述场所时，公民肯定想不到会有人偷拍自己。在一次刑事审判中，法院很不情愿地扩大了公民能够享有隐私期待的传统范围。但实际上，除了刑事案件之外，法院在审理民事隐私侵权权案件时也经常做出同样的举动——扩大公民能够享有隐私期待的传统范围。为了改变公民出现在公共场所即被视为放弃隐私期待的传统观念，法院在审理相关的民事及刑事诉讼时，都要求相关法律可以对此做出明确的规定。

总而言之，在本文设想的三个情景中，因为被告的行为都不属于公开披露原告私人事实的隐私侵权行为，所以，原告主张被告侵犯其隐私权的诉求都不会得到法院的支持。尽管在表面上，原告已经证明行为人的行为满足了侵权行为的构成要件，但是，一般的司法解释都认为，公民出现在公共场所即被视为放弃隐私期待，因此，原告很难获得胜诉。换言之，本文设想的三个女人无法通过提起公开披露他人私人事实的隐私侵权之诉来维护自己的隐私权。

2. 公开丑化他人的形象

被告所实施的第二种隐私侵权行为是公开丑化他人（原告）的

---

[1] State v. Glas, 54 P. 3d 147, 151 (Wash. 2002).

隐私侵权行为。在涉及该种隐私侵权行为的诉讼中，原告声称，被告偷拍的照片透漏出来的内容会丑化他/她在公众心目中的形象。例如，如果一个商人被别人拍到其正在打哈欠的照片，那么，这张照片很可能会令公众误以为，他/她正在凶巴巴地呵斥员工。如此一来，他/她的形象就被丑化了。为了证明被告的行为丑化了自己的形象，原告必须证明以下三个事项：①被告公开的事情与原告有关；②被告的行为丑化了原告在公众心目中的形象；③被告的行为会极大地冒犯一个有理性的公民。①

首先，法律不保护那些过分敏感的公民，只有当被告的行为会使一个"有理性的公民"感到冒犯时，被告才需要为自己的行为承担隐私侵权责任。

其次，原告不仅要证明被告的行为丑化了自己的形象，而且还要证明，这种形象的丑化会令一个"有理性的公民"受到"极大的冒犯"。如果被告的行为只是让一个"有理性的公民"受到一般的冒犯，那么，被告不需要为自己的行为承担隐私侵权责任。实际上，这两项要求和"有理性的公民"这一标准一样，都是在保护被告。

最后，在 Time, Inc. v. Hill 一案②中，为了保障新闻自由，美国联邦最高法院认定，原告要证明被告在丑化其形象时带有实际的恶意。换句话说，在公开丑化他人形象的诉讼中，如果要获得胜诉，那么，原告不仅要证明被告偷拍的照片丑化其形象，而且还要证明，被告在公开照片时就知道或应当知道，其行为会丑化原告的形象。否则，原告很难获得胜诉。

本文设想的三个女人都在不同程度上裸露着身体。她们可能认为，这些照片会令别人误解，她们在暗示别人对自己提出性要求——这对她们的形象无疑是一种丑化。但是，这只是她们自己的看法，光从这些照片来看，一般人不会认为她们在发出性邀请。实际上，如果拍下照片的人没有对照片采取进一步的措施，如公开她们的姓名、电话号码、写一篇文章或一个标题来描述这些照片，那么，法院可能会认定，这些照片并不存在任何带有恶意或丑化当事人形象的"暗示"。

---

① Restatement (second) of Torts § 652E.
② 385 U.S. 374, 387–388 (1967).

更进一步讲，即使本文设想的三个拍摄者都意识到，照片透露出的有关性邀请或性交的暗示会丑化女人的形象。但是，因为主张被告行为公开丑化自己形象的原告必须证明，被告在公开涉案照片时怀有实际恶意，因此，本文设想的三个女人必须证明，公开照片的人知道或者应当知道，照片透漏出的暗示会丑化她们在公众心目中的形象。因此，在证明这些照片丑化自己的形象之前，她们必须先证明，公开照片的网站所有者知道或应当知道，公开这些照片会丑化她们的形象。一般情况下，除非收到公民的投诉，否则，很多网站的所有者都不会意识到，他们传播的内容会冒犯别人；所以，在网站所有者公开某些令人尴尬的照片时，受害者很难证明网站所有者的行为带有实际恶意。也就是说，因为被网站公开其照片而受到侵害的公民，很难通过隐私侵权法来维护自己的隐私权。换言之，本文设想的三个女人无法通过提起公开丑化他人形象的隐私侵权之诉来维护自己的隐私权。

3. 为商业目的擅自使用他人姓名或肖像

被告所实施的第三种隐私侵权行为是为商业目的擅自使用他人姓名或肖像的隐私侵权行为。为了证明被告的行为构成为商业目的擅自使用他人姓名或肖像的隐私侵权行为，原告必须证明以下两个事项：①被告擅自使用他人姓名或肖像的目的是为自己牟利；②被告使用的是原告的姓名或者肖像。① 虽然被告牟取的利益不限于商业利益，但是，该种利益必须是不正当利益。因此，一些法院规定，除非原告能够证明，其肖像对于被告而言，有着独一无二的特质或者价值；否则，原告无法证明被告的行为会为被告带来利益，更勿论该种利益是否为不正当利益。② 因为普通人的肖像一般不具备过高的价值，公众人物的肖像可以被人们用来支持某种商品，所以，该种隐私侵权行为主要针对公众人物。也正因为如此，有关该种隐私侵权行为的诉讼经常涉及形象权——形象权被认为是隐私权的一种转化。③ 因为在本文设想的三个女人和其他不知名的女人一样默默无闻，她们的肖像本身不具有多大的价值，所以她们不太可能证明，被告能够从她们的肖像

---

① Restatement (second) of Torts § 652C.
② Restatement (second) of Torts § 652C.
③ See, e.g. Zacchini v. Scripps-Howard Broadcasting Co., 433 U.S. 562 (1977).

中牟取利益。换言之，她们无法通过提起为商业目的擅自使用他人姓名或肖像的隐私侵权之诉来维护自己的隐私权。

4. 侵扰他人独居或隐居安宁

最后一种隐私侵权行为是侵扰他人独居或隐居安宁的隐私侵权行为——这是唯一一种行为人即使没有传播他人照片也可能要承担隐私侵权责任的隐私侵权行为。但是，正如该种隐私侵权行为的名称所说的那样，自愿出现在公共场所的原告无法主张被告侵扰其独居或隐居安宁。当被告的行为满足以下三个条件时，其行为构成侵扰原告独居或隐居安宁的隐私侵权行为，这三个条件分别是：①被告故意侵扰原告的私人场所或私人事务；②被告的行为侵犯了原告享有的合理隐私期待；③被告的行为在某种程度上令一个有理性的公民感到反感。①如果被告的行为构成该种隐私侵权行为，那么，即使仅仅拍了一张令人感到冒犯的照片（没有公开或传播照片），被告也要为自己的行为对原告进行赔偿——在四种隐私侵权行为中，这是唯一一种被告即使没有公开或传播照片也要承担赔偿责任的隐私侵权行为。

其他三种隐私侵权行为都以行为人公开具有冒犯性材料这一事实作为构成要件，但是该种隐私侵权行为不同，它是唯一一种不以行为人获取冒犯性材料这一事实为构成要件的隐私侵权行为。正因为如此，我们可以推定，所有认为自己的独居和隐居安宁被侵扰的公民，都有权提起隐私侵权诉讼。但是，该种隐私侵权行为的构成要件对原告的约束比它们表面看起来的更强，换言之，原告要证明被告的行为构成该种隐私侵权行为也绝非易事。

一方面，原告必须证明，被告对其实施的侵扰行为会使一个有理性的人感到反感。本文设想的三个情景都满足了这个构成要件，因为，大多数人都会对陌生人偷拍自己全裸或半裸照片的行为感到十分反感。另一方面，原告还必须证明，自己在遭到被告行为的侵扰时享有合理隐私期待。《美国侵权法复述（第二版）》和美国的法院经常认定，自愿出现在公共场所的公民不享有合理隐私期待。美国的法院有时候认为，当自愿进入一个自己能用肉眼看到的公共场所时，公民

---

① Restatement (second) of Torts § 652B.

应当自己承担被人偷拍的风险。① 本文设想的三个女人都穿着可能会暴露其内衣或身体某些部位的衣服，自愿地进入公共场所（至少不是私人场所）。她们都应当意识到，在我们的社会中，类似拍摄手机的设备是随处可见的。因此，当她们离开自己的私人住宅时，她们都应当自己承担这样一种风险——自己可能被别人看到或者记录下某个令人尴尬的姿势或者没穿衣服的情景。也就是说，本文设想的三个女人不享有合理隐私期待。换言之，她们无法通过提起侵扰他人独居或隐居安宁的隐私侵权之诉来维护自己的隐私权。

综上所述，即使本文设想的三个女人的隐私权明显遭到了侵犯，但是在美国的隐私侵权法当中，她们可能也找不到维护自身权益的法律依据。为了给有类似遭遇的公民提供合理的法律救济，美国的立法机关必须采取合适的行动。

三、公民享有公共场所隐私权的必要性

美国的普通法有这样一个结论：在公共场所的公民不享有隐私期待。这个结论不仅对整个美国社会毫无助益，而且还侵犯了公民的隐私权。首先，公民应当相信，他们能够免受别人频繁的监视，即使这种监视在理论上是不可能完全避免的。其次，如果公民仅仅出现在公共场所而没有做出其他特殊的行为，那么，根据风险自担理论，这些公民并没有放弃自己的隐私期待。最后，公民享有的合理隐私期待一般会随着新科技的出现而削弱。因此，即使在以前的某些案件中，传统的隐私侵权法可以保护公民隐私权，但是，随着新科技的发展越来越快，它能为公民隐私权提供的保护越来越少.

（一）承认公民享有公共场所隐私权的必要性

最近，有些美国学者开始质疑，是否仅凭公民出现在公共场所这一事实，人们就可以认定，该公民自愿放弃其享有的所有隐私期待。②

---

① See, e. g. Gill v. Hearst Publishing, 253 P. 2d 441 (Cal. 1953).
② See Lance E. Rothenberg, Re-ThinkingPrivacy: Peeping Toms, Video Voyeurs, and the Failure of Criminal Law to Recognize a Reasonable Expectation of Privacy in the Public Space, 49 AM. U. L. REV. 1127, 1128 – 1130 (2000); Helen Nissenbaum, Privacy as Contextual Integrity, 79 WASH. L. REV. 119 (2004).

例如，学者 Helen Nissenbaum 指出，在一定的程度上，友情或者爱情等人际关系之所以会永恒存在，是因为人们有权决定，别人能获得多少自己的私人信息。① 人们不仅有权在公共场所与他人交流，而且不应为此担心自己被别人过度关注或者为此受到别人的报复和嘲弄——人们只有在这样的环境当中，才能真正形成自己的人生目标、价值观以及思想。换言之，只有当人们敢于与外界交流且不必担忧自己受到不法伤害时，整个人类社会以及个人的精神才得以进步。如果人们总是担心自己因为在公众面前犯错、露出窘态而受到公众的嘲笑，那么，人们就会变得越来越不愿意和社会交流。这样的结果会对整个人类社会造成极大的危害。如果人们坚持认为，每个人的生活永远都要受到别人的观察和记录，那么，整个社会以及我们每个人为此付出的代价肯定是我们无法承受的。

（二）风险自担理论不适用于隐私侵权

美国的法院认定，自愿出现在公共场所的公民应当自己承担被别人看到或者记录下来的风险。② 对此，风险自担理论是很好的理论依据。为了逃避侵权责任，被告常常在隐私侵权诉讼中用风险自担理论作为自己有力的辩护理由。③ Andrew Jay McClurg 教授认为，在隐私侵权诉讼中，法院适用风险自担理论判案或者被告利用风险自担理论作为辩护依据的做法，都是对风险自担理论的一种误解和滥用——这个观点得到很多学者的认同。④ Andrew Jay McClurg 教授指出，只有当原告对"自己可能受到的伤害有充分的认识"时，原告才达到《美国侵权法复述（第二版）》对风险自担这个标准的要求。⑤

Andrew Jay McClurg 教授认为，如果公民仅仅出现在公共场所而

---

① Helen Nissenbaum, Privacy as Contextual Integrity, 79 WASH. L. REV. 119, 149.
② See, e. g. Gill v. Hearst Publishing, 253 P. 2d 441.
③ W. Page Keeton Et Al., Prosser And Keeton on The Law of Torts § 68, at 480 – 481 (5th ed. 1984).
④ Andrew Jay McClurg, Bringing Privacy Law Out of the Closet: A Tort Theory of Liability for Intrusions in Public Places, North Carolina Law Review, Vol. 73, Issue 3（March 1995）, p. 1039.
⑤ Restatement (second) of Torts § 496C (1).

没有做出其他特殊行为，那么，这并不能代表，公民对自己可能受到的伤害有充分的认识。因为，即使出现在公共场所的公民知道自己可能被别人偷拍，但是他/她也没有"任何特殊的理由使自己相信，这些事情一定会发生"①。Andrew Jay McClurg 教授把公民出现在公共场所的行为比喻为行人走在人行道的行为。没有人会认为，仅仅因为行人意识到自己可能被越过路边的汽车撞倒，所以行人就要自己承担被车撞倒的风险。同样地，虽然被偷拍的公民意识到自己可能会被别人用手机偷拍，但除非他/她有特殊的理由相信，自己一定会被别人偷拍，否则，我们不能认定，他/她应当自己承担被别人偷拍的风险。

更进一步讲，认为公民只要一离开家就会丧失隐私权的观点会对整个社会带来严重的消极影响。一方面，根据这种司法解释，如果公民要保护自己的隐私权，那么，公民就不能自由地参与如工作、逛街、接孩子上学等日常活动。公民参与这些活动的行为（尤其在公民并非自愿参与这些活动的时候）不应当被默认为同意别人对其进行偷拍。② 与其说公民离开家是自愿的，不如说公民离开家是必要的。一方面，随着经济的下滑，现在的公民需要更加频繁地外出谋生。社会不应当假定，公民有权选择呆在家里或者外出。另一方面，公民不应当为了保持身体某部分的私密性而脱离社会。认为公民只要一离开家就会丧失隐私权的观念会导致人们很难见到那些被偷拍的公民，实际上，这种观念使得受侵害的公民无法获得合理的侵权赔偿。

（三）隐私权的判断标准带来的恶性循环

随着科技越来越具有侵犯性以及科技使用的范围越来越广，美国传统的隐私侵权法越来越不能为公民隐私权提供良好的保护。

Shaun B. Spencer 在他的《隐私期待以及隐私权的衰落》一文③中指出，美国现行的隐私权判断标准对隐私权而言，是一个无限的恶性循环，它会不断地削弱公民本应享有的隐私权。大多数的科技进步

---

① McClurg, supranote 14, at 1039.
② Andrew Jay McClurg, Bringing Privacy Law Out of the Closet: A Tort Theory of Liability for Intrusions in Public Places, North Carolina Law Review, Vol. 73, Issue 3 (March 1995), p. 1040.
③ 39 SAN DIEGO L. REV. 843 (2002).

都是以现存科技所取得的微小进步为基础的。如果将这些微小的进步单独出来,那么,它们其中任何一个都不会引起人们的关注。因此,人们很难分辨出,以前对人们生活不具有侵犯性的科技是在什么时候发展成具有侵犯性的科技的。Shaun B. Spencer 认为这是"科技发展紧凑"(imbedded imprecision)带来的问题。

Shaun B. Spencer 指出"科技所取得的每一次小进步都会对公民的生活造成一些小的侵犯,但这些侵犯太小了,以至于公民不会去关注它们。久而久之,公民都在内心接受了这些小侵犯,他们甚至没有意识到,这些不起眼地小侵犯也有可能削弱自己享有的隐私权。当这些小侵犯积累到一定程度时,随着而来的就是它们对公民隐私权的巨大打击,并且,人们面对这些打击时束手无策"。换言之,一旦科技变得广为人知和被人广泛使用,公民的生活已然离不开科技,那么,即使人们意识到,这些科技已经对自己生活和权利造成了巨大侵害,人们也只能无奈地接受这个残忍的事实,而不会反对使用科技或指望科技会自己变成无害的生活工具。因为隐私侵权法给公民提供的救济以遭到侵权的公民享有"合理隐私期待"为前提,所以,如果人们不能及时发现新科技给公民隐私权带来的巨大隐患,那么,隐私侵权法对隐私权的保护作用就会逐渐遭到侵蚀。一旦女人意识到,别人有权使用隐藏的摄像头偷拍其"裙内风光",那么,她便不再享有指望别人不会偷拍她的隐私期待。

(四)承认被别人看到和被别人拍照是不一样的

在以前,法院认定,公民同意别人看到自己等于同意别人偷拍自己。① 这种推理是存在缺陷的,因为它并没有考虑过,被别人看到和被别人偷拍对当事人带来的伤害十分不同。

首先,相比被别人看到,被别人偷拍所带来的伤害持续的时间更长。如果一个女人因为被风掀起裙摆而被别人看到她的"裙内风光",那么,这个女人还能感到一丝安慰,因为别人看到的只是一刹那,并且可能很快就把这件事忘掉。相反,如果在相同的情形中,那个女人被偷拍了,那么,她将永远坐卧难安——照片不会凭空消失,

---

① See, e.g. Gill v. Hearst Publ'g, 253 P. 2d 441 (Cal. 1953).

人们会永远记得她的窘态。

其次，相比被别人看到，被别人偷拍所带来的伤害程度更深。因为除了现场的人之外，还有其他看过照片的人都能看到她的窘态。可以这么说，一个因为被风掀起裙摆而露出内裤的女人应当自己承担被现场的人看到其窘态的风险，但是，她不应当自己承担其窘态被别人偷拍并上传到网上，从而令无数人都能看到的风险。

在这种事件中，即使照片被传播的范围并不是很广，而是很小，但是，这对照片中的女人而言，已经是很严重的羞辱——如果这些照片被她的同事看到，那这带来的伤害比被同事现场看到要严重得多。这个女人可能会同意承担被同事看到其窘态或某个尴尬姿势的风险，但这并不等于，她同意承担被别人偷拍的风险。事实上，如果这个女人的窘态只是被同事看到，那么，她的同事可能很快就忘记这件事。但是，如果这个女人的窘态不仅被别人偷拍下来，而且还被她所有的同事看到，那么，她所有的同事都不会轻易忘记照片里的画面。就这两种情形而言，后者对女人造成的伤害要比前者大得多。

最后，尽管这次事件里的女人可能会因为遭到故意的精神伤害而得到法律救济[1]，但是，如果美国法院承认，公民在公共场所享有某些隐私期待，那么，法院的这种做法只会促使原告在其类似的侵权诉讼中证明被告行为构成故意的精神伤害行为，而不会促使原告证明被告行为构成隐私侵权行为。因为，如果原告要证明被告的行为是隐私侵权行为，那么，原告必须证明，被告的行为是暴力行为或社会不能容忍的行为。根据美国现存的理论，如果法院认定，通过证明被告行为不被社会所容忍的行为，原告可以证明被告的行为是隐私侵权行为，那么，这会提高原告在诉讼中获得胜诉的可能性。但是，这样的胜诉依赖于司法承认公民享有公共场所隐私权。这是因为，如果司法不承认公民享有公共场所隐私权，那么，根据美国现行的隐私权判断标准（原告在公共场所不享有隐私权），被告在公共场所对原告实施的偷拍（或类似的）行为根本不会遭到社会公众的谴责。换言之，美国只有承认公民享有一定程度的公共场所隐私权，美国的隐私侵权法才能为公民隐私权提供足够的保护。

---

[1] See generally Restatement (second) of Torts § 46.

四、制定公民享有公共场所隐私权的法律

美国的法院并没有成功地承认：当身处其住宅以外的地方时，公民也享有隐私权。这不仅导致社会公众的强烈抗议，而且还促使立法机关开始对隐私犯罪法和隐私侵权法展开讨论。但无论如何，这些法律必须被规定在足够狭窄的范围之内，以免它们对《美国联邦宪法第一修正案》所规定的表达自由权造成过分的或不必要的侵害。

在美国，有很多企图趁着女人不注意的时候从裙子下面往上偷拍的拍摄者被人当场抓住。随着被称为"up-skirt"网站的增多，这种现象已经给美国社会带来不小的纠纷，因此，美国的某些州通过了一些将这些偷拍行为归为犯罪行为的法律。① 最近，美国联邦政府也顺应民意，制定了《预防视频窥阴者法》。② 在某种程度上，这为美国各州提供了一个公民隐私期待的保护模式。③

（一）加利福尼亚州

1. 存在的问题

从 1998 年起，在经历了男人在公共场所尾随女人以偷拍其内衣的三个著名事件后，加利福尼亚州意识到，在审理这种案件时，法院应当适用现行法律保护或救济受害者的权利。④ 根据现行法律，这些男人的行为即使是不正当行为，但也不是违法行为，所以，政府应当释放因为偷拍女人被抓的男人。这个事实使得加利福尼亚州的公民吃惊地发现，根据隐私侵权法，公民在公共场所不享有隐私期待，因此，被偷拍的受害者在该法中找不到维护自身权益的依据——仅仅因为她们被偷拍时身处公共场所。

---

① See David M. Kremenetsky, Insatiable "Up-Skirt" Voyeurs Force California Law makers to Expand Privacy Protection to PublicPlaces, 31 McGEORGE L. REv. 285, 286 (2000).
② 118 U. S. C. A. § 1801 (West 2000).
③ H. R. REP. NO. 08 - 504, at 2 (2004), as reprintedin 2004 U. S. C. C. A. N. 3292, 3294 - 3295.
④ See Bill Rams, Cyber-Peeping: It's Growing, It's Frustrating, and It's Legal-Trend: Officials Say There's Nothing They Can Do to Stop Men from Filming Up Skirts in Public Places, Orange County Reg., June 26, 1998 at Al.

2. 立法的回应：新的立法语言

为了回应这些偷拍事件，加利福尼亚州的立法机关修改了本州的刑法典，修改之后的刑法典将偷拍"裙内风光"照的行为定为违法行为，并将其纳入扰乱社会治安法中的偷窥法之中。[①] 立法机关制定偷窥法的原意在于，惩罚行为人对他人享有合理隐私期待的场所（更准确地说，是公民的私人财产）所实施的偷窥行为。[②] 如今，在公民本来就享有合理隐私期待的情形中，这项法律能够保护公民的公共场所隐私权。[③] 这项法律的原文如下：

"在他人享有合理隐私期待以及未告知他人或未得到他人同意的情况下，为了通过偷窥他人的身体或者内衣来激起自己的激情或性欲望，行为人使用隐藏的摄像机、电影摄像机或其他摄像机对他人进行秘密录像、制作电影、拍照的行为，以及使用电子科技对他人进行记录的行为，都侵犯了他人的隐私权。"

3. 法律用语的重要性

加利福尼亚州的刑法并非十全十美。

首先，它有一些法律用语的含义模棱两可，使得人们在解读该法时遇到不少困难。例如，该法规定，遭到"裙内风光"照的拍摄者侵犯的受害者必须是"可识别的"。关于该法中的"可识别的"一词的含义，人们有以下两种解读。第一种解读是，该词仅仅要求执法人员能够识别受害者是谁。例如，在拍摄者在作案现场被抓住的情形中，如果执法人员可以当场确认受害者是谁，那么，执法机关不需要再开展任何程序对受害者进行识别。第二种解读是，该词要求人们必须能在涉案的照片上识别出受害者是谁。但实际上，就"裙内风光"照的特征（一般只看到内裤，看不到人脸）而言，人们几乎不可能从这种照片里面识别出任何人。在审理隐私侵权诉讼案件时，如果加利福尼亚州的法院用这条法条作为指导，那么，上述两种解读的区别会对审判结果产生十分重要的影响。法院适用这两种不同的解读可能会导致两种截然不同的判决。当拍摄者从一个女人的裙子下面往上进

---

① Cal. Penal Code § 647 (k) (2) (West 2004).
② Cal. Penal Code § 647 (k) (1).
③ Cal. Penal Code § 647 (k) (2).

行拍摄时，该拍摄者就侵犯了这个女人的隐私权。

下文有两个理由可以说明。为什么该女人不用证明，除了自己之外，所有人都知道被偷拍的人是谁。一方面，该拍摄者的偷拍行为是不正当的、应当遭到社会制止的。法律要求受害的女人证明自己就是涉案照片上的人意味着，因为"裙内风光"照本身的特征，拍摄者就不必为自己的不道德行为承担侵权责任。这明显是不合理的。另一方面，即使人们无法从"裙内风光"照上面完全识别出受害者是谁，但是受害者也因为拍摄者的行为受到了伤害，因为，她会感觉自己失去了无忧无虑地行走的自由。如果受害者因为行为人的行为感到自己总是处于别人的监控之下，那么，不管行为人的行为是否会对受害者造成二次伤害，受害者都应当得到补偿。

其次，加利福尼亚的刑法采用的某些法律用语不太恰当，导致该法不能完全发挥其本应具备的作用。在很多情况下，拍摄者拍摄"裙内风光"照是为了获得经济利益或者令被偷拍者陷入困境，而不是为了满足自己的性欲望。拍摄者为达到此种目的而实施的偷拍行为也应当受到法律惩罚。但是，根据加利福尼亚州的刑法，它只惩罚拍摄者以满足性欲望为目的的偷拍行为。因此，加利福尼亚州的刑法并不能规制为"up-skirt"网站工作的专业拍摄者的偷拍行为。在众多法律中，刑法是要求特别严格的一部法律，它要求法院在给公民定罪时，必须排除公民行为不构成犯罪的一切可能性。因此，根据加利福尼亚州的刑法，如果拍摄者实施偷拍行为是为了满足性欲之外的目的，那么，法院一定不能将其行为定为触犯刑法的犯罪行为。尽管如此，这部刑法还是十分重要，因为它承认，在某些情形中，公民在公共场所享有合理隐私期待。刑法对公民的公共场所隐私权的承认有可能被民法所吸收。

最后，立法机关对法律用语的采用必须十分谨慎，以保证法律用语的意思不会过于宽泛或者过于狭窄。就偷窥狂法的法律用语而言，它的意思过于宽泛会侵犯公民的言论自由权或表达自由权，过于狭窄则会妨碍它为公民隐私权提供应有的保护。因此，它应当在保护公民的言论自由权、表达自由权以及保护公民隐私权两者之间保持平衡，不能为了偏袒其中一方而压制另一方。但实际上，偷窥狂法采用的法律用语并没有达到这种平衡。

根据偷窥狂法的规定，行为人的行为必须同时符合以下三个条件才构成违法行为。首先，行为人必须已经完成了记录行为。其次，行为人的行为必须是在他人未知或者未获得他人同意的情况下实施的。最后，他人必须有充分的理由认为自己在那种情况下不会被人记录下来。① 偷窥狂法回答了这样一个问题：人们在公共场所瞥到别人的内衣时，是否应当转移自己的视线？如果当时他们没有转移视线，那么，他们的行为是否会侵犯别人的隐私权？答案是否定的。因为在那种情况下，即使他们没有转移自己的视线，他们的行为也不会构成法律所禁止的记录行为，更不会侵犯别人的隐私权。此外，法院不必担心偷窥狂法会侵犯公民的出版自由，因为，根据该法的规定，公民对与自己有关的、具备新闻价值的信息不享有合理隐私期待。② 换言之，对于那些具备新闻价值或公共利益的信息而言，即使它们涉及他人的生活，行为人也有权记录或传播它们，行为人的这些行为不会违反法律。

（二）华盛顿

1. 存在的问题

与加利福尼亚州不同，为了解决公民的公共场所隐私权问题，华盛顿采用的方法是，将公民在私人场所享有的合理隐私期待适用到公共场所，这种方法取得的成功没有加利福尼亚州的那么显著。通过在公民享有合理隐私期待的情形中赋予公民隐私权的方法，加利福尼亚州解决了身处公共场所的公民何时享有隐私权、何时不享有隐私权的问题。但如上文所述，华盛顿并没有效仿该法。根据华盛顿所采用的法律用语，如果华盛顿的公民出现在公共场所时穿着衣服，那么，该公民即使身处公共场所也享有隐私权；反之，则不享有隐私权。③ 不幸的是，华盛顿司法界对该法有两种解释。其中一种解释过于宽泛，以至于该法不能通过违宪审查；另一种解释又过于狭窄，以至于不能

---

① Cal. Penal Code § 647 (k) (2).
② See generally 62A AM JUR. 2D Privacy § § 189 – 190 (West 2005).
③ Wash. Rev. Code § 9A. 44. 115 (1) (2000).

实现立法机关的立法目的。①

Sean Glas 一案②完全将这种法律用语所存在的问题暴露无遗。Sean Glas 在华盛顿的 Valley View 购物中心坐着的时候，在他前面的两名女店员看到有一道闪光闪过——她们一致怀疑 Sean Glas 在偷拍自己。警察没收了 Sean Glas 的相机并在其相机里找到了两名女店员只穿着内衣的照片。因此，警察逮捕了 Sean Glas。华盛顿的窥阴癖者法（voyeurism statute）规定，在他人不知情或者未获得他人同意的情况下，如果行为人为了满足自己的性欲，在他人享有合理隐私期待的场所偷拍他人，那么，行为人的行为将构成犯罪行为。审理该案的法院以该法为依据，将 Sean Glas 定罪。华盛顿的司法解释认为，所谓"他人享有合理隐私期待的场所"，是指"使一个有理性的人有理由相信，自己在把衣服脱光时，不需要担心自己的内衣会被别人拍照或录像的场所"或者"使一个有理性的人合理地期待，自己可以免受别人临时的或恶意的侵扰和监视的场所"。华盛顿的法院必须解释，窥阴癖者法到底是承认，公民能在更多的场所内享有隐私期待，还是承认，公民能在更多的情形中享有隐私期待。

2. 回应：立法机关的解释

在 Sean Glas 一案，Sean Glas 抗辩道，该案并不能适用窥阴癖者法。因为在该案中，女店员身处公共场所，也就是说，女店员并非身处"使一个有理性的人有理由相信，自己在把衣服脱光时，不需要担心自己的内衣会被别人拍照或录像的场所"或者"使一个有理性的人合理地期待，自己可以免受别人临时的或恶意的侵扰和监视的场所"。③ 审理该案的初审法院认定，该案可以适用窥阴癖者法，因为，它将"使一个有理性的人合理地期待，自己可以免受别人临时的或恶意的侵扰和监视的场所"解释为包括人的某部分身体。根据这个解释，该法将"行为人在公共场所对穿着衣服的他人实施的恶意侵扰行为"定为犯罪行为。④

---

① State v. Glas, 54 P. 3d 147 (Wash. 2002) (en banc).
② State v. Glas, 54 P. 3d 147 (Wash. 2002) (en banc).
③ Glas, 54 P. 3d at 150.
④ State v. Glas, 27 P. 3d 216, 220 (Wash. Ct. App. 2001) (emphasis added).

初审法院承认，根据合理隐私期待的传统理论，法律不保护公民免受别人使用新科技对其隐私权实施的侵犯。初审法院将"使一个有理性的人合理地期待，自己可以免受别人临时的或恶意的侵扰和监视的场所"解释为，人们合理地期待能免受别人侵扰或监视的"某部分身体"。立法机关希望"保护公民在公共场所所享有的能够决定是否暴露身体的权利"，初审法院的这种解释与这个目的相一致。初审法院指出，在许多州，"裙内风光"照的偷拍者不会因为自己的偷拍行为受到追诉，因为这些州的窥阴癖者法受到守旧的、前科技时代的隐私权概念的束缚，并不能在现代社会发挥它本应具备的作用。

但是，Glas 主张，因为在解释窥阴癖者法时，初审法院采用的法律用语是"临时的或恶意的监视"①，所以，该解释可能会将某些受宪法保护的自由言论、自由表达行为归为犯罪行为。例如，对穿着撩人的女人进行拍照、在公共沙滩上盯着一个美女看、出于某些浪漫的目的而看另一个人等行为都是受宪法保护的行为，但初审法院的解释却将其归为犯罪行为。它的解释将过多的行为归为犯罪行为，这是违反宪法的。

华盛顿最高法院和 Glas 一样，认为初审法院对窥阴癖者法的解释将过多的行为归为犯罪行为，这种做法是不合宪的。华盛顿最高法院在解释何为"使一个有理性的人合理地期待，自己可以免受别人临时的或恶意的侵扰和监视的场所"时，适用了传统的区位解释方法，将"场所"这一法律用语解释为某些固定的物理性场所。换言之，华盛顿最高法院在解释"场所"一词时，关键在于，通过解释该"场所"的物理性位置来确定"场所"的范围，而并非通过公民在案发时所遭受的"侵扰"的性质来解释，案发"场所"是否属于窥阴癖者法所说的"场所"。所以，根据华盛顿最高法院的解释，"使一个有理性的人合理地期待，自己可以免受别人临时的或恶意的侵扰和监视的场所"仅指私人住宅，不包括公共场所。

华盛顿最高法院认定，即使立法机关制定窥阴癖者法的目的是保护公民在公共场所所享有的隐私权，但是，立法机关对法律用语的采

---

① State v. Glas, 54 P. 3d 147, 152 (emphasis added).

纳使得其目的无法实现。① 华盛顿最高法院认为，根据窥阴癖者法的字面意思，该法保护公民在两种场所内享有隐私权，这两种场所分别是：①公民应当正常穿着的场所；②公民虽然穿着不太正式，但仍然享有一定程度隐私权的场所。华盛顿最高法院还总结道，为了将行为人在公共场所对他人所实施的侵扰行为定为犯罪行为，立法机关在采用法律用语时，与其关注行为人在哪些场所侵扰他人会导致违法，不如关注行为人的侵扰行为的性质。它还指出，加利福尼亚州的法律采用的法律用语比较恰当，这使得它可以达到保护公民公共场所隐私权的目的。这是因为，它的法律用语着重于指出公民在哪些情形（而非场所）中享有合理隐私期待。但华盛顿的法律采用的法律用语没有达不到这种效果，导致司法界在对其进行解释时，明知道哪种解释是符合立法目的，也无法做出与立法目的相符的解释。②

3. 法律用语的重要性

Glas 一案的重要性可能就在于，它告诉人们一个道理——如果在立法时，立法机关没有采用正确的法律用语，那么，不管立法机关原本的立法目的是不是保护公民的公共场所隐私权，法院在适用法律审理案件时，都无法保护公民在私人住宅之外的场所所享有的合理隐私期待。为了走出传统的法律解释给公民隐私权带来的困境，立法机关在立法时，不仅要明确其立法目的，而且还要清楚地指出，公民在什么情形中仍然保留一定程度的隐私权。立法机关在立法时必须用正确的法律用语清楚地陈述，法律的关注点在于行为人所实施的行为本身的性质，法律不仅规制行为人在某些物理性位置所做出的令人无法接受的行为，而且还规制行为人在所有公共场所所做出的令人无法接受的行为——后者尤其是法律的重点所在。

（三）美国联邦

1. 存在的问题

为了保护享有合理隐私期待的他人免受行为人使用监视科技偷取

---

① Glas, 54 P. 3d at 15 1.
② Id. at 151 – 152.

其图像的行为的侵犯①，美国联邦通过了"裙内风光"法——《预防视频窥阴者法》。② 美国联邦众议院司法委员会的报告指出，美国的许多州都已经采取措施保护公民在公共场所（如休息室、衣帽间）所享有的隐私权。但是，它关心的仅是，如何保护那些在公共场所被别人擅自偷拍身体的公民所享有的隐私权。

2. 回应：法律用语的新定义

美国联邦的《预防视频窥阴者法》的部分原文如下：

"在他人享有合理隐私期待的情形中，如果行为人（处于美国联邦辖区内的任何人）在他人不知情或未获得他人同意时就偷拍他人，那么，行为人将要受到该本法的制裁。"③

立法机关在制定该法时，致力于令该法可以适用到私人住宅之外的场所之中。通过以下两个做法，立法机关实现了这个目的。一方面，联邦的立法机关在制定法律时效仿了加利福尼亚州的法律，将立法的重心集中在行为人的侵扰行为的性质上，而不是关注案发的"场所"的性质。实际上，联邦的法律认为，所谓"他人享有合理隐私期待的情形"，是指"令一个有理性的人相信，不管自己身处何方（私人场所或公共场所），自己的私人领域都不会被公众窥视"的情形。④ 另一方面，该法规定，仅禁止行为人的偷拍行为或者擅自传播他人图片的行为。⑤ 通过这种规定，该法缓解了 Glas 一案⑥所引发的问题——法律是否禁止行为人出于仰慕而凝望他人的行为。该法并不禁止这种行为。该法还规定，仅禁止行为人偷拍"他人的私人领域"的图片。该法规定，所谓"他人的私人领域"，是指"他人裸露的或者有内衣遮蔽的生殖器、阴部、臀部或女性的胸部（乳头以下的部位）"。⑦ 总而言之，通过上述两种做法，联邦的法律不会禁止行为人

---

① 118 U. S. C. A. § 1801 (West 2000).
② H. R. REP. No. 08-504, at 5 (2004), as reprinted in 2004 U. S. C. C. A. N. 3292, 3294-3295.
③ 18 U. S. C. A. § 1801 (a) (West 2000) (emphasis added).
④ 18 U. S. C. A. § 1801 (b) (5) (B) (West 2000) (emphasis added).
⑤ 18 U. S. C. A. § § 1801 (b) (1), (2) (West 2000).
⑥ State v. Glas, 54 P. 3d 147, 152.
⑦ 18 U. S. C. A. § § 180 1 (b) (3), (4) (West 2000).

对穿着衣服的他人的临时观望,从而避免了加利福尼亚州的一个法律困境。

3. 法律用语的重要性

首先,因为在联邦的法律中,不存在要求行为人的行为必须以满足性欲为目的才构成违法行为的法律用语,因此,联邦的法律避免了加利福尼亚州在执法时所遇到的难题。在这一点上,专业摄影师出于完成工作任务的目的偷拍"裙内风光"照的行为仍然受到法律的规制。其次,联邦的立法机关在采用法律用语时十分谨慎,避免了法律用语意思太过宽泛而导致法律违反宪法的后果——就像加利福尼亚州的法律那样。联邦的法律十分清楚地规定,行为人的哪些行为会受到该法的规制,哪些不会。再次,传统的隐私权概念仅保护公民在私人场所所享有的隐私权。但是,通过明确规定本法既适用于私人场所,又适用于公共场所,联邦采用的法律用语克服了隐私权的传统解释存在的局限性。[①] 最后,也是最重要的一点,联邦的法律等于合法地宣告:在某些情形中,身处公共场所的公民仍然保留着自己的隐私权。美国的法院和立法机关都将逐渐接纳这个观点,这样一来,当公民在公共场所遭到别人偷拍时,他们将可以通过提起隐私侵权诉讼来维护自己的权益。

五、在立法和司法层面承认公民享有公共场所隐私权

通过刑事立法的途径,美国联邦和某些州的立法机关都已经承认,公民在公共场所也享有合理隐私期待。美国其他州的立法机关和司法机关也应当在隐私侵权法中承认公民享有公共场所隐私权。

(一)立法机关承认公民享有公共场所隐私权的必要性

如今,美国仍然存在公民在公共场所不享有合理隐私期待的假设,但实际上,这个假设存在的前提已经不复存在。一方面,过去的摄像机不仅体积很大,而且在使用时会发出很大的声音;这使得行为人几乎不可能在他人未知的情况下实施偷拍行为。但如今科技的发展使行为人很容易就可以悄无声息地偷拍他人。另一方面,在过去,一

---

① 18 U.S.C.A. § 1801 (b) (5) (B).

张照片能否得到广泛传播，一般取决于报社的编辑认为该照片是否具备足够的新闻价值。并且，由于报社传播照片需要很高的成本，所以，大部分编辑在决定是否传播该照片时，是十分谨慎的。也就是说，只有极少数的照片能被人们广泛传播。当然，如果有人愿意花大价钱聘请报社为自己传播照片或聘请大量人手为自己派发照片，那么，什么样的图片都能在大范围内得到广泛传播。但在当今社会，随着网络科技的快速发展，如果人们想要广泛传播一张照片，那么，人们只需要把照片上传到网上就可以了，既不需要考虑照片的新闻价值，也不需要付出成本，更不需要获得报社编辑的同意。

根据美国司法机关对隐私侵权法的解释，公民一旦出现在公共场所便等于放弃其享有的隐私权。在过去，由于拍摄技术的落后以及传播照片的高成本导致行为人在公共场所很难隐秘地侵犯他人的隐私权，所以，这条武断的司法解释不会对公民隐私权造成过大的侵犯。但正如上文所说，拍摄手机和网络的出现使得这一切都发生了很大的变化——该司法解释已经不能适应当今科技发展给社会带来的改变。如今，美国的法院在审理案件时，经常感受到，根据该司法解释进行审判的先例给它们带来了很多压力和束缚。在以前，审理隐私侵权诉讼的美国法院把公民能够享有合理隐私期待的场所限定在很窄的范围之内。为了改变这些严苛的先例给法院带来的不便，从而使得法院能够将公民享有合理隐私期待的场所拓展到公共场所，美国的立法机关必须采取相应的行动。

（二）新的隐私立法的目的：适应科技和现实社会的发展

为了达到以下两个目的，美国的立法机关在制定有关隐私侵权的法律时，必须谨慎用词。

立法机关的第一个目的是尽力遏制公民合理隐私期待逐渐衰减的不良趋势。换言之，立法机关必须让人们相信，随着科技的发展，如果人们仅仅出现在公共场所，并没有做出其他特别行为，那么，人们即使身处公共场所，也仍然保留一定的隐私权。如果人们仅仅意识到，别人可以利用科技手段来侵犯自己的隐私权，那么，这并不代表，人们就要承担自己的隐私权遭到别人侵犯的后果。为了达成这一目的，在立法的过程中，立法机关不应通过列举具有侵犯性质的科技清单的方法来保护公民的公共场所隐私权,因为这种方法并不能真正有效地保护公民的隐私权。例如,如果立法机关尝试通过禁止行为人将他人照片上传到网上的方法来为"裙内风光"照的受害者提供法律救济,那么,它们在立法过程中很可能会忽略,在法律颁布之后,还会有更新的科技会对公民隐私权造成侵犯,如此一来,法律不能规制行为人利用更新的科技所实施的侵犯行为。综上所述,立法机关在规定行为人的哪些行为是违法行为时,关键在于表达清楚,哪些行为是使他人隐私权遭受伤害的行为,哪些行为是记录或传播他人照片的行为;而不是在于规定行为人使用哪些科技会使行为人的行为变成违法行为。

立法机关的第二个目的是明确承认,公民在公共场所也享有合理隐私期待。换言之,如果公民并没有做出具有新闻价值的行为,那么,公民的匿名行为足以使其在公共场所也享有隐私权。因为根据现实的情况,如今大部分的公民都相信,自己在公共场所也享有某些隐私权,根据立法机关新颁布的法律,公民的这种观念将会变得合理。因此,立法机关应当规定,在公民能够合理地期待自己不会被偷拍的情形中,公民能够享有隐私权的范围将从房屋拓展到半私人的场所(如衣帽间、私人办公室)以及整个公共场所。换言之,如果公民无法得知自己是否会被人偷拍,那么,不管公民身处私人场所还是公共场所,法院都不能武断地认定,该公民应当自己承担可能被别人偷拍的风险。

但是,在某些情形中,公民的确应当自己承担被别人偷拍(不仅仅是被别人看到而已)的风险。例如,如果公民违反了猥琐罪法,那么,公共政策将会通过两个理由来证明,该公民的行为等于自愿放弃自己的隐私权。第一个理由是,因为公众有权知道,哪些人由于违反法律而遭到追诉,所以,公民违反法律的行为等于将自己变成具有新闻价值的人物。第二个理由是,公民的违法行为会使其满足了《美国侵权法复述(第二版)》① 所规定的风险自担的条件,因为在此时,该公民有特殊的理由去相信,他/她将会被别人拍照——当公民已经与公众利益产生关系时,他/她应当明白,公众一定会对他/她

---

① Restatement (second) of Torts §496C (1).

的事情感兴趣。

但是，如果在现实中，不存在任何让公民相信自己会引起公众注意的理由，那么，公民不应当承担自己可能被偷拍的风险。例如，如果公民仅仅在公路上散步，并没有做其他事情，那么，在这种情形中，公民有充分的相信，自己至少享有有限的隐私权。自然而然地，该公民也有理由相信，至少不会有人会拿着相机从她的裙子下面往上对她拍照。

本文设想的第二个女人（衣帽间的女人），正是处于一个可以令其合理地相信，自己不会被别人观察或偷拍的情形之中。人们也可以认为，本文设想的第一个女人（沙滩上的女人），也是处于一个可以享有合理隐私期待的情形之中。或许在公民穿着泳衣的情形中，公民的隐私期待会有所缩减（至少别人会看到一些该公民不希望别人看到的地方）。但是，公民不会仅因为自己穿了一套容易掉的衣服，就不可以期待自己能够免受别人的偷拍。当然，实际上的确存在自己穿着的衣服会掉的情形，但这也不会使公民丧失免受别人羞辱的权利。同样地，这也不代表着，别人可以偷拍公民的私密部位或者将这些照片公之于众——公民有权免受这些侵权行为的侵犯。立法机关应当明白，在修改法律以保护公民的隐私期待时，它们必须明白公民真正的隐私期待有哪些，不仅如此，它们还要承认这些隐私期待是合理隐私期待。

（三）将刑事隐私侵权概念适用到民事的隐私侵权法中

如果法院习惯于在刑事诉讼中将公民享有合理隐私期待的情形拓展到公共场所，那么，民事隐私侵权诉讼中的原告比以前更有可能获得胜诉。因为通过隐私侵权诉讼保护公民隐私权的做法可以保护所有公民的合理隐私期待不受侵蚀，所以，民事诉讼对于保护公民隐私权而言是必不可少的。因此，为了保护那些传统执法行为无法全面保护的重要权利，社会应当鼓励公民为保护自己的重要权利提起民事诉讼。因为在隐私侵权的刑事案件中，原告的证据很难达到证明被告行为违反刑法的证明标准，所以，刑事诉讼不能很好地规制行为人的偷拍行为。相反，因为民事的证明标准比刑事的证明标准低很多，所以在民事诉讼中，原告要证明被告的行为违反民法会简单很多。这样一来，民事诉讼比刑事诉讼更能遏制隐私侵权行为。此外，因为在刑事诉讼中，被告的侵权行为并没有对检察官造成什么伤害，所以，在举证时，民事诉讼中的原告比刑事诉讼中的检察官积极很多。因此，受到隐私侵权行为侵犯的受害者应当得到民事法律救济。

在隐私侵权诉讼中，原告能获得胜诉的前提在于，他/她享有合理隐私期待。因此，隐私侵权的刑事立法可能对"合理隐私期待"的定义产生两个方面的影响。一方面，因为刑事立法表明，代表美国民众的众议院认为，公民在某些情形中享有公共场所隐私权，所以，刑事立法对于保护公民隐私权而言是十分重要的。立法者相信公民在公共场所享有隐私权的事实恰好可以证明，原告的隐私期待是合理的。

人们可能难以区分，被刑事隐私侵权法禁止的行为与被民事隐私侵权法控诉的行为有什么不一样。因为刑事制裁有国家强制力作为有力的支撑，所以，即使民事侵权行为会令被告付出更高的经济代价，但是，就同一个侵权行为而言，刑事制裁可能远比民事制裁更加严厉。因此，立法机关必须规定，如果一个隐私侵权行为同时触犯了刑法和民法，那么，导致这个行为违反刑法或民法的因素必须是相同的，否则，在这种情况下，原告更有可能提起民事诉讼而非刑事诉讼——因为在一般情况下，刑事诉讼的证明标准比民事诉讼高很多，也就是说，原告证明被告行为违反民法比证明被告行为触犯刑法容易很多。按照这种推理，原告证明被告行为违反刑法比证明被告行为违反民法困难很多。但是，根据美国现行的普通法，原告想证明被告行为触犯刑法反而更加容易。因为美国的刑事立法在判断公民是否享有隐私期待时，规定了公民在何种情形下享有合理隐私期待，在何种情形下不享有合理隐私期待；而不是像民事立法那样武断地规定，公民仅在哪些场所（一般仅限私人场所，不包括公共场所）享有合理隐私期待。这样一来，美国公民在刑法上享有合理隐私期待的范围比在民法上享有的合理隐私期待宽广很多，要证明被告在公共场所实施的行为违反刑事立法也就更加容易了。因为美国有一些州的立法机关已经明确表示，即使在公共场所，公民在某些情形中仍然享有合理隐私期待。因此，美国的法院也应当承认公民享有一定的公共场所隐私权。美国至今仍然有一些州的立法机关没有修改旧的隐私侵权法，也就是说，它们还没有承认，在某些合理的情形中，公民在公共场所也享有隐私权，法律应当保护这些隐私权。在这些州中，公民应当要求当地政府官员在刑事法律中保护他们的合理隐私期待，并且要求法院在诉讼中也要适用能保护其隐私权的侵权法。

六、结语

比以前更具侵犯性、更廉价的拍摄技术和照片传播技术的出现，使我们需要对公民隐私权这一概念进行反思。在过去，当公民自愿出现在公共场所时，该公民等于自主放弃了自己所享有的隐私权；这种观念作为一种"非白即黑"的规则，不仅适用起来十分方便，而且不会对公民隐私权造成过大的侵害。但如今不同了，这种"非白即黑"的规则已经不能适应社会的发展。当今社会需要一个能对隐私侵权行为的具体情形进行全面考虑的规则，而不是一个仅凭侵权行为发生的场所的性质就断定公民是否享有隐私权的规则。

保护公民隐私权对公民和整个社会都有莫大的好处。政府应当把保护公民隐私权作为一项最高的公共政策实施。

隐私权的再思考：公共场所的合理隐私期待

兰斯·E. 罗滕伯格[①]著　陈圆欣[②]译

目　次

一、导论
二、重新研究传统权利：未受侵犯的个性和隐私权
三、刑事法律与隐私权保护的历史
四、揭露有关隐私权保护的刑事法律的重要缺陷
五、承认公民在公共场所享有合理的隐私期待
六、结语

一、导论

在一个技术不断创新的社会里，我们面临着一个基本的问题：如何让法律跟上技术快速发展的步伐？视频监控的急速增长和微型摄像机技术[③]对公民隐私产生了深远的影响。[④] 当视频监控设备变得越来越小，越来越方便携带，越来越容易隐藏以及越来越容易得到时，这

[①] 兰斯·E. 罗滕伯格（Lance E. Rothenberg），美国哈德逊律师事务所律师。
[②] 陈圆欣，中山大学法学院助教。
[③] See Christopher Slobogin, Technologically-Assisited Physical Surveillance: The American Bar Association's Tentative Draft Standards, 10 HARV. J. L. & TECH. 383, 405 (1997); Quentin Burrows, Note, Scowl Becuase You're On Candid Camera: Privacy and Video Surveillance, 31 VAL. U. L. REV. 1079, 1080 (1997).
[④] See Eric Brazil, Hidden Cameras Rasie Concerns As Use For Video Surveillance Grows, So Do Privacy Worries, S. F. EXAMINER, Feb. 7, 1999, at A1.

些设备的普及导致了社会偷窥文化的盛行。①

全世界的报纸头条都通过在卧室②、浴室③、衣帽间④、更衣间⑤和人工日光浴场⑥中安装的秘密监控摄像报道令人厌恶的消息，这些监控摄像机暴露了在各种场合下脱掉衣服的公民。

偷窥者尤其喜欢在公共场合侵犯公民隐私。视频偷窥新潮及其对公民隐私造成的严重影响赤裸裸地体现在一封写给加利福尼亚州议员Dick Ackerman的信中：Montclair警察局处理涉及犯罪分子利用摄像机在公共场合偷拍妇女隐私部位的案件数量不断上升。其中一个例子就是编号为8-28-98的案件。广场保安通过视频监控看到犯罪分子好几次提着一个购物袋上下扶手电梯。当保安仔细观察犯罪分子时，他们发现犯罪分子一般会站在穿着裙子的妇女的下一级电梯，并且把购物袋放在妇女后面，直到电梯到达顶部。然后，犯罪分子会搭乘下行电梯，直到另一名穿着裙子的妇女站到上行电梯时，他又会跟在该妇女后面。当观察到犯罪分子不断重复这些行为后，广场保安联系了犯罪分子并且发现他拥有一个8mm的摄像机，用于拍摄穿裙子的妇女的隐私部位并且把影片放到网上去卖。

乍眼一看，视频偷窥貌似很荒唐，甚至是很愚蠢，事实上，它是一项极具侵犯性和非常恐怖的犯罪。这封信中的"犯罪分子"在这次事件中秘密地侵犯了18位公民的隐私——大多数被侵犯的公民在不知不觉中成为了色情网站上"裙底风光"的主角。令人感到更加悲伤的是，根据刑事法律，犯罪分子不可能被逮捕或者被定罪。

---

① See Clay Calvent, The Voyeurism Value in First Amendment Jurisprudence, 17 CARDOZO ARTS & ENT. L. J. 273, 305 (1999); Doug Bedell, It's Webcam World; Prevalence of The Internet Live Shot Raises Privacy Issues, STARLEDGER (Newar, N. J.), Aug. 9, 1999, at 53.

② See J. Scott Orr, Videotape Voyeurs Find Legal Loopholes: Hidden-Camera Laws Next to Non-existent, STAR-LEDGER (Newar, N. J.), May 17, 1999 at 1.

③ See Andrea Siegel, Secret Tape of Woman in Bathroom Recorded; After Shower, Camera Found; Man Charged with Wiretape Violation, BALTIMORE SUN, Aug. 13, 1999, at 1B.

④ See Linda Massarella, Nude Jocks Steamed Over Raw Footage, N. Y. POST, Aug. 10, 1999 at 17.

⑤ See Davis Official Charged With Voyeurism, SALT LKE TRIB, Aug. 6, 1999, at B2.

⑥ See Tony Rizzo, Taping in Secret Leads to Jail Term: Hidden Cameras at Tanning Salon Recorded Patrons, KAN, CITY STAR, Jan. 13, 1999, at B1.

虽然某些州已经颁布成文法禁止某些秘密拍摄行为，但是，某些在公共场所进行秘密拍摄的偷窥者仍然免受刑事检控。简而言之，问题在于无论是刑事法律还是民事法律，它们都没有认可公民在公共场所享有合理的隐私期待。因此，社会不能很好地处理视频偷窥这种新技术犯罪。① 本文主张，刑事法律应该打破公共场所和私人场所之间不合理的界限，应该认定公民在公共场所享有合理的隐私期待。

本文第一部分将介绍 Samuel Warren 和 Louis Brandeis② 提出的隐私权原始含义，并且针对视频偷窥提出更加丰富和更具建设性的隐私权内涵。第二部分将调查刑事法律在隐私权保护历史中所起到的作用，并且根据目前刑事救济和民事救济的不足，提出扩大公民隐私保护的范围。第三部分进一步批判目前刑事法律对公民隐私的保护存在的缺陷，并且根据最近涉及视频偷窥的成文法，揭露刑事司法审判的不足。第四部分将讨论现代社会隐私权的理解，并且提出两种有关视频偷窥的立法模式。最后，本文总结为，刑事法律必须重新思考如何保护公民隐私，抛弃原来由区域进行划分的形式主义界限，禁止任何人对公民隐私的不合理侵犯。

二、重新研究传统权利：未受侵犯的个性和隐私权

（一）隐私权的起源

纵观人类发展的历史，隐私权始终存在③。虽然隐私权仍然没有一个单一、准确的定义，但是，人们通常将其简称为"独处权"。④ 直到1890 年，Samuel Warren 和 Louis Brandeis 描绘出新的侵权法蓝图时，隐私才首次作为独立的权益受到法律的保护。

尽管隐私权的详尽历史不在本文讨论的范围之内，但是，我们需

---

① See Janice D'Arcy, Video Voyeurs Expose Flaws In Laws: Prosecutors Across U. S. Find They Need New Stricter Legislation To Protect Privacy, HARTFORD COURANT, Dec. 4, 1998, at A 1.
② See Samuel D. Warren& Louis D. Brandeis, The Right To Privacy, 4HARV. L. REV. 193 (1890).
③ See Deckle Mclean, Privacy And Its Invasion 3, 9 (1995).
④ See Cooley Torts 29 (2d ed. 1888).

要认识到 Warren 和 Brandeis 首次将隐私权纳入公民"未受侵犯的个性"原则之中。他们主张:"隐私权必须建立在比现存的信托和合同规则更加广泛的基础之上。"虽然 Warren 和 Brandeis 从未精确地定义何为未受侵犯的个性,但是其他人把它描述成"与人格尊严、平等尊重以及人格概念息息相关的权利"。① 因此,通过倡导扩大普通法对公民隐私的保护,这通常被认为是激进的立场。② Warren 和 Brandeis 从普通公民的认知和传统中挖掘出一个根深蒂固的信念:公民享有隐私权,而且这种隐私权应该被保护。③

(二) 隐私权以及视频偷窥对公民造成的侵害

为了理解视频偷窥对公民造成的侵害,我们需要理解视频偷窥所侵犯的对象。一般而言,视频偷窥者侵犯了公民所享有的隐私。然而,隐私的基础是什么呢④? 在西方社会里,最基本也是最普遍的隐私期待包含公民对其身体披露的控制权。⑤ 众所周知,公民希望在缺乏其同意的情况下其他公民不得观察或者触摸其裸体,其他不同的看法也只是违反了实践经验。⑥ 在战争、监狱⑦和强奸⑧中,公民经常被迫脱衣服,这些情形强有力地说明了隐私权与公民对其身体的控制能力息息相关。

公民小心翼翼地确保其身体行为或者身体的特定部位不被其他公

---

① See Olmstead v. United States, 277 U. S. 438, 478 (1928).
② Roberson v. Rochester Folding Box Co. , 64 N. E. 442, 443 (N. Y. 1902).
③ See E. L. Godkin, The Rights of the Citizen: To His Reputation, SCRIBNER'S MAG. , July 1890, at 65 – 67.
④ Andrew D. Morton, Comment Much Ado About Newsgathering: Personal Privacy, Law Enforcement, and the Law of Unintended Consequences for Anti-Paparazzi Legislation, 147 U. PA. L. REV. 1435, 1443 (1999).
⑤ Milton R. Konvitz, Privacy and the Law: A Philosophical Prelude, 31 LAW & CONTEM. PROBS. 272, 272 (1966).
⑥ Edward J. Bloustein, Privacy As an Aspect of Human Dignity: An Answer to Dean Prosser, 39 N. Y. U. L. REV. 962, 973 – 974 (1964).
⑦ Marybeth G. v. City of Chicago, 723 F. 2d 1263, 1272 (7th Cir. 1983).
⑧ See Linda C. McClain, Inviolability and Privacy: The Castle, the Sanctuary, and the Body, 7 YALE J. L. & HUMAN. 195, 232 (1995).

民看到。① 然而，视频偷窥公然地破坏了公民合理的隐私期待，行为人通过拍摄技术观察、记录甚至传播他人的行动和身体部位，而他人从未想过或者合理假设过其行动或者身体部位会暴露在公众视线中。② 事实上，视频偷窥者是在缺乏他人知悉或者同意的情况下"脱下"他人的衣服，这种行为剥夺了他人的隐私和人格尊严。

面对这种挑战，法律应该保护公民的完整性。③ 为了适当地对视频偷窥定罪，法律首先要解释隐私权的本质和视频偷窥对公民造成侵犯的范围。然而，问题在于无论是刑事法律还是民事法律，它们都不承认公民在公共场所享有合理的隐私期待，因此，它们无法从概念层面理解现代视频偷窥对公民隐私造成的侵犯。④ 基于上述理由，民事法律不足以弥补视频偷窥对公民隐私造成的侵犯。因此，刑事法律变成了保护他人隐私免受行为人滥用现代技术所带来的羞辱性侵犯的最佳手段。

三、刑事法律与隐私权保护的历史

（一）利用刑事法律保护公民的隐私权

在最近的一百多年中，美国的司法审判开始将隐私权视为受到宪法⑤和侵权法⑥保护的权利。然而，在刑事法律中，只有《美国联邦宪法第四修正案》⑦ 为隐私权提供保护，而且其保护的核心放在政府执法人员搜查和扣押行为的刑事程序上。因此，学术争论和法律发展

---

① See Haynes v. Alfred A. Knopf, Inc. , 8 F3d 1222, 1229 – 1232 (7th Cir. 1993).
② See 20/20 Video Voyeurism: Voyeur Tapes Neighbors Privae Moments (ABC television broadcast, Jan. 27, 1999).
③ Cf. Maria Pope, Technology Arms Peeping Toms With a New and Dangerous Arsenal: A Compelling Need for States to Adopt New Legislation, 17 J. MARSHALL J. COMPUTER& INFO. L. 1167, 1179 – 1181 (1999).
④ Andrew McClurg, Bringing Privacy Law Out of the Closet: A Tort Theory of Liability For Intrusions in Public Places, 73 N. C. L. REV. 989 (1995).
⑤ See Roe v. Wade, 410 U. S. 113, 153 (1973); Griswold v. Connecticut, 381 U. S. 479, 484 – 485 (1965).
⑥ Pavesich v. New England Life Ins. Co. , 50 S. E. 68, 69 (Ga. 1905); cf. Ettore v. Philco Television Broad Co. , 229 F. 2d 481, 485 (3d Cir. 1956).
⑦ U. S. CONST amend. IV.

主要关注刑事被告隐私权的保护，而没有关注受到犯罪活动影响的公民隐私的保护。① 因此，非政府执法人员实施的隐私犯罪，比如视频偷窥，很少受到人们的关注。②

理论上，针对非政府执法人员侵犯公民隐私的行为的刑事保护间接体现在法律禁止任何人侵犯公民的人身、财产或者扰乱公共秩序之中③。也许最有说服力的例子就是，刑事法律禁止典型的偷窥行为，即喜欢看裸体女人或其他色情场面④。虽然我们不知道普通法约束偷窥行为的最初规定，但是法律的确禁止行为人通过窗户偷窥他人，窗户偷窥可以说是视频偷窥的前身，通过窗户偷窥他人的行为人触犯了扰乱治安罪或者妨碍治安罪。因此，为了维护公共秩序，刑事法律（至少附带地）承担了保护公民隐私免受偷窥者侵犯的责任。

政府执法人员根据具体的法律起诉了偷窥者的偷窥行为，这表明法律禁止偷窥行为的决心，而且表明它最终能够保护公民隐私。如今，许多州的刑事法律都对侵犯公民隐私的犯罪做出了规定，其中涉及不同的犯罪类型：非法入侵、通过窗户偷窥、秘密偷窥、窃听⑤、观看不雅场景或者拍摄不雅照片⑥、侵犯公民隐私⑦、偷窥⑧、非法拍摄⑨以及未经授权的录像。⑩ 这些法律不仅保护公民的人身、财产权利或者社会秩序，还保护公民的隐私。因此，通过检控这些犯罪，法

---

① Adam J. Tutaj, Comment, Intrusion Upon Seclusion: Bringing an "Otherwise" Valid Cause of Action Into the 21st Century, 82 MARQ. L. REV. 665 (1999).
② See Silverman v. United States, 365 U. S. 505, 511 (1961).
③ See generally 12 A. M. JUR. 2D Breach of Peace and Disorderly Conduct §5 (1997).
④ Bill Prewett, Act 62: The Crimination of Peeping Toms and Other Men of Vision, 5 ARK. L. REV. 388, 388 (1951).
⑤ See e. g. ALA, CODE §13A–11–31 (1975); KAN. STAT. ANN. §21–4001 (1995); MICH. STAT. ANN. §28.807 (1) – (4) (Law Co-op. 1990& Supp. 1999); N. Y. PENAL LAW §250.05 (McKinney 2000).
⑥ See e. g. ALASKA STAT. §11.61.123 (Lexis 1998).
⑦ See e. g. DEL. CODE ANN. Tit. 11 §1335 (1995); HAW. REV. STAT. ANN. §711–1111 (Michie1993).
⑧ See e. g. FLA. STAT. ANN. §810.14 (West 1999); IND. CODE ANN. §35–45–4–5 (Michie 1994& Supp. 1998).
⑨ See MISS CODE ANN. §97–29–63 (Supp. 1999).
⑩ See 720 ILL. COMP. STAT. ANN. 5/26–4 (West Supp. 1999).

院积极地维护了公民所享有的隐私权。① 由此可见，刑事法律是为公民隐私提供实质保护的工具。

(二) 利用刑事法律禁止视频偷窥

虽然刑事法律承认隐私权是受到法律保护的正当权利，但是，司法审判对于隐私权保护的范围未能达成一致。然而，不可否认的是，目前司法审判不承认公民在公共场所享有隐私权，而且对视频偷窥行为仅做出最低程度的约束。虽然 Peeping Tom 和其他有关隐私权的立法为禁止视频偷窥提供了理论基础，但是作为一种概念模型，这些立法仍然是不充分的。

如今，视频偷窥行为就如当年的 Peeping Tom 一样普遍。然而，行为人通过视频偷窥比通过窗户偷窥给他人带来的侵犯和干扰更大。现代电子已经把偶然的、不正常的偷窥行为转化为繁荣的非正当互联网产业②，披露他人不雅照片或者视频的色情网站大行其道。进一步而言，当行为人利用视频技术在公共场所偷窥他人时，视频偷窥对他人造成的侵犯尤为严重，因为他人无法获得充分的法律救济。事实上，刑事法律不承认公民在公共场所享有合理隐私期待的观点无疑授予了视频偷窥者免受惩罚的权利，让受害者无法获得其应有的救济。

(三) 侵犯公民隐私权的民事法律的不足

因为缺乏刑事惩罚，所以视频偷窥的受害者必须依赖民事救济来寻求赔偿或者为自己辩白。③ 正如前文所说的那样，对于隐私权的理解，民事法律与刑事法律有着同样的致命缺陷：一般情况下，公民在公共场所里不享有隐私权。侵权责任法坚持认为公共场所中不可能存在隐私，因此，如果公民的某个部位被其他人偷偷拍照或者录像，即

---

① See Commonwealth v. De Wan, 124 A. 2d 139, 141 (Pa. Super. Ct. 1956); Copeland v. Commonwealth, 525 S. E. 2d 9, 11 (Va. Ct. App. 2000); In reJames Shelton Banks, 244 S. E. 2d 386, 391 (N. C. 1978).

② See e. g. 1 Hidden Voyeur Camera (visited Feb. 14, 2000) http://www.1hiddenvoyeurcamera.com/page1.html >.

③ Gloria Gonzales & Laura Trujillo, Privacy Comes with No Guarantees, Portland Oregonian, Oct. 25, 1996, at A1; Restatement (second) Of Torts § 652Bc.

便该公民衣着得体，他也能以对偷拍者提起民事诉讼，刑事诉讼亦如此。

与其他规则一样，认为公民在公共场所不享有隐私权的法律也有例外情况。特别是当一般规则仅仅起到维持先例的作用时，这种例外情况就会出现。在涉及隐私权的判例法中，至少有两个突出的案件表明，当行为人侵犯了他人在公共场所中的隐私时，他人可以起诉行为人。其中一个案件是 19 世纪 90 年代纽约的案件①，该案中法院至少在表面上认定百老汇女演员 Marion Manola 享有隐私权，观众未经其同意便利用手电筒拍下其穿紧身衣的样子是偷拍行为。另一个案件是 1964 年发生在阿拉巴马州的案件，即 Daily Times v. Graham 一案，在该案中，法院清楚地认定，当妇女从游乐场出来并被风吹起裙子时，记者拍下该妇女走光的行为侵犯了其隐私权。

上述两个案件都涉及公民在公共场所中被其他公民偷拍，通过偷拍的照片或者录像，其他公民能够强制保存被偷拍的公民图像。拒绝承认公民在公共场所享有隐私权的一般规则无法为被偷拍的公民提供任何救济。事实上，不仅民事法律拒绝承认公民在公共场所享有合理的隐私期待，当前还有一种有说服力的观点认为侵权责任法所保护的隐私权范围正在缩减。② 因此，虽然存在一些例外情况，但是目前的通过民事法律保护隐私权的做法不仅值得怀疑，还不利于打击隐私侵权。

除了民事法律一般不适用于公民在公共场所中被侵犯隐私的情况之外，其他因素也导致了侵权责任法不足以保护公民隐私的结果。首先，在实践层面上，侵权责任法所提供的金钱救济就不足以弥补公民所受到的侵害。③ 即便民事诉讼的原告胜诉，他也有可能无法获得全部赔偿，因为大多数视频偷窥案件的被告都没有足够的财产来支付一笔可观的赔偿金。

民事法律不足以纠正视频偷窥这种反社会的行为的最重要原因

---

① See Marion Manola v. Stevens & Myers, (N. Y. Sup. Ct. 1890).
② Andrew McClurg, Bringing Privacy Law Out of the Closet: A Tort Theory of Liability For Intrusions in Public Places, 73 N. C. L. REV. 989 (1995).
③ See H. Morley Swingle & Kevin Zoellner, Criminalizing Invasion of Privacy: Taking a Big Stick to Peeping Toms, 52 J. MO. B. 345, 346 (1996).

是，大多数视频偷窥的受害者都不知道自己被偷拍了。①视频偷窥，尤其是在公共场所实施的视频偷窥本来就是行为人秘密进行的，难以被别人发现。因此，许多潜在的受害者未意识到其隐私被侵犯，也从未提起任何有关隐私侵权的民事诉讼。从这个角度来看，我们可以得出这样的主张："在多数情况下，除了刑事法律，其他方法都无法为视频偷窥案件的受害者提供足够的保护。"

因此，轻视隐私侵权行为危害性的民事法律既不能为公民隐私提供充足保护，又不能有效地制止视频偷窥这种有害的行为。②隐私侵权是民事法律的"问题小孩"，它要求在刑事法律中找到与之匹配的规定。为了完成这种转变，法律必须重新定义隐私权，承认隐私权是一项普遍的基本权利，它能够让公民控制披露其身体的权利。立法者必须承认公民在公共场合能够而且确实享有合理的隐私期待。

四、揭露有关隐私权保护的刑事法律的重要缺陷

下面的例子展现了有关公民控制披露其身体的法律现状。大部分法律都开始对视频偷窥做出规定，然而，这些规定都表明，传统的隐私概念已经过时和存在缺陷，无法适应发达的现代科技社会。

（一）案例研究：Missouri

在1994年，Missouri 的居民惊讶地发现一家人工日光浴场的老板秘密地拍下正在照光的女性顾客裸体，受害的女性顾客超过100位。③然而，人工日光浴场的老板却不用为其视频偷窥行为承担刑事责任。因为 Missouri 的法律没有对视频偷窥做出规定，也没有禁止类似的偷窥行为。④随后，该州迅速颁布了一项新法，该法规定："当

---

① 1 Hidden Voyeur Camera (visited Feb. 14, 2000) http://www.1hiddenvoyeurcamera.com/page1.html >.
② See John Jurata, The Tort that Refuses to Go Away: The Subtle Reemergence of Public Disclosure of Private Facts, 36 SAN DIEGO L. REV. 489, 531 – 32 (1999).
③ See Tanning Salon Worker Charged with Taping Naked Teen-Agers, ST. LOUIS POSTDIPATCH, Aug. 10, 1994, at 10A.
④ Scores of Women Taped by Hidden Camera In Tanning Booth; Authorities Say, ASSOCIATED PRESS, May25, 1994, available in 1994 WL 10128020.

公民全裸或者半裸地出现在某个地方，而该地方是其享有合理隐私期待的地方时，任何人未经其同意拍摄其全裸或者半裸身体的行为都构成犯罪。"① Missouri 有关隐私保护的立法迅速被人们认为是"模范立法"。

虽然立法比公民的隐私保护更加超前，但是它仍然把公民享有合理隐私期待的区域局限在私人场所中。这项法律没有意识到，通过现代监视设备，偷窥者能够对在公共场所中穿着衣服的公民进行偷拍，而这种偷拍就跟传统意义上在私人场所里偷拍没穿衣服的公民一样容易。

当公民在其享有合理隐私期待的区域被侵犯隐私时，Missouri 的法律明确保护该公民的隐私。这个规定把这种区域进一步解释为"一位理性的公民认为他在该区域脱衣服的行为是秘密的，不用担心其裸体会被别人看到或者拍照或者录像。"换言之，该规定特别将公共区域排除在其保护的范围之外。因此，这个规定存在重要的缺陷：它没有看到隐私权本质与隐私保护范围之间重要的关系。如今，即便公民穿着衣服，现代技术还是能够让视频偷窥者透过衣服偷拍，公民的隐私权岌岌可危②；因此，对于隐私保护而言，公共区域和私人区域之间的差别其实是不相关的。

（二）案例研究：New Jersey

在 Missouri 日光浴场事件发生的四年后，New Jersey 一栋建筑的主管也因秘密地在两名女性租客的公寓里安装微型摄像机、扩音器和录像机而被警察逮捕。③ 这些隐藏的摄像机都配备了邮票大小的广角镜头④，能够让主管畅通无阻地监控受害者的卧室情况，长达五

---

① 1995 Mo. Legis. Serv. 160 (West) (codified at Mo. ANN. STAT. § 565.253 (West, 1999)).

② See In Brief, TAMPA TRIB., Mar. 30, 1999; see also Surreptitious Visual Recording For Sexual Gratification: Hearing on A. B. 182 Before the Senate Comm. On Pub. Safety, 1999 – 2000 Legis. Sess.

③ See Wayne Parry, Female Tenants Filmed in the Nude: Hidden Cameras Found in Apartments, The Star-Leader (Newark, N. J.), Apr. 9, 1998 at 55.

④ Manager Imprisoned for Spying on Tenants: Hidden Cameras Videotape Women, THE RECORD (Northern N. J.), Apr 18, 1999 at A8.

个月。

与 Missouri 一案中行为人对他人隐私造成的侵犯类似，本案的主管不需要为其视频偷窥承担刑事责任。然而，他因为非法窃听而被定罪，因为录像带不仅为其提供图像，还为其提供声频信号。为了弥补有关隐私保护的州立法的漏洞，New Jersey 针对日益猖狂的视频偷窥现象制定了法律。1999 年的 *New Jersey Bill* A. B. 3441 规定："禁止任何人为了秘密观看或者记录其他公民而在私人场所里使用或者安装视频监控设备。"该法进一步把私人场所解释为"公民在该区域能够合理地期待其不被干扰或者监视，该区域不包括公众或者本质上是公众的群体能够进入的地方。"毋庸置疑，这项法律能够确保 New Jersey 的居民在其住宅内免受视频偷窥。这项法律还能够确保在商场更衣室或者餐馆厕所中的公民免受偷拍。

然而，与 Missouri 的法律一样，New Jersey 颁布的法律未能明确其所禁止的隐私侵权行为的本质和范围。它无法制止陌生人在公共场所里偷拍公民裙底，或者把微型摄像机直接放入公民的裤子、宽松的短裤或者宽松的上衣内进行偷拍。它无法保护在游乐场中排队的顾客的隐私[1]，无法保护正在商场中购物的顾客[2]，也无法保护匆忙上下地铁的路人。然而，在这些场合中，如果公民的隐私被侵犯，那么这种侵犯给他们带来的侮辱、羞耻或者侵略性不亚于他们在商场更衣室里被偷拍。

（三）案例研究：Connecticut

在 1998 年末，类似的视频偷窥案件激怒了 Connecticut 的居民。[3] 16 岁的 John Humphreville 因秘密偷拍其女同学换泳衣的过程而被警察逮捕。随后，Humphreville 向其男同学展示和分发了这些不正当录像的副本。虽然 Humphreville 的行为严重侵犯了女同学的隐私，但是

---

[1] Bill Ainsworth, Proposal Seeks End to "Cyber Peeping": It May Be Bad, But It Isn't Illegal Yet, San Diego Union-Trib., July 9, 1998, at A3.

[2] See Lisa Sink & Linda Spice, Man Accused of Videotaping Under Skirts, MILWAUKEE J. SENT. (Milwaukee, Wis.), July 11, 1998, at 1.

[3] Janice D'Arcy, Tean Named in Warrant in Cherish Voyeur Case, Hartford Courant, Jan. 8, 1999, at A3.

检察官只能起诉他们妨害治安罪。

与 Missouri 和 New Jersey 一样，Connecticut 针对视频偷窥也制定了自己的法律。① Connecticut 的法律规定，"当公民不在其他公民目光所及的地方，并且他对该地方享有合理隐私期待时，其他公民不得在未经该公民的同意的情况下，出于淫秽的目的对该公民进行拍摄或者录像"。这项法律也明确地将公共场所排除在其保护的范围之外。因此，无论在什么情况下，公民在开放的区域中都不享有合理的隐私期待。

（四）身体运动：重新定义公共场所和私人场所

上述三个试图打击视频偷窥的立法案例表明，刑事法律应该将视频偷窥对公民隐私造成的侵害视为可诉的损害。然而，在现实意义上，上述三项立法都无法完整地处理视频偷窥犯罪。因为它们都划分了公共场所和私人场所，并且认定公民在私人场所享有合理的隐私期待，而在公共场所则没有合理的隐私期待。

这种观点是源于一个有缺陷但是看起来很权威的侵权法原则："无论是在公共街道上还是在其他公共场所里，原告都不享有独处权。"② 因此，法院支持摄影师享有拍摄公共场所里其他公民的权利，不管摄影师有无取得公民的同意。③ 然而，事实上，这个原则忽略了公民在公共场所中也可以享有合理的隐私期待。

然而，公共场所和私人场所的划分不是导致刑事法律和民事法律忽视公民在公共场所中也可以享有合理隐私期待的唯一理由。有关隐私保护的法律没有区分肉眼观察其他公民和用设备永久记录该公民之间的差别亦导致了上述观点的出现。④ 如果本文的推理是正确的，那么，这种模糊的做法显然已经不适应如今先进的监控技术对公民造成的影响。

视频偷窥是旨在剥夺其受害者隐私的犯罪。它永久地记录公民隐

---

① An Act Concerning Voyeurism, 1999 Conn. Legis. Serv. (West).
② Restatement (second) of Torts § 652B cmt. c (1977).
③ Muratore v. M/S Scotia Prince, 656 F. Supp. 471, 483 (D. Me. 1987).
④ See e. g. Gill v. Hearst Pub. Co., 253 P. 2d 441, 443 – 444 (Cal. 1953).

私被侵犯的场景,并且将这些场景不断地分享给无穷无尽的互联网观众。更重要的是,受影响的公民无法从传统法律中获得救济,因为传统法律没有对穿着衣服的公民被偷拍这一情况做出规定。

为了有效地处理视频偷窥带来的问题,立法者应该重新从法律上理解人类固有的隐私权的内涵,而不应该把公民的身体视为在公共场所和私人场所之间移动的离散颗粒,法律应该承认公民的身体表面本身就是隐私区域。事实上,身体是公民拥有最强烈的隐私期待的地方。正如前文所说的那样,隐私权最基本的一个面,也是与人格尊严最紧密相连的一面就是公民拥有权利决定其在什么时候,在什么情况下,在多大程度上向谁展露其身体。因此,为了解决视频偷窥犯罪的问题,法律必须明确反对当前过于狭隘和充满缺陷的隐私权概念。法律必须承认,无论在什么场所中,公民对其私密行为和私密的身体部位的控制和披露都享有合理的隐私期待,即便这种合理的隐私期待也受到一定的限制。

五、承认公民在公共场所享有合理的隐私期待

美国至少有两个州——California 和 Louisiana 面临着视频偷窥的正面挑战,并且扩大其法律对在公共场所的公民的保护。值得称赞的是,这两个州都开始重新思考传统隐私权的内涵以及公民"未受侵犯的个性"原则,尤其当它们面临现代科技挑战的时候。

(一) 案例研究:California

1998 年,来自 California 的 Orange County 的人们在一个月内见证了三起猥亵的视频偷窥事件。[①] 虽然 California 已经颁布法律禁止任何人利用隐藏的摄像机侵犯在密闭空间内的公民的隐私,因为公民对该空间享有合理的隐私期待。然而,这三个案件的行为人都免受刑事控告,因为这三个案件的发生地点都在公共场所。

这些特定的视频偷窥者把他们的摄像机对准了毫无防备的公民,这些公民可能正在海滩上玩耍,可能正在享受纪念日盛典,也有可能

---

① See Bill Rmes, Cyber-Peeping: It's Growing, It's Frustrating, and It's Legal, ORANGE COUNTY REG. (Cal.), June 26, 1998, at A1.

正在迪士尼乐园中游玩。在其中一个案件中，犯罪分子尾随着几十名妇女超过 10 分钟，因为他试图把装有摄像机的健身袋直接放到这些妇女的脚下，以拍摄正在拥挤商店里购物或者排队的妇女的隐私部位。为了让犯罪分子定罪，检察官花了超过一个星期的时间研究 California Penal Code，但是结果还是徒然的。

为了解决这些案件带来的问题，California 立法机构决定修订现存禁止任何人在密闭空间进行视频偷窥的法律。新法规定，倘若他人对其所处的环境产生了合理隐私期待，而为了满足性欲望，行为人在缺乏他人同意的情况下"透过他人的衣服"进行拍摄，而且他人可以被其他公民所辨认出来，那么行为人的行为构成犯罪。从其立法历史来看，这项法律旨在阻止行为人为了满足性需求而利用摄像机侵犯他人隐私。

与前面讨论过的立法不同，California 的这次的立法立足于视频偷窥对公民隐私造成的侵犯，而不是立足于视频偷窥发生的场所。通过禁止行为人"透过他人的衣服"进行拍摄，California 的法律暗示，行为人的侵权行为可以发生在公共场所也可以发生在私人场所。换言之，这项法律抛弃了对公共场所和私人场所的传统划分，融合受到法律保护的隐私权本质和被视频偷窥侵犯的公民隐私权范围。

回顾公民未受侵犯的个性概念，California 的法律从技术发展层面而非空间层面为公民隐私提供保护。然而，这项法律提供的保护仍然存在一些技术性的局限。首先，这项法律似乎要求受害的公民能够被其他公民辨认出来。这个规定阻碍了法律的有效实施，因为通常来说，我们难以从视频所展示的局部身体的图像辨认出特定的公民。其次，这项法律沿用了充满迷惑性的词语——合理的隐私期待。[1] 这个词语带有空间划分的不合时宜的残留，让这项法律变得含糊不清。如果该项法律抛弃了这个词语而把恶意标准作为归责理由，那么该项法律就能够被更加有效地实施。最后，这项法律没有解决通过互联网分

---

[1] See CAL. PENAL CODE § 647 (k) (2).

享偷拍视频的问题。① 虽然这项法律已经算是向前迈出一大步②,但是它距离充分解决视频偷窥犯罪问题仍然有一定的差距。

(二) 案例研究:Louisiana

1998 年,Louisiana 的公民发现其也难逃视频偷窥魔爪。③ 有两个邻居家庭互相交换钥匙,为了方便在其中一家外出时,另一家可以帮忙照看房子、给植物浇水和接收邮件。④ 然而,这种普遍的邻居交换钥匙情况发生了令人意想不到的结局,因为其中一家发现其邻居即当地教堂的执事竟然在其卧室和浴室的天花板上秘密安装摄像装备。

不幸的是,Louisiana 的刑事法典没有将视频偷窥作为犯罪行为。因此,教堂执事最终被认定为非法入侵,仅仅被判决了 3 年缓刑。经过数月激烈的讨论后,Louisiana 最近颁布了一项法律来直接解决视频偷窥问题,它规定:"只要他人不同意被观察或者被拍摄,行为人就不得出于淫秽目的,利用摄像机或者其他类似设备对他人进行观察、拍照或者录像。"⑤

换言之,新法保护公民隐私,无论公民处于公共场所中还是私人场所中。新法没有采取合理隐私期待这个模糊的判断标准,而是直接考虑到视频偷窥的不合理性和侵犯性。此外,这项法律也禁止了视频偷窥影像的传播,即"禁止任何人通过现场直播或者录制的电话信息、电子邮件、互联网或者商业在线服务传播偷拍影像"。⑥ Louisiana 的法律兼顾了制定合适的新法监管范围和制止、惩罚视频偷窥犯罪的利益。

与当时盛行的设计隐私保护的刑事法律不同,Louisiana 的法律承认和确保公民所享有的控制其他公民观察其私密时刻、私密行为和

---

① See Margaret Kane, California Bans Video Peeping, Zdnet News, Aug. 27, 1999, at 1.
② Bill Ainsworth, Proposal Seeks End to "Cyber Peeping": It May Be Bad, But It Isn't Illegal Yet, San Diego Union-Trib., July 9, 1998, at A3.
③ Randy McClain, Lawmaker Proposes Video-Voyeurism Law, Baton Reouge Advoc., Nov. 27, 1998 at 13B.
④ Joanna Weiss, Voyeur Prompts DA to Propose Peeping Tom Law, New Prleans Times-Picayune, Jan. 10, 1999 at A1.
⑤ LA. REV. STAT. ANN. §283 (A) (1).
⑥ LA. REV. STAT. ANN. §283 (A) (2).

私密身体部位的权利，不管公民处于公共场所中还是私人场所中。只要偷窥者在未经公民同意的情况下"透过公民的衣服"进行偷拍，不管该公民处于密闭空间还是正在大型商场的电梯里，偷窥者的行为都会受到法律的制裁。

然而，Louisiana 的法律仍然存在一些问题，比如如何证明行为人的淫秽或者色情目的，如何认定受害公民有没有暗示性地同意录像等等。但是，除了这些不严密的地方以外，这项法律明确地保护了公民的隐私权，承认公民对其身体披露的控制权，这是与公民的人格尊严息息相关的权利，而不是公民在其享有合理隐私期待的区域所享有的暂时权利。总之，Louisiana 的法律为公民隐私提供了前所未有的保护，弥补了先前隐私保护中令人失望的缺陷。

六、结语

即便身处偷窥文化盛行的社会中[①]，现代 Peeping Tom 的说法仍然触动人们的神经。然而，对于任何想要参与偷窥公民隐私的可耻交易的人而言，视频偷窥无疑是一门有利可图的生意。法律特别是刑事法律，必须明确地承担保护公民隐私的责任。这种保护要求法律抛弃因场所不同而为公民隐私提供不同保护的概念，抛弃当前普遍但是存在缺陷的隐私概念，这种概念充斥着有关视频偷窥犯罪的司法审判中。

只有当新法不管公民身在何处而保护其免受摄像技术不合理和下流的骚扰时，公民的隐私才能得到充分的保障。其余的州都应该效仿 California 和 Louisiana，颁布禁止视频偷窥的法律。然而，所有的立法者都需要继续解决法律、技术和公民所享有的基本权利之间的冲突问题。因此，法律必须承认公民的身体本身就是一个隐私区域，是公民最隐秘的地方。

---

① See e. g. Jim Carlton, Video Links Bears, Cubs to Fans. CHI. SUN-TIMES, Aug. 1o, 1999, at 30; Patrick O'Driscoll, at Columbine High Dterrent Factors Await, USA TODAY, Aug. 3, 1999, at 4A.

隐私权与合理的偏执：公共场所隐私权的保护

伊丽莎白·佩顿·辛普森[①]著　敬罗晖[②]译

目　次

一、导论
二、英美法系中合理的偏执判断标准
三、超越偏执：公共场所隐私权的现实性和重要性
四、结语

一、导论

笔者想给各位读者介绍一位名叫"谨慎"的朋友，在大多数情况下，"谨慎"都是一个极为普通的女人，她努力不做任何可能会引起公众注意的事情。然而，"谨慎"有点矫枉过正：她的住所大门紧闭，窗帘和百叶窗从不打开；她拒绝通过电话跟朋友们交谈，更不会在咖啡厅或者餐厅与朋友用餐；她不会随意丢弃用过的纸张，而会将废纸投入碎纸机中，避免纸上的信息被别人知晓；她自己冲洗照片，以防止别人窥视其照片的内容；她从不使用公共休息室，因为她担心自己会被安保人员所窥视；如果她冒险参加一次聚会，那么她也会打起万分的精神，防止别人采用科技手段永久性地记录下她的行为并展示给全国观众观看；她从不在公共场所穿裙子，因为她怕别人会用摄像机窥视其裙底；她从不通过邮购、匿名等方式购买私人物品，如内衣裤或者药物等；她更不会参加咨询会、去专科门诊或者争议较大的集会。

[①]　伊丽莎白·佩顿·辛普森（Elizabeth Paton Simpson），新西兰奥克兰大学法学院讲师。
[②]　敬罗晖，中山大学法学院助教。

简单地说,"谨慎"有点偏执。尽管从隐私权会被别人侵害的角度上看,她的行为具有一定合理性,但是即便隐私权的确存在一定的被侵害的风险,但这种风险却没有她想的那样夸张。"谨慎"的行为表现出一种对别人保持怀疑和不信任的异常倾向。然而,根据英美法中广泛使用的隐私权理论,"谨慎"的上述行为是非常符合常理的:她只是做了每一个想要保护自己隐私的人所应当做的事情,这也真是法官和学者们希望他们做的事情。如果她没有采用上述预防措施,那么法院可能会认为,她实际上默许别人监视其行为或者采用科技手段记录其行为。如果公民没有采用上述预防措施,或者公民将自己的私人事务披露于公众的视野之下,那么法院将会认定该公民对上述事物不得享有合理隐私期待。因此我们似乎可以说,如果公民没有采取上述措施,没有做到一个"合理的偏执者(reasonable paranoid)"所会做的事情,那么该公民已经放弃了自己的隐私权。

有的国家并没有制定保护公民隐私权的相关法律,有的国家则通过制定法或者普通法对公民的隐私权进行保护,但无论如何,上述理论却在这两类国家中都获得了适用。在前一类国家中,如英国和澳大利亚,公民保护自己隐私权最主要的方式就是自我审查和自我隔离,并主要根据非法侵入的相关法律请求法院保护其隐私权。因此可以说,公民能够保护自己隐私权的关键就在于公民是否能够占有并控制其私人场所。杨格委员会反对立法机关创设"隐私权",该委员会主张公民应当主动采取措施保护自己的隐私权,如不随便谈论私人事务、保管好记载有私人事务的纸张、披露个人信息时多加注意、只在隐秘的场所才实施亲密行为、使用窗帘、百叶窗和雾面玻璃等。①

美国、加拿大和新西兰等国家创设了保护公民隐私权的许多直接形式,当公民已采用必要的预防措施保护个人的隐私权后,如果发现别人实施侵犯其隐私权的行为,那么该公民就可以主张获得法律的保护。可一旦公民冒险涉足公共场所,那么公民则无法再主张其隐私权受保护。"如果原告主动将个人信息披露于公众的视野之下,那么即使行为人将其个人信息进行二次披露,该行为人也不承担任何法律责

---

① U. K., 'Report of the Committee on Privacy' Cmnd 5012 (1972).

任。"① 这种保护隐私权的方式似乎跟以前的保护方式并无区别：公民保护个人隐私权的唯一途径仍然是"呆在家里，并且关上所有的窗户"。在许多案件当中，尤其是在美国，法院坚持认为公民在公共场所没有隐私权，这一观点异常普遍，以至于在上述"谨慎"的案件中，除非"谨慎"采用极端的方式保护个人隐私权，否则其无法获得法院的支持。无论是英美法院的一般声明中，还是在特定的案件当中，法院坚持认为，公民在公共场所不享有隐私权。

然而，除了这一占主导地位的理论外，在英美法中，针对公民是否享有公共场所隐私权这一问题，实际上仍然存在着许多不同的理论。有迹象表明，相对于美国而言，加拿大和新西兰的法院更倾向于在一定程度上保护公民的公共场所隐私权。即使在美国，也存在大量的案件认定公民在公共场所中享有一定程度的隐私权。学者们认为，虽然大多数情况下，法院认定公民在公共场所不享有隐私权，但是在特定案件当中，法院仍然有可能认定公民在公共场所享有一定程度的隐私权。因此 Raymond Wacks 认为："即使在公共街道上，公民仍可能享有隐私权，未经该公民的同意，别人不得披露其私人信息。"② 为 Prosser 教授经典侵权法教科书做校对的编辑曾质疑全盘否定公民公共场所隐私权这一做法的正确性，在他看来，虽然某一事件发生在公共场所，但是如果这一事件并不涉及公共利益，那么应当属于公民的私人事务，别人未经该公民的同意不得披露该事件。Andrew McClurg 认为，我们应当构建"公共场所隐私权"概念，并应当对美国侵权法中"侵入"（intrusion）进行重新界定，以覆盖发生在公共场所中的极其侵犯公民隐私权的侵入行为。

在评价公民是否享有公共场所的隐私期待时，法院往往采用"合理的偏执"判断方法（reasonable paranoid approach），笔者将在下文对这一判断方法进行检视和批判。本文将阐述这一判断方法是如何误导我们对公共场所隐私权的理解，该判断方法又是如何在类似情况中得到适用的，如使用电话、抽血检查和拍摄电影等。

本文的第一部分主要描述美国隐私权法中的合理的偏执判断标准

---

① Restatement (Second) of Torts § 652D, comment b (1977).
② R. Wacks, The Protection of Privacy. London: Sweet & Maxwell, 1980, at 103.

(reasonable paranoid standard)，以及这一判断标准对加拿大和新西兰所产生的影响。第二部分则对该判断标准进行实证分析和规范分析，通过分析该判断标准，本文试图构建一种现实的、非偏执的方法分析在公共场所中公民为了保护其隐私权所承受的风险，而且实际上，公共场所隐私权对公民而言至关重要。笔者认为，即使公民没有像"谨慎"那样采用预防措施，也不意味着公民就放弃了自己的隐私权。在本文的第三部分，笔者将论证公共场所隐私权对公民和对社会的重要性，在保持公民隐私权和其他相关利益的平衡的基础上，法律应当保护公民的公共场所隐私权。

在本文当中，笔者对隐私权做出如下定义：所谓隐私权，是指他人所享有的限制别人进入其私人生活并因此获取其状态的权利。许多学者已经对这一定义进行了阐述，其中包括 Ruth Gavison 和 Anita Allen。根据他们的设想，他人享有的隐私权应当是一种状态，即限制别人进入其私人生活、了解或者观察其状态的权利，尽管其中可能存在一些细节上的差异。笔者认为无须过分关注这些细节上的差异，因为这一定义已经足够解读本文中所提及的隐私权概念。举例而言，Jeffrey Reiman 将隐私权界定为"他人所享有的限制别人进入其私人生活、了解其私人状态的权利"[1]。

本文着重关注英美法中保护隐私权的各种形式：美国许多州认定行为人侵犯公民隐私权的行为构成普通法上的侵权行为，新西兰、加拿大许多省份也采用了这种观点；加拿大的其他省份则明确了法定侵权行为的种类；在某些国家，广播节目如果侵犯公民的隐私权，公民主要采用法定投诉程序来保护自己的隐私权；在英国，公民可以透过媒体投诉委员会（Press Complaints Commission, PCC）保护自己的隐私权。

笔者在下文的分析中也会涉及个人数据保护立法等方面。

---

[1] J. H. Reiman, "Driving to the Panopticon: A Philosophical Exploration of the Risks to Privacy Posed by the Highway Technology of the Future" (1995) 11 Computer & High Tech. L. J. 27 at 30.

二、英美法系中合理的偏执判断标准

（一）美国

美国法院认定四种独立的隐私权侵权形式：①侵扰他人独居安宁的隐私权侵权行为；②公开披露他人的私人事实的隐私权侵权行为；③公开丑化他人形象的隐私权侵权行为；④为商业目的擅自使用他人肖像的隐私权侵权行为。笔者的分析主要涉及前两种侵权形式：对于侵扰他人独居安宁的隐私权侵权行为而言，行为人侵入的必须是私人场所或者"一个隐秘的场所，公民在该场所内不必担心自己的行为或者事务被泄露出去"。一般而言，在公共场所内，行为人不需要为观察、跟踪或者拍摄公民的行为承担法律责任。对于公开披露他人的私人事实的隐私权侵权行为而言，行为人公布的必须是公民的私人信息，公众能够从公共场所看到的事物都不属于公民的私人信息。除了公共街道外，在商场、自助洗衣店、餐厅、减肥温泉疗养院、停车场、机场、游轮附近的公共水域以及教学楼内，公民都不得享有隐私权。

在某些例外情况下，法院也可能会承认原告享有隐私权。《美国侵权法复述（第二版）》写道："即便在公共场所中，跟原告相关的某些信息仍然没有被披露于公众的视野之下，比如原告有否穿内衣裤等，如果行为人实施侵入行为了解原告的此类信息，那么行为人的行为仍然构成对原告隐私权的侵犯。"[1] 然而，只有当行为人对公民实施长期的跟踪和骚扰时，法院才会坚定地认定该行为人的行为侵犯公民的隐私权。除此种情形外，法院是否会承认公民的请求，仍然是未知之数。

多数情况下，法院认定公民不享有公共场所隐私权，在法院看来，公民在公共场所并没有合理隐私期待，并且公民自愿进入公共场所的行为表示公民已经默示地放弃了自己的隐私权。因此，如果公民在排队进行失业登记时被别人拍摄了其照片，那么公民仍然无权请求受到隐私权保护，因为"公民进入公共场所的行为意味着公民必须

---

[1] Restatement § 652B, comment c.

脱下隐私权的外衣（doffing the cloak）"。① 在 Gill v. Hearst Publishing Co. 一案②中，行为人拍摄照片记录一对夫妇的亲密行为，并且将该照片洗出来摆在糖果店门口。加利福尼亚最高法院认定，行为人公布照片的行为并不属于能够被起诉的、侵犯公民隐私权的行为，该法院认为："本案原告自愿在公共场所实施较为亲密的行为，在其附近的人都能够看到其实施的亲密行为。正是因为原告是自愿实施的上述行为，因此原告自愿地放弃了其隐私权。简言之，该照片并没有披露该夫妇任何的私人信息，而只是将该场景记录下来，让更大范围的社会大众能够知晓罢了。"

美国判例法中有大量的案件都是用这种分析方法得出判决结果，在 International Union v. Garne 一案③中，在国际工会进行会议之时，市长、警察局局长以及许多警察对与会人员进行监视。他们记录下与会人员停在会议场所外的车辆的车牌号码，进而追踪到与会人员登记的手机号码信息，并致电与会人员的雇主，告知他们其雇员参加了国际工会组织的会议。受诉法院认定被告的行为并没有侵犯原告的隐私权，因为如果原告真的希望其参加该会议的事情不被任何人知晓，那么原告就不应当将车停在会议大楼门前。总之，受诉法院认为原告并不享有合理隐私期待，原告也没有采用必要措施防止别人知悉其参加会议的事实。

与上述案件类似，在 Fayard v. Guardsmark, Inc. 一案④中，原告的雇主在原告的房屋外面对其进行监视，记录下进出原告家中的车辆的车牌号码，以了解原告的社交情况。原告向法院提起诉讼，受诉法院最终支持了原告的诉求。

在 Batts v. Baton Rouge 一案⑤和 Batts v. Capital City Press, Inc.

---

① Cefalu v. Globe Newspaper Co., 391 N. E. 2d 935 at 939 (Mass. App. 1979), cert. den. 444 U. S. 1060 (1980).
② Gill v. Hearst Publishing Co., 253 P. 2d 441 (Cal. 1953).
③ International Union v. Garner, 601 F. Supp. 187 (M. D. Tenn. 1985).
④ Fayard v. Guardsmark, Inc., [1989] U. S. Dist. LEXIS 14211, online: LEXIS (Genfed, DIST).
⑤ Batts v. Baton Rouge (City of), 501 So. 2d 302 (La. App. 1 Cir. 1986).

一案①中,原告曾在自助洗衣店内受到暴力袭击,她向法院提起诉讼,因为市政当局将她的姓名和住址披露给新闻报社,报社又将该信息披露给社会大众。路易斯安那州上诉法院认定在上述两个案件中,被告的行为并没有侵犯原告的隐私权,因为"每个人都有权进入原告受到袭击的那家自助洗衣店,如果他们进入该洗衣店,那么他们就能够目击到暴力袭击事件的发生,并且能够辨认出原告"。

传统认为,当公民走在公共街道上时,公民并不享有合理隐私,这一理论也被引用于 United States v. Vazquez 一案②当中。本案中,原告并没有走在公共街道上,而是进入了一家流产医院。受诉法院认为:首先,被告利用摄像机记录下原告进入该流产医院的情形,该情形同样能够被当时在场的其他社会大众所看到;其次,被告是在白天、在公共场所拍摄视频,并且不是出于恶意拍摄该视频;最后,该流产医院周边是一个双方当事人都可以主张受到《美国联邦宪法第一修正案》保护的公共场所。根据上述理由,原告无权根据普通法中的隐私权受到保护,因为当原告走进该流产医院时,其并不享有正当的合理隐私期待。

另一个恶名昭彰的案件就是 Turner v. General Motors Corp. 一案。③ 该案中,一名年轻人在深夜驾车到通用公司的停车场内,打算顺道载父亲回家,监视摄像头记录下这名年轻人在车内自慰的情景。通用公司车间工人传阅了该视频,并嘲弄和羞辱该年轻人的父亲。在经受了长达几个月的折磨之后,该父亲向法院提起诉讼,要求法院认定通用公司的行为造成其巨大的精神痛苦,但该诉讼请求未得到法院的支持。该父亲又向密苏里州上诉法院提起上诉,但该上诉法院认定,通用公司有权公布视频的内容而无需承担法律责任,因为其行为并没有侵犯该名年轻人的隐私权。尽管通用公司管理层允许其安保人员将该视频播放给其他工人观看的行为应当受到谴责,但是该年轻人并不享有合理隐私期待,因为当其实施自慰行为时,其身处于别人的

---

① Batts v. Capital City Press, Inc. , 479 So. 2d 534 (La. App. 1 Cir. 1985), review denied 502 So. 2d 482 (La. 1987).
② United States v. Vazquez, 31 F. Supp. 2d 85 (1998).
③ Turnerv. General Motors Corp. , 750 S. W. 2d 76 (Mo. App. 1988).

私人领地内。

这类案件传递的信息实际上非常危险：一旦公民离开自己安全的家，他们必须预见到别人可能会出于各种目的跟踪、拍摄、调查和监视他们。公民还应当预见到其家人、同事、雇主、熟人，实际上是全世界的人，可能会将公民的私人信息披露给社会大众知晓。公民有义务采取预防措施，防止别人侵入其私人生活空间之内。与公民分享生活空间的人有权披露跟公民相关的私人信息。又一次，谨慎和偏执统治了我们。

（二）加拿大

加拿大法院会在多大程度上支持公民享有公共场所隐私权仍然是未知之数，因为美国的分析方式显然对加拿大法院产生了深远的影响。在 Silber v. B. C. T. V. 一案[①]中，一家家具店店主根据不列颠哥伦比亚省的隐私权法向法院提起诉讼，要求法院认定被告拍摄其与同事在停车场打架的行为侵犯了其隐私权。Lysyk 法官借鉴了 Gill 一案的判决，他认为，原告在停车场内并不享有合理隐私期待，而且被告泄露的并不是私人信息，当时在场的人都能够看到原告跟同事打架的情形。然而，Lysyk 法官强调发生在停车场的事件被公众看到的概率非常高，打架事件发生在中午，在一个人流量非常大、视野开阔的大道附近，也在一个非常繁忙的商业圈内。如果打架事件发生在偏僻的地方，那么 Lysyk 法官可能就不会用这种分析方法了。至于被告随后的传播行为，Lysyk 法官并没有予以解释，也没有说明根据该省隐私权法，Gill 一案的分析方式是否还可以得到适用。在他看来，他对本案的判决更多的是从公共利益的角度出发作出的。

纽芬兰省最高法院在 Druken v. R. G. Fewer & Associates, Inc. 一案[②]中也借鉴了 Silber 一案的判决。该案中，一家私人调查公司使用视频监视装置对原告提出的人身伤害索偿请求进行调查，原告因此向法院提出诉讼请求。Dunn 法官根据纽芬兰省隐私权法驳回了原告的诉讼请求，在 Dunn 法官看来：原告对其发生在公共场所的行为不得

---

① [1986] 2 W. W. R. 609 (B. C. S. C.).

② [1998] NJ. No. 312 (Nfld. S. C.), online: QL (NJ).

享有隐私期待或隐私权。同样，如果过路人能够清楚地看到发生在原告家里家外的事情，那么原告也不得对上述事件享有隐私期待。公民可以预期其咨询记录、私人电话通话内容以及别人无法得知的对话内容、在自家中进行的隐私行为不被别人知悉。当公民实施的行为涉及到公民的隐私权时，公民则可以主张该行为受到隐私权的保护。发生在公共场所内的事件和行为在性质上很明显不属于"隐私"。行为人在实施观察行为时，如果已获得授权，那么在法官看来，其行为也很难被认为是侵犯公民隐私权的行为。

显而易见，Dunn 法官认为公民不享有公共场所隐私权，这与美国的主流观点是一致的，但 Dunn 法官也强调了"授权"的重要性，即如果行为人能够证明其实施的监视行为有合理的目的，那么该行为人实施的行为便不属于侵权行为。在 Druken 一案的判决文书中，Dunn 法官阐述了均衡各种利益的重要性："如果允许行为人随意实施监视行为，那么必然会引发许多社会问题。"在 Davis v. McArthur 一案①中，虽然不列颠哥伦比亚省上诉法院最终认定，被告实施的尾随和观察行为并没有超出合理范围，但该法院也承认，被告在公共场所实施监视行为可能会对该省的隐私权法造成损害，因为原告对其行为应当享有正当的隐私利益，行为人不得随意侵犯原告的隐私利益。

在 Ontario（A. G.）v. Dieleman 一案②中，安大略省法院需要解决如下问题：如果记者披露妇女进入流产医院的情景，该披露行为是否侵犯了妇女的隐私权。在研究美国判决的案件以及 Prosser 教授对于公民在公共场所缺乏隐私权的分析后，Adams 法官认为，实际上记者身处的位置是公共的人行街道，他有理由预测任何发生在该街道上的事件都不属于隐私事件。然而，受诉法院并没有根据隐私权做出本案的判决，而是在权衡公共利益和私人利益的情况下，颁布了中间禁令（interlocutor injunction），以停止被告的行为对原告造成的损害。

加拿大法院也可以像美国法院那样偏执，这从 Milton v. Savinkoff 一案③中可见一斑。原告离开夏威夷准备回家前在温哥华停留了一阵

---

① (1970) 17 D. L. R. (3d) 760 at 765.
② Ontario (A. G.) v. Dieleman (1994), 117 D. L. R. (4th) 449 at 680.
③ Milton v. Savinkoff (1993), 18 C. C. L. T. (2d) 288 (B. C. S. C.).

子，被告是原告的朋友，他将自己的外套借给原告穿，并且开车载原告去机场。原告匆忙之下不小心将自己旅行中拍摄的照片落在被告的外套口袋内。原告之前已经向被告展示了部分的旅行照片，但是其中有一张照片是她在夏威夷时，由一名女性朋友为其拍摄的其在酒店内裸露上半身的照片，原告并没有将这张照片展示给被告看。被告发现外套内的照片，并将该照片展示给周边的朋友看，原告因此起诉被告，要求法院认定被告的行为侵犯了其隐私权。在审理本案时，Cooper 法官认为，影响本案判决的最为重要的因素就在于，原告在拍摄该照片时，很明显并不介意其裸露上半身的情形被冲洗该照片的工作人员所看到。但 P. H. Osborne 则认为：在夏威夷，每天有大量的游客要冲洗照片，照相馆的工作人员没有时间也没有兴趣一张一张照片地看。即使工作人员真的看到原告裸露上半身的照片，那么原告也不可能知道其照片被工作人员偷看了。更重要的是，朋友们看到其裸露上半身的照片给原告所带来的尴尬和压力，远比照片被工作人员看到所带来的尴尬和压力大得多。

Osborne 认为，如果仅仅因为公民将照片拿到照相馆进行冲洗，就认定公民放弃了其隐私权，那么除非公民自家中有暗房，否则公民无法对其照片享有任何的隐私权。

除了美国法对加拿大普通法造成影响外，还有许多因素也同样可能会影响加拿大普通法。加拿大魁北克省法院根据其民法典，采用了完全不同的分析方法，以确定公民是否享有公共场所隐私权。在 Aubry v. Editions Vice-Versa Inc. 一案①中，魁北克省法院判决被告向原告赔偿 2000 美元，加拿大最高法院也支持了魁北克省法院的判决。被告在未经原告同意的情况下拍摄该照片，并将该照片刊登在艺术杂志上，照片记录着原告坐在蒙特利尔市一幢大楼的台阶上的情形。加拿大最高法院认为，根据魁北克省法律，被告公布该照片的行为存在过错，因为社会大众能够根据该照片识别出原告，因此除非存在公共利益，否则被告不得在未经原告同意的情况下公布该照片。本案中，原告的权利毫无疑问受到了损害。此外，多数法官还分析了一个重要的问题：当公民身处公共场所时，在怎样的情况下，公民能够主张自

---

① [1998] 1 S. C. R. 591, 157 D. L. R. (4th) 577 (hereinafter Aulny cited to S. C. R.).

己的隐私权比公共利益更加重要，更应当受到法律保护。举例而言，如果公民只是偶然地走进别人的镜头中，并且该公民并不是照片的主要拍摄对象，公民是否能够主张自己的隐私权受到侵犯呢？然而，即使真的有法院认定在该种情况下，公民的隐私权应当受到保护，这也仅仅是例外情形而不是普遍原则。有的观点认为，只要是在公共场所拍摄的照片，那么拍摄者就可以不受限制地发表该照片，但这种观点也已经被学界和法院明确否定了。

Aubry 一案的判决究竟会对普通法的司法判决造成多大的影响，仍然需要时间予以证明，但很明显，魁北克省隐私权法和法定隐私权侵权法律规则（statutory privacy torts）之间没有实质性差异。通过本案的判决，我们能够看到加拿大最高法院平衡各种利益的意图。值得注意的是，加拿大最高法院有点过分关注隐私权了，而行为人的行为很可能并没有给公民造成多大的损害，而只是将公民的某些行为披露给社会公众，使公民感觉很困扰罢了。笔者将在下文中对这一案件的真正价值进行全面的分析。

有迹象表明，加拿大比美国更容易接纳"公民享有公共场所隐私权"的观点。在 Dagg v. Canada (Minister of Finance) 一案[①]中，加拿大最高法院认为，记录着雇员进出工作场所的时间的记录本中所记载的数据，已经构成联邦隐私权法意义上的"个人信息"。La Forest 法官认为，"一般人都不希望别人知道其在非工作时间去过哪些地方，哪怕他只是到公司加班也是如此。"在他看来，即便在搜查和扣押法律当中（在这些法律当中，国家利益和公民利益之间存在巨大的矛盾冲突），公民仍然可以就其实施的某些物理行为享有隐私利益。Dagg 一案具有十分重要的意义，因为当公民出现在公共场所中时，他所实施的物理行为可能就是别人所能够披露的最基础的信息了。

不列颠哥伦比亚省个人信息和隐私保密专员（Information and Privacy Commissioner）承认，如果公民在公共场所与警察发生矛盾，那么公民的隐私权很可能会受到损害，因为警察会用摄像机将双方争执的情形拍摄下来。在 KF Media Inc. v. Vancouver (Police Depart-

---

① [1997] 2 S. C. R. 403, 148 D. L. R. (4th) 385.

ment）一案①中,"服务和保护"节目是一档展示警察日常工作的真人秀,该节目的制片人向保密专员投诉警察局。事情起因是温哥华警察局单方做出决定,要求该节目不能披露被拍摄的、在街上巡逻的警察的真实身份。保密专员最终支持了警察局的决定,并且他还向警察局建议,如果警察局同意让电视工作人员拍摄警察巡逻的场景,那么在公布视频之前,电视公司有义务不泄露被拍摄的警察的真实身份。他同时表示,当公民与警察存在合作时,该公民不得自愿或者默示地允许别人披露该警察的真实身份,特别是当警察处在重压之下、丧失行为能力或者酒醉的情况下更是如此。

简言之,加拿大法院的法官在分析公民是否享有公共场所隐私权时存在截然不同的各种意见。尽管美国的隐私权案件对加拿大影响重大,而且至少在一个加拿大的判决中,加拿大法院也表现出一种跟美国法院类似的偏执的观点,但是仍然有许多迹象表明,加拿大比美国更可能接纳"公民享有公共场所隐私权"这一观点。

（三）新西兰

在认定行为人的行为是否构成隐私权侵权行为时,新西兰法院的判断方式跟美国判例法的判断方式完全不同,而是借鉴了美国私人事实的侵权（private facts torts）判断方式。然而,在 Tucker v. News Media Ownership Ltd. 一案②中,现行的侵权法仍然非常粗糙,为了界定侵权行为的界限和例外情况,我们需要对大量的案件进行整合分析,从而完善现行的侵权法,使其适用于所有侵权行为当中。在 Tucker 一案中,虽然原告在公共场所实施了犯罪行为并被法院认定其有罪,但这并不意味着被告的行为就没有侵犯原告的隐私权。在 Bradley v. Wingnut Films Ltd. 一案③中,被告在拍摄暴力电影时,将原告的墓碑作为背景摄入了电影当中,Gallen 法官最终认定被告的行为并不构成隐私权侵权行为。他强调了公共墓园内的墓碑的公共性质,并借鉴了 Prosser 教授和 Keeton 教授在《侵权法》当中的评论,

---

① Investigation P95-004,[1995] B. C. I. P. C. D. No. 6, online: QL (BCIPCD).
② [1986] 2 N. Z. L. R. 716 at 733 (H. C.).
③ [1993] 1 N. Z. L. R. 415 (H. C.).

在该书内，两位教授都认为，公民在公共场所内并不享有独处的权利。然而，Gallen 法官也认为，在某些特定情况下，即使某一事件发生在公共场所之内，只要其中不涉及公共利益，那么行为人也不应当随意地公开该事件。如果被告在拍摄电影时是直接将原告的墓碑拍摄入内，比如电影场景就是一名牧师被钉在原告的墓碑上，那么情况又与本案大不相同。

新西兰广播标准局（Broadcasting Standards Authority）所采用的判断标准更为严苛，在借鉴 Tucker 一案判决的基础上，新西兰法院对公共事实（public facts）的保护力度远胜于美国。广播标准局在根据 1989 年的广播法制定基本原则应对投诉时，广泛地参考了美国的侵权法，具体而言，广播者应当努力实现行业标准和保护公民隐私之间的平衡。

广播标准局制定的第一条基本原则主要效仿了美国的广播侵权法，其禁止广播者公开公民的"私人事实（private facts）"。发生在公共场所的事件一般被界定为公共事实，公布公共事实的行为并不违法广播标准局制定的第一条基本原则。但古怪的是，在几个投诉案件当中，广播标准局竟然将行为人在公共场所中获得的公民的姓名和身份信息视作私人事实，行为人如果公布该信息则违反了第一条基本原则。为了弥补"私人事实"分析方式的不足，该局又创设了第五条基本原则，并将该条原则适用于上述情形中。第五条基本原则主要针对的是行为人在未经公民同意的情况下，擅自公布公民的姓名、住址或者电话号码等私人信息的行为。该原则并不适用于已经公开的信息，也不适用于新闻或者时事报道，并且行为人可以引用公共利益作为抗辩理由。

根据广播标准局制定的第二条原则，如果某类公共事实的公开会严重地侵害公民的私人生活，那么行为人仍然不得公开此类公共事实。然而根据该原则，涉及某些事件（比如刑事犯罪行为）的公共事实有可能会转变为私人事实，比如随着时间的经过，某一公共事实有可能会变成私人事实。根据这一原则，因为时间的流逝或者法院颁布非法证据排除规则的命令，才可能使得某些公共事实转变为私人事实，原告才能够根据这一原则获得广播标准局的支持。

广播标准局制定的第三条原则主要仿效美国的侵入侵权法，它认为，虽然公民在隐蔽的或者私人的场所内享有隐私利益，但这并不意味着公民可以因此提起诉讼，要求别人不在公共场所内对其实施观察、跟踪或者偷拍行为。如果原告因为在公共场所内被偷拍，比如在车祸现场或者其他灾难现场被偷拍而提起诉讼，法院往往不会支持原告的诉讼请求，因为在法院看来，此种情形并不属于第三条原则所规定的例外情形之中。但与美国法院不同，新西兰广播标准局却忽略了这一重要议题：如果允许广播者公布所拍摄到的视频，那么可能会引起牵涉到第一条原则和第二条原则的其他问题。行为人实施的侵入行为和公布行为之间存在重大的区别：假设一名广播人员意外地拍摄到一段令人尴尬的公共视频，但随后又决定将该视频进行电视播放；又或者广播人员在播放某段视频时是无偿的。另一方面，广播标准局强调，在某些情况下，如果行为人在公共场所架设摄像机，但其拍摄对象实际上是其他的私人场所，或者在公共场所使用长镜头拍摄其他私人场所，那么该行为人的行为仍然可能会被认定为监视行为。因此，如果行为人从公民后院旁的垃圾堆处偷拍该公民，那么行为人的行为也侵犯了公民的隐私权。广播标准局已经根据第三条原则肯定了一名原告的请求，在该投诉案件当中，一对夫妻走在公共的街道上边走边聊，一名广播主持人窃听了这对夫妻的谈话，并且将该谈话内容通过广播披露出来。

总而言之，新西兰法院似乎愿意在某些例外的情况下，认定公民享有公共场所隐私权，尽管广播标准局仍然采用非常严苛的规则来排除公民在公共场所内的隐私权。

三、超越偏执：公共场所隐私权的现实性和重要性

正如笔者在上文中所提到的那样，法院普遍地认为公民在公共场所不享有隐私权，因为当公民进入公共场所时，其已经放弃了自己的隐私权，因而不享有合理隐私期待。"合理隐私期待"这一概念是规范分析和实证分析的产物。从实证分析的角度而言，法院假设一般人不会奢望自己在公共场所仍然享有隐私权，因此他们会采取必要的预防措施，防止自己的隐私被泄露出去。同时，法院还假设公民有权自由决定是否向公众披露其私人事务，如果公民没能采取必要措施保护自己的隐私权，那么公民实际上是放弃了自己的隐私权。从规范分析

的角度看，法院认为，即便公民真的享有公共场所隐私权，这种隐私权并不值得受到法律的保护。笔者会在下文对这两种理论进行分析。

(一) 公共场所隐私权的现状

在判断公民的隐私权是否能够受到保护时，公民所处的位置毫无疑问是一个十分重要的因素。宽泛地说，当公民在公共场所时，他们并不奢望能够获得像在自家中那样严密的隐私权保护：当我们走进公共场所时，我们知道自己会被熟人或者陌生人看到，我们也会根据这种心理预期穿衣打扮，注重自己的言行举止。在某种程度上，我们知道自己处于社会的监督之下（public scrutiny）。在私人场所内，我们可能会表现得跟在公共场所内完全不同，因为我们知道或者相信自己的行为只会被在场的特定人所看到，而在场的往往是我们的家人或者亲密的朋友。在私人场所内，我们放下了自己的防备。[①]

然而，公共场所与私人场所的区别并不是泾渭分明的，而是更多地反映在两者的程度不同之上。大多数人都在公共场所内进行大量的日常生活行为，他们并不会预见到别人会观察其在公共场所内实施的行为。当公民身处公共场所时，有几个因素会影响其是否享有合理隐私期待：身处的位置是否足够隐蔽、是否匿名、公众是否对其非常关注、社会规则、个人信息是否被别人所散布以及公民在公共场所实施的行为的性质等。更可恶的是，如果行为人使用侵犯隐私权的科技设备的话，那么这不但会损害公民的公共场所隐私期待，而且还会模糊公共场所和私人场所之间的区别。笔者将在下文对上述因素进行分析。

1. 地点

"公共场所"这一概念包括众多的地点，包括熙熙攘攘的交通要道，也包括偏僻的街尾小巷。有的公共场所是国家所有，有的则是私人所有，但无论如何，公众都可以自由地进入被称之为"公共场所"的所有地方。在美国法中，公共场所还包括公众能够从属于公共区域的有利位置中，以裸眼看到的所有地方，比如说如果公众能够从街道

[①] Australian Law Reform Commission, Report No. 11, Unfair Publication: Defamation and Privacy (Canberra: Australian Government Printing Service, 1978) at 125 (emphasis added).

上看到公民的房屋或者花园的某一部分，那么这部分区域也属于公共场所。如果公众能够从其邻居家中以裸眼看到公民房屋内的部分区域，那么这一块区域同样也属于公共场所。

这一定义方法存在矛盾，因为根据这一定义，某一场所可能既属于公共场所又属于私人场所：从公众都能够进入的角度上看，该场所属于公共场所；但从该场所非常隐蔽的角度上看，该场所又属于私人场所。一概排除公共场所内的隐私权的做法使得公民无论是在安静的书店内还是在街上参与游行示威，都无法对自己的行为享有合理隐私期待。在判断公民是否享有隐私期待时，实际上并不存在公共场所和私人场所之间尖锐的对立，而主要是一个程度的问题（a matter of degree）：公民会大概预估自己所处的场所的"公共性"是否强烈，并且根据该预估结果调整自己的行为举止。除了偏执狂外，没有人会将几乎不存在的风险当做严重威胁，并且在任何公共场所内都表现得好像一直在被别人所监视那样。

隐私权法上对公共场所和私人场所的区分主要来源于一个不合理的隐私权观点，根据该观点，公民要不就享有完整的隐私权，要不就完全不享有隐私权（all-or-nothing concept）。如果公民将其隐私披露给少数的人，甚至只要披露给一个人知道，那么该公民就等于完全丧失了自己的隐私权。但实际上，当公民在书店看书时，其身旁别有用心的人悄悄打量其所精读的书名，这种行为当然也会使得公民的隐私权受到一定的损害，但该行为损害其隐私权的程度远不及于行为人将其阅读习惯披露给其雇主或者社会大众的行为。正如一名美国的法学家所指出的那样：法院采用一种标准判断某一场所是否属于公共场所，但却用另一种标准判断某一私人事实是否被别人错误地公布出去：公民隐私利益的退化和公共事件重要性的提升归根结底都是一个程度问题。很明显，法院的分析方法存在缺陷，因为"公共"实际上只是意味着某一事件发生在公共场所之内，而不是像法院那样采用数字判断标准来确定某一事件是否属于公共事件。因此，被告将原告的私人事实披露给两名受众的行为并没有侵犯公民的隐私权，但是原告将同样的信息披露给同样的受众的行为，却会被法院视为是放弃自己隐私权的行为。

在公共场所内，即使公民的私人信息已经被大量的受众所知悉，但如果这些受众属于某一社会群体,比如跟该公民性别相同,或者都去同一家教堂礼拜,那么我们仍然有必要分析在这种情况下,该公民是否仍然应当享有隐私权。

当然,即使公民身处于公共场所之内,也不必然意味着公民要将个人信息全部披露于公众的视野之下,因为当时该公共场所内可能并没其他人,或者在场的人并没有将注意力放在公民身上。Prosser 教授曾说:"假设某公民在公园内的草丛中小便,该公民虽然会意识到这一行为可能会被路过的人所发现,但无论如何,这一行为肯定不属于'公共行为'。"①

2. 信息的散布

Jeffrey Reiman 曾说,隐私权不仅来源于公民关上房门或者拉上窗帘的行为,还来源于别人传播公民在公共场所内实施的行为的方式。在正常情况下,如果某公民坚持认为其一直被别人所跟踪和观察,那么大众一般会认为该公民有点偏执,其不应当享有合理隐私期待:即便实施公共行为,比如驾驶车辆,普通的守法公民一般都会认为,其行为并不会引起别人的过分关注,否则的话别人的行为可能会损害公民的个人自由。以驾驶车辆为例,别人过分关注的行为会损害公民的旅行自由,包括限制旅游地点和事件的自由,也会损害公民选择同伴旅行的自由。

如果行为人对公民进行长期的观察进而累积观察数据,那么将对公民的隐私权造成巨大的侵害,因为行为人将因此掌握公民的日常生活轨迹,并能够根据观察数据推断公民的下一步行为。在这种情况下,即使公民进行了一般的预防措施,也无法遏制这种观察行为所带来的严重后果:在保护自己的隐私权时,如果公民只注重自家的门户是否紧闭,而低估现代信息收集技术对隐私权所可能产生的巨大危害,那么公民必定自食其果,因为现代的信息收集技术能够收集公民在进行公共生活中的点滴细节,并能够将收集到的信息碎片整合起来,拼凑出公民的重要隐私信息。

美国隐私权法在某种程度上也关注到偶然的观察行为(casual observation)和系统性监视行为(systematic surveillance)之间的重大

---

① W. L. Prosser, 'Privacy' (1960) 48 Cal. L. Rev. 383 at 395.

区别，其中一个最为显著的例外情形就是：即使在公共场所或者半公共场所，行为人如果对某公民实施长期的跟踪或者骚扰，那么行为人的行为就属于侵犯公民隐私权的行为。在 Gallela v. Onassis 一案①中，法院最终决定向被告颁布禁止令。本案中，身为狗仔的被告采用多种手段潜入 Jacqueline Onassis 的生活，甚至危及她子女的安全，潜入她子女的私立学校内、贿赂她家中的看门人、跟她家中的佣人调情以获得她的家庭信息。受诉法院认定：被告的行为已经严重超越获取新闻的程度，虽然被告的新闻采集行为也存在某种程度上的公共利益，但与原告的隐私利益相比，被告对原告实施的长期监视行为，特别是其强迫性和侵入性的信息采集行为，实际上已经构成不合理搜查行为，因此被告不得对上述行为享有合理隐私期待。

在 Pinkerton National Detective Agency, Inc. v. Stevens 一案②中，一家侦探事务所对一名要求损害赔偿的当事人进行长达数月的跟踪。法院最终认定该侦探事务所的行为并不属于合理的、非强迫性的观察行为，而属于侵害该公民隐私权的行为，因为合理的、非强迫性的观察行为通常都是指行为人采用普通的行为对公民进行观察，而不引起被观察的公民的注意。在涉及跟踪的案件当中，法院也采用了类似的分析方式。在涉及公民的公共场所隐私权的案件当中，法院多数都认为公民不得享有公共场所隐私权，但如果行为人的骚扰行为使得公民产生恐惧之感，那么法院则可能会例外地认定公民在这种情况下享有公共场所隐私权。

在 Nader v. General Motors Corp. 一案中，纽约州上诉法院的判决比其他法院更前进了一步。本案中，一名作家直言不讳地向人群阐述汽车的安全隐患，通用公司为了报复该名作者，便对其实施了一系列恐吓行为。Fuld 法官认为该作者有权对通用公司的"过分热心的监视行为"提起诉讼，在他看来：不能仅仅因为公民进入了公共场所，就认定公民实施的每一项行为都属于公共行为，同理，Nader 虽然走入银行，但这并不意味着每个人都有权试图了解他从银行取走了多少现金。另一方面，如果原告只是将信息披露给少量的恰好在场的公

---

① 487 F. 2d 986 (2d Cir. 1973).
② 132 S. E. 2d 119 (Ga. App. 1963).

众,那么也不能因此认为被告的行为就侵害了原告的私人领域。

实际上,多数商店的物品陈列方式使得过路人能够轻易地知道公民从货架上拿走了哪些商品到收银台付款,因此 Fuld 法官的评论对"谨慎"而言并不能产生多大的心理安慰。

在 Breitel 看来,法院应当重视监视行为所产生的累积效应(cumulative impact):即使某一行为发生在公共场所内,甚至只被少数人所看见,该行为仍然不属于保密行为,但如果行为人大量收集公民的个人信息,并且将信息碎片进行分类汇编,那么行为人的行为则应当被视为是侵犯公民隐私权的行为。

3. 匿名

在公共场所内,仍然存在一个可能会引起争议的因素——匿名。当公民与别人共享公共空间,特别是当公民身处市区或者远离其居住地时,与公民发生接触的行为人并不知道公民私人生活的细节。陌生人通过观察公民所获得的信息碎片,往往不会涉及该公民个性、尊严,并且此类信息碎片很容易被人遗忘。Alan Westin 曾说,隐私权其中一个重要方面就是公民能够时不时地保持匿名状态,而名人则已经丧失了这种不时匿名的权利。他阐述了匿名对于"公民融入特定环境"的重要性,并将公民之间的匿名关系所引起的现象称之为"陌生人现象",根据该理论,相对于熟人而言,公民更愿意跟陌生人分享私人事务,因为公民知道该陌生人不会再出现在其生活当中,虽然该陌生人也会做出反应,但是该陌生人并不会对公民的生活造成任何影响,也不会对公民的行为进行任何限制。这一现象对于调查实验而言非常重要,因为调查方必须保证参加实验的公民的真实相信不会被泄露(即保持公民的匿名状态),否则公民不会愿意向陌生的调查人员诚实地披露其个人信息,调查方也无法获取真实有效的实验结果。

4. 社会规则

大量的社会规则和社会实践降低了公民进入公共场所的风险,大多数社会规则都是不言而喻的,公民甚至不会意识到社会规则的存在,直到有人打破了社会规则。然而,行为人打破社会规则的行为会招致公众的责骂,甚至会被社会所制裁,因此公民成长过程中一项重要的学习任务就是掌握不同社会规则之间的细微差别(nuances)。社会学家 Rrving Goffman 收集了大量的实例，包括公共场所内的私人领域、社交行为以及目不转睛地看着别人等方面的实例。此类社会规则努力在现实、公众的好奇心以及公民的隐私权之间取得平衡。举例而言，当公民之间的距离非常小时，双方都不得"盯着"对方，因为这样会冒犯对方。Goffman 解释道："举个例子，在美国的男厕内安装了大量的小便器，当男性小便时，在一定时间内，他们之间的距离非常小，甚至其隐私器官还会暴露于其他小便的男性的眼光之下。在这种环境下，彼此都应当限制自己眼部的扫视范围，以免不必要地侵犯别人的隐私权。当两名男性紧挨着小便时，双方的安全扫视范围都会变得非常狭窄。同样地，当公民进入某一未曾去过的区域时，他也许无法找到能够某个相对偏僻的地方，以回避别人肆意观察的眼神。"

另一条社会规则，即熟人之间的"问候规则"，意味着公民再也无法保持其匿名状态：在看到熟人时，公民有社交义务去跟熟人打个招呼。这一规则附带的影响就是公民有可能会被熟人观察或者偷听，甚至是在其不知道的情形下被熟人所观察或偷听。

即便在公共场所内，社会规范也能够成为保护公民隐私权的强大武器，这一点能够从传奇的戈黛瓦夫人和考文垂偷窥狂的故事中得到体现。

问题的关键不在于法律是否应当直接强制实施社会文化规范，而在于这些社会因素对于塑造公民的隐私期待所发挥的作用。举例而言，一名女士坐在公园的树下写日记，公园内并没有多少游客，如果此时有人爬到树上并从上窥视其日记内容，那么该行为人的行为则应当属于侵犯该女士隐私权的行为。如果有人使用长镜头拍摄其日记并公布日记内容在跟公民利益相关的页面上，那么该行为人不能以作者缺乏合理隐私期待作为抗辩理由。

5. 暂时性

公共场所和私人场所二分法同样忽视了时间的关联性以及发生在公共场所的事件的短暂性。长期公开披露某幢房屋或者墓碑的行为，跟披露公民在药店购买某一药物的瞬间行为大不相同。如果有人将发生在公共场所内的事件通过科技永恒地记录下来，那么该行为人的行为则有可能侵犯公民的合理隐私期待。然而，美国法院长期忽视了这一区别。事实上，在公共场所内，即使行为人在未经公民同意的情况下拍摄公民的照片，美国法院也并不会将该行为视为侵入行为，因为在美国法院看来，这一行为单纯地只是记录了发生在公共场所内的、在场的人都能够看到的事件，其本质跟书面的完整的简介并没有什么不同之处。

McClurg 对这一论证方式提出质疑，在他看来，拍摄照片或者视频的行为可能会从三个方面侵犯公民的隐私权：①一般情况下，当行为人在公共场所实施侵入行为时会受到一定的限制，但如果行为人通过拍摄照片或者视频的方式侵犯公民的隐私权，那么这种限制将会被弱化，使得行为人能够无限制地扩大其侵入范围。人的记忆是会消退的，但是照片却会长期保存下来，这也证明为何性犯罪者会拍摄受害者的照片或者影像，以及即使犯罪行为早已结束，可如果犯罪者仍然掌握着上述照片和视频，那么受害者还是会觉得该犯罪行为未曾终止。②由于存在永久性的记录，因此行为人能够从中发现许多在拍摄之时无法用肉眼观察到的细节信息。照片有能力定格那些令人尴尬的时刻，这一点能够从 McNamara v. Freedom Newspapers, Inc. 一案[①]中得到证明。本案中，一家地方报社在某高中进行足球比赛的过程中拍摄了一张照片，该照片记录原告和他的朋友在进球后欣喜狂跑的场景，但通过该照片，读者能够清晰地看到原告的生殖器。法院最终认定原告无权提起隐私权侵权之诉，因为原告是出于自愿在公共场所内参加这样一场吸引大量观众的体育比赛。照片使得某一场景得以被更多受众所知晓，而且受众的范围也远远超出被拍摄者的预计范围。他认为，即便某一行为在一种情形下是正当的，但是换个情形，该行为却有可能是不正当的，甚至是会使人感到尴尬的。举例而言，尽管许多人都愿意在海边或者泳池旁展露其身材，但是大部分人并不愿意在海边或者泳池外的地方，向更多的受众展示其身材。

在搜查和扣押领域内，法律明确了单纯的简介（mere discription）和永久性记录（permanent record）之间的区别。在 R. v. Duarte 一案[②]中，加拿大最高法院认为，公民应当承担与别人闲谈所可

[①] 802 S. W. 2d 901 (Tex. App. – Corpus Christi 1991).
[②] [1990] 1 S. C. R. 30 at 48, 53 C. C. C. (3d) 1 at 14.

能产生的风险，但是却不应当承担别人将公民的言词制作成永久性记录所产生的风险。美国联邦最高法院也认为，别人会对公民的言词进行更为细致的分析，如果公民知道其对话会被别人转述或者抄写，那么公民必定会有所节制地进行对话。如果公民知道行为人正在窃听其对话，那么必定会遏制公民的自由谈话，如琐碎的、粗鲁的、亵渎神明的或者是挑衅的谈话等，使得公民无法通过与别人的对话释放日常生活中的压力。临时性的谈话内容通常都会被人所遗忘，公民也有理由相信自己的谈话内容不会被其他人所知晓，因为他的谈话对象范围有限，而且与其谈话的人甚至可能会忽视或者忘记其所说过的话。而且更重要的是，与其谈话的人无法复制该谈话的全部内容，除非该对话者在双方谈话之当时就已经悄悄记录下双方的谈话内容，并将该谈话永久性地记录下来。

在视觉影像方面，永久性记录和单纯的简介之间的区别更为明显。正如 Commonwealth v. Kean 一案[①]那样，即便观察者的口才再好，他所能表述的信息仍然不及于一段视频所反映的信息量的万分之一。即便没有法学学位，公众仍然能够清楚地知道一点，即一张照片所能够反映的信息量比一千个词语所反映的信息量更大。

6. 科技与公共场所和私人场所两分法

破坏公共场所和私人场所两分法的最后一个因素就是科技，科技的进步使得公共场所和私人场所之间的界限越来越模糊。社会学家 Gary T. Marx 指出，公民更多的身处物理世界而不是电子世界，因此当公民进行基本的社会假设时（social assumptions），公民必须将这一现实纳入考量范围之内。家庭和工作场所之间的界限已经变得越来越模糊，公民甚至可以在家中对发生在工作场所内的事件进行电子远程控制。借助科技，行为人越来越容易在不用物理性侵入公民住宅的情况下对公民进行监视：大量的监视设备早已问世，包括能够扫描身体和墙壁的探测器、能够远程进行窃听的麦克风和信号发射器等。我们非常关注发生在公共场所内的某些行为是否侵犯公民的隐私权，那么我们更应当关注上述发生在私人场所内的、可能会损害公民隐私权的风险。

---

① 556 A. 2d 374 at 382.

科技超越了感官直觉的限制，因此科技的发展极可能会打破公民对公共场所和私人场所所保持的所有隐私期待。举例而言，公民会预见到别人可能会从一定距离外的某个角度对其进行观察，但公民绝对无法预见到别人会在非常近的距离内、在公民不知道的情况下对其进行观察。在最近的 C'Debaca v. Virginia 一案[①]中，科技就打破了原告所有的隐私期待。上诉人曾被法院裁定有罪，因为上诉人将放置了摄像机的包扔在地上以偷拍受害人的裙底（如果上述人使用先进一些的科技，也许不会被发现，也不会被裁定有罪）。上诉法院对现行法律进行解释，最终撤销了原有罪判决，被告无罪释放。但法院同时也强调，虽然上诉人安装摄像机拍摄被害人的裙底，但是被害人应当知道，当她进入公共街道后，她便不享有任何的合理隐私期待。

科技可以打破公民的隐私期待，因为借助科技，行为人甚至可以在公民完全不知情的情况下，对其进行监视。如果公民知道别人正在使用某些侵入性的手段对自己进行观察，那么公民可以请求对该行为人进行社会制裁，也可以采取躲避行为保护自己的隐私权。举例而言，在公园写日记的那位作者如果发现别人爬到树上偷看其日记内容，那么她可以警告偷看者，也可以合上日记本离开那个公园。监视科技的发展降低了监视公民的社会成本，并且能够披露许多一般人难以获得的私密信息。在 Stanley Benn 看来，私下的观察行为，即监视行为是会引起公众的反感情绪的，因为它有意扭曲公民对周遭世界的认识，妨碍公民根据自己的意愿做出合理的选择。英国上诉法院在某一判决中承认，根据 1966 年的广播法，在公共场所偷拍公民的行为有可能侵犯公民的隐私权，即使被拍摄的事件根本不属于公共事件也同样如此。该法院认为，私下拍摄公民的行为剥夺了公民的选择自由，包括决定是否接受拍摄的自由，以及被拍摄时进行怎样的活动的自由。

由此，美国法也出现了第二种类似的例外情形。在某些非常例外的情况下，即使在公共场所，如果行为人使用科技对公民进行监视，该行为人的行为仍然可能会被认定为侵犯公民隐私权的行为。举例而言，即便某一对话发生在公共场所之内，但如果行为人不借助科技的

---

① C'Debaca v. Virginia, [1999] Va. App. LEXIS 72.

力量无法窃听到该对话的内容，那么该对话仍然属于"私人间的对话"。在 Dickerson v. Raphael 一案①中，某电视脱口秀节目暗中对一段发生在公园内的、原告和其成年子女所进行的谈话进行录音，该谈话的内容主要涉及原告的收入、婚姻情况以及宗教信仰。原告根据密歇根州窃听法律提起诉讼，要求被告对其进行损害赔偿。被告辩称，该谈话发生于公园之中，任何偶然路过的行人都可能会听到该对话内容，但该州上诉法院并未采纳被告的意见，在法院看来，没人会特地在周边徘徊以偷听原告的谈话。

但在视觉记录方面，法院却并没有采纳上诉论证方式。在 Dickerson 一案中，上诉法院认为，被告所拍摄的视频并不存在任何法律争议。在法院看来，虽然原告进入公园的目的就是为了找到一个私密的谈话场所，但是正因为该谈话发生于公共场所内，因此被告有权将拍摄到的视频披露给社会公众。而且，除非被告使用望远镜窥视公民住宅的内部，否则被告使用望远镜观察原告的行为仍然没有侵犯原告的隐私权。在 DiGirolamo v. D. P. Anderson & Associates, Inc. 一案②中，受诉法院认为，被告使用望远镜观察原告住宅内部的行为损害了原告的正当隐私期待，因为原告无法预见到别人在借助望远镜的情况下，究竟能够看到多少内容。然而，如果被告只是用肉眼观察原告的住宅内部，或者使用望远镜观察原告的阳台，那么该行为也并没有侵犯原告的隐私权，因为当原告站在自家的阳台时，她所享有的隐私权并不比站在公共街道上所享有的隐私权多多少。美国法院已经否定行为人借助视觉科技监视公民住宅内部的行为，但对于行为人在公共场所内使用上述科技进行暗中监视的行为，美国法院仍然采取一种宽容的态度。

（二）默示同意或者放弃隐私权

尽管公民希望自己在公共场所享有一定程度的隐私权，但公民也意识到，当其进入公共场所时，其所承担的隐私风险比其呆在家中所

---

① 564 N. W. 2d 85 (Mich. App. 1997).

② DiGirolamo v. D. P. Anderson & Associates, Inc., [1999] Mass. Super. LEXIS 190, online: LEXIS (States, MACTS) [hereinafter DiGirolamo].

承担的隐私风险大得多。法院由此推断无论公民是否情愿，如果公民不老实呆在自己家中或者采取必要的预防措施，那么公民就是默示地放弃了自己的隐私权，同意别人侵入其生活领域并将其隐私信息披露出来。某位作家将该推断标签化为"知道即同意"，但"知道"和"同意"实际上是两个完全不同的概念。在分析"知道"和"同意"为何截然不同的基础上，我们能够更好地检视"同意"和"放弃隐私权"之间的区别。实际上，虽然这两个概念的内涵并不相同，但是法院在隐私权案件当中往往并不对这两个概念进行使用上的区分。

1. 同意的范围

在故意侵权中，"被害人的同意"是一个重要的抗辩理由，即如果被害人同意被告实施特定行为，即便该行为构成侵权法意义上的侵权行为，被告仍然无须承担相应的侵权责任。如果我们在暴风雨天气驾驶车辆，我们预见到车辆一定会撞上某棵倒下来的树，这也并不意味着我们因此同意别人用树枝拍打我们所驾驶的车辆。同理可证，即使原告预见到某一行为的发生可能会损害其隐私权，或者预见到别人可能会侵入其生活领域，但这也不意味着他便同意别人实施上述侵入行为。举例而言，Fayard v. Guardsmark, Inc. 一案[1]中，虽然原告预见到有人会告诉其雇主自己的交友情况，但这并不意味着她因此就同意其雇主蹲守在其家门口，对进入其家中的车辆和人员进行监视。正如 McClurg 所指出的那样，在 Gill v. Hearst Publishing Co. 一案[2]中，受诉法院没能认识到自愿出现在公共场所以及自愿同意别人盯着、拍摄甚至披露自己之间的巨大区别。

在 Malone v. Metropolitan Police Commissioner (No. 2) 一案[3]中，法院的上述论断（即知道风险等同于放弃隐私权）得到明确的体现。该案中，英国警察利用电话窃听技术对原告进行窃听并且主张，原告对电话的内容并不享有保密的权利：①当公民陈述保密信息时，他应当预见到周遭的陌生人可能会窃听其谈话；②当公民在公共汽车或者

---

[1] Fayard v. Guardsmark, Inc., [1989] U.S. Dist. LEXIS 14211, online: LEXIS (Genfed, DIST).

[2] Gill v. Hearst Publishing Co., 253 P. 2d 441 (Cal. 1953).

[3] Malone v. Metropolitan Police Commissioner (No. 2), [1979] 1 Ch. 344 at 375-376.

火车上交换保密信息时,他应当预见到隔壁的乘客可能会窃听他的谈话,距离他较远的乘客也可能是个擅长读唇的人,因此也能够知晓其谈话内容;③当公民在自家花园内交流时,他应当预见到邻居可能会在附近的工具房内窃听到其谈话内容;④当清洁人员在办公室内谈论"八卦"内容时应当预见到有人可能在办公室内加班,因此也会听到其谈论的"八卦"内容;⑤当公民利用内部通信系统传递保密信息时,他也应当预见到行为人可能会侵入该系统并且复制其保密信息。我不明白为什么当行为人以上述方式获取保密信息后,其不得使用或者披露上述信息,否则要承担法律责任。

David Feldman 认为:如果仅仅因为公民使用了电话就认定公民丧失了隐私权,那么无异于说公民因为乘坐飞机而丧失对其行李的所有权,众所周知,在运送行李的过程中,常常会发生行李被盗或者遗失的情形。

Malone 一案和 Francome v. Mirror Group Newspa-pers Ltd. 一案①有所不同,在 Francome 一案中,法院颁布中间禁令,禁止被告公布由于窃听原告电话所获得的录音带。John Donaldson M. R. 认为,尽管公民在使用电话时应当预见到存在电话串线、政府执法人员基于公务对其电话进行窃听等风险,但公民仍然有权保持其通话的秘密性,行为人不得窃听公民的私人通话。任何窃听者,特别是故意的窃听者,都不得以不知道该通话是秘密通话作为抗辩理由。

但学者们常常忽视了一个重要的问题:即使公民同意行为人实施特定行为,但这种同意也可能是附条件的,或者是被限制在一定范围之内的。举例而言,Osborne 在评论 Milton v. Savinkoff 一案②时说道,在分析原告是否已经放弃了自己的隐私权时,应当采用限缩性解释,即应当认定原告仅仅放弃了照片冲洗程序中的隐私权。在 Doe v. Dyer-Goode 一案③中,一名患者同意医生对其进行抽血检查,但是该名医生在未经他同意的情况下对其进行艾滋病血液检查。法院最终认定医生的行为并没有损害患者的隐私权,因为当患者自愿放弃其血液样

---

① Francome v. Mirror Group Newspapers Ltd, [1984] 1 W. L. R. 892.
② Miltonv. Savinkoff (1993), 18 C. C. L T. (2d) 288 (B. C. S. C.).
③ 566 A. 2d 889 (Pa. Super. 1989).

本时，其就无权再对该血液样本主张隐私期待。毫无疑问，这样的论证方式是错误的，并且这一判决也与随后的类似案件的判决大相径庭。

美国的隐私权案件当中，有大约三分之一的例外案件都是因为原告仅仅同意被告进行一定范围内的行为。在 Y. G. v. Jewish Hospital of St. Louis 一案①中，某医院为参加该院试管受精项目的夫妇举行了一场集会，原告相信医院不会披露与会人员的具体信息，因此参加了该集会。但实际上，大批媒体参加了该集会，原告甚至两次被要求在摄像机前接受采访。原告拒绝了媒体的要求，并采取任何可能的措施不要被摄像机拍摄到或者被新闻记者采访。然而，当晚的广播报道了原告参加该集会的事件，虽然没有披露原告的姓名，但是却言之凿凿地说原告希望借助该项目生三胞胎。除了自己的母亲外，原告并没有告诉任何人其生育计划，但在广播结束后，他们却接到了无数的电话，被问了大量令其感到尴尬的问题，教友和同事也纷纷嘲笑和责骂原告夫妇。原告同时起诉了议员和电视公司，并向法院提出简易判决动议，但该动议被法院驳回，该法院认为：该案的种种细节表明，原告坚信参加该集会的人员均是参加该试管受精项目的夫妇，社会公众和媒体都无法参加该集会。原告实际上仅仅同意将个人信息披露给参加会议的其他夫妇，因此虽然原告参加了集会，但是他并没有放弃自己的隐私权，他仍然希望自己参加试管受精的事件能够保持秘密，不被社会大众所知晓。

在 Doe v. Mills 一案②中，受诉法院发展了上述论证方式。该案中，被告在流产医院门外高举一个广告牌，上面记载着将在该医院接受流产手术的两名患者的姓名。被告是从第三方获取该信息，而第三方是在该流产医院停车场的垃圾桶内发现了患者的就诊信息。初审法院参考宪法性的搜查和扣押案件后认定，因为原告已经将记载着信息的纸片投入垃圾桶内，因此原告已经丧失了隐私权。然而，密歇根州上诉法院并不认为原告的行为属于放弃隐私权的行为。在上诉法院看来，放弃隐私权需要公民知道并同意放弃自己的隐私权，而且如果公

---

① Y. G. v. Jewish Hosjpital ofSt. Louis, 795 S. W. 2d 488 (Mo. App. 1990).
② Doe v. Mills, 536 N. W. 2d 824 (Mich. App. 1995).

民采用默示的方式放弃自己的隐私权，那么还应当进行能够反映其主观目的的明确的、坚定的行为。即便原告将文件投入垃圾桶内，这种行为也不能被理解为原告同意被告获取上述信息，或者将该信息公诸于众。

被告又提出，原告进出流产医院的情形早已被在场的路人所知晓。在上诉法院看来，流产手术是在该医院的私人领域内进行，不能仅仅因为原告进出该医院的情形能够被过路人所看到，就认为社会大众有权了解原告进出医院的目的。如果法院根据这一分析方式做出判决，那么并不能有效地保护公民的隐私权，因为反对者或者媒体可以自由地报道公民进入流产医院的情形，然后让受众去推测公民进入流产医院的真实目的。但受诉法院还引用了 Y. G. 一案，即如果某一集会对参加者的身份有所限制，那么即使公民参加了该集会，那么法院仍然应当认为公民并没有放弃其隐私权，公众也无权得知发生在该集会内的事件。法院将这一论证方式引用到公民出现在公共街道上的情形，也就是说，如果只有少数过路人看到该公民，那么行为人不得披露该事件的具体信息。因此，公民出现在少数反对者或者过路人面前，并不意味着公民放弃了自己的隐私权，也不意味着公民同意别人披露其行为。

当公民进入公共场所时，其默示同意的范围仅限于附近的人对其进行短时的观察，而不包括长时间的仔细的观察。如果要证明公民默示同意的范围不止如此，那么就要根据当时的具体情况进行细致的分析。在 Gill v. Hearst Publishing Co. 一案中提出反对意见的法官认为，公民走出自家进入公共场所的行为跟公民自愿参加具有新闻价值的事件的行为（比如参加游行等）不同。他说道，假设一对夫妇坐在自家的店铺门前深情对视，虽然他们的行为会被附近的少数人所看到，但这并不意味着他们因此同意被告所在的杂志社将该情形拍摄下来，并且发表出去让数百万的读者都看到该情形。Osborne 认为，如果，公民有意引起公众的注意，比如在公共场所内衣着暴露、跟名人同行或者明知媒体会报道某一事件还故意参加该活动等，那么行为人便有理由认为该公民是以默示同意的方式允许别人对其进行拍摄，因此行为人有权将事件披露给社会公众。但即便在后一种情况下，该公民的同意范围仍然有所限制。真正参与某公共事件的人和单纯的旁观者之间有明显的区别：有意参加公共事件（如专业足球比赛等）的人可能会希望自己被拍摄下来，然后在电视节目上播放出去；单纯的旁观者同样有可能会被拍摄到，但是他只是观众中的一份子，而不会被挑选出来单独报道，更加不会引起公众的注意。

在分析默示同意的范围时，我们有必要分析如果行为人寻求公民的同意，公民有可能做出怎样的回应。如果行为人知道公民一定会拒绝行为人进行报道，那么行为人就没有理由认为公民采用默示同意的方式允许行为人实施特定公布行为。在进入公民私人领地前的敲门行为与此类似，新西兰高等法院阐述道，如果土地所有人不同意行为人进入其领地，那么行为人则没有理由认为所有人是以默示同意的方法允许其进入该领地之内。如果公民已经明确表示拒绝就某一话题接受采访，那么我们就不应当认为该公民是以默示同意的方式允许我们报道其对另外的话题的意见。显而易见，在一般情况下，默示同意很容易被推翻。

2. 自愿性

在采用"知道等于同意"的分析方法时，法院实际上是认为，公民能够自由选择是否将个人事物披露于公众的视野之下。在侵权法中，"同意"是对公民的自治权和自由意志的一种推断。我们假定，公民有权自由选择是否做出同意的意思表示。同样，"放弃"就是指"自愿地让渡或者抛弃某项法律权利"。

然而，公民"选择"进入公共场所往往不是自愿的，公民在进行日常生活时，常常是处于一种别无选择的状态之中。公民经常面对的选择是：要不就接受曝光的最小风险，要不就不参加任何社会活动。举例而言，在 International Union v. Garner 一案①中，法院认为，如果原告真的不希望自己参加会议的行为被别人知晓，那么原告就不应当将车辆停在会议大楼的楼下。但我们无法想象原告还有哪些别的选择，步行或者搭乘出租车同样也存在别人通过视频监控发现其进入大楼的风险。即使在人群当中，别人同样可以利用脸部识别科技辨认出公民来。唯一一个不会被发现参加该会议的方式就是——不参加。

在其他情况下，公民甚至无权选择不参加社会活动。正如

---

① International Union v. Garner, 601 F. Supp. 187 (M. D. Tenn. 1985).

McClurg所说，公民为了在社会中生存，必定需要花费大量时间在公共场所之中。举个例子，为了获取生存所需的社会保险金，公民不得不进入政府大楼排队领取保障金。在这种情况下，我们不能说该公民就默示同意别人披露其行为。如果公民拨打急救电话请求护理人员进入其家中对其进行急救，也不意味着他因此默示同意电视节目拍摄组也进入其家中对该事件进行报道。

在公共场所内，当公民处于一种"备受压力、不幸的或者受伤了的状态之下"，那么公民是否自愿也会成为一个非常重要的问题。自愿性问题构成美国法上的第四种例外情形。在 Gill v. Hearst Publishing Co. 一案[1]中提出反对意见的法官认为，如果公民离开自己的家中就意味着公民放弃其隐私权，那么就会出现这样的情况：在公共场所内，公民衣服纽扣或者拉链突然脱落，其身体的某些部分暴露在公众视野之下，在场的人有权将该场景拍摄下来并自由传播，而无须承担任何法律责任。几年后，在 Daily Times Democrat v. Graham 一案[2]中，法院最终根据公民是否自愿对上述情形进行明确的区分。该案中，原告与其子女在一县城游玩，当他们离开游乐园时，一架遥控飞机从其身旁飞过，吹起了她的裙子，她的内裤也随之露了出来。当地一家报社拍摄了当时的场景并且发表在报纸当中，原告因此起诉该报社侵犯其隐私权。阿拉巴马州最高法院最终做出原告胜诉的判决。该法院认为：当公民由于意志以外的因素突然陷入某种尴尬的局面时，如果仅仅因为公民恰巧成为某一公共场景的一部分就剥夺公民的隐私权，那么这种判决必定是违背逻辑的、错误的以及不正当的。如果将公民作为公共场景的一部分进行拍摄，那么拍摄者应当保证公民在被拍摄之当时是处于其正常的状态。如果公民意外地陷入某种尴尬的局面，那么不得因此认为该公民丧失了隐私权。简言之，不能因为不幸降临公民头上，就认定别人有权侵犯公民的隐私权。

Leverton v. Curtis Publishing Co. 一案[3]也采用了同样的论证方式，该案涉及对事故受害者进行拍摄的正当性问题。在 Taylor v. K. T.

---

[1] Gill v. Hearst Publishing Co., 253 P. 2d 441 (Cal. 1953).

[2] 162 So. 2d 474 at 478 (Ala. 1964).

[3] Leverton v. Curtis Publishing Co., 192 F. 2d 974 (3d Cir. 1951).

V. B., Inc. 一案①中，爱达荷州最高法院认定，广播公司恶意播放记录原告赤裸着身体被逮捕和押送出其家中的视频，原告有权对该行为提起诉讼。受诉法院的多数法官认为，原告是在非自愿的情况下裸露身体。然而，美国法院并没有明确这类型的案件是否也属于例外案件之一。而且，当原告处于一种"备受压力、不幸的或者受伤了的状态之下"时，法官需要进行严格的审查以分析该案件是否属于例外情形。

(三) 公共场所隐私权的重要性

在分析公民是否享有隐私权时，不能只注重分析公民是否享有合理隐私期待，因为科技设备以及社会潮流的发展，比如电视真人秀节目的产生，将会逐步侵蚀公民的隐私期待。除了隐私期待以外，社会规范也不再是判断公民是否享有合理隐私权的强有力因素，因为正如David Anderson 指出的那样，如果某一事物被公之于众，公众才会预期其具有公共属性；如果某一事物尚未被公之于众，那么公众往往会预期该事物属于私人事务。更重要的是，在平衡社会和私人之间的关系时，隐私权法应当发挥其重要作用，如果法律屈服于现实，那么不但会对公民的自治权造成损害，还会对社会的长远发展造成重大不利后果。因此，应当从规范层面对隐私期待进行分析，实现隐私权和相关利益之间的平衡。John Craig 曾写道：应当从一般理性人的角度分析公民是否默示地同意别人实施某一行为，并且应当尊重公民的自尊和自治权，公民有权享有最大程度的隐私权。在某一情境下，如果一般理性人都会认为自己应当受到法律的保护，别人不得侵犯其隐私权，那么法院不得认定原告默示地同意被告实施特定行为。

虽然在对隐私期待进行规范分析时离不开具体的案件情景，但是规范分析法有利于我们理解公共场所隐私权以及相关利益（competing interests）的重要地位。

1. 公共场所隐私权的价值

"合理的偏执"分析方法认为，公共场所隐私权对于社会并没有多大的价值，公民有义务采取必要措施保护自己的隐私权。但是正如上文所分析的那样，公共场所隐私权实际上对于社会整体的隐私权具

---

① Taylor v. K. T. V. B., Inc., 525 P. 2d 984 (1974).

有非常重要的作用，特别是在结社自由以及促进公民的隐私权方面更是如此。

实际上，虽然公民将大量的信息视为隐私信息，但是这些信息早就直接或者间接地被披露出来。当公民拍摄视频、去公共图书馆借书、外出购物或者约会时，他已经向社会大众披露了大量的私人信息，依照合理的偏执分析方法，他已经放弃了对上述信息的隐私期待。但这一分析方法会导致严重后果：行为人可以大量收集公民的公共信息碎片，并将这些信息碎片拼凑起来以了解公民的隐私生活，而无需受到法律的限制。因此，忽略保护公民的公共场所隐私权这一做法，将使公民的大量敏感生活信息处于危险状态。

Crosten v. Kamauf 一案①能够充分证明这一点。该案中，原告声称被主管性骚扰并辞职离开医院。随后，她在医院的教育辅导中心接受心理治疗，该教育辅导中心的辅导对象除了医院的工作人员外，还包括普通社会公众。但在连续接受 16 期的治疗后，该教育辅导中心单方停止了对原告的心理辅导，在原告看来，这是医院对其实施的报复行为。于是原告将前雇主告上法庭，认为前雇主侵犯其隐私权。原告主张，其曾向医院反映自己受到主管性骚扰一事，医院的行政部门肯定将此事告知教育辅导中心，而教育辅导中心工作人员也肯定将原告在中心接受心理治疗一事告知医院行政部门。医院方面则认为，原告接受心理治疗一事并不属于原告的私人事务，因为在场的医患人员都能够看到原告进出教育辅导中心接受治疗，而且任何发生在公共场所内的事件都应当属于能够被公开的事件。受诉法院没有对医院的论证提出质疑，但在法院看来，原告进入教育辅导中心接受治疗一事是否已经被披露尚且不得而知，因此驳回了原告的诉讼请求。

Crosten 一案的判决结果令人不安：从理论上看，公民进入生殖、流产、性病防治诊所或者药物康复中心一事会被在场的公众所知晓，但法院不应当仅凭这一点就认定公民实施的上述行为不属于隐私，否则的话，无论公民多么谨小慎微，只要其进入专科健康中心，那么别人都可以不受约束地将这一事件披露给社会公众知晓。但如果法院认可公民享有公共场所隐私权，那么公民就能够自由地接受治疗，而无

---

① Crosten v. Kamauf 932 F. Supp. 676 (D. Md. 1996).

须担心别人会将其接受治疗一事披露出去。

在促进跟隐私权有关的价值（如自由、自我实现、自治权、独立思考以及人性自尊等）发展方面，公共场所隐私权也能够发挥独特的积极作用。值得注意的是，公共场所隐私权跟结社自由、公民对其公共行为享有隐私权等方面联系十分密切，International Union v. Garner 一案[1]能够充分说明这一点。笔者在上文曾提及此案，该案中，该市市长和警察局记录并追踪原告的车牌号码，试图掌握原告的身份信息，并将原告参加该会议这一事件告知原告的雇主。该会议的主题在于建立工会，原告虽然诉称被告侵犯其隐私权，但原告的根本目的明显在于保护其结社自由。受诉法院最终认定，原告不享有公共场所隐私权，但法院的判决无疑会使原告受到来自其雇主的恐吓或者迫害。在 Gibson v. Florida Legislative Investigation Committee 一案[2]中，美国联邦最高法院认定，社团有权对其成员名单进行保密，否则的话将可能导致"寒蝉效应"，即社团成员不敢行使其受到联邦宪法保护的言论自由、表达自由以及结社自由等。但在 Garner 一案中，地区法院却没能认识到行为人在公共场所实施监视行为的危害性，而科技的发展（如脸部识别系统等）会加剧这一行为所产生的危害。对隐私权进行限缩解释，即认定公民只有在隐蔽场所才享有隐私权的分析方法，完全无法保护公民的结社自由。如果公民无法自由地与社团成员进行交流，那么即使社团有权对其成员名单进行保密，也无法从实质上保护公民的结社自由。

与美国相反，英国对公共场所隐私权采取一种相对宽松的分析方法，而这一分析方法似乎能够更有效地保护公民的结社自由。举例而言，奥地利个人数据保护委员会认为，国家安全局不得趁原告参加女权主义会议时，收集其参加政治性会议的相关信息，或者记录其车牌号码。在该委员会看来，公民的个人数据受到宪法的保护，部分发生在公共场所内的公民私人生活数据也同样应当受到宪法的保护，比如公民参加文化性或者政治性事件等数据信息。

公共场所隐私权对于更好地保护公民的隐私权也有重要作用。如

---

[1] International Union v. Garner, 601 F. Supp. 187（M. D. Tenn. 1985）.
[2] 372 U. S. 539 at 555（1963）.

果将隐私权限定于私人场所之内，那么就意味着公民只有在私密而隐蔽的场所内才能够享有隐私权。但现实是，大多数人都没有购买私人大房屋、搭乘私人交通工具的经济实力。Westin指出，即便生活在拥挤的环境内，公民仍然希望能够享有公共场所隐私权，无论是在城市街道上、街边角落内，或是在电影院等公共场所内，如果公民能够找到相对隐蔽的区域，或者正在实施某一亲密行为，抑或其能够保持匿名状态，那么其仍然应当享有公共场所隐私权。而且，鉴于隐私权能够促进自由权和自治权的发展，我们有必要将隐私权扩大至私人房屋以外的地方，这对于那些在家庭中处于弱势地位的人（如在父权家庭中的女性和子女等）而言，也具有重要意义。

在一定程度上保护公民的公共场所隐私权的另一个理由在于，公民需要花费大量成本实施预防措施以保护自己的隐私权。公民不应当过分地承担保护自己隐私权的责任，因为采取预防措施需要花费大量社会成本，而如果每个公民都像"谨慎"那样偏执的话，将严重地浪费有限的社会资源。举个例子，如果每次谈论私人事务时都必须安排在私人的场所内进行，而不在公共场所内交流或者使用电话交流，那么朋友间的交流将变得异常低效。而且，要求公民花费巨大的社会成本和经济成本保护其隐私权也是不合理的。学者们普遍认为，对于同性恋者而言赋予其一定程度的公共场所隐私权将为其提供一个进行正常生活的"喘息余地"，即当其进入同性恋酒吧或者跟同性恋人出行时，不必担心其行为被别人披露出来。

虽然公共场所隐私权在民主、高效以及公正的社会内能够发挥重要作用，但是我们也应当承认，相对于私人场所内的隐私权而言，公共场所隐私权仍然应当受到一定的限制，因为"公民无法决定与谁共享公共空间，而且公民有义务不实施侵犯别人私人空间的行为"。

2. 与隐私利益相关的利益

主张"合理的偏执"分析方法的学者认为，公共场所隐私权将危及调查记者、私家侦探等人实施的合法行为。然而，除了全盘否定公共场所隐私权外，我们还是能够找到别的方法实现隐私利益和其他相关利益之间的平衡。在评估公民是否享有合理隐私权时，应当充分考虑案件的具体情况、公民的隐私利益以及其他相关利益等因素。加拿大三省的隐私权法明确表示，只有在合理情况下，并且公民合理地照顾到别人的合法利益时,公民才有权享有隐私权。美国隐私权法也有类似的规定:一般情况下,只有当被告实施不合理行为,并且严重损害原告的隐私利益时,原告才有权对被告提起侵犯隐私权之诉。在判断被告的行为是否合理时,应当结合被告实施该行为所欲达到的目的以及原告的隐私利益,努力实现两者之间的平衡。如果被告实施该行为前已经获得授权,或者法院最终认定在特定情况下,被告实施的行为是正当的,那么即使被告的行为对原告的隐私权造成轻微的损害,那么该行为仍然是合理的,原告不得对该行为提起诉讼。

在分析某一行为是否属于侵入行为时,应当充分考虑该行为发生的地点。如果被告能够证明其在公共场所内实施的监视行为具有正当性,即其存在跟原告的隐私利益相抗衡的利益时,那么被告有权实施该行为;但如果被告是在原告的房屋内对原告实施电子监视行为,那么无论被告有何种目的,该行为仍然构成侵权行为,原告有权对被告提起诉讼。

根据侵权法和具体案情分析公民的合理隐私期待,跟搜查和扣押程序中的合理隐私期待之间存在巨大差异,尽管有时法院会直接采用宪法判断标准裁决侵权案件。但是在搜查和扣押程序中设置"合理性"要求是为了实现公民隐私利益和政府利益之间的平衡,正如 La Forest J. 在评价 Dagg 一案时所说的那样,在刑事案件当中,除非政府具有强有力的对抗性利益,否则不得对公民实施监视行为。

与刑事案件不同,在普通的侵权案件当中,被告可能根本就不存在对抗性利益:被告可能是出于报复、偷窥、恐吓或者好奇实施侵权行为。即使被告实施的不合法行为具有合法外观,其对抗性的利益仍然应当弱于原告的隐私利益。

在 Garner 一案中,如果法院采用文本性分析方法,那么其可能会得出令人满意的判决结果。受诉法院拒绝保护与会人员的隐私权,在法院看来,如果认定原告享有合理隐私期待,那么将会遏制新闻调查记者报道社会事件的积极性。但本案实际上并不涉及新闻自由,因为市长和警察局实际上是想要帮助原告的雇主,阻止原告构建工会。如果允许被告实施上述行为,反而会损害新闻自由和结社自由。因此可以说,该判决未能保护真正受到损害的重要价值。

如果 Aubry 一案发生于普通法国家,那么其将促使我们分析表达自由和隐私权的重要程度。该案中,虽然被告声称该照片阐述了当代城市生活的现状,但是法院不应当分析涉案照片的艺术价值,而应当分析被告能够根据艺术表达的自由公布原告的照片,以及在未经原告同意的情况下公布原告的照片是否损害原告的隐私权。这一问题非常复杂,因为该照片内蕴含了两方的表达自由——原告坐在台阶上思考人生的自由以及被告拍摄照片的自由。被告的行为虽然没有对原告造成重大的精神损害,但正如被告所说,他请模特拍摄照片需要支付每小时30～40美元的费用,那么被告实际上可以在不侵犯原告隐私权的情况下进行艺术创作,比如被告可以征求原告的同意(无论是否支付费用),或者雇佣模特模仿原告的姿态进行拍摄。无论如何,双方的利益似乎都没有受到太大的损害,但相比而言,原告的利益似乎要高于被告的利益。

四、结语

一般理性的人并不认为其进入公共场所的行为意味着其放弃了自己的隐私权,这一点跟隐私权法的通说大相径庭。虽然公民知道当进入公共场所时,其需要承担个人隐私被披露的风险,但公民也同样知道,这一风险并没有想象的那么高。如果公民无法控制某一事物不被别人知晓,公民也并不会因此变得多疑或者偏执,而往往倾向于相信别人会尊重其隐私权。为了参与社会生活,公民不得不离开相对安全的私人房屋,但根据其社会经验和隐私期待,其在公共场所内仍然享有一定程度的隐私权。许多公共场所的私人性、私人信息传播的方式、匿名性、社会规则以及发生在公共场所内的事件的短暂性,促使公民产生公共场所合理隐私期待。

换言之,一般理性的人并不像法律所认为的那样偏执和多疑,这种对别人的信息有助于社会的良性运行,也有利于保护某些根本性的价值,如自治权和结社自由等。正因为如此,法律应当保护公民的公共场所隐私权,禁止媒体在未经公民同意的情况下或者借助先进的监视设备侵入公民的隐私领域。因此,我们有必要重新界定"公共场所"的内涵:①公共场所是一个共享空间,在公共场所内的公民相互之间存在权利和义务;②在公共场所内,公民的人格尊严和个人权利不应当屈服于别人的怪异想法。

公共场所无隐私规则的正当性

海迪·雷默·安德森[①]著 王垚[②]译

目 次

一、导论
二、公开披露行为与公民隐私权之间的冲突
三、公共场所无隐私规则的例外
四、公开披露行为所带来的好处应该如何超越匿名权的损害
五、结语

一、导论

就享有隐私的权利与承担隐私的义务而言，人们总是认为只有自己享有隐私的权利，而其他人则要承担隐私的义务。

在2010年6月14日，警察Ian Walsh试图在西雅图市一个繁忙的十字路口拘留两名未成年犯罪嫌疑人。当他试图抓住第一个犯罪嫌疑人的时候，第二个犯罪嫌疑人将Walsh警官的手甩开。[③]紧接着，Walsh警官挥手就朝第二个嫌疑人的脸打了一拳。Walsh警官最终逮捕了这两名犯罪嫌疑人，但后来又将他们释放了。

如果这一场景是发生在1980年6月14日的这一天而非2010年6月14日的这一天的话，很少有人（除了审判法官）会从这一案例中

[①] 海迪·雷默·安德森（Heidi Reamer Anderson），美国佛罗里达州立大学法学院副教授。
[②] 王垚，中山大学法学院助教。
[③] Seattle Officer Punches Girl in Face During Jaywalking Stop, Seatrle Postintelligencer（June 15, 2010, 10：00 PM）.

吸取教训或者在案件判决之后还继续讨论这一案件。如果两名少年事后向别人讲述他们的经历的话，别人会怀疑他们是否有添油加醋，或者直接就质疑这件事的真实性。但是无论如何，还是有一少部分人经历过这样的事，虽然已经被人们遗忘。然而，由于这样的故事发生在2010年，一名路人将这样的画面用手机随手拍摄了下来，之后又将这段视频上传到Youtube上。任何人都可以通过在网上输入一些关键词（比如西雅图警察的袭民事件）找到这段视频，并可以重复观看。

这段西雅图警察打人视频激发许多观看者针对网上的新闻事件撰写评论、博客，并通过Facebook和Twitter向朋友分享身边发生的有趣的事情。关于这一视频的讨论涉及几个公共政策的问题，这些问题包括：①种族歧视（Walsh警官是白人，两名犯罪嫌疑人是非裔美国人）；②性别歧视（Walsh警官是男性，两名犯罪嫌疑人是女性）；③公权力与公民自由权之间的对抗（在很多人看来，Walsh警官打人的这一行为超出了他的职权，因为犯罪嫌疑人在马路上有行动的自由）。近年来，在全国许多城市都掀起了讨论政府严格公共政策的热潮，这些讨论总是在自媒体时代下通过公民的揭露而一触即发。

对于揭露警察行为的这些视频，公众和政府的回应总是朝着两个不同方向进行。一些政府官员从内部进行检讨，通过内部调查，最终改变了公共政策。其他一些政府官员则公开指责那些拍摄视频的人。比如，在美国至少五个州中，那些拍摄警察不端行为的公民遭到了指控，检察机关认为他们违反了窃听法，因为窃听法禁止公民在缺少当事人同意的情况下窃听他人谈话的行为，除非该当事人不享有一项合理隐私期待，这样的窃听行为才是合法的。在一个非常著名的案件中，一个摩托车司机拍摄了一段他在公路上因为超速而遭遇一名交警的视频。当这段视频在YouTube上达到大量的点击量的时候，六名警察带着一张搜查令来到了这名摩托车司机的家里，扣押了他的电脑，指控他违反了马里兰州反窃听法；如果这项指控被法院支持的话，他可能面临16年的牢狱之灾。①

像这样的逮捕行为最终引发了隐私权的大讨论。因为拍摄视频的公民可能遭受刑事指控，一些学者就呼吁政府批准这样的拍摄行为，

---

① See MD. Code Ann. § 10-402 (2000).

以促进公共利益。相反的是,政府官员及其支持者认为,警察所遭受到的连续不断的监控并随后广泛传播于网络的威胁是对警察隐私权的侵犯,这使得他们不能很好地开展执法行为。比如,警察会担心他们的执法行为可能被路人部分的拍摄然后上传网络,他们就不敢果断地采取执法行为从而变得犹犹豫豫,因为这些路人拍摄的他们执法的视频可能导致他被开除或者留下不好的工作印象。这样的担忧既影响了警察的名誉,又影响了公共安全。

当前关于公众对警察执法行为的拍摄的讨论在许多方面也引起了学者的注意,学者们从隐私的角度进行了解读:人们在公共场所所实施的行为在什么情况下是隐私的呢,从而就可以免受别人的披露呢?令人吃惊的是,点燃西雅图警察事件的一系列技术即记录的技术(小型摄像头)、传播的技术(网络、YouTube)以及搜索的技术(谷歌浏览器),正是导致研究隐私权的学者呼吁立法限制拍摄并披露公共场所行为的原因。由于之后发生的一系列公共场所拍摄事件(公民在公共场所的行为被拍摄传播,以及因而遭受的损害),学者们的观点得到论证。就像警察主张他们享有隐私权去保护他们的名誉以及有效地执法一样,学者们主张,普通公民也需要隐私保护从而使得他们在公共场所所说的话以及所做的事都可以免受披露,这样的话,公民就会感觉受到充分的尊重或者可以在公共场所很舒适地说话或者行为。

虽然学者们的最初目标是保护公民的尊严以及独立的思考空间,这可能过于理想,但是他们在平衡他们的目标所花费的代价以及该目标所带来的利益时出现了两个方向性的错误:其一,他们夸大了公开披露行为给公民所造成的潜在隐私损害。其二,他们经常低估了公开披露公共场所所发生的真实事件的行为所具有的潜在好处。在修正了这些错误之处之后,这一平衡表明,披露公共场所所发生事件的行为带来的好处要多于其所带来的坏处。相应地,本文认为,法律并不能为了保护公民的隐私利益免受侵害就可以限制人们披露公共场所所发生的真实事情。

本文的第一部分简要地阐明了公开披露行为与隐私之间的冲突。同样,笔者也在该部分中介绍了公共场所无隐私规则是如何解决这一冲突的。本文的第二部分回顾了一些学者的说法,这些学者认为,公共场所无隐私规则是一项不充分的以及过时了的规则，这一规则不能保护公民的隐私权。本文的第三部分展示了为什么那些学者要求保护公民隐私权的做法是错误，因为：①他们高估了高科技监控措施以及公开披露行为所造成的潜在危害，②如果学者们所主张的隐私权得到保护的话，他们对公开披露行为所带来的利益会被减损的解释就是不充分的。本文的第四部分总结了公共场所无隐私规则所带来的好处要多于其所造成的隐私损害。① 因此，如果我们改变公共场所无隐私规则的话，我们就可能牺牲公开披露行为所带来的好处（比如披露警察不端行为所带来的好处）。

二、公开披露行为与公民隐私权之间的冲突

在这一部分中，笔者讨论了当前对隐私权的讨论所涉及的一些术语以及历史背景。首先，笔者简要地解释了披露一词（exposure）和隐私一词（privacy），笔者将二者之间的冲突称为模糊性问题（obscurity problem）。其次，笔者展示了公共场所无隐私规则是如何解决模糊性问题的。最后，笔者证明了公共场所无隐私规则为何在当今仍是有效的，虽然支持隐私权的学者极力反对这一观点。

（一）何为模糊性问题

一般来说，在未经他人同意的情况下，公开披露行为可能在以下情形出现：①行为人在公共场所合法地搜集到他人的真实信息；②行为人将这些信息传播给了其他人。公开披露行为包含了多种行为，包括事件亲历者向别人讲述他之前所目睹的事情，用博客记录最近的一场名人演讲，将街头摄像头所拍摄的画面上传到网上。正如上述这些例子所展示的那样，公开披露行为可以对被披露者带来好处、坏处或者根本未带来影响。如果许多人都注意到了公开披露行为并记住了它的话，公开披露行为给被披露者所造成的影响是他的形象的模糊性降低了。② 在公开披露之前，被披露者的话语或者行为只有一小部分

---

① Note, however, that there are special cases for which this balancing tips the other way.
② See Lior Jacob Strahilevitz, Reputation Nation: Law in an Era of Ubiquitous Personal Information, 102 Nw. U. L. REV. 1667, 1670 (2008).

人知道；在公开披露之后，这些信息就被很多人所获知了。因此，我们可以将公民形象模糊性的存在（匿名性）看成是披露行为的缺位。

将公民形象模糊性的存在看成是披露行为的缺位有助于我们更好地建构当前所热议的公共场所无隐私规则，我们可以将公共场所无隐私规则看成是两种相互冲突利益的集合体。一方面，披露行为有助于我们分享公共信息；另一方面，如果我们保护公共场所的信息免受披露的话，公民的形象就会变得模糊。在此种情形中采用利弊分析规则，我们同样可以分析披露行为所带来的坏处，至少实证主义者Daniel Solove是支持这一做法的。

在《论隐私权》一书中，Solove教授认为，我们理解隐私权的最好方法是考虑公民个人的隐私利益。在本文中，笔者认同Solove教授的观点，我们可以从涉及隐私问题的情形中去平衡利弊。笔者特别地关注了模糊性问题所具有的利弊。当行为人（笔者把他称之为自媒体人）合法地收集到了公共场所的信息并随后将它们披露时，模糊性问题就产生了。因为任何对模糊性问题的法律回应都会涉及改变公共场所无隐私规则，笔者就在接下来的部分简单梳理公共场所无隐私规则的发展历史，以期解决模糊性问题。

（二）公共场所无隐私规则

公共场所无隐私一词看似简单，实则让人难以理解。准确地讲，这一规则完整的表述应该是，对于已经公开的事物，人们就没有隐私可言了。[1] 这一规则所具有的实际的效果是，公民对于其在公开场合所说的话或者所做的事没有一项受侵权法所保护的隐私利益。[2] 本部分将向读者展示这一规则是如何在19世纪出现的，又是如何在20世纪的时候同时出现在侵权法和刑事诉讼程序中的。这一历史回顾展示了"公开"一词在起初作为一个描述公民或者信息被公开状态的形容词是如何发展到后来作为描述公民所处的物理性位置的形容词。在

---

[1] Gill v. Hearst Pub. Co., 253 P. 2d 441 (Cal. 1953).
[2] See Patricia Sanchez Abril, Recasting Privacy Torts in a Spaceless World, 21 HARv. J. L. & TECH. 1, 6 (2007).

最后一部分，笔者会具体列明其他学者对将公共场所无隐私规则用来解决模糊性问题的做法的批评，笔者也会就此做出辩护。

1. 隐私权中的"公开"与"隐私"二词

隐私权首先是被看做一项普通法上的权利。这是 Samuel Warren 和 Louis Brandeis 在哈佛法律评论《论隐私权》一文中所提出的概念。Warren 和 Brandeis 用多种方式解释了"隐私"一词，包括将隐私权描述成一项独处权，或者是一项公民决定将某些想法与别人进行交流的权利。他们俩撰写这篇文章所广为传播的动机是对媒体曝光行为的鄙夷，因为媒体曝光了 Warren 迎娶了一名纽约社会名流的事情。最终，Warren 和 Brandeis 呼吁限制公开公众场合的某些信息，以便保护公民的隐私生活。

在《论隐私权》一文中，Warren 和 Brandeis 试图解释公民的隐私权所不能保护的信息类型，根据普通法中诽谤罪的规定，Warren 和 Brandeis 从以下三个方面讨论了公开和隐私的区别。

第一个方面是，他们认为，隐私权并不禁止人们公布任何已经被公开的事情。这句话将"公开"一词当做了形容词来使用，描述了所涉信息的性质、状态，而非描述该信息所处的物理性空间。

第二个方面是，Warren 和 Brandeis 使用"公开"一词描述了公民所处的状态，公民个人可以根据自己的经验判断关于他的信息是属于公开的信息还是隐私的信息。特别值得注意的是，他们认为，那些试图寻找公共办公楼或者公共建筑的人是公开的，相反，那些未寻找公共办公楼或者公共建筑的人则是隐私的。将上述两个方面联系起来，我们就可以轻而易举地得出公共场所无隐私规则：披露行为所公布的信息之所以要受到压制是因为，这些公开的信息是关于被曝光者的隐私生活、生活习惯、行为方式以及其与别人之间的亲密关系，这些信息与公共办公楼都毫无关系。

第三个方面是，Warren 和 Brandeis 从物理空间的角度简单地解释了公开与隐私的区别，但他们也只是采用了比喻的方法进行解释，而并没有实际提及"公开"一词。他们指出：普通法总是将公民的住宅当成坚不可摧的城堡。法院是否应该对公众关闭城堡的前门，而对那些闲来无事爱八卦的人打开城堡的后门。通过将公民的住宅比喻成城堡，Warren 和 Brandeis 就对公民在住宅内所做的事与公民在住宅外所做的事之间划了一条分界线。① 有趣的是，Warren 和 Brandeis 只是在文章的最后几段话中提及了空间意义上的公开和隐私，与前面两种公开和隐私的区分方法不同，他们在第三种区分方法中并没有做出任何援引。因此，Warren 和 Brandeis 清楚地知道将某些公开信息进行披露是有好处的，但是他们仍然希望法律能够禁止人们对另外一部分的公共信息进行披露。对于他们来说，公共场所无隐私规则中的"公共"一词是指与被披露者相关的信息以及信息被公布时被披露者所处的物理性位置。

2. Prosser 教授隐私侵权四分法中的公开和隐私

在《论隐私权》一文发表后法院所做出的判决中以及有关此文章的评论中，再没有比 Prosser 教授的意见还要出名的了，他主要是通过他的论文集《侵权法手册》和 1960 年发表在加利福尼亚州立大学法律评论中的《论隐私权》一文奠定了他在隐私法研究领域的位置的。② 在这些论文中，Prosser 教授根据有关隐私的论文总结出了四种类型的隐私侵权行为，这些类型已足够保护 Warren 和 Brandeis 所提出的隐私权了。这四种隐私侵权类型是：①揭露他人隐私事务的侵权；②公开丑化他人形象的侵权；③侵扰他人安宁的侵权；④擅自使用他人的肖像、姓名的侵权。以 Prosser 教授作为侵权报告人的《侵权法复述》采用了这四种隐私侵权的划分方法；法院和立法者也都采纳了这一做法。在某种程度上，这种四分法也反映出 Prosser 教授自身对隐私侵权这一问题的质疑。这种质疑的态度反过来又影响了侵权法的发展，使得侵权法不能及时吸纳新兴的隐私侵权类型。

Prosser 教授关于隐私侵权四分法的最主要担忧是，这一方法严格地限制了公民可以在公共场所所做的行为。Prosser 教授特别担心的是，隐私侵权四分法不能很好地约束媒体。为了限制公众获取真实信息，Prosser 教授试图限制隐私侵权四分法的扩张，并且 Prosser 教授也成功了。他用来阻碍隐私侵权四分法的扩张所采用的一种方法就

---

① The concept of a man's home as his castle-and, thus, a place worthy of protection fromintrusion by the government and private individuals-often is referred to as the Castle Doctrine.
② See William L. Prosser, Handbook of The Law Of Torts (1st ed. 1941) [hereinafter Prosser, Handbook]; William L. Prosser, Privacy, 48 CALIF. L. REV. 383 (1960).

是坚持公共场所无隐私规则。

　　Prosser 教授区分公开和隐私的方法乍一看有点类似于上文中我们所讨论的 Warren 和 Brandeis 所采用的分析方法。在《隐私权手册》一书中，Prosser 教授讲到，他的隐私侵权四分法并不限制公开披露公共场所人们所讲的话或者所做的事的行为。这句话使用"公开"一词描述了所披露信息的状态以及被披露者的身份，而非描述了被披露信息所处的物理性空间（就像 Warren 和 Brandeis 所做的陈述那样）。然而，与 Warren 和 Brandeis 不同，Prosser 教授总是使用物理空间意义上的"公开"一词，从而避免了创造新的隐私侵权类型。我们可以在公开他人私人事务的隐私侵权类型中看到物理空间意义上的"公开"一词，这种类型的隐私侵权规定，如果被告仅仅披露了原告本已公开了的信息的话，或者是原告自愿向公众公开信息，那么，被告就不用承担隐私侵权责任了。相同地，在滋扰侵权中，它的构成要件包括行为人侵入他人的私人领域。这一构成要件所隐含的含义是，行为人所侵入的他人的私人领域必须是合法的受保护的领域，除了本人之外其他任何人都是不能进入的。根据《侵权法第二次复述》，只有当行为人侵入他人的住宅或者其他传统的隐私区域，他人才可以主张隐私侵权。我们可以在大量案件中发现公开—隐私二分法中的物理性空间解释所发挥的重要作用，它解释了 Prosser 教授所认可的隐私侵权类型。最终，Prosser 教授在《侵权法第二次复述》中对公开—隐私二分法的看法是：当被告公布的仅仅是原告本已处于公开领域的信息时，被告是不用承担任何责任的。

3. 有关《美国联邦宪法第四修正案》案件中的公开—隐私二分法

　　也许，公开—隐私二分法中的物理性空间上的含义在刑事调查程序和搜查扣押程序中能得到最明显的体现。《美国联邦宪法第四修正案》（以下简称《第四修正案》）的非法证据排除规则禁止法院使用警察在无搜查令的情况下搜查被告享有合理隐私期待的地方所获取的证据。[①] 在判断被告的主观隐私期待是否客观合理时，联邦最高法院认为，公民在住宅内的所有信息都属于隐私信息，因为住宅是免受政

---

① See Katz v. U.S., 389 U.S. 347 (1967).

府监控的地方。① 因此，合理隐私期待判断标准的一个核心焦点就是判断警察实施搜查行为的地方，更具体地说是，判断警察实施搜查行为的地方是否靠近被告的住宅。② 即使警察是采用电子监控设备去搜查的被告的住宅，警察的这一行为也侵犯了被告在住宅内所享有的合理隐私期待。因此，如果警察对被告的隐私场所（经常是公民的住宅）实施无证搜查的话，警察从这一搜查行为中所获得的证据就不能采纳为合法证据，因为被告对那样的隐私场所享有合理隐私期待。

当警察实施搜查的地方从公民的住宅转移到其他地方，公民在这些地方所享有的合理隐私期待就变少了。比如，联邦最高法院认为政府官员在无搜查证的情况下检查飞机上乘客的行李的行为是合法的。这是因为政府官员实施搜查的地方并不是乘客的住宅，所以，乘客选择搭乘飞机就意味着他同意其他人可以接触他的行为。

联邦最高法院同样认为，对于人们可以用平行视野观察到的事物或者人们在开放领域观察到的事物，公民是不享有合理隐私期待的。③ 相同地，根据第三方当事人规则，当公民与第三方分享了隐私信息，那么，该公民之后不可以对这些信息主张隐私权保护。比如，当人们将电子邮件发送给收件人时，他就不对这封电子邮件享有隐私权了。④ 同样，人们对于其拨打的电话号码也不享有隐私权，因为这些电话号码是电话公司也知道的信息。因此，如果被告的行为或者信息属于公开信息或者属于第三人所知道的隐私信息的话，警察就可以搜集这些信息用来指控被告，因为被告对于其公开了的信息不享有合理隐私期待。因此，上述这些对公民合理隐私期待的限制使得学者们开始认为《第四修正案》中的隐私属于完全的隐私。⑤

---

① 81See Kyllo v. United States, 533 U. S. 27, 37 (2001); see also United States v. Dunn, 480U. S. 294, 300 (1987).
② See Payton v. New York, 445 U. S. 573, 590 (198o) ("[T] he Fourth Amendment has drawna firm line at the entrance to the house. ").
③ See Smith v. Maryland, 442 U. S. 735, 743 - 744 (1979).
④ See Rehberg v. Paulk, 598 F. 3d 1268, 1281 - 1282 (1ith Cir. 2010) ("A person also loses areasonable expectation of privacy in emails, at least after the email is sent to and received by a third party. ").
⑤ See Daniel J. Solove, Conceptualizing Privacy, 90 CALIF. L. REv. 1087, 1107 (2002).

三、公共场所无隐私规则的例外

Daniel Solove 教授从上述因素总结出来了公共场所无隐私规则，他指出，根据当前流行的法律观点，如果你处于公共场所的话，你就将自己暴露于所有其他人了，那么，你在公共场所所说的话或者所做的事都不属于隐私信息了。这种潜在的持续性的曝光危险导致 Solove（支持公共场所有隐私规则）和其他的一些学者认为公共场所无隐私规则是对隐私权的过时的和不充分的解读。公共场所无隐私规则被认为是过时的是因为，当立法者建立这一规则时，他们并没有预期到有关收集信息、传播信息和搜索信息的技术发展是如此之快，以至于威胁了人们所享有的隐私权。公共场所无隐私规则是不充分的，这是因为这一规则不能为人们因信息暴露而遭受隐私损害提供充分的救济。这些讨论可以从文章第三部分的科技给隐私造成的危险中看出。（反对公共场所无隐私规则的观点）考虑到科技给隐私权带来的危险，学者们提出了一个新的规则——这一规则认为公共场所也有隐私。在制定这一规则时，Daniel Solove 教授建议，立法者可以进行利弊权衡，比较科技的进步与科技所带来的隐私损害。有些学者事实上已经采用了这一规则了。本文第三部分将会对这一利弊权衡检测方法进行细致的描述，并对公共场所无隐私规则进行了批判。

（一）科技给隐私权造成的威胁

在《名誉权的未来发展》一文中，Daniel Solove 教授指出，现代新兴科技向传统的隐私观念提出了挑战。[①] 对于 Solove 教授以及其他支持其观点的学者来说，公共场所无隐私规则并不能为公民当前所面临的严重隐私威胁提供充分的保护。我们需要担心的是信息收集技术、信息传播技术与信息检索技术这三项技术的结合。在模糊性问题情形中，人们就运用了这些技术。如果我们不解决模糊性问题，我们就将面临有关自己的大量碎片化信息将会永远的存留在网上的问题，人们可以在 Google 搜索引擎中搜索出这些信息来。在这种情况下，我们就不得不生活在这样一个世界里，从我们出生以来的任何信息都

---

① Daniel J. Solove, The Future of Reputation, at 163.

会伴随着我们,无论我们去了哪里,我们都可以搜集和获得这些信息。换句话说就是,我们可能担忧自己的隐私将会永久地失去。

这一过时了的公共场所无隐私规则的受害者是那些与别人分享了其在公共场所所说的话的人,因为他们这样做的时候,就将其在公共场所的信息给泄露出去了。这样的人包括:①遛狗的女孩儿,她是一个韩国人,她拒绝将她狗狗在地铁上的排泄物打扫干净;②一个小伙子,他在街头摄像头前跟着一首流行歌曲的拍子手足舞蹈;③星际大战中的小男孩,他实施了一系列的军事行为,运用了一种像激光笔一样的武器;④Laura K.,她是一个大学生,她雇佣了一个兼职的博客写作者为她写有关印度教的东西;⑤Jonas Blank,他是一家律所的实习生,他给别人所发邮件中带有不敬的内容,这看上去是对他的老板和工作的嘲讽;⑥Robert,是一名在华盛顿有显著身份的人物,他的性伴侣在博客上记下了 Robert 的性事生活;⑦Geoffrey Peck,他试图割腕自杀,而这一幕正好被监控摄像头记录下来了;⑧Todd,他的不良约会习惯被分享在了别人与他约会的网站上了;⑨Michael,他在博客上写了他在青少年拘留所所待的那段经历,他想不到的是他所认识的人可以通过在 Google 搜索引擎上搜索他的名字就找到他的那段经历。

所有这些情形所反映的一个现象是,上述这些人都是公开披露行为的受害者,当他们与别人分享他的隐私信息时,他并没有预见到他的这些信息会被曝光,从而使得所有人都知道。考虑到公开披露行为的危害性,学者们开始呼吁立法机关立法保护公民与一小部分人而非所有人分享的隐私信息。学者们担忧的不是公民的隐私权受到侵犯,因为公民的隐私信息已经与别人分享了,有的时候甚至是在公共场所与别人分享的。相反,学者们所担忧的是,被公开披露的公民丧失掉了匿名权。因此,公共场所无隐私规则已经过时了,因为这一规则并不能保护公民的匿名权。①

---

① Wide circulation of information also was part of what motivated Warren and Brandeis's call for a right to privacy. See Warren & Brandeis, at 196.

（二）保护匿名权的实用主义权衡

为了保护公民的匿名权，一些学者建议，法律应该区分公共场所的隐私信息的秘密程度。解释法律在何种情况下应该做此区分是非常困难的，然而，学者们最近提出的一个建议却是具有可行性的。在他最近所写的《隐私权的解读》一书中，Daniel Solove 教授对隐私权进行了新解读，在这一新解读中，他让我们将隐私当成是一种保护措施。这种解读方法是从更为一般的实用主义理论所分流出来的一个解读方法，实用主义解读方法是很多学者或明示或暗示所采用的方法。

根据 Solove 教授的新解读方法，我们首先应该确定是否存在一个潜在的隐私问题。在做出第一步判断之后，第二步就是分析这一隐私问题所造成的不同类型的损害。当我们列表显示这些损害时，我们就将这些损害与个人的损害作对比，比如，我们会将隐私的价值用隐私对社会所做的贡献以及隐私对被披露者的重要性来进行衡量。在确定了隐私权问题以及评价了其所造成的损害之后，我们也就评价了许多相冲突利益的价值。最后，我们会进行利益衡量以判断谁优先。如果给隐私造成的损害大于隐私所带来的价值的话，法律就应该保护公民的匿名权；反之，如果隐私所带来的价值大于给隐私造成的损害的话，那么，法律就应该牺牲公民的隐私。关于自媒体人披露公共场所言行的问题（也就是模糊性问题），本文认同第二种观点。[1]

四、公开披露行为所带来的好处应该如何超越匿名权的损害

本部分利用了上文所描述的实用主义平衡检测方法来处理模糊性问题。模糊性问题所包含的情形包括上文所举的遛狗的女孩和 Robert 的例子以及在导论中所举的 Walsh 警官的例子。目前，许多学者认为，为了减少或者消除模糊性问题，我们应该为公民提供公共场所的隐私权。从根本上来说，这些学者持有的观点是，由公民个人控制真实有效信息所带来的社会利益要大于公众知道、持有和使用这些真实有效信息所带来的利益，即使这些真实有效信息已经被公开过了。

---

[1] See Daniel J. Solove, Understanding Privacy, at 121–126.

为了检测学者们关于模糊性问题的假设，本文描述的实用主义平衡检测方法要求我们找出模糊性问题所带来的社会损害，然后将这些损害与公开披露行为所带来的好处作对比。本文的第一小节讲到了模糊性问题所带来的隐私损害，并认为它们被过度夸大了。本文的第二小节讲到了公开披露行为所带来的好处，并说明了它们为什么被忽视或者低估了。在本文的第三小节中，笔者认为，我们对模糊性问题所造成的损害或者其所带来的利益进行的过度夸大导致我们产生了改变公共场所无隐私规则的想法。笔者认为，在公民公开披露行为和匿名权的较量中，公开披露行为应该占优势。

(一) 模糊性问题所产生的损害

每个有关隐私问题的案件都涉及一系列的损害。模糊性问题总是会引发两种类型的损害：一是模糊性问题会给公民的情感和心理造成伤害。笔者将此称作为人格尊严的损害。比如，当遛狗的女孩发现她的图片以及对她行为进行指责的文章传遍整个网络时，她感觉到自尊心受到伤害。当 Robert 的性倾向被别人在博客中写出来的时候，他同样感觉到情感上和心理上受到了伤害。二是模糊性问题影响了公民的人际关系安全。笔者将这称之为思考空间丧失的损害。比如，如果知道我们的想法、观点将会被记录然后传遍整个世界，就像现在发生在 Sotomayor 法官身上的 Wise Latina 的演讲一样，这可能打消了人们将这些想法和观点表达出来的积极性。① 总之，模糊性问题被认为是有害的，因为它伤害了公民的个人情感，阻碍了好的观点的产生，这两者都给整个社会造成了威胁。笔者将在下文详细讲解这两种类型的损害。

1. 对人格尊严造成的损害

学者们认为模糊性问题所具有的两个方面的特征可能给公民的心理造成伤害，一个方面是公民向一部分人分享的信息有可能被传播给更多的人②，另一个方面是人们可以很容易地获取到很久之前所分享

---

① See Charlie Savage, A Judge's View of Judging Is on the Record, *N.Y. TIMES*, May 15, 2009, at A21.

② Daniel J. Solove, Understanding Privacy, at 145 – 146.

的那些信息。① 公开披露行为经常遭受恶名，它可能导致被披露者感到羞耻、难堪或者名誉遭到损害。这些感觉可以用人格尊严遭受了损害来形容。

被披露信息的广泛传播同样影响了公民的情感，从而使得公民感受到焦虑或者不安的感觉。相同地，被披露信息的事后可搜集性（即使人们当前并没有搜集这些信息）导致被披露者丧失保持神秘的可能。由于担心自己在公共场所的个人空间被他人侵犯，这使得公民感到不安和不舒适。也许，那些不安的感觉源于网上信息的永久存续性这一特性。这种对公民的名誉造成的潜在危险导致人们觉得他们"囚禁"在自己过去的历史中。因此，这些威胁可能使得人们觉得他们对自己的生活失去了控制，从而给别人留下错误的印象。

2. 思考空间丧失的损害

模糊性问题所造成的损害远远不止于人格尊严丧失的损害，它可能改变人们的行为习惯，从而给整个社会造成伤害。由于人们不能免受模糊性问题的伤害，这就有可能影响人们的行为习惯。剥夺公民在公共场所的"呼吸空间"事实上也剥夺了他们的"言论自由"的权利，这也同样威胁了《美国联邦宪法第一修正案》所规定的结社自由的权利。

关于公民所主张的思考空间的权利，学者们认为，匿名权为新观点的产生创造了条件。如果公民在公共场所没有一些隐私的话，人们就会丧失掉公共场所为人们所提供的自由思考和冥想的时间。无论公开披露行为是否发生，这种损害都会出现。匿名权的丧失或者匿名权的可丧失性使得人们不敢积极地表达自己的观点，因为人们不希望全世界的人都知道他们的观点，这样的话，人们就不得不接受世人严厉的评价。如果人们在公共场所拥有一小部分的隐私空间的话，这有助于人们与其他人之间建立起良好的人际关系，特别是对那些政治人物来说。公共监控措施具有"致冷效应"，这使得人们不会轻而易举地与别人结成同盟、参加聚会或者在会议上演讲。隐私权和匿名权赋予人们投票的自由、讨论的自由、结社的自由，并免受公众的打扰和报复。无论是以个人的形式还是以组织的形式，保护公民免受公开披露

---

① See Daniel J. Solove, Understanding Privacy, at 157.

行为侵犯的措施有助于促进观点的交流。这是因为公开披露行为与具有永久储存功能的网络将信息与人联系起来,这样的话,当一个观点被披露出来,它就会与相应的人永久地联系起来。因此,作为一种控制社会的工具,模糊性问题使得人们通过自我反思的方式去改变行为模式,因此就减少了对社会有用的活动的数量。

3. 模糊性问题所造成的损害是如何被夸大其词的

简单说来,模糊性问题所造成的损害包括:①它使得被披露者长时间地自我感觉不良好;②它使得人们在公共场所分享他们的观点或者做出行为之前三思而后行。这两种损害都是基于某些不具可靠性的假设的。以下是笔者的看法。

(1) 人格尊严损失具有永久性、不可辩驳性的假设的错误性。模糊性问题所具有的第一个损害就是,公民人格尊严的丧失或者被披露者所感受到的其他情感损害。笔者并不是怀疑遭遇模糊性问题的被披露者遭受了情感上的损害。然而,笔者的确怀疑的是,这些损害是否具有永久性、不可避免性以及严重性。

夸大公民人格尊严的损害程度的第一个假设是,人格尊严损害是永久性的。正如上文所指出的那样,一些学者认为,模糊性问题使得公民成为过去历史的囚禁者,这意味着一旦某个人被暴露,他就永久地受到这些被披露信息的影响,就像他脖子上的纹身或者脖子上的一串项链。然而,像他们现在在哪里这一类网络搜索语往往是模糊性问题受害者所遭遇的问题,这反映了人们所遭受的损害并非如他们想象的那么严重。那些最初遭受损害的被披露者也已经改变了甚至是优于被披露前的状态。比如,星际大战中的小男孩,现在已经是一个年轻人了,当他在麦吉尔大学攻读法律时,他成为了一个保护组织的主席。Jonas Blank 是一家律所的实习生,他所写的一封对其律所律师带有批评性的电子邮件传遍了全世界,然而,他还是被这家律所聘请为全职律师。无数其他人也面临着教授们上述作为例举的情况。公民所遭受的人格尊严损害的影响应该很快就消失了,因为更多其他人也被暴露了。① 因为与人们有关的各种信息在网上越来越多,而单个公民

---

① See Aaron Perzanowski, Comment, Relative Access to Corrective Speech: A New Test for Requiring Actual Malice, 94 CALIF. L. REv. 833, 833 – 834.

的信息在网上存留的时间变少,所以,这就使得任何一个人被披露所受到的影响就会越来越少。① 总之,当人们的信息在越来越短的时间内就可以获得时,那么任何一个披露信息的存续时间就会变少,所以,个人人格尊严损害越来越严重的说法就是错误的。

因为人格尊严遭受损害的被披露者不能进行自我辩护,因此,人格尊严损害程度也就被夸大了。在公开披露行为之后,公民可能遭受一些严重的情感损害;然而,这并不意味着这些损害不可能被缓和。每个声称遭受公开披露行为损害的受害者都有机会做出回应,这样的做法已经被证明是有效果的。② 即便是那个遛狗的女孩也在网上发布了一封道歉信。此外,公开披露行为也导致网上产生了一批查找真相的人,他们也希望把爆料的人给找出来,以证明披露事实的真实性。比如,当农业局官员 Shirley Sherrod 被错误地披露他不愿意帮助一位黑人农民时,这段录音迅速地在网上传播开来,然而根据一些网络讨论和评论,最后却发现她事实上帮助了这位农民,并从这件事中实实在在地学到了有关种族和阶层的知识。从这个方面来看,将公共信息传播给更多人的同时也就可以提高这一信息的准确性。虽然这一回应权并未出现在每个公开披露行为中,但是每个这样的回应在某种程度上都会减少公开披露行为所造成的损害。

由于人格尊严损害不可以被量化,所以人格尊严损害也被过度夸大了。公民所遭受的情感上的损害具有主观性。而唯一能够量化情感损害的人就是遭受情感损害的人自己,所有其他人都不可以进入他的大脑,像他那样的去感受情感损害。这种困难性导致一些学者开始怀疑这一损害的真实性,特别是当情感损害是由公开真实信息的行为所造成的时候。比如,一个遭受隐私侵权的原告必须指出一个具体性损害,比如名誉上遭受的损失,而不仅仅是心理感受上的损失。虽然我们可以以一个亲身经历者的角度从客观上对这一损害进行评价,但是由于精神情感损害的不可测量性,这使得人们不能仅仅据此主张匿名

---

① See Gloria Franke, Note, The Right of Publicity vs. The First Amendment: Will One Test Ever Capture the Starring Role?, 79 S. CAL. L. REV. 945, 989.

② See Lauren Gelman, Privacy, Free Speech, and "Blurry-Edged" Social Networks, 50 B. C. L. REv. 1315, 1315 – 1316 (2009).

权。只要人格尊严损害能够被测量出来，它就可以与公开披露行为所带来的好处相抵消，正如笔者在下文所讨论的那样。

（2）公共场所的隐私思考空间虽必要但不可得的假设的错误性。模糊性问题所产生的第二个损害也就是我们之前所讲的思考空间的减损。同样是被夸大了的，因为它建立在一个可质疑的基础之上。顾名思义，这一假设认为，如果在一个公共场所（或者是一个具有安全性的地方）所发生的事情能够免受曝光的话，这就有利于人们自由的结社和自由的言论，特别是政治性的结社和言论。一些人似乎害怕，如果我们让一个普通公民向大众报告他每天所见的事物或者所听的话语，没有哪一个会说一些重要性的事情。

虽然一些人会认为曝光的潜在可能性使得人们不能进行有思想性的讨论，但是，另外一些人则会认为，向一些临时观众进行曝光有利于促进分享和讨论。事实上，之所以会有那么多观众，这还要归功于社交网站的迅速崛起，比如 Twitter、Facebook 等。在这些社交网站中，许多个人和组织都会向公众公开和曝光他们的想法，而不会隐藏它们。他们之所以会这么做，无非是出于虚荣心、自负或者其他的一些原因，比如向别人表达他们的观点可以提高自己或者向别人传播他们的观点可以获得更多的支持。不管人们向别人分享他们的观点的理由是什么，我们都不会认为人们这样做是为了向当局表明公众是如何的渴望获得一个公开但容纳隐私的场所，以便他们隐藏自己的隐私或者私密的观点。因此，思考空间丧失的损害很有可能被夸大了，匿名权并不是人们进行自由言论和自由结社的前提条件。

许多法律都认为，公众缺少公开但具有私密性的思考空间（匿名权的丧失）是可接受的，这并非是一个十分严重的损害。也许，对公民在公共场所的思考空间丧失的损害最直接的挑战是联邦最高法院在其最近所审理 Doe v. Reed 一案[①]中的判决意见。在 Doe 一案中，联邦最高法院认为，政府公开那些支持普通投票法案的公民的姓名和住址的行为并没有违反这些公民的第一修正案的言论自由权。在挑战那些规定了公开披露行为的制定法时，反同性恋权利的请愿者们抗议到，公开他们的姓名和住址的行为阻碍了公民行使言论自由权，这也

---

① Doe v. Reed, 130 S. Ct. 2811 (2010).

很容易让这些请愿者受到骚扰,并剥夺了他们保持观点私密的权利。这种观点体现了研究隐私权的学者们的看法,他们认为,匿名权的消亡可能阻碍公民自由言论。审理 Doe v. Reed 一案的法庭以 8:1 的判决比例否定了这一看法。[①] 联邦最高法院认为,联邦法律规定了一个合宪的披露要求,这一要求可能给人们行使言论自由权增加了负担,但是这并不阻止人们行使言论自由权。法庭拒绝给那些公共场所进行的活动提供更多的隐私。因此,在这一案件中,联邦最高法院认为,思考空间丧失的损害不构成政府限制公开披露行为的理由。

思考空间丧失的损害并不严重的另外一个原因是,公民已经有足够多的方式来保护他们的观点和想法,也就是通过保密协议或者非公开协定。[②] 如果公共场所中的隐私对于某人来说是十分重要的话,他就可以通过在该隐私观点被分享前或者被分享后与别人达成公开约定。当然了,达成这样一项公开约定需要交易成本,公开披露者可能限制人们随意传播公开的事情。然而,这些法律选择的普遍存在至少提出这样一个问题,那就是,为了进行自由的言论,公民是否需要一项匿名权。因此,公共空间丧失的损害程度被夸大了。

阳光法案(Sunshine Laws)同样给我们提出了这样一个问题,为了进行有效的言论,公民是否需要在公共场所享有隐私权。阳光法案要求政府与公共政策有关的会议应该向公众公开,而且在某些情形下,还应该予以记录,甚至是公布在网上。同样,许多政府机构都要求凡是与政府官员见过面的公众都应该填写一张表格,记录见面的谈话内容。而且,我们国家一直以来都有公开开会的传统。[③] 如果那些负责制定公共政策的官员不需要公共场所的隐私权的话,那么,我们就会质疑为什么其他人会需要这样一项隐私权。

思考空间丧失所引发的最严重的危险是当政府是信息的收集者或者信息收集过程是一个持续的过程时。模糊性问题并不涉及政府监控行为或者持续的监控行为。模糊性问题并不涉及政府监控行为是因

[①] Doe, 130 S. Ct. at 2821.
[②] See Daniel J. Solove & Neil M. Richards, Rethinking Free Speech and Civil Liability, 109 COLUM. L. Rxv. 1650, 1654 (2009).
[③] See James Assaf, Note, Mr. Smith Comes Home: The ConstitutionalP resumption of Openness in Local Legislative Meetings, 40 CASE W. RES. L. REV. 227, 229–230 (1990).

为，政府监控措施是一个新生儿，而不是老大哥。当政府官员是公共信息的披露者时，结社自由权或者与其相关的问题就不再是让人忧虑的问题。只有当监控措施是持续性的而非间接性的时候，监控行为才有可能阻碍言论自由。在模糊性问题中，监控行为是偶然性的，因此，模糊性问题就不会对思考空间构成威胁。①

（二）公开披露行为所带来的好处

大部分学者开始认识到披露公共信息的行为所带来的好处。

1. 好处一：政府的可责性

Daniel Solove 教授指出，遛狗女孩的形象也许只是存留在人们记忆中的一个模糊的印象，如果遛狗女孩的图片没有被传到网上的话。这句话可能是真的，这也许是社会发展所带来的好处，但是这并不意味着，阻止公民披露公开行为就可以给社会带来好处。让我们回到笔者在导论中所举的 Walsh 警官打人事件中。我们希望这样的事件只是停留在人们脑海中的一个模糊的印象吗？答案当然不是这样，因为公开那样的行为就可以让政府官员承担责任，引发公共讨论，从而有可能真正的改变公共政策。然而，这样的利益在某些情况下也有可能不会发生，如果拍摄这段视频的人没有将这段视频放到 YouTube 上的话，因为他有保护 Walsh 警官及相关人匿名权的法律责任。当我们在努力阻止遛狗女孩所遭受的损害时，我们其实是冒着丧失掉披露公开行为的权利的危险的，这些公开信息本来是应该引起公众注意、受到公众讨论的。考虑到最近几起所公开的警察执法行为，如果法律保护公民在公开场所的匿名权的话，我们就不会知道以下这些事件了：

（1）纽约市市长 Carl Paladino 在与宗教领域所开的一个会议中发表的反同性恋的言论。

（2）南卡罗莱纳州州长 Mark Sanford 发邮件给他的情妇，让她告诉他的下属，他之所以没有去参加会议的原因是他去阿巴拉契亚山徒步旅行了，事实上他并没有去徒步旅行。

（3）弗吉尼亚州参议员候选人 George Allen 将其竞争对手的助手称作为 Macaca，这被看作一个充满了种族主义色彩的言论，等同于

---

① See Solove, Understanding Privacy, at 80 – 81.

把这名助手称作为猕猴了。

（4）参议院多数派领袖 Trent Lott 在其生日派对上讲到，要是 Strom Thurmond 没有在 1948 年当选为总统的话，我们这些年来就不会遇到这么多的问题。

（5）第九巡回法院法官 Alex Kozinski 在网上上传了一张照片，这张照片呈现的是一个纹身了的全身赤裸的女性。

如果法律承认匿名权的话，那么上述这些公开披露行为就可以被阻止了。如果是这样的话，这些公开披露信息所引发的有益讨论就不会出现了。因此，如果法律为公民提供了匿名权的话，我们就不能得到政府官员承担责任的好处了。最后，如果公共事务不能公之于众的话，这是有问题的，不管这些公共信息是来自于自媒体人，还是来自于传统媒体。

2. 好处二：改善政府的执法行为

将公共场所无隐私规则运用于普通公众中而非仅仅运用于公共执法官员也具有重要的价值。正如刑法的威慑性可以预防犯罪，公开场所的言行被披露的潜在可能性也可以阻止那些非犯罪性但仍具有不合理性的行为。Daniel Solove 将这种类型的公开披露行为称为规范性政策（norm policing）。Solove 教授讲到，我们从来不认为被披露者是应该受谴责的，在他们所遭受的损害中也很少具有社会价值。笔者不同意这种说法，被披露者所遭受的人格尊严的损失以及匿名权的丧失可能具有重要的社会价值，甚至可能会挽救生命。

在《无法律的社会秩序》一书中，Robert ellickson 讨论到了公开披露行为所带来的好处。① 在最近的一个更加具体的研究报告中，Lior Jacob Strahilevitz 向我们展示了公开别人的飙车驾驶记录有助于减少高速公路上驾车的死亡率——这是 15 岁到 29 岁的人死亡的首要诱因。② Strahilevitz 教授首先向我们展示了保护摩托车驾驶者的匿名权是如何导致鲁莽的、危险的以及威胁生命的行为的。接下来，他展示了通过公开行为来减少汽车驾驶人的匿名权是怎样促使这些被揭露者

---

① Robert C. Ellickson, Order Without Law: How Neighbors Settle Disputes (1991).
② Lior Jacob Strahilevitz, "How's My Driving" for Everyone (and Everything?), 81 N. Y. U. L. Rev. 1699, 1712 (2006).

改变驾驶行为的,如果被披露的人数足够多,这就可以增大公共利益。的确,Strahilevitz 向我们证明了在惩罚和减少不良行为上,公开披露行为比侵权法更能发挥作用。

如果人们开车的车距足够大,这就可以挽救很多人的生命。更抽象的描述是,增加的公开披露行为和匿名权的减少有利于增强人们的幸福感。像不良驾驶行为类似的不良行为得到减少的话,这可以使我们的生活变得更舒适。因为匿名权可能促使人们肆无忌惮地实施不良行为。比如,将那些拿小费少的服务员曝光在网上可以使那些自我感觉不良好的餐厅服务员感觉更好;反过来,这样的曝光行为也可以使宾客们变得更大方。同样,曝光不好的酒店、体育馆或者机场可以使得人们来到这些地方的时候感觉更舒适。如果我们曝光了别人所说的一些伤人的话并且有助于改变别人的行为模式,那么,这就是公共场所无隐私规则对改善政府执法行力所带来的好处,这也是这一规则之所以应该保留下来的原因。

3. 好处三:阻止犯罪

曝光公共场所的行为所带来的好处也许会对社会更加有利,如果公共场所的行为是一种犯罪性活动的话。Louis Brandeis 建议道,曝光是消除社会中不良行为的最好方式。然而,Brandeis 法官的曝光理论最容易遗忘的部分是曝光行为可以催生更高效的警察。正如 Brandeis 法官所讲,减少那些潜在犯罪行为匿名性的公开曝光行为可以有效地阻止犯罪、改善刑事司法系统以及增加犯罪行为被揭发的机会。

Daniel solove 教授承认,社会控制也许是有效的,比如,监控行为可以阻止犯罪。在英国,一个运用了闭路式摄像头(CCTV)的政府监控措施项目就减少了街头摄像头的数量。① 虽然模糊性问题仅仅包括个人对政府官员在公共场所的执法行为的公开披露,但是也许,曝光普通公众在公开场所的言行的行为也有助于减少犯罪,就像政府监控措施所可能达到的那种效果一样。英国的闭路式摄像头在揭露犯罪的同时也带来了思考空间的减少或者其他的一些损害。公众增加的安全感有利于促进个人解放。

---

① See Christopher Slobogin, Public Privacy: Camera Surveillance of Public Places and the Right to Anonymity, 72 MISS. L. J. 213, 223 (2002).

对于许多潜在的犯罪行为来说,公开披露行为同样有助于举报犯罪行为和指控正确的犯罪者。比如,一些公众就利用他们的手机拍摄下了交通肇事逃逸者的行为并公开了这段视频,从而可以最终逮捕他们。相同地,一些不愿意通过现场报道的方式揭露犯罪者的公民则会通过电话举报犯罪。此外,纽约市市民可以通过在一个官方网站上传犯罪行为的视频的方式举报犯罪。公民享有的举报别人犯罪行为的自由可以促使公民去记录和举报犯罪行为。

充满了各种报道的社交网络有助于定位和跟踪犯罪嫌疑人和走失的小孩。自媒体人的公开行为以及他们公开的内容为无辜被指控者提供了不在场(alibis)的证明,从而就促进了司法系统的完整性,保证了犯罪人被绳之以法。因此,如果诉讼双方在法庭上采用的是电子视频证据,而非证人证言证据的话,这就提高了证据的可信度。[1] 最后,公民使用手机、网络去公布公开场所的行为有助于提高刑事司法系统的完整性和可靠性,从而为公民带来安全和自由。

4. 好处四:情感性的好处

虽然研究隐私权的学者已经找出了模糊性问题所带来的情感损害,但是,他们仍然没有解释清楚公开披露行为所带来的情感上的好处。人们为什么公开别人在公共场所的言行是因为他们会从与别人的分享中感受到快乐。一些学者将分享行为所带来的情感上的好处描述为提供了一种新类型的亲密行为。对于发表自传性演讲的人来说,演讲者所感受到的情感上的好处是更加显著的。[2] 事实上,NumaGuy 这个表演就是通过网络传播的,这个表演展示出人们在听这首歌时所感受到的精神享受。因此,如果我们保护公民的匿名权的话,我们就会丧失这份情感上的好处。

对公共场所言行的公开披露同样可以给与被披露者所处情景相同的人带来情感上的好处。当某人因为某些其在公共场所的恶劣行为(比如说酗酒)而被披露时,这就使得与被披露者具有同种爱好的人觉得他们不再孤单。这种情感上的好处就是为什么回忆录显得如此重

---

[1] the unreliability of traditional eyewitness testimony has been well-documented. See, e. g., Brandon L. Garrett, Judging Innocence, 1o8 COLUM. L. REv. 55, 6o (2008).

[2] See Sonja R. West, The Story of Me: The UnderprotectionofAutobiographical Speech,, 84 WASH. U. L. REV. 905, 916 –922 (2006).

要的原因。读者在阅读这些真实的故事时能够感受到精神情感上的好处。

披露公共场所言行的行为同样有助于改变一种有害的社会规范，这种社会规范让人觉得他们与社会格格不入。比如，公开某些名人是同性恋的身份有助于其他普通同性恋者出柜，从而就改变了同性恋身份令人不齿的这一社会规范。即使这一社会规范没有改变，这种披露行为也可以带来其他的情感上的好处，比如说让同性恋者感到有归属感、集体感、轻松感。公开人们在公共场所言行的行为有助于将某些小范围内存在的问题纳入到公众视野并引发全体讨论。比如，一些女权主义学者认为，对隐私的过度保护使得妇女权利的问题不能受到公众关注。自尊、自信以及其他一些类似的情感上的好处抵消了被披露者或者其他害怕被披露的人所感受到的人格尊严的减损。

5. 好处五：预防诈骗

人们之所以诟病模糊性问题的一个原因是，他们有意地要去隐藏某些东西，而这要取决于人们是否忽视了这些东西。[1] 公开披露这些信息的话，这有可能改正别人留下的欺骗印象，比如说员工向他的雇主隐瞒了他所患有的严重的疾病，或者未婚夫向他的未婚妻所隐藏的不孕问题。因此，披露别人有意保密的真实信息的行为可以作为一个预防欺骗的措施，许多学者认为这给整个社会带来了好处。

预防欺骗的好处也直接地或间接地带来了其他的一些社会好处，比如，可以保证人们不会雇佣一个没责任心的人去照顾小孩。[2] 对别人的信息了解得越多有助于人们根据正确的信息做出决策，而不会依赖于一些不准确的信息。如果我们对别人知道得越多，并看到他对社会所做出的有益行为，虽然我们知道他过去的恶劣行径，我们也更愿意去原谅他，而不会变得十分苛刻。对披露公共场所言行的行为的禁止或者处罚使得欺骗行为增多，从而使得人们做出错误的决策，这完全是由虚构的匿名权所导致的结果。

（三）平衡匿名权与社会公共利益

本文比较了匿名性问题所带来的损害与公开公共场所言行的行为

---

[1] Richard A. Posner, The Economics of Justice, at 260–261 (1981).
[2] See Fred H. Cate, Privacy in the Information Age 29 (1997).

所带来的好处，期望达到两者的平衡。笔者展示了学者们似乎反对公开披露行为，因为他们认为，这给被披露者造成了情感上的损害，而且也给整个社会造成了损害。笔者又展示了这些损害是如何被夸大了的。比如，笔者展示了：①公开行为所造成的损害经常是短暂性的而非长久性的；②公开的潜在可能性使得人们愿意思考和讲得更多而非更少；③美国联邦最高法院在 Doe 一案中平衡了两者的利益并支持了公开披露行为；④政治性团体活动是如何繁荣的，虽然他们面临着被披露的危险。

虽然平衡公开披露行为所带来的损害与好处应该在我们得出最终结论前就应该完成，但是，提前平衡两者还是值得一做的。进行平衡最好的起始点就是比较公开披露行为所造成的情感上的损害与其所带来的情感上的好处。文中展示了对于每个被披露者或者潜在的被披露者所造成的情感上的损害，这里就至少有一个人会从同样的披露行为中获得好处，无论是披露这些信息的人，还是看到这些披露信息的人。为了进行平衡，我们会比较情感上受到伤害或者获得好处的人的数量，以及受到伤害或者获得好处的程度。平衡之后，我们发现，两者旗鼓相当，并没有谁优于谁。

改变公共场所无隐私规则所遗留的唯一一个损害是它侵入了公民的思考空间。虽然我们很难量化这一损害，但是，笔者不认为过多地考虑这个问题是必要的。笔者认为，由于一些错误的假设，这些损害被过度夸大了。然而，我们仍然需要平衡思考空间的价值与非情感性好处的价值。比如，笔者展示了与公共场所无隐私规则相一致的公开披露行为是如何使得政府官员承担责任的、是如何加强有益的社会规范的，以及是如何废除掉不良的社会规范的等等。

虽然对是否坚持隐私场所无隐私规则的问题做出结论还为时过早，但是，笔者在上文所列举出的这些好处应该使得那些坚持废除公共场所无隐私规则的学者三思。我们仍然需要花费时间和精力去研究笔者在第三部分所提出的那些假设的真实性，以检验它们是否具有现实基础。只有在做出这些研究之后，我们才可以审慎地判断是否应该废除公共场所无隐私规则。

（四）一些特殊的案例

虽然笔者在上文所做的平衡可能支持保留公共场所无隐私规则的观点，然而，在一些特殊的案例中，利益平衡却使得支持废除公共场所无隐私的观点，因为这些案例披露了别人的隐秘的身体部位或者其他的肢体性活动，这些都被社会公认为属于隐私，即使被披露者处于公共场所。这些特殊的案例包括：公开一张在商场拍摄的一名女性的隐私部位，当风吹起她的裙子的时候①；公开一张在运动比赛中拍摄的一名运动员的隐私部位②；公开一张在宾馆浴池偷拍的一张裸照；等等。如果我们严格运用公共场所无隐私规则的话，上述的这些披露行为就是可接受的，因为这些信息都处于公共场所。

然而，如果认真思考公共场所无隐私规则的话，我们会发现，这一规则也认为上述披露行为是需要特别对待的，因为根据利益平衡，这些披露行为所引发的损害要大于其带来的好处。③ 就损害而言，披露他人的身体部位或者肢体性活动被认为是有损于他人的人格尊严，因此就需要受到法律的特别保护。就好处而言，这些披露行为所带来的好处是微小的甚至是没有的，因为这并不能促使政府官员承担责任、减少犯罪或者预防欺骗。正如 Richard Posner 教授所言，因为公民不想他们身体部位的照片流传出去的想法并不影响商业或者市场秩序，所以，我们就没有理由认为这一披露行为所带来的好处要好于隐藏这些信息所带来的好处。

Robert 的性偏好或者性行为被他的一夜情情人在博客上描述出来，虽然将他人的性偏好暴露给别人的做法对大多数人而言并非是不可忍受的，但如果 Robert 的一夜情情人 Ms. Cutler 描述或者拍摄了 Robert 的隐私部位，那么公共场所无隐私规则就会支持 Robert 的主张。后一种公开行为就归属于笔者在上文所描述的特殊案例的类型，因为公众分享这些信息所带来的好处是十分少的，而公开这些信息给

---

① Daily Times Democrat v. Graham, 162 So. 2d 474 (Ala. 1964).
② McNamara v. Freedom Newspapers, Inc., 802 S. W. 2d 9ol, 905 (Tex. App. 1991).
③ See also Lance Rothenberg, Comment, Peeping Toms, Video Voyeurs, and Failure of the Criminal Law to Recognize a Reasonable Expectation of Privacy in the Public Space, 49 AM. U. L. REV. 1127 (2000).

Robert 所造成的个人尊严的减损是十分多的。我们同样可以利用这种方法去证明减少公布强奸受害者或者减少公布验尸照片的做法的合理性，因为这样的公开行为给受害者的家属造成了更大的伤害，公开的行为又不能为别人提供有用的信息。因此，那些公布他人身体部位的行为是不值得法律保护的，因为它们并不能为公众提供与被披露者相关的有用信息，因此就不属于公共场所无隐私规则所保护的对象。

五、结语

科技对隐私所造成的巨大威胁在可预期的未来会达到一个峰值。一个简单的策略就是将科技描述为一种新兴的、危险性更大的一种隐私侵权方式，因此就给人们带来了危险。一种无线穿墙信号设备的发明者警告到，我们即将变成为人们互相之间可以看透的透明物。[1] Warren 和 Brandeis 曾经叹息道，拍摄技术的发展使得人们进行秘密拍摄成为可能。由于人们害怕这些技术所造成的危害，我们就有理由进行限制或者提供法律救济。由于那些披露信息的行为给被披露者造成的伤害，这使得人们感到害怕或担心，自己也可能成为下一个遛狗的女孩儿，使生活就变得一团糟。为了保护公民的匿名权，我们就得改变公共场所无隐私规则。

批评公共场所无隐私规则的人认为，公共场所无隐私规则已经过时了，我们现在在公共场所也需要隐私。换句话说就是，为了使得社会正常运转，我们需要一项匿名权。然而，上述利益平衡向我们展示了，公共场所无隐私规则可能仍然是有效的、有用的以及对社会有益的，即使是在那些特殊的案例中。这是因为，如果我们缺少匿名权的话，这会给社会带来一些积极的好处，包括使政府官员承担责任、检举与举报犯罪、获取与我们有商业交易来往的人的信息。因此，利益平衡告诉我们，匿名权的丧失是为了获取这些社会好处的代价。因此，公共场所无隐私规则仍然是有效的。

最后，在我们决定为了保护公民的匿名权而限制真实、有用的公共场所信息的时候，我们应该思考我们这样做时究竟牺牲了什么。

---

[1] Science, The Academy, Vol. 50, p. 569, Dec. 19, 1896 – No. 1285 (cited by Virginia Postrel, No Telling, REASON, June 1998).

第三编 公共监控时代的公共场所隐私权

公共场所隐私权：
公共场所的监控与公民所享有的匿名权

克里斯托弗·斯洛博金[①]著 陈圆欣[②]译

目 次

一、导论
二、公共视频监控的现状与前景
三、公民在公共场所享有的匿名权
四、实现公民所享有的公共场所匿名权
五、结语：不一样的《美国联邦宪法第四修正案》

一、导论

在伦敦，根据警察的说法，每天每个员工或者购物者会受到至少300个监控摄像机的监控。[③] 在美国，安保行业估计全国使用了超过两百万个监控摄像机。在1998年的曼哈顿，志愿者曾经指出位于公共场所的2400个电子眼，这些电子眼捕捉着人们的一举一动，包括在交叉路口闯红灯的人，在商场里扒窃的人以及在街灯下等待买家的

---

① 克里斯托弗·斯洛博金（Christopher Slobogin），美国范德堡大学法学院教授。
② 陈圆欣，中山大学法学院助教。
③ Alfred Lee, Big Brother is Watching You, The Straits Times （Singapore）, August 23, 2001, at 7.

毒贩。①

正如 George Orwell 在其著名的小说《1984》中写道的那样，任何时候，你都无法得知自己是否处于监控之下。在 United States v. Knotts 一案②中，法官指出，如果政府执法人员要采取撒网式的执法模式，那么我们就有足够的时间考虑是否要适用不一样的宪法原则了。

我们应该把对公共场所监控的讨论上升到宪法层面。在公共场所中，政府执法人员运用复杂的技术 24 小时地监视、聚焦、追踪和记录每个公民的活动、每个地方发生的事情，这种技术需要受到法律的规制。然而，到目前为止，法律仍然没有对这种监控行为作出任何有意义的约束。自从"9·11"恐怖袭击发生以来，"犯罪战争"的号角吹得前所未有地响亮，这导致了政府加强对公共街道的技术监控。本文主张，《美国联邦宪法第四修正案》要求法院监管这种监控行为，特别是监管公共场所的摄像机监控——如果立法机构和执法部门都不愿意规制的话。

美国联邦最高法院在 United States v. Knotts 一案中做出的判决是实现上述主张的主要障碍，该案涉及政府执法人员利用电子蜂鸣器追踪公民汽车的行为是否受到《美国联邦宪法第四修正案》监管的问题。美国联邦最高法院认定"在大街上驾驶机动车的公民对于其移动路线不享有任何合理的隐私期待"。更重要的是，它总结道："政府执法人员利用蜂鸣器与直接用目光监视公民的移动过程并没有什么不同。"如果《美国联邦宪法第四修正案》约束政府执法人员对在大街上驾驶机动车的公民采取技术监控措施，那么它也能够约束政府执法人员监控在大街上行走的公民的行为。

正如前文特别指出 Knotts 一案中法官的看法那样，美国联邦最高法院曾经对其结论提出警告——虽然很简短，但是在今日看来却是很重要的警告。Knotts 提出："如果认定政府执法人员使用蜂鸣器追踪公民汽车的行为不是搜查行为，那么在这个国家内，公民任何时候都有可能受到政府的监控，而且这种监控不需要得到法官的同意或者受

---

① Spencer S. Hsu, D. C. Forms Network of Surveillance, Wash. Post, Feb. 17, 2002, at C1.
② 460 U. S. 276, 284（1983）.

到法官的监管。"虽然美国联邦最高法院认为这个看法与该案无关，因为政府执法人员只是在其视线接触不到的地方使用蜂鸣器重新定位目标人物，但是它也认识到政府执法人员对 Knotts 所采取的撒网式的执法实践可能引发宪法性问题。

美国联邦最高法院的这种承认是很重要的，因为在当下城市里，甚至一些郊区的公共场所里，技术监控随处可见。虽然追踪装置是技术监控的一种，但是在建筑和电话亭内安装的摄像机才是公民隐私的最大威胁。传统的粒状视频成像技术只能由摄像机操作人员掌握，而如今它迅速地被实时提供高质量图像的数字技术所取代，警察和其他处于远距离的人，包括控制中心和巡逻车都可以运用这项技术。相对于成堆的录像带而言，数字化更有利于长时间存储信息，因此能够更长期地保存图像和被更多的人看到，通过相应的电脑程序，我们就可以辨认出摄像机下的人（即"生物识别技术"）。我们正受到政府撒网式的监控。①

美国联邦最高法院在 Knotts 一案中的"不自愿"表明任何公共场所的监控都不受宪法监管的看法可能会严重侵犯"合理的隐私期待"，而"合理的隐私期待"正是判断《美国联邦宪法第四修正案》保护范围的标准。② 美国联邦最高法院之所以不愿意在 Knotts 一案中进一步阐述这种"不自愿"，其原因是司法的传统和它不清楚公民在公共场所如何享有"隐私"。当公民的一举一动均受到其他人监视的时候，其如何期待自己的举动能够受到宪法的保护呢？

本文将从不同角度回答这个问题，从而得出公民享有"匿名权"的结论，即便是在公共场所。政府持续、重复地监控无辜公民在公共场所的活动的行为既不符合公众的期望也不能够被宽恕，因为它忽略了一个事实，即公民通过行为和言语表达自己的内心想法。《美国联邦宪法第四修正案》把公民在公共场所享有的匿名权作为隐私期待的一部分，正如美国联邦最高法院广为人知的名言所说的那样，"社会承认的便是合理的"。

---

① Christopher S. Milligan, Facial Recognition Technology, Video Surveillance, and Privacy, 9 S. Cal. INTERDIS. L. J. 295, 3030–08 (1999).
② Katz v. United States, 389 U. S 347, 360 (1967).

本文的第一部分将描述现存的监控技术和相关立法、司法的不足之处。第二部分将为匿名权提供理论基础。这个基础将从不同的学术评论和法院判决,以及普通公民能够在不受经常性技术监控的情况下行走或者驾车的意义的实证研究中得出。在本文的第三部分中,作为《美国律师协会有关规范秘密监察标准》(American Bar Association's Standard on Technologically-Assisted Physical Surveillance) 的报告人,笔者将通过联系该标准的方式来阐释匿名权的含义。

正如第三部分所说的那样,政府执法人员在公共场所的监控行为应当受到宪法审查,但是这不意味着该行为必须满足《美国联邦宪法第四修正案》一般的要求,比如搜查令、合理依据,等等。笔者主张,为了确保政府执法人员是以合理方式在公共场所对公民实施监控,法院应该为政府执法人员的执法行为制定一些最低标准以及审查警察的某些决策。具体而言,笔者认为,在传统意义上,当政府执法人员在公共场所采取监控措施时,法律不要求他们具备合理依据,因为这种监控措施一般被视为缺乏侵犯性。然而,相比于警察传统的搜查行为,在采取公共监控措施中,有关目标人物的决策、警察的执法行为以及执法文件记录与披露的规定应该受到更多的重视。因为政府执法人员在公共场所实施监控行为是政府干预公民生活的有力标志,而且这种监控行为只会越来越多。虽然大多数细节性的规定应该留给政治过程来完善,但是如果法院能够将《美国联邦宪法第四修正案》适用于政府执法人员在公共场所实施的监控行为中,那么在立法机构解决相关问题的过程中,法院将能够为之提供"宪法蓝图"。

本文的另一个主题是《美国联邦宪法第四修正案》的司法审判应该突破传统模式,即仅仅利用非法证据排除规则来保护公民隐私,认为政府执法人员不得在没有特定怀疑对象的情况下对公民实施监控的模式。我们不能也不应该根据政府执法人员是否具备特定的怀疑对象来判断他们对大部分公民进行监控的正当性。此外,这种根据个体的、谦抑的救济方式不可能成为有效的震慑手段,因为它充其量能够使受到违法监控的小部分人受益,而在大多数情况下,它几乎不能弥补政府执法人员在公共场所的监控行为所造成的损害。公共监控和具备特定怀疑对象或者非法证据排除规则之间的失衡表明,我们需要重新思考《美国联邦宪法第四修正案》所要求的正当理由和实施方式。

在第五部分中，笔者将在先前研究的基础上做一些简要的观察报告。

二、公共视频监控的现状与前景

政府在各种场合通过摄像机观察我们的一举一动，从私人商店到公共休息室，从政府所有的建筑到公共街道，从交通十字路口到停车场。本文将重点关注政府执法人员对公共街道上的行人采取的视频监控行为，有别于对建筑物室内和停车场采取的视频监控行为。因此，本文所采用的"公共视频监控"一词以及它的缩略词"CCTV"（闭路电视）只是指前一种视频监控。即便是采取这种狭义的定义，政府执法人员利用视频技术进行公共监控的现象在未来的10年里只会增多不会减少。然而，伴随着技术的发展，法律可能难以跟上技术发展的步伐。①

（一）视频监控网

自从"9·11恐怖袭击"发生以来，政府便在街道、地铁、校园和政府机构内安装各种摄像机，展开"令华盛顿特区变成美国第一个能够监视每条街道的城市，并且建立视频图像数字记录库"的项目。利用卫星光学原理，精密的摄像机能够让操作员观察黑暗中的情况，捕捉远在数百英尺以外的一张纸上的文字以及观察建筑物内部状况。当时，只有少数私人摄像机参与到这个项目中。然而，该项目的负责人声称："我认为不应该对这个系统采取任何限制措施。"进一步而言，他想该系统不仅拥有视频监控的能力，还能够进入该区域内的数据库和其他系统。最后，能够进驻任何学校、商业机构和社区。② 这些都将通过价值700万美元的中央控制设备完成，这个设备能够把信息反馈给将近一千辆警车。

当下，美国只有华盛顿特区拥有如此复杂的系统。然而，许多其他美国城市也拥有了先进的视频监控技术。比如新泽西州的纽瓦克

---

① See Joyce W. Luck, Identifying Terrorists: Private Rights in the United States and United Kingdom, 25 HASTINGS INT'L & COMP. L. REV. 223, 256–257 (2002).

② Jess Bravin, Washington Police to Play "I Spay," WALL ST. JOURNAL, Feb. 13, 2002, at B1, B6.

市、佛罗里达州的坦帕市、弗吉尼亚州的维珍妮亚滩、田纳西州的孟菲斯市，这些城市都安装了先进的摄像机，数量从6个到72个不等，这些摄像机覆盖了公共区域的大部分地方并且能够360度旋转，配备云台以及能够放大目标。① 坦帕市最近增加了70多个带有面部识别技术的摄像机，据称能够捕捉有犯罪逮捕记录的人（尽管当这些摄像机不能帮助警方实施逮捕时，政府中止了这个项目）。②

许多城市和城镇纷纷效仿这种做法。根据国际警长协会2001年的研究显示，在207家接受调查的政府执法机构中，大约80%的机构已经配置了闭路电视，其余10%的机构即将配置闭路电视。这些闭路电视大多用于记录警车内警察的羁押行为，或者在交通路口记录交通情况，又或者安装在政府建筑内部。然而，大约一半接受调查的政府机构在"犯罪高发区域"使用视频监控，25%的政府机构会在"街道"上使用，15%的政府机构会在"公园"内使用。值得注意的是，尽管有些交通视频监控基本上只会拍下超速者车牌，但是这些摄像机还可能够拍到车辆内部的情况，拍到交通路口以外的区域，甚至能够拍到交通路口沿路的住宅和办公场所内部的情况。③

政府掌握了所有视频监控的摄像机（尽管有些地方是通过社区"自愿地"操控这些摄像机）。在私人领域中，视频监控技术被更加广泛地使用。一份五年前涉及不同公司的全国调查发现大约75%的公司利用闭路电视进行监控。④ 鉴于这些摄像机最终可能被连接到政府控制中心，在私人领域广泛使用视频监控技术的事实引发了公民的忧虑。

作为闭路电视监控的拥护者，目前英国运行着超过800个公共视频监控项目，其中涉及了200万~300万个摄像机。许多摄像机都拥有柔性焦距透镜组，能够将镜头移向目标并且读出100码以外的香烟包装盒上的文字，还能够将夜晚图像质量提升到白天水平。视频监控

---

① Marcus Nieto, Public Video Surveillance: Is It An Effective Crime Prevention Tool? CRB-97-005, at 14-18, available at http://www.library.ca.gov/CRB/97/05.
② Lane DeGregory, Click. BEEP! Face Captured, ST. Perersburg Times, July 19, 2001, at 1D.
③ M. J. Zuckerman, Chances Are, Somebody's Watching you, USA TODAY, Nov. 30, 2000.
④ Karen Hallberg, Nationwide Survey of Companies With Securiy Expenses, Cahners Publishing Company, September, 1996.

只会越来越普及。Clive Norris 研究院总结道:"在千禧年的头 10 年里,如果某位英国公民能够不被到处可见的闭路电视、摄像机或者录像带记录其行为或者行动,这将是不可思议的。"① 几乎所有的摄像机都连接到警察局,其中少部分摄像机还受到私人安保公司的监控。其他欧洲国家都有类似的系统。

如今,这些摄像机都是由人手来操作,但是在不远的未来,它们将会实现自动化。动态侦测系统将能够识别出异常的动态,并且通知评估员从堆积成山的数据中筛选出有用的信息。② 车辆牌照识别系统将能够识别出进入未被授权区域的车辆以及开往错误方向的车辆。比坦帕市现在使用的更加复杂的面部识别系统将能够识别出有犯罪记录或者正受到逮捕的人并且触发警报,也能够在不恰当授权发生时触发警报。最终,摄像机将会配备"透视"技术,能够侦察公民是否携带枪支。③

国内外对闭路电视技术投放大量资金是基于以下两个理由:其一,政府假定闭路电视有利于提高社会安全;其二,相比起其他同等效力的选择而言,闭路电视花费最少。然而,这两个理由都受到质疑。

多份报告显示,安装了闭路电视的街道的犯罪率下降了 50%~70%。但是,这些因果关系的准确性是值得怀疑的(至少把犯罪率下降归结于在街道上安装了闭路电视这一点值得怀疑)。最近一份关于英国闭路电视系统报告的评论指出,这些漂亮的数据只是"自以为是和未经训练的人勉强将因果关系颠倒的结果"。更多关于公共监控效果的中立分析展现出不一样的结果。2000 年一份关于 13 份优秀研究的汇总分析总结道:"即便闭路电视真的能够降低犯罪率,这也不能成为英国政府通过不断增加街道闭路电视来阻止犯罪发生的借

---

① Clive Norris, From Personal to Digital: CCTV, the Panopticon and the Technological Mediation of Suspicion and Social Control, in Surveillance And Social Sorting: privacy Risk And Automated Discrimination 11 (David Lyon, ed. 2002).
② Clive Norris & Cary Armstrong, The Maximum Surveillance Society: the Rise of Cctv 212 – 14 (1999) (describing "intelligent scene monitoring").
③ See David Harris, Superman's X-Ray Vison and the Fourth Amendment: The New Gun Detection Technology, 69 TEMP. L. REV. 1, 7 – 8 N. 38 (1996).

口。"另一份最近发布的有关 22 份最详细的研究报告的分析总结道,在英国和北美地区内,有半数的研究发现闭路电视对阻止犯罪有令人满意的效果,五份发现效果并不令人满意,六份发现没有效果或者不确定有没有效果;最终,"只有百分之四的犯罪率下降完全归因于闭路电视"。

英国的 Glasgow 市是这些研究的其中一个样本,它是首批采用闭路电视的城市之一。犯罪学家花费了三年时间进行研究,发现"虽然某种类型的犯罪的确减少了,但是没有证据表明监控摄像机能够导致全部的犯罪减少,相反,对于消灭犯罪率和阻止违法行为而言,监控摄像机发挥了微乎其微的作用"。其他传闻数据则是更加令人感到失望。原本,闭路电视应该对打击街头抢劫一类的犯罪是最有效的,但是在拥有众多闭路电视的伦敦,其街头抢劫一类的犯罪在 2002 年却呈现出上升趋势。最近,悉尼采用了一种相当先进的视频监控系统,但是这个系统平均 160 天才协助警察实施一次逮捕。

美国的城市也有相似的经历。早期在 Hoboken 市、Mount Vernon 市、Miami 市、Charleston 市和 Detroit 市建立的系统已经终止,因为它们的成本效益太低。时代广场的监控摄像机也因为平均 22 个月才产生 10 次逮捕的低效率而被撤掉。这些失败的例子大概可以归结于所使用的技术过于落后。然而,Oakland 市最近也结束了使用了三年的高分辨率监控系统,该系统的摄像机能够看到几百码以外的苍蝇和一公里以外的车辆牌照。该系统被结束的原因是,"它无法证明视频监控与阻止或者减少犯罪之间存在因果关系"。

闭路电视未能在其所设计的范围内有效减少犯罪的原因有很多。为了搞清楚这些原因,我们可以设想闭路电视理论上能够发挥作用的三种途径:①用于发现开始着手的犯罪,而政府执法人员通过立即行动能够阻止或者至少解决这些犯罪;②建立犯罪记录,并用于及时识别和指证犯罪分子;③用于制止犯罪发生。上述三种途径都有阻碍其顺利进行的障碍。

对于协助警察立即逮捕潜在或者真正的犯罪分子而言,闭路电视的作用受到几个因素限制。首先,闭路电视的操作人员可能无法看到目标区域的犯罪情况,因为监控摄像机可能被毁坏或者被干预了,也有可能因为光线不足或者有障碍物阻挡了它的视线,也有可能操作人员分神了,或者在模糊的环境下无法看到正在发生的情况。其次,如果操作人员看到了可疑情况,但是他们与案发现场的距离过于遥远,他们也不会确切地认为发生了犯罪情况。最后,即便操作人员确认了犯罪开始进行,警察也不必然会对此作出部署。因为当时可能附近没有足够的警力来处理这个事情(这可以归因于政府认为增加闭路电视的使用可以减少警察的数量),控制中心与街道上的警察没有沟通或者缺乏沟通,甚至警察害怕自己的失误行为被闭路电视拍到,这些因素都会限制政府执法人员对于开始着手的犯罪情况作出反应。即便视频监控系统实现自动化后,仍然会存在类似的问题。例如,技术故障导致警报失效,人为原因导致警察没有对可疑情况做出部署。

通过录像带纪录犯罪经过和犯罪分子也是一件困难的事情。因为有时候当政府执法人员意识到录像带有助于破案之前,录像带已经被销毁了。即便这些录像带被保留下来,它们也不一定能够帮助政府执法人员识别出犯罪分子。因为录像带的图像有时候很模糊(尽管数字化技术一直在解决这个问题),有时候会被干扰(比如 Rodney King 一案的录像带),即便图像质量良好,监控摄像机也不一定能够识别出犯罪分子。即便录像带被保存下来,没有发生任何人为因素的影响,警察也需要花费数天的努力找到与犯罪相关的画面。

如果监控摄像机不为潜在的犯罪分子所知晓,那么它们就不能有效地抑制犯罪的发生。即便闭路电视是显然易见的,有些犯罪分子也不会注意到它们,因为有些犯罪分子会被其他事情分散了注意力,有些则是喝醉酒的犯罪分子,有些则是被自己的伪装遮住了视线。一份 1995 年的研究显示,监控摄像机是犯罪分子决定是否实施抢劫等犯罪活动的一个重要考虑因素。然而,同时值得注意的是,如果安装了监控摄像机,政府执法人员就会减少人手来监视公民,因为他们认为监控摄像机能够胜任这个工作。①

调查结果发现,实际上有两个事实可能会影响到安装了闭路电视的地区的犯罪率。其一,在一些研究中,部分犯罪率下降的原因无疑归结于其他因素,包括当时在该区域采取了另外控制犯罪的方法。其

---

① Stephen Graham, Towards the Fifth Utility? On the Extension and Normalisation of Public CCTV, in Surveillance, Closed Circuit Television And Social Control, at 89, 106.

二，许多研究都忽略了闭路电视的替代效应，即推动犯罪分子在闭路电视拍摄不到的区域实施犯罪。①

然而，这些发现并不能得出视频监控对于控制犯罪而言没有丝毫影响，虽然政府执法机构可能吹嘘了某些数据，但是，某些更加谨慎的私人机构的研究表明，在安装了闭路电视之后，某些城市的犯罪率的确有所下降。例如，苏格兰的 Airdire 市在安装了闭路电视的两年内犯罪率下降了 21%，这个结果是在没有证据表明发生了替代效应以及排除其他因素比如整体犯罪率下降而得出来的。② 英国的 Newcastle 市某些类型的犯罪也大大减少：在受到闭路电视监控的区域内，刑事毁坏的犯罪率下降了 25%，汽车盗窃的犯罪率下降了 39%，入室盗窃的犯罪率下降了 39%。第三份关于英国的研究发现，在两年内，犯罪率持续下降 25%，而且没有迹象表明发生了替代效应。

综上所述，相比于没有安装闭路电视而且犯罪率较高的公共区域，如果政府在类似的公共区域的适当位置安装了尖端的闭路电视，而且配备了认真负责的操作人员，那么该区域某种类型的犯罪率可能会下降 10%～25%，尤其是盗窃。政策制定者需要谨慎回答的第二个问题是，利用闭路电视降低犯罪率的做法的成本效益问题，其他方式能否以更低的成本达到同样的执法效果，比如加强巡逻、增加街灯的数量，加强社区执法的参与度。

虽然笔者在这里不会回答这个问题，但是视频监控费用的信息是回答这个问题的起点。在英国，许多地方政府每年都会为安装在市区的闭路电视系统提供超过 50 万美元的预算。③ 美国 New York 市每年为住宅区内的闭路电视系统员工提供的预算接近 85 万美元（不包括购置摄像机的前期费用，维护费用，新的录像带和存储录像带的费用以及其他相关费用）。

我们很难计算达到相同执法效果的其他方式是否成本更低。然而，即便是一个相当成功的闭路电视系统，它的收益也可能抵不上其

---

① See David Skinns, Crime Reduction, Diffusion and Displacement: Evualuationg the Effectiveness of CCTV, in Surveillance, Closed Circuit Television And Social Control, at 185.
② Emma Short & Jason Ditton, Does Closed Circuit Televison Prevent Crime? An Evaluation of the Use of CCTV Surveillance Camera in Airdire Town Center.
③ G. Wade, Funding CCTV: The Story So Far, 7 CCTV TODAY (1998), at 28.

成本。一份研究表明，优秀的闭路电视系统能够有效地减少商店扒窃行为，但是挽回的商品价值远远低于该系统运作五年所产生的费用，正如一位研究员所说的那样："接受这样的损失才是理智的想法。"然而，如果涉及暴力犯罪，这种成本效益分析方法可能就无效了，因为即便只能够阻止少数的犯罪，人们还是会同意使用成本高昂的闭路电视系统。不幸的是，鉴于暴力犯罪经常是自发产生的本质，监控摄像机难以制止这一类型的犯罪。[①]

总而言之，从维护公共安全的角度出发，公共视频监控是不是一项值得的投资仍是未知的。然而，这个结论无论如何都不可阻止公共视频监控的扩张。公众早已认定闭路电视有利于控制犯罪，这种"常识"主导了对这个问题的讨论。政客会继续把视频监控作为控制犯罪的尚方宝剑。此外，最近发生的恐怖袭击事件只会推动政府加大利用视频监控来维护公共安全的力度。[②] 虽然某些城市因为视频监控未能降低犯罪率而取消了闭路电视系统，但是也有可能出现另一种情况，即当建立起更新、更昂贵的系统后，惯性阻止政府执法人员终止该项目，即便该项目已经被证实是无效的。因此，问题不在于政府是否应当安装和维护公共视频监控系统，而在于公共视频监控系统是否应该受到规制，受到怎么样的规制。

（二）有关公共视频监控的法律规制

无论是英国，加拿大还是美国，这些国家当前都不存在针对公共视频监控的有效法律规制。英国颁发的 *Code of Practice* 仅仅为政府执法人员提供了操作准则，但是"缺乏责任落实或者执行的相应机制"。类似地，虽然加拿大的安大略、英属哥伦比亚和亚伯达政府颁布了大量指引来规范视频监控录像带的使用、存储和人员的培训，几乎做了政府必须以及应该做的事情，但是这些指引最终都只是倡导性质的，因为它们并没有规定违反这些指引会产生哪些行政，民事或者

[①] Vaseekaran Sivarajasingam & Jonathan P. Shepherd, Effect of Closed Circuit TV on Urban Violence, 16 J. Accident & Emerg. MED. 255 (1999).

[②] Lisa Guernsey, Living Under an Electronic Eye, N. Y. TIMES, Sept. 27, 2001, at G1, col. 5.

刑事的处罚。①。某些美国城市也采取了"指引",基于同样的理由,这些指引不具有执行力。② 在国际警长协会最近的一次会议中,虽然大会起草了相当全面的示范性规则,但是该会议的主导思想是采用自愿性的指导规则。③

美国 Arizona 州针对公共视频监控颁布了一部成文法,其规定:在没有显著而且合法标志显示该公共场所受到监控的情况下,任何人不得在该区域进行视频监控,否则就是轻微犯罪。虽然这部法律将记者排除在监管对象之外,但是它并没有排除政府执法人员,也就说政府执法人员也受到该法律的规制。然而,根据该法律的字义解释,如果实施视频监控的人在其监控区域设置明显的标志,那么他的行为就不会触犯法律,因为该法律没有对其他事项进行限制。显然,其他州政府和市政府都不会采用这种几乎没有约束力的法律。事实上,在美国,几乎全体学者都抵制对公共视频监控采取更严格的限制,因为法院几乎不会认定公共视频监控行为会触犯宪法或者其他法律的规定。国内的视频监控大部分受到《第四修正案》的监管。然而,所有法院都不会认为公共视频监控是一项搜查行为,其违反了《第四修正案》的规定,因为大部分人都知道在公共场所主张隐私期待是不合理的行为。④ 少数法院注意到,某些具有侵犯性的公共视频监控行为可能受到《第四修正案》的监管,但是大部分公共视频监控行为与其无关。类似地,某些法院认定,《综合犯罪控制和街道安全法》第三章的规定适用于监管电子窃听和私人区域的视频监控行为,但是不调整对公共活动的监控行为。⑤

值得注意的是,没有法院认为闭路电视系统是《第四修正案》的疑难问题,而且大多数判决认定,隐藏的短期定点监视行为不受

---

① Guidelines For Using Video Surveillance Cameras In Public Places (2001), available at http://www.ipc.on.ca/english/pubpres/papers/video-gd.pdf.
② Remarks of John Firman (Director of Research for the International Association of Chiefs of Police), SIA & IACP Meeting, at 32.
③ Guidelines For Closed Circuit Television (cctv) For Puba± Safety And Community Policing, available at http://www.securitygateway.com/E/E3_2.html.
④ See United States v. Jackson, 213 F.3 1269, 1281 (10th Cir. 2000).
⑤ United States v. Torres, 751 F.2d 875 (7th Cir. 1984).

《第四修正案》的监管。问题是，立法机构没有对政府执法人员实施的公共视频监控行为颁布任何有意义的规则，法院也不愿意做出相应的规范。这种做法念应该被改变。

三、公民在公共场所享有的匿名权

"假设当地警察为了调查某个案件而把警车停在一家生意很好的酒吧停车场门口，每天停留的时间为晚上五点半到七点半。在这段时间里，警察记录下每一辆进出该停车场的车辆号码，假如除了知道该酒吧拥有售酒牌照以外，警察对该酒吧一无所知，假如某些人只是恰好在这个时间段进出停车场但是没有光顾该酒吧，而且当时并没有特别情况出现，我相信绝大多数人都会认为，警察是不恰当地行使职权，这会引发公民的担忧，如果这当中有公民认为他们的名字已经被警察记录下来并且可能用于将来案件调查的参考，那么我相信，这些公民绝对有理由担忧……在我所假设的这个极端例子中，政府执法人员根本就不应该采取任何监视行动。"①

这段话出自 William Rehnquist，就在 1972 年，他被任命为美国联邦最高法院大法官不久后，他写下了这段话。对于警察在没有明显理由的情况下公然地监视公民进出是不恰当行使职权这一点，Rehnquist 大法官是正确的，正如他后来在文章中所说的那样："公民享有的不被监视和记录公共活动的权利可能阻止政府执法人员缺乏正当理由的监视行为。"这篇文章唯一有误的地方是这种假设并非极端情况。事实上，这种假设情形与监控摄像机记录公民在公共场所中进行的活动并没有什么区别。

Rehnquist 声称，在其假设情形中，公民所享有的利益应该受到保护，但是这种利益不是隐私权，因为警察并没有打算隐藏其监视行为，事实上他们也没有隐藏其监视行为。的确，公民到酒吧的行为不是一个隐秘的行为。然而，那些到酒吧的公民通常也会认为监视他们的人不会知道或者在意他们的身份，而这些下定决心搜集信息的警察

---

① William H. Rehnquist, Is An Expanded Right of Privacy Consistent with Fair and Effective Law Enforcement? Or: Privacy, You've Come a Long Way, Baby, 23 KAN. L. REV. 1, 9 (1974).

应该是有针对性地对酒吧的某个人实施监控。如果警察在 Rehnquist 假设情形中所实施的让人不舒服的行为不是侵犯了公民的隐私权，那么其侵犯的也是类似于隐私权的权利——笔者将其称之为"公共场所的匿名权"。

匿名权从字面上理解就是不留名的意思。① 公民所享有的匿名权确保了公民在公共场所不留名，与普罗大众混为一体。只有当公民的行为或者言语引起政府执法人员特别注意的时候，公民才会丧失匿名权的保护，大多时候这种行为或者言语一般与犯罪有关。

公民在公共场所享有的匿名权与隐私之间存在联系，这个观点并不新颖。几年前，Peter Westin 就在其关于隐私的开创性研究中把匿名权描述为"隐私权的一种状态"，如果公民身处公共场所或者从事公共活动，他依然希望不被监视和识别，那么他就拥有了匿名权。② Westin 继续提出：他也许正在搭乘地铁，观察球赛或者走在大街上；他身处人群之中但是知道自己受到监视；除非他是广为人知的名人，否则他不会想到，如果自己知道正在接受监视，那么自己的一举一动都必须遵守相关规则。在这种情况下，公民可能会限制自己的活动。

大部分人都会同意 Rehnquist 和 Westin 的观点，即公民在公共场所享有某种程度的匿名权，本文的任务就是将这种匿名权转化为宪法权利。笔者将从三个角度阐述这种匿名权。首先，笔者会介绍公共视频监控如何不加区别地损害我们社会的运作，因为它影响了公民在公共场所享有的匿名权。其次，笔者主张许多宪法性原则虽然没有明确承认公民在公共场所享有的匿名权，但是它们为其提供了坚实的理论基础。最后，笔者将展示一份经验主义的研究结果，该研究结果显示，美国公民认为政府实施的公共视频监控行为要比美国联邦最高法院认定为"搜查"或者"扣押"的行为更加具有侵犯性，这份研究赞成将公民所享有的匿名权纳入《美国联邦宪法第四修正案》的保护之中。

---

① Webster's New Collegiate Dictionary 47 (1977).
② Allan F. Westin, Privacy And Freedom 31 (Bodley Mead 1967).

(一) 缺乏公共场所匿名权的影响

公共场所匿名权能够增加公民行动的自由以及推动开放社会的建设。缺乏公共场所匿名权则会约束公民行动的自由以及推动封闭社会的建设。这段话总结了有主观意识的公民对公共场所隐私权的感受。

1. 全景监狱

缺乏公共场所匿名权的一个例子就是全景监狱，它是由 Jerem Bentham 设计出来的模范监狱。全景监狱是圆形结构的，牢房和过道围绕着中间的平台和监控塔，这样的设计能够运用少数的狱警来监控多数的囚犯。理论上，每个囚犯的一举一动都能够受到监视。

然而，躲在百叶窗背后的狱警事实上不需要通过监视囚犯来让他们遵守规矩。因为每一位囚犯都知道典狱长可以看到他们的一举一动。著名的哲学家、历史学家 Michel Foucault 强调了这种全景监狱的现代意义："知道自己正处于监控之下的人会承受权力的约束作用，他会为自己制定规则并且遵守这些规则。"

当然，囚犯遵循着严格的规则，一旦他们违反这些规则就会受到严厉的惩罚。当监控者对被监控者缺乏狱警对囚犯的震慑力时，这种"自我约束"的机制可能就不会产生了。Foucault 声称："现代社会越来越像一座超级全景监狱，通过一些不必要的措施，政府确保公民能够约束自我的行为。"当公立和私立机构在监控公民和完善相关设施方面投入越来越多资源时，Foucault 认为，意识到这种变化的公民可能会感到压力越来越大，尽管监控者认为这是可以接受的。

对于 Foucault 而言，这种"全景监狱式"的监控不必然是一件坏事。他将这种监控描述为"通过将执法活动变得更加便捷、迅速和有效，这是一种能够提高执法效力的有用机制"。通过全景监狱式的监控带来的微妙强迫作用，人们将成为生产力更高、效率更高的社会成员。从 Foucault 提到的场合，比如工作场所、医院或者学校，我们可以看到其结论的一些逻辑。在这些场所中，公民受到特定规则的约束，而这些规则可能需要通过视频监控才能更加有效地被遵守。

安装在公共街道的闭路电视所产生的"微妙强迫作用"只会损害公民珍视的权利。Douglas 大法官在 Papachristou v. Jacksonville 一案[①]

---

① 405 U. S. 156，164 (1972).

中有关美国公共场所活动的评论能够说明这个现象：众所周知，正常的行走或者散步或者徘徊都是生活中令人愉快的事情。这些令人愉快的事情能够让人拥有独立、自信和富有创造力的感觉。这些令人愉快的事情能够让提出异议的权利变成高贵，让打破传统和藐视权威的权利受到赞扬。它们鼓励公民过上高质量的生活而不是墨守成规的寂静生活。通过引用 Walt Whitman 和 Henry David Thoreau 以及其他学者的观点，Douglas 描绘出一个公民在公共场所中不受任何监视的社会。

接下来让我们思考一下，Foucault 提出的来源于全景监狱的规则所产生的影响。他生动地将这种规则称为"反游离策略"。因为这种规则抑制公民的行动，它阻止或者限制公民群体以不符合政府预期的方式徘徊。它还能中和社会团体多样化所产生的反作用，能够抑制希望控制它的力量，比如煽动性质的组织、叛乱组织、自发性组织等能够建立横向联盟的力量。这种规则是与 Douglas 所描绘的民主开放社会格格不入的。

2. 受到监控的影响

具体而言，全景监狱式的监控如何损害公共场所的开放性？虽然 Foucault 没有细致地回答这个问题，但是，其他学者从公共视频监控这个角度回答了这个问题。Shoshana Zuboff 曾经写过一本关于"预期一致"现象的书，该书主要针对那些认为自己受到监控的公民。类似地，哲学家 Jeffery Reiman 声称："当公民知道自己被监控，公民自然而然会与外部监控者视角保持一致，然后再加上公民本身持有的视角，通过行为表现出来。这种双重视角会让公民的行为发生变化，不管该行为是性交还是驾驶。"① 这些观察结果显示，无论是政客还是恋人抑或是青少年，当他们知道自己受到监控时，他们都会抑制自己的行为。

当监控行为不仅涉及观察还涉及记录的时候，这种"双重视角"现象会更加频繁地出现。Richard Wasserstrom 教授对此提出："在任何时候，无论公民的意图和行为多么无害，当他们知道自己的行为会

---

① Jeffery H. Reiman, Driving to the Panopticon: A Philosophical Exploration of the Risks to Privacy Posed by the Highway Technology of the Future, 11 SANTA CLARA COMPUTER & HIGH TECH. L. J. 27, 38 (1995).

被记录在案时,他们都会三思而后行。因此,生活也变得少了即兴的趣味多了谋划的负累。"正如 Daniel Solove 教授所说的那样,公民有合理理由猜测其被记录的行为很容易被某个政府执法机构收集起来并且加以利用,所以,监控对公民行为的影响不容忽视。Nicolas Burbules 教授也类似地提出:"当公民接受自己被观察和被记录是不可避免的时候,他们的习惯就会改变,他们整个人都会改变。"他接着指出这些变化比我们想象得还要普遍,因为公民把其在公共场所的态度和自我约束行为带到其私人生活中。①

许多人都注意到了公共视频监控给生活造成的压抑。然而,自发性并非唯一被公共视频监控所扼杀的东西。Richard McAdams 提到"如果公民在公共场所的行为一直受到监控,那么公民的许多秘密行为都会被曝光,比如酗酒者参加匿名的戒酒互助会,患者开车去见心理医生,同性恋者到同性恋酒吧消遣,配偶与情人约会,成年人不上班去钓鱼……"② 公民无法在公园或者其他公共区域寻求隐匿的慰藉。虽然上述的活动没有一个是犯法的,但是我们不难理解从事这些活动的人想要保持隐匿的心态。

除了对公民行为造成影响,闭路电视还可能触发公民不稳定的情绪。基于 Erving Goffman 的研究,Jeffery Rosen 提到"盯着你在公共场所遇到的陌生人来看是相当无礼的行为"。③ 不管是在电梯里,还是在交通工具内,抑或是大街上,目不转睛地盯着陌生人看的行为违反了"礼貌性疏忽"的规则(civil inattention)。闭路电视强大的摄像功能令公民感到同样的不安,这种不安情绪可能更加严重,因为公民没有措施反抗闭路电视的监控,而且闭路电视能够让操作人员定格或者倒带。

一些专门评估视频监控所产生的影响的社会科学研究表明,视频监控会对公民的心理和行为产生影响。例如,Foucault 认为全方位的视频监控有利于工作场所的运作,然而该研究也暗示了视频监控有负

---

① Nicolas Burbules, Privacy, Surveillance, and Classroom Communication on the Internet, available at http://faculty.ed.uiuc.edu./burbules/ncb/papers/privacy.html.
② Richard H. McAdams, Tying Privacy in Knotts: Beepers Monitoring and Collective Forth Amendment Rights, 71 VA. L. REV. 297, 322 (1985).
③ Jeffery Rosen, The Unwanted Gaze: The Violation Of Our Privacy 16 (2000).

面影响，相比于没有受到监控的雇员，受到监控的雇员的忠诚度会下降，工作动力更少以及压力更大。至于这种结果在公共视频监控领域会不会重演，这是未知之数。然而，我们可以推测在街上受到监控的公民会对其行动的自由失去信心，会对监控其行动的政府减少忠诚。在其关于监控泛滥所带来的影响的研究中，Roger Clark 重点关注了这个问题。在"数据行为监控"产生的众多后果中，正如 Roger 所说的那样，这种监控行为会营造怀疑的氛围，恶化政府和公民之间的敌对关系，增加公民罢免政府的决心。①

为了抓住这些迥然不同的研究核心，我们需要重新回顾 Rehnquist 列举的酒吧实验。进入酒吧的人会感到更不安全，更加焦虑，甚至会不再去那家酒吧。或者我们尝试另外一种简单的思维实验。事实上，无论我们感觉自己多么的无辜，当我们知道警车在跟踪自己的时候，我们难免会感到紧张。设想一下，你正在被一名警察监视，虽然该名警察跟你保持着一定距离而且没有做出任何侵犯你的行为，但是，当你走在大街上并且你想跑（为了赶公车或者锻炼或者其他事情），或者想要遮住你的脸（因为风大或者想要躲避多管闲事的熟人），或者想在街角闲逛（为了等朋友或者你无事可做）的时候，你会这样做吗？

在上述的场景中，相比于警察不在场的时候，你可能会感觉不同，做出的行为也不同。你的犹豫不决可能因为不确定警察会做出什么样的行为的心态，也有可能是因为遵守法律的欲望；不管是什么原因，重要的是你的行为变得犹豫了。政府使用的闭路电视比无所不在的警察更难被公民发现，但是它能够更好地记录公民的行为。英国利物浦的一名警官说道："一个监控摄像机就像是有一名 24 小时当值的警察在不断地做记录。"②

3. 政府对闭路电视的使用

闭路电视系统会抑制公民的自由。如果政府执法人员对闭路电视所拍到的内容采取任何行动，那么闭路电视系统对公民自由的抑制影

---

① Roger Clark, Information Technology and Dataveillance, 31 COMM. ACM 498 (May 1988) available at http：//www.anu.edu.au/people/Roger.Clark/DV/CACM88.html.
② Quoted in News, CCTV TODAY, May, 1995, at 4.

响将会被大大地增强。当然，如果闭路电视能够阻止严重的犯罪行为，那么闭路电视系统对于社会而言是有益的。然而，有时候，政府会利用视频监控实现一些更加模糊的目的。在英国，通过闭路电视系统解决的犯罪大多都是轻微犯罪，比如乱扔垃圾、在公共场合撒尿、违反交通规则、醉酒、流浪、拒付停车费，甚至是未成年人吸烟。① 事实上，即便没有触犯刑事法律，商场的闭路电视系统还是会导致政府执法人员介入公民的生活；只不过，政府执法人员采取行动的原因通常基于"商业考虑"，也就是说，将某类公民（比如乞丐、街头艺人和青少年）视为"有瑕疵的消费者"②。研究者提出，不仅商场，还有其他公共场所，它们都企图利用闭路电视排除不受其欢迎的团体，而不是阻止犯罪或者逮捕犯罪嫌疑人。③

因此，Jeffery Rosen 教授总结道，在英国，闭路电视的基本用途并非打击犯罪而是强制推行社会从众性。④ 这导致了闭路电视比较受英国人欢迎而不受黑人欢迎。正因为政府想扼杀社会中的异类，所以国会才会颁布相关法律，政府执法人员才会拦截行为异常的人并且对他们进行搜查，警察才会积极地巡逻。⑤ 其他学者将闭路电视看作"净化"城市空间和摧毁"差异存在"和无秩序的最有力武器。最终的结果是，公共场所只能容忍少数行为，公共场所变得不再公共。

比起人工操作，虽然自动化操作可以避免出现上述歧视的现象，但是它们不一定能够消除种族歧视和不良倾向⑥，因为一旦警报被触发后，警报就会把政府执法人员和公共场所相关的管理者吸引过来，此时仍然是"人"对于触发警报的人或者事物做出判断。面部识别系统专门用于识别曾经说商场扒手或者盗车贼的公民，且不说这种系

---

① Simon Davies, Welcome Home Big Brother, WIRED, May, 1995, at 58 – 62.
② Michael McCahill, The Surveillance Web: The Rise and Extent of Visual Surveillance in a Northern City (unpublished Ph. D. Thesis, Hull University), cited in Norris, at 28.
③ See Alan Reeve, The Panopticisation of Shopping: CCTV and Leisure Consumption, in Surveillance, Closed Circuit Televison And Local Control, at 78.
④ Jeffery Rosen, A Watchful State, N. Y. Times Mag. , Oct. 7, 2001, at 38.
⑤ Dorothy E. Roberts, Foreword: Race, Vagueness, and the Social Meaning of Order-Maintenance Policy, 89 J. CRIM. L. & CRIMINOLOGY 775 (1999).
⑥ Michalis Lianos & Mary Douglas, Dangerization and the End of Deviance: The Institutional Environment, 40 BRIT. J. CRIMINOLOGY. 261, 266 (2000).

统可能发生错误①，其本身就会恶化这种歧视的现象。通过自动化操作消除人为的失误（比如上述的运动侦测系统）是不太可能实现的。因为这种系统只能简单地划分公民的行为。正如 Norris 所说的那样："因为它们的思维深度不可能超越其被赋予的程序内容，所以这种系统只能做出以下的选择：关于登录系统方面，要么接受要么拒绝；关于身份识别方面，要么确认要么否认；关于公民行为方面，要么合法要么不合法。"

上述不同的考虑因素不应该被夸大。与某些隐私权拥护者的极端预言不同，公共视频监控的潜在影响没有达到奥威尔现象的水平。George Orwell 在其小说《1984》中所描述的社会拥有一块为无所不知的政府时刻传输公民言语和行为的电子屏幕。然而，之所以 Orwell 虚构的大洋洲蔓延着恐怖情绪，其原因是政府执着于惩罚"思想犯罪"或者"通过人的面部表情来指认其犯思想罪"，这种执着常常伴随着死亡的发生。相反，在如今的现实世界中，因为有了视频监控，所以规范变得更加重要，这些规范有的来源于社会主流和商业阶层的道德，有的来源于行人的想象和技术人员的考虑，它们更可能免除公民某方面的责任而非加重对其惩罚。

同时，在倡导自由的社会里，公共视频监控——具体而言，就是通过闭路电视对公共场所进行监控的行为，并非百利而无一害，即便它的确减少了某些犯罪。知道自己受到政府监控的公民会表现得更加的小心翼翼和传统，缺乏自主性和个性；公民不再在大街上做出"主流以外"的行为，不再质疑可疑的官方解释，不再表现得与众不同——尽管是无害的与众不同，这些行为都会消失，也有可能是被官方打压而消失。

一些来自少数团体的、知道自己受到监控的公民则会感到十分焦虑和不安，尽管他们没有实施任何犯罪，有一些可能会基于自己无辜的事实而做出藐视政府的行为。公共视频监控损害社会的自由开放，因为它限制不寻常的行为，让每一个公民，包括普通公民更加关注政府的存在，至少直到他的行为与普通公民一致时，他才会忽视闭路电

---

① Amy Herdy, They Made Me Feel Like a Criminal, ST. PETERSBURG TIMES, Aug. 8, 2001, at 1B.

视的存在。简而言之，闭路电视加快了异常情况的消失。①

（二）宪法与公共视频监控

公共视频监控对公共场所匿名权的潜在影响会引发宪法问题吗？还是说，这些影响是次要的宪法问题，可以由政策制定者运用自由裁量权来解决？视频监控必然比逮捕或者停车搜查的行为对公民造成的侵犯要少，也比搜查住宅或者财物，或者任何受到《美国联邦宪法第四修正案》监管的行为对公民造成的侵犯要少，但是我们不能忽视视频监控对公民造成的侵犯，因为它影响了数量庞大的公民。同时，它为政府提供了全方位监控公民的方法，其中包括观察、纪录和分门别类。

正如 Lawrence Tribe 强调的那样，我们应该在心中把宪法诠释为政府执法活动的尺度②。我们应该从"闭路电视拍到了什么，我们作为一个人应该是怎么样的以及视频监控如何帮助国家运作"这几个方面来考虑公共视频监控所产生的问题。事实证明，不仅《美国联邦宪法第四修正案》还有其他宪法条文都与这些问题息息相关。

1. 言论自由和结社自由

《美国联邦宪法第一修正案》保证了公民享有言论自由和结社自由。回顾一下 Douglas 大法官如何把 Papachristou 事件（其因发布了不妥的种族谈吐而在奥运会开幕式前被遣送回国）和游荡权、不信奉宗教的权利连接起来。基于 Douglas 大法官的观点，有些公民可能主张，《美国联邦宪法第一修正案》保护公民在公共场所免受视频监控压抑性的影响，除非政府执法人员对此提供正当理由。

然而，根据美国联邦最高法院的判例法，无论是言论自由还是结社自由的保证都没有阻止政府执法人员使用公共视频监控，至少当这些视频监控只是提供视像的时候，宪法不规制这种行为。虽然公民的行为本身是一种表达，但是闭路电视拍摄公民的行为没有抑制公民的

---

① Kevin D. Haggerty & Richard V. Ericson, The Surveillant Assemblage, 51 Brit J. SOC. 605, 619 (2000).
② Lawrence Tribe, Seven Deadly Sins of Straining the Constitution Through a Pseudo-Scientific Sieve, 36 Hatings L. J. 155.165 (1984).

表达权利。正如美国联邦最高法院在 City of Dallas v. Stanglin 一案①中声明的那样,"我们可以从公民的每一个行为找到该公民想要表达的核心思想——比如在街上闲逛,在超市里遇到朋友,但是这种表达核心不足以让该行为受到《美国联邦宪法第一修正案》的保护"。类似地,政府限制结社不一定违反《美国联邦宪法第一修正案》的规定,除非该团体参与了某些言论活动。

如果公民在公共场所的行为是一种表达,比如公民组织在公园集会上发表演讲,那么此时政府执法人员使用视频监控的行为就要受到《美国联邦宪法第一修正案》的规制。这是因为此时的公共视频监控会让公民抑制自己的表达,即便闭路电视安装在公共场所并且能够被全部人看到。

然而,无可否认,美国联邦最高法院在 Laird v. Tatum 一案②中驳回了原告的主张。原告声称,他们的反战活动受到压制,因为军队以避免发生市民骚乱为名为参与活动的公民建立了档案。该案的问题在于,当公民声称其《美国联邦宪法第一修正案》的权利受到政府纯粹的调查和数据收集活动侵犯,并且称该活动范围超出了实现政府目的的必要性时,联邦法院是否应该介入政府的活动。最后,美国联邦最高法院撤销了该案。根据多数意见,原告没有诉讼资格,因为他们没有提出任何具体的、可预见的伤害,只是提出害怕其信息会用作对他们不利的地方的猜想。

美国联邦最高法院指出,在某些情况下,政府限制公民言论自由的行为是正当的。③ 因此,Tatum 一案并不必然排除公共视频监控受到《美国联邦宪法第一修正案》监管的可能性。在 Tatum 一案中,政府的监控行为大部分是仔细阅读已经公开的材料和记录,少部分是利用卧底探员获取参加活动人员会议的内容;再者,Tatum 一案的原告没有提出军队对他们采取的任何具体的行动,而且军队可能没有实际限制他们进行任何活动。总而言之,Tatum 一案没有涉及公然的政府监控行为。只有当公民参加《美国联邦宪法第一修正案》的活动

---

① 490 U.S. 19, 25 (1989).

② 408 U.S. 1 (1972).

③ Meese v. Keene, 481 U.S. 465, 478 (1987).

并且发表任何违反该修正案的言论时，法院才会关注当时闭路电视拍摄到的内容。① 虽然许多地方法院对公共视频监控违反了公民所享有的《美国联邦宪法第一修正案》权利这一主张持有敌意②，但是个别法院开始支持公民的某些主张，即当公共视频监控针对公民个人，对他们造成威胁，或者导致团体成员减少③，或者监控结果落到了非执法机构手上的时候，这些法院就认定公共视频监控侵犯了公民的权利。

视频监控的抑制现象还发生在其他地方，尤其是涉及《国家劳动关系法》（NLRA）的劳动诉讼案件，即通过闭路电视的拍照和录像功能，雇主把组织和参加罢工、谈判的雇员记录下来。在 F. W. Woolworth Co. 一案④中，国家劳动关系委员会总结道，在缺乏正当理由的情况下，雇主拍摄维护自己权利的雇员的行为触犯了《国家劳动关系法》，因为这种行为对雇员造成了威胁。⑤ 进一步而言，雇主对雇员拍照或者录像的行为都会令雇员产生畏惧，因为雇员害怕将来会受到雇主的打击报复。⑥

显然，上述总结是建立在雇主比雇员权力更大的基础之上。然而，它没有把劳动案件和公共视频监控内容区分开来。雇主对那些维护联合活动的雇员采取报复措施是被禁止的；除此之外，法律还承认，不管真实影响如何，摄像会对参加活动的雇员产生威慑的作用。这种作用同样影响了公共场所的言论自由和结社自由。受到法律保护的组织不应该遭受政府的报复。然而，当公民参加活动时，当他们知道自己受到政府的视频监控时，他们就不一定会这样想了，这是可以理解的：如果他们的活动受到法律的保护，政府为什么要使用监控视频？⑦

---

① Lamout v. Postmaster General, 381 U. S. 301 (1965).
② See e. g. Donohoe v. Duling, 465 F. 2d 196 (4th Cir. 1972).
③ Presbyterian Church (U. S. A) v. United States, 870 F. 2d 518 (9th Cir 1989).
④ 310 N. L. R. B. 1197 (1993).
⑤ Woolworth, 310 N. L. R. B. At 1197.
⑥ Nat'l Steel v. N. L. R. B. , 156 F. 3d 1268 (D. C. Cir. 1998).
⑦ David Feldman, Secrecy, Dignity or Autonomy? Views of Privacy as Civil Liberty, 41 C. L. P. 41, 61 (1994).

公共视频监控抑制公民的言论自由和结社自由的第二个表现是,它帮助政府侵犯正在进行表达活动的公民的匿名权。美国联邦最高法院声称,如果政府执法人员不能证明其行为的正当性,那么他们就不能要求披露制作请愿活动宣传册或者为请愿活动签名的公民的姓名。同样地,他们也不能要求披露组织的成员名单。正如 Stevens 大法官在 McIntyre v. Ohio Elections Commission 一案[①]中所说的那样:"不管是出于经济考虑还是害怕官方报复,不管是出于害怕被社会排斥还是单纯地想尽可能保护公民的隐私权……《美国联邦宪法第一修正案》的确保护公民的言论自由。"

虽然在公共场所表达自我的公民知道他们受到监控,但是他们可能会像制作宣传册的人或者参加请愿活动的人一样,出于各种原因不希望别人知道自己的身份。公共视频监控几乎击垮了公民所做出的努力。因为相比起卧底探员,视频监控的记录功能更加强大,它能更多地提升政府执法人员将公民外貌与名字联系起来的能力。进一步而言,正如一名学者指出的那样,"对某位公民行动的监控有可能建立起他的人际关系网络,从而获悉一份成员名单"。当然,这些事实只会抑制那些希望在公共场所保持匿名的公民的行为。

毋庸置疑,公共视频监控会损害公民所享有的《美国联邦宪法第一修正案》权利。当这些权利出现的时候,政府执法人员应当从有意义的执法角度来证明闭路电视存在的正当性;甚至那些反对公共视频监控损害公民所享有的《美国联邦宪法第一修正案》权利的主张都应该找到政府重要目标的正当存在。然而,这些结论仅仅保护了公民的表达行为,美国联邦最高法院对这种行为的定义很狭窄。其他判例法则在很大程度上扩大了这种保护。

2. 移动与停留自由

源于正当程序条款的迁徙权也受到了公共视频监控的限制。20世纪初,美国联邦最高法院宣称:"毫无疑问,迁徙权,即公民根据自己的意愿从一个地方移动到另一个地方的权利,是公民的自由。一般而言,公民自由地穿越州际的权利受到《美国联邦宪法第十四修正案》和其他宪法条文的保护。"这个观点在半个世纪后的 Kent v.

---

① 514 U. S. 334 (1995).

Dulles 一案中被法院重申，该案涉及限制公民出国的权利。但是，美国联邦最高法院指出：自古以来，人类就拥有迁徙的自由，不管是到国外还是在国内。出国就跟公民在国内移动一样，可能与其谋生息息相关。对于公民而言，这种迁徙自由就跟他吃什么，穿什么或者看什么书一样，是他的切身利益。迁徙自由是我们的基本权利之一。虽然国外存在明显有害的事物，但是每一位美国公民都有权过上其认为最佳的生活，做他想做的事情，去他喜欢去的地方。

正如这段话所说的那样，"迁徙权不局限于表达行为"。与《美国联邦宪法第一修正案》不同，迁徙权对于经济、社会以及政治的发展都有重要的作用。Kent 一案的法院明确地指出，移动自由有巨大的社会效益，包括支持与公民生活息息相关的活动，比如跟朋友叙旧。最近，《美国联邦宪法第十四修正案》的特权与豁免条款重申，公民的迁徙权受其保障。

与在公共场所自由移动的权利密切相关的是公民在公共场所享有的静止的权利，也称停留权。在 Chicago v. Morales 一案中，美国联邦最高法院的多数意见宣称：公民漫无目的的闲逛是受到《美国联邦宪法第十四修正案》正当程序条款所保护的权利。事实上，公民在公共场所逗留的权利正是迁徙权的一部分，而迁徙是人类的传统。根据 Blackstone 的《法律评论》所说，迁徙权是"公民根据自己的意愿去自己想去的地方的权利，无论这个地方在哪里"。美国联邦最高法院曾经强调，制定流浪法的行为侵犯了公民停留的权利。

这些移动和停留的自由是如何受到全方位的闭路电视的影响呢？虽然没有法院清晰地回答这个问题，但是当某些法院在处理相关的案件的时候，至少有迹象表明它们考虑到了闭路电视对公民迁徙权的影响。例如，在 Goosen v. Walker 一案中，佛罗里达州法院禁止被告对其邻居（之前两人发生过争执）实施视频监控的行为，法院总结道，被告在每四个月内对其邻居在他们的庭院以及附近地方进行两到四次的视频监控行为已经构成跟踪。在 State v. Bauman et al. 一案中，法院颁布了一道命令，永远禁止 32 名公民利用拍照或者录像记录下进出堕胎诊所的人，因为他们这种行为试图骚扰、威胁或者干扰进出这类机构的其他公民。

如果媒体没有受到法院的约束，他们也会做出过火的事情。在

Wolfson v. Lewis 一案中，法院认定"即便是发生在公共场所或者半公共场所，记者对公民持续不断的跟踪行为有可能侵犯了公民的权利，这种权利相当于公民在隐蔽的地方所享有的隐私权"。然后，法院对新闻记者签发了禁止令，禁止他们通过录像和窃听的方式获取某位商业主管及其家人在住宅内外的信息。

在 Goosen 一案中，录像损害公民的停留权（在目标范围内停留的权利）；在 Baumann 一案中，它侵犯了公民的移动权（进出堕胎诊所）；在 Wolfson 一案中，它同时侵犯了公民的移动权和停留权（在住宅内外走动和停留）。在这三个案件中，公民都可以对被告使用视频监控的行为提起诉讼。这意味着公共视频监控在法律意义上能够侵犯公民的迁徙权，即便该公民的行为不受《美国联邦宪法第一修正案》的保护。

同时，上述三个案件的法院都要求原告证明使用视频监控的被告说有意干扰他们的生活。这种意图在政府使用公共视频监控的过程中是不存在的。利用这三个案件来说明政府对走在街道上的公民使用公共视频监控的行为是跟踪，是对公民的威胁或者干扰，是对公民持续不断地骚扰，都是言过其实的。

在这三个案件中，被告都主张其享有《美国联邦宪法第一修正案》的权利。也就是说，他们主张，无论是存放还是公开，使用视频监控的人都有权对在公共场所发生的事情进行录像。他们的主张都被法院采纳了。由于禁止令会侵犯被告所享有的《美国联邦宪法第一修正案》的权利，法院不得不为禁止令寻求别的正当理由——认定被告的行为构成非法骚扰。另一方面，如果公共录像行为不被认为受到《美国联邦宪法第一修正案》的保护，那么法院就不需要考虑被告的这种主张了。

最近的一份报告对政府运营的闭路电视系统产生了重要的影响。与公民不同，政府不享有《美国联邦宪法第一修正案》的权利，所以它不能对公民使用视频监控。这样一来，虽然政府执法人员没有骚扰或者威胁公民的意图，但是他们的行为也需要受到法律的详细审查。换言之，不管政府的视频监控侵犯的是公民的移动权还是停留权，它都是侵犯了公民的权利。

现在我们可以看到，受到视频监控的公民真的有可能选择走路而不是奔跑；选择前进而不是停留；甚至他们会避免去自己想去的地方。虽然政府监控不是有意地跟踪或者骚扰公民，但是这种行为并非无害。事实上，无论政府有何目的，这种视频监控都会造成类似跟踪一样的效果，因为它侵犯了公民在公共场所的迁徙权。

当然，这个结论不是暗示政府的监控行为应当被禁止。它只是要求政府对其监控行为做出合理的解释。正如美国联邦最高法院所说的那样，"政府不应该通过不必要的大范围监控措施来限制公民的迁徙权，因为这种做法会侵犯公民受到法律保护的自由。"

3. 隐私权

在涉及《美国联邦宪法第一修正案》、《美国联邦宪法第三修正案》、《美国联邦宪法第四修正案》、《美国联邦宪法第五修正案》，或者《美国联邦宪法第十四修正案》的正当程序条款，或者《美国联邦宪法第九修正案》保护明确列举权利的判决中，我们能够找到第三个规制闭路电视系统的宪法权利。[①] 在撤销有关禁止堕胎[②]、异族通婚[③]、购买和使用避孕药[④]等方面的法律时，美国联邦最高法院利用了这种权利。正如移动权和停留权一样，隐私权也不仅仅保护公民的表达行为。

隐私权至少包括两个方面，第一个方面关注人格保护，第二个方面关注远离规范化的自由。前者确保公民能够按照自己的意愿实施行为，它禁止政府通过挑出个别公民的身份信息来干扰公民的日常生活。[⑤] 后者关注政府能够在多大程度上为公民的生活方式制定标准。

我们已经知道公共视频监控对公民自主性的影响，但是，Anderw Taslitz 的最近一篇文章丰富了这种分析。Taslitz 指出，隐私权赋予公民隐藏不想被其他人知道的事情的能力。[⑥] 这样一来，我们就

[①] See Erwin Chemertinsky, Constitutional Law: Principles And Policies 785, 790 (2d ed. 2002) (noting these differing bases for the privacy right).

[②] Roe v. Wade, 410 U.S. 113, 153 (1973).

[③] Loving v Virginia, 388 U.S. 1, 12 (1967).

[④] Eisenstadt v. Baird, 405 U.S. 438, 453 (1972); Griswold v. Connecticut, 381 U.S. 497, 485 (1965).

[⑤] Jed Rubenfeld, The Right of Privacy, 102 HARV. L. REV. 737, 752 – 754 (1989).

[⑥] Anderw E. Taslitz, The Fourth Amendment in the Twenty-First Century: Technology, Privacy, and Human Emotions, 65 Law & Contemp. Probs. 125, 152 (2002).

能够在不同场合中表现出不一样的自己，工作的样子不同于在家的样子，其他社会活动或者体育竞赛的样子又不同于工作或者在家的样子。即便在公共场合，我们也希望隐私权能够起到保护公民自主性的作用。Taslitz 引用了 Michael Riesman 的一份观察报告，该报告指出："公民拥有观察的权利，然而，他人希望公民看到的是自己想要展现出来的东西，并且在适当的时间和遵循一定的程序。"在公共场所中，无论是注视还是凝视，抑或是多看一眼陌生人的行为都是不礼貌和不文明，因为它跨越了公民的个人界限，超出了公民所习惯的信息披露范围。这种行为损害了公民展现自我的自主性。

因此，Taslitz 总结道："谁在看着我们，用什么方式看着我们，看了多久以及为什么要看着我们，这些问题都是很重要的问题。"尤其是涉及视频监控的时候。他指出："当技术赋予政府永远保持警惕和怀疑的眼睛时，公民自主性的界限已经被政府部分破坏了，取而代之的是利维坦式的景象。对这种技术的规制能够维护多样化的美国，公民能够容易地消失在人群中，能够在不同场合中展现不同的自我，而不是时刻受到政府的监视。"①

4. 免受政府执法人员不合理搜查和扣押行为干扰的自由

上述的主张没有一个直接把《美国联邦宪法第四修正案》作为监管公共视频监控的宪法基础。然而，如果闭路电视系统受到《美国联邦宪法第一修正案》，迁徙的正当程序权利或者一般隐私权的约束，那么它也应该受到《美国联邦宪法第四修正案》的约束。但是，美国联邦最高法院的判例法并没有体现这一点。

在 Katz v. United States 一案中，美国联邦最高法院对《美国联邦宪法第四修正案》提出了重要的新定义，它认定政府执法人员在公共电话亭里安装窃听器的行为构成《美国联邦宪法第四修正案》的搜查行为。虽然先前的判决认为只要政府执法人员的行为没有对受到宪法保护的区域（比如住宅、人身、文件或者财物）造成侵犯，他们就不会违反《美国联邦宪法第四修正案》的规定，但是，该案的政府执法人员的行为是搜查行为，即便他们既没有物理性入侵，也不

---

① Cf. Robert v. United States Jaycees. 468 U. S. 609, 619 (1984); Lee Tien, Who's Afraid of Anonymous Speech: McIntyre and the Internet, 75 ORE. L. REV. 117, 120 (1996).

存在受到宪法保护的区域。美国联邦最高法院指出，只要公民把某样东西视为隐私，那么即便这样东西在公共场所里，它也受到宪法的保护。

然而，多数意见声称，已经被公众所知晓的事物不受《美国联邦宪法第四修正案》的保护，这个观点与美国联邦最高法院在 Knotts 一案中的观点一致，在 Knotts 一案中，美国联邦最高法院认定政府执法人员通过安装蜂鸣器追踪目标车辆在公共高速公路上的踪迹的行为不是搜查行为。正如地方法院的判例法所确定的那样，这个观点同样适用于涉及闭路电视的案件。有的公民会主张其不知道自己在公共场所实施的哪些行为会被闭路电视拍到，但是在大多情况下，法院都不会考虑公民的这种主张。一方面，我们现在讨论的是有明显标志表示其存在的公共视频监控。另一方面，美国联邦最高法院已经明确指出，政府执法人员不需要通过告知公民已经暴露在公共场所的方式来让其失去《美国联邦宪法第四修正案》的保护。它认定，如果目标人物知道自己可能已经暴露在公共场所了，那么他就要承担这种暴露行为所带来的风险，以及失去《美国联邦宪法第四修正案》的保护。

美国联邦最高法院不止一次地强调观察与物理性入侵行为之间的区别。因此，警察在公共场所中有利于观察位置观察公民的行为不属于搜查行为，即便被观察到的区域是以前被认为是住宅一部分的庭院。事实上，即便目标人物身处家中，政府执法人员物理性入侵行为对公民造成影响的程度，对于其是否构成搜查行为具有重要意义。在最近的 Kyllo v. United States 一案中，美国联邦最高法院认定，政府执法人员利用热成像仪探测公民住宅内的热能已经构成搜查，不管该热成像仪是否被安装在公共区域中。然而，在判决中，美国联邦最高法院认为，政府执法人员利用肉眼观察住宅内公民的行为不是搜查行为，因为这种行为不构成对宪法所保护的区域的物理性入侵，所以政府执法人员利用监控技术复制肉眼可以看到的事情也不是搜查行为。在某种程度上，闭路电视只是复制政府执法人员在有利位置能够用肉眼看到的事情，这种行为不值得《美国联邦宪法第四修正案》的约束，即便闭路电视能够让政府执法人员看到屋内情况。

虽然闭路电视限制了公民的迁徙权，但是，这种限制也不是《美国联邦宪法第四修正案》规定的扣押行为。因为当政府"通过物理性武力或者政府权威限制公民的自由时,又或者当一位有理性的公民无法忽视政府执法人员的存在,以至于其无法从事自己的活动时,政府执法人员对行为才构成扣押"。虽然闭路电视有可能让公民无法忽视其存在,以至于无法从事自己的活动,但是,美国联邦最高法院已经两次认定,如果政府执法人员没有截停公民,只是单纯地跟踪公民,那么他们的行为不是扣押行为。根据这个规则,我们难以认定政府执法人员利用闭路电视监控公民的行为是扣押行为。

然而,闭路电视为什么能够记录公民在公共场所里进行的活动呢?即便公民需要承担别人看到其在公共场所里进行活动的风险,公民也不需要承担别人记录这些活动的风险,因为记录行为允许"记录者对公民进行没有目的的审查,允许他发现一般观察者注意不到的细节"。这个主张貌似也很有道理,但是美国联邦最高法院的判例同样没有支持它。在 On Lee v. United States 一案中,美国联邦最高法院认定,当政府执法人员利用卧底探员窃听和记录其与公民之间的对话时,他们的行为没有违反《美国联邦宪法第四修正案》的规定,在之后 United States v. Caceres 一案中,美国联邦最高法院重申了这个观点。因此,如果公民需要承担其熟人可能秘密记录下双方对话的风险,那么他也需要承担明显的闭路电视记录下其在公共场所里进行的活动的风险。

如今,至少有以下三种观点抨击《美国联邦宪法第四修正案》不监管公共视频监控的行为:

第一种观点指出,美国联邦最高法院的风险自担理论是错误的,这个理论已经引起了学者们的争议(不幸的是,美国联邦最高法院忽视了这一点),不过本文不会探讨这种观点。

第二种观点认同美国联邦最高法院对《美国联邦宪法第四修正案》所做出的界定,但是主张公共视频监控是政府执法人员扣押行为的一种体现,因为闭路电视影响了公民的行动,当闭路电视记录下公民在公共场所进行的活动时,政府执法人员的行为就是搜查行为,因为公民不应该承担这种风险。正如前面所说,这种观点不值得支持。

第三种观点是本文所主张的观点,即认真思考美国联邦最高法院提出的以"合理的隐私期待(即公民承认便是合理的)"来界定《美国联邦宪法第四修正案》的保护范围。Harlan 大法官首次在 Katz 一案的并存意见中提出这个判断标准，随后这个判断标准成为了法官判断政府执法人员的行为是否构成搜查行为的标尺（取代了以公民是否知道自己已经暴露作为判断政府执法人员的行为是否构成搜查行为的标准），它建议法官从社会的角度来看待公民的隐私权。如果美国联邦最高法院真的打算以合理的隐私期待作为界定《美国联邦宪法第四修正案》的保护范围的标准，那么它就不能忽视社会的看法。接下来，本文会简短地介绍这种观点，并且得出闭路电视应该受到《美国联邦宪法第四修正案》的约束的结论。

（三）闭路电视应该受到《美国联邦宪法第四修正案》监管的实证研究

按照社会公众的隐私期待来界定《美国联邦宪法第四修正案》的保护范围需要解决几个问题。首先，我们如何发现这些期待？其次，这些期待指什么？最后，在什么情况下，它们与《美国联邦宪法第四修正案》的分析相关？

1. 公民对闭路电视享有隐私期待的来源

我们如何知道社会对闭路电视有没有威胁公民隐私的看法？

第一个来源是监管非政府的组织在公共场所实施视频监控行为的制定法。如果这种监控行为构成犯罪或者侵权，那么它就损害了社会所认同的重要的隐私期待。然而，判例法和成文法似乎表明恰恰相反。正如前文所述，只有当私人怀有一定程度的恶意利用明显的闭路电视拍摄公共活动时，法院才会给予受害人救济。① 监管公共视频监控的成文法十分少。只有亚利桑那州颁布成文法专门处理私人实施公共视频监控的行为，大多数州都只是禁止或者严格限制私人利用监控摄像机监控公民住宅内的情况。②

缺乏监管公共视频监控的成文法导致成文法几乎不能体现社会对

---

① William L. Prosser, Privacy, 48 CAL. L. REV. 383, 391 – 392 (1960); Sheldon Halpern, The Traffic in Souls: Privacy Interests and the Intelligent Vehicle-Highway Systems, 11 Santa Clara Computer & High Tech. L. J. 45, 59 – 60 (1995).

② See also State Hidden Camera Statutes at http: //www. rcfp. org/handbook.

闭路电视的态度。这是因为没有一个私人机构能够像政府一样运营闭路电视系统。只有政府才会运用闭路电视系统监控公共街道的情况。如果私人公司或者其他公民利用具备移动和夜视功能的摄像机对公共区域实施24小时监控，观察公民的购物、运动以及吃喝等行为，那么他们将会受到侵权法和其他相关法律规范的规制。[1]

第二个来源是通过投票直接得出社会对闭路电视的看法。虽然目前美国很少进行相关的投票活动[2]，但是英国进行了几个。所有这些投票的结果都显示，超过60%的英国公民支持闭路电视的使用。然而，这些投票结果也显示，公民对闭路电视存在忧虑，即便闭路电视已经遍及英国。超过50%的投票者认为，应该由某些机构而非政府或者私人安保公司来负责在公共场所里安装闭路电视，72%的投票者同意"监控者可能会滥用视频监控，这些监控视频录像有可能被坏人利用"，39%的投票者不能完全信任掌握这些系统的人只会为了公共利益而使用这些录像，37%的投票者觉得"未来，政府可能会利用视频监控控制公民"。超过10%的投票者认为应该禁止使用闭路电视系统。相比于英国公民，美国公民更加担忧政府的权力，因此，他们可能对闭路电视系统抱有更大的敌意。

更重要的是，投票结果表明多数公民支持闭路电视的使用，这个结论不能从闭路电视给予公民的安全感中提炼出公民是否感到被侵犯的感觉。那些不介意政府使用公共视频监控的公民可能认为，公共视频监控能够有效地阻止犯罪，从而掩盖其受到监控的不安之感。这个观点有一定的道理。确实，如果政府采取的执法措施能够阻止更大的危害发生，那么大部分公民都会赞成这种执法措施，哪怕它比视频监控对公民带来的侵犯性更强，正如"9·11事件"发生之后那样。然而，根据《美国联邦宪法第四修正案》，这种平衡/合理的计算方式并不能回答政府执法人员的行为是否构成搜查或者扣押行为，而是仅

---

[1] See Daniel J. Solove, Privacy and Power: Computer Databases and Metapors for Information Privacy 53 STAN. L. REV. 1393, 1440 – 1444 (2001) (describing the legislation and its flaws).

[2] Ken Kaye, High Tech Security Gets Tests at Airports, FT. Lauderdale Sun-sentinel, Jan. 20, 2002.

仅回答了这种搜查或者扣押行为是不是正当的。①

为了更加明确回答如何知道社会对闭路电视有没有威胁公民隐私的看法，笔者将利用之前与 Joseph Schumacher 一起进行的关于《美国联邦宪法第四修正案》界限的研究来说明这个问题。② 在这份研究里，我们要求受访者对警察调查手段的侵犯性划分等级。这个方式能够更好地评估公民对影响公民隐私的不同调查手段的感受，因为它对政府执法人员的调查手段所具有的侵犯性划分了等级；即便公民愿意为了打击犯罪而牺牲绝大部分或者全部隐私，它也可以看到该公民实际上对不同调查手段的真实感受。因此，根据我们的研究，针对体腔的搜查是受访者感到侵犯性最强的调查手段，而在公园里被搜查则是侵犯性最弱的调查手段，政府执法人员搜查公民卧室的行为比搜查公民身体的行为更加具有侵犯性。从这些结果来看，我们可以得出，在受到特定技术监控，比如闭路电视监控时，公民所享有的隐私期待。

不幸的是，笔者与 Schumacher 的研究里所列举的 50 种场景没有包括视频监控。因此，接下来的这份研究可以弥补这个缺陷。

2. 实证研究

本文的实证研究所采用的调查形式与笔者和 Schumacher 的研究所采用的调查形式相似，但是也有一些区别。首先，本文的研究只包含 21 种相关的场景，而不是 50 种。其次，在这 21 种场景中包含了 2～3 种涉及不同形式的视频监控的场景（视乎受访者抽到哪一份调查问卷）。这三种涉及视频监控的场景包括国家纪念碑、机场和其他交通中心以及 270 多米的公共街道。在公共场街道的场景中又有不同的情形，一种是显然易见的监控摄像机，一种是隐藏的摄像机；一种是录像带在 96 小时后自动销毁，一种是录像带被长期保留并且当政府或者媒体有需要的时候，该录像带会被揭露。在本文的研究中，与以往不同的场景还有涉及其他类型的技术监控（比如蜂鸣器和透视仪）的场景，警察在公共街道上跟踪公民的场景。

---

① Christopher Slobogin, Let's Not Bury Terry: A Call for Rejuvenation of the Proportionality Principle, 72 ST. JOHN'S L' REV' 1053, 1072 (1998).
② Christopher Slobogin & Joseph E. Schumacher, Reasonable Expectation of Privacy and Autonomy in Fourth Amendment Cases: An Empirical Look at "Understandings Recognized and Permitted by Society," 42 DUKE L. J. 727 (1993).

这份调查由来自佛罗里达州的盖恩斯维尔市的陪审团 190 名公民作出。因为佛罗里达州的陪审团名单是从选民登记表中随机抽取的，代表了相当不同阶层的公民。正如先前的研究那样，受访者被告知，在每个场景里，警察在寻找犯罪证据，但是接受调查的目标人物事实上没有参与任何犯罪活动。换言之，受访者被告知，在每个场景里，目标人物都是无辜的，而政府执法人员的行为符合美国联邦最高法院定义的"搜查和扣押行为"。[①] 然后，受访者要给每个场景中，政府执法人员行为的侵犯性划分等级，从 1 到 100，1 表示"政府执法人员的行为没有侵犯性"，100 表示"政府执法人员的行为具有严重的侵犯性"。

通过这些等级的划分，我们可以计算出在每一个场景中公民感受到的侵犯性以及标准差，这样一来，每一种场景带来的侵犯性的差异就可以在统计学上体现出来。正如先前的研究表明那样，这些差异的确存在。表 1 展示了 20 种场景的侵犯性等级的平均值以及其信赖区间。下面的讨论将会紧紧围绕公民对不同场合中的视频监控的感受进行。

表 1　20 种场景的侵犯性等级的平均值及其信赖区间

序号	场　景	平均值	信赖区间
1	在公园的草丛中监控	8	±4
2	工厂的健康和安全检查	14	±4
3	在国家纪念碑安装监控摄像机	20	±7
4	在政府建筑、机场和火车站安装监控摄像机	20	±7
5	煤矿检查	25	±5
6	在便利店和零售店里安装监控摄像机	26	±8
7	在设置路障的地方截停公民超过 15 秒	35	±5
8	利用具有放大功能的隐藏的街头摄像机	42	±9
9	利用直升机在庭院上空 400 英尺处盘旋	50	±5

[①] See e. g. Florida v. Bostick, 501 U. S. 429, 438 (1991); Florida v. Royer, 460 U. S. 49173, 519 n. 4 (1983) (Blackmum, J., dissenting).

续上表

序号	场 景	平均值	信赖区间
10	警察在街上明显地跟踪公民	50	±5
11	翻找路边的垃圾桶	51	±5
12	搜查废车场	51	±5
13	利用街道视频监控但是录像带在96小时后会被销毁	53	±8
14	利用蜂鸣器监控某辆车三天	63	±5
15	利用透视仪搜身	67	±5
16	为了找出武器而对公民进行搜身检查	68	±5
17	利用摄像机偷听街上的对话	70	±5
18	与13一样，但是录像带不会被销毁	73	±8
19	在边境上进行体腔检查	75	±5
20	搜查卧室	76	±5

这份研究最重要的结果是，当政府执法人员利用能够监控270多米长的街道的闭路电视实施监控时，公民的感受。正如表1所显示那样，公民认为在第13个场景中政府执法人员行为的侵犯性为53（M=53）。这个数值远远低于搜查卧室（M=75）和体腔搜查（M=76）以及在公共场所利用窃听器进行窃听（M=70）的行为给公民带来的侵犯感，而这些行为需要政府执法人员获得合理依据[1]；同时，它也低于利用传统手段（M=68）或者电子手段（M=67）对公民进行搜身的行为所造成的侵犯感，这些行为需要政府执法人员具备合理的怀疑。[2] 此外，它比对工厂的健康和安全检查（M=14）、煤矿检查（M=25）以及在设置路障的地方截停公民长达15秒（M=35）的行为给公民带来的侵犯感要高，这些行为都被美国联邦最高法院认定为受

---

[1] Chimel v. California, 395 U. S. 752, 768 (1969); Katz v. United States, 389 U. S. 347, 361 (1967); U. S. v. Montoya-Hernandez, 473 U. S. 531, 541 n. 3 (1985). See e. g. Blackford v. United States, 247 F. 2d 745, 753 (9 th Cir. 1957).

[2] Terry v. Ohio, 392 U. S. 1, 27 (1968).

到《美国联邦宪法第四修正案》的监管。①

在涉及视频监控的场景中,我们可以看到其中的差异。虽然政府执法人员在国家纪念碑（M=20）、交通中心（M=20）以及便利商店（M=26）实施视频监控行为给公民带来的侵犯感比较低,但是他们在公共街道实施视频监控（M=42）的行为带来的侵犯感就比较高了。同时,公开的视频监控要比隐藏的视频监控给公民带来的侵犯感要低。显然,通过这个研究,我们可以知道视频监控给公民带来的侵犯感比我们想象中要高。

除此之外,表格也显示了三种被美国联邦最高法院认为不是搜查的执法行为给公民带来的侵犯感较强：政府执法人员利用直升机在公民的庭院上空400英尺处盘旋（M=50）,警察在街上明显地跟踪公民（M=50）,政府执法人员翻找路边的垃圾桶（M=51）。②从数据来说,这三种场景与公共视频监控具有同样程度的侵犯性,比行政检查和政府执法人员在设置路障的地方截停公民长达15秒的行为更具有侵犯性。

根据这个调查结果,我们是要质疑美国联邦最高法院认定行政检查和政府执法人员在设置路障的地方截停公民的行为应该受到《美国联邦宪法第四修正案》监管的判决呢,还是要质疑其认定政府执法人员利用直升机观察公民的庭院、翻找路边垃圾桶以及跟踪（包括利用公共视频监控）的行为不需要受《美国联邦宪法第四修正案》监管的判决呢? 根据本文的观点,笔者认为后一种质疑更加合理。正如前文所说那样,美国联邦最高法院似乎把一切非物理性入侵行为以及发生在住宅以外的执法行为排除在《美国联邦宪法第四修正案》的监管之外。事实上,公民对政府执法人员利用直升机在其庭院上空400英尺处盘旋,警察翻查其隐私、抛弃的物品以及跟踪他的行为感到更加不安。不过,虽然公民认为行政检查和简短地截停汽车进行搜查的行为给他们带来的侵犯感较低,但是,这不意味着这些行为不应

---

① Donovan v. Dewey, 452 U. S. 594, 603 (1981). Marshall v. Barlow's Inc. 436 U. S. 307, 324 (1978); Martinez-fuerte, 428 U. S. 543 (1976).

② Florida v. Riley, 488 U. S. 445 (1989); Michigan v. Chesternut, 486 U. S. 567 (1988); California v. Greenwood, 486 U. S. 35 (1988).

该受到《美国联邦宪法第四修正案》的监管，因为相比于政府执法人员透过公园的丛林监控公民的行为（M=8），这些行为所具有的侵犯性仍然较高。简单来说，受访者比美国联邦最高法院更好地定义，在哪些场合中，公民享有合理的隐私期待。

3. 实证研究结果的相关性

正如笔者和Schumacher教授先前的研究所说那样，这类型的调查存在一些方法问题。然而，"内部真实性"和抽样问题不会再次出现。笔者能够肯定地说，这类型调查能够准确地评估不同类型的搜查和扣押行为给公民带来的侵犯感。

假如上述的结论同样适用于本文的研究，那么我们仍然需要解决一个重要的核心问题：为什么出于宪法目的，我们需要考虑公民如何看待不同类型的警察行为所具有的侵犯性？其中一个原因是众所周知的：美国联邦最高法院是根据"公民所享有的合理隐私期待"来界定《美国联邦宪法第四修正案》的保护范围。然而，很多复杂的理由导致我们不应该仅从字面上去理解这个原因。笔者无法在本文一一详述，只能通过简要地描述自己的反对理由。

我们应该避免从字面上去理解Katz一案的判决，因为公众态度具有可变性和可操纵性。正如很多学者指出的那样，技术和现代的社会实践正在迅速地削弱公民的隐私及其隐私期待，这导致了由Katz一案确立的《美国联邦宪法第四修正案》的保护范围越来越窄。根据公众态度的实证研究数据来定义《美国联邦宪法第四修正案》的保护范围只会加速这种趋势，并且使得有关搜查和扣押方面的法律失去稳定性。

多数研究（比如本文的研究）只能提供公民对某一执法行为的侵犯性的看法，而不能告诉美国联邦最高法院《美国联邦宪法第四修正案》的界限在哪里。何种隐私期待才是符合宪法保护范围的问题仍是由法官决定的，而这个决定深受先例的影响。然而，也不是说因为美国联邦最高法院的判决会加固公民的观念，所以一旦美国联邦最高法院界定了《美国联邦宪法第四修正案》的保护范围，公民的观念就会改变。如果公民的观点真的大幅度改变，比如，20年后，政府执法人员使用闭路电视的行为会比其在公园的草丛中观察公民的行为给公民带来的侵犯感更低，或者比搜身行为更具有侵犯性，那么《美国联邦宪法第四修正案》的分析就应该适时改变。毕竟，美国联邦最高法院花了40年的时间才在 Katz 一案中认定非入侵性的电子监控是搜查行为。①

第一个反对从字面上去理解 Katz 一案的理由是，这种做法会损害《美国联邦宪法第四修正案》的有效性和历史。例如，某些人会主张，按照普通人的理解，虽然政府执法人员利用闭路电视监控公民的行为具有相当的侵犯性，但是这种行为不是"搜查"或者"扣押"公民人身、文件、住宅和财物的行为。某些人会振振有词地主张，这种行为甚至不是制宪者想要监管的政府活动。然而，正如本文第五部分所说的那样，无论是在公共场合还是在私人场所，政府执法人员近距离观察公民的行为很有可能构成搜查行为。虽然事实上，物理性的搜查，尤其是对住宅的搜查，会是制宪者主要的考虑，但是通过英国士兵监控街上情况的行为无疑是殖民主义的延伸。②。然而，第二个理由成不成立取决于《美国联邦宪法第四修正案》的分析的字面意义和制宪者原意的重要性，但是无论如何，这个并非本文所要探讨的内容。③

第二个反对理由是，法院是一个非多数主义的机构。虽然有一部分的宪法问题需要依赖公众的观念，比如猥亵的定义④，但是大部分的宪法问题不需要，比如《美国联邦宪法第五修正案》有关不得自证其罪的规定⑤，《美国联邦宪法第一修正案》有关言论自由的规定⑥以及《美国联邦宪法第四修正案》有关合理依据的规定。⑦ 那么，当法院决定宪法核心概念的界限时，它是否应该忽视与其他法律

---

① John Monahan & Laurens Walker, Social Authority: Obtaining Evaluatiing and Establishing Social Science in Law, 134 U. PA. L. REV. 477, 488 (1986).
② Anonymous Account of the Boston Massacre, at http://odur.let.rug.nl/～usa/D/1751-1775boston～/anon, htm.
③ See generally David Sklansky, The Fourth Amendment and the Common Law, 100 COLIM. L. REV. 1734 (2000).
④ Miller v. California, 413 U. S. 15, 24 (1973); see also Atkins v. Virginia, 122 S. Ct. 2242, 2244 (2002).
⑤ See Miranda v. Arizona, 384 U. S. 436 (1966).
⑥ See Tinker v. Des Moines Indep. Cmty. Sch. Dist., 393 U. S. 503 (1969).
⑦ See Illinois v. Gates, 462 U. S. 213 (1983).

渊源不相符的社区规范呢？

这个问题同样是巨大而且难以回答的，在不同的语境下会有不同的答案。① 研究隐私权的著名学者 Robert Post 在其文章中对这个问题提供了初步的答案，这个答案与上述两个反对理由也息息相关。Post 描述了"隐私概念"的三种可能：一是对已知事物的掌控权；二是人格尊严的保障；三是实现自由的方式。② Post 提出，第一种概念不能解决隐私问题，因为它更多的是与信息披露有关，而与隐私被入侵无关；而第三种概念则是关注"如何限制政府的权力"，这种限制更多地体现在 Roe v. Wade 一类的案件中。他认为，与《美国联邦宪法第四修正案》最密切相关的隐私概念就是，它是人格尊严的保障。这个概念为隐私提供了概念基础，即"社会共同体中的每个人都要互相尊重"，以及把隐私限定在"公民互相交流、分享的社会生活中"。他主张，当隐私被理解为人格尊严的一种形式时，在我们的文化中，没有一种方法比社会规范更适合成为隐私的衡量标准。如果真的是这样，那么关于隐私期待的社会规范就是《美国联邦宪法第四修正案》的隐私的衡量标准。

此外，还有一个宪法理由让我们把《美国联邦宪法第四修正案》的隐私期待与社会观念连接起来。正如本文描述的第一份研究所说的那样："假设有数据显示，公众与美国联邦最高法院的看法不一致，美国联邦最高法院通过宪法规范的调查坚持自己的观点，这种做法会损害它的权威。"③ 最终，如果美国联邦最高法院继续无视这种数据的结果，公民会质疑美国联邦最高法院的正当性。

（四）小结

综上所述，政府利用明显的闭路电视系统监控公共场所的行为应该受到宪法的监管。这种监管法源可能是《美国联邦宪法第一修正案》、正当程序条款所规定的迁徙权、一般隐私权或者《美国联邦宪

---

① Cf. West Virginia State Bd. of Educ. v. Barnette, 319 U. S. 624, 638 (1943).
② Robert C. Post. Three Concepts of Privacy, 89 GEO. L. J 2087 (2001).
③ David L. Faigman, "Normative Constitutional Fact-finding": Exploring the Empirical Component of Constitutional Interpretation, 139 U. PA. L. REV. 541, 581 – 588 (1991).

法第四修正案》。闭路电视可以对那些参与政治表达的公民造成威胁，限制公民在公共场所的活动，影响公民的人格发展以及加速社会同质化，此外，实证研究的结果也显示，政府执法人员利用闭路电视监控公民的行为所具有的侵犯性相当于受到《美国联邦宪法第四修正案》监管的执法行为的侵犯性。虽然被闭路电视侵犯的公民权益迥异不同，但是他们都能被公共场所匿名权囊括，这种权利能够保护公民免受政府执法人员在没有合理怀疑的情况下对其经常性的监视，即便是在公共场所中。

在所有能够实现匿名权的宪法基础上，笔者倾向于把《美国联邦宪法第四修正案》作出匿名权的宪法基础，理由有两个：其一，《美国联邦宪法第四修正案》是监管警察调查技术的法律，而闭路电视正是警察调查技术的一种。美国联邦最高法院曾经建议，当案件适用于两种及以上的宪法条文时，应该适用关联最直接的。[1] 其二，相比于其他宪法条文，《美国联邦宪法第四修正案》能够为监管闭路电视提供更好的法律框架。因为如果政府执法人员的行为要侵犯公民所享有的《美国联邦宪法第四修正案》权利或者正当程序条款的权利，又或者一般隐私权，那么政府执法人员必须证明其具备"迫不得已而且实质的执法利益"，而这种利益的定义是十分模糊的。如果涉及上述公民权利，政府执法人员还要证明其行为是"必要的"才能证明其正当性，而这种"必要性"的定义也是十分模糊的。虽然《美国联邦宪法第四修正案》的适用过程中也会出现类似情况，但是它的灵活性和发展良好的实质性与程序性的规则能够提供更具体的法律框架，正如第四部分所阐述的那样。

四、实现公民所享有的公共场所匿名权

笔者认为，监管政府执法人员通过闭路电视侵犯公民所享有的公共场所匿名权的宪法规范应该包括四个部分。第一部分，政府执法人员需要证明建立闭路电视系统和监控特定公民的行为的正当性。第二部分，需要制定监管视频监控程序的政策。第三部分，需要制定有关视频监控录像带存放以及其他组织使用录像带的政策。第四部分，也

---

[1] Albright v. Oliver, 5120 U. S. 266 (1994).

是最重要的一部分，当非政府的其他组织不能满足上述三个部分的要求时，它应该承担相应的责任。

这些对监管计划的简单描述似乎只与立法相关，而与司法无关。然而，正如下面的讨论所说的那样，司法目标只是建立一个监管框架，细节需要由执法机构和政治进程来完善。Erik Luna 把这种现象称之为"宪法蓝图"，在这个过程中，法院不断地推翻政府法律以及审查政府执法人员的行为。[①] 在这些决定的背后，法官需要与行政机构、立法机构的政策者进行对话，也需要与公民对话。正如 Luna 所说的那样，"蓝图体现了制法者和执法者的宪法忧虑，通过司法洞察力反映问题而不仅仅把问题反馈给政治机构"。虽然 Luna 相信司法应该尽量少影响"蓝图"，但是，他也指出，司法在涉及新实践的公民权利的案件中更加具有可操作性，特别是涉及闭路电视的场景。下面的讨论将为公共视频监控建立一个宪法蓝图，《美国联邦宪法第四修正案》的先例将会为蓝图提供指导性的规则，而《美国律师协会有关规范秘密监察标准》将会为蓝图提供更多建议。

（一）正当性

政府应该从两个不同的层面证明其使用视频监控的正当性。第一个层面，政府需要证明其安装闭路电视的位置是正当的。第二个层面，政府需要解释其把闭路电视用于监控特定公民的原因。虽然正如前文所说的那样，路障比闭路电视对公民造成的影响更低，但是，美国联邦最高法院对涉及路障的案件所做出的判决导致了政府需要从两个不同的层面来证明其使用视频监控的正当性。

1. 证明闭路电视的安装位置是正当的

有人可能会提出，视频监控系统的费用可能会导致犯罪高发地区不愿意广泛使用视频监控。然而，根据英国的经验，闭路电视是一项便宜高效的阻止和发现犯罪的方法，它能够监控到该地区是否有案件发生。因此，犯罪高发地区普遍使用闭路电视的现象是不可避免的，除非强制限制该地区使用闭路电视。

关于这种限制的先例源于美国联邦最高法院在涉及路障的案件中

[①] Erik Luna, Constitutional Roadmaps, 90 J. CRIM. L. & Criminology. 1125, 1193（2000）.

所做出的判决。① 在四个这种案件中，政府胜诉的就有三个。在 United States v. Martines-Fuerte 一案②中，美国联邦最高法院支持，设置在墨西哥边境的检查站就是为了发现和阻止非法移民的。在 Michigan v. Sitz 一案③中，它支持了政府执法人员设置路障来制止醉酒驾驶行为。在 Delaware v. Prouse 一案④中，它在判决中说到，驾照检查站的设立是符合宪法规定的，但是，随机检查公民的驾照是违宪的行为。

然而，在最后一个案件中，美国联邦最高法院认定，如果设置路障的目的仅仅是为了帮助政府执法人员抓住更多的罪犯，那么这个行为就是不可接受的。在 Edmond v. Indianapolis 一案⑤中，根据 O'Connor 大法官的观点，美国联邦最高法院认定"尼古丁检查站"是违宪的，其声称"我们从来没有同意一个检查站的主要目的是发现犯罪分子的犯罪证据"。O'Connor 大法官指出，马丁内斯要塞（Martinez Fuerte）建立在边境执法严重困难的问题之上，其中非法移民问题尤为突出。此外，政府执法人员不可能对过往每一辆车都进行详细检查的现实以及政府保护边境完整性的努力都要求建立马丁内斯要塞。之所以允许 Sitz 建立清醒度检查站，其原因在于降低司机在高速公路上醉酒驾驶所带来的对其他人生命和身体的风险。在 Prouse 一案中，O'Connor 大法官指出，驾照检查站设立的目的是维护高速公路的安全，通过确保司机具有驾驶资格以及他们的车辆符合安全驾驶的要求。Edmond 一案的多数意见强调，这些各种各样的路障设置的目的都不是为了让"政府更好地控制犯罪"。在最后一种情况中，"特定怀疑对象"的要求阻止了政府执法人员设置路障。否则，这种侵犯行为就会变成美国公民生活的一部分，而《美国联邦宪法第四修正案》却什么都做不了。⑥

毫无疑问，闭路电视设立的主要目的在于实现政府控制犯罪的利

---

① Charles H. Whitebread & Christopher Slobogin, Criminal Procedure: An Anaalysisi Of Cases & Concepts §13.03 (a) (4th ed. 2000).
② 428 U.S. 543, 566-567 (1976).
③ 496 U.S. 444, 455 (1990).
④ 440 U.S. 648, 657 (1979).
⑤ 531 U.S. 32 (2000).
⑥ See also Ferguason v. City of Charleston, 532 U.S. 67, 84 (2001).

益。正如前面所说的那样，假设闭路电视受到《美国联邦宪法第四修正案》的监管，Edmond 一案可以被解读为，除非政府执法人员满足"特定怀疑对象"的要求，否则政府执法人员不得使用公共视频监控。这个要求会排除闭路电视作制止犯罪的有效性，严格限制政府执法人员把闭路电视作为调查的手段，除非警察"有特定怀疑对象"，并且需要闭路电视提供协助或者帮助抓捕在逃的犯罪嫌疑人。

此外，Edmond 一案还可以被诠释为，如果政府执法人员面临 Martinez-Fuerte 或者 Sitz 的问题，那么他们就可以在没有特定怀疑对象的情况下使用公共视频监控。换言之，只有当政府执法人员使用传统的调查手段遇到"强大的执法问题"（比如非法移民）或者一群特定的具有危险性的公民（比如醉酒驾驶的四级）对其他公民的生命、人身造成威胁时，政府执法人员才可以在没有特定怀疑对象的情况下使用公共视频监控。

这种情况在什么地方会出现呢？犯罪高发地区经常出现这种情况。大部分犯罪表明，传统的调查方法已经行不通了，而这部分犯罪中很大的一部分都是暴力犯罪或者类似暴力的犯罪，比如醉酒驾驶的司机为公众带来的危险。

从美国联邦最高法院的案件来看，我们可以得出，当违法事件对社会造成多大程度的伤害时，政府执法人员可以在没有特定怀疑对象的情况下实施公共视频监控。在 Sitz 一案中，美国联邦最高法院认定，政府执法人员设置检查站是合理的，其中一个原因是大约有 1.6% 经过该检查站的司机是醉酒驾驶。

在 Martines-Fuerte 一案中，大约 12% 经过该路障的车辆承载着非法移民。后者的百分比可以被假设为政府执法人员能够在没有特定怀疑对象的情况下使用视频监控的门槛，理由有两个。

第一个理由是，它能够证明政府执法人员的单纯扣押行为是正当的，也就是说，当经过该边境检查站的车辆达到 12% 都是承载非法移民时，政府执法人员可以截停所有来往的车辆超过五秒钟，可以经常让车辆减速以便边境工作人员检查车辆内部情况。任何低于政府执法人员在 Martines-Fuerte 一案中对公民造成的侵犯的执法行为都不会触犯《美国联邦宪法第四修正案》的规定；任何超过政府执法人员在该案中对公民造成的侵犯的执法行为至少提供与该案分量相当的正当理由。

第二个理由是，美国联邦最高法院认为，政府执法人员在没有特定怀疑对象的情况下实施的扣押行为实际上是因小失大。在 Prouse 一案[1]中，美国联邦最高法院认定，政府执法人员随机检查来往司机的驾照的行为是违宪的，该法院指出："众所周知，在路上行驶的司机只有很少一部分是没有驾照的，为了找出一个无证驾驶的司机，政府执法人员需要截停众多有驾照的司机，这种做法是过分的。"虽然在 Prouse 一案中，政府执法人员设置路障的目的的查出无证驾驶人员，但是正如 Edmond 一案所认定的那样，只有当违法事件直接影响到公路安全的时候，政府执法人员才能实施这类型的扣押。纯粹为了控制犯罪，政府执法人员不得实施这类型的扣押。Prouse 一案和 Edmond 一案都证明，如果违法事件对社会造成的损害低于 Martines-Fuerte 一案的情况，那么政府执法人员在没有特定的怀疑对象的情况下实施的搜查或者扣押都是不正当的。

换言之，只有当某个地区的暴力犯罪率或者类似的严重犯罪率达到 0.1% 时，政府执法人员才能使用公共视频监控。当然，在某些特殊情况下，政府执法人员也能使用公共视频监控。例如，政府执法人员可以在特定犯罪发生的区域安装闭路电视，但是，该地区必须存在对公民的人身和生命安全产生迫切危险的威胁[2]，比如恐怖活动。对犯罪模式的研究可能会识别出某些吸引特定严重犯罪活动的地方，或者识别出某些能够成为危险犯罪分子避风港的地方。[3]

那么，谁有权力决定某个地区的犯罪率足以让政府执法人员在该区域使用闭路电视呢？法院？立法机构？警察？还是民众呢？在 Sitz 一案中，美国联邦最高法院拒绝通过司法判决判断路障对于预防醉酒驾驶的有效性，它声称"受到问责制影响的政府官员而非法院应该判断用于解决严重公共威胁的执法技术是否合理"。然后，该法院总结道："为了实现《美国联邦宪法第四修正案》分析的目的，政府执

---

[1] 440 U.S. at 659–660.

[2] See Testimony of Charles H. Ramsey, Chief of Police, D.C. Metropolitan Police Department, at Hearing on Privacy vs. Security: Electronic Surveillance in the Nation's Capital, Before House Comm. on Gov't Reform, Subcomm. On Dist. Colum., March 22, 2002, at 3.

[3] Cf. Erik Luna, Transparent Policing, 85 IOWA L. REV. 1107, 1173 (2000).

法人员应该拥有选择合理的执法手段的自由裁量权,因为他们才是对有限的公共资源具有独特理解之人,也是负责管理这些有限的公共资源之人,包括数量有限的警察。"

虽然美国联邦最高法院似乎赋予了警察很大的自由裁量权,但是它也赞成对这种自由裁量权施加两个重要的限制。第一个限制是,法院不会完全退出"宪法蓝图"。当警察选择的执法手段是不合理的时候,法院仍然可以干预警察的选择。第二个限制是,并非所有政府执法人员都拥有选择执法手段的自由裁量权,这种裁量权只有受到问责制影响的政府官员能够行使,因为他们负责管理有限的公共资源。换言之,部门主管应该对决策负责。鉴于政府官员能够更容易接触到相关数据以及决策的广泛影响,这个结论是有意义的。

上述的结论产生的另一个问题是,公民能够参与到部门主管的决策当中。美国联邦最高法院没有明确回答这个问题。然而,William Stuntz 对 Sitz 一案的判决曾经主张公民应该直接参与到这种决策中。① 具体而言,他认为 Sitz 一案表明,当政府执法人员的搜查或者扣押影响到大部分公民时,美国联邦最高法院想要放弃"特定怀疑对象"要求和特殊需求作为政府执法人员免受《美国联邦宪法第四修正案》监管的理论模式,转而支持所谓的"政治模式",因为如果一群公民不喜欢政府执法人员某项执法手段,他们可以反抗,可以"将坏蛋撵走",而不像经常受到政府执法人员搜查和扣押影响的单独犯罪嫌疑人一样孤立无援。

如果 Stuntz 对美国联邦最高法院在 Sitz 一案中的态度猜测准确,那么实践的问题就是如何实施这种"政治模式"。典型的选举程序并非公民对某项已知的警察活动表明态度的有效途径,因为它涉及了一大堆问题。更有效的途径是直接向因视频监控获益以及受到政府监管压力的公民要求设立视频监控。这种投入会为警察提供更多关于特定犯罪以及何种监视类型最有效的信息。② 此外,在关于闭路电视的国

---

① William J. Stuntz, Implicit Bargains, Government Power, and the Fourth Amendment, 44 STAN. L. REV. 553 (1992).
② Tracey L. Meares & Dan M. Kahan, The Wages of Antiquated Proceduaral Thinking: A Critique of Chicago v. Morales, 1998 U. Chi. Legal F. 197, 209.

际警察协会会议中，几位参会者坚持应当让受到监控影响的公民参与涉及闭路电视的政府执法决策中。①

《美国律师协会有关规范秘密监察标准》（下面简称为 ABA 标准）回答了设立视频监控的决定权的问题。它们宣称："当在政治上负责任的政府机构认为视频监控不会看到私人活动而且能够合理地实现正当的执法目标时，政府执法人员就可以使用视频监控。"这个回答体现了在政治上负责任的政府机构需要提出使用视频监控的"有力理由"，即视频监控能够发现、制止或者预防犯罪发生，在 Edmond 一案之后，政府机构还需要说明视频监控能够发现重要的暴力犯罪。该标准还要求"视频监控的主要目的在于制止犯罪而不是调查犯罪，受到视频监控影响的公众应该拥有机会通过听证会或者其他合适的途径表达其对视频监控的看法以及对视频监控效果的期望，无论是在政府执法人员使用视频监控之前还是使用的过程中"。这些规则能够指引法院与时俱进地分析《美国联邦宪法第四修正案》的规定。

2. 监控特定公民行为的正当性

如果某个区域满足由 Edmond 一案确定下来的标准，那么政府执法人员就可以在符合《美国联邦宪法第四修正案》规定的情况下在该区域安装闭路电视。基于同样理由，首先，法律应该允许监控摄像机对街道的随意扫视，正如在 Martines-Fuerte 一案和 Sitz 一案中，政府执法人员短时间截停来往车辆一样。然而，如果视频监控操作人员希望记录或者近距离观察特定公民的行为而利用摄像机的推进功能，或者延长监控时间，又或者不停地监视该公民，这种行为能不能被允许呢？例如，一份关于闭路电视操作人员行为的全面研究发现，在将近 600 个小时的监控中，大约有 900 个"监控目标"出现时间超过一分钟，大约 30% 的"监控目标"出现时间持续两到六分钟，四分之一的"监控目标"出现超过六分钟。② 其次，涉及路障的案件能够

---

① Remarks of Lessing Gold, at 19, Jerry Semer (Maryland Police Trainer), at SIA & IACP Meeting, at 55.
② Clive Norris & Cary Armstrong, The Maximum Surveillance Society: the Rise Of Cctv 212 – 214 (1999).

提供指引。在 Sitz 一案中，美国联邦最高法院注意到，检查站的工作人员只能够短时间截停经过检查站的车辆，并且进行初步的询问和观察。如果需要扣留特定车辆进行详细的检查，那么政府执法人员必须满足"特定怀疑对象"的要求。类似地，在 Martines-Fuerte 一案中，美国联邦最高法院认为，在受到第一个检查点的随机检查后，第二个检查点发现运载非法移民的汽车数量差不多达到 20% 这一点很重要，因为它表明政府执法人员的扣押行为与该区域犯罪率高是密切联系的，这导致了政府执法人员可以对可疑车辆进行长达五分钟的搜查。

这些案件表明，如果政府执法人员要对公民进行严格的审查，那么他们需要具备比早期预感更高要求的执法基础。显然，如果政府执法人员要利用窃听器窃听公民在街道上的私人对话，那么他们应该满足具备"特定怀疑对象"的要求，可能还要达到合理依据的要求。同样地，如果政府执法人员要利用监控摄像机观察公民住宅内部情况，那么他们也需要具备合理依据。

除了上述两种情况以外，判断什么样的监视是随机扫视或者随意监视，什么样的监视需要政府执法人员满足"特定怀疑对象"要求是一件困难的事情。然而，更加困难的是，判断政府执法人员采取的非扣押行为在什么情况下会变成扣押，判断仅要求合理怀疑的截停公民汽车的行为在什么情况下会变成需要合理依据的逮捕，美国联邦最高法院在几种情况下解决了这些问题，尽管结果不尽如人意。根据 ABA 标准[①]，"监控技术在多大程度上提高政府执法人员的感官能力"和"监控技术在多大程度上压缩了监控目标的时空距离"是很重要的两个因素。如果闭路电视的推进和记录功能允许操作人员获得一名普通观察员难以在街上获得的信息（比如，某本书的封面或者与官方记录匹配的生物识别信息），那么政府执法人员需要在具备合理怀疑的情况下使用视频监控；如果政府执法人员有意利用闭路电视对公民进行长时间的观察（比如在 Martines-Fuerte 的第二个检查站截停公民汽车超过五分钟）或者在某几个时间段对其进行观察（类似于 Rehnquist 假设的酒吧案的情况），那么他们同样需要具备合理怀疑。即便政府执法人员对某位公民进行长达一分钟的监视，他们也需

[①]　ABA STANDARD, at 12（Standards 2-9.1（c）（ii）（E）&（F））.

要具备比好奇更加有力的理由（比如前文所述的由自动化系统发出的一个信号）。政府执法人员对公民进行特定监视的数量应该与其具备的"特定怀疑对象"数量相称。

上述的建议似乎不符合美国联邦最高法院在 Knotts 一案①所作出的判决，它在该案中支持了政府执法人员利用蜂鸣器追踪目标人物在街道上的行踪。然而，蜂鸣器仅仅为政府执法人员提供了目标物体或者目标人物的位置，而视频监控为政府执法人员提供的信息要丰富得多。更重要的是，与蜂鸣器不同，闭路电视是显而易见的，它能够全方位地观察被监控区域，产生更加全面的影响。无论如何，前文所展示的研究表明，受访的公民认为利用蜂鸣器追踪目标的行踪跟搜查公民身体具有同等程度的侵犯性，政府执法人员利用蜂鸣器长时间追踪某位公民的行踪所造成的侵犯要比美国联邦最高法院想象的严重。

（二）执行问题

政府执法人员不仅要合理地证明传统的搜查和扣押行为的正当性，还要合理地执行搜查和扣押。根据美国联邦最高法院的判例法，与闭路电视相关的三个执行问题需要从宪法层面去解决，这三个问题分别是监控的告知、避免歧视性的监控和监控的终止。

1. 监控的告知

如果正如其拥护者所称的那样，闭路电视的主要目的是制止犯罪，那么政府执法人员必须将视频监控的事实告知受到监控的公民。② 此外，《美国联邦宪法第四修正案》也有告知要求。在 Martines-Fuerte 一案③中，美国联邦最高法院认为检查站给公民造成的侵犯是"极小"的，因为政府执法人员已经设立标志标明检查站的位置，所以驾驶员"可以预期其会被截停和检查，他们也知道自己将在哪里被截停和检查"。美国联邦最高法院还指出，政府执法人员设立检查站的行为是经过正式授权的，所以这种侵犯更小。

其他支持政府执法人员在没有怀疑的情况下对公民进行搜查或者

---

① 460 U. S. 276 (1983).
② M. J. Zuckerman, Chances Are, Somebody's Watching you, USA TODAY, Nov. 30, 2000.
③ 428 U. S. at 559.

扣押的案件也表明，将监控事实告知被监控的公民是《美国联邦宪法第四修正案》的重要要求。比如，在 Von Raab v. United States 一案①中，海关需要给申请海关职位和已经在海关工作的人做药物检查。美国联邦最高法院指出，雇员已经被提前告知药检的事实，因此，雇员应该能够预见他们需要接受药物检查，药物检查对其隐私不确定的侵犯也被降到了最低。② 在 Wyman v. James 一案③中，美国联邦最高法院允许政府执法人员在没有怀疑的情况下对公民进行家庭福利调查。它指出，政府执法人员提前告知福利受领人检查的事实，这个告知令其对福利受领人隐私造成的侵犯降到了最低。众多美国联邦最高法院判决的案件表明，当政府执法人员事先把调查的事实告诉受调查的公民，得到他们的"同意"时，政府执法人员更有可能在没有怀疑的情况下进行调查。④

2. 避免歧视性的监控

第二个在宪法层面上有重要意义的执行问题是避免歧视性监控。因为如今政府执法人员可以在没有怀疑的情况下使用视频监控，因为即便是本文所提议的管理体制，在政治上负责任的政府官员可以利用自由裁量权决定监控对象，也有可能发生歧视现象。事实上，英国的研究表明，在视频监控操作人员当中普遍存在对少数团体的偏见。例如，Norris 和 Armstrong 的报告表明，视频监控人员倾向于利用闭路电视监控年轻男性，尤其是黑人和带有明显非主流色彩的年轻男性。他们总结道："这种差异不是基于客观的行为或者个性化标准，而是因为操作人员将这类公民划分到特殊团体了。"

这种行为有可能违反宪法的规定。在 Whren v. United States 一案⑤中，美国联邦最高法院认定，政府执法人员出于种族歧视的故意所实施的搜查和扣押行为违反了《美国联邦宪法第十四修正案》的平等保护原则。然而，证明这种故意是一件极其艰苦的事情，法院需

---

① 489 U. S. 656 (1989).
② Citing Delaware v. Prouse, 440 U. S. 648, 657 (1979).
③ 400 U. S. 309, 320–321 (1979).
④ See e. g. United States v. Knights, 122 S. Ct. 587, 591–592 (2001); United States v. Biswell, 406 U. S. 311, 316 (1972).
⑤ 517 U. S. 806 (1996).

要考虑政府执法人员的每一个步骤是否符合 ABA 标准,即政府执法人员是否通过任意或者歧视的方式选出监控对象。①

3. 监控的终止

最后需要从宪法层面解决的执行问题是监控的终止。美国联邦最高法院在许多涉及界定《美国联邦宪法第四修正案》保护范围的判决中都强调了对政府执法人员进行执法活动的时间限制。在 Martines-Fuerte 一案中,它指出执法人员第一次截停来往车辆的时间是极其简短的,而第二次检查的时间也只有 5 分钟。在 Sitz 一案中,它也指出:"政府执法人员第一次截停来往汽车的时间平均只有 25 秒,对于一般扣押的时长和调查力度而言,这种截停给公民造成的侵犯是极小的。"在 United States v. Sharpe 一案中,政府执法人员基于合理怀疑对公民采取的截停行为不应该超过 15 或者 20 分钟,除非有其他情有可原的情况出现。

当涉及闭路电视的情况时,上述案件表明,在 ABA 标准的语境中,政府执法人员只能为了实现被授权的目的而使用视频监控,一旦这些目的被实现,他们就需要终止使用视频监控。② 这些案件可以进一步发展成更具体的指引。根据 Martines-Fuerte 一案和上述关于具体监控对象的讨论,视频监控操作人员不得对某位公民进行超过五分钟的视频监控,除非他具备了合理怀疑。虽然操作人员可能具备了合理怀疑,但是,根据 Sharpe 一案,如果他们在接下来的 15 分钟里无法获得合理依据,他们也需要终止视频监控,除非有其他情有可原的情况出现。这些规则产生了重要的影响,因为调查结果表明,即便最后政府执法人员没有做出逮捕或者其他部署,他们还是能够利用闭路电视对特定公民进行五分钟以内的监控。

(三) 闭路电视记录的存储和传播

闭路电视的工作原理之一就是记录观察到事物,这一功能使其区别于普通的非技术监控手段。这个功能加上滥用信息的可能成为公民对闭路电视的主要忧虑。英国研究表明,受访的公民大多表达了其对

---

① Aba Standards, at 12 (Standard 2 - 9.1 (d) (i)).
② Aba Standards, at 12 (Standard 2 - 9.1 (d) (ii)).

闭路电视录像被滥用的担忧以及焦虑。在本文所进行的研究中,相比于录像带在 96 小时后会被销毁的情景（M = 53）,当录像带不会被销毁而且"必要时"能够被媒体和其他政府机构利用时,公民感到被政府执法人员侵犯的程度更高（M = 73）。的确,这个数据相当于公民在边境时遭遇体腔搜查或者政府执法人员搜查其卧室时,政府执法行为给公民所带来的侵犯感。

美国联邦最高法院从来没有把这类对侵犯公民隐私的行为视为涉及《美国联邦宪法第四修正案》的问题。在 Wilson v. Layne 一案[1]中,美国联邦最高法院认定新闻主播和摄影师跟着警察到搜查现场的行为侵犯了公民的隐私权。然而,该案的问题在于当警察对公民住宅进行搜查时,媒体的出现是否违反宪法规定;因为媒体随同警察办案对警察搜查公民住宅没有丝毫帮助,这个行为侵犯了接受搜查的公民的隐私权。Layne 没有质疑搜查信息传播的合法性,无论该信息是由当时在场的媒体传播出去,还是随后从警察口中传播出去。然而,如果身处闭路电视的语境下,Layne 最多能够禁止媒体和其他非执法机构出现在视频监控操作室之中。

美国联邦最高法院做出的其他判决表明,宪法要求政府执法人员严格控制他们所收集的信息。在 Whalen v. Roe 一案[2]中,州成文法要求心理医生将其患者的用药信息交给政府执法人员,美国联邦最高法院认为这个条文可能触犯了《美国联邦宪法第十四修正案》关于隐私的规定。虽然最终美国联邦最高法院支持了该条文,但是它要求州政府务必对该用药信息保密,事实上,州政府在五年后就销毁了该信息。美国联邦最高法院最后提出:"由电脑数据库或者其他大型政府档案室搜集到的众多公民信息对公民隐私造成威胁。在某些情况下,宪法要求政府执法人员避免在没有获得搜查令的情况下披露这些信息。"

通过援引 Whalen 一案,美国联邦最高法院在 Ferguson v. City of Charleston 一案[3]中总结道:"公民享有的合理隐私期待要求,正在医

---

[1]　562 U. S. 603（1999）.

[2]　429 U. S. At 601.

[3]　532 U. S. 67, 78 & n. 14（2001）.

院进行诊断测试的患者的测试结果不会在缺乏其同意的情况下被泄露给医务人员以外的人。"同样，通过援引 Whalen 一案，美国联邦最高法院在 Department of Justice v. Reporters Committee for Freedom of the Press 一案①中指出，公民对某件事情不享有完全的隐私权不意味着公民对于限制其他人披露或者散播该信息不享有任何利益。接着，它认定，根据《信息自由法》（FOIA），由政府保护的警方逮捕记录不需要向新闻自由记者委员会披露，因为委员会不能证明公开这个信息能够推进 FOIA 的核心目标，即通过公开政府信息使得政府执法人员更好地履行职责。②

这些案件表明，美国联邦最高法院倾向于把宪法和成文法解释为限制披露由政府执法人员搜集的公民信息。在涉及闭路电视的语境中，这些规则的内容可能变化很大。关于信息的存储，法律可能要求所有闭路电视记录应该在短时间内销毁（比如本文研究所假设的情景之一，即闭路电视记录于 96 个小时后销毁是源于 Balitmore 的政策）。或者政府保留闭路电视记录的时间可以更长，但是必须保证不能公开特定录像带，无论是让监控对象入罪还是脱罪，除非经过了很长一段时间。政府执法人员应该确保闭路电视记录的秘密性。至于信息的传播，美国联邦最高法院建议，只有当迫不得已的情况出现时，闭路电视记录才能用作非执法的目的。ABA 标准建议："禁止披露闭路电视记录，除非有成文法或者司法判决或者政策的授权。"③ 在 Sitz 一案中，美国联邦最高法院重申这个观点，只有在政治上负责任的政府官员能够做出影响大部分公民的决策。

在这里不得不提 William Stuntz 极具煽动性的建议。笔者主张，除了制定关于信息披露的规则以外，我们还需要关于证明视频监控正当性的规则和如何实施视频监控的规则。Stuntz 提出，至少当政府执法人员实施"秘密搜查"时，我们更有利的做法是仅仅关注信息披露规则。④ 具体而言，Stuntz 提议，应当允许政府执法人员在没有怀

---

① 489 U. S. 749, 770 (1989).
② Reporters Comm. , 489 U. S. At 774.
③ Aba Standards, at 13 (Standards 2 - 9.1 (d) (vi)).
④ William J. Stuntz, Local Policing After the Terror, 111 YALE L. J. 2137, 2183 - 2184 (2002).

疑的情况下随意对公民实施搜查，但是，只有当其提出严重的暴力犯罪的控告时，他们才能使用通过这个方式搜集到的信息；他声称，这种方法能够让警察和公民得到他们想要的东西——更容易地搜集证据和降低尴尬或者羞耻的风险。

虽然本文所指的视频监控是公开进行的，但是它也有可能被秘密实施。Stuntz 会允许政府执法人员随意地使用公共视频监控，只要他们遵守信息披露规则。没有人会知道他们的匿名权已经被政府执法人员侵犯，除非他们被控告严重犯罪。那么，为什么我们不能采取这种方式而要另外制定规则呢？

第一个理由是，我们不知道政府执法人员会不会把通过闭路电视收集到的信息用于控告严重犯罪以外的地方。鉴于通过闭路电视进行搜查这种方式的隐秘性，如果政府执法人员在普通犯罪的控告中使用了这些信息，我们也难以找出这棵"毒树"。[①] 进一步而言，限制政府执法人员使用闭路电视记录导致法院无法限制警察通过闭路电视侵扰"有瑕疵的消费者"或者限制其采取其他不会记录在案的措施。

第二个理由是，如果没有证明视频监控正当性的规则和如何实施视频监控的规则，公民的匿名权将得不到保障。Stuntz 的提议也许不会影响到没有被起诉的公民，但是它实际上侵犯了公民享有的免受政府执法人员在没有怀疑的情况下监视他们的权利。确实，在涉及闭路电视的环境中，一旦公民意识到他们受到随意的秘密监控（因为政府执法人员不可避免地会利用视频监控搜集到的信息提起一些诉讼），视频监控对公民以及该区域的影响会比公开的视频监控带来的影响大得多。虽然本文所进行的研究似乎表明，相比于公开的视频监控，秘密的视频监控给公民带来的侵犯感更低，但是在该研究假设的情景中，秘密的视频监控只能用于某个特定区域。

相反，在 Stuntz 假设的社会里，我们需要想象秘密的视频监控是无处不在的，而不是偶尔出现的。这会让我们的社会更加接近于 Orwell 笔下的极权社会，因为我们无法知道政府在何时何地想要窥探公民在公共场所的行为；换言之，我们不知道何时或者如何保护公民

[①] See Christopher Slobogin, Testilying: Police Perjury and What To Do About It, 67 U. COLO. L. REV. 1037, 1043 n. 28 (1996).

享有的公共场所匿名权。也许在 Orwell 的小说《1984》中再也找不到比本文一开始摘录的更加可怕的内容:"在任何时候,你都无法得知自己是否处于监控之下……甚至政府执法人员无时无刻不在监视全体公民。"

(四) 问责制

公开的闭路电视能够被隐藏,让公民无法得知这些公开的闭路电视何时监控他们,监控他们多长时间,以及政府执法人员有何正当理由监控他们。如果我们无法获悉这些信息,那么我们就无法确保政府执法人员遵守上述规则。即便我们能够知道这些信息,依赖警察确保自身遵守这些规则(当前的做法)也是不可靠的。最后,即便警察能够善意地遵守全部规则,只要公民仍然感到自己受到全方位的监控,这也不能实现制定规则的目的。除非公民相信,在多数时间里,他们在公共场所里没有受到视频监控,而将政府执法人员使用视频监控的行为宪法化的做法并不能实现这一点。笔者将在下文提出三种考虑,这些考虑值得引起大家的注意。

1. 监管监控者

涉及监控对象特定化、避免歧视性监控和终止监控的规则共同组成所谓的"监控行为"规则,因为它们与真实的视频监控行为有关。我们如何得知,视频监控操作人员在缺乏合理怀疑的情况下长时间地监控某位公民呢?我们如何确保,限制使用视频监控的警察对监控对象是否存在偏见呢?

自我报告可能不会产生任何效果。因为视频监控操作人员可能不会承认其歧视性的行为,即便他们承认了,也不会坦白其歧视性的行为。类似的,如果政府执法人员掌握了公民犯罪的信息,那么他们也可以事后捏造其怀疑根据。[1]。正如 ABA 标准[2]劝告那样:"政府执法人员应该制定行政法规,确保一旦警察违反《美国联邦宪法第四修正案》的原则泄露公民信息时,相关的政府官员需要承担责任,即

---

[1] See William J. Stuntz, Warrant and Fourth Amendment Remedies, 77 VA. L. REV. 881, 913 -915 (1991).

[2] Aba Standards at 13 (Standard 2 - 9.1 (f) (i)).

问责制。"

David Brin 主张，在"监控被接受的透明社会"里，控制政府执法人员最佳的方法就是监管监控者。① 该观点可以适用于公共视频监控的语境中，至少有两种方式可以实现这个观点。第一种方式是，独立的审查人员可以"定期而且随机地"审查视频监控录像带，找出违反相关规则的监控者；或者第二种方式是独立的审查人员通过闭路电视监控监控者，既能够判断监控者有没有遵守监控行为规则，还能够让监控者亲自体验普通公民所受到全方位监控的感受，从而可能减少监控者偷窥的喜好以及其他对公民不必要的监控。

2. 确保政府执法人员遵守规则

如果发现政府执法人员违反规则，那么我们应该做些什么呢？正如前文所说那样，警察喜欢"自我管理"，也就是说，他们不仅制定规则而且执行这些规则。因为警察需要维护执法活动的"隐私"，这也是执法需要。然而，制定其他责任机制应当是必不可少的。

根据《美国联邦宪法第四修正案》的规定，责任机制通常包括非法证据排除规则。② 显然，如果涉及《美国联邦宪法第四修正案》的时候，我们应该考虑这种责任机制。然而，如果要确保政府执法人员遵守本文所提议的规则，那么非法证据排除规则不是一项强有力的震慑机制。

涉及监控对象特定化、避免歧视性监控和终止监控的规则共同组成所谓的"监控行为"规则。非法证据排除规则不能确保政府执法人员遵守监控行为规则的最重要原因是，受到公共视频监控的公民数量庞大，而政府执法人员对部分公民活动进行监控的行为都是违反规则的，但是，这些被监控的公民大多不会被起诉，无论是因为他们本来就是无辜的还是因为他们从事的违法活动未被发现，这些未被起诉的公民无法得知政府执法人员掌握了他们哪些信息，也无法对此提出抗议。总之，非法证据排除规则无法抑制大部分侵犯公民所享有的公共场所匿名权的行为，它不能够确保政府执法人员遵守监控行为规则。

---

① David Brin, The Transparent Society (1998).
② Mapp v. Ohio, 367 U. S. 63 (1961).

此外，当警察想利用视频监控不正当获取的信息提起诉讼时，他们也有办法解决非法证据排除规则的问题。首先，如果警察善意地相信视频监控人员没有违反任何规则，而且善意地利用通过视频监控获取的信息逮捕某位公民，那么警察做出逮捕的根据就不会受到非法证据排除规则的约束。① 其次，警察知道如果他们通过视频监控录像带或者其他方法跟踪证人，那么法院也会采纳证人的证言，即便视频监控操作人员和警察的证言因为非法监控而不被采纳。② 只有当法院发现视频监控操作人员违反了视频监控规则并且驳回起诉时，非法证据排除规则才能确保视频监控操作人员遵守规则。然而，即便如此，视频监控操作人员也可以通过手机一次性告知警察相关信息，从而掩饰证据来源的非法性。

当政府执法人员违反监控规则的时候，我们需要一些规则来补充非法证据排除规则。理论上，当违反监控规则的行为发生时，我们应该首先考虑损害赔偿诉讼和行政、刑事惩罚而不是非法证据排除规则，因为无论是损害赔偿诉讼还是行政、刑事惩罚，它们根据的是监控行为造成的后果而是受到监控的公民有没有被起诉（或者政府执法人员有没有采取其他措施）。因为提起刑事诉讼的要求十分严苛，所以公民被起诉的概率很低。③ 鉴于目前法院对于公民提起宪法性损害赔偿诉讼施加了诸多限制，这个方式对于预防政府执法人员违反监控行为规则而言效果也是不好。因此，最佳的责任机制应该是行政惩罚，比如停职，或者罚款，但是行政惩罚应该由独立于警察的机构来执行，由法院来强制执行。

本文提议的其他三个规则包括闭路电视的安装位置，闭路电视位置的告知以及闭路电视记录的披露。再次，非法证据排除规则无法确保政府执法人员遵守上述三个规则。如果政府执法人员仅仅违反了闭路电视安装位置的规则或者告知规则，那么根据非法证据排除规则，所有通过视频监控获得的证据都会被排除，这个结果过于赶尽杀绝

---

① See Arizona v. Evans, 514 U. S. 1 (1995).
② Cf. United States v. Ceccolini, 435 U. S. 268, 278 (1978).
③ Charles H. Whitebread & Christopher Slobogin, Criminal Procedure: An Anaalysisi of Cases & Concepts §13.03 (a) (4th ed. 2000).

了。此外，这种方法也不能阻止政府执法人员监控"有瑕疵的消费者"。再者，非法证据排除规则不能阻止视频监控操作人员把闭路电视记录披露给非执法机构。当政府执法人员违反了闭路电视安装位置的规则或者告知规则时，合理的做法是，当在政治上负责任的政府官员不能为其决策提供任何合理解释的时候①，法官签发禁止安装闭路电视的令状或者要求告知闭路电视位置的令状。当政府执法人员违反了闭路电视记录披露的规则时，最佳的解决途径是允许受影响的公民提起损害赔偿之诉，同时，对违反规则的政府执法人员采取由法院支持的行政惩罚措施也是必不可少的。②

3. 制裁以外：掌握信息者的责任

上述规则真的能为我们带来什么好处吗？毕竟，在某些区域里，安装视频监控仍然是合法的。在这些区域里，不管政府执法人员有没有遵守监控行为，公民都不会感到"被监控"吗？如果公民都不会感到"被监控"，那么本文为什么要提出这些规则呢？

这些都是好问题。当安装视频监控是合法的时候，视频监控为公民带来的全面影响只能被削弱而不能被消灭。为了尽可能削弱视频监控的影响，有关监控行为的规则应该被大力推广，同时政府应该建立相关的责任机制，制定相应的惩罚措施。

ABA标准提出的另外两个建议也值得我们思考：其一，定期地审查视频监控的范围和效果。③ 其二，政府执法人员需要告知公民视频监控的类型和使用频率的信息，并且持续更新这些信息。④ 如今，大多数警察局都没有采纳这两个建议。这是不正确的。定期的内部审查会让政府执法人员更加关心视频监控有没有降低犯罪率，甚至还能让政府执法人员撤掉几个不起作用的监控摄像机。此外，审查还能够收集视频监控的种类、使用频率和效果等信息，这些信息不仅能够方便政府执法人员履行向公众披露信息的职责，还能够界定视频监控的范围。

---

① Hague v. C. I. O., 307 U. S. 496 (1939).
② See Bartnicki v. Vopper, 532 U. S. 5514 (2001); See Restatement (second) of Torts §652C (1977); Restatement (third) Of The Law Of Unfair Competition §46 (1993).
③ Aba Standards at 13 [Standard 2 - 9.1 (f) (iv)].
④ Aba Standards at 13, 14 [Standard 2 - 9.1 (f) (v)].

在观念中，我们仅仅关注政府执法人员有没有披露与闭路电视相关的信息，这表明大多数人对视频监控操作人员不感兴趣。我们担心不知名的官僚或者政府执法人员会监视我们在公共场所的活动，仔细查看活动的录像。当立法机关要求司法严格控制政府执法人员实施窃听行为并且严格限制披露由窃听得来的信息时①，我们的反应跟上述反应是一样的。公民之所以对视频监控操作人员有无监视其在公共场合的行为漠不关心，其原因是在公民的观念里，监控操作人员能够轻而易举地看到他们的一举一动。

《美国联邦宪法第四修正案》体现了这些建议的宪法基础，毕竟，它保证公民免受政府执法人员不合理的搜查和扣押。在技术对公民的匿名权造成威胁的时代里，如果政府执法人员颁布了限制其监控权力的规则，确保规则得以施行以及对视频监控行为的实施和效果进行定期回报，那么公民的安全感会得到实质地提升。

五、结语：不一样的《美国联邦宪法第四修正案》

本文提出的基本问题是，政府利用视频监控观察公民在公共场所的活动是否会引发宪法问题？闭路电视可能涉及几个宪法条文，包括公民的迁徙自由以及一般的隐私权。如果要为视频监控的监管确定宪法基础，笔者认为《美国联邦宪法第四修正案》最适合用于限制警察调查技术。

无可否认，从美国联邦最高法院做出的涉及《美国联邦宪法第四修正案》的判例法中，我们无法认定政府执法人员使用闭路电视的行为构成"搜查"或者"扣押"。从语言学的角度来看，一旦视频监控操作人员从扫视群众转为针对某位公民时，他们的行为必然构成"搜查"，符合最狭义的搜查定义，即为了寻找或者发现某些事情，仔细、彻底地观察目标人物或者区域。② 如果从其他角度解读视频监控操作人员的行为，他们的行为也构成搜查。当政府执法人员利用闭路电视监控公民时，不管从社会公认的公民所享有的合理隐私期待还是从笔者提到的公民所享有的匿名权来看，他们的行为都是需要受到

---

① 18 U.S.C. §2529 (3).

② Webster's New Collegiate Dictionary 47 at 1042, (1977).

《美国联邦宪法第四修正案》监管的,因为视频监控比起其他受到《美国联邦宪法第四修正案》监管的政府执法行为对公民造成的影响更具有侵犯性。如果联邦宪法不能约束政府执法人员使用视频监控的行为,那么受到先例影响更少的州宪法应该约束这种行为。

上述结论同样适用于政府其他大范围的技术监控措施,不管是利用蜂鸣器追踪犯罪嫌疑人还是监控公民的电子邮件,抑或是利用电脑或者卫星进行技术监控。即便是公民在公共场所里进行的活动,法律也需要监管政府执法人员仔细观察公民的行为,防止政府执法人员的执法行为对公民造成的侵犯性随着技术发展而加剧。根据 Knotts 一案形成的术语"撒网式的执法实践",应该受到《美国联邦宪法第四修正案》的监管。①

政府执法人员需要在行动前阐明其合理依据。除了政府执法人员能够基于特殊需求或者行政需要搜查公民的身体之外,美国联邦最高法院坚持用较高的正当理由标准来衡量政府执法人员的搜查行为是否合理。② 这种标准要不就有效地阻止了大部分政府执法人员使用的大范围监控措施,要不就鼓动了政府执法人员避免其监控行为受到监管。③ 如果本文所提出的规则能够纳入宪法层面,那么法院必须抛弃"永远的合理依据"标准。

同样地,把非法证据排除规则作为强制使用视频监控的政府执法人员遵守《美国联邦宪法第四修正案》的主要途径也是不可行的。即便在传统的搜查和扣押的语境中,用于限制政府执法人员权力的方法也不止一种。当政府执法人员利用闭路电视监控大部分的公民,而且这部分的公民永远都不会被起诉时,单一的规则更加难以监控政府的技术监控措施。如果法律旨在阻止行为人违反法律,那么对于违反法律的行为人所采取惩罚措施应该与其违法行为相适应。

本文提出的建议反映了上述观点,建议的细节需要由民主进程来填充。虽然政府执法人员不需要对闭路电视的安装位置或者对某位公

---

① Compare Daniel J. Solove, Digital Dossiers and the Dissipation of Fourth Amendment Privacy, 75 S. CAL. L. REV. 1084, 1156 (2002).
② Ferguson v. City of Charleston, 532 U. S. 67, 88 (2001) (Kennedy, J. Concurring).
③ See Christopher Slobogin, The World Without a Fourth Amendment, 39 UCLA L. REV. 1, 77 (1991).

民进行密切监视提供合理依据（或者搜查令），但是，在政治上负责任的政府官员需要为政府执法人员的执法行为提供正当理由，然后视频监控操作人员需要为其行为提供有说服力的怀疑。监管闭路电视记录存储和披露的规则能够被纳入《美国联邦宪法第四修正案》或者《美国联邦宪法第十四修正案》之中，它们应该被认为是保护公民隐私的核心规则而不是次要规则。本文所提出的规则、行政惩罚、禁止令和损害赔偿应该被视为非法证据排除规则的补充规则，甚至是替代规则，确保政府执法人员遵守监控行为的规则、信息传播规则以及其他有关视频监控的规则，维护公民根据《美国联邦宪法第四修正案》的规定所享有的免受政府执法人员不合理搜查的权利。

上述建议应该同样适用于政府执法人员使用的其他大范围的技术监控措施。因为政府执法人员能够对公民采用的全方位监控措施不只有视频监控。在这个科技快速发展的时代里，除非公民所享有的公共场所匿名权得到承认和保护；否则，公民将不能享有在公共场所内不被其他人观察的自由以及其他相应的权利。

电子视觉监控与公共场所的合理隐私期待

马科斯·吉尔基斯[①]著　杨雅卉[②]译

目　次

一、导论
二、政府对电子视觉监控技术的运用以及政府滥用该技术的潜在可能性
三、《美国联邦宪法第四修正案》对视频摄像头监控行为所产生的影响
四、《美国联邦宪法第一修正案》对视频摄像头监控行为所产生的影响
五、结语

　　人类的头脑具有强大的创造力，人们凭借这样的头脑，运用电子科技创造出了精巧的新型搜查方法，虽然这些新型搜查方法中所使用的电子科技使之微妙地区别于传统的搜查方法，但在搜查中使用这些精巧的搜查方法本质上却与现实地踹开公民住所的大门并无分别，同样是应该受到谴责的行为。[③]

一、导论

　　2001年发生在美国的恐怖袭击事件[④]打破了公民个人安全与国家安全之间的微妙平衡，对原先的安全平衡局面进行了重新洗牌。美国

---

① 马科斯·吉尔基斯（Max Guirguis），美国薛普尔大学法学院法学博士。
② 杨雅卉，中山大学法学院助教。
③ United States v. Hall, 488 F. 2d 193, 198 (9th Cir. 1973).
④ 指"9·11事件"。

曾是一个将公民个人隐私放在极高地位加以重视的国家，但它似乎在恐怖袭击发生的短短几天内就准备好要牺牲公民个人隐私的地位来换取公共安全，以至于一度被谴责为奥威尔式暴行的严苛监控行径也一夜之间成为了可接受的甚至是合理的行为。最近一段时间，美国政府开始在监控行为中使用现代监控工具，使用范围既包括打击犯罪的长期战争，也包括近几年如火如荼的对抗恐怖主义的斗争；然而，随着2001年那场悲剧在人们记忆中烙下的创伤开始愈合，许多美国人的心中重新浮现出质疑：政府在实施监控行为的过程中使用现代监控工具是否合法？这些现代监控工具的杰出代表当数电子视觉监控技术和一部分公共监控摄像头所搭载的人脸识别技术。不过迄今为止，美国联邦最高法院都还未针对以上所提出的任何问题给出应对或解决方案。

本文期望达到以下两个目的：其一，本文试图从法律视角对电子视觉监控技术的问题进行讨论研究。其二，对问题进行讨论研究后随之而来的是解决问题，本文试图确立清晰明确的标准，以规范电子视觉监控这种新技术，并对其侵扰性进行限制。为此，笔者首先在本文开头将会简要讨论美国政府安装监控摄像头对公共场所实施持续性视频监控行为的问题，包括政府如何运用这种监控手段、政府实施这种监控行为所具有的潜在利益，以及美国公民对政府实施这种监控行为的担忧。其次，为了保证政府实施的上述监控行为具有合宪性，且该监控行为的侵扰性能被压缩到最小，笔者将提出若干指导方针对其加以规范。最后，笔者将在结论部分中总结自己的研究结果和文中提出的建议。既然美国联邦最高法院并未对政府在公共场所实施的视频监控行为是否具有合宪性做出评价，笔者将尝试设立适用于这一监控行为的指导方针，这套指导方针的设立将以下级联邦法院的典型案例以及法学学者的学理分析为依据。

二、政府对电子视觉监控技术的运用以及政府滥用该技术的潜在可能性

政府对国家警察权力的行使表现在许多方面，政府在公共场所实施的电子视觉监控行为成为其中最为显著的表现之一，同时它也成为政府在行使国家警察权力的过程中所采用的一项卓有成效的工具。无

论是监控技术本身的发展,还是近来将监控技术与最先进的电脑、数据库以及电信系统进行整合所得的新技术,电子视觉监控技术的适用都极大地提高了政府在执法方面的能力,使得政府能够更好地履行其执法职能。但是相对应地,这种情形也加剧了政府需求与公民需求之间的紧张关系:公共安全几乎每天都会受到威胁,政府有应对这些威胁的需求;而政府对现代警务科技的使用带来了侵犯公民隐私的隐患,守法的好公民也有权保护自身不受这一隐患威胁。

(一) 电子视觉监控技术所具有的监控功能

闭路电视(CCTV)摄像头能将监控范围内出现的非法行为或暴力犯罪行为记录下来,从而帮助执法部门对案件进行调查,甚至帮助执法部门破案,世界各地不同国家的执法部门都可以证明闭路电视摄像头的这一作用。[1] 不同于人类,摄像头、录像带不会说谎,所以由摄像头当场捕捉并记录在录音录像带上的证据是最可靠的证据之一,并且是目前已知定罪率最高的一种证据。[2] 录像带给法庭提供了无可置疑的客观证据,这使得法庭在面对证人证言的可信度、嫌疑人的主张或是政府执法人员的主张这些争议点时得以摆脱个人偏好和主观评价,不再像以前那样具有强烈的主观评判性。[3]

监控摄像头具有远距离、大范围的监视监控功能,藉着这些强大

---

[1] See Marcus Nieto, Public Video Surveillance: Is It an Effective Crime Prevention Tool?, June 1997, available at http://www.library.ca.gov/CRB/97/05 (last visited Oct. 15, 2004); See John Spittlehouse, Reaping Benefits of eBig Brother, Scunthorpe Evening Telegraph, Aug. 16, 2002, at 4; See Big Brother Cramping Criminals' Style, DAILY YOMIURI, July 23, 2003, at 3; See Fran Spielman, Police Cams to Add Gunshot Detectors, CHI. SUNTIMES, Apr. 7, 2004, at I1; See also Barbara Dority, Big Brother Is Watching! A Brave New World-Or A Technological Nightmare?, 61 The Humanist 10 (2001); See Tackling Crime in a World of Vast Change, Evening Chron., Sept. 23, 2002, at 22; See Big Brother is Watching, S. Wales Evening Post, Feb. 19, 2003, at 15; See Sally Norris, New Assault on Crime, Moonee Valley Leader Mar. 29, 2004, at 1.

[2] See Maureen O'Donnell, Grants to Help Catch Speeders; Cameras Pay Offfor Sherifs Policy, CHI. SUN-TIMEs, May 22, 2000, at 22.

[3] See Scott Moxley, Testilying: Video Embarrasses DA, Newport Cops, OC WKLY., May 28, 1999, at 12; See Stacy St. Clair, Do Police Videotapes Lie? No, But It Might Not Tell the Whole Story at a DUI Stop, Some Say, Cl. DAILY HERALD, May 22, 2001, at 1.

的监视监控功能，监控摄像头对犯罪产生了举足轻重的震慑效果，还帮助警察挫败了许多发生在公共场所的犯罪，如故意毁坏财物、抢劫、盗窃车辆、贩毒以及驾车枪击等。① 在某些案件中，闭路电视摄像头使警察得以在犯罪嫌疑人实施违法犯罪行为的过程中及时介入，并当场将其逮捕。② 在交通管理和公路安全领域，闭路电视摄像头也能发挥许多功能，尤其是早晚交通高峰期期间，闭路电视摄像头更是功效卓著，这一点已经在实践中得到证实。

警察在关键地点安装摄像头，通过这些摄像头观察车流和高速公路的状况，从而能够识别出危险驾驶者、检测出损坏的不合格车辆以及废弃车辆；在关键地点安装使用摄像头还使得警察能够在发生紧急事件时更快速地做出响应，包括计划救援行动和调动各方资源对紧急事件进行处理，如果发生的是交通肇事逃逸和交通意外，警察还可以通过摄像头目击现场情况并将其记录下来，在事后更加客观准确地重建事故现场。③

（二）英国的电子视觉监控

在英国，政府将视频监控技术用于监控城市中心区域、公共交通设施和犯罪高发区域，视频监控系统已经运作了相当长的一段时间。英国政府安装了超过 400 万个监控摄像头，政府执法人员通过这些摄像头观察着公民生活的方方面面，从乘车上下班到购物再到就餐，几乎没有任何遗漏；英国的人均监控摄像头数比其他任何一个国家都要多，每 14 个英国公民就有一个摄像头，一个生活在英国大城市的普

---

① See Barbara Dority, Big Brother Is Watching! A Brave New World-Or A Technological Nightmare?, 61 THE HUMANIST 10 (2001); See Tackling Crime in a World of Vast Change, Evening Chron., Sept. 23, 2002, at 22; Big Brother is Watching, S. Wales Evening Post, Feb. 19, 2003, at 15; See Sally Norris, New Assault on Crime, Moonee Valley Leader Mar. 29, 2004, at 1.
② Richard Pendlebury, Hi-Tech Eyes Help to Crack Crime, Daily Mail, Apr. 17, 1993, at 12.
③ See Intelligent Transport System Queensland Web Site, at http: //www.itsq.com.au/ (last visited Oct. 15, 2004); See Keri A. Funderburg, FHWA Honors Top Traveler Information Sites, 67 Pub. Roads (2004), available at http: //www.tfhrc.gov/pubrds/04jan/iwatch.htm (last visited Oct. 15, 2004).

通公民一天可能被监控摄像头拍摄达 300 次之多。① 伦敦地铁目前安装有 6000 个闭路电视摄像头,这些摄像头覆盖了 95% 的伦敦地铁站,而随着伦敦当局在地铁车厢中也开始安装摄像头,伦敦地铁摄像头的数量可能在未来几年内比目前增长 50%。② 仅在伦敦金融城一处就安装有超过 15 万个闭路电视摄像头。③

格拉斯哥是苏格兰最大的城市,1994 年 11 月,格拉斯哥当局启用了全欧洲最大型的城市视频监控系统。④ 系统中有 200 个安保监控摄像头,监控着格拉斯哥的主要商务区、商业区和旅游区。⑤ 这 200 个监控摄像头每天工作 18～24 小时不等,监控所得的内容全部汇总到一个中央控制室;而在接下来的几年内,该系统的摄像头数还将翻倍。⑥ 格拉斯哥当局相信,这一城市监控系统将在安装后的三年内使格拉斯哥的犯罪活动减少 68%。⑦ 毗邻格拉斯哥的艾尔德里也采用了和格拉斯哥类似的城市监控技术,该市的犯罪活动就显著减少了 75%。⑧

尽管英国政府使用犯罪预防视频监控系统进行监控的行为导致摄像头无处不在,但该监控系统在英国还是得到了公众的广泛支持。⑨ 事实上,英国政府最早安装的几套城市视频监控系统中就有一套是在

---

① AndreaThompson, Big Brother UK, Daily Mal, Jan. 23, 2004, at 24; Mark Rice-Oxley, Big Brother in Britain: Does More Surveillance Work?, CHRISTIAN Sci. MONIToR, Feb. 6, 2004, at 7; Rowland Nethaway, Security Cameras Seem to Be in All Public Places, Palm Bch. Daily News, Apr. 19, 2004, available at http://www.palmbeachdailynews.com/news/content/shared/news/politics/stories/04/I 7nethway. html (last visited Oct. 15, 2004).
② Yvonne Singh, Who Is Watching over Us?, Evening Standard, May 17, 2004, at J2, J3.
③ Yvonne Singh, Who Is Watching over Us?, Evening Standard, May 17, 2004, at J2, J3.
④ Bill Caven, TV Surveillance Launched but £ 540, 000 Needed to Make it Last, The Herald, Nov. 2, 1994, at 3.
⑤ Bill Caven, TV Surveillance Launched but £ 540, 000 Needed to Make it Last, The Herald, Nov. 2, 1994, at 3.
⑥ Vivienne Nicholl, Plan to Double Number of "Spy" Cameras; Glasgow Bids for Cash Backing from Scottish Executive for New CCTV Scheme, EVENING TIMEs, Jan. 22, 2001, at 9.
⑦ Taylor, The Screening ofAmerica: Crime, Cops, and Cameras, REASON, May1997, at 45.
⑧ Taylor, The Screening ofAmerica: Crime, Cops, and Cameras, REASON, May1997, at 45.
⑨ See Aliya Frostick, CCTV Network Success in Fight against Crime, Bath Chron., June 4, 2004, at 4; See Richard Pendlebury, Hi-Tech Eyes Help to Crack Crime, Daily Mail, Apr. 17, 1993, at 12.

公众的强烈要求下安装的，当地企业甚至还负担了部分安装费用，[1]这就是安装在北安普顿的视频监控系统。

北安普顿是历史名城，曾在20世纪90年代初遭到爱尔兰共和军的猛烈轰炸，轰炸之后北安普顿当局立刻引进安装了这套视频监控系统。北安普顿的安保摄像头和英国其他市镇的安保摄像头一样，也具有全方位旋转变焦功能，这一功能使警察得以24小时侦测和记录几乎任何车辆的行车路线以及发生在中心步行区的几乎任何活动。[2] 视频监控系统在预防和打击犯罪方面的短期成效和长期成效一样令人印象深刻。仅在视频监控系统在北安普顿全面启用的当月，监控摄像头所提供的监控资料就促成了17次对犯罪嫌疑人的逮捕。[3] 视频监控系统安装两年半后，对监控视野内所发生案件，北安普顿警方的侦破率达到85%。[4] 到20世纪90年代中期，北安普顿的犯罪行为足足减少了57%。[5]

（三）美国的电子视觉监控

虽然美国拥有的人口比英国的四倍还要多，但是在公共视频监控领域，美国却被欧洲同行甩在了身后，不过美国也在逐渐迎头赶上。美国最早引入视频监控系统的时间是在1993—1996年，然而引入范围则仅限于少数几个城市。随着最初在几个试点城市实施的实验取得积极成果，犯罪预防视频监控项目的数量也有所增加。以华盛顿州塔科马市为例，在监控摄像头投入使用的第一年，也就是1993—1994年期间，包括袭击、非法侵入、卖淫和破坏公务在内的违法犯罪事件

---

[1] See Jimmy Bums, Security Cameras Catch the Eye: The Early Success of a Surveillance System in Northampton Town Centre, Fin. Times, May 1, 1993, at 6.
[2] Joan Mcalpine, Caught on Video Nasty, The Scotsman, Nov. 2, 1994, at 15.
[3] See Jimmy Bums, Security Cameras Catch the Eye: The Early Success of a Surveillance System in Northampton Town Centre, Fin. Times, May 1, 1993, at 6.
[4] See Jimmy Bums, Security Cameras Catch the Eye: The Early Success of a Surveillance System in Northampton Town Centre, Fin. Times, May 1, 1993, at 6.
[5] See Brian J. Taylor, The Screening of America: Crime, Cops, and Cameras, Reason, May 1997, at 45.

就减少了 35%。① 纽约在 1993 年也开始实施自己的公共视频监控计划。其后的五年内，纽约公共住房项目区域的犯罪率下降了 30% 到 50%，而公共住房项目区域正是视频监控摄像头所监控的区域。②

据估计，纽约的监控摄像头数量在过去的五年中从 2397 个增加到了 7200 个，增幅达 300%。③ 巴尔的摩则在 1996 年开始实施其"视频巡逻"项目，以期恢复公众对治安的信心，从而振兴市中心的商业区，同时振兴地方经济。④ 巴尔的摩当局的努力始于 16 个监控摄像头，在 16 个监控摄像头的试点项目取得成功后，这个数字立刻翻了两番。⑤ 巴尔的摩的公共监控摄像头既录音也录像，因此在市区的 16 个街区范围内，警察能够对任何街道和人行道上所发生的事情进行全天候的监视和监听。⑥ 而在加利福尼亚州的雷德伍德城，极少有人抱怨监控摄像头所带来的侵扰，因为比起警方所设置的探测装置，这里的居民更担心的是枪声。⑦ 在雷德伍德城安装监控摄像头后的第一年，监控区域的犯罪率下降了 11%，第二年则下降了 33%。⑧

上述安装监控摄像头所取得的积极成果有目共睹，随后，美国的许多城市都启动了类似的视频监控项目，也有的城市向所在州或向联邦申请拨款，以安装他们自己的视频监控系统。华盛顿特区无疑是恐怖分子的首要目标，同时，位居全国前列的高谋杀率也困扰着这个城市，因此华盛顿特区当局一直在升级自己的安保监控系统，升级完成

---

① City Ready for Close-up on Crime; Surveillance Camera to Monitor Downtown, Worcester Telegram & Gazette, Aug. 27, 2003, at BI.
② Tom Mooney, Providence Street Cameras Raise Questions of Privacy, Providence J. – BULL., Jan. 29, 1999, at IA.
③ Sabrina Tavemise, Watching Big Brother; On this Tour, Hidden Cameras Are Hidden No More, N. Y. Times, Jan. 17, 2004, at BI.
④ See Marcus Nieto, Public Video Surveillance: Is It an Effective Crime Prevention Tool?, June 1997, available at http://www.library.ca.gov/CRB/97/05 (last visited Oct. 15, 2004).
⑤ See Marcus Nieto, Public Video Surveillance: Is It an Effective Crime Prevention Tool?, June 1997, available at http://www.library.ca.gov/CRB/97/05 (last visited Oct. 15, 2004).
⑥ Timothy Egan, Police Surveillance of Streets Turns to Video Cameras and Listening Devices, N. Y. Times, Feb. 7, 1996, at A12.
⑦ Timothy Egan, Police Surveillance of Streets Turns to Video Cameras and Listening Devices, N. Y. Times, Feb. 7, 1996, at A12.
⑧ Mark Helm, Study Urges Regulation of Surveillance, Patriot Ledger, June 15, 1998, at 06.

的系统可能成为美国国内覆盖最广的计算机监控网络。① 华盛顿特区政府所安装的公共摄像头中已经有相当一部分在监控着街道、地铁站、学校和联邦设施,特区的新系统将把数百个这样的视频监控摄像头联网,从而使华盛顿特区成为美国国内第一个有能力为监控摄像头所拍摄的图像创建数字化记录的城市,同时也是第一个有能力对市区进行大范围监控的城市。② 许多特区居民似乎都认为政府安装摄像头会使安保更为健全,并对此表示欢迎,同时乐于享受摄像头带来的更安全的环境。事实上,居住在犯罪高发区域的首都居民已经向政府请愿,请求政府在这些区域安装更多视频监控摄像头。③ 如今,政府将监控摄像头和其他技术结合起来运用,作为社会防控的手段之一。

一款名叫 FaceTrac④ 的软件程序就将视频监控技术和计算机技术结合了起来,这款软件的程序十分精密且复杂,它利用我们所说的自动人脸识别技术将视频监控摄像头所拍摄到的人脸数字化,并将其与一个数字化人像数据库中的内容进行匹配,这一过程在短短几秒之内就可以完成。⑤ 该软件运行时,首先由程序对面部进行扫描,测量出128组具有区分性的面部特征以及面部轮廓线的数值,这些数据包括眼距、鼻子的斜率和长度、下巴的角度、嘴唇的厚度等,测量完毕后程序会依照所得数据给所扫描的面部创建一个独一无二的模板或是精确的数字化人像。⑥

执法部门会将重要通缉犯的个人人像代码储存在一个专门的数据

---

① Spencer S. Hsu, D. C. Forms Network of Surveillance: Police System of Hundreds of Video Links Raises Issues of Rights, Privacy, Wash. Post, Feb. 17, 2002, at C01.
② Spencer S. Hsu, D. C. Forms Network of Surveillance: Police System of Hundreds of Video Links Raises Issues of Rights, Privacy, Wash. Post, Feb. 17, 2002, at C01.
③ David A. Fahrenthold, Crime-Plagued D. C. Neighborhoods Ask for Cameras, Wash. Post, Mar. 10, 2003, at B01.
④ See Randy Dotinga, Biometrics Benched for Super Bowl, Wired News, Dec. 31, 2002, at http://www.wired.com/news/culture/0,1284,56878,00.html (last visited Nov. 27, 2004).
⑤ Declan McCullagh, Call It Super Bowl Face Scan I, Wired News, Feb. 2, 2001, at http://www.wired.com/news/politics/0,1283,41571,00.html (last visited Oct. 15, 2004).
⑥ Lev Grossman, Welcome to the Snooper Bowl: Big Brother Came to Super Sunday, Setting off a New Debate about Privacy and Security in the Digital Age, TIME, Feb. 12, 2001, at 72.

库中，用于和 FaceTrac 测量公民面部所得的人像数值代码进行匹配。① 自动人脸识别项目最初是麻省理工学院（MIT）的科学家们在 20 世纪 90 年代初开发的，其目的是使电脑识别其指定用户，但这一技术后来被政府和私人用于许多其他用途。这些用途包括辨认通缉犯或失踪人员、防范护照欺诈和驾驶执照欺诈、保护自动柜员机以及在赌场监察作弊行为等。②

2001 年 1 月，第三十五届美国橄榄球超级杯大赛在位于佛罗里达州坦帕市的雷蒙德詹姆斯体育馆举行，这场比赛的安检中用到了一套自动人脸识别系统，作为测试项目以测试该系统的效果。安检过程中，超过 100000 名球迷以及工作人员在不知情的情况下接受了自动人脸识别系统的电子检查，系统将他们的面部图像数据和身份数据与罪案相关的计算机文件进行比对以检查身份，而这一切都发生在人们通过十字转门的时候。③ 这个秘密测试项目所用的数据库相对来说规模较小，仅包含有 1700 份面部数据，是由联邦调查局以及警察局档案所提供的信息整合而成；④ 自动人脸识别系统在测试中辨认出了数据库内收录的 19 位有犯罪记录的公民，但这 19 位公民中没有任何人因此遭到逮捕，根据坦帕市警方发言人的说法，这 19 人未遭到逮捕的原因是他们并未犯下具有"重要性质"的罪行。⑤

测试结果出来后，无论是软件提供商还是警方人员均对结果感到满意。⑥ 于是在 2001 年 6 月美国橄榄球超级杯大赛期间，警方在坦

---

① Jay Bookman, Technology; In Your Face; The Ways Surveillance Equipment Can Scan, Tape, Track and Profile You, Atlanta J. – const., Mar. 25, 2001, at ID.

② Grossman, supra note 34; Vickie Chachere, Super Bowl Surveillance Spurs Debate, Charleston Gazette, Feb. 12, 2001, at 8A; Catherine Watson, New U. S. Passports Will Use Facial-Recognition Technology, STAR TRIB., Sept. 28, 2003, at 8G.

③ Julia Scheeres, When Your Mole Betrays You, Wired News, Mar. 14, 2001, at http://www.wired.com/news/politics/0, 1283, 42353, 00. html (last visited Oct. 15, 2004).

④ Bob Kappstatter, Snooper Bowl; Tampa Cops Recorded Every Fan's Face, Dailynews, Feb. 2, 2001, at 1.

⑤ Peter Slevin, Police Video Cameras TapedFootball Fans: Super BowlSurveillance Stirs Debate, Wash. Post, Feb. 1, 2001, at AO1.

⑥ Lisa Greene, Face Scans Match Few Suspects, ST. Petersburg Times, Feb. 16, 2001, at IA; see also Dana Canedy, Tampa Scans the Faces in Its Crowds for Criminals, N. Y. Times, July 4, 2001, at Al

帕市市中心的内兹伯城安装了一套和测试系统相类似的监控系统,该系统的监控区域覆盖了坦帕市的传统娱乐区。新安装的系统有36个监控摄像头,遍布内兹伯城,这36个监控摄像头联接着一个用以比对的系统数据库,该数据库的规模远大于测试系统所用的数据库,其中储存有30000张面部档案照信息,这些信息都属于警方已经掌握的重犯和逃犯。[①] 坦帕市是全美国第一个采用面部扫描系统的城市,[②]不过,自坦帕市之后,其他城市也开始安装使用类似的系统。[③]

面部扫描系统这一新科技已经在反恐斗争中使用得越来越多,还可能在未来成为常规安保手段,而这些都在悄然模糊着执法行为的边界。据报道,由于国际性事件和大型集会往往更可能遭受到恐怖袭击,2012年冬季奥林匹克运动会的安保系统设计者在安保方案中使用了1000个视频监控摄像头以保持对运动员和观众的监控,其中一部分监控摄像头就搭载了面部识别数字技术。[④] 面部识别软件制造商们的报表显示,在"9·11"恐怖袭击发生后,包括机场、执法机构以及机动车管理部门等机构对面部识别技术的兴趣和需求都在增加。[⑤]

视频监控技术在协助执法方面的强大效果同时也正是它威胁着个人隐私的原因,这种新技术给个人隐私带来的威胁如此之高,以至于让人对此感到心悸不已:这些强有力的工具在帮助警察大力打击犯罪的同时也可能会伤害到普通民众。更不用说视频监控技术的使用还涉及公民自由问题:监控录像可能被用于侵害公民自由的用途,比如用于搜寻、锁定或骚扰某一特定族群,用于收集与公民政治立场以及政治活动相关的信息,或者用于对录影对象进行敲诈,而敲诈的事由还可能因为录影内容不同而五花八门。不管上述这些理论听起来多么阴谋论,我们都不应该完全排除它们成真的可能,因为过去确实出现过

[①] Tom Kirchofer, High-TechSnoopingSpotlightsSafetyvs. Privacy Rift, Boston Herald, July 29, 2001, at 001.

[②] B. C. Manion, Masked Protesters March Against Scanners, Tampa Trib. , July 15, 2001, at 2.

[③] John J. Brogan, Facing the Music: The Dubious Constitutionality of Facial Recognition Technology, 25 Hastings Comm. & ENT. L. J. 80, 81 (2002).

[④] Jay Weiner, Skiing, Skating, Snow and Security, Star Trib. , Feb. 3, 2002, at IA.

[⑤] William Welsh, Facing Trouble, 16 Wash. Tech. , Feb. 4, 2002, available at http://www.washingtontechnology.com/news/16_ 21/state/17781 - i. htmi (last visited Oct. 15, 2004).

政府执法人员使用视频监控技术严重侵犯公民合法权益的情形。

例如，在新泽西州警察局和纽约警察局的执法中就一直存在利用视频监控系统针对少数族裔的行为，以及在没有搜查令授权的情况下针对黑人司机和西班牙裔司机进行非法路检甚至虐待的行为。直到 2000 年，政府在接到了数量庞大的投诉后终于对涉事的两间警察局发起了联邦调查和内部调查。① 投诉中指控新泽西州警察局和纽约警察局存在有广泛的种族偏见，并且在警察不当执法行为中有所反映，政府最终出具的调查报告证实了这些指控。调查报告揭示了警察的一系列种族歧视行为，比如在 20 世纪 90 年代，如果黑人司机或拉丁美洲裔司机驾驶车辆在新泽西收费高速公路上行驶，那么 10 辆车中至少有 8 辆会被警察截停并实施搜查。② 新泽西州的州警察则会以种族因素为借口侵犯黑人司机和西班牙裔司机的公民权利，新泽西州政府发布的文件显示，禁毒政策事实上助长了州警察的这种非法行为。③ 种族定性④在其他许多州也被认为是一种惯常的做法。⑤ 在这种情况下，新的监控技术可能会被警察选择性地用于种族主义的侮辱行为，进一步助长种族定性的做法，除非这些新的监控技术能被审慎适当地使用，并在使用中设置适当的安保限制措施加以维护。⑥

1973 年，尼克松总统密谋抹黑并惩罚他的政治对手。他下令给水门事件中的窃听人员支付封口费，促使美国国税局（IRS）和他所谓的"敌人"作对，此外，尼克松总统还利用自身的影响力阻止联

---

① Michael Posner, House Panel Orders Racial Profiling Study, NAT'L J., Mar. 4, 2000, at 705.
② David Kocieniewski & Robert Hanley, Racial Profiling Was the Routine, New Jersey Finds, N. Y. TIMES, Nov. 28, 2000, at Al.
③ Wendy Ruderman, Profiling Was Used in War on Drugs; Papers Show Troopers Labeled Ethnic Groups, RECORD, Nov. 28, 2000, at AO1.
④ 种族定性（racial profiling），政府仅就种族来锁定犯罪嫌疑人或犯罪嫌疑团伙的做法。（译者注）
⑤ Kit R. Roane, Are Police Going Too Far?, U. S. News & WoRLD REP., Feb. 7, 2000, at 25.
⑥ See Jane Black, One in the Eye for Big Brother, Businessweek Online, Aug. 15, 2002, at http://www.businessweek.com/bwdaily/dnflash/aug2002/nf20020815_ 7186. htm (last visited Oct. 15, 2004).

邦调查局对自己进行调查。① 掌权者做出这样的违法行为令人瞠目结舌,但这远不是全部,还有许多由掌权者做出的其他违法行为同样令人震惊。面对这些行为,我们有理由担忧新的监控技术可能会被某位不择手段的政客用于对付自己的批评者和政治对手,比如用于骚扰他们的日常生活,或者是用于追踪他们的日常活动,一旦监控系统记录了这些被监控者进行妥协交易或是造成严重政治后果的情况,这位不择手段的政客就可以用这些录音录像对他们进行勒索。

(四) 电子视觉监控所具有的危险性

面部识别配对视频技术和其他新型信息技术的到来使得公民的隐私面临着前所未有的威胁,这一新威胁带来了新的隐私问题,和之前的隐私问题截然不同。② 在充斥着高科技监控手段和电子录音录像的美丽新世界里,政府会基于公民的个人活动设置监控手段,用于收集与公民活动相关的个人信息;而其他不同部门的数据库中分别存储有公民的税收信息、金融信息、医疗信息或其他个人信息,政府可以将所有这些信息合并起来,最终得以具体详细地刻画出每个公民的私人生活。与公民有关的数据十分广泛,涉及公民生活的各方面,包括公民的政治思想、日常活动、日程计划,以及人际交往情况等,政府可以将监控录像和其他数据库的丰富数据联合使用,从而把这些广泛的数据有机整合起来。政府采用高清晰度的彩色摄像头(可缩放,垂直倾斜转动,以及360°水平转动)对公众进行视频监控录影,这种录影行为对于国家的警察力量来说可能表现为一种行之有效且毫无害处的行为,警察认为这是正当合理的,因为在保卫美国安全当中对公众实施录影行为具有正当利益,但这种录影行为同时也是在为政府滥用新技术做好准备。

作为实验,坦帕市政府在第三十五届美国橄榄球超级杯大赛中使用面部识别技术对相关人员进行身份检查,这一行为在隐私权拥护者

---

① Adam Clymer, Time (25 Years) and Scandal Fatigue Blur the Fall of Nixon, N. Y. Times, Aug. 9, 1999, at Al.
② Thomas B. Kearns, Technology and the Right to Privacy: The Convergence of Surveillance and Information Privacy Concerns, 7 WM. & Mary Bill RTs. J. 995 (1999).

之中激起了强烈的抵制，他们认为这是发生在自由社会中的过度侵犯行为。① 政府如此隐蔽地对公民实施秘密视频监控的行为，仿佛让我们看到了乔治·奥威尔在《1984》中所描绘的专制独裁国家"大洋国"，"大洋国"的统治者老大哥通过电幕监控着所有大洋国公民，他的监控无处不在，一刻也不放松。②

Howard Simon 是佛罗里达州美国公民自由联盟的理事，他谴责了政府在超级杯大赛中所实施的高科技监控行为，称之为"由计算机进行的嫌犯列队指认"，在 Howard 看来，球迷们在排队进场时毫无觉察地被动接受了计算机的指认。Howard 要求坦帕市政府官员召开公众听证会，就坦帕市政府使用生物监控设备对公民面部进行识别的行为回应公众质疑。③ 加州大学洛杉矶分校的 Christine L. Borgman 教授是研究隐私问题的专家，也是信息研究领域的执牛耳者，她也对上述监控科技表示了担忧，Borgman 教授担心，在政府使用这种监控科技"确认特定公民身份的过程中"，可能会出现"相当大的误差"，而这将给公民权利的保障造成巨大的负面影响。④

事实上，坦帕市警察局承认，在 2001 年 6 月他们刚启用城市监控系统的时候，用于控制软件的操作系统就出现了故障，进而导致整个监控系统停止工作达几个月之久；不过在做出修正和改进之后，坦帕市的城市监控系统在 2002 年 1 月又重新投入使用。⑤ 不难想象，也许别的电脑会出现一些未被检出的故障，而这一故障可能导致系统错误地将无辜市民的面部信息与数据库内罪犯的数字图像信息相匹配。而且，即使不存在电脑故障或是软件问题，坦帕市的城市监控系

---

① See Julia Scheeres, When Your Mole Betrays You, Wired News, Mar. 14, 2001, at http://www.wired.com/news/politics/0, 1283, 42353, 00. html (last visited Oct. 15, 2004).
② See Michael Gardner, Face Recognition and Privacy at Odds: Everyday People Put in High-Tech Lineups, San Diego Unon-trib., Mar. II, 2001, at A – 3.
③ Angela Moore, ACLU Protests Super Bowl Cameras, St. Pet Sburg Tves, Feb. 2, 2001, at 3B.
④ Robert Trigaux, Cameras Scanned Fans for Criminals, ST. Petersburgtimes, Jan. 31, 2001, at IA.
⑤ William Welsh, Facing Trouble, 16 Wash. Tech., Feb. 4, 2002, available at http://www.washingtontechnology.com/news/16_ 21/state/17681 – i. htmi (last visited Oct. 15, 2004).

统也永远无法将同卵双胞胎区分开来。简单地说，就像Face-It软件的开发者Joseph Atick博士所说的那样："如果同卵双胞胎的妈妈无法将他们区分开，那么面部识别这项技术也无法做到。"[1]

一些研究还发现，因为公民的面部状况往往会随着时间流逝而产生变化，坦帕市的城市监控系统会出现误报和漏报的情况。[2]

对于这一城市监控系统，人们还存有一个更大的担忧，牵涉到公民自由：随着基础信息技术和通信技术的价格趋向平民化，功能也日趋强大，不仅仅犯罪嫌疑人和罪犯的面部照片信息将被执法部门存储进数据库，所有美国公民的面部照片信息都可能会被录入一个大型的中央档案文件，这一中央档案文件将使执法部门得以随意监控他们想要监控的任何美国公民，密切关注其日常活动与动向。[3]

即便不说监控技术被政府滥用的潜在可能性，在公民意识不到的情况下运用监控技术对其进行录像和摄影，这种想法本身在一个民主社会看来就必然会受到批判和怀疑；无法接受这种想法不仅是出于法律和社会方面的考量，同时也是出于政治原因。有权在公民保持匿名的权利和公民的人身安全之间做出权衡取舍的应该是美国人民，而不是美国政府。如果人民在权衡之后决定以公民的人身安全作为目标，那么，在面对任何类似面部识别监控系统的安保措施时，批准或不批准该安保措施投入使用都应该是美国人民的民主权利。

---

[1] See Joseph Atick, How the Facial Recognition Security System Works, CNN. CoM, Oct. 1, 2001, at http：//www.cnn.com/2001/Community/10/01/atick（last visited Oct. 15, 2004）; See Daniel F. Drummond, Face Camera Use Draws Scrutiny; Crime Fighting vs. Privacy at Issue, Wash. Times, July 13, 2001, at C1; See Jan Glidewell, A Picture Is Worth a Thousand Questions, ST. Petersburg Times, Feb. 4, 2001, at 1.

[2] Biometric Technology：It Knows Who You Are：Hand, Face, Signature Recognition Systems are as Simple to Use as They are to Install, I I Cabling Installation & Maintenance 36 (2003); See Kara Platoni, A Clean Scan on Facial Recognition：Is the OaklandAirport's New Security Software the High-Tech Equivalent of Unlawful Search and Seizure?, E. Bay Express, Nov. 7, 2001, available at http：//www.eastbayexpress.com/issues/2001 - 11 - 07/cityside2.html（last visited Nov.15, 2004）.

[3] Editorial, Super BowlSnooping, N.Y. Times, Feb. 4, 200 1, at 16; David Kopel & Michael Krause, Face the Facts：Facial Recognition Technology's Troubled Past-and Troubling Future, Reason, Oct. 2002, 29.

三、《美国联邦宪法第四修正案》对视频摄像头监控行为所产生的影响

Katz v. United States 一案①的判决推翻了现实性的非法侵入这一判断标准,重新定义了《美国联邦宪法第四修正案》(以下简称《第四修正案》)所规定的不合理性条款的含义,将无形的非现实性非法侵入行为也纳入其中。

根据 Katz 一案的判决,只有当公民主观上享有隐私期待,并且社会公众也愿意承认这一隐私期待的合理性时,公民所期待的隐私才会受到《第四修正案》所提供的保护。如此一来,要评价政府执法人员在公共场所实施电子视觉监控的行为是否具有合宪性,我们就需要首先回答下面两个问题。第一个问题是:公民是否可能享有社会公众愿意承认其合理性的主观隐私期待,因为主观隐私期待本身并不当然地适用于《第四修正案》所提供的保护。②对第一个问题的回答必然会将讨论导向第二个问题:政府执法人员在公共场所实施的录音录像行为是否构成《第四修正案》所规定的搜查行为。

如果公民在公共场所完全不享有合理隐私期待,那么政府执法人员在公共场所实施的视频监控行为就不应当受到《第四修正案》的规制。然而,在某些特定情形下如果公民享有上述合理隐私期待,那么此时政府执法人员实施的监控行为就受到《第四修正案》的规制,在这种情况下,政府执法人员实施监控行为应当遵守《第四修正案》的相关规定,应当按照要求申请搜查令与逮捕令的授权。

从《第四修正案》的目的来看,其中所规定的"公共场所"应当是一个"出入该场所均不受到实质性限制"③的区域,还应当是"暴露在公众视野中"④以及"对公众开放的"区域。⑤举例来说,一条通衢大道或是一个休闲公园就是这样的公共场所。与之相反,像

---

① Katz v. United States, 389 U. S. 347 (1967).
② United States v. Smith, 978 F. 2d 171, 177 (5th Cir. 1992), cert. denied, 507 U. S. 999 (1993).
③ Cardwell v. Lewis, 417 U. S. 583, 593 (1974).
④ United States v. Santana, 427 U. S. 38, 42 (1976).
⑤ United States v. Reicherter, 647 F. 2d 397, 398 – 399 (1981).

公民住所或是办公室这样的私人场所就应该是通常来说不对公众开放的地点①，因为在这些私人场所明确表示不接纳公众随意出入。② 美国联邦最高法院曾多次裁决认为，如果政府执法人员实施现实性侵入行为的对象是公民暴露于众的行为（包括合法行为以及不合法行为③），或者是公民暴露于众的物品④，那么此时公民所享有的合理隐私期待就不足以对抗政府执法人员所实施的现实性侵入行为。⑤ 因为，在任何普罗大众都可以轻易观察到某一犯罪活动的证据的情况下，如果警察发现了这一证据，则人们期望警察移开其视线假装没看到是不合理的。⑥

由此得出的结论是，在公共场所以肉眼实施的视觉观察行为并不构成《第四修正案》所规定的搜查行为，因为，只有带着发现犯罪证据的特定目的，对公民享有合理隐私期待的区域所实施的侵入行为才构成搜查行为。⑦ 电子眼监控问题的法律适用可以类比肉眼监控问题的法律规定，这一点不言而喻。尽管如此，电子眼的法律地位和规制问题还是需要由司法意见在法律上加以确认。

公民在公共场所不享有合理隐私期待这一规则也被引入到视频监控（区别于航空监控）问题的领域，United States v. Taketa 一案⑧是最早将其引入的案件之一。在这一案件中，视频监控摄像头被隐藏在机场办公室的天花板内，而机场办公室是一个私人场所，公民在办公室内拥有合理的隐私期待，足以使公民期待自己的一举一动不会被政府执法人员录像。美国联邦第九巡回法庭区分了在私人办公室内对公民实施的"特定视频监控行为"和"在公共场所对犯罪嫌疑人实施的录像行为"，其中，前者是对任何进入监控摄像头视野的公民实施

---

① Immigration & Naturalization Serv. v. Delgado, 466 U. S. 210, 217 n. 5 (1984).
② United States v. Dunn, 480 U. S. 294, 319 (1987) (Brennan, J., dissenting).
③ See United States v. Watson, 423 U. S. 411, 427 (1976).
④ See Payton v. New York, 445 U. S. 573, 587 (1979).
⑤ United States v. Dionisio, 410 U. S. 1, 14 (1973); see also United States v. Mara, 410 U. S. 19, 21 (1973).
⑥ Californiav. Greenwood, 486 U. S. 35, 41 (1988); see also Illinois v. Andreas, 463 U. S. 765, 771 (1983).
⑦ Cady v. Dombrowski, 413 U. S. 433, 443 n. 1 (1973).
⑧ United States v. Taketa, 923 F. 2d 665, 668 (9th Cir. 1991).

的持续性搜查行为,该行为违反了《第四修正案》的规定,而后者却并未违反。最终美国联邦第九巡回法庭撤销了对 Taketa 的有罪裁决。该巡回法庭在其判决中指出,若政府执法人员在公共场使用监控摄像头对犯罪嫌疑人进行录像,犯罪嫌疑人不能仅仅因为"警察可能通过监控摄像头录下他们通常通过肉眼就可以察看到的事物",就怀疑政府执法人员实施该录像行为的合宪性。①

两年后,在 United States v. Sherman 一案②的裁判中,美国联邦第九巡回法庭确认了其在 Taketa 一案中的裁决。Sherman 一案中,嫌疑人在位于蒙大拿海伦娜附近的一个山口处进行一宗毒品交易,政府执法人员秘密监控了这宗毒品交易并将其过程录制成了一盘无声录像带,Sherman 在法庭上试图排除该无声录像带的证据效力。美国联邦第九巡回法庭认为,在本案中,既然毒品交易发生的地点清晰可见,就位于高速公路沿线的公共场所,十分显眼,一览无遗,如果一个人躲在安装监控摄像头的树上,他将很容易就能观察到所有被监控摄像头捕捉记录下来的事情,故而该案中受到监控的所有公民都不享有合理隐私期待。出于这样的判断,虽然美国联邦第九巡回法庭承认在 Sherman 一案中政府执法人员实施的监控行为受到《第四修正案》的规制,但他们同时也裁定认为,在当时没有任何公民享有合理隐私期待的情况下,政府执法人员实施上述监控行为并未违反《第四修正案》的规定。③

值得注意的是,政府执法人员在 Sherman 一案中使用的监控摄像头是秘密摄像头。④ 但是,在判断 Sherman 一案是否涉嫌违反《第四修正案》规定的时候,并不需要考虑这一"秘密监视"的因素。因为在判断政府执法人员的行为是否涉嫌违反《第四修正案》规定的过程中,起到决定性作用的因素并不是监控摄像头或监视主体所处的位置,而是被监视地点的属性,以及身处该地点的公民是否享有合理隐私期待这两个因素。

---

① Taketa, 923 F. 2d at 677.
② United States v. Sherman, No. 92–30067, 990 F. 2d 1265 (9th Cir. 1993).
③ Commonwealth v. Sergienko, 399 Mass. 291, 294 (1987); Oliver v. United States, 466 U. S. 170, 181 (1984).
④ Sherman, 990 F. 2d at *2.

在 Sherman 一案中，被监控摄像头所记录的这场非法交易就发生在开放的公共空间内，发生在光天化日之下，因此政府执法人员实施的视觉信息收集行为中并不存在违反法律的非法侵入行为，政府执法人员并未非法侵入被告享有合理隐私期待的区域。当政府执法人员使用秘密监控摄像头对公共场所进行监控，并对交易现场进行拍摄取得证据，在宪法上，他们所实施的这种行为和普通公民或警察躲在树丛里或是躲在有色玻璃窗后面的房间里观察交易现场，从而取得同样的证据的行为并不存在本质上的显著差异。

根据 Taketa 一案和 Sherman 一案的裁决，我们可以得出这样的结论：如果监控摄像头所记录的内容暴露在公众视野中并且很容易被普通人以肉眼察觉到，那么监控摄像头监控的场所就是公共场所；若政府执法人员使用视频监控摄像头对出现在这一公共场所内的公民以及发生在这一公共场所内的活动进行视频监控，则该监控行为并不违反《第四修正案》的规定。相反，如果政府执法人员使用视频监控摄像头所记录的活动发生在公众通常不可见的地点，也就是发生在私人场所，那么政府执法人员在没有搜查令授权的情况下实施的这一视频监控行为就有可能被看作《第四修正案》所规定的非法搜查行为；因为根据《第四修正案》的定义，搜查行为"由寻找或搜寻的行为组成，所寻找或搜寻的事物在政府执法人员不实施此种寻找或搜寻行为的情况下将无法被发现"。[①]

最终的结论是：公民在公共场所不享有合理隐私期待，当政府执法人员在公共场所实施电子视觉监控行为时，他们实施的此类行为并不违反《第四修正案》的规定。不过，这一结论并未完全结束争论。接下来还需要确定一个问题：政府执法人员所实施的监控行为何时会违反《第四修正案》的规定，或者在什么情况下这种监控行为至少会引起宪法性问题。为了解决这个问题，我们需要探究现代监控科技的性质，以及现代监控科技对《第四修正案》所规定的公民隐私权会造成什么潜在影响。有些学者主张，在某些情况下，政府执法人员在公共场所实施的视频监控行为可能会违反《第四修正案》的规定，Jennifer Granholm 是最早如此主张的法学学者之一。

[①] People v. Carlson, 677 P. 2d 310, 316 (Colo. 1984).

在1987年的一篇文章中，Granholm就开始从宪法入手主攻公共场所的隐私权理论，她"加强了宪法在公共场所隐私权理论研究领域的影响"。① Granholm 当然认为，当公民待在自己家中时，他们当然享有几乎完全的隐私权，但是，当公民站在自家的家门口时，他们并未从整体上失去自己所享有的隐私权；当公民在光天化日之下走在街上时，和待在自己家中相比，他们至少还是可以享有部分隐私权。走在路上的行人不能期待公众或者警察不望向他们，这种期待是不合理的；但他们却可以期待自己不会成为功能强大的监控摄像头之下的观察焦点，他们可以期待不会有人通过配备有强大缩放功能的摄像头看清自己可能正在读的某一封信，也可以期待不会有人通过配备有强大录音功能的摄像头将他可能说的所有话都录制成磁带，这种期待是合理的。

这一有趣的论点就监控摄像头问题提出了两个独立的宪法问题：一是搭载有声音监控功能的监控摄像头，二是具有缩放功能的监控摄像头。这两种监控摄像头所具有的侵扰性是否已经使之涉嫌违反《第四修正案》的规定。

（一）监控摄像头是否能够搭载音频功能

对现有的监控技术进行音频方面的功能强化也带来了宪法问题。为了清晰地展现单纯进行视频监控的局限性，让我们设想一下这样的情形：政府执法人员安装的监控摄像头上搭载了高灵敏度的麦克风装置，无论公民是坐在公园长椅上进行私人谈话，还是站在火车站广场上进行私人谈话，他们的私人谈话都能够被这个监控摄像头上安装的麦克风装置接收到。在上述两种情况下公民隐私是否受到宪法保护？要回答这个问题，Katz一案的判决所确立的两步分析法判断标准起到了决定性的作用。② 政府安装和操纵着监控摄像头，公民此时会期待自己在公共场所进行的私人谈话不会被这些摄像头所记录下来；如果这种期待在主观和客观上都是合理的，那么《第四修正案》就会保

---

① Jennifer Mulhern Granholm, Video Surveillance on Public Streets: The Constitutionality of Invisible Citizen Searches, 64 U. DET. L. REv. 689 (1987).

② Katz v. United States, 389 U.S. 347, 352 (1967).

护公民的这种期待，禁止政府对公民在公共场所进行的私人谈话实施上述记录行为。

　　Katz 一案的判决确立了两步分析法判断标准，假设该判断标准的第一步已经通过公民在主观上展现保持隐私的意图得以确认，那么我们就只需要考虑判断标准的第二步。我们假设坐在公园长椅上进行私人谈话和站在火车站广场上进行私人谈话的两个虚拟公民，可以确定的是，社会公众不打算承认这两个虚构公民对自身身体的现实生物属性以及面部表情享有合理隐私期待，但是我们能说社会公众也不打算尊重他们对其私人谈话所享有的隐私期待吗？笔者认为并非如此，在社会公众的眼中，假设两位公民期望自己的私人对话不会被高灵敏度的麦克风装置记录下来是合理的，承认这一合理性在社会公众看来不过是认识到我们都享有同样的日常隐私期待。[1] 在自由社会，公民享有在公共场所畅所欲言进行私人对话的固有权利，无需因为自己的私人对话可能被政府执法人员秘密监控而担惊受怕。

　　还有一些学者提出一种似是而非的观点，这种观点认为，既然当政府执法人员在公共场所安装摄像头时，所安装的摄像头可类比为警察用于巡逻观察的肉眼，那么当政府执法人员在上述监控摄像头上搭载高灵敏度麦克风装置时，能否认为所搭载的高灵敏度麦克风装置可类比为警察用于听取声音的耳朵呢？对于这一观点，笔者认为不可如此类推，原因有以下两个方面。其一，当公民在公共场所进行私人谈话时，即使警察能现实地进入该场所并靠近正进行私人谈话的公民，公民在察觉警察靠近自己后很有可能就不会在警察的面前继续进行同样私密的谈话。其二，当公民暂时占据一个电话亭时，身处电话亭中的公民就受到宪法保护，享有免受窃听的权利，有权拒绝"隔墙有耳"。[2] 既然美国联邦最高法院已经认定电话亭中的公民享有免受窃听的权利，举重以明轻，难道正和别人面对面进行私人谈话的公民却不能得到美国宪法第四修正案的隐私保护吗？因此，笔者认为，当公民在公共场所进行私人对话时，其享有《第四修正案》所保护的隐私权利是理所当然的，因为此时公民的私人对话不可能被别人听到，

---

[1] Minnesota v. Olson, 495 U.S. 91, 98 (1990).
[2] Katz, 389 U.S. at 352.

更不用说被录音了。

当政府执法人员使用秘密麦克风装置实施窃听行为，同样可适用笔者的上述论断。在 United States v. Bronstein 一案①中，Mansfield 巡回法官的并存意见明确区分了两种监控手段，其一是政府执法人员使用"感官灵敏且受过专业训练的警犬"来提高警察的嗅觉灵敏度，其二是政府执法人员使用秘密的麦克风装置来提高警察的听觉灵敏度。根据 Katz 一案的判决，Mansfield 巡回法官在并存意见中阐述道："（政府执法人员）在自身嗅觉无法嗅到目标气味的场所，会使用更为灵敏的狗鼻子取代自己的鼻子实施监控；同样地，政府执法人员在自身听觉无法听到目标声音的场所，会安装秘密麦克风装置取代自己的耳朵实施窃听，因为此时公民发出的声音无法被人耳所听到，想要获取这些声音信息，政府执法人员除了借助秘密麦克风装置之外别无他法。长期以来，法院都认定上述情况中的后者违反了《第四修正案》的规定，属于非法行为，除非政府执法人员取得了搜查令授权，或者是在法定的特殊情况下实施这种行为。"综上所述，唯一能得出的结论是：无论是根据 Katz 一案所确立的判断标准，还是根据《第四修正案》所蕴含的原则与价值观，当政府执法人员实施视觉监控行为的时候，同时使用高灵敏度的麦克风装置或是秘密的麦克风装置的行为都会侵犯公民的隐私权。其中，《第四修正案》的规定明确地保护着公民的个人安全不受上述非法侵入行为所侵犯，因为虽然公民自由遭受着各种各样的威胁，但相对于政府执法人员使用窃听设备实施窃听行为对公民自由所造成的危害，几乎没有其他任何威胁能对公民自由造成更大的危害。②

笔者的上述讨论都集中在政府执法人员使用高灵敏度的麦克风设备或使用秘密麦克风设备的行为上，那么对于公开可见的麦克风设备，上述规则是否仍然使用？按照上面的观点，当政府执法人员将类似麦克风的录音设备安装在公开显眼的位置，且这一录音设备的灵敏度并不高于人耳的灵敏度，那么此时就不宜对该录音装置适用上述禁令，因为在这种情况下，将录音装置"等同于政府执法人员的听觉

---

① United States v. Bronstein, 521 F. 2d 459, 464 (2d Cir. 1975).
② Berger v. New York, 388 U. S. 41, 63 (1967).

能力"的说法是站得住脚的。

笔者认为,如果录音设备的灵敏度并未胜过人耳,且政府执法人员将其安装在显眼的公开位置,那么此时就不适宜适用上述禁止性命令,因为在这种情况下,我们应当将录音设备看作政府执法人员,类比适用政府执法人员使用人耳实施监视行为的规定。当政府执法人员在公共场所安装仅具有普通录音功能的可见麦克风装置时,这种行为可以看作是警察的电子巡逻行为,和普通的警察巡逻行为效果相同。United States v. McLeod(1974)一案[1]的判决证实了这一观点。

本案中,McLeod 在四个不同的场合使用了公用电话进行通话,每次通话过程中都有政府执法人员站在离她四英尺远的地方对其实施监控。在这些电话通话中,McLeod 违反了联邦法律,非法向别人提供下注和赌博的相关信息,实施监控的政府执法人员没有借助任何人工监听设备,仅凭自己的耳朵监听到了 McLeod 的违法电话通话内容。在庭审中,McLeod 主张排除电话通话内容的证据效力,巡回法庭驳回了这一主张,它指出:"政府执法人员是在公共场所听到了 McLeod 进行的电话通话内容,并且在此过程中,他们没有借助任何增强自身听觉的人工设备。"在将 Katz 一案所确立的判断标准适用于本案时,巡回法庭裁决认为,虽然 McLeod 进行的是私人电话通话,但她用高声进行电话对话,音量足以使站在远处的人听到对话内容,所以 McLeod 已经将其私人电话通话内容故意暴露于众。[2] 因此,如果公民在公共场所大声讲话,那么此时该公民的讲话内容将不受《第四修正案》的保护,因为公民对这些故意暴露于众的讲话内容并不享有合理隐私期待。[3]

应当说明的是,如果政府执法人员在上述情况下对公民故意暴露于众的私人谈话进行录音,即使根据《美国联邦宪法第五修正案》的规定,政府工作人员所实施的这种录音行为也不违法,公民不能对此提出质疑。当公民身处公共场所且恰好处在麦克风的录音范围内,

---

[1] United States v. McLeod, 493 F. 2d 1186 (7th Cir. 1974).

[2] United States v. McLeod, 493 F. 2d 1188 (7th Cir. 1974) (quoting United States v. Llanes, 398 F. 2d 880, 884 (2d Cir. 1968), cert. denied, 393 U. S. 1032 (1969)).

[3] See Katz v. United States, 389 U. S. 347, 361 (1967) (Harlan, J., concurring) (emphasis added).

此时若该公民做出的某些陈述构成刑事犯罪,并且应当受到刑事惩罚,而麦克风也录下了这些应当遭到刑罚制裁的陈述,如果政府执法人员使用这些录音内容对公民进行检控,那么不能说政府执法人员的行为违反了不得自证其罪的规定。这是因为,如果一个搭载有麦克风的监控摄像头明显是由政府安装的,那么这一摄像头就可以被认为是"警察权力的明显外在象征",从这个意义上讲,该摄像头和警察的机动巡逻或者警察设置的路障是一样的。① 因此,若公民在这种麦克风的录音范围内做出构成犯罪的陈述,这种陈述在宪法上就等同于公民在警官面前当场自首。

在 Lopez v. United States 一案②中,美国联邦最高法院明确表示:"被窃听者窃听到私人谈话的风险……在人类社会当中可能是与生俱来的。每当我们开口说话时就必须要设想到自己的谈话存在被别人窃听到的风险。"当某位公民大声说话使得别人都可以听到自己的话语时,这种将自己的说话内容故意暴露于众的行为就意味着,警察很可能听到该公民的说话内容,且这位公民决定自行承担这种风险;此时若警察确实听到了这位公民的违法陈述内容并将其采纳为证据用于检控公民,公民将无法得到《美国联邦宪法第五修正案》的保护。United States v. Stinson 一案③的判决就很好地说明了这一点。

在该案中,Stinson 在联邦大楼的大厅里使用付费电话大声地与别人进行电话通话,一位警察听到了 Stinson 的电话通话内容,这些通话内容足以使警察在没有搜查令授权的情况下逮捕 Stinson。地方法院支持了警方对 Stinson 的逮捕和指控行为,法院裁决认为"只要公民不是在警方进行的审讯中做出自愿供述,则他们以任何形式做出的任何自愿供述都不适用《美国联邦宪法第五修正案》的规定;并且警方对该自愿供述的使用也不受米兰达法及其衍生法规的影响"。④ Stinson 以自证其罪条款为依据进行的辩护失败,因为通过在公共场

---

① United States v. Ortiz, 422 U. S. 891, 895 (1975).
② 373 U. S. 427 (1963).
③ Crim. No. 4-93-64, 1993 U. S. Dist. LEXIS 20354 (D. Minn. 1993).
④ Crim. No. 4-93-64, 1993 U. S. Dist. LEXIS 20359 (D. Minn. 1993) (citing United States v. Wood, 545 F. 2d 1124, 1127 (8th Cir. 1976), cert. denied, 429 U. S. 1098 (1977)).

所大声说话这一行为，公民已经将其通话内容暴露在身处该公共场所的其他人耳边。①

讨论进行到现在，我们已经可以为政府执法人员运用现代监控技术实施监控的行为制定出第一条指导方针：禁止政府执法人员在其实施视觉监控行为的同时使用高灵敏度的麦克风或者秘密的麦克风，因为这种行为有可能侵害公民的合法隐私利益，对公民造成损害。在视觉监控行为中只能使用普通灵敏度的麦克风，并且应当将其安装在公开可见的位置。虽然电子监控的应用范围十分广泛，但在美国联邦最高法院就电子监控问题确立全国统一标准之前，基本上没有相关的全国性法规对其进行监管和规范，因此，为了保护本州选民的隐私权益，美国某些州的州立法机关采取了行动，他们制定出相关法律，通过法律规定禁止政府执法人员对发生在公共场所的私人对话进行录音。

比如说，特拉华州政府就专门制定了本州的州制定法，其中对轻微的隐私侵入行为做出了界定，尤其是将如下行为定义为轻微的隐私侵入行为：未经当事人同意，在私人场所外安装任何设备，并将所安装的设备用于窃听、录音、放大或播送通常情况下无法被别人听到的声音的行为。② 直到美国联邦最高法院就电子监控问题确立了全国统一标准，全美各州的法官们才都转而适用全国统一标准。

《第四修正案》不能禁止政府执法人员使用搭载了普通灵敏度麦克风的监控摄像头，但这并不意味着民众愿意接受政府执法人员使用这种监控摄像头的行为，这仍然成为一个公共政策问题。然而宪法保护的缺位使得公民在面对这个问题时，只能转而向他们所选举出的代表进行请愿，以此作为替代宪法保护的法律手段。联邦法令和州法令也可以为公民隐私提供保护，在这一领域作为美国联邦宪法的补充发挥作用。与此同时，我们至少可以期望，在安装监控摄像头时，政府执法人员应向公民进行充分的说明，让公民在看到监控摄像头的时候能够意识到政府对公民做出了提醒，比如在安装监控摄像头的区域内

---

① Crim. No. 4-93-64, 1993 U. S. Dist. LEXIS 20359 (D. Minn. 1993); Karp v. Collins, 310 F. Supp. 627, 637 (D. N. J. 1970).
② See DEL. CODE ANN. tit. 11, § 1335 (2004).

张贴这样的警告标识:"公民在此监控摄像头的监控范围内活动时,应当预料到此监控摄像头搭载有录音录像功能。"①

(二) 是否能够增强监控摄像头的视觉监控性能

现在让我们来考虑这样的问题:政府使用增强了视觉监控性能的监控摄像头实施监控行为是否具有合宪性。在讨论这个问题时,有一些学者仍然主张增强了视觉监控性能的监控摄像头应当被看作是警察,认为它们"相当于警察"。然而我们不能忽略这样的事实:政府现在可选用的监控摄像头中有一部分搭载有变焦镜头,这些变焦镜头使得监控摄像头能够从100米的距离之外读出某个烟盒上的内容。对于增强了视觉监控性能的监控摄像头"相当于警察"的观点,上述事实即使没有使之完全破灭,也使得这一观点被大大削弱。②

政府执法人员借助监控摄像头收入眼底进行监控的范围远远超出其天生的视觉能力所能覆盖的范围,在这种情况下,监控摄像头不能被定义为政府执法人员肉眼视觉能力的简单替代或扩展。一位公民可能会在公共场所手持自己的私人笔记或私人信件,这些电子设备使得政府执法人员此时能够从相当远的距离外读出这些私人笔记或私人信件的内容。问题在于,对于这些电子设备而言,它们在宪法上的定位应当是什么样的呢?我们不必仅仅依靠猜测来回答这个问题,因为联邦法院已经在案件的处理中解决过类似的问题。

在 United States v. Kim 一案③中,美国联邦调查局的某些探员在距离 Kim 的公寓大楼四分之一英里处的一栋建筑中对其住所进行监控。他们在监控中使用了一个 800 毫米口径的单筒望远镜,以便观察 Kim 的公寓内和阳台上所发生的所有活动。在该案中,政府执法人员使用的单筒望远镜镜片性能十分强大,当 Kim 在自己公寓内手持报纸时,联邦探员甚至可以通过单筒望远镜读出报纸上的标题。其他的联邦探员则在 Kim 公寓对面的一栋建筑内对其实施监控,一条游廊

---

① See S. C. Gwynne, Is Any Place Safe?, CNN. coM, Aug. 17, 1999, at http://www.cnn.com/allpolitics/time/1999/08/17/safe.schools.html (last visited Oct. 15, 2004).
② Brian J. Taylor, The Screening of America: Crime, Cops, and Cameras, REASON, May 1997, at 45.
③ 415 F. Supp. 1252 (D. Haw. 1976).

从 Kim 的公寓连接到公寓大楼电梯处，这些联邦探员使用高性能的双筒望远镜密切注视着这条游廊。

通过持续监控 Kim 的公寓，联邦探员获得了大量信息，这些信息被用于说服法官签发命令，同意政府执法人员对 Kim 实施窃听行为。窃听行为又使政府执法人员获得了大量用于控告 Kim 的犯罪证据，罪名包括非法赌博犯罪等。[1] Kim 反对政府执法人员在办案过程中使用视觉观测人工辅助设备的行为，他不仅认为政府执法人员实施的行为构成了搜查行为，并且还认为他们实施的行为构成非法搜查行为，因为政府执法人员在使用这些人工辅助设备之前并没有得到搜查令的授权。政府方面主张，在本案中执法人员并未实施违反《第四修正案》的行为，因为所有受监控的区域都清晰可见，十分显眼，一览无遗，而案中实施监控行为的政府执法人员有权在他们所选定的地点实施这些监控行为。

不过，Kim 一案的法院所持的观点和政府方面的主张恰恰相反，法院称"毫无疑问，Katz 一案的判决确认了对公民隐私的保护，其中也包括保护公民免受不合理的视觉侵入行为的侵害"。Kim 一案的法院阐述道："这会对公民独处时的权利造成严重妨害，就像 Katz 一案中争论不休的窃听行为一样。"

在 Kim 一案中，虽然政府部门在他们的主张中构建了"清晰可见"的规则，除此之外还阐释了该规则实际上的内涵，但法院却没有采用它的主张；基于这一点，尽管 Kim 一案涉及的是对非公共场所实施的监控行为[2]，但法院对该行为的理论基础进行了阐述，这一理论基础的适用范围扩展开来，同样可以适用于政府执法人员在公共场所使用监控技术提升视觉能力的行为。简单地说，政府的立场就是，Kim 一案中政府执法人员没有实施任何搜查行为，因为案中政府执法人员通过监控观察到的所有活动虽然都发生在公寓内，但它们都是清晰可见的。Kim 一案的法院对肉眼监控行为和借助科技增强感官的监控行为进行了区分，法院就这一区分做出了具体解释："Kim 的公寓在普通肉眼下是不可能'清晰可见'的，只有借助视觉增强技

---

[1] See Kim, 415 F. Supp. at 1254.
[2] Kim, 415 F. Supp. at 1256 (emphasis added).

术，政府执法人员才能穿透公寓的外墙监控到其内部。"政府方面认为案中的情形符合清晰可见的规则并以此提出的抗辩不能成立，政府执法人员对 Kim 的公寓所实施的监控行为仍然不合法，因为"清晰可见中的'清晰'必须被严格限定，仅允许解释为在不借助其他工具提升天生视觉能力的普通肉眼下的清晰可见"。

Kim 一案的法院在对结果的论证中引用了 United States v. Loundmannz 一案①和 United States v. Grimes 一案②两个判例，并对这两个判例做出了区分；在 United States v. Loundmannz 一案中，警察从一幢高层建筑上观察到了 Loundmannz 在街上进行非法的外围下注活动，而在 United States v. Grimes 一案中，一个特别调查员从附近的一片空地观察到了 Grimes 正在将几箱走私物品装上自己的车辆。尽管这两个案件中都存在使用人工放大设备提升视觉的情况，但在前者中警察所看到的非法组织外围下注行为"会被任何好奇的过路人所看到"。③相比之下，如果不借助提升感官性能的侵入性技术，任何人都不可能看到政府执法人员在 Kim 一案中所看到的事物。

针对在公共监控中借助高精尖设备提升视觉能力的行为，Kim 一案提出了一个最为强有力的反对理由，这就是，如果一位公民打开自家的窗帘，他的行为并不意味着他要将自己的人身、住所、文件和物品向政府开放，并因此接受政府工作人员使用单筒望远镜所进行的仔细审查，那么同样地，如果一位公民在公共场所阅读私人信件，他的行为也并不意味着他自愿将自己的隐私暴露在警察们现在使用的高科技监控仪器之下。

此外，对于政府执法人员的行为是否违反《第四修正案》的规定，虽然人们可以根据 Katz 一案的判决进行适当的分析，但这一分析得以开展的前提并不是理性的公民是否会期待警察查看某一区域或观察某一活动，而是这位理性公民对于社会公众会不会查看某一区域或观察某一活动是否享有合理的期待；这一点在 Kim 一案中也得到

---

① 472 F. 2d 1376 (D. C. Cir. 1972).
② 426 F. 2d 706 (5th Cir. 1970).
③ *Kim*, 415 F. Supp. at 1255.

了法院的确认。① 虽然 Katz 一案所确立的判断标准适用于宪法性法律范畴，而理性人标准适用于侵权法范畴②，但是这两种标准之间有着众多共同之处，它们进行判断的着眼点都在于，一位谨慎理智的公民在既定情况下是否尽到了他该尽的注意义务。我们不能因为一位公民在公共场所阅读自己的私人笔记，就认为这种可能暴露自己隐私的鲁莽行为具有法律效力，就意味着该公民放弃了自己的隐私利益。与此相反，我们应当认为政府执法人员不会意图从远处借助电子设备阅读公民手里的笔记是一个自然而然的预设，它构成了公民隐私、安全的基础，是自由社会区别于极权社会的尊严所在。③

现在的新型夜视设备搭载了红外线技术和配套镜头，随着政府引入这些新型夜视设备，电子视觉监控正越来越向着高精尖的方向发展。这是另一种类型的视觉增强，因此同样需要我们对其加以考虑。红外技术被用于制造夜视设备，这些搭载了红外技术的夜视设备让使用者得以在黑暗中视物，观察夜间发生的活动。④ 一些红外摄像头能够在黑暗中抓拍到图像并将其转换为精细的、高分辨率的视觉图像。⑤ 这里又一次出现的宪法问题是，当政府执法人员将搭载有红外技术的监控摄像头装备用于监控行为时，他们的行为是否会违反《第四修正案》的规定，因为这种监控摄像头所能观察到的事物在不使用这一特殊设备的情况下不可能被观察到。Salazar v. Golden State Warriors 一案⑥是这个宪法问题有关的案件，不过，该有关的案件对此问题给出了否定的回答。

在 Salazar 一案中，Salazar 在停车场的一辆轿车内吸食可卡因。一位私家侦探录下了他的行为，并将其制成录像，在录像中，这位私家侦探使用了带红外夜视功能的高性能望远镜以及其他高科技监控设

---

① See Stephen P. Jones, Reasonable Expectations of Privacy: Searches, Seizures, and the Concept of Fourth Amendment Standing, 27 U. MEM. L. REV. 907, 940, 957 (1997).
② Restatement (second) of Torts § 283 B cmt. b (1965).
③ Kim, 415 F. Supp. at 1257.
④ See Christopher Slobogin, Technologically-Assisted Physical Surveillance: The American Bar Association's Tentative Draft Standards, 10 HARV. J. L. & TECH. 383, 407 (1997).
⑤ Kent Greenfield, Cameras in Teddy Bears: Electronic Visual Surveillance and the Fourth Amendment, 58 U. CHI. L. REV. 1045, 1048 (1991).
⑥ No. C-99-4825 CRB, 2000 U. S. Dist. LEXIS 2366 (N. D. Cal. 2000).

备。Salazar 就此提起了诉讼,他认为被告对他进行录像时他正位于自己的车辆内,被告的这一录像行为侵犯了自己的隐私;Salazar 主张停车场应当被认定为"私人场所,因为它不是'经常有行人及车辆会经过的场所,而是黑暗的、常人不可见的且具有隔离性的场所'"。

在认定该案中是否存在不被法律允许的隐私侵入行为时,地方法院考虑了两个因素:①存在侵入私人场所、私人谈话或私人物品的行为;②该行为对理性公民而言在一定程度上是一种冒犯。如果用这种判断标准分析案情,则 Salazar 提出的主张并不符合第一个因素的要求,因为他并未引用任何"基于交通流量大小或光照强度"对"公共场所和私人场所"进行区分的司法判例;在"判断一个场所是公共场所还是私人场所"的过程中,地方法院也并未将交通流量情况以及光照情况认定为"起到决定性作用"的判断因素。[①]

至于 Salazar 所提出的主张是否符合上述判断标准中第二个因素的要求,地方法院裁定该侵入行为的侵入性微不足道,并且该行为对理性公民而言并不是严重的冒犯行为。因为私家侦探仅仅是待在自己的车里,从很远的距离外对 Salazar 进行录像,并且私家侦探的录像内容仅限于 Salazar 暴露于公众视线内的行为。而被告所使用的录像设备"不具有音频功能"这一事实则进一步削弱了录像行为的侵入性。通过上面的分析,我们理出了能起到决定性作用的判断因素,Salazar 一案的法院对这些决定性因素逐条逐项进行了分析,最终判定 Salazar 的隐私权并未受到侵犯。

当政府执法人员使用感官增强设备实施公共监控行为时,上述分析给我们带来了应当加诸此种公共监控行为之上的第二个限制。基于 Salazar 一案的判决,公共场所具有隔离性或具有黑暗不可为常人所见的性质并不会使之成为私人场所,也不会使身处该场所的公民产生被《第四修正案》所保护的合理隐私期待。因此,只要政府执法人员不使用红外线技术穿透某幢房屋的不透明墙壁或不透明天花板,以达到窥视该房屋内部的目的,那么在街道上昏暗一片的夜晚,政府执

[①] Salazar, 2000 U. S. Dist. LEXIS 2366, at 6.

法人员可以使用红外线技术保护街道安全。① 行人和车辆比较少的地方和昏暗的地方通常容易发生犯罪活动,这些地方也是最需要对犯罪进行威慑和侦查的地方,在这些地方红外线视图可能是最有价值的。

不过,高性能的望远镜镜头不应当被用于公共监控中。搭载有高性能图像放大器的闭路电视摄像头不符合宪法的规定,因为这种摄像头所透露的细节通常来说并不是肉眼在 10 英尺或 15 英尺远的地方能看到的,比如当一位公民正在阅读或撰写一些内容时,这种摄像头就能对这些内容设置特写镜头。如果缩放的效果和肉眼相当,配备这种缩放功能的监控摄像头所捕捉到的视频和图像就类似于几英尺外的过路人通常会看见的场景,那么远程监控摄像头就可以配备这种缩放功能,而不会违反《第四修正案》的规定。

的确,为了保护社会公众免受犯罪的侵害,政府执法人员可以使用、也确实应当使用一些电子光学设备对公民进行监控,但如果政府执法人员的这种监控行为愈演愈烈,最终要以牺牲公民的隐私安全为代价,那么就只是用监控带来的隐私威胁代替了犯罪所带来的人身威胁,公民的人身安全所受到的威胁并未被消除,只是从人身方面转移到了隐私方面。一个常见的论点是,任何具有隐私侵入性的技术,只要是公众可以自由使用的,那么警察就可以自由使用,以便在公民与警察之间保持平衡;这种论点是不可取的,因为,"偷窥狂人比比皆是的事实也不代表我们应当允许政府执法人员效仿这种行为"②。就像一位法律学者简洁明了地说过的:"宪法通常禁止政府执法人员实施普通公民可以实施的行为。"这也是上述论点站不住脚的另一个原因。

(三) 照片可以类比于重罪通缉犯文件吗

最近,政府使用了人脸识别技术对公民实施监控,政府的这一举动在前一段时间受到了社会公众的广泛讨论,根据《第四修正案》的规定,人脸识别技术的问题也是公共监控问题中需要考量的最后一个方面。如前所述,人脸识别系统是监控技术和计算机技术的融合产

---

① Kyllo v. United States, 533 U. S. 27, 34 (2001).
② United States v. Kim, 415 F. Supp. 1252, 1256 (D. Haw. 1976).

物，监控设备会记录公民的面部信息，人脸识别系统将被记录的信息与数据库内已有的图像进行比对，进而对比公民的身份。

监控摄像头先拍摄公民的面部，人脸识别系统会将所拍摄的面部特征转化为一组数据，称为特征脸，随后系统会通过独特的算法将特征脸与犯罪嫌疑人的面部特征逐一进行实时比对，这些被比对的犯罪嫌疑人都被记录在数字监控名单上。[1] 面部识别系统旨在辨别出某个检测到的公民身份和目标嫌疑犯身份之间的相似度有多高，并给出一个百分数。[2] 人脸识别系统的敏感度是可以调整的，它可以被校准得很严格，只标记出高度相似的比对结果，或者被校准得较为宽松，只要是比较接近的比对结果都进行标记。[3] 当某位公民被系统识别为犯罪嫌疑人时，警官立刻会被派遣到现场对该公民的身份进行确认。[4]

尽管人脸识别系统的制造商们为了招徕顾客而大力夸奖这些系统的精度和可靠性，但在面对检验时，这些系统所展现出的结果却完全不是这样。[5] 2002年，一套这样的人脸识别系统在波士顿机场接受了为期90天的试点测试，测试所反馈的结果不尽如人意，工作人员严重怀疑系统的可靠性。这套人脸识别系统要么无法在应该给出信号的时候给出信号，要么给出太多的虚假警报。当系统被校准得较为宽松时，它漏过了许多应当被识别出来的公民，而当系统被校准得较为严格时，则出现了系统误报的情况，还出现了从数据库中给一位受检公民匹配出多人照片的情况。

在洛根机场进行的人脸识别系统测试中，机场员工自愿参加了这

---

[1] Thomas C. Greene, Feds Use Biometrics Against Super Bowl Fans, Register, Feb. 7, 2001, available at http://www.theregister.co.uk/2001/02/07/feds-use-biometrics-against-super (last visited Oct. 20, 2004).

[2] Christopher S. Milligan, Note, Facial Recognition Technology, Video Surveillance, and Privacy, 9 S. Cal. Interdisc. L. J. 295, 304 (1999).

[3] Hiawatha Bray, "Face Testing" at Logan is Found Lacking, Boston Globe, July 17, 2002, at B1.

[4] See Corey Kilgannon, Cameras to Seek Faces of Terror in Visitors to the Statue of Liberty, N.Y. Times, May 25, 2002, at B1.

[5] See Fred Reed, Biometrics Improving, But Still Falls Short, Wash. Times, Apr. 17, 2003, at C 10; See Marc Caputo, Face-Off What's Best Way to Spot Airport Terrorists? Face Scanning Has Potential But Could Be Flawed, Palm Beach Post, Feb. 18, 2002, at IA. If uncooperative, the subject was recognized only one out of three times.

一试点项目，人脸识别系统将员工身份与犯罪嫌疑人的身份相匹配的情形占到测试的38%。[1] 在测试中人们还发现，只要做一些简单的伪装，比如戴眼镜或在面部粘贴毛发等，他们就可以摆脱人脸识别系统的识别。此外照明情况、背景布置以及摄像头角度等因素都可以干扰系统所进行的匹配。[2]

以目前识别失败率高达三分之一的情况来看，人脸识别技术仍然处于起步阶段。然而政府不仅已经开始使用人脸识别技术来限制工作人员进出机场，而且还用这种技术来识别犯罪嫌疑人和恐怖分子嫌疑人，虽然这些情况提出了不少关于《第四修正案》的问题，但是，这些问题还没有被法庭所权衡处理。[3] 第一个法律问题源于这样一个事实：在识别犯罪嫌疑人时，人脸识别系统并不像警察那样可靠。当某个犯罪嫌疑人被便衣警察辨认出身份的时候，便衣警察会及时向他宣读米兰达法则，并给他戴上手铐；而当某个犯罪嫌疑人被人脸识别系统辨认出身份时，他显然不会像被便衣警察辨认出身份一样及时被控制，而是必须先被截停并问讯，以保证计算机给出的匹配结果是正确的。当系统标记了某个犯罪嫌疑人，警方为了确认这位犯罪嫌疑人的真实身份而对其实施调查性截停，则他们实施的这种调查性截停行为正是《第四修正案》所规定的扣押行为。[4]

为了要确认这些侵扰行为并不是政府执法人员随机或任意实施的行为[5]，而是"获得了法律授权"且"目标和范围有限"，法院将不得不认定什么程度的人脸识别系统识别结果才足以支持政府执法人员对公民的合法怀疑，使得政府执法人员可以对公民实施扣押和短暂的

---

[1] Shelley Murphy & Hiawatha Bray, Face Recognition Fails at Logan; Eye Scan Rejected, Boston Globe, Sept. 3, 2003, at Al.
[2] See James F. Sweeney, The All-Seeing Eye; Growing Number of Surveillance Cameras Sparks Big Brother Privacy Debate, Plain Dealer (Cleveland), Jan. 6, 2002, at L1.
[3] See Martha McKay, Drive for Security Boosts Biometrics: High-Tech Identification Wave Builds, Record (Bergen County, NJ), Feb. 4, 2003, at 005; Dean E. Murphy, As Security Cameras Sprout, Someone's Always Watching, N. Y. Times, Sept. 29, 2002, at A1.
[4] See Terry v. Ohio, 392 U. S. 1, 16 (1968); see also State v. Cripps, 533 N. W. 2d 388, 391 (1995).
[5] Skinner v. Ry. Labor Executives Ass'n, 489 U. S. 602, 622 (1989).

询问行为。① 如果政府执法人员进一步实施了逮捕行为，那么在关于合理依据的方面，法院同样需要就上述问题做出认定。②

我们前面提到的宪法问题仍然悬而未决：当政府执法人员使用人脸识别设备扫描时，他们的扫描行为本身是否构成搜查行为？在公民不知情的情况下，政府执法人员对其面部生物特征尺寸进行测量，他们的行为是否构成《第四修正案》所规定的搜查行为？至少有一位学者认为，政府执法人员实施的面部扫描行为应该被严肃对待，看作《第四修正案》所规定的搜查行为。③ 政府执法人员所实施的行为是否构成搜查行为？这个问题的认定依赖三个因素：侵扰行为的侵入范围、个人信息披露行为的性质以及公民的隐私期待是否具有合理性。④ 我们的论证已经指出，根据 Katz 一案所确立的判断标准，公民对其故意暴露于众的事物可能不享有合理隐私期待，比如公民的面部特征就是典型的故意暴露于众的事物，面部特征几乎不可能"对外界保密"。⑤

不过，这一观点的反驳者认为，可见并不必然意味着可被辨认，在体育场这样有成千上万人摩肩接踵的拥挤场所尤其如此。此外，虽然大多数人预料到了自己在公共场所会被别人所观察，但是，用佛罗里达州美国公民自由联盟理事的话说，他们并未预料到，也不期望自己会成为"由计算机进行的嫌犯列队指认"的指认对象，他们不期望自己的生理数据被一个精密复杂的电子设备悄悄收集起来用于生物识别。⑥ 这一论点使人想起 Powell 大法官在 California v. Ciraolo 一案⑦

---

① See United States v. Brignoni-Ponce, 422 U. S. 873, 883 (1975); See Florida v. Bostick, 501 U. S. 429, 433 – 434 (1991).
② See, e. g., United States v. Edwards, 53 F. 3d 616, 619 – 20 (3d Cir. 1995); United States v. Quinn, 815 F. 2d 153, 157 – 158 (IstCir. 1987); United States v. Danielson, 728 F. 2d 1143, 1146 – 1147 (8th Cir. 1984); United States v. Strickler, 490 F. 2d 378, 380 (9th Cir. 1974).
③ See John J. Brogan, Facing the Music: The Dubious Constitutionality of Facial Recognition Technology, 25 Hastings Comm. & ENT. L. J. 65, 82 (2002).
④ See Skinner, 489 U. S. at 616.
⑤ United States v. Dionisio, 410 U. S. 1, 14 (1973).
⑥ Milligan, supra note 154, at 319 – 320.
⑦ 476 U. S. 207 (1986).

中提出的不同意见,在这份不同意见中,Powell 大法官对大多数人的理论表示反对,这种理论认为,商业航班和警方实施的有目的的上空飞越行为会带来同样大小的隐私风险,并且这种理论声称,商业航班上的乘客最多可能获得的是"对他们眼前掠过的景观和建筑投去短暂的、分不出特征的、无辨别性的一瞥"。

因此,在人脸识别案件中,法官必须要认定这样一个关键问题:如果政府在公共场所使用高科技监控摄像头对公民的面部进行数字扫描和数字分析,并辨认出每位公民的身份,一位身处公共场所的公民是否可以合理期待自己免受这种监控摄像头的搜查。上述论点的论述依赖于一个基础假设,这就是,当公民参加足球比赛或是在公园漫步时,虽然公民会随机进入别人的视线被别人随意观看,但并不会被别人目不转睛地仔细观察。显然,事实并非总是如此。与前面提到的基础假设相反,当某个重罪犯逍遥法外的时候,政府执法人员会特别警惕,特别是当这个重罪犯被认为具有相当的危险性的时候,政府执法人员在日常监控的过程中会更加警醒。有时为了警醒公民注意,并发动公民对警方正在实施的通缉搜捕提供协助,政府执法人员甚至会把重罪通缉犯的照片发布在互联网上以及张贴在公民时常出入的政府大楼,比如美国邮局或者机动车管理部门。此时期望人们不会满腹狐疑乃至别有用心地对别人察言观色是完全不切实际的,这种期望也不会受《第四修正案》的保护。

人脸识别摄像头的精密性并不会引起宪法问题。从《第四修正案》的角度来看,高科技监控摄像头既和站在街角附近的警探没什么区别,也和一个拿着几张面部照片站在体育场入口附近的警探没什么区别。计算机系统不会保留任何不匹配的快照记录,所以人们可以辩称,比起一个暗中观察行人的警探,人脸识别技术对于公民隐私权的侵犯并不会更多,因此,人脸识别技术必然不受到《第四修正案》的规制。此外,相比于在美国 60 个城市市中心运行的视频监控系统,人脸识别技术的侵扰性要小得多,因为人脸识别系统只会在进行数据库搜索的几秒钟内保留监控画面;然而视频监控系统会将捕捉到的犯罪嫌疑人画面保留好几天,如果捕捉到和犯罪嫌疑人很相像的无辜民众的画面,也是这样保留好几天。和传统的监控摄像头相比,面部匹配摄像头对公民隐私的侵犯更少,也更不应该受到宪法的批评。

尽管面部识别系统的侵扰性程度较低，但相对于政府过去使用过的其他监控技术，美国民众对面部识别系统的反应似乎更不友好。① 这一点可以归咎于政府，因为政府没有采取措施向社会公众普及有关新技术的知识，而且在引入面部识别系统之前，它甚至没有对于困扰许多公民的最基本问题做出回应。面部识别技术是很有前途的新技术，随着它的发展，这一技术会普及开来，在提高政府监控能力的同时，它也会提高政府执法部门的整体执法效率。

一位学者建议，在广泛使用人脸识别技术之前，政府应当就这些问题做出充分的回应，以消除社会公众的恐慌。这些问题是：①被人脸识别系统拍摄所得的图像是由警方保存还是被毁弃？②拍摄到的公民图像被用于或包含什么身份数据的数据库进行比对，已知的重罪犯、逃犯、性罪犯、警方的嫌疑人、恐怖分子等？③为了准确评估人脸识别系统的有效性，政府是否审查了相关报告，如果有的话，政府审查了些什么样的报告？④如果监控系统显示"匹配吻合"，那么政府执法人员预计会采取什么行动？换言之，嫌疑人会不会受到监控和追踪或是会被截停问讯，抑或是会被当场逮捕，如果被逮捕，逮捕的依据是什么？

如果人们收到了这些问题的满意回应，他们可能会更愿意接受政府使用人脸识别系统；如果政府使用人脸识别系统得当，则它将会提高街道的安全性，而无需采用侵犯公民个人隐私的连续视频监控方式。

（四）监控摄像头能用于监控公民的宅地或其他私人场所吗

上文已经讨论了公共监控的许多方面，我们现在把讨论转向政府对非公共区域实施的监控行为。在 California v. Ciraolo 一案②中，政府执法人员对公民的宅地实施了空中搜查行为，美国联邦最高法院认

---

① See Marion Manuel, In-Your-Face Surveillance Sparks Protest in Tampa, Atlanta J.-Const., July 13, 2001, at 6A; AP News, Surveillance Cameras Incite Protest, N.Y. TIMEs, July 16, 2001, at A11.

② 476 U.S. 207 (1986).

可了这一行为的合宪性，在之后的 Florida v. Riley 一案①中，美国联邦最高法院进一步确认了其在 Ciraolo 一案中的裁定。

为了规避《第四修正案》规定的搜查令程序，从那时起，警方就一直将空中监控作为合法的调查工具。警方的这一行为建立在两个前提之上：其一，对于政府执法人员从公共通航领空实施的肉眼观察行为，公民不享有合理隐私期待。② 其二，如果政府执法人员根据法律规定选择有利地形对可见区域实施监控行为，即使所监控的可见区域是传统上受到《第四修正案》保护的区域，他们实施的监控行为也并非搜查行为。这就提出了一个至关重要的问题：按照相同的前提，对于像住宅这样可见的私人区域，政府是否可以使用视频监控摄像头对其实施监控行为。

虽然法官在 United States v. Cuevas-Sanchez 一案③中明确回答了这个问题，但是答案却是否定的。在该案中，政府执法人员不仅怀疑 Cuevas-Sanchez 是一个毒贩，还怀疑他在家中非法囤放毒品。为了对 Cuevas 的住所外部实施视频监控，政府执法人员向法院申请搜查令授权，并得到了批准。搜查令申请中包含的内容有目标房屋的详细描述、政府执法人员产生怀疑的背后原因，以及一份说明，该说明陈述了政府执法人员在调查中虽然使用了"常规执法技术"，但并未成功达到调查目的的情况。

Cuevas 家的后院围着篱笆，为了观察到 Cuevas 在自家后院把毒品从车辆的假油箱里卸下来的场景，警察将视频监控摄像头安装在一根电线杆上，使摄像头得以俯瞰 Cuevas 家的后院，最终警察得偿所愿，通过电线杆上的视频监控摄像头拍摄到了 Cuevas 实施违法行为的场景，其中，警察通过安装的监控摄像头看到 Cuevas 把装有垃圾的垃圾袋往车上装，他们相信这些垃圾袋中的内容物就是毒品。④ Cuevas 驾车出家门后不久就被警察截停，随后警察在没有搜查令授权的情况下搜查了 Cuevas 的轿车，并从其垃圾袋里搜出了 22 磅大

---

① 183. 488 U. S. 445 (1989).
② Ciraolo, 476 U. S. at 2 13 – 14.
③ 821 F. 2d 248 (5th Cir. 1987).
④ Cuevas-Sanchez, 821 F. 2d at 250.

麻。再后来警察在取得了搜查令授权的情况下搜查了 Cuevas 的住所，又搜出了 58 磅毒品。

法庭根据这些毒品给 Cuevas 定罪，Cuevas 提起了上诉，声称批准对其不动产实施监控的搜查令申请既不符合成文法的规定，也不符合宪法的规定，因此视频监控行为所取得的调查成果应当予以排除。对 Cuevas 的这一主张，政府方面最有力的回应是，Cuevas 一案可以类比 Ciraolo 一案，在此种情况下，Cuevas 对自己在车道上从事的活动不享有合理隐私期待，而 Cuevas 的后院有一部分可以从街道上被观察到，他对自己在这部分后院中从事的活动也不享有合理隐私期待；因此，警察在电线杆顶上安置监控摄像头的行为不需要获得搜查令授权。

政府的回应几乎没有获得第五巡回法庭的认同。巡回法庭从以下两方面否定了上述观点：

其一，本案中警察提出申请，要求法官授权自己使用"一种可能无选择性的、侵扰性最强的监视方法"，警察提出这一申请应当具有一个前提，这就是虽然他们已经尝试过所有常规执法技术，但使用所有这些常规执法技术都无法成功达到本案中的调查目的。然而政府方面随后却在对 Cuevas 的回应中主张，本案中警察所监控的不动产对于任何偶然经过的观察者都是可见的，根据政府方面的这一主张，警察在本案中仅使用常规的监控方法就应该能够基本满足调查需求，达到调查目的。

其二，法院认为政府方面的回应是意图将 Ciraolo 一案的裁定延伸适用于其他不应适用的案件，这些案件与 Ciraolo 一案的属性截然不同。如果用 Katz 一案所确立的两步分析法对 Cuevas 一案和 Ciraolo 一案的隐私期待情况进行分析，在用两步分析法中的第一步进行分析时，Cuevas 和 Ciraolo 都满足第一步的要求，因为他们都表现出了自己的主观隐私期待，并且还都在行动上用篱笆围起了自己的后院。所以，他们对自己在自家后院从事的活动享有主观的隐私期待。至于他们是否满足两步分析法当中的第二步的要求，则要取决于社会公众是否认可 Cuevas 和 Ciraolo 的主观隐私期待具有合理性，对于这一点，Ciraolo 一案给我们提供的答案是："对大多数人而言，飞机在 1000 英尺高的头顶飞过并不意味着有人非法侵入他们的日常生活。"

相比之下，当政府执法人员为了监控某位公民在自家后院的活动而选择在公共电线杆上安装视频监控摄像头时，他们实施的此种行为"立即招致了批评之声，这也是社会公众在面对这种行为的本能反应"；不分青红皂白的视频监控让人们想起奥威尔式的独裁国家。综上所述，法庭的看法和政府相反，即"Ciraolo 一案的判决之所以认为该案中政府执法人员所实施的空中观察行为未侵犯公民隐私，仅仅是因为案中的空中观察行为是政府执法人员将监控行为的侵扰性压缩到最小的结果，因此 Ciraolo 一案中政府执法人员所实施的空中观察行为是可行的。但是当政府执法人员实施其他类型的监控行为时，他们不能仅根据 Ciraolo 一案的判决就认为自己实施任何类型的监控行为都是理所当然合法的"。

在 Cuevas 一案中，警察选择了一处有利地形作为观察点实施视觉监控行为，但这一观察点是公共场所，并且警察选择此处作为监控地点也符合法律的相关规定；然而这些情况也改变不了这样的一个事实：警察在案中实施的监控行为仍然具有相当的侵扰性，这种侵扰性并没有因为上述情况得以减轻。因为"监控摄像头所监控的范围属于 Cuevas 住所的宅地，根据学界一直以来对《第四修正案》的研究和分析，公民住所的宅地一直都是受到《第四修正案》保护的区域"。在判断政府执法人员实施的监控行为合宪与否的过程中，根本的衡量标准不是监控者的位置，而是身处被监控地点的被监控者是否享有合理隐私期待——巡回法庭给出的上述说理很明确地解释了这一点，说明了在 Ciraolo 一案中，对于 Ciraolo 希望自己在自家后院不会受到案中这种视频监控的隐私期待，社会公众愿意承认其合理性。

这一部分的分析可以帮助我们为监控行为制定出另一条重要的指导方针。当政府执法人员在公共场所安装监控摄像头实施监控时，政府不必坚持要求政府执法人员实施所有公共监控行为都必须按照《第四修正案》的规定取得搜查令授权。但是，当政府执法人员在非公共场所安装监控摄像头实施监控时，政府就必须要求政府执法人员在实施这种监控行为时完全遵守《第四修正案》的规定与要求。

为了使政府执法人员通过安装摄像头所实施的监控行为完全符合宪法的标准，监控摄像头绝对不能用来监控任何私人住宅、私人宅地或私人庭院，除非政府执法人员获得了法官的特别授权。公民的住所或宅地的上空暴露于航空视野之中，虽然这一事实可能使得政府执法人员从飞机上对公民的住所或宅地实施视频监控成为可能，但是当政府执法人员在未取得搜查令授权的情况下实施这种高空视频监控行为时，上述事实并不意味着政府执法人员此时所实施的高空视频监控行为就是正当合法的，因为这种高空视频监控行为威胁到了公民在自己住所中享有的隐私利益，而比起政府执法人员从中获得的侦查便利，它对公民利益的威胁要严重得多。

四、《美国联邦宪法第一修正案》对视频摄像头监控行为所产生的影响

政府执法人员实施视频监控行为所受到的另一个挑战则来自于《美国联邦宪法第一修正案》，以及由《美国联邦宪法第一修正案》的规定所衍生出的寒蝉效应理论。① 政府执法人员实施视频监控行为会引出大量宪政问题，虽然许多法学学者都在研究这些宪政问题，但是大多数情况下，他们的研究重点都有所局限，仅仅着眼于研究《第四修正案》所定义的搜查行为和扣押行为。然而，监控行为在《美国联邦宪法第一修正案》中也有深刻的含义，因为政府执法人员所实施的监控行为可能会危及公民自由发表言论和自由表达的基本权利。

为了保护《美国联邦宪法第一修正案》所规定的言论和表达自由，司法干预在公民隐私受到一定程度的非法侵扰的时候应当介入并阻止，对此，我们需要解决的问题是：当政府执法人员实施监控行为时，该监控行为对公民隐私的侵扰性达到了什么程度，这种侵扰性的程度何时会达到临界点，使得司法干预必须介入其中？要找到这个问题的答案，我们可以看看 Douglas 大法官在 Laird v. Tatum 一案②中提出的不同意见，这一不同意见的思想在 Alliance to End Repression v. City of Chicago 一案③的裁决中进一步成熟，成为一个成熟的观点。

1967 年，当地政府要求军队协助当局控制市民骚乱，于是军队

---

① Nike v. Kasky, 539 U.S. 654, 683 (2003).

② 408 U.S. 1 (1972).

③ 627 F. Supp. 1044 (N.D. Ili. 1985).

建立了秘密情报系统,为监控和调查公民的政治动向服务,收集已有的和潜在的动乱信息。① 由于军队建立了监控系统,许多公民以国防部长为被告,提起了对军队的集体诉讼。这些公民主张,当他们在行使《美国联邦宪法第一修正案》所规定的权利时,单是这一军队监控系统的存在就对他们行使权利造成了影响,形成了寒蝉效应。

美国联邦最高法院内部对此案的看法分歧很大,最后做出的裁决是,本案中原告没有资格提起诉讼,因为他们没有清晰地陈述出"客观存在的特定具体损害,或者在未来可能遭受的特定损害的威胁,而这些应当是原告的诉讼依据"。此外,美国联邦最高法院还认为,原告提出的任何关于寒蝉效应的诉求都仅仅是主观感受,因此法院无法对这些诉求做出审判,案中也并未由政府的非法行为而产生实际存在的不法侵害或不法侵害的紧急威胁。然而,虽然美国联邦最高法院的多数意见裁决认为,此案中军队所实施的监视行动并未导致寒蝉效应的出现,但美国联邦最高法院的不同意见却认为,根据《美国联邦宪法第一修正案》的规定,本案中军队的行为严重侵害了公民的合法权利。其中,五位大法官的多数意见认为,本案的原告没能建立起应有的立场,但 Douglas 大法官却不同意多数意见,他认为多数意见"对这一严肃的争论而言考虑得过于浅显"。②

在 Douglas 大法官看来,军队使用"卧底"的行为、"为了实施监控行为而使用监控摄像头和电子耳"的行为,还有收集公民的信息并将信息存储在"一个或多个数据库中"的行为都为原告起诉提供了足够的理由。对这一问题,上诉法院指出,军队所实施的监控行为"在公民充分表达自身感受以及行使《美国联邦宪法第一修正案》所规定的权利时,对公民施加了现实存在的影响,抑制了公民的合法行为",因为作为守法公民,他们自然而然地会担心政府可能对自己造成一定威胁,包括担心政府将"关于自身行为的永久性报告"一直存储在数据库中,担心与自己相关的"文件"将被列入所谓的"黑名单",以及担心自己的个人信息可能会"应要求被发布给大量联邦政府机构和州政府机构"。

---

① See Laird, 408 U.S. at 3 – 7.
② Laird, 408 U.S. at 24 (Douglas, J., dissenting).

Douglas 大法官也同意上诉法院的这些看法。总而言之，《美国联邦宪法第一修正案》规定了公民享有自由发表言论和自由表达的合法权利，然而在 Alliance to End Repression v. City of Chicago 一案中，当公民行使这些合法权利时，政府执法人员所实施的监控行为却在公民身上施加了"威慑效应"，这一威慑效应就标志着，该案中政府执法人员所实施的监控行为构成了违宪的侵扰性行为。

Alliance to End Repression v. City of Chicago 一案[1]也提出了类似的问题，该案的法院指出，即使警方没有合理根据怀疑相关公民和组织涉嫌犯罪，《美国联邦宪法第一修正案》也允许当地警方对公民和组织合法实施的意志表达行为实施渗透、观察、记录以及收集相关信息并进行传播等行为。这种说法究竟是对是错？本案中的原告和 Laird 一案中的原告一样，没有参与过任何暴力活动或者非法活动，都是和平组织公民行使《美国联邦宪法第一修正案》所规定的权利，呼吁"结束战争、结束种族歧视、结束压迫"。

不过，芝加哥警察局的警察仍然对原告的活动采取措施，实施监控，收集原告的相关信息。在该案中，芝加哥警察局用于收集原告相关信息的技术手段包括对原告的活动进行拍摄、录像、摄影和录音，将所得的信息建档收入警方的档案，每个原告都有大量信息储存在这些档案中，包括公开的信息和私密的隐私信息。为了监控所有参与了原告的夏季开放式谈话的人，警方还安装了专门的设备用于监视和拍摄，但是在这些监控对象的住所或他们所使用的任何其他私人领地，警方没有实施任何监控、窃听或摄影行为。

Alliance 一案的法院指出，该案并不像那些典型的警方监控案件[2]，芝加哥警察局的行为也有别于 Tatum 一案中得到法院支持的被动观察行为。因此，Alliance 一案的法院裁定，根据案件事实，原告关于寒蝉效应的诉求成立，应当由法院做出裁判。法院进一步裁定，芝加哥警察局所实施的监控行为和监控策略不仅在客观上造成了寒蝉效应，而且还违反了《美国联邦宪法第一修正案》的规定。Alliance 一案的法院认为，芝加哥警察局的行为有四处违反了《美国联邦宪

---

[1] 627 F. Supp. 1044 (N. D. Ill. 1985).

[2] Alliance, 627 F. Supp. at 1055.

法第一修正案》的规定，这是法院做出判决的基础。从这四处违法行为中我们挑选和本文讨论相关度最高的两处来进行考量。

第一处违法行为是，芝加哥警察局邀请了一位《芝加哥论坛报》的记者参加 Alliance 的某次大会，这位记者随后发表了一些关于 Alliance 组织的不实之词。即使警方对这位记者所陈述的关于 Alliance 组织的内容是真实的，但芝加哥警察局在不必要的情况下邀请了这位记者参与"警方行动"，这一邀请行为本身就侵犯了《美国联邦宪法第一修正案》赋予公民的权利，因为警方没有任何正当理由可作为邀请记者去营地的根据。第二处违法行为或许比第一处违法行为更重要：警方积累了大量记录原告相关信息的文件，其中的内容最少也涉及一个原告，这些文件"令法庭感到十分不安"，因为它们覆盖了相关公民生活的方方面面。

这些文件不单包含有相关公民的政治活动详细年表，还包含有相关公民的个人资料和财务信息，所包含的内容十分广泛，比如相关公民的家庭住址、出生日期、体重状况、教育状况、婚姻状况、子女状况、社交状况和个人爱好、银行对账单、私人支票等。这些信息的深度和广度足以表明，政府执法人员是如何执着而顽强地从繁杂的信息来源中追踪和拼凑着（相关公民的）生活细节。根据这些证据，我们完全可以合情合理地假定，这些广泛的个人信息中有相当一部分只可能从非公开信息源获得，不过芝加哥警方实施的调查行为所具有的侵扰性如此之强，即使调查所得的信息各自都来自公共信息源，它实施的调查行为整体来说还是构成对公民隐私的侵扰行为。警方打理着关于被告的文件，这份文件涵盖范围非常广，完全足以根据这份文件的内容创建相关公民的个人画像，这份画像十分详实，包括该公民的个人状况、家庭状况、金融状况和政治生活状况，在没有足够合理根据怀疑公民涉嫌犯罪的情况下，警方创建并且保存这份文件的行为侵犯了《美国联邦宪法第一修正案》赋予公民的权利。

Laird 一案中法官的不同意见和 Alliance 一案的判决已经将这一部分所讨论的问题讲得相当清楚了：在没有任何合理依据足以怀疑公民涉嫌违法犯罪的情况下，如果政府执法人员对公民实施视频监控行为，在此过程中还同时伴随有其他侵扰公民隐私的手段，比如通过线人渗透进公民的生活，或者从各方面广泛积累和公民日常生活相关的记录和档案，则他们实施的此种视频监控行为就有可能违反《美国联邦宪法第一修正案》的规定。但是，在判断政府执法人员所实施的视频监控行为是否违反《美国联邦宪法第一修正案》的过程中，监控摄像头是否公开可见以及监控摄像头是否在公共场所进行录像这两个因素不会产生影响。会导致违宪的是监控系统储存面部对比的同步文件的行为，因为如果不使用监控系统，仅仅由警察或摄像师凭借人力对公民进行观察对比，那么无论是让他们将监控画面和数据库中所存储的照片档案文件进行观察比对，还是让他们根据政府电脑所提供的一长串黑名单逐个比对姓名，仅凭人力都很难发现嫌疑人的身影。①

此外，当政府执法人员实施视听监控行为引起寒蝉效应时，是否单凭这一事实就可以触发《美国联邦宪法第一修正案》对公民言论自由的保护措施，这一点仍然存疑，因为当公民在公共场所发表涉嫌违法的话语时，无论是一个正在该公共场所对这些话语进行录音的传感器，还是一个在该公共场所听到这些话语后有权在没有搜查令授权的情况下对公民实施逮捕的警官，就这位公民所享有的言论自由而言，上述两者所造成的寒蝉效应其实在伯仲之间，不相上下。对于政府执法人员实施的视听监控行为，《美国联邦宪法第一修正案》并未给公民提供太多保护。警员或警车有权在街上或社区内巡逻，以维护安全，完成执法任务；当然，与其说是他们享有的权利，这事实上更是他们应尽的义务，因此，对合法的警员或警车巡逻，公民能提出的质疑少之又少。

根据《美国联邦宪法第一修正案》的规定，公民可以对政府执法人员所实施的视听监控提出质疑，但公民能提出的质疑并不多，绝不会比公民可以对合法的警员或警车巡逻提出的质疑更多。② 如果监控摄像头上搭载有声音传感器，只要声音传感器的敏感度不高于正常人类的听力，且该传感器录下的磁带仅作为犯罪证据保存，此时人们

---

① Quentin Burrows, Scowl Because You're on Candid Camera: Privacy and Video Surveillance, 31 VAL. U. L. REV. 1079, 1094 n.120, 1129 n.412 (1997).

② See David Hench, Police Filming of Rally-Goers Draws Concern: Maine Anti-War Demonstrators and Others Want Strict State Rules on How Images Are Used and Disposed Of, Portland Press Herald, Oct. 20, 2002, at IA.

就很难根据《美国联邦宪法第一修正案》的规定来谴责政府执法人员实施的录音行为。但是，政府可能将上述录音磁带保存很长一段时间，甚至长于法定的最长期限，也可能将这些录音磁带用于非法用途，《美国联邦宪法第一修正案》并未过多规范政府在这方面的行为，此时似乎只能借助司法干预来解决这个问题。然而，当上述担忧仅仅是可能性的时候，司法干预不太可能仅仅因为对可能性担忧就介入其中，因为联邦司法权的行使旨在对抗立法权，包括州的立法和联邦的立法，只有在公民自身受到了即时的现实性伤害，或者公民有受到伤害的紧迫危险时，人们才可以动用联邦司法权对立法进行对抗。①

上面几个案件都是保护《美国联邦宪法第一修正案》赋予公民的权利免受监控行为侵犯的案件，通过这几个案件我们可以得出监控行为的最后三项指导原则。第一项指导原则是，政府不能将与公民有关的任何视频片段或图像分享给新闻机构或媒体，也不能将这些资料发布在网络上。第二项指导原则是，政府运行的公共监控系统录下有关公民信息的录影带录音带，也可以通过公共信息源或私人信息源得到许多与公民有关的信息片段，在没有有力证据足以使政府执法人员怀疑某位公民涉嫌犯罪的情况下，政府当局既不得将上述录影带录音带与该公民其他的信息片段进行整合分析，也不得以这样的方法窥探公民的生活。第三项指导原则是，为了降低政府执法人员所实施的监控行为的侵扰性，将政府执法人员滥用监控行为的潜在可能性降到最低，法律应当规定，若非出于调查犯罪的目的，警方不得重放监控所得的录影带、录音带，警方保留监控录影带、录音带的期限也不得超过法定最长期限。② 如果在某个时间段内没有任何犯罪报告，也未出现怀疑公民涉嫌违法犯罪的情况，那么政府执法人员应该将监控系统在这段时间内所记录的录影带、录音带内容抹去或者覆盖。

只要政府执法人员在安装监控摄像头的时候严格遵照法院的相关

---

① Poe v. Ullman, 367 U. S. 497, 504 (1961).
② See Paul W. Valentine, Baltimore Patrolling Some Streets by Camera, WASH. POST, Jan. 20, 1996, at B03; Editorial, Eye on East Ohio: Surveillance of Even Public Areas Should Have Safeguards, PITrSBURGH POST-GAZETrE, Oct. 11, 1997, at A-12.

指令，无论是社会加诸公共监控行为的沉重压力还是公共监控行为给公民们造成的心理负担，毫无疑问都会降到最低点。然而，在对政府执法人员所实施的监控行为进行限制的同时，法律的规定也降低了监控行为对犯罪的威慑力，加上注重保护公民隐私的政策，监控行为受到的限制更多，其威慑力也加倍减少。更重要的是，在对政府执法人员所实施的监控行为进行限制的过程中，法律的规定也给警察打击犯罪的某些执法行为造成了阻力。禁止警察查看监控摄像头所拍摄的画面就意味着，根据法律的规定，警察只有等到犯罪事实已成定局之后才能够采取行动。如果常识告诉我们，一位公民不需要等到他真的失去自己的工作或等到自己的声誉已经被诽谤得面目全非时才能就这些事由提起诉讼①，那么根据同样的理由，在有可能的情况下，警察也应当有权在罪犯得逞之前就介入其犯罪行为，以达到预防犯罪发生的目的。

五、结语

在过去大约十年间，许多发达国家已经采用了公共视频监控技术，这些发达国家运用公共视频监控技术加强警察的工作效率和工作效能，其中以英国为甚。美国和许多其他地方的警察部门都表示，视频监控技术可用于提前察觉犯罪以及破案，视频监控技术的运用使不安全社区变得清净，在监控领域降低了总体犯罪率；使用视频监控技术还能帮助疏导交通拥堵，处理交通事故。所有这些都为城市更新和社区复兴项目做出了巨大的贡献。这些都证明，在治安犯罪控制和秩序维护方面，高科技警用监控摄像头即使没有胜过传统的警员和警车，至少也不逊于他们。

虽然监控技术已经被证明在许多方面都卓有成效，但政府执法人员对监控技术的使用也带来了公民隐私问题和公民自由问题。人们担心，用于协助警方工作的那些视频和图像，同样也可能被别有用心的人出于种族仇恨或政治恩怨用于伤害无辜的人。一个严重的问题是，同样的系统也可以被用来建立另一个数据库，里面收录的可能都是守法公民的面部照片和数据文件。因此，政府要运用公共监控技术就必

---

① Laird v. Tatum, 408 U. S. 1, 26 (1972) (Douglas, J., dissenting).

须严格遵循一套规则，以确保政府是在遵守法律的前提下运用该技术，也能确保公民在享受公共安全监控技术所带来的好处的同时，避免这一技术所带来的潜在的负面影响。

继英国之后，美国也正在打击犯罪和打击恐怖主义的战斗中越来越多地求助于监控技术。公共视频监控的使用正在美国飞速扩展开来，尽管如此，迄今为止美国联邦最高法院还未对其宪法地位做出确认。但在先前的判例中，美国法院一直认为，公民在公共场所不享有合理隐私期待。基于此种规则，我们可以推断，使用"传统"摄像头实施的监控行为将很容易通过宪法的检视，除非政府执法人员在摄像头上还搭载了额外的技术，将其听觉和视觉灵敏度提升至超过人类天生感官灵敏度的地步。即使公民身处公共场所仍然应当享有一部分隐私权，所以，政府执法人员通过人工增强监控摄像头所实施的监控行为可能会侵犯到公民的这些隐私权。

例如，当一位公民以常人听不清楚的低声与别人进行私人谈话时，这位公民期待自己的私人谈话不会被电子麦克风所捕捉到，并且这一期待是合理的。当一位公民在公共场合阅读自己的私人笔记时，这位公民同样期待政府不会试图使用高性能望远镜阅读自己的笔记内容，这一期待同样是合理的。对社会公众来说，这些隐私期待都具有合理性，它们均受到《第四修正案》的保护，这就是法律禁止政府执法人员使用不可见的隐藏传感器、高性能的音频或视频放大设备实施监控行为的原因。政府执法人员不得使用红外线观测技术穿透公民房屋的墙壁实施监控，但他们可以使用此种技术帮助警察在晚上看清昏暗的公共场所；这样使用红外线观测技术时，他们的行为并不会侵犯公民的隐私合理期待，因为一个在其他情况下都是公共场所的场所不会仅仅因为被黑暗笼罩就变成私人场所。

虽然政府执法人员使用搭载有音频组件的可见监控摄像头可能会引起许多公民的反感，但这种行为并不违宪，至少在传感器不具有听觉增强功能的时候肯定不会违宪，因为宪法并不保护公民自愿暴露于众的话语。同样地，根据《美国联邦宪法第五修正案》的规定，当政府执法人员实施视频监控行为时，他们也可以同时实施录音行为，公民不能质疑这种行为的合法性，因为如果公民自愿将其话语内容暴露于众，而且这一自愿暴露于众的行为并非发生在公民接受审讯期间，那么就可以认定这些讲话内容是该公民的自认。

政府最近将监控摄像头和计算机技术结合起来使用，通过人脸识别技术来辨认重罪犯和恐怖分子。人脸识别系统的高误差率引起了公众的关注，因为每当人脸识别系统出现误差时，无辜公民就可能会遭到当局扣押或逮捕。抛开这个问题，计算机的人脸识别系统可以说具有合宪性，因为这一系统所做的仅仅是拍摄公民的脸部照片，而公民的脸部无论如何都是暴露于众的。人脸识别系统还会运用数学方法对公民的面部进行实时分析，这一行为本身并不会被认定为是《第四修正案》所规定的搜查行为，因为一个持有罪犯照片的便衣警探也可以在没有获得搜查令授权的情况下做出同样的识别行为。

如果说两者之间有什么区别的话，那就是面部识别摄像头的侵扰性比起其他的监控形式要更低，因为面部识别摄像头既不记录公民的行为也不记录他们的声音，它只是会将扫描所得的面部照片保留短短的几秒钟。然而，当政府执法人员基于人脸识别系统给出的识别结果与公民进行攀谈，甚至对公民进行盘问或实施逮捕的时候，宪法问题就产生了。基于这些问题，联邦司法部门必须制定明确的指导方针，规制政府执法人员使用这种新技术的行为。

如果政府执法人员在没有搜查令授权的情况下实施空中监控，他们实施的此类行为的合宪性并不依赖于这一监控所覆盖的区域性质，无论这一区域是公民的宅地还是其他私人场所，这些都不重要。美国联邦法律规定，固定安装的摄像头使得警察得以持续监控发生在某个私人场所的一举一动，或许还可以将这些都记录下来，当然这也是常识；但我们不能将这一监控行为比作乘客在飞机上朝地面投去的随意一瞥。《美国联邦宪法》规定，政府执法人员实施视频监控行为时，不能直接使用视频监控技术调查私人场所，也不能在一个对随意的过路人来说不可见的场所直接安装监控摄像头。政府执法人员实施的空中监控行为也必须遵守这一法律规定。

在没有任何合理根据怀疑公民涉嫌违法犯罪的情况下，只要政府未将视频监控的行为与其他入侵性的方法同时使用，如在未经授权的情况下，对公民的私人信息进行编译和存储；或在未经授权的情况下，并非出于犯罪调查的目的与第三方共享公民的私人信息，那么根据《美国联邦宪法第一修正案》的规定，此时政府执法人员所实施的视频监控行为是合法的，公民不得对政府实施的监控行为提出质疑。监控摄像头的单纯存在并不能造成宪法定义上的"寒蝉效应"这种令人反感的主观感觉。

为了表明"寒蝉效应"的客观存在，好让他们的案件获得法庭的裁决，原告必须证明自己实实在在受到了伤害，或者未来有受到现实伤害的危险。为了避免宪法赋予公民的言论自由权受到侵害，法律还应当规定，若非出于调查犯罪的目的，警方保留监控录影带、录音带的期限不得超过法定最长期限，政府当局也不可以将上述录影带录音带与该公民其他的信息片段进行整合分析；这一规定已经在一些城市推行开来。

至少在目前的实践中，政府所使用的公共摄像头监控技术似乎还没有违反任何宪法条款，但可能仍然有人对这种全新的治安形式感到不安，因为宪法所允许的行为也很可能不为社会所接受。但是，当宪法救济缺位时，选民们所追求的隐私权益和社会自由就只能由他们所选出的议员来积极保护了。即便将其交到了联邦法院的手里，司法也无力解决这一问题；联邦法院召开公共政策论坛和立法听证会，公民们所选出的官员会在这些会议上替公民们表达意见并做出最适合他们的决定。目前来说，就政府使用公共摄像头监控技术的行为侵犯公民隐私权益与社会自由的问题，宪法制裁措施和司法规定仍然双双缺位，在这种情况下，我们只能制定严格的成文法对此作出规定，并实施立法保障措施。只有双管齐下，我们才能确保能够将政府所实施的监控行为对自由社会的影响降到最低。

匿名的合理期待

乔弗里·M. 斯波克[①]著　陈圆欣[②]译

目　次

一、导论
二、隐私的合理期待
三、隐私与匿名
四、匿名的合理期待
五、结语

一、导论

数十年前的人们不可能预料到政府执法人员用于监控公共场所的数据分析技术和方法的发展。无论是城市警察还是国土安全部探员，他们都在利用诸如基因数据库[③]、生物识别扫描仪[④]、路边监控摄像机[⑤]

[①] 乔弗里·M. 斯波克（Jeffery M. Skopek），英国剑桥大学法学院教授。
[②] 陈圆欣，中山大学法学院助教。
[③] Rich Williams, Forensic Science Database: Search by Policy, Nat'l Conf. State Legislature (Aug. 5, 2014), http://www.ncsl.org/research/civil-and-criminal-justice/dna-database-search-by-policy.aspx#5.
[④] See e. g. Charlie Savage, Facial Scanning Is Making Gains in Surveillance, N. Y. Times, Aug. 21, 2013, at A1.
[⑤] See e. g. Aclu, You Are Being Tarcked: How License Plate Readers Are Being Used To Record Americans' Movements 2 (July 2013), available at http://www.aclul.org/technology-and-liberty/you-are-being-tracked-how-license-plate-readers-are-being-used-record.

和电话元数据分析①等技术来搜集无辜公民的私人信息。我们不应该再关注政府执法人员能够搜集到公民的哪些信息,而是应该关注政府执法人员无权搜集公民的哪些信息。

因为美国联邦最高法院已经确定,如果公民信息已经被泄露给社会公众或者第三方当事人,那么其信息不再受到《美国联邦宪法第四修正案》(下面简称为《第四修正案》)的保护。这些信息包括公民在公共场所里行动的信息、使用网络和移动电话的信息,等等。无论政府执法人员使用何种方法搜集这些信息,他们的行为都是合法的。

本文主张,美国联邦最高法院的结论错误地混淆了隐私和匿名的概念,如果它能够正确地理解两者之间的区别,它就能够认识到《第四修正案》不仅保护公民"隐私的合理期待",它还保护公民"匿名的合理期待"。进一步而言,在《第四修正案》的司法审判中增加此种新的分析方法有着重要的价值:一方面,在大数据时代中,它能够帮助法官正确地判断政府执法人员所实施的监控措施是否触犯宪法的规定;另一方面,它能够弥补美国联邦最高法院提出的声明所存在的漏洞,即《第四修正案》只保护公民而不保护公民所在的场所。② 下面将会对这个主张进行详细的分析。

本文的第一部分将会分析《第四修正案》所规定的公民免受不合理"搜查"行为干扰的权利,这种不合理的"搜查"行为就是美国联邦最高法院在 Katz v. United States 一案中阐述的侵犯公民合理隐私期待的行为。这部分内容的关键在于,美国联邦最高法院如何解释《第四修正案》所规定的搜查行为,这也是最令人感到困惑的地方。经过详细地分析判例,我们可以看到美国联邦最高法院对"隐私"的理解采取了认知理论而非规范性理论。这点为讨论限制《第四修正案》的保护范围的两个规则提供了基础:这两个规则分别是公开披露规则(public exposure doctrine)和第三方当事人理论(third party doctrine),根据这两个规则,美国联邦最高法认定,《第四修正案》

---

① See e. g. Richard Lempert, RRISM and Boundless Informant: Is NSA Surveillance a Threat? Brooking(June 13, 2013)http://www.brookings.edu/blogs/up-front/posts/2013/06/13-prism-boundless-informat-nsa-surveillance-lempert.
② Katz v. United States, 389 U. S. 347, 351 (1967).

不保护已被公开披露或者被披露给第三方当事人的信息。

因此，本文试图探究美国联邦最高法院做出的这个结论是否错误。隐私理论学界的主流观点认为，美国联邦最高法院未能阐明公民隐私可以受到不同程度的保护的方法。虽然目前来看，这个批评是正确的，但是本文认为，这个批评只是指出了部分问题。

本文的第二部分将阐释更深入的问题，即法官和大部分学者错误地假定，只有一种方法保护公民在公共场所里遗留的信息：我们将这种方法称之为"隐私保护"。这样一来，他们就忽视了另一种重要的保护方法：匿名保护。这种忽视源于我们错误地混同了匿名和隐私的概念。

下面举一个例子来说明隐私和匿名之间的重要差别。试想一下，某位公民的医疗档案里有一份他的血液检查报告，而他的医生将这份报告转移到一个空白的文件夹里。一方面，如果我们随后得到了该公民的医疗档案，但是没有得到他的血液检查报告，我们可能会说公民在这种情况中享有隐私权，并且会说"这位公民的隐私已经受到保护"或者"相关的信息是保密的"。另一方面，如果我们获得了血液检查报告而没有获得医疗档案，那么我们应该说公民在这种情况中享有匿名权，并且会说"公民对这份血液检查报告享有的匿名受到了保护"或者说"相关的公民是匿名的"。

这个例子体现了匿名和隐私之间两个基本差异。第一个差异是它们的实质差异。虽然匿名和隐私都是保护公民免受其他人获取其私人信息的权利，但是它们提供的保护方法截然不同：隐私的保护包括了隐藏信息，而匿名的保护则包括隐藏使该信息成为私人信息的缘由。第二个差异是它们的正式关系。匿名和隐私拥有相同的因果起源，因此成为了彼此的对立面：它们描述了一件潜在事件的两面。

无论是 Katz 一案还是按照其确立的规则而做出判决的案件，它们都对隐私的理解采取了纯粹的认知理论，当我们仔细分析这些案件并且结合匿名的本质来看时，我们便会发现其中蕴含着重要的法律内涵。正如本文第二部分所明确的那样，它从形式上和实质上揭示了《第四修正案》不仅要保护公民隐私的合理期待，还要保护公民"匿名的合理期待"的强有力理由。

值得注意的是，本文并非关于宪法应该是怎么样的规范性讨论，而是关于如何最佳地解读《第四修正案》的法律讨论。因此，笔者不会回答 Katz 一案以及按照其确立的规则而做出判决的案件是不是对《第四修正案》的最佳解读，而是会提出对这些判例的最佳解读。进一步而言，笔者不会质疑公民已被披露的私人信息不受《第四修正案》保护的依据，而是会说明这些依据并没有支持法官在众多涉及公开披露的案件中所作出的结论，即笔者将明确指出公开披露规则的逻辑。然而，这不是说笔者的意见不同于主张基于规范性理由对《第四修正案》进行修订的学者的意见。① 相反，正如本文第三部分所说的那样，在大多数情况下，基于规范性理由对《第四修正案》进行修订的意见实际上与笔者的意见会得出相同的结论。

本文第三部分关注将"匿名的合理期待"融入《第四修正案》的司法审判所产生的实际效果，这其中包括了两个基本维度。第一个是分析维度，即在大数据时代中，匿名的合理期待理论能够帮助法官正确地判断政府执法人员所实施的监控措施是否触犯宪法的规定，在本文中，这种分析维度具体表现为判断两种数据集合和分析的新技术是否构成《第四修正案》所规定的搜查行为。其中一种技术是有关基因识别的，我们称之为"亲源排查"（familial searching），虽然犯罪 DNA 数据库可能没有收集到某些公民的 DNA，但是这些公民的 DNA 可能与已经被收集 DNA 的犯罪分子的 DNA 之间存在亲源关系，通过亲源排查，政府执法人员能够根据已知犯罪分子的 DNA 来确定公民的身份。另一种技术就是特殊工具的运用，比如利用配置生物识别功能的视频监控摄像机，全球定位系统（GPS）和电话的元数据来对公民在公共场所里的活动进行长期的定位追踪。

研究隐私理论的学者普遍对这两种技术进行猛烈的抨击，司法意见也有对这些技术的合法性提出质疑，但是，无论是学术作品还是司法意见都没有从法律上强有力地说明政府执法人员如何能够实施《第四修正案》所规定的搜查行为。因为单纯根据隐私权的保护规则，他们无法解释全部涉及《第四修正案》所规定的搜查行为的问题。

---

① See. E. g. David Alan Skilansky, Too Much Information: How Not to Think About Privacy and the Fourth Amendment, 102 Calif. L. Rev. 1069, 1113 – 1115 (2014).

因此，匿名的合理期待理论显得尤为重要，它不仅能够解释公民根据《第四修正案》的规定所享有的利益如何被特殊技术侵犯，它还能够提供一种重要的标准来判断政府执法人员收集公民数据的行为是否触犯《第四修正案》的规定。这个理论还能够解决 United States v. Jones 一案①的并存意见所留下的难题。

除了能够为许多利用大数据的新技术违反宪法提供强有力的证明理由，将匿名权保护融入《第四修正案》的司法审判还能够弥补美国联邦最高法院提出的声明所存在的漏洞，即"《第四修正案》只保护公民而不保护公民所在的场所"。②正如本文第三部分最后一个章节所阐明那样，这个理论主要通过以下两种方式来完成上述任务。

第一种方式是证明，受到《第四修正案》保护的场所的属性远比美国联邦最高法院所承认的复杂和广泛。虽然美国联邦最高法院的法官抛弃了以财产权理论作为解释《第四修正案》的保护范围的基础，但是他们认为，《第四修正案》所保护的利益仅仅是公民所享有的隐私权：他们仅仅保护公民的住宅、汽车尾箱、信封和其他装载的信息能够揭示公民身份的容器。诚然，如果我们要保护公民"私人信息"的私密性，那么法律为场所提供的保护就不能仅仅局限于隐藏公民信息的容器。相反，正如本文阐明的那样，它还需要保护使这些信息变成"私人信息"的缘由，换言之，需要保护使其匿名的缘由。例如，城市规模，街道布局以及人群的出现都是使某位公民对其在公共场所进行的活动享有匿名的缘由。通过揭示这些场所的法律特征，对匿名的关注将会导致《第四修正案》为公共场所提供保护的方式发生新变化。

第二种方式是通过扩大《第四修正案》为公民权利提供保护的法律和规范的渊源，对匿名的关注能够弥补《第四修正案》保护范围的缺陷。虽然财产权理论经常被认为是保护公民所享有的合理隐私期待的典型法律渊源，但是保护公民所享有的匿名合理期待的法律渊源应该是有关告密的法律、版权代理法以及《美国联邦宪法第一修

---

① 132 S. Ct. 945 (2012). at 957–64 (Alito, J., concurring). at 954–955 (Sotomayor, J., concurring).
② Katz v. United States, 389 U. S. 351 (1967).

正案》等保护公民享有匿名权的法律。① 例如，在涉及《美国联邦宪法第一修正案》的案件②中，美国联邦最高法院的法官认定作者之所以能够保持匿名，是因为他享有言论自由。因此，如果从匿名理论的角度来理解《第四修正案》，那么公民的言论自由以及其他受到宪法保护的自由就能得到新的法律和规范渊源的保护。

进一步而言，这两种方式以及本文的其他见解不只适用于涉及《第四修正案》的情况。相反，正如本文的结论所指出那样，它们与众多为公民享有的合理隐私期待提供法律保护的法律渊源息息相关。对匿名与隐私之间的差别进行关注能够披露个人信息保密中未被承认的重要利益，找到明确哪些重要的公民利益受到威胁的新方法，以及提供这些利益如何能够被法官和法律更好地保护的见解。

二、隐私的合理期待

（一）《第四修正案》所规定的搜查行为

《第四修正案》规定公民对"其人身、住宅、文件和财物享有免受不合理的搜查和扣押行为干扰的权利"③。因此，在涉及《第四修正案》的案件中，首要问题就是某个政府执法行为是否构成《第四修正案》所规定的搜查行为。如果构成，那么此行为必须是"合理的"，即政府执法人员在具备合理依据和遵循搜查令的情况下实施执法行为（除非政府执法人员根据法律意义上的"特殊情况"来实施此执法行为）。本文关注政府执法人员所实施的行为是否构成宪法意义上的"搜查行为"这个基本问题，而美国联邦最高法院已经利用两种判断标准来说明这个问题。

第一种判断标准是基于财产权理论来制定的，直到1967年，美国联邦最高法院才貌似否认了此判断标准，然而最近它又重新确认了此标准。④ 根据此判断标准，所谓的搜查行为，是指政府执法人员为

---

① See Jeffery M. Skopek, Anonymity, the Production of Goods, and Institutional Design, 82 Fordham L. Rev. 1751, 1759 – 1762 (2014).
② McIntyre v. Ohio Elections Comm'n, 514 U. S. 334, 342 (1995).
③ U. S. Const. Amend. IV.
④ United States v. Jones, 132 S. Ct. At 949 – 950 (2012).

了搜集信息而现实侵入受到宪法保护的特定区域（即"人身、住宅、文件和财物"）。① 这种判断标准的典型例子之一是 Olmstead v. United States 一案。② 在该案中，警察在 Olmstead 的住宅和主要办公地点的电话线上安装了微型窃听器，因此他们截取到一段涉及非法阴谋的对话。因为安装窃听器不要求政府执法人员现实侵入公民的不动产之中，所以美国联邦最高法院判定，政府执法人员的行为不构成《第四修正案》所规定的搜查行为。

第二种判断标准源于美国联邦最高法院试图解决在政府执法人员不需要通过现实入侵来实施监控的时代里，以财产权理论为基础的判断标准所带来的局限性问题，它在 United States v. Katz 一案③中提出了这种判断标准。在回答政府执法人员未获搜查令而实施的窃听行为是否违反宪法时，美国联邦最高法院认定，当 FBI 探员在 Katz 使用的两个公用电话亭里安装电子窃听器时，他们的行为已经触犯了《第四修正案》的规定。美国联邦最高法院拒绝适用 Olmstead 一案中以财产权理论为基础的判断标准，它解释道，"《第四修正案》保护公民而非公民所在的场所"，这个观点也成了法官所秉持的规则。此外，Harlan 大法官在 Katz 一案的并存规则中解释道，当政府执法人员侵犯了公民"隐私的合理期待"时，他们的行为构成《第四修正案》所规定的搜查行为④，这个就是如今我们熟知的由 Katz 一案确立的判断标准。这个判断标准包括主观标准和客观标准，即公民是否在主观上产生了隐私期待，如果是，那么在客观上这种隐私期待是否被社会大众认为是合理的。

Katz 一案是《第四修正案》的分水岭。根据以隐私理论为基础的判断标准，《第四修正案》的保护范围不再局限于公民的私人财产，而是包含车厢内部、行李、公共厕所、医院病房、更衣室、酒店房间和工作场所等地方。⑤ 然而，"隐私"的含义也变得越来越让人

---

① United States v. Jones, 132 S. Ct. At 951 n. 5.
② 277 U. S. 438（1928）.
③ 389 U. S. 347（1967）.
④ United States v. Katz, 389 U. S. 360（Harlan, J., concurring）（1967）.
⑤ See Allyson W. Haynes, Virtual Blinds: Finding Online Privacy in Offline Precedents, 14 Vand. J. Ent. & Tech. L. 603, 621 – 22 nn. 120 – 125（2012）（citing cases）.

困惑。[①]

(二)《第四修正案》所规定的隐私

为了理解由 Katz 一案确立的判断标准所蕴含的隐私理论,我们必须理解隐私的描述性理论和规范性理论之间的差异——这是一个学术界不够重视的话题。因此,在对涉及《第四修正案》的司法审判所采纳的隐私理论进行分析之前,我们必须厘清这些理论的核心差异。

1. 隐私的规范性理论与描述性理论之比较

隐私的规范性理论在隐私理论的学术界里占着主流位置,它将隐私定义为值得道德和法律保护的美好事物。这个理论包含以下两种基本形式。

第一种基本形式是根据隐私所滋养或者所保护的价值或者善良人性来对隐私下定义。根据这个定义,如果说关于某个活动或者物体的信息是"隐私的",那么这意味着其中包含了需要维护或者滋养的品质或者价值。例如,"我的内心想法是私密的"就是意味着"我内心的想法是我不可或缺的自主权"。这可能是对隐私下定义的最普通的方法,在众多学术论著中也可以看到这种方法。有些学者关注个人主义的价值,比如尊严[②]、个性[③]和自治[④]。其他学者关注人际交往之间的价值,比如友情[⑤]、亲密行为[⑥]和爱情[⑦]。然而,重点是他们都将隐私定义为对某种善良人性或者价值的保护。

第二种基本形式将隐私定义为一种规范性理论,它起到规范某些

[①] See e. g. Wayne R. LaFave, Search and Seizure: A Treatise on Fourth Amendment § 2.1 (d), at 393 – 395 (3d ed. 1996).

[②] See e. g. Edward J. Bloustein, Privacy as an Aspect of Human Dignity: An Answer to Dean Prosser, 39 N. Y. U. L. REV. 962, 971 (1964).

[③] See e. g. Jeffery H. Reiman, Privacy, Intimacy and Personhood, 6 Phil. &Pub. Aff. 26, 44 (1976).

[④] See e. g. Ruth Gavison, Privacy and the Limits of Law, 89 YALE L. J. 421, 423 (1980).

[⑤] See e. g. James Rachels, Why Privacy Is Important, 4 Phil. &Pub. Aff. 323, 326 (1975).

[⑥] See e. g. Jeffery Rosen, The Unwanted Gaze: The Destruction of Privacy in American, 8 (2000).

[⑦] See e. g. Chales Fried, Privacy, 77 Yale L. J. 475, 477, 483 (1968).

类型的信息的功能。如果说某项活动的信息或者某个物品的信息是"隐私的",那么这意味着这类型的信息不能被其他人知道。例如,正如 Stanley Benn 主张那样,隐私事务并非那些真的不被其他人看到或者知道的信息,而是那些其他人不得在未经他人同意的情况下发现的信息。① 这种方式有两个特征值得注意。其一,只有特定类型的信息能够被划分为"隐私信息"。例如,Tom Gerety 主张,只有当信息与公民的亲密活动、身份或者自治权有关的时候,此类信息才能被视为与隐私相关的信息。② 类似的,Richard Parker 主张,公民的秘密泄露不一定涉及隐私泄露,例如,某次测验显示某位学生没有学习。③ 其二,即便某类信息被其他人知道了,它仍然可能是隐私的。例如,Dan Solove 主张某些被我们认为是隐私的信息并非秘密:公民所阅读过的书籍,所购买的物品,所会见的人——我们不会认为这些事务是秘密,但是我们仍然会将它们视为隐私信息。④ Judith DeCew 同样主张"隐私信息"并不总是秘密,比如公民所承担的债务。⑤

相反,隐私的描述性理论将隐私定义为一种价值中立的情况或者状态。与规范性理论不同,描述性理论允许某人在不判断事态是好还是坏的情况下增加或者减少公民所享有的隐私保护。同样地,学者通过两种基本形式来定义隐私为一种价值中立的术语。

第一种基本形式将隐私定义为一种现实术语,即一种孤立或者隐匿的状态。Warren 和 Brandeis 在其《论隐私权》一文中将隐私定义为"独处权"⑥,而这种孤立或者隐匿的状态正是"独处权"的要素之一。这种状态也是隐私理论所规定的"对个人接近的限制"理论的要素之一,其中包括 Ruth Gavison 提出的纯粹描述性理论——"当其他人能够现实接近公民的时候,公民丧失了其享有的隐私权。现实

---

① Stanley I. Benn, Privacy, Freedom and Respect for Persons in Privacy 1, 2 (J. Roland Pennock & John W. Chapman eds., 1971).
② Tom Gerety, Redefining Privacy, 12 Harv. C. R – C. L. L. Rev. 233, 281 – 295 (1977).
③ Richard B. Parker, A Definition of Privacy, 27 Rutgers L. Rev. 275, 282 (1974).
④ Daniel J. Solove, Conceptualizing Privacy, 90 Calif. L. Rev. 1087, 1111 – 1112 (2002).
⑤ Judith Wagner DeCew, In Pursuit of Privacy: Law, Ehtics, and the Rise of Technology 48 (1997).
⑥ Samuel D. Warren & Louis D. Brandeis, The Right to Privacy, 4 Harv. L. Rev. 193 (1890).

接近意味着实体接触,即 Y 能够利用其感官近距离地观察或者接触 X"。

第二种基本形式是将隐私定义为信息术语而非现实术语。这种定义方式包括大力提倡隐私是信息控制的一种方式这个观点。例如,Alan Westin 将隐私定义为"公民、团体或者机构能够决定何时、如何以及在多大程度上将自己的信息与其他人分享"[1]。尽管这个定义通常会被隐私的规范性理论用于解释公民享有控制与自身相关信息的能力,但是这个定义本身是价值中立的。另一种主要的定义方式是将隐私定义为对接触公民信息的限制。虽然这个隐私定义能够独立存在,但是它经常被视为"对个人接近的限制"理论的要素,信息限制只是其中的一部分。例如,Anita Allen 将隐私定义为"禁止其他人利用感官或者监视工具来接触公民人身、精神情况以及信息的状态"[2]。与前面广泛地将隐私定义为"信息控制方式"不同,这种定义方式关注人的认识,这是隐私的认知理论。

2. 美国联邦最高法院提出的隐私认知理论

虽然研究隐私理论的学者普遍将隐私定义为一种规范性理论,但是美国联邦最高法院没有将这种定义运用在涉及《第四修正案》的司法审判中。相反,美国联邦最高法院提出的"隐私的合理期待"的判断标准所蕴含的隐私理论是纯粹描述性的认知理论。因此,《第四修正案》为公民隐私提供的保护不仅仅局限于先前研究隐私理论的学者所提出的规范性维度。

(1) 以价值为基础的隐私理论。研究隐私理论的学者提出以价值为基础的隐私理论,其中有两点值得注意:《第四修正案》为公民隐私提供的保护不会保护特定情况中的信息隐私的价值,也不会依赖于保护这些隐私的方法的社会价值。

就第一点而言,宪法所保护的公民"隐私的合理期待"可以与隐私理论学者所关注的个人价值或者人际交往之间的价值毫不相关。这个特征可以在涉及《第四修正案》的 Arizona v. Hicks 一案[3]中有

---

[1] Alan F. Westin, Privacy and Freedom 7 (1970).

[2] Anita L. Allen, Uneasy Access: Privacy for Women in a Free Society 15 (1988).

[3] 480 U.S 321 (1987).

所体现。在该案中，警察合法地进入公民的公寓调查一起枪击案。当警察进入公民的公寓时，他们注意到公民有一套看上去昂贵的音响设备，警察翻转了该音响设备并且记录下它的序列号。美国联邦最高法院认定，警察翻转音响设备来记录序列号是一项独立于原本搜查活动的搜查行为，它需要得到授权——这个结果在以价值为基础的隐私理论来看毫无意义，比如以人格尊严为基础的隐私理论。正如 Bill Stuntz 主张那样："Hicks 一案所发生的事情不值得让人担心：因为将音响设备翻转的行为没有侵犯 Hicks 的人格尊严。根据以人格尊严为基础的隐私理论，公民的人格尊严是否受到侵犯是判断政府执法人员对公民住宅进行搜查的行为是否合法的唯一依据。"① 然而，根据美国联邦最高法院的纯粹信息控制的定义方式，"政府执法人员实施的每一次边际搜查，他们对每一个超出授权范围的地方进行观察的行为都构成独立的搜查行为。"

就第二点而言，《第四修正案》为公民隐私提供保护并不会产生阻止政府执法人员侵入特定区域的价值或者重要性。虽然 Katz 一案②强调"公用电话在公民私人对话中所起到的重要作用"，但是美国联邦最高法院却没有将这种考虑延续至涉及汽车内部、行李箱、公共厕所、医院病房、更衣室、酒店房间和工作场所的案件中。根据美国联邦最高法院的纯粹信息控制的定义方式，纸袋内部所承载的物体与公民住宅内部享有同等程度的法律保护。然而，有人可能会主张 Katz 一案所强调的思想在最近的 Riley v. California 一案③中得以延续。正如美国联邦最高法院所说那样，案件的问题在于"如何将逮捕附带搜查规则（search incident to arrest doctrine）适用到涉及现代电话谈话的场景中，电话已经成为公民生活不可欠缺的一部分"。虽然此案涉及的是搜查令的例外情况，而不是 Katz 一案确立的判断标准所规定的搜查行为的本质和隐私的意义，事实上，美国联邦最高法院认定政府执法人员需要在获得搜查令的情况下才能截取公民的电话谈话内

---

① William J. Stuntz, Privacy's Problem and the Law of Criminal Procedure, 93 Mich L. Rev. 1016, 1023 (1995).
② Katz v. United States, 389 U. S. 347, 352 (1967).
③ 134 S. Ct. 2473 (2014).

容,这意味着在涉及《第四修正案》的案件分析中,美国联邦最高法院更加重视特定类型的公民财产。然而,正如 Katz 一案一样,在 Riley 一案的分析中,美国联邦最高法院的法官认为,电话最终所起的作用微乎其微。之所以美国联邦最高法院将电话与其他类型的公民财产作区分,原因是它的决定依赖于系争的私人数据的数量(例如,手机里照片的数量比钱包里的照片数量多)而非以价值为基础的隐私理论。

学者关注的以价值为基础的隐私理论与涉及《第四修正案》的判例法所包含的描述性隐私认知理论之间存在着差别。这不是说判例法不保护这些价值,相反,判例法所包含的描述性隐私认知理论可能产生积极的结果。比如,创造一般性的保护区域。从这个意义来说,对与这些价值无关的公民信息进行保护可能会被视为异常的保护措施,这种保护措施比具体情况具体分析的方法(case-specific approach)更加有效,甚至是必要的。然而,这无关紧要,重要的是"合理隐私期待"的判断标准不包含以价值为基础的隐私理论。

(2)信息类型。涉及《第四修正案》的司法审判同样否认"隐私"的规范性特点之一是只能适用于特定类型的信息。根据美国联邦最高法院的定义方式,我们不必认为只有当政府执法人员获取特定类型的信息时,他们的行为才触犯《第四修正案》的规定。[①]

《第四修正案》的保护范围不局限于特定类型的信息的事实在 Kyllo v. United States 一案[②]中得到清晰的体现。在该案中,美国联邦最高法院明确地驳回政府的主张,即只有当系争的信息本质上与《第四修正案》相关联时,该信息才受到宪法保护。美国联邦最高法院认定,《第四修正案》为公民住宅提供的保护与政府执法人员获取的信息数量或者质量无关。虽然美国联邦最高法院在别的地方声称"公民住宅内部的事物都是私密的信息",但是美国联邦最高法院没有将"私密"的理论与特定类型的信息联系到一起,而是认为"私

---

① Marc Jonathan Blitz, Video Surveillance and the Constitution of Public Space: Fitting the Fourth Amendment to a World That Tracks Image and Identity, 82 Tex. L. Rev. 1349, 1412 (2004).

② 533 U. S. 27 (2001).

密的信息"应该是警察或者其他公民察觉不到的信息。类似地，在 Arizona v. Hicks 一案①中，美国联邦最高法院强调了系争的信息类型与判决无关。通过认定警察翻转音响设备并查看序列号的行为已经触犯了《第四修正案》的规定，美国联邦最高法院解释道："问题不在于政府执法人员的搜查行为是否披露公民重要的私人信息……即便政府执法人员的行为除了披露公民物品底部的信息之外没有披露其他信息，他们的行为也是构成搜查行为。"

相反，California v. Greenwood 一案指出，系争的信息类型不是公民的信息能否受到《第四修正案》保护的充分条件，美国联邦最高法院在该案中认定，即便公民的私密信息可能被泄露，政府执法人员搜查公民垃圾的行为也没有侵犯其隐私的合理期待。虽然正如 Brennan 大法官在异议中指出的那样：政府执法人员对公民垃圾的搜查，就像是对公民的卧室进行搜查一样，可以披露公民的私密信息，比如性习惯、健康状况和个人卫生状况。就像搜查公民的抽屉或者截取其电话通话内容一样，翻找公民的垃圾也可以披露其经济状况和职业地位，政治立场和倾向，私人想法，私人信息和感情信息。但是，美国联邦最高法院的多数意见在判决中没有考虑这些因素的相关性。

然而，值得注意的是，有关《第四修正案》的司法审判的隐私学术作品仍然存在一些令人困惑的问题；此外，一些作者主张美国联邦最高法院有些时候适用了《第四修正案》规定的"隐私事实模型"。例如，根据 Orin Kerr 的观点，美国联邦最高法院的法官有时候会考虑"政府执法人员的行为是否披露了公民特定的私人信息，这些私人信息是否值得保护"。这个考虑会影响法官的判决："如果政府执法人员获取的信息是特别私密的，那么他们获取信息的行为就是搜查行为；如果他们所获取的信息不是私密的或者是不值得保护的，那么他们的行为不构成搜查行为。"② 然而，如果我们仔细阅读判例法，那么我们将发现判例法不支持所谓的《第四修正案》规定的"隐私事实"模型。

---

① 480 U. S. 321 (1987).
② Orin S. Kerr, Four Models of Fourth Amendment Protection, 60 STAN. L. REV. 503, 506, 512–513 (2007).

以 United States v. Karo 一案①为例，这是唯一一件被 Kerr 用于支持其观点的案件，即美国联邦最高法院在涉及《第四修正案》的案件中适用了隐私事实模型。在该案中，美国联邦最高法院认定，当政府执法人员将追踪器放入一罐化学物品，而该化学物品最终进入公民住宅时，他们的行为已经触犯了《第四修正案》的规定。美国联邦最高法院的法官解释道，之所以政府执法人员的行为是搜查行为，原因是此行为披露了重要事实。在这里，重要事实的重要性在于其涉及公民的私密信息或者所谓的隐私信息。然而，从字面意义上看，某件事实是重要事实的原因在于它难以被其他人察觉以及其他人必须在获得搜查令的情况下才能获取该信息。只有当某件事实难以被公众知道的时候，此事实才是隐私——正如 Kyllo 一案中，所谓的"私密事实"就是难以被警察或者其他公民察觉的事实。②

同样地，美国联邦最高法院的法官拒绝在某些案件中根据系争信息的类型来判断系争信息是否受到《第四修正案》的保护，系争信息是否受到保护的决定性因素不在于政府执法人员的搜查行为有没有披露隐私事实，而在于他们的行为是否披露犯罪证据以外的信息。例如，美国联邦最高法院认定，政府执法人员检测某些粉末是否含有可卡因③或者利用警犬来识别公民包中是否含有毒品的行为④都不是搜查行为，因为这些行为不会披露犯罪证据以外的信息。这个认定不涉及隐私理论。相反，关键在于政府执法人员的行为是否披露了除了犯罪证据以外的其他公民信息，因为犯罪证据以外的公民信息受到《第四修正案》的保护。

因此，虽然美国联邦最高法院的某些意见似乎表明系争信息的类型与《第四修正案》的分析有关，但是当我们进一步分析案件的时候，我们就会发现系争信息的类型与政府执法人员的行为是否违反《第四修正案》无关。当美国联邦最高法院在涉及《第四修正案》的案件中提到"私密信息"时，此信息就是指"难以被警察或者其他

---

① 468 U. S. 705 (1984).
② Kyllo v. United States, 533 U. S. At 38 n. 5.
③ United States v. Jacobsen, 466 U. S. 109, 122 – 125 (1984).
④ Illinois v. Caballes, 543 U. S. 405 408 – 410 (2005).

公民察觉的信息"。正如 William Stuntz 所说那样,当法官判断某个警察的执法策略是否侵犯了公民隐私的合理期待判断,从而判断该行为是否构成《第四修正案》所规制的搜查行为时,他们需要查看其他公民是否能用相同的方法获得警察的所见所闻。换言之,警察的行为是否获取了公民的隐私。①

(三) 隐私理论框架的局限性

认识到美国联邦最高法院在涉及《第四修正案》的司法审判中采取了隐私的认知理论这一点能够帮助我们解释限制公民信息受到法律保护的两个规则。我们常说 Katz 一案标志着《第四修正案》为公民隐私提供保护的范围变大,事实却不是如此简单。美国联邦最高法院的法官在该案中认定公民的隐私而非场所是判决的关键,法官指出:"当公民明知道其信息会被泄露给公众时,即便该信息处于公民住宅或者办公室之内,该信息也不受《第四修正案》的保护。然而,如果公民认为其信息是隐私,即便该信息处于公共场所中,它也可能受到《第四修正案》的保护。"

1. 公开披露规则和第三方当事人理论

第一个限制公民信息受到法律保护的规则是所谓的"一览无遗规则",又称为公开披露规则(public exposure),即当警察从他们原本占据的有利位置看到事物,并从中获取公民信息时,他们的这个行为不受《第四修正案》的约束(有时候因为其他公民也可能占据此种有利位置观察他人的活动)。② 这个限制规则的逻辑在于 Bill Stuntz 所提出的有关搜查行为的法律的"核心部分",他指出:"核心部分是定义何为'搜查'的基本要素,从而能够确定政府执法人员的何种行为受到《第四修正案》的规制。对于搜查的物品而言,公开披露规则能够决定政府执法人员需要对其搜查的何种物品进行合法性说明。"

---

① William J. Stuntz, Privacy's Problem and the Law of Criminal Procedure, 93 Mich L. Rev. 1016, 1023 (1995).
② William J. Stuntz, Privacy's Problem and the Law of Criminal Procedure, 93 Mich L. Rev. 1022 (1995).

一系列涉及对公民私人财产的空中监视案件能够帮助我们理解"公开披露规则"。在 California v. Ciraolo 一案①中，美国联邦最高法院认定，政府执法人员在直升机内通过肉眼观察公民用围栏围起来的庭院的行为不是《第四修正案》所规定的搜查行为，因为政府执法人员所乘坐的直升机的飞行高度与其他私人商务飞机飞行的高度一致，其他乘坐飞机经过此地并且向下观望的公民都能看到政府执法人员看到的东西。Dow Chemical Co. v. United States 一案②将此观点进一步扩展，美国联邦最高法院认定，警察甚至可以在其乘坐的飞机上通过航空绘图摄影机来识别地面上小至二分之一英寸直径的事物，它解释道："通过工具提升警察实力的事实不会引发任何宪法问题。即便公民采取了措施限制其他人观察他的活动，但是警察通过某些方法观察到他的活动，警察的行为也不会触犯宪法的规定。"例如，在 Florida v. Riley 一案③中，美国联邦最高法院得出了同样的结论。在该案中，警察乘坐直升机在四百英尺的高度上观察被告的温室，并且从温室屋顶的漏洞中看到了温室里种植了大麻。

美国联邦最高法院在涉及政府执法人员利用追踪器监控公民的案件中也遵循了上述观点。例如，在 United States v. Knotts 一案④中，警察在一罐氯仿里安置了追踪器，被告随后买了该罐氯仿并且将罐子放在其汽车内，警察通过蜂鸣器追踪到了被告的行踪。美国联邦最高法院认定，"公民对其驾驶汽车行走在公共街道上的行踪不享有隐私的合理期待，警察的监控只是记录公民的汽车在公共场所内的行踪"。对于政府执法人员使用的技术有所不同这一点，美国联邦最高法院认定，政府执法人员利用蜂鸣器追踪公民行踪而非用肉眼观察"并无两样"。⑤

第二个限制公民信息受到法律保护的规则是第三方当事人理论（third party doctrine），美国联邦最高法院认定，如果公民的信息由第

---

① 476 U. S. 207 (1986).
② 476 U. S. 227, 238 (1986).
③ 488 U. S. 445, 451 (1989).
④ 460 U. S. 276 (1983).
⑤ See Christopher Slobogin, Public Privacy: Camera Surveillance of Public Places and the Right to Anonymity, 72 Miss. L. J. 213, 236 – 237 (2002) (citing cass).

三方当事人传达或者被第三方当事人知道，那么该公民对其信息就不享有隐私的合理期待，即便该信息被秘密地传达。United States v. Miller 一案①是体现这个规则的举足轻重的案件，美国联邦最高法院在该案中认定，公民的银行记录不受《第四修正案》的保护。在该案中，联邦调查员在未获搜查令的情况下利用传票获取被告的银行记录，该银行记录显示被告曾经用支票来购买能够制造黑市所售卖的威士忌的设备。当被告主张联邦调查员利用传票获取其银行记录的行为触犯了《第四修正案》的规定时，美国联邦最高法院解释道："当公民将其信息泄露给其他人时，它应该承担其他人将其信息交给政府执法人员的风险。"因此，美国联邦最高法院认定："《第四修正案》不禁止政府执法人员从第三方当事人中获取公民的信息。"

Smith v. Maryland 一案②进一步拓宽了这个理论的适用范围，美国联邦最高法院认定，《第四修正案》不禁止政府执法人员在没有获得搜查令的情况下获取公民的通话记录。在该案中，警察通过在一间电话公司的办公室内安装描笔式电子记录器来记录嫌疑人所拨打的电话号码。美国联邦最高法院解释道："犯罪嫌疑人自愿地将其拨打的电话号码透露给交换机，只是早期的交换机由人工操作，而如今的交换机是自动化的。"美国联邦最高法院认定："因为公民明知道其拨打的电话号码会被电话公司知道，所以他们不能对这些数字信息保持秘密享有期待。"

总而言之，美国联邦最高法院认定，《第四修正案》不保护已经向第三方当事人泄露的公民信息，即便其他公民不可能获取此信息。Alito 大法官和 Sotomayor 大法官在 United States v. Jones 一案③中提出的并存意见表明，美国联邦最高法院的五名大法官质疑第三方当事人理论是否适用于政府执法人员所实施的长期监视活动，不过他们的意见并没有为此监视活动提供明确的规则或者标准——笔者将会在下文详细讲述这个话题。

2. 批判的学术观点

在隐私理论的学术界里，学者普遍认为《第四修正案》不保护

---

① 425 U.S. 435 (1976).
② 442 U.S. 735 (1979).
③ 132 S. Ct 945, 958 (2012).

已经向第三方当事人泄露或者可能被公众知道的公民信息,因为它只承认隐私最简单的理论。学者分别从理论、实证主义和社会学角度来对美国联邦最高法院对《第四修正案》的解读进行批判,这三个不同的角度都有共同的核心意见,即法官不承认公民的隐私可以被划分为不同程度的隐私。

下面所提及的三种批判观点能够很好地解释此核心意见。①

第一种观点由 Dan Solove 提出,他从理论的角度来分析美国联邦最高法院的司法错误。② Solove 主张,法官被所谓的"保密规范"误导,从而认为隐私理论是"完全秘密",只有当封存的信息被泄露时,他人的隐私才受到行为人的侵犯。Solove 指出,这种理解的核心问题在于法官错误地将隐私当作一种二元对立的权利,即认为隐私是一种非有即无的权利,没有看到隐私可以分为不同程度的隐私。例如,法官既没有意识到公民可以将其信息对某些人保密,而不对其他人保密,也没有意识到通过在晚间新闻里公开某些隐藏在模糊文件中原本不为人知的信息,媒体也是侵犯了公民隐私。③ 进一步而言,Solove 指出,隐私理论是自掘坟墓的理论;因为我们必然会在所处的世界里留下私人信息的痕迹,而"完全秘密"的隐私理论最终会让我们走向一个没有隐私的世界。④ 因此,Solove 主张,法官应该摒弃这种过于严格的隐私理论,而且应该关注公民隐私受到的各种形式的侵犯。

第二种批判的观点由 Lior Strahilevitz 提出,他从实证主义的角度来分析美国联邦最高法院的司法错误。⑤ 根据"社交网络"理论判断公民私人信息是否一经披露就会被迅速传播,Strahilevitz 主张法官在

---

① See e. g. Wayne R. LaFave, Search and Seizure: A Treatise on Fourth Amendment § 2.1 (d), at 394 (3d ed. 1996).
② See e. g. Woodrow Hartzog & Frederic Stutzman, The Case for Online Obscurity, 101 Calif. L. Rev. 1, 17 – 20 (2013).
③ Daniel J. Solove, The Digital Person : Technology and Privacy in the Information Age 44 (2004).
④ Daniel J. Solove, Access and Aggregation: Public Records, Privacy and the Constitution, 86 Minn. L. Rev. 1137, 1177 (2002).
⑤ See e. g Lior Jacob Strahilevitz, A Social Networks Theory of Privacy, 72 U. Chi. L. Rev. 919, 921 (2005).

对涉及公民隐私案件做出判决时忽略了很多相关的因素：为了判断某个信息是否一旦被某些人知道就会被公之于众，法官不仅需要知道当前有多少人知道此信息，法官还需要知道此信息处于社交网络的哪个位置；哪一类人可以接触它；它被进一步扩散的动机是什么；此信息是否需要和其他信息组合才能与某位公民相联系；什么样的社会规则会便利或者约束此信息被进一步扩散。

上述因素可以解释这样一种现象：即虽然某个信息被一百个人知道但是它可能不会被进一步扩散，而其他仅被两个人知道的信息可能会被广泛地传播。因此，Strahilevitz 主张，通过明确上述因素如何运作，社交网络理论能够为法官提供一种连贯且一致的方法论来判断公民是否对其已经与其他人分享的信息享有隐私的合理期待。这样一来，合理隐私期待的判断方法就是纯粹实证主义的：即便被告没有做出任何行为，原告的某些信息还是会被广泛地传播。

第三种批判的观点由 Helen Nissenbaum 提出，他从社会学角度的角度来分析美国联邦最高法院的司法错误。[①] Nissenbaum 主张，法官错误地将世界划分为私人区域和公共区域，只承认私人区域的信息受到法律的保护。他提出，生活中没有一个地方不受到信息分享规范（information-sharing norms）的约束，进一步而言，法官需要在具体情况中具体分析这些规范，而不是单纯地从私人区域和公共区域的角度来分析这些规范："几乎所有事情，包括公民所作出的行为，社会事件和交易行为都发生在一个复杂的环境中，这个环境不仅涉及场所的问题，还可能涉及政治，惯例和文化背景的问题。"[②] Nissenbaum 在这些语境因素的基础上提出了一种隐私理论——"语境完整性"（contextual integrity），也就是说，当某件信息的披露违背了公民分享该信息的原始语境时，该公民的隐私就受到了侵犯。因此，公民的隐私权不是保密权也不是控制其信息的权利，而是适当地传播其私人信

---

① Helen Nissenbaum, Privacy in Context: Technology, Policy and the Integrity of Social Life 113 -25 (2010); Helen Nissenbaum, Privacy as a Contextual Integrity, 79 Wash. L. Rev. 119, 136 (2004).

② Helen Nissenbaum, Privacy as a Contextual Integrity, 79 Wash. L. Rev. 137 (2004).

息的权利。①

总而言之,隐私理论学界对第三方当事人理论和公开披露规则的批判层出不穷,但是它们都有共同点。它们都认为核心问题在于法官未能承认隐私权并非一个非无即有的权利,而是一种能够被划分为不同程度的权利,法律对不同程度的隐私权的不同保护可以保护公民从私人区域到公共区域的信息隐私。虽然此批判观点在目前来看是正确的,笔者也同意这些观点,但是这些观点也只是披露了部分问题。

三、隐私与匿名

公开披露规则和第三方当事人理论的问题在于它们否认公民信息可以受到不同程度的保护,正如研究隐私理论的学者长期主张那样。此外,更重要的是,它们混淆了两种不同的保护形式:隐私保护和匿名保护。

为了解释此错误带来的重大影响,笔者首先对隐私和匿名的理论做出区分,其次明确指出匿名的本质,匿名长期受到学术研究的忽视和受到学者的误解,最后阐释《第四修正案》不仅需要保护隐私的合理期待,还需要保护"匿名的合理期待"的原因和方式。

(一) 隐私和匿名之间的差别

涉及《第四修正案》的司法审判的基本问题在于之前的批判观念只看到保护公民信息免受其他人知道的其中一种方式。正如前述那样,这是判断公民信息是否受到《第四修正案》保护的因素之一。当法官提到信息"隐私"时,他们指的是完全秘密、不被任何人知道的公民信息。然而,法官只看到了保护公民信息免受其他人知道的其中一种方式。

为了解释法官遗漏的另一种保护方式,我们首先要知道公民信息包含了两个核心的要素:一个主语(明确系争的主体)和一个谓语(发生在该主体的事情)。例如,Abraham Lincoln 发表了《葛底斯堡演说》这个事件包含了主语(Abraham Lincoln)和谓语(发表了

---

① Helen Nissenbaum, Privacy in Context: Technology, Policy and the Integrity of Social Life 127 (2010).

《葛底斯堡演说》）。这个道理同样适用于其他公民信息，每个信息都可以划分为这两个核心要素，并且要素之间彼此相联系，正如下面表格所显示那样：

主　语	谓　语
Abraham Lincoln 美国第 16 任总统 Thomas Lincoln 的第二个儿子	发表了《葛底斯堡演说》 第 1 任被刺杀的总统 发明了能够提升船在浅滩航行的装置并且获得第 6469 号专利

我们可以说"Thomas Lincoln 的第二个儿子发表了《葛底斯堡演说》"或者说"美国第 16 任总统发明了能够提升船在浅滩航行的装置并且获得第 6469 号专利"，等等。任意一组主语和谓语的结合都能得到有关 Abraham Lincoln 的真实信息。

这样的思考是有意义的。其中最重要的意义在于它能够区分隐私和匿名之间的差别，正如笔者将在下文阐释的那样。然而，为了区分这种差别，我们首先要理解"当我们知道上述表格里的任一要素时，我们就是知道了某人的某件事情"。这是很简单的一点，但是它很重要，因为它强调存在两种方式来保护公民特定的私人事实不被其他人知道。这两种保护方式分别是隐藏主语信息或者隐藏谓语信息。

在适用《第四修正案》的案件中，这种主谓语的区分可以让我们看到法官在法律上认可了第二种隐藏公民信息的方法（隐藏事件），但是没有认可第一种方法（隐藏个人）。例如，如果公民合理地期待其在公用电话亭内进行的通话不会被公众知道，那么法官就会认定警察不能干涉该公民的通话活动，例如在电话亭里安装窃听器，因为这种干涉会披露公民的通话内容。然而，如果公民合理地期待在公共场合发表演说后，他的身份会保持不为人知，那么法官就会认定警察能够干涉公民的活动，将公民的身份与其所做的演说联系起来，例如对公民实施监控行为。

然而，法官没有明确地解释为何只有一种保护公民信息的方式是有效的，批判美国联邦最高法院观点的学者也没有解释这一点。这个司法审判和学术理论的空白让我们无法正确理解隐藏信息的内涵，因为法官和学者混淆了"隐私"理论和"匿名"理论之间的差别，所以他们忽视了两种隐藏信息的方法之间的差别。① 之所以人们会混淆匿名和隐私，其原因是长期以来，匿名和隐私都被视为两个独立的规范性理论，这导致人们认为这两个理论所实现的目标是一致的。然而，当我们从描述性理论的角度来理解匿名和隐私的时候，我们将会看到这两个理论的基本区别。

匿名和隐私之间存在着重要的差别。虽然匿名和隐私都是用于描述公民的私人信息不被其他人知道的状态，但是它们所描述的状态是截然不同。为了理解这一点，我们有必要回归到上述包含"主语"和"谓语"的表格中。根据主语和谓语的划分，隐私和匿名可以被定义为：当我们知道一个句子的主语，但是不知道其相关的谓语时，我们面临的情况是隐私；而当我们知道一个句子的谓语，但是不知道其相关的主语时，我们面临的情况是匿名。例如，如果我们想要了解 Abraham Lincoln，但是我们不知道他做过的事情，即我们不知道上述表格中谓语一栏的事项，那么 Abraham Lincoln 的隐私就受到了保护。相反，如果我们想知道更多有关第 6469 号专利的事项，但是我们不知道获得该专利的公民的身份，即我们不知道上述表格中主语一栏的事项，那么该专利获得者的匿名就受到了保护。从这个意义上说，隐私和匿名就是一个硬币的两面：它们彼此区别，但是又彼此相联，它们描述着特定事项的两面。

进一步而言，匿名和隐私是彼此的另一面的原因在于它们的联系是偶然的。匿名和隐私都是描述公民的私人信息不被其他人知道的状态，因为公民的信息被划分为不同要素。匿名和隐私处于一道墙的两端，这道墙用于区分公民的身份和公民的信息。在区分后，如果我们知道某位公民的身份而不知道其信息，那么我们会把这种情况描述为"隐私"；而如果我们知道公民的信息而不知道该公民的身份，那么我们会把这种状况描述为"匿名"。

---

① Alan F. Westin, Science, Privacy and Freedom: Issues and Proposals for the 1970's: Part I-The Current Impact of Surveillance on Privacy, 66 Colum, L. Rev. 1003, 1020 (1966); Ruth Gavison, Privacy and the Limits of Law, 89 YALE L. J. 428 (1980).

笔者将举一个例子说明隐私和匿名的联系是偶然的这一点。试想一下，某位公民的血液检查报告放在了他的医疗档案里，但是他的医生拿走了这份血液检查报告并将它放到了一个空白的文件夹里（换言之，他分离血液检查报告和拥有该血液检查报告的公民的身份）。如果我们随后拿到了该公民的医疗档案，但是没有拿到他的血液检查报告，那么我们会说"该公民的隐私受到了保护"，或者"与该公民相关的信息是隐私的"等等。如果我们拿到了血液检查报告，但是没有拿到医疗档案，那么我们会将这种情况描述为"公民的匿名受到了保护"，或者"与血液检查报告相关的公民的身份是匿名的"，等等。因此，将公民的身份和公民的某些信息分离这一件事情在不同情况下会表明公民的隐私受到保护或者公民的匿名受到保护。

承认匿名和隐私之间存在偶然联系这一点有助于解释学术上的令人困惑的问题：它能够解释为什么匿名权似乎在保护公民的隐私。这个问题的答案并非如某些学者所说那样，匿名是隐私的一种类型或者隐私和匿名之间存在着重叠的特征。匿名的存在导致隐私的存在，反之亦然。它们是同一样事物的两个不同方面。

例如，在上面的假设场景中，如果我们获取了血液检查报告却不知道该报告的公民身份，那么这份血液检查报告就是匿名的，因此，拥有这份血液检查报告的病人的身份受到保护。相反，如果我们获取了医疗档案但是没有拿到血液检查报告，病人的隐私因此受到了保护，正如在前一种场景中，病人的身份受到保护一样。然而，后一种情况（保护公民的匿名）在保护公民隐私的情况中似乎显得不那么重要，因为法律很少将保护公民的匿名当作目标，在大多数情况下，法律都将保护公民的匿名视为保护公民隐私的一种方式。然而，正如笔者在其他文章中所提到那样，如果我们承认隐私和匿名之间存在差别，那么我们将探索到更多关注公民匿名而不是关注公民隐私的法律领域。① 问题的关键在于，当我们形容一种状态是隐私的时候，该种状态也能转变为匿名，反之亦然。因此，之所以笔者对隐私和匿名做出区分，其原因不在于否认保护公民的匿名能够保护公民的隐私，而

---

① See Jeffery M. Skopek, Anonymity, the Production of Goods, and Institutional Design, 82 Fordham L. Rev. 1759 – 1769（2014）.

在于笔者希望解释保护公民的匿名能够保护公民的隐私。

除了解释隐私和匿名如何保护彼此之外，上述的假设场景还阐明了它们保护彼此的必要性。例如，某些侵犯公民隐私的行为会消除血库的匿名（例如泄露了某位向该血库供血者的信息，而该血库只有一份血液样本），其他侵犯公民隐私的行为仅仅会破坏在血库中储藏的血液样本的匿名（比如泄露供血者的样本所在的血库 100 份血液样本）。类似地，某些侵犯公民匿名的行为会消除供血者抽血行为的隐私（比如披露某一血液样本的公民姓名），其他侵犯公民匿名的行为只会损害公民部分的隐私（如披露与某一血液样本相关的一系列公民身份）。

上述的假设场景所揭示的重要特征是，公民的匿名和隐私都涉及看待事物的公共视角问题。当我们面对隐私的时候，公民的身份是可公开的，而当我们面对匿名的时候，与公民身份无关的一切事物都是可公开的。这种结论是根据公民的身份或者他们的所作所为被隐藏的时候而做出的，如果公民的身份和他们所作所为同时被隐藏，那么我们将这种情况称之为深度隐私或者未知的未知（unknown unknown）。相反，匿名和隐私指的是公开已知的未知。认识到这一点能够帮助我们解释一些令人感到困惑的问题：为什么他人在公共场所进行的活动不必然披露他人的隐私，为什么公开他人的身份不必然侵犯他人的匿名。因为只要他人所从事的活动保持匿名，那么他人的隐私就可以受到保护，隐私和匿名所具备的身份分离属性就可以得到维持。

总之，当"公民的私人信息"被理解为两个核心元素——主语和谓语时，存在着两种方法使它们互不干扰。根据第一种方法，我们知道公民的身份，但是不知道其信息，我们将此种类型的秘密称之为隐私。根据第二种方法，我们知道公民的信息，但是不知道公民的身份，我们将此种类型的秘密称之为匿名。至少，这是笔者对隐私和匿名的通常用法的理解。然而，对于笔者的主张而言，人们是否同意笔者所提出的隐私和匿名所具备的特征并不重要。因为笔者仅仅希望界定之前学者未曾注意到的两种保护公民秘密的方法，这两种方法的差别对于确定保护公民隐私的法源而言起着至关重要的作用，其中包括《第四修正案》。

(二) 匿名的本质

在涉及《第四修正案》的案件中，在分析美国联邦最高法院所作的推理之前，我们需要探讨更多关于匿名的细节。因为匿名通常被认为是保护公民隐私的一种工具，它未能得到学者足够的重视。① 下面的分析将会阐明"匿名"的内涵远比它看上去复杂。

与隐私一样，匿名通常被定义为某种信息：所谓"匿名"，是指"无名"（nameless）的意思。② 此种定义有两个问题以至于我们不能正确地认识何为匿名。第一个问题，无名不足以描述匿名的情况。笔者用一个简单的例子来解释这一点。试想一下，我不知道邻居的名字，但是知道邻居创作的每一个作品。如果我看到其中一个作品出现在博物馆里，这个作品对于我而言就不是匿名的了，因为我知道邻居创作了这个作品，不管该作品有没有署上邻居的姓名（虽然在某些情况中，比如这个艺术作品的例子中，展示的作品不可能不展示作者的信息）。第二个问题，无名并非匿名的必要条件。例如，如果某本书的作者署名是"John Smith"，那么在没有更详细的信息的情况下，这本书仍然保持足够的匿名。因此，简而言之，虽然披露拥有某件物品或者从事某项活动的公民的姓名是破坏其匿名的有效途径，但是这种途径并不充分，如果没有更详细的信息，此物品或者活动对于其他人来说都是匿名的。因此，将匿名定义为无名是不正确的。

进一步而言，这个道理同样适用于公民姓名与公民身份之间的关系。上述艺术作品的例子表明，确定物品所有者的身份不一定要求披露该物品所有者的姓名，而上述作者在书上署名的例子表明，确定物品所有者的身份除了要求知道所有者的姓名还需要知道其他信息。例如，在作者在书上署名的例子中，我们需要将作者署名与书籍的其他信息联系到一起（如书籍出版的时间和地点）才能确定作者的身份。简而言之，虽然姓名是确定公民身份的有效途径，但是光靠姓名不足以确定公民的身份，或者说姓名并不是确定公民身份的必要条件。

---

① See e. g. Woodrow Hartzog & Frederic Stutzman, The Case for Online Obscurity, 101 Calif. L. Rev. 1, 17 – 20 (2013).

② See Webster's Third New International Dictionary 89 (1986).

鉴于利用无名来定义匿名所产生的问题，特别是无名不足以体现匿名的情况和无名并非匿名的必要条件；公民的姓名也不是确定公民身份的充足条件和必要条件，因此，匿名应该被定义为某种信息的缺失或者展现。没有一种私人信息能够天然地确定公民的身份，我们也不能通过保护单一的信息来保护公民的匿名。①

我们应该从以下两个要素来判断特定私人信息是不是一项确认公民身份的信息。

第一个相关的要素是信息的独特性。为了保护公民的匿名，某一信息或者某一系列信息必须是独一无二的。例如，如果将 John Smith 与书中其他信息，比如书籍出版的时间和地点，书本的语言风格联系起来，我们得到的是一系列不同的潜在作者的名单，那么作者还是保持匿名的（尽管我们会提高猜中书籍作者身份的概率）。进一步而言，虽然独特性是保护公民匿名的必要条件，但是它不是充足条件。例如，研究人员会对组织样本随意分配一个编号。这个编号不仅对于组织样本而言是独特的，对于供者而言也是独特的，编号 X 正是对应供者所提供的组织样本。然而，这个编号仅仅与组织样本及其相关信息相联，它无法确定供者的身份。确定公民身份不仅需要个性化。

第二个相关的要素是此独特的信息与其他相关信息的关联度。②例如，如果我们想在人群中找到某位长着红头发的公民，事实上人群中只有一个长着红头发的公民，那么红发与我们所掌握的信息之间的联系使得该公民的红发变成确认其身份的信息。进一步而言，某些看上去普通的信息有可能确定某位公民的身份。例如，试想一下，多年以来，我看到某个人每天都会出现在我上下班所搭乘的列车上，但是我不知道他的名字，当我看到新闻报道将其匿名照片曝光并且指出他是警方追捕的犯罪嫌疑人时，如果警察需要对这个人进行定位，那么我对其每天会出现在列车的了解将会帮助警察辨认出该犯罪嫌疑人（这是有形的维度）；反之，如果警察希望知道他的名字，那么我对其每天会出现在列车的了解将不能帮助警察确定其身份（这是无形

---

① See Gary T. Marx, What's in a Name? Some Reflections on the Sociology of Anonymity, 15 Info. Soc'y99 (1999).
② See Kathleen A. Wallace, Anonymity, 1 Ethics & Info. Tech. 23, 24, 28 (1999).

的维度)。因此,我是否知道"照片中的人物"是谁成为确认"照片中的人物"的身份的关键信息,决定了警察能够接触其所追捕的人。

笔者将举另一个例子来进一步阐明这个要素。试想一下警察希望确定犯罪嫌疑人的两种场景。在第一种场景中,犯罪嫌疑人在躲藏,而警察希望逮捕他。在第二种场景中,犯罪嫌疑人死了,而警察希望拘留他的尸体。在第一种场景中,如果犯罪嫌疑人彻底掩盖他的过去,比如整容,那么许多传统的识别手段(比如知道犯罪嫌疑人的名字,个人经历,社保号码和家庭成员)都无法在茫茫人海中将犯罪嫌疑人辨认出来。在这种情况中,无论警察是否知道犯罪嫌疑人的姓名和个人经历,犯罪嫌疑人的匿名程度不会比他在实施犯罪活动的时候低。如果警察在街上看到犯罪嫌疑人,经过整容,警察也未必能够认出该犯罪嫌疑人。在第二种场景中,情况恰好相反。例如,如果警察知道犯罪嫌疑人已经死亡,他们只是希望知道该犯罪嫌疑人的姓名,知道他的住所,那么保持犯罪嫌疑人的匿名就是保护他的姓名、住所等传统的个人信息不被警察知道。

为什么匿名会经常与无名联系到一起呢?为什么人们通常以姓名来确定某位公民的身份呢?人们通常以姓名来确定某位公民的身份不是因为姓名是一项具有独特性的信息(事实上,姓名可能是独一无二的也有可能不是),而是因为姓名常常与公民有形和无形的信息联系到一起,这导致人们能够利用有形信息或者无形信息来辨认出某位公民。例如,在知道某位公民的姓名之后,我们能够找到与之相关的社会保险号码,还能发现公民的银行记录,邮箱地址和最近他使用信用卡进行消费的地点,这些信息都可能成为确定公民身份的必要信息。进一步而言,在数字时代里,公民姓名的价值正在下降,因为其他与公民身份相关的信息(比如网络用户名和账号号码)与公民有形和无形的信息之间的联系越来越密切,这些信息能够在更大范围内确定公民的身份。

因为我们只能通过联系和上下文确定保护公民匿名的信息,而不能单纯地通过消除某种类型的信息达到保护公民匿名的目的,所以匿名总是不完整的。这个问题能够从两个方面进行说明。第一个方面,当我们面对某件物品或者某项活动是"匿名"的时候,我们知道该物品或者活动与某位身份未明的公民有关,这意味着我们知道了可能确定该公民身份的信息。① 例如，一本没有作者署名的书。我们知道这本书是由某个人创作和我们知道了那个人的某些信息。至少，我们知道他或者她写过这本书。此外，根据书的语种，我们知道作者所说的语言。从书的语言风格和措辞，我们可能会确定该书创作的时间，甚至是创作地点。这样一来，如果"他或者她写过这本书"的信息与其他事实充分地联系，那么此信息可能成为确定公民身份的独特信息。第二个方面，缺失某位公民的身份不是指公民本身就不为人知。所谓匿名，是指知情者知道存在某件物品或者活动，但是他不知道拥有该物品或者从事该活动的公民的身份。正如 Katherine Wallace 提到那样："一位隐居者可以是'无名的'或者不为人知的，但是这种情况并非'匿名'；因为隐居者脱离了社会。"② 为了体现匿名，隐居者应该被别人知道他的存在。因为匿名是指已经知道其存在的事物的身份不明，而且该事物必须具备确认其身份的信息。因此，我们不应该将匿名定义为无法识别的情况③，而是应该将其定义为在特定时间和地点中，我们无法识别某些事物的身份。

总而言之，结合上述的讨论，所谓匿名，是指只有通过某些信息才能知道与某人相关的事情的状态，如果没有更详细的信息或者进一步调查，这些信息也无法披露特定公民的信息，不是确定该公民身份的独特信息。

(三) 在《第四修正案》中寻找匿名

当我们认识到匿名的本质以及匿名与隐私之间的关系时，我们不仅应该看到公开披露规则的核心问题，还应该让法官将《第四修正案》从形式和实体的层面上保护公民享有的"匿名的合理期待"。④

在形式层面上，当法官需要判断公民是否享有隐私的合理期待

---

① See Gary T. Marx, What's in a Name? Some Reflections on the Sociology of Anonymity, 15 Info. Soc'y100 (1999).
② Katherine A. Wallace, Anonymity, 1 Ethics & Info. Tech. 23, 24, 28 (1999).
③ Peter West & Jacquelyn Burkell, Names, Nyms, Addresses and Reputations: The Experience of Anonymity in the Wired World, at 4 (2005).
④ ee Christopher Slobogin, Public Privacy: Camera Surveillance of Public Places and the Right to Anonymity, 72 Miss. L. J. 270 – 282 (2002).

时，他们应该考虑公民是否享有匿名的合理期待。理由很简单。他人在公共场所进行活动不意味着他人丧失了隐私利益。只要他人所进行的活动保持匿名，他人的活动与其身份保持分离，那么他人的隐私就受到了保护。例如，以《第四修正案》对某位公民的血液样本进行保护为例。如果供者对其血液样本保持匿名享有合理的期待（也许因为研究人员对其承诺血液样本保持匿名，也许因为血液研究机构受到某种规范的约束），那么他就可以对血液样本所蕴含的与他相关的信息保持隐私，不管此类信息是否能够被其他人知道。这样一来，公民所享有的匿名的合理期待支持他享有隐私的合理期待，公民所享有的匿名利益（和实施的公开行为）就会被纳入《第四修正案》对公民隐私提供保护的范围内。因此，即便法官坚持严格的形式主义，坚持传统所认可的利用 Katz 一案确立的规则确定公民隐私受到法律保护的范围，这种形式主义也不会让法官将公民的匿名排除在《第四修正案》对公民隐私提供保护的范围之外。

当我们进一步探究 Katz 一案确立的规则所蕴含的实质时，我们会看到保护公民所享有的匿名利益的更有说服力的理由。正如笔者在第一部分所阐述那样，当美国联邦最高法院说"隐私的合理期待"时，它是指公民合理地期待其部分信息能够不被其他人知道，这种状态同时包含了"隐私"和"匿名"，而笔者在后文中也对这两个理论进行了区分和定义。

事实上，在多种场合中，美国联邦最高法院已经明确地表示《第四修正案》不仅关注公民的隐私。例如，在 Katz 一案①后，美国联邦最高法院在其他案件中一再重申："《第四修正案》不仅保护公民的隐私免受政府执法人员所实施的特定类型的侵犯，它为公民隐私提供的保护范围更广泛，这种保护范围常常与公民的隐私无关。"虽然美国联邦最高法院没有进一步详细说明这句话的异议，但是在 Griswold v. Connecticut 一案②中，Black 大法官的异议提出，《第四修正案》保护公民免受政府执法人员干扰的独处权，无论是在公共场

---

① Katz v. United States, 389 U. S. 347, 350 (1967); also Soldal v. Cook Cnty., 506 U. S. 56, 65 (1992).

② 381 U. S. 479, 509 (1965) (Black, J., dissenting).

所还是私人场所,公民所享有的独处权都是一致的。在 Olmstead v. United States 一案①之后,"《第四修正案》保护公民在公共场所和私人场所享有的独处权"这个说法也经常被人提起,Olmstead 一案的多数意见指出,政府执法人员所实施的窃听行为并非《第四修正案》所规定的对公民住宅实施实际入侵的行为,而 Brandeis 大法官反对这种意见。他写道:"公民授权给制宪者,让制宪者与政府抗衡,独处权是公民享有的最广泛和最重要的权利。"

虽然美国联邦最高法院没有将公民在"公共场所享有的独处权"定性为公民所享有的"匿名权",但是在 Katz 一案的判决后,某篇涉及《第四修正案》判例法的评论指出,许多名义上涉及公民所享有的隐私合理期待的案件实际上是有关公民所享有的匿名合理期待。

Hiibel v. Sixth Judicial District Court of Nevada 一案②最能体现美国联邦最高法院承认公民的匿名受到《第四修正案》保护这个观点。在该案中,美国联邦最高法院根据《第四修正案》的规定对某个州的法律提出了挑战,该州的法律规定,在检查站的临时检查中,如果公民拒绝说明其身份,那么警察有权逮捕该公民。美国联邦最高法院认定,虽然该法律没有明确违反《第四修正案》的规定,但是它暗含着违反该规定的危险。美国联邦最高法院认为,只有当警察在实施特里拦截(Terry stop)时,警察强迫公民说明其身份的做法才不会违反宪法规定,进一步而言,如果警察要求公民说明身份的要求与证明警察拦截该公民的合理性无关,那么警察就不能因为公民拒绝说明其身份而逮捕他。因此,美国联邦最高法院承认,《第四修正案》保护公民所享有的匿名利益。事实上,公民所享有的匿名利益可能比政府的执法利益更加重要,虽然政府的执法利益使警察能够对犯罪嫌疑人实施特里拦截,但是这个事实更能说明《第四修正案》保护公民所享有的匿名利益。③

在法律允许政府执法人员对被逮捕者、经证明有罪的罪犯和假释犯强制进行 DNA 测试的问题上,受影响的公民根据《第四修正案》

---

① 277 U.S. 438, 478 (1928).
② 542 U.S. 177 (2004).
③ See also Brown v. Texas, 443 U.S. 47, 53 (1979).

的规定向美国联邦最高法院和巡回法院提出了对此法律的挑战。法官一般会驳回这些挑战，认定政府执法人员的行为没有侵犯公民享有的隐私合理期待。为了做出这个结论，所有法官都会推论，政府执法人员所实施的强制 DNA 检测行为仅仅揭示了公民的身份，而鉴于该公民已经进入刑事司法程序，他对自己的身份不享有任何隐私的合理期待。美国联邦第二巡回上诉法院对此推论做出了最细致的阐述："从违法者的血液样本中提取的 DNA 信息仅仅建立有关该违法者身份的记录，一名缓刑犯对其身份几乎不享有隐私合理期待。"① 虽然此推论在实质层面上受到广泛地批评，但是它的特征与笔者本文的目的相关。因为"公民身份的隐私"与"匿名"一样，法官在这些案件中都认定，因为公民的身份已经被刑事司法程序知道，所以他们对自己的身份不享有匿名的合理期待，政府执法人员强制对他们进行 DNA 测试的行为也不会违反《第四修正案》的规定。

诚然，对某个领域的判例法的最好解读不一定适合所有案件。正如判例法经过长时间的发展无可避免地会出现混乱的情况，一个连贯的法律理论要求确认某些判例法是错误的或者被误解的。为了保持法律体制的连贯性，理论必须解释这类案件判决的理由。

在涉及公开披露规则的美国联邦最高法院的案件中，笔者找到了支持本文主张的异议，这些案件大多以 5 比 4 票数做出最终判决。② 例如，在 California v. Ciraolo 一案③中，Powell 大法官的异议（Brennan, Marshall 和 Blackmun 附议）；在该案中，美国联邦最高法院的多数意见认为，政府执法人员通过乘坐直升机来观测公民用篱笆围起来的庭院的行为不构成《第四修正案》所规定的搜查行为。在解释为什么此类监控行为不适用公开披露规则时，Powell 大法官指出，美国联邦最高法院的多数意见没有考虑到的是公民的匿名而非公民的隐私：搭乘商务飞机以及其他用于商业和私人活动的私人飞机的乘客通

---

① United States v. Amerson, 483 F. 3d 73, 85, 86 (2d Cir. 2007).
② See Florida v. Riley, 488 U. S. 445 – 457 (1989) (Brennan, Marshall & Stevens, JJ. dissenting); Dow Chemical Co. v. United States 476 U. S. 227, 238 (1986). (Powell, Brennan, Marshall & Blackmun, JJ. dissenting); California v. Ciraolo, 476 U. S. 207, 211 (1986), (Powell, Brennan, Marshall & Blackmun, JJ. dissenting).
③ 476 U. S. 207 (1986).

常只会看一眼他们所经过的风景和建筑，这个"看一眼"是快速的，匿名的和非歧视的。搭乘飞机的乘客可能会观察到公民的私人活动或者将该活动与特定公民联系起来的风险并不足以抗衡公民的隐私利益。

因此，笔者对于此案件的解读与四位持异议意见的大法官一致，即政府执法人员所实施的监控行为违反了《第四修正案》的规定，因为这种行为侵犯了公民享有的匿名合理期待。

此外，更重要的是，最近 United States v. Jones 一案[1]的判决支持了笔者的解读，在该案中，美国联邦最高法院认定公开披露规则应该受到一定的限制。该案的问题在于，警察在被告的车内安装 GPS 并且监控其在公共场所的活动长达 28 天的行为是否违反《第四修正案》的规定。虽然美国联邦最高法院的法官一致认为警察的行为已违反《第四修正案》的规定，但是法官的认定理由却不尽相同。多数意见认为，根据 Katz 一案确立的规则，警察在被告车内安装 GPS 的行为实际上构成侵入被告私人财产的行为，此行为违反了宪法的规定。Alito 大法官的并存意见（Ginsburg, Breyer 和 Kagan 大法官附议）提出，政府执法人员监控被告在公共场所活动的行为才是违反宪法规定的行为，这种行为违反了由 Katz 一案确立的规则。最后，Sotomayor 大法官明确地支持 Alito 大法官的观点，但是她认为此观点对公开披露规则和第三方当事人理论造成威胁，应该在未来的案件中探讨此种威胁而非本案。

因此，对 Katz 一案和遵循其确立的规则的案件最好的解读就是，解释何时公民在公共场所进行的活动不再受到公开披露规则的约束，解释公开披露规则应该受到的限制。正如前文所说那样，笔者的解读能够提供这样一种解释。进一步而言，笔者将在第三部分深入解释为何公开披露规则不仅受到公民隐私的限制。从这个意义上说，笔者注意到，当美国联邦第九巡回上诉法院拒绝全体法官重新对某件涉及 GPS 追踪的案件进行审理时，首席大法官 Kozinski 提出了异议。通过主张公开披露规则不一定适用于公民在公共场所进行的全部活动，首席大法官 Kozinski 提出政府执法人员所实施的 GPS 追踪监控行为可能

---

[1] 132 S. Ct. At 945.

违反了《第四修正案》的规定,他解释道:"即便公民身处公共场所,他也可以通过在夜间行动,在交通拥堵时行动,混迹在人群中,采取迂回路线,乔装打扮,在建筑间穿梭以免被跟踪等方法来避免自己暴露在监控摄像机中。"[1] 换言之,即便公民在公共场所内活动,他仍享有匿名的合理期待,通过这些伪装的方法,公民在公共场所内进行的活动也可以不被其他人发现。因此,政府执法人员不一定能够根据公开披露规则合法地对公民实施 GPS 追踪行为,此行为仍然可能构成《第四修正案》所规定的搜查行为。

值得注意的是,即便笔者的主张是建立在美国联邦最高法院对隐私理论采取非规范性定义的基础上,当美国联邦最高法院采取规范性定义时,笔者的主张同样成立。诚然,这取决于法官采取何种隐私的规范性定义。例如,如果美国联邦最高法院认定《第四修正案》所规定的隐私保护就是组织政府执法人员侵犯公民的"私密"事项,那么学者可能会主张,《第四修正案》保护的只是维持公民私密性的地方或者信息。这样一来,对这些案件的最佳解读就不能支持《第四修正案》保护公民在公共场所享有的匿名权了。然而,对《第四修正案》更好的规范性解读是将公民的匿名纳入其保护范围之内。正如其他学者主张那样,对公民在公共场所内享有的匿名进行保护(就像是对公民在住宅内享有的隐私进行保护那样)不仅能够保护公民的人格尊严,个性和自治权,还能够建设自由开放的社会。[2]

四、匿名的合理期待

上述分析不仅解释了《第四修正案》将公民所享有的匿名权作为一般权利进行保护的原因,还提供了方法来回答与数据收集和分析

---

[1] United States v. Pineda-Moreno, 617 F. 3d 1120, 1126 (9th Cir. 2010). (Kozinski, C. J. Dissenting from denial of rehearing en banc).

[2] See Richard A. Wasserstrom, Privacy: Some Arguments and Assumptions, in Philosophical Dimensions of Privacy: An Anthology 317, 325 – 327 (Ferdinand David Schoeman ed., 1984); Jeffrey H. Reiman, Driving to the Panopticon: A Philosophical Exploration of the Risks to Privacy Posed by the Highway Technology of the Future, 11 Santa Clara Computer & High Tech. L. J. 27 41 –42 (1995).

相关的新技术带来的难以回答的迫切问题。为了阐明此种方法的适用，笔者将关注两种相当新颖的监控技术。第一种是基因检测技术的一种形式，我们称之为"亲源排查"（familial searching），虽然犯罪DNA数据库可能没有收集到公民的DNA，但是公民的DNA可能与已经被收集DNA的犯罪分子的DNA之间存在亲源关系，通过亲源排查，政府执法人员能够根据已知的犯罪分子的DNA来确定该公民的身份。第二种技术涉及特殊工具的使用，比如利用配置生物识别功能的视频监控摄像机，全球定位系统（GPS）和电话的元数据来对公民在公共场所里的活动进行长期的定位追踪。

虽然上述两种技术在隐私理论学界里都面临着严重批评，司法界也对它们的合法性提出质疑，但是这些批评和质疑都不是根据《第四修正案》提出的。"匿名的合理期待"理论能够为这些批评和质疑提供坚实的理论基础，此理论主要产生两种效果：①它为法官提供了一种原则标准，此原则标准不仅能够揭示这些新技术所涉及的《第四修正案》的问题，这些问题之前从未被察觉，它还能够区分看似一样的实践。②此理论帮助法官进一步发现《第四修正案》的实质内涵。这就是本文这部分内容所强调的两个核心主张。

在探究这些主张之前，值得注意的是，这部分内容没有回答政府执法人员所实施的亲源排查行为或者对公民实施长时间的监控行为是否违反宪法规定，法律是否需要禁止政府执法人员实施这些监控行为的问题。相反，这部分内容仅仅回答这些监控行为是否涉及《第四修正案》这一基础问题，以及政府执法人员是否需要证明他们所实施的这些监控行为的正当性。虽然本文所包含的某些简要评论会涉及什么样的程序能够让这些监控行为变得合理，从而符合宪法的规定，但是这个问题已经超出本文所探讨的范围。

（一）基因鉴定

这部分内容将说明，当我们明白匿名和隐私之间的差别后，我们会更清楚地看到"亲源排查"这种基因鉴定技术对公民所享有的权利造成的威胁。亲源排查技术能够让犯罪分子的DNA数据库囊括没有犯罪嫌疑，但是与已经被收集DNA的犯罪分子存在亲源关系的公民信息。在学术文献中大量存在针对此搜查技术提出的批评和限制方法①,某些司法判决的附带意见也表达了对此技术运用的担忧。② 然而,无论是法官还是学者,他们都没有解释亲源排查技术所涉及的《第四修正案》的问题,而此技术本身并没有披露公民的私人事务。为了解释这个宪法性问题,法官和学者需要从匿名的角度出发而非隐私的角度。亲源排查技术帮助 DNA 数据建立一个"虚拟档案",该虚拟档案包含了未被刑事司法程序知道的公民的 DNA 信息,因此,亲源排查技术违反了公民对其基因享有的匿名合理期待。此外,虽然此匿名的合理期待已被法官默认,但是法官应该明确承认公民对其基因享有的匿名合理期待并且此匿名的合理期待受到《第四修正案》的保护。

1. 隐私保护的不充分性

(1) 亲源排查的本质。DNA 检测就是从公民的 DNA 中提取一系列独特的生物特征数字的过程。这些数字由特定的重复基因序列中提取出来;这些重复的基因序列是 DNA 的组成部分,它本身不能提供拥有此 DNA 的公民的其他相关生物信息。作为刑事侦查的一种工具,DNA 检测一开始仅用于性犯罪,但是随着时间的推移,如今美国 49 个州和美国联邦政府都要求在每个重罪案件中运用 DNA 检测技术。③此外,至少 24 个州和美国联邦政府都通过了允许警察采集被逮捕者 DNA 的法律。在许多州,即便最终证明被采集 DNA 的公民没有实施任何犯罪,公民被采集的 DNA 样本不会自动被销毁;相反,被证明无罪的公民需要经过很长的过程才能最终消除自己被采集的 DNA 样本。截至 2014 年 9 月,由 FBI 运作的国家数据库已经涵盖了 11164117 名犯罪分子的档案和 2026761 名被逮捕者的档案(包括州

---

① See Erin Murphy, Relative Doubt: Familial Searches of DNA Databases, 109 Mich. L. Rev. 291 (2010); Natalie Ram, Fortuity adn Forensic Familial Identificaiton 63 Stan. L. Rev. 751 (2011); Sonia M. Suter, ALL in the Family: Privacy and DNA Familial Searching, 23 Harv. J. L. &Tech. 309 (2010).

② See e. g. Maryland v. King, 133 S. Ct. 1958, 1967 (2013); Haskell v. Harris, 669 F. 3d 1049, 1079 (9th Cir. 2012) (Fletcher, J. , dissenting).

③ DNA Laws Database Topic Summaries, Nat'l Conference State Legislatures, http: // test. ncsl. org/issues-research/justice/dna = laws = database-topic-summaries. aspx (last visited Nov. 13, 2014).

政府和联邦政府的数据)。①

迄今为止,对 DNA 检测技术的合法性的质疑都是关注被检测者所享有的权利。为了回应这些质疑,法官提出了以下判断因素:①当公民是被逮捕者,被证明有罪的罪犯或者有前科的人时,对其进行基因检测是否合法;②当犯罪嫌疑人所实施的犯罪是非暴力犯罪的时候,对其进行基因检测是否合法;③当政府执法人员无限期地检查这些档案时,他们的行为是否合法。② 颇有争议的是,法官认定上述因素都不会影响 DNA 检测是否符合宪法规定的结果。法官认为,政府执法人员采集公民 DNA 的行为构成《第四修正案》所规定的搜查行为,但是在上述情况中,政府执法人员的行为被宪法认为是合理的。

然而,DNA 数据库的创建和使用不仅仅影响到被检测的被逮捕者和犯罪分子的利益。因此,这里有一个重要的问题未被法官解决,即政府执法人员通过亲源排查技术将未被刑事犯罪系统识别的公民信息纳入 DNA 数据库内的做法是否符合宪法的规定。

与标准的搜查技术不同,标准的搜查技术是将犯罪现场遗留的 DNA 与数据库里已经采集到的 DNA 进行比对,以找出犯罪嫌疑人,亲源搜查技术的目的在于寻找与遗留在犯罪现场的 DNA 存在亲源关系的人。这种技术通常用于 DNA 数据库无法找到与遗留在犯罪现场的 DNA 相匹配的人的情况中。在这种情况中,警察可以通过降低搜查的精准度,在 DNA 数据库中找到与遗留在犯罪现场的 DNA 部分匹配的目标人物。这种做法的意义在于,通过这些 DNA 具有相似性的人(取决于相似程度以及在随机的人群中,此种相似发生的概率),警察能够更好地锁定犯罪嫌疑人。研究表明,如果数据库包含了未被辨认的 DNA 的亲属,而且警察搜查的范围更广,那么有 80% 到 90% 的概率犯罪嫌疑人的亲属会出现在目标人物的名单上(当然其中会包括其他 24 名与该犯罪嫌疑人没有丝毫关系的人)。这样一来,与被采集 DNA 的公民具有部分重合 DNA 的公民也成为了警察怀疑的对象。

---

① Codis——Ndis Statistics,FBI,http://www.fbi.gov/about-us/lab/biometric-analysisi/codis/ndis = statistics (last visited Nov. 13, 2014).
② See e. g. United States v. Amerson, 483 F. 3d 73, 85, 86 (2d Cir. 2007).

学者已经提出了对 DNA 数据库应用的担忧，以下三种担忧值得我们重视：

第一，Erin Murphy 在他的作品中提到，由于与 DNA 数据库所记录的犯罪分子有血缘关系，公民就要出现在亲源排查所创设的嫌疑人名单，这是不公平的。这样一来，亲源排查技术就能够随意地将公民进行分类，即将公民划分为与 DNA 数据库有关的公民和与 DNA 数据库无关的公民。根据法律的规定，这两组公民都不应该被包含在 DNA 数据库里，因为无论是采集他们的血液还是建立他们的基因档案都是违反《第四修正案》规定的行为。① 然而，作为"生物偶发事件"的产物，与 DNA 数据库有关的公民仍然会被囊括在数据库内。因此，如果一个普遍存在的数据库不能证明其正当性是有问题的，那么政府执法人员根据某些偶发因素将没有犯罪的公民 DNA 信息纳入警方的 DNA 数据库的做法也是有问题的。②

第二，政府执法人员利用亲源排查技术随意对公民进行分类的做法将加重公民种族隔离的问题，恶化刑事审判体系的歧视问题。③ 在犯罪分子的 DNA 数据库里，种族和少数族裔已经占了很大的比例，而亲源排查技术的运用将扩大此种歧视。Hank Greely 提出："如果亲源排查技术被政府执法人员广泛使用，那么受到政府监控的非裔美国人的数量将会是美国白人的四倍。"进一步而言，如果政府的 DNA 数据库包含所有被逮捕者的 DNA 信息（正如很多州政府所做那样），那么这个 DNA 数据库无疑会被变成包含所有非裔美国人 DNA 信息的数据库，而不是包含其他种族或者民族公民 DNA 信息的数据库。④ 虽然此种划分行为不足以侵犯《平等保护条例》为公民权利提供的保护，因为政府执法人员不是出于歧视的目的或者意图来实施亲源排查技术，但是根据社会正义论，此种划分行为仍然存在问题。

---

① See Friedman v. Boucher, 568 F. 3d 1119, 1130 (9 th Cir. 2009).
② See Erin Murphy, Relative Doubt: Familial Searches of DNA Databases, 109 Mich. L. Rev. 291 (2010).
③ See e. g Henry T. Greely et al. , Family Ties: The Use of DNA Offends Databases to Catch Offender's Kin, 34 J. L. Med. & Ethics 248, 258 – 289 (2006).
④ See D. H. Kaye&Michael E. Smith, DNA Identification Databases: Legality, Legitimacy, and the Case for Population-Wide Coverage, 2003 WIs. L. Rev. 413, 455 – 456.

第三种担忧是亲源排查将颠覆了民主问责制（subvert democratic accountability）。① 正如 Natalie Ram 所说那样，亲源排查技术主要"通过不透明的实验室政策来进行，公众几乎不能参与到这种技术的适用中"，也就是说，亲源排查技术在没有法律规定而且公众不知情的情况下扩大了政府 DNA 数据库的范围。通过扩大 DNA 数据库的有效范围和增加 DNA 测试的类型，公民的信息因此被泄露。"公众对这些政策缺乏了解和对这些政策的实施缺乏监督"在规范上使得 DNA 数据库得到扩张。

（2）以隐私为基础的批评。虽然学者提出了各种有力的规范性论证来限制或者禁止政府执法人员使用亲源排查技术，但是将这些论证上升到法律制度存在困难。如果说亲源排查技术触犯了法律，那么它最有可能触犯的就是《第四修正案》。虽然大部分学者同意这一点，但是亲源排查技术触犯《第四修正案》的主张比规范性论证更不具有说服力。笔者认为，原因在于学者长期以来只关注公民的隐私而忽略了公民的匿名。

以隐私为基础对亲源排查技术提出的批评源于法官认定政府执法人员强制对公民进行基因检测的行为构成了《第四修正案》所规定的搜查行为，但是法官认为政府执法人员的行为是合理的，因此是符合宪法规定的。最近，美国联邦最高法院根据一个平衡标准来支持政府执法人员对公民进行基因检测：它认为被逮捕者已经丧失了隐私的合理期待，而政府对于确定被逮捕者的身份具有强烈的利益，后者的利益比前者的利益更加重要②，暂且不管美国联邦最高法院的推理是否具有说服力，反对亲源排查技术的学者主张，问题的关键在于此推理不应该适用于被逮捕者的亲属，因为被逮捕者的亲属所享有的隐私合理期待并未消失，而且政府也没有特殊理由对他们进行法医学鉴定。例如，Erin Murphy 主张，亲源排查技术违反了《第四修正案》的规定，因为它基于违法者丧失其部分隐私而对违法者的亲属建立

---

① Natalie Ram, Fortuity adn Forensic Familial Identificaiton 63 Stan. L. Rev. 751 (2011).
② See Maryland v. King, 133 S. Ct. 1958, 1978–1980 (2013).

DNA 信息档案。① 此外，她建议，因为与标准的搜查技术不同，亲源排查技术会导致许多与犯罪毫无关系的人成为犯罪嫌疑人，所以，即便警察真的能够找到真正的犯罪分子，但是警察对成为犯罪嫌疑人的无辜公民所造成的利益损害比他们找到真正罪犯所带来的利益更大。

虽然以隐私为基础的批评似乎具有强大的吸引力，但是它也面临着问题，这个问题是政府执法人员需要证明其为了亲源排查而对公民进行 DNA 检测并且建立 DNA 档案的行为是正当的，至今，这种问题并未得到解决。因为亲源排查可能不构成《第四修正案》所规定的搜查行为，所以政府执法人员不需要证明其使用亲源排查技术的行为是正当的。问题的关键在于，我们应该把亲源排查技术视为只是对现存 DNA 数据库的使用，还是要认为它是为公民建立新的 DNA 档案。

如果认为亲源排查技术只是使用数据库的一种形式，那么大量的判例法将表明政府执法人员使用亲源排查技术的行为不构成《第四修正案》所规定的搜查行为。这里包括两个原因：一是法官普遍认为，政府执法人员利用数据库进行分析的行为不构成《第四修正案》所规定的搜查行为。② 二是之所以美国联邦最高法院认为政府执法人员对公民建立 DNA 档案的行为构成《第四修正案》所规定的搜查行为，其原因是政府执法人员在采集公民 DNA 的过程中会侵犯公民的身体（即用脸颊拭子在公民口腔内取样），而亲源排查技术不需要侵犯公民的身体。

如果将亲源排查技术视为对公民建立新的 DNA 档案，那么我们就可以主张政府执法人员使用亲源排查技术的行为构成《第四修正案》所规定的搜查行为。因为美国联邦最高法院认定，采集公民的血液样本和分析该样本构成《第四修正案》所规定的两种搜查行为，这两种行为都侵犯公民不同的隐私期待。美国联邦最高法院解释："政府执法人员对公民实施接触身体、刺穿皮肤的行为侵犯了公民享有的隐私期待，而此种隐私期待被社会大众认为是合理的，因为它关系到公民的个人安全，而对从公民身上提取的样本进行化学分析以获

---

① See Erin Murphy, Relative Doubt: Familial Searches of DNA Databases, 109 Mich. L. Rev. 336 (2010).

② See e. g. Johnson v. Quander, 440 F. 3d 489, 498 (D. C. Cir. 2006).

取生理数据的行为则是对公民隐私利益的进一步侵犯。"① 根据这个推理，某些联邦上诉法院认定，政府执法人员为公民建立新的 DNA 档案的行为也侵犯了公民的隐私利益，因为它披露了公民的私人信息。② 虽然这些案件都涉及对公民身体进行搜查（获取 DNA），而亲源排查技术不要求政府执法人员搜查公民的身体，但是这些案件并未标明搜查公民身体是政府执法人员的行为触犯《第四修正案》的必要条件。相反，之所以政府执法人员的行为构成《第四修正案》所规定的搜查行为，其原因是政府执法人员对公民的血液或者 DNA 进行分析的行为披露了公民的私人信息。因此，判断政府执法人员使用亲源排查技术的行为是否构成《第四修正案》所规定的搜查行为的关键在于亲源排查技术是否披露了记录在案的犯罪分子的亲属的私人信息。

在主张亲源排查技术的确披露了记录在案的罪犯亲属的私人信息时，学者提出，亲源排查使得这些亲属成为警察调查的对象。例如，Natalie Ram 注意到"亲源排查技术使得许多未被 DNA 数据库记录在案的亲属成为警察怀疑的对象，这无疑扩大了警察的搜查范围，实际上，这种技术还会披露与被记录在案的罪犯 DNA 存在伪关联的公民的私人信息，因此，它侵犯了这些公民的隐私"。然而，这个批评存在着问题，即虽然政府执法人员侵犯了公民的隐私，但是公民所享有的此种隐私不受《第四修正案》的保护。因为政府执法人员对公民隐私造成的侵犯不是由亲源排查技术引起的，而是由政府执法人员利用亲源排查的结果建立犯罪嫌疑人名单，并且对名单上的人进行调查而引起的。即便警察的错误调查行为对公民的私人生活造成严重损失，《第四修正案》也不会避免公民错误地成为警察的怀疑对象。正如 David Kaye 提出那样："虽然公民免受警察错误的刑事调查干扰的利益是正当的，但是这并非《第四修正案》要考虑的事情……无论如何，《第四修正案》不会根据搜查的结果来禁止警察实施错误的调

---

① Skinner v. Ry. Labor Execs. Ass'n, 489 U. S. 602, 616 (1989).
② See e. g United States v. Davis, 690 F. 3d 226, 246 (4th Cir. 2012).

查行为。"①

　　此外，即便警察的调查行为得出了正确的推论，也会有学者主张警察的调查行为侵犯了公民享有的隐私合理期待。亲源排查技术能够解释十分私密的事务，比如，两个家庭成员之间实际上不存在他们原本以为存在的血缘关系（如父亲并非儿子在生物学意义上的生殖父亲）。然而，与警察实施了错误的调查行为一样，即便警察在调查过程中披露了公民真实的私人信息，《第四修正案》也不会将警察使用亲源排查技术的行为视为搜查行为。

　　因此，如果亲源排查技术侵犯了公民享有的《第四修正案》利益，那么这种侵犯就是由亲源排查技术所披露的私人信息造成，而非警察所实施的调查行为。正如 Erin Murphy 所说那样，通过披露公民的基因信息，亲源排查技术侵犯了该公民的隐私。她主张"公民有权维护其基因信息不因亲属犯罪而被泄露，如果你愿意这样说的话"②。Murphy 将这种情况类比于同居者所享有的共同隐私利益，其中一名同居者同意警察进入该房屋不意味着另一名同居者不能否认此同意。Murphy 指出，已经被证明犯罪的犯罪分子丧失其隐私的合理期待不意味着其亲属也丧失了隐私的合理期待。然而，同居者的例子不适用于亲源排查例子的讨论。与两位公民同居的情况不同，我们不能要求政府执法人员在对公民进行 DNA 检测之前征得所有人的同意；否则，一对同卵双胞胎就能够阻止政府执法人员对其中一个人进行 DNA 检测。此外，同居者例子涉及同居者之间的意见冲突，而在政府执法人员对公民进行 DNA 检测的情况中，政府执法人员可以在不经被检测者同意的情况下进行。

　　进一步而言，抛开将亲源排查与同居搜查进行类比是否具有说服力不说，以隐私为基础对亲源排查技术进行批评本身就存在三个更深层次的问题：①政府执法人员所采集的公民 DNA 应该是非编码基因（即基因本身不能揭示公民的生物特征），因此，DNA 数据库只能为

---

① David Kaye, DNA Database Trawls and the Definition of a Search in Boroian v. Miller, 97 Va. L. Rev. In Brief 41, 47, 48 (2011).
② See Erin Murphy, Relative Doubt: Familial Searches of DNA Databases, 109 Mich. L. Rev. 336 (2010).

亲源排查技术提供未被记录在案的罪犯亲属的非编码基因信息。②虽然政府执法人员利用亲源排查技术得到此种有限的非编码基因，但是他们仍然无法确定此非编码基因对应哪一位具体公民，此非编码基因对应的是一个群体：众所周知，根据遗留在现场的 DNA 和被记录在案的罪犯 DNA 比对得出的这个具有亲源关系的群体里有一位公民是遗留在现场的 DNA 的所有者。③非编码基因对应的群体是一群身份不明的公民。为了确定这些公民的身份，警察必须利用已被记录在案的罪犯的公开家庭关系。只有通过公开家庭关系信息，警察才能确定这群公民的身份。因此，以隐私为基础对亲源排查技术进行批评本身存在问题，认清这些问题能够让我们看到亲源排查技术所侵犯的实际上是公民享有的匿名利益。

2. 探究亲源排查技术所涉及的宪法问题

为了探究亲源排查技术究竟涉及哪些《第四修正案》的利益，我们首先应该考虑，政府执法人员对公民进行 DNA 检测的行为本身就构成《第四修正案》所规定的搜查行为。迄今为止，大部分批评亲源排查技术的学者都从隐私保护的角度出发拒绝政府执法人员使用亲源排查技术。这些批评基本上都认为，因为政府执法人员对公民进行 DNA 检测的行为侵犯了公民的隐私，所以此行为构成《第四修正案》所规定的搜查行为，但是如果政府执法人员能够证明其行为的正当性，他们的行为就是符合宪法规定的行为。笔者在前文已经指出这种观点是错误的，因为政府执法人员所实施的亲源排查行为不侵犯公民根据《第四修正案》的规定而享有的权利。然而，如果我们认为政府执法人员对公民进行 DNA 检测的行为本身就构成《第四修正案》所规定的搜查行为，而非亲源排查技术所披露的信息导致政府执法人员的行为构成《第四修正案》所规定的搜查行为，那么情况将会不一样。

亲源排查技术涉及的核心宪法问题是，政府执法人员通过亲源排查技术对被记录在案的罪犯的亲属进行"虚拟"的 DNA 检测，并且将他们的 DNA 数据存放在 DNA 数据库里。此外，当警察将遗留在犯罪现场的不完整 DNA 与数据库里的 DNA 比对时，这些虚拟的 DNA 档案就可能变成真实的档案。在这些案件中，警察可能只会在 DNA 数据库里找到与遗留在现场的 DNA 部分匹配的记录在案的罪犯，即便遗留在现场的 DNA 真的是该罪犯的 DNA；当警察运用亲源排查技术在 DNA 数据库里进行分析时，他们能够找出与该被记录在案的罪犯的 DNA 存在亲源关系的亲属，事实上，对这些亲属建立虚拟的 DNA 档案和建立真实的 DNA 档案之间不存在功能上的差异。

对于公民而言，虚拟的 DNA 档案和真实的 DNA 档案之间在法律上存在重要的差异：虚拟的 DNA 档案针对的是未被刑事司法体制知道的公民，而真实的 DNA 档案针对的是被逮捕者或者被证明有罪的人。因此，这两组公民享有不同的匿名利益。即便政府认为被逮捕者和违法者不享有隐私的合理期待，但是他们的亲属仍然享有隐私的合理期待，而对亲属建立虚拟的 DNA 档案的行为侵犯了他们享有的隐私合理期待。

有学者会主张，即便亲属享有隐私的合理期待，但是政府执法人员使用亲源排查技术的行为没有侵犯亲属所享有的隐私合理期待。这种主张的依据就是笔者在前文所说的，亲源排查技术本身不会披露亲属的姓名。只有通过被记录在案的罪犯的公开家庭关系，警察才能知道这群公民的身份。例如，如果警察通过亲源排查技术找到 John Smith，那么警察就需要在数据库里寻找 John 的亲属的姓名和地址。因此，有人会认为，即便警察使用了亲源排查技术，公民的匿名仍然没有被侵犯。

这种观点的问题在于匿名不等于无名，匿名也不是一种非无即有的二元状态。根据前文给出的理由，公民保持无名不代表其保持匿名，公民保持匿名不代表他的匿名权没有受到侵犯。相反，正如笔者前文所说那样，只要行为人能够通过他人事务之间的联系使他人在特定情况下被行为人发现，那么他人的匿名就受到了侵犯。这正是亲源排查技术能够做到的。亲源排查技术将遗留在犯罪现场的 DNA 样本与政府操控的 DNA 数据库进行比对，通过完全匹配或者部分匹配的被记录在案的罪犯 DNA 档案与数据库里虚拟的 DNA 档案再进行比对，从而找出该罪犯的亲属。通过亲源排查技术将不同的 DNA 进行比对，亲属的匿名已经遭到亲源排查技术的侵害了，因为他们的基因使得他们被政府执法人员发现。

进一步而言，在判断政府执法人员对公民进行 DNA 检测是否符合宪法规定时，这些未被逮捕的亲属所享有的匿名合理期待已经被法官承认为《第四修正案》所保护的利益。正如前文所提到那样,美国联邦最高法院和美国联邦巡回上诉法院通过判决支持,被逮捕者和被证明有罪的人不享有匿名的合理期待。美国联邦第二巡回上诉法院对此推论做出了最细致的阐述:"从违法者的血液样本中提取的 DNA 信息仅仅建立有关该违法者身份的记录,一名缓刑犯对其身份几乎不享有隐私合理期待。"[1] 如果说公民对其身份不享有任何隐私的合理期待,这就是说公民不享有任何匿名的合理期待。因此,法官默认,在判断政府执法人员对公民进行基因检测并且建立 DNA 档案的行为是否违反宪法规定时,最重要的是要考虑政府执法人员的行为有没有侵犯公民享有的匿名期待,也就说政府执法人员对公民进行基因检测并且建立 DNA 档案的行为涉及公民的匿名而非公民的隐私。只是我们一直混淆了匿名和隐私的理论,才导致法官看不到这一点。

总之,匿名和隐私之间的差异揭示了批判亲源排查技术的学术观点存在疏忽之处,因此,这些学术观点不能正确地指出政府执法人员使用亲源排查技术的行为涉及了《第四修正案》的哪些问题。亲源排查技术带来的问题不是它侵犯了被记录在案的罪犯的亲属所享有的隐私合理期待,而是侵犯了这些亲属所享有的匿名合理期待,法官已经默认此种期待应当受到《第四修正案》的保护,但是今后,法官应该明确支持公民所享有的匿名合理期待是《第四修正案》所保护的利益。

(二) 场所监控

这部分内容将阐述,当我们理解匿名和隐私之间的差异和联系之后,我们就可以看到法官和学者一直忽视的《第四修正案》所保护的重要利益。笔者将在这部分指出如今《第四修正案》的解读所存在的缺陷——这种缺陷最常表现在涉及政府执法人员对公民进行长期的场所监控的情况中。

正如导论所说那样,技术发展使得政府执法人员能够以低成本对公民实施长时期的场所监控,这种监控措施变得越来越普遍。例如,手机服务供应商能够储存公民通话时所处的位置信息,从而追溯公民

---

[1] United States v. Amerson, 483 F. 3d 73, 85, 86 (2d Cir. 2007).

通话时所在的位置和移动的痕迹。通过记录每一辆经过的汽车，路边的监控摄像机存储了大量数字记录供警察根据特定车牌号来确定某辆汽车所在的位置和它的行踪。根据公民独一无二的生物特征，具备生物识别功能的视频监控摄像机能够在茫茫人海中辨认出某位公民。

　　与亲源排查技术一样，上述场所监控措施也被研究隐私理论的学者批评和受到法官的质疑，这种批评和质疑也是缺乏有说服力的《第四修正案》的依据。① 虽然在最近的 United States v. Jones 一案中，美国联邦最高法院的五位法官都认为，政府执法人员所实施的某些长期场所监控措施会侵犯公民根据《第四修正案》所享有的利益，但是这些意见都没有解释何时公民在公共场所里进行的活动不受公开披露规则的约束，也没有提出一种规则或者标准来界定不同的长期监控案件之间的差别。

　　这部分内容首先会讲述，笔者对匿名和隐私之间的关系研究能够解决 Jones 一案的并存意见带来的疑问——这个疑问不能通过隐私理论解决。因为解决的方法在于笔者对《第四修正案》所规定的场所匿名权进行分析。这种分析提供的标准不仅能够解释政府执法人员在公共场所对公民实施的场所监控行为在什么时候和如何变成《第四修正案》所规定的搜查行为，还可以判断政府执法人员所实施的哪些长期监控行为不构成搜查行为。此外，这种分析还揭示了一种未被发现的方式来保护公民在公共场所里的信息安全，帮助美国联邦最高法院更好地实现其解读："《第四修正案》保护的不是公民而是公民所在的场所。"

1. 隐私理论和马赛克理论的缺陷

　　将长期的场所监控行为纳入《第四修正案》的约束范围所面临的最重要挑战是，我们需要解释长期的场所监控行为与之前被认为是符合宪法规定的监控行为之间存在哪些差异。例如，政府利用卧底跟踪某位公民的一日行踪和政府利用具有生物识别功能的摄像机对公民进行数周的跟踪之间存在哪些差异。鉴于前一种监控行为不构成《第四修正案》所规定的搜查行为，那么后一种监控行为是否构成搜查行为呢，即政府执法人员所观察到的公民这数周的信息是不是包含

---

① United States v. Jones, 132 S. Ct. At 949 – 950 (2012).

非公开的信息呢？下面的分析将表明，现存的《第四修正案》的理论框架最终无法从法律上圆满地区分上述两种行为之间的差异。

根据隐私理论，我们似乎有两种途径来区分政府执法人员通过实施长期监控的行为搜集公民信息和通过传统的监控手段搜集公民信息之间的差别，证明政府执法人员不能利用公开披露规则来对公民实施长期监控。

第一种方式是通过美国联邦最高法院对政府执法人员所实施的监控技术进行分类得出来的。美国联邦最高法院将政府执法人员所实施的监控技术分为增加感官功能的技术和超越感官功能的技术，前者不被视为《第四修正案》所规定的搜查行为，后者则被视为《第四修正案》所规定的搜查行为。[1] 例如，有人会主张，政府执法人员通过信息技术对公民实施长时间的远程监控行为，这一技术已经不是单纯提高政府执法人员的感官功能，而是取代了他们的感官功能。又例如，在 United States v. Knotts 一案[2]中，美国联邦最高法院认为政府执法人员利用蜂鸣器进行追踪的行为不构成《第四修正案》所规定的搜查行为，因为与传统的监控技术一样，利用蜂鸣器追踪公民行踪的行为需要大量的人力、物力配合。然而，如果政府执法人员利用 GPS 对公民进行追踪，那么他们的行为就构成搜查行为，因为 GPS 技术不需要大量的政府执法人员配合。华盛顿特区最高法院认为，州宪法要求政府执法人员必须在获得搜查令的情况下才能使用 GPS 技术："与望远镜和手电筒不同，GPS 技术不是单纯提高提高政府执法人员的感官功能，而是通过一种技术代替他们的感官功能对公民进行监控。"[3]

然而，美国联邦最高法院的先例很少根据政府执法人员所使用的技术是否取代了他们的感官功能来做出判决。相反，它更多根据政府执法人员能否在不使用技术协助的情况下获取该信息来做出判决。如果将此标准适用到涉及公共监控的案件中，那么政府执法人员在公共

---

[1] See Renee McDonald Hutchins, Tied up in Knotts? GPS Technology and the Fourth Amendment, 55 UCLA. Rev. 409, 457 – 459 (2007).

[2] 460 U.S. 276 (1983).

[3] State v. Jackson, 76 P. 3d 217, 223 (Wash. 2003).

场所里对公民采取的监控行为无论如何都不构成《第四修正案》所规定的搜查行为，因为政府执法人员通过公共监控措施得到的信息都是公民暴露在公共场所内的信息，是其他公民都可能看到的信息，政府执法人员所采取的公共监控技术并非取代他们感官功能的技术，而是与传统监控技术无异的技术。

虽然美国联邦最高法院认定政府执法人员利用热成像仪检测公民住宅内部情况的行为构成《第四修正案》所规定的搜查行为，因为热成像技术就是取代政府执法人员感官功能的技术，但是与热成像技术不同，政府执法人员通过 GPS 技术或者具备生物识别功能的摄像机所获取的公民的位置信息是用肉眼就可以看到的，只要政府配备充足的人力和物力对公民进行 24 小时监控①，政府执法人员在没有使用上述技术的情况下同样可以获得公民的位置信息。在 Jones 一案以前，美国联邦第七巡回上诉法院采纳了这种观点。Posner 大法官认为政府执法人员利用 GPS 技术对公民进行追踪的行为不构成《第四修正案》所规定的搜查行为，因为 21 世纪的警察应该比 18 世纪的警察更加有效率。② 从这个角度来说，似乎 GPS 技术和传统监控技术之间的差别仅在于政府执法人员搜集的信息数量增多了，但是性质不变。因此，这种变化在宪法上是不重要的。然而，这个观点可以被另一种途径推翻。

另一种区分长期监控技术和其他技术的途径就是区分这些技术所搜集的公民信息的差异。例如，在 United States v. Maryland 一案③中，华盛顿巡回上诉法院注意到，在 Knotts 一案中，政府执法人员所利用的蜂鸣器不具有收藏或者存储公民信息的功能，因而他们搜集到的信息比较分散。事实上，美国联邦最高法院在 Knotts 一案中强调："因为政府执法人员对蜂鸣器的使用是有限的，只要政府执法人员没有事后进一步使用通过蜂鸣器获得的位置信息，那么他们的行为就不构成《第四修正案》所规定的搜查行为。"因此，长期监控措施与传统监控措施不同的地方不仅在于它能够搜集更多的公民信息，还在于它可

---

① United States v. Berry, F. Supp. 2d 366, 368 (D. Md. 2004).
② United States v. Garcia, 474 F. 3d 994, 998 (7th Cir. 2007).
③ 615 F. 3d 544, 558 (D. C. Cir. 2010).

以存储这些信息，供政府执法人员日后使用。根据这种技术差异，华盛顿巡回上诉法院总结道，政府执法人员利用 GPS 技术得到的公民信息比其行踪所透露的信息更多，因此，短期监控和长期监控之间不是存在一点差异而是存在很多差异。法官指出，经过长时间的监控，警察不仅能够了解到公民所处的位置，还能了解到他/她的生活方式。

经过长时间的监控，公民的私人生活能够通过以下几种方式被政府执法人员掌握：①通过分析公民重复的日程，警察可以知道他的习惯，比如他是否定期去教堂，是否找特定的医生看病，或者是否会去特定的酒吧消遣。②通过分析公民一系列的行踪，警察可以知道她的生活变化，比如，单从某次去妇科医院的经历并不能告诉警察太多有关该公民的信息，但是数周之后，该公民去了婴儿用品商店，这说明该公民可能怀孕了。① ③通过交叉分析多个嫌疑人的日程，警察便能知道这些公民之间的关系。因此，华盛顿巡回上诉法院的法官认为，通过 GPS 技术，政府执法人员掌握了公民未公开的信息。同样地，虽然 Sotomayor 大法官没有在 Jones 一案②的并存意见中回答有关公开披露规则的问题，但是她明确指出政府执法人员使用 GPS 技术对公民进行监控的行为可能侵犯公民享有的隐私合理期待："GPS 技术能够对公民的公共生活进行精确且连贯的记录，这些记录将会披露公民的家庭关系，政治倾向，职业信息，宗教信仰和性关系。"上述观点的核心意见就是整体大于部分之和。

虽然马赛克理论（mosaic theory）③ 能够回答政府执法人员所实施的长期公共监控涉及《第四修正案》的问题，这种理论具有一定说服力，但是当我们仔细研究此理论时，我们就会发现此理论存在问题。这个问题就是，虽然政府执法人员通过长期观察能够发现公民的性取向和政治观点等信息，但是这些信息与其说是事实，不如说是推论。例如，通过对某位公民长时间的场所监控，警察可以知道他定期会去同性恋者酒吧和与别的男人共度春宵，但是这不能说明该公民就

---

① 615 F. 3d 544, 562 (D. C. Cir. 2010).
② United States v. Jones, 132 S. Ct. At 955 (Sotomayor, J., concurring) (2012).
③ See e. g. Orin S. Kerr, The Mosaic Theory of the Fourth Amendment, 111 Mich. L. Rev. 311, 327 (2012).

是同性恋者。政府执法人员通过监控技术获取并聚集的信息不是有关公民性取向的事实，而是有关公民所到之处的事实，只不过政府执法人员可以从该公民所到之处推论其为同性恋者。然而，这种推论有可能是正确的，也有可能是错误的，而 GPS 技术本身无法对此做出判断。马赛克理论的弊端在于，《第四修正案》不约束警察利用其推论展开调查活动。① 相反，它约束政府执法人员搜集公民基本事实的行为。

马赛克理论也许可以主张，政府执法人员通过长期监控所披露的只能是公民的出行模式，而不能是由公民的出行模式推断出的私人信息。事实上，这正是 Jones 一案的法官对马赛克理论的争议，在该案中，警察通过 GPS 技术知道被告在公共场所的行踪，并在分析被告的行踪之后找到他的藏匿地点和其他犯罪证据。

然而，如果我们重新修改马赛克理论，要求政府执法人员只能披露公民所在的地点而不能根据这些地点的联系推断出公民的其他私人信息，比如他参加的政治组织，那么这种修改也会面临新的挑战。因为马赛克理论认为，如果公民受到政府执法人员的监控，那么他对于组成"马赛克"的地点信息不享有隐私的合理期待。这个观点是马赛克理论存在的根据，如果没有这个观点，马赛克理论将变得一无是处。然而，在华盛顿特区巡回上诉法院的法官反对重新审理 Jones 一案时，Sentelle 大法官提出的异议说明了马赛克理论的基本理论受到了挑战。Sentelle 大法官指出，即便"整体大于部分之和"，整体也是部分组成的，而 Jones 一案②的情况有所不同："公民对其在高速公路上的行踪不享有任何隐私的合理期待。"马赛克理论需要解决的问题是，当政府执法人员使用 GPS 技术所搜集的全部位置信息是公民原本不会公开的信息时，政府执法人员如何证明其行为是正当的。这个问题的答案隐藏在公民享有的匿名之中。

2. 承认公开披露规则存在局限性

虽然法官和学者不能通过隐私理论解释为什么政府执法人员不能利用公开披露规则对公民实施公共监控行为，但是笔者所提出的匿名

---

① See Kyllo v. United States, 533 U. S. 27, 37 n. 4 (2001).
② United States v. Jones, 625 F. 3d 766, 769 (D. C. Cir. 2010).

和隐私之间的差异能够回答这个问题。与法官、学者和支持马赛克理论的人所设想的不同，笔者认为，并非所有被政府执法人员搜集到的公民的"私人位置信息"都是公开的信息，因此，由这些私人位置信息构成的整体行踪也不是公开的信息。

为了更好地理解上述观点，我们需要回归第二部分谈到的公民信息保护可以被划分为两个部分：①隐藏信息；②隐藏使这个信息成为私人信息的缘由。也就是说，公民的私人位置信息的保护可以被划分为隐藏公民所在的地点和隐藏公民的身份。虽然这两种方式经常被结合一起使用，但是只要隐藏任意一个信息，公民的私人位置信息就可以受到保护，因此，在判断政府执法人员能否利用公开披露规则时，法官需要分别考虑上述两种方式的作用。

试想一下，某位公民要用一个月的时间周游全国。在旅途中，该公民每到一个地方都有可能暴露自己的所在，因此，他就是故意将自己的位置信息公之于众。这是隐私理论津津乐道的例子，因为根据"该公民每到一个地方都有可能暴露自己的所在"可以得出公民对其隐私不享有隐私的合理期待，所以政府执法人员能够利用公开披露规则对其进行监控。然而，这个故事还有另外一面，即该公民每到一个地方都有可能暴露自己的所在（location of his body）不意味着他每到一个地方会暴露或者故意暴露与自己身份相关的信息（identification of his body）。相反，公民可能出于种种原因相信其他人不可能根据他的位置信息追溯到他的身份，即他认为自己享有匿名的合理期待。从这个意义上说，他的私人位置信息应该没有被公诸于众。因此，在判断政府执法人员能否利用公开披露规则来获取公民在公共场所的行踪时，法官必须考虑公民对此信息是否享有匿名的合理期待，这个问题的答案将取决于公民的位置信息是否跨越了不同地方和时间，抑或是仅仅涉及某一地方和时间。

例如，在假设公民用一个月时间周游全国的例子中，公民难以主张其每到一个地方没有暴露自己的所在。因为一方面，虽然他可以在全部旅程中不留名，但是他还是很有可能在某个地方被别人认出。另一方面，即便公民在整个旅程中没有被别人认出，但是他还是有可能留下一些特征（比如面部特征、身高、体重和年龄等信息）让别人有机会确认他的身份。因此，在这个例子中，无论如何，该公民对其在任意一个地点的行踪都不享有匿名的合理期待。

公民仍然可以对整个旅程的行踪享有匿名的合理期待，即便公民所到的每个地方的人聚集一起拼凑出公民的整个旅程的行踪，这个观点仍然成立。因为虽然公民在某个地方被别人认出的概率很高，但是他在连续几个地方被别人认出的概率会呈指数式下降。例如，如果公民在某个地方被别人认出的概率是10%，那么他在连续两个地方被别人认出的概率大概就是1%。因此，公民的旅程越长，该公民在整个旅程中保持匿名就越高，最后可能高达100%（值得注意的是，警察对该公民实施长期监控的情况不在此讨论范围内，因为正如《第四修正案》的司法审判认定那样，公民是否享有的合理期待是根据公民在日常生活中遇到的情况来决定的，不是根据警察对其实施了特殊措施的情况来决定的）。因此，公民对整个旅程享有匿名的合理期待。从这个意义上说，公民的整个旅程信息要么事实上要么理论上都不应该被公众知道。

进一步而言，即便公民使用单一的交通工具（比如汽车）进行旅程，他对整个旅程的信息仍然享有匿名的合理期待。虽然乍一看，驾驶汽车的公民不能对其行踪享有匿名的合理期待，因为汽车具有独一无二的车牌号码（假设汽车是登记在该公民的名下），但是当我们仔细分析匿名的理论时，我们就会发现这个观点是错误的。正如第二部分所讨论那样，任何拥有匿名的事物都包含某些可识别的信息，因此匿名永远都是不完整的。如果不对已知的信息进行进一步的调查，单凭已知的信息无法确定某位公民的身份，那么该公民就享有匿名。也就是说，单凭汽车具有独一无二的车牌号码的事实无法确定驾驶员的身份（正如我们知道了某位公民的姓名，但是不代表我们确定了这位公民的身份）。相反，只要我们不将车牌号码这个独特的信息与其他相关的能够识别公民身份的信息联系起来，那么驾驶汽车的公民仍然可以保持匿名，比如到车牌号码登记处通过车牌号码找到车主姓名，再将车主姓名与车主所在位置联系起来。如果没有进一步的调查，公民的匿名不会单单因为一个车牌号码而被消灭。因此，即便公民通过其他交通工具进行旅游，与车牌号码一样，他所留下的其他独特信息不会导致其丧失匿名的合理期待。虽然相比于通过其他交通工具进行旅游，汽车旅游使得别人更容易确定公民的身份，因为车牌号码比其他信息更容易确定公民的身份,但是无论公民采取何种形式的交通工具,只要他的旅程足够长,他仍然对整个旅程享有匿名的合理期待,不管他有没有在特定地点被别人认出。也就是说,其他人不能根据整个旅程的信息推断出某位公民或某位公民所驾驶的汽车,公民的整个旅程信息也不会被公众知道。

笔者并非主张,政府执法人员通过长期监控措施搜集到的信息全部都受到《第四修正案》的保护,他们不能根据公开披露规则来搜集公民的信息。相反,匿名理论表明,政府执法人员的确可以实施某些长期监控措施来搜集公民的信息。从这个意义上说,相比马赛克理论,笔者提出的理论做到了有原则的区别和精细的分析。

例如,在 United States v. Jackson 一案①中,警察在被告住宅外部的电杆上安装了监控摄像机,用于记录被告数月以来的出行状况。马赛克理论无法区分 Jackson 一案和 Jones 一案的情况,因为这两个情况都涉及警察利用监控技术记录被告的出行模式,但是匿名理论能够揭示其中的重要差异。在 Jackson 一案中,政府执法人员只对 Jackson 在住宅以外的活动进行监控,而公民对其在住宅以外的活动所享有的匿名是最低程度的匿名。笔者在这里要讨论的不是 Jackson 在该案中是否享有匿名的合理期待,这也是难以判断的情况,相反,笔者认为 Jackson 一案阐释了匿名理论如何从规范层面和法律层面区分不同类型的涉及长期监控的案件情况,这种区分的标准对判断系争信息是否已经被公众知道具有重要的指导意义。

虽然有时候我们难以界定何为基于"匿名的合理期待"的标准,但是在分析使某件事物拥有匿名的缘由时,笔者实际上是指在具体案件中充当指引的标准。例如,公民的姓名和汽车车牌号码的披露都不会影响他的匿名,因为单凭这些信息,其他人仍然无法确定公民的身份。相反,正如第二部分所讨论的那样,匿名权是与特定信息环境相关的关系型状态,是与确定公民身份相关的功能型状态。进一步而言,笔者认为,匿名应该被理解成已知的事物(而不是可以知道的事物)的状态,即在特定时候,某位公民的信息是如何被结合起来或者说如何被聚集起来。因此,当法官试图解决由长期场所监控技术

---

① 213 F. 3d 1269, 1281 (10th Cir. 2000).

产生的，涉及《第四修正案》的问题时，匿名理论会比由 Maynard 一案和 Jones 一案发展的马赛克理论提供更加清楚的指引。

总而言之，如果我们从匿名的角度而不是隐私的角度出发，思考政府执法人员所实施的长期监控措施是否符合宪法规定时，我们就会发现公民的私人位置信息的确受到《第四修正案》的保护，即便存在公开披露规则。因为公民有时候可以在公共场所享有匿名权，久而久之，公民就对其在公共场所全部活动享有匿名权。此时，公民的位置信息就不会是已经被公开的公民信息。事实上，公民的位置信息会分离，直到不再与某位公民的整体活动有关。因此，马赛克理论的假定是错误的，即如果公民受到了政府执法人员的长期监控，那么该公民的位置信息就成为已经被公开的信息，这个错误源于马赛克理论混淆了匿名和隐私的内涵。区分匿名和隐私之间的差异不仅能够解释公开可见的信息聚合能够受到宪法的保护（即便存在公开披露规则），还能够提供一种有意义的标准——此标准建立在匿名的合理期待理论之上，它帮助法官判断政府执法人员所实施的哪些聚集公民信息的行为会违反《第四修正案》的规定，哪些聚集公民信息的行为符合《第四修正案》的规定。

3.《第四修正案》保护的是公民而非公民所在的场所

匿名理论不仅能够帮助法官意识到他们原本未察觉的新型监控技术所涉及的《第四修正案》的问题，还能够实现 Katz 一案①确定的规则，即《第四修正案》保护的是公民而非公民所在的场所。这个规则至今仍未被完全实现。

虽然美国联邦最高法院已经抛弃了以财产理论作为《第四修正案》保护公民隐私的基础理论，但是它并未抛弃场所理论：美国联邦最高法院承认公民在密闭的场所里享有《第四修正案》所规定的权利，比如住宅、汽车、行李、钱包、包裹等，但是否认公民在公开场所享有此权利，比如信封外部、公共场所等。② 事实上，Harlan 大法官在 Katz 一案的并存意见中指出："虽然公用电话亭是一个暂时私密的地方，但是暂时占有电话亭的公民对其在电话亭内发生的通话内

---

① Katz v. United States, 389 U. S. 347, 351 (1967).
② Orin S. Kerr, The Mosaic Theory of the Fourth Amendment, 111 Mich. L. Rev. 316 (2012).

容享有免受其他人干扰的期待,而且此种期待是合理的。"

场所理论具有一定的优点。例如,在判断公民的隐私是否受到《第四修正案》的保护时,场所理论使法官免于做出何为隐私事务或者私密事务的实质性判断。另一方面,场所理论确实保护了"公民",它明确公民在哪些场所里享有隐私权,而且确保公民在这些场所享有的隐私权受到《第四修正案》的保护。

然而,场所理论不必要地限制了《第四修正案》为公民隐私提供保护的范围。美国联邦最高法院所承认的受到《第四修正案》保护的场所仅仅保护了公民私人信息的"隐私"部分:虽然建筑物(比如住宅和办公室)和封闭的容器(比如信封、车厢和包裹)隐藏了公民的信息,但是这些公民的身份仍然可能被别人知道。公民希望这些建筑物和容器让他们的信息保持隐秘。然而,实际上,公民私人信息的保护不限于保护信息的隐私部分。

诚然,匿名和隐私之间的差异也能够保护使信息成为私人信息的缘由,也就说,保护使该信息成为匿名信息的缘由。在判断特定行为或者一系列行为的信息是否受到《第四修正案》的保护时,为了判断行为人是否享有匿名的合理期待,法官应该考虑该行为发生的场所属性。如果该行为发生在现实空间里,那么判断行为人是否享有匿名的合理期待的相关因素包括,该场所是否出现拥挤的人群、行为的发生是否跨越了不同的地点和时间以及该场所是否存在明显的监控设备。如果行为发生在网络空间,那么判断行为人是否享有匿名的合理期待的相关因素就包括行为人是否使用了假名、该假名是否能够与其他信息(如 IP 地址)相联系,以及该 IP 地址能否联系到行为人的名字。

更普遍地说,并非只有私人生活的结构特点使公民的私人生活受到《第四修正案》的保护,公共生活的结构特点也可以使公民的公共生活受到宪法的保护。例如,虽然私人生活的结构特点(比如公民住宅的墙壁)能够使公民对其在住宅内的位置不被别人知道享有合理期待,但是公民对其在住宅外部的位置不被别人知道不享有合理期待,因此,政府执法人员能够通过电子追踪装置确定公民的位置。然而,如果承认公共生活的结构特点也能使公民受到《第四修正案》的保护,那么根据公共生活的结构特点(比如城市布局、建筑物类型或者人群的出现),公民对其长期在城市内移动的痕迹也享有不被别人记录的合理期待。此外,在评估公民所享有的隐私期待是否合理时,法官会考虑采取积极的措施保护公民的隐私,然而,他们还应该考虑采取积极的措施保护公民的匿名。正如美国联邦第九巡回上诉法院的首席大法官 Kozinski 说的那样:"政府执法人员所实施的 GPS 监控行为构成《第四修正案》所规定的搜查行为,即便公民身处于公共场所里,他也可以通过在夜间行动,在交通拥堵时行动,混迹在人群中,采取迂回路线,乔装打扮,在建筑间穿梭以免被跟踪等方法来避免自己暴露在监控摄像机中。"①

除了关注受到《第四修正案》保护的新的空间类型以外,匿名理论为我们提供了保护这些新的空间类型的规范和法律渊源。②虽然财产权理论被视为保护公民所享有的隐私合理期待的典型法律渊源③,但是保护公民所享有的匿名合理期待的法律渊源范围十分广泛,其中包括与告密相关的成文法、版权代理法和《美国联邦宪法第一修正案》等。④例如,在涉及《美国联邦宪法第一修正案》的案件中,美国联邦最高法院认定:"作者保持匿名的决定是言论自由的体现。"⑤类似的,美国联邦最高法院认定,《美国联邦宪法第一修正案》保护公民在参与政治活动中所享有的匿名权。⑥

此外,美国联邦最高法院已经承认,《美国联邦宪法第一修正案》所规定的言论自由和结社自由与《第四修正案》所规定的禁止不合理的搜查和扣押行为之间存在重要的实质联系。⑦例如,美国联邦最高法院指出,因为"不受约束的搜查和扣押行为可能成为束缚

---

① United States v. Pineda-Moreno, 617 F. 3d 1120, 1126 (9th Cir. 2010). (Kozinski, C. J. Dissenting from denial of rehearing en banc).
② Cf. Rakas v. Illinois, 439 U. S. 128, 144 n. 12.
③ Kyllo v. United States, 533 U. S. 27, 34 (2001); Minnesota v. Carter, 525 U. S. 83, 97–98 (1998).
④ See Jeffery M. Skopek, Anonymity, the Production of Goods, and Institutional Design, 82 Fordham L. Rev. 1759–1769 (2014).
⑤ McIntyre v. Ohio Elections Comm'n, 514 U. S. 334, 342 (1995).
⑥ See e. g. , Gibson v. Fla. Legislative Investigation Comm. 372 U. S. 539, 558 (1963).
⑦ Daniel J. Solove, The First Amendment as Criminal Procedure, 82 N. Y. U. L. Rev. 112, 131–142 (2007).

公民表达自由的工具",所以当公民根据《美国联邦宪法第一修正案》的规定而享有的权利受到威胁时,政府执法人员根据《第四修正案》的规定所实施的搜查和扣押行为必须满足严谨且正确(scrupulous exactitude)的要求。① 此外,美国联邦最高法院曾经暗示,《美国联邦宪法第一修正案》能够帮助法官界定《第四修正案》为公民权利提供保护的范围,甚至扩大此种保护的范围。例如,一名警察认为某个电影院播放的电影是淫秽作品,并且根据自己的判断扣押了此电影胶片。在这个案件中,美国联邦最高法院会认定:警察所实施的扣押行为是不合理的。因为公民享有言论自由,无论他是通过书籍还是电影表达此自由,所以警察所实施的扣押行为要受到公民所享有的言论自由的限制。公民经营书店和电影院的行为都受到《美国联邦宪法第一修正案》的保护,警察必须在遵循《第四修正案》的程序的情况下才能扣押公民的书籍或者影片,我们应该根据警察的行为是否侵犯公民所享有的言论自由来判断其行为是否合理。②

因此,美国联邦最高法院事实上承认了,在判断政府执法人员所实施的搜查行为和扣押行为是否违反《第四修正案》的规定时,《美国联邦宪法第一修正案》可以作为判断基础之一。

虽然美国联邦最高法院的法官未将此观点延伸到其他案件中,但是如果法官承认《美国联邦宪法第一修正案》和《第四修正案》均涉及公民的匿名,那么这种承认就为法官进一步发展上述观点提供了理论基础。也就是说,在判断《第四修正案》为公民权利提供保护的范围时,法官不应该仅仅考虑与隐私的合理期待相关的法律和规范,还应该考虑《美国联邦宪法第一修正案》所保护的公民的匿名合理期待。此外,法官还应该考虑与保护公民所享有的匿名权的所有法律渊源。

如果我们看到公民的匿名在《第四修正案》中的位置,那么我们就可以通过新的法律和规范基础保护公民所享有的匿名权,其中包

---

① Stanford v. Texas, 379 U. S. 476, 484 – 485 (1965) (INTERNAL QUOTATION MARKS OMITTED; see also United States v. White, 401 U. S. 745, 762 (1971) (Douglas, J., dissenting).
② Roaden v. Kentucky, 413 U. S. 496, 504 (1973); see also Akhil Reed Amar Fourth Amendment First Principle, 107 Harv. L. Rev. 757, 806 (1994).

括一些新的宪法权利和宪法价值。这样一来，Sotomayor 大法官在 Jones 一案中所提的并存意见也有了理论基础，即在判断政府执法人员所实施的长期监控行为是否违反《第四修正案》的规定时，她会考虑"公民能否合理地预见其行踪会被记录，能否合理地预见政府执法人员通过分析这些记录推断出他的政治和宗教信仰、性习惯等私人事务"。

匿名理论能够减轻新型监控技术为公民带来的忧虑，即新型监控技术是否更容易侵犯他们根据《第四修正案》享有的权利。当《第四修正案》被定义为隐私保护理论时，似乎隐藏公民信息成为公民保护其信息秘密的唯一方式；然而，当《第四修正案》被定义为匿名保护理论时，公民还可以采取其他措施保护自己的信息秘密。例如，在判断政府执法人员所实施的视频监控行为是否侵犯公民所享有的匿名权时，法官应该考虑记载公民信息的录像带是否能够随意被别人观看，政府执法人员是否不合理地将录像带用于别的目的，政府执法人员是否通过录像带分析公民的行为模式或者与其他监控数据进行交叉分析。因此，通过禁止政府执法人员实施上述任一行为，他们对公民匿名权的侵犯就受到了限制。也就是说，匿名理论能够帮助我们分析政府执法人员所实施的监控策略是否违反了《第四修正案》的规定。

匿名理论为法官提供了三种核心方法来实现 Katz 确立的规则：①匿名理论揭示了，受到《第四修正案》保护的区域不是只有能够隐藏公民信息的密闭区域（比如建筑物和容器），它还包括能够隐藏使公民信息变成私人信息的公共区域。②匿名理论为保护公民根据《第四修正案》的规定所享有的利益提供了新的法源，其中包括《美国联邦宪法第一修正案》和其他保护公民自由的法律。③匿名理论指出，在保证监控技术能够提升政府执法人员的执法效率时，政府执法人员也能够限缩监控范围以免侵犯公民的利益。

五、结语

美国联邦最高法院明确指出，《第四修正案》不保护已被暴露于众的信息或者被第三方当事人知道的信息。研究隐私理论的学者主张，这个结论是错误的，因为隐私不是非无即有的二元状态，隐私可以被划分为不同层次的状态。虽然到目前为止，学者的主张似乎是正确的，但是此主张仅披露了部分问题。学者的主张没有看到公开披露规则和第三方当事人理论产生的另一个原因，即美国联邦最高法院的法官混淆了隐私和匿名的概念。虽然匿名和隐私在保护公民私人信息的方面起着类似的作用，但是它们的本质是不一样的，隐私是指隐藏公民的信息，而匿名则是指隐藏使公民信息变成私人信息的缘由。理解到两者之间的差异后，我们就能理解为什么《第四修正案》不仅需要保护公民所享有的隐私合理期待，还需要保护公民所享有的匿名合理期待。

除了解释《第四修正案》需要将匿名权作为一般权利进行保护的原因以外，本文还提供了必要的分析方法来回答由新型的数据搜集和分析技术带来的难以回答的迫切问题。例如，它为法官提供了一种原则性标准，此标准不仅能够披露新型监控技术所涉及的《第四修正案》的问题（这些问题是前人未能察觉的），还能够区分看似一样的监控措施之间的差异。此外，在一个更基本的层面上说，此原则性标准帮助法官在涉及《第四修正案》的案件中实现美国联邦最高法院提出的规范声明，即"《第四修正案》保护的是公民而非公民所在的场所"。[1]

虽然本文将关注点放在监控技术和《第四修正案》之上，但是本文所提出的见解同样适用于保护公民所享有的隐私合理期待的其他实践和法律。例如，如果在实施活动，比如拨打电话号码、网上购物、捐血或者移除自身组织时，公民的合法权利受到侵犯，那么公民也可以根据本文所提出的见解维护自身的权利。虽然公民在实施上述活动时所享有的利益通常被认为是隐私利益，但是本文认为这种观点是错误的。因为当我们在实施上述活动时，我们并不总是期待存储在自己手机通讯录里的信息、钱包的信息、自己的血液或者组织信息不会被别人知道。相反，我们期待不被别人知道的是，这些信息是属于我们的。当某间公司调查我们所拨打的电话号码或者查阅我们的网上购物清单时，当医生检测我们的血液样本或者抽取我们的组织时，我们所期待的是这些信息能够保持匿名。因此，在大数据时代里，为了

---

[1] Katz v. United States, 389 U. S. 347, 351 (1967).

充分保护他人的权利免受行为人收集、存储和聚合信息的行为的影响，法律不仅需要保护公民所享有的隐私权，还需要保护公民所享有的匿名权。在面对新技术对保密公民私人信息的挑战时，只有通过这个方法，公民重要的法律利益才能被承认和受到保护。

第四编　公共道路上的隐私权

公民在公共道路上的隐私权

桃乐丝·J. 格兰西[①]著　凌玲[②]译

目　　次

一、导论
二、追踪科技
三、公民在公共道路上的隐私权益
四、承认公民在公共道路上享有合法的隐私权
五、结语

一、导论

在监控技术既不发达也不被人们广泛利用的年代，人们并不会谈论公民在公共场所的隐私权问题——因为在现实生活中，这个问题根本就不存在。如今，尽管监控技术日益复杂，并且美国并不承认公民在公共道路享有合理的隐私期待，但无可否认的是，美国的法律保护公民的隐私权。在美国，当走在公共道路上时，公民总是尝试通过一些行为来表现自己在主观上享有一定程度的隐私权。或许这些想法是很幼稚的，但实际上，尽管在美国联邦的宪法性保护中，有越来越多

[①] 桃乐丝·J. 格兰西（Dorothy J. Glancy），美国圣塔克拉拉大学法学院教授。
[②] 凌玲，中山大学法学院助教。

的"有关车辆的例外"(automobile exceptions)可以保护公民的隐私权免受政府的无理搜查和扣押,但是,公民的隐私期待仍然是一个能够为公民隐私权提供保护的有力依据。因此,在得知公民在公共道路所享有的隐私权实际上能够获得何种程度上的法律保护时,学者和法官会比普通公民感到更加的震惊。

随着监控技术的发展,人们要实施监控行为十分便利,这使得人们对于公民在公共道路是否享有隐私权的讨论具备了更深刻的现实意义。如今,公共道路监控无处不在,大量的科技进步,如智能交通系统(ITS),使得人们可以随意追踪在公共道路上的任何人。ITS 可以收集有关运输模式和交通流量的所有信息。除此之外,其他的技术也各有所长。例如,车辆自动识别系统(AVI),它不仅可以追踪指定的车辆和车辆里的人、对车和人进行精确的定位;而且还可以整合其他系统的信息以及预算标的物的走向和未来的位置。因为政府广泛地使用这些技术,所以,美国的大街小巷到处都被安装了监控系统,这样一来,政府可以在不侵扰公民隐私权的情况下监控公民在公共道路上的一举一动。

随着监控技术的发展和广泛使用,为了保障国家的安全、打击潜在的恐怖袭击和不法行为,政府开始大量地监控和收集在公共道路上的各种信息。但是,政府追踪和记录公民在公共道路上的信息的行为也逐渐引发了许多严重的问题。与此同时,监控技术也给公民生活带来了很多变化。如今,开始有很多的私营企业,如"定位信息"经销商以及销售与地理信息有关的产品和服务的商家等,开始兜售公民的实时定位信息以及过往的其他信息。正如 Thomas Friedman [1] 所说的那样,随着科技的发展,公民的隐私权不仅受到像 Orwell《1984》一书中所说的"极权主义政府"的侵犯[2],而且还受到私营企业等民间组织或个人的侵犯。在这两者的共同作用下,身处公共道路上的公民毫无隐私权可言。

实际上,主要有以下三类主体在利用公共道路上的公民信息:

---

[1] Thomas L. Friedman, Little Brother, N. Y. TIMES, Sept. 26, 1999, 4, at 17; Thomas L. Friedman, The Hackers'Lessons, N. Y. TIMES, Feb. 15, 2000, at A27.

[2] George Orwell, 1984 (Harcourt, Brace and Co., 1949).

①执法机关；②民用交通运输主管部门；③从事市场营销和广告业的私人企业。也有人拟用 Orwell 和 Friedman 的话，将这三类主体分为："大哥大"（Big Brother）即执法机关和情报组织、"大姐大"（Big Sister）即民用交通运输主管部门和"小弟"（little brothers）即大量销售公民信息的私营企业。

因为上述三类主体不遗余力地监控、收集、销售公民的信息，因此，公民的隐私权面临了极大的威胁。美国联邦国防部重建了声名狼藉的国民信息识别系统（Total Information Awareness），并将其改名为恐怖主义信息认知系统（Terrorism Information Awareness）。这引起了美国社会的恐慌——民众很担忧，如果有人对政府收集的信息和私人收集的信息进行整合，那么，他们的隐私权将受到严重的侵害。民众对政府推行的多态反恐信息交换（Multistate Antiterrorism Information Exchange）工程和交通运输安全局工程Ⅱ展开了旷日持久的论战，这是因为，公民对政府和私营企业多方挖掘和收集公民信息的行为感到十分不安。

就美国现行的法律体系而言，有关隐私权保护的法律并不承认公民在公共道路上享有合理的隐私期待，尤其是在《美国联邦宪法》是否赋予公民免受政府无理搜查和扣押的权利还不明朗的时候。最近，在涉及《美国联邦宪法第四修正案》（下文简称《第四修正案》）所说的搜查和扣押行为的案件当中，极少有法院会承认公民在公共道路上享有"合法的"①或"合理的"②或"正当的"隐私权；更鲜有法院认为，公民在公共道路上享有"合法的"、"合理的"以及"正当的"隐私权。③虽然事实如此，但这也不意味着公民在公共道路上永远都不会享有隐私权。实际上，美国联邦最高法院已经一致认定，政府在公共道路上直接拦截公民车辆的行为构成《第四修正案》所说的扣押行为。④

---

① Couch v. United States, 409 U. S. 322, 336 (1973) (discussing the legitimacy of privacy expectations). See also Bartnicki v. Vopper, 532 U. S. 514, 540 (2001).
② Kyllo v. United States, 533 U. S. 27 (2001).
③ United States v. Dunn, 480 U. S. 294, 315 (1987).
④ Illinois v. Lidster, 124 S. Ct. 885 (2004).

即使美国联邦最高法院坚持其在 Katz 一案[①]中提出的判决意见——"《第四修正案》保护的是人，不是地点"；但是，公民在其住宅内享有的隐私权比其在公共场所（如公共道路和高速公路）享有的隐私权要明确得多。尽管如此，人们也不能因此断定，公民在公共道路上享有的隐私期待完全不能享有任何的法律保护。如果法院和立法机关承认公民在公共道路上享有隐私权，那么，这将会使有关隐私权的案件和问题发生天翻地覆的改变。首先，法院在审判相关案件时要审查的程序和考虑的案情会和以前有很大的差异；其次，法院会着重考虑在其审判的案件中不能保护公民的公共道路隐私权将会引发的后果；最后，法院会发现，相比其他公共道路，公民在高速公路上的隐私权最难保护。因为，或许公民对自己在高速公路上享有的隐私权有着最低的期待，这也是本文在探讨公民在公共道路上的隐私权时着重谈论的内容之一。

本文将会分为四部分。在第一部分中，笔者将会介绍能够对公民在公共道路上的隐私权产生影响的监控技术。在第二部分中，笔者将会探讨，公民在公共道路上享有哪些隐私权益。在第三部分中，笔者将会探讨，在现行的法律体系中，有哪些类型的公民合法权利可以保护公民在公共道路以及高速公路上的隐私权。在第四部分中，笔者将会总结出这样一个原则：在公共道路上，公民对自己的行为享有免受政府和别人侵扰的重要权利。

二、追踪科技

以前，人们就把观察在公共道路上的人的行为称为"公平游戏"，之所以叫"公平游戏"，是因为人们认为，任何人都可以在公共道路上观察发生在自己眼前的事情。

追踪一个人的方法远不止一种。其中最低级的一种就是被称为"尾随"的可视化监控方法。这种追踪方法存在很多缺陷。首先，它需要耗费追踪者大量的时间和精力。其次，通过这种方法追踪别人很容易让被追踪者发现，使得被追踪者逃脱或者对追踪者进行攻击。最后，这种方法最严重的弊端在于，追踪者很难将自己得到的信息进行

---

① 389 U. S. 347（1967）.

有效的记录、整合以及利用。这些缺陷使得追踪者很难同时追踪和监控多人。

如今，技术的发展使得人们不仅可以同时追踪走在公共道路上的所有人，而且还可以高效地记录下所有被追踪者在所有时间内的所有信息。首先，这些监控科技产品可以拆分为各个小附件隐藏在各个角落里，使得被追踪者无法觉察到它们的存在。其次，人们可以广泛地使用它们。例如，美国联邦政府为了建立 ITS，在美国的各个道路和高速公路上都安装了监控设备。再次，通过互联网技术，政府不仅可以将全国的 ITS 收集的信息在各地之间流通，而且还可以使用电子数据库在任何地方收集、使用以及操控这些信息。在这些数据库中，有的数据库用来收集公民的实时信息，有的用来收集公民过去的信息，还有的用来制作与公民信息相关的模型，以便预测公民的行程。最后，因为保留这些信息比修改或破坏这些信息的成本要低，所以，这些有关公民在公共道路上的信息一般会被永久地保存下来。在不久的将来，ITS 将可能收集所有人在所有时间的定位信息和行程信息。

接下来，笔者会介绍能够被 ITS、私营企业以及执法机关用来监控公共道路和高速公路的监控技术。在本文的第四部分，笔者才会开始讨论对人们使用监控技术的行为进行法律规范的内容。

（一）智能交通系统（ITS）

大部分的 ITS 都由地方的交通运输部门建立和管理，而地方部门的资金主要由美国联邦交通运输部发放。ITS 不仅包括分别国营和私营的项目，而且还包括公司合伙运营的项目。执法机关仅仅参与一些特殊的运营项目，并且，它们都不是项目的主管人。

随着 ITS 的运营，政府在全国各地的公共道路和高速公路上都安装了双向的雷达接收器、遥控摄像头、定位系统等科技设备，以便监控路面信息。当双向的电子通讯设备被安装在车辆上时，它们就会形成一个远程信息处理系统。其他的无线通讯设备虽然不能安装在具体的车辆上，但人们可以利用它们用来追踪和记录公民在所有时间内的信息。总之，结合这些技术，政府可以追踪和记录在公共道路上的所有人和物的所有信息。

实际上，监控路面信息并不是政府运营 ITS 的唯一目的。① 最初的时候，ITS 被称为"智能车辆高速公路系统"，政府运营该系统主要是为了监控高速公路上的车辆，而不是监控在汽车里或高速公路上的人。②

通过美国联邦公路管理局，美国联邦交通运输部为 ITS 筹集了数百亿美元，但是，它并不参与该系统的具体管理，也不是很支持政府通过该系统实施有针对性的监控行为。在美国联邦交通运输部内部有一个该系统的专案办公室，专门负责解决大部分有关该系统的事情。

路面的 ITS 项目都是由地方交通运输部门管理的。但在某些地区，这些部门与其他的政府部门（如执法机关）或者私营企业共同管理相关事务，如旧金山海湾区的 ITS，它就是由当地的交通委员会和加利福尼亚州运输部、加利福尼亚州高速公路巡警局共同管理的。③ 一个叫 PB Farradyne 的私营公司为加利福尼亚州运输部以及其他合伙人设计合成管理该系统。政府运营该系统的目的是收集旧金山海湾区的交通信息，以提高当地的运输效率、降低交通堵塞带来的环境问题以及提高交通安全系数。

最初，政府使用 ITS 技术主要是为了监控路面的交通流量信息，而不是为了监控特定的某个公民及其车辆；但是，随着时间的流逝，政府开始越来越多地利用这些技术来监控公民的私人信息，如公民的活动、车辆等信息。因此，ITS 开始对公民的隐私权产生重要的影响。如今，政府可以通过大量的 ITS 技术来收集和管理公民的定位信息和公民行程的起讫点信息。尽管监控公民信息还不是 ITS 的功能和服务项目之一，但实际上，政府已经使用 ITS 技术来追踪公民的活动

---

① The range of ITS activities is suggested by the 33 types of technologies, divided into eight user services, bundles included within the National ITS Architecture (Version 5.0, April 2004), at http://www.its.dot.gov/arch/arch.htm (last visited Aug. 9, 2004). For a complete listing of the 33 types of technologies see Version 5.0 of the National ITS Architecture, at http://www.iteris.com/itsarch/htmi user/userserv.htm (last visited Aug. 9, 2004).

② See Dorothy J. Glancy, Privacy and Intelligent Transportation Technology, 11 Santa Clara Computer & High Tech. L. J. 151 (1995).

③ See the Metropolitan Transportation Commission website, at http://www.mtc.ca.gov/project stravinfo/travinfl.htm (last visited Aug. 9, 2004); 511 Traffic website, at http://traffic.511.org/traffic partners.asp (last visited Aug. 9, 2004).

信息以及定位信息。ITS 的应用技术可以追踪公民曾经去过的地点，并且，通过这些信息，政府有时候还可以预测公民将来要去的地方以及要做的事情。

1. 交通摄像机

交通摄像机是 ITS 技术设备中最常用的一种，它可以记录道路上的人和事物的动态录像。通过安装在道路上方的闭路电视摄像机，相关主管部门可以对交通摄像机实施远程控制。并且，因为这些设备都是被分散安装在道路的上方，所以，一般人是不会发现它们的。这些不起眼的交通摄像机一般由远处的交通管理中心管理和控制。交通管理中心的工作人员可以通过远程遥控器来旋转摄像机的位置，从而监控各个方位的交通信息；也可以调高摄像机的位置来监控更远范围内的信息，还可以改变摄像机的倾斜角度来监控某个特定地点的信息。地方电视台就是经常通过交通摄像机来播放当地的路面交通信息。还有一种交通摄像机是不能够移动的，这类摄像机一般被人们安装在停车场或者飞机场、交通十字路口等处。这些摄像机能够自动拍下大量的从其底下经过的车辆信息。

当这些摄像机被人们用来监控特定的车辆时，它们就成为了 ITS 中的 AVI（即上文已经提过的车辆自动识别系统）中的一部分。例如，在许多州，政府都利用固定摄像机（不会移动的摄像机）来拍下闯红灯或者超速行驶的车辆以及驾驶人的图片。通过结合这些电子图片和车牌识别技术，执法机关便可以快速找出违反规则的公民，从而提高执法效率。这也是将来交通摄像机使用的一个普遍的特点。

当政府使用交通摄像机的主要目的变成拍摄司机以及乘客的面部信息时，公民的隐私权就面临着很大的威胁。远程电视和固定摄像机可以拍下行人、骑车者等人的详细信息。更高分辨率的相机拍下的信息还可以展现被拍摄的人的活动、面部表情甚至情绪等非常详细具体的信息。此外，带有远程控制功能的交通摄像机还可以允许不在现场的人不仅拍下路面的交通流量信息，还可以拍下附近的建筑旁边的人的活动和面部信息。①

---

① A California statute makes it illegal to use such cameras to peer into the privacy of a person's home. Cal. Civ. Code 1708. 8. (West Supp. 2004).

2. 车牌识别技术

自动的车牌识别技术是自动的 ITS 技术对电子摄像机的一种特殊运用，也是自动 AVI 技术的一种类型。人们只要将有车牌信息的相片电脑化，并将其放进电子数据库里面进行信息匹配，很快就能找到某一车牌的特定车辆及其车主。车牌识别技术可以适用在交通管理、商用车辆检查、交通安全、停车管理、边境控制等多个方面。英国就是利用车牌识别技术来减少交通堵塞的问题。

在美国，为了公民隐私权的长远发展，人们必须重视车牌识别技术的应用，因为，至今为止，还没有判例法将车牌信息认定为公民的私人信息。因为，一般来讲，车牌都被人们安装在车的后面，当车驶进公共场所时，所有人都能看到车牌。但是，在法国，根据《欧洲联盟数据保护法》[1]，公民的车牌信息是受到隐私权的保护的。

3. 电子收费应答器

电子收费应答器是自动车辆识别技术中的一种，它通过使用电子缴费器发挥作用。在美国的道路上，它是一种很常见的设备，并且，它也是人们实施交通监控行为的一种途径。电子缴费牌是应答器的一种，其大小一般比一副扑克牌要小一些，它可以完成简单的双向通讯。大部分的电子缴费牌由司机自愿安装在车辆的挡风玻璃上面，以便他们在通过收费站点时能够自动缴费。电子缴费牌是一个简单的双向的无线电发射机，它可以接收并回应应答器发出的某些特别的信号，尤其是属于应答器本身所有的唯一标识符。在大部分的电子收费机器系统中，应答器保留了收费部门收到的费用以及缴纳费用的车主的注册信息。当车主每经过一个收费站点、每缴纳一次费用，电子收费机器系统都会记录下车主及其车辆经过该点的时间。也就是说，电子收费机器系统可以记录车辆在缴费时间的定位信息。此外，通过扣除车主在每一个缴费点所缴纳的费用，政府还可以知道车主备用的缴纳款项是多少。加利福尼亚南部的公路办事处已经开发出点子缴费器的另一个功能——车主可以通过使用点子缴费器在麦当劳消费。不少

---

[1] Council Directive 95/46/EC of the European Parliament and of the Council of 24 October 1995 on the protection of individuals with regard to the processing of personal data and on the free movement of such data, 1995 O. J. (L281).

地方也计划在其他地方（如停车场、洗车中心等）拓展电子缴费机器的缴费功能。

尽管电子缴费器呈现出多种技术形式，但是，它被设计得很简单，它的大小、规格和其他科技产品没有什么区别。作为应答器的一种，电子缴费器可以用来回应应答器设备发出的唯一标识符。因此，它可以追踪到应答器所在的定位信息以及安装着这些设备的车辆。旧金山海湾区交通委员会从其管理的 ITS 中发现，密集的电子缴费读写器可以有效地呈现出有关交通流量以及车速等方面的信息。

在电子缴费器所发出的唯一标识符和车辆及其车主信息之间并不存在直接的联系，但是，可以通过将唯一标识符和特定的车主姓名、地址以及其他信息进行特定的配对，电子缴费器的发行者就能够通过标识符来获取特定的车辆以及车主信息。

4. 车辆黑匣子

据统计，美国已经有 3 亿车主为自己的车辆建立了"事故资料记录器"，这种电脑化的诊断模块被称为"黑匣子"。在将来，可能全美国的车主都被强制要求为自己的车辆建立一个"黑匣子"。现代人一般都为自己的车辆建立好几个电脑模块，来自动地记录车辆的状况、速度、机械运行状况、排放量等信息。"黑匣子"就是这些电脑模块的其中一种，是人们专门用来收集在安全气囊爆出前的车辆信息的。

很多车主都知道，上述的自动化设备都要与昂贵的计算机配合使用才能发挥作用。但是，很多人不知道的是，其实车辆制造商已经在车辆的电脑系统上安装了事故资料记录器（黑匣子）或者意外事件模块，以便记录车辆在出现事故时的车速、驾驶模式、机械运转状况等信息。车辆制造商和保险公司日常就经常在互联网上下载这些信息来分析车辆发生事故的原因以及评估法律责任的承担。

在美国，除了加利福尼亚，其他州都还没有解决"黑匣子"所记录的信息的归属问题。加利福尼亚在 2003 年颁布了《车辆代码法 9951》①，该法规定，在 2004 年 7 月起，加利福尼亚的车辆制造商必须在车辆手册上注明其车辆已经安装了"黑匣子"，并且"黑匣子"

---

① CAL. VEH. CODE 9951 (2003), discussed infra notes 321 - 323.

所记录的信息归车主所有,其他人要获取"黑匣子"的信息必须得到车主的同意。

将来,通过配合使用专门的短距离通讯技术(下文将会提到该技术),路边的信息接收器都可以记录下车辆是否超速、司机是否系上安全带等驾驶信息。自从 ITS 技术行业的人发明了自动适配的系统,例如,会根据座位上的人的具体身体状况而自动进行调整的气囊系统,车辆里的所有特征和信息都会被各种系统记录下来。再例如,一名工程师发明了一个车内系统,该系统可以为车内的人称重,并根据体重来建议该人应该在什么时候吃什么食物。① 这样的系统可以与车辆的无线通讯系统连接,从而将信息传达给下文提到的道路信息接收器。

5. 全球定位系统(GPS)

在 GPS 技术的基础之上,大量的 ITS 系统才得以追踪公路上的车辆的定位信息。GPS 是被广泛使用的定位技术和航海技术,通过大量的卫星在星空上运转,它可以为人们提供高度精确的定位信息。在 GPS 中,有 24 颗卫星围绕着地球旋转。每一刻卫星都可以在空间中传递精确的时间信息和定位信息。如果能接收 5～8 颗卫星的信息,那么,接收者可以看到世界任何地方的信息。

如果一辆车安装了能够接收 4 颗卫星传递的信息的 GPS 接收器,那么,使用者便可以获取有关该车的速度、驾驶方向等信息。达标的定位系统的定位精确度可以达到 10 米以内。更加精准的微分 GPS 的精确度可以达到 1 米以内。微分 GPS 可以利用基电台的微分信号传播来减少大气对卫星的干扰,从而提高精确度。双差分 GPS 的精确度甚至可以达到 1～2 厘米。因为 GPS 具备包括远程信息处理、专用的短程信息处理以及其他类型的移动通讯在内的通讯功能,所以它可以在众多的车辆中对某一特定的车辆进行定位。笔者不仅会在下文中介绍上述的所有通讯功能,而且还会在下一部分中讨论执法机关对 GPS 设备的使用情况。

---

① Sabra Chartrand, Patents: An In-car System for Dieters That Weights Them and Tells Them When They Have Strayed, N. Y. TIMES, Dec. 29, 2003, at C8.

6. 远程信息处理

远程信息处理是指与 ITS 相连接的、以车载平台为基础而形成的移动通讯系统。一般来讲，该系统使车辆使用者、基础设施使用者和出行信息提供者之间进行信息交流。尽管远程信息处理系统使用了大量的通讯技术，但是，大部分的远程信息处理系统都是依靠 GPS 才能进行准确的定位。定位信息服务项目包括协助航海、连接互联网、定位实时的交通信息和报道实时的气候信息、为旅游者提供附近有关衣食住行的信息、连接其他服务的信息，等等。有一些远程信息处理系统在协助航海或提供出行信息时会使用更加先进的全球地理信息系统（GIS）来提供方位信息和协助其提供定位信息。交通管理部门不仅可以追踪安装该系统的车辆，还可以通过比较历史的交通流量信息状况去获得该车的实时交通信息。① 在某些情况下，父母会使用该系统与正在驾驶车辆的青少年保持联络。

远程信息处理系统之所以在美国广为人知，很大程度上是因为通用汽车公司的安吉星子公司对其进行了广泛的传播。安吉星公司为用户提供路面紧急情况的协助服务，例如它会通过无线声讯技术，使用自己的中心监控站来为用户提供出行信息。安吉星的中心监控站与其他的系统一样，都与车辆内置的远程信息处理功能相连接。安吉星的网站是这样形容远程信息处理系统的："就像通过使用车辆的电子设备、无线通讯技术、互联网技术、全球定位卫星的定位信息，为车主提供了更有保障的安全、便利和通讯服务"。②

安吉星公司在其隐私原则中详细地介绍了它们是如何获取用户的私人信息的："当您使用我们的服务时，我们会在日常生活中收集您的信息，例如由电话网络提供的自动网络编号信息、由卫星和 GPS 电子技术提供的车辆定位信息（包括您的使用偏好和使用模式）。"在其隐私原则的最尾端，安吉星做出了以下的保证："我们安吉星将像您自己一样尊重您的隐私。我们将会竭尽全力来保留您对我们的产

---

① Tim Moran, Going with the Flow; Telematics-equipped Vehicles Feed Real-time Information to Highway Systems, Automotive News, Sept. 23, 2002, at 24T.

② OnStar Privacy Principles located on the OnStar website, at http：//www.onstar.com/us-english/jsp/gljterms privacy.jsppage = gLprivacy.jsp (last visited Aug. 10, 2004).

品和服务的信任。总而言之，您的信任就是我们最大的价值所在。"

安吉星也在其隐私原则中隐晦地指出："尽管我们承诺保护您的隐私权，但是，我们不能保证，你的私人信息和其他个人标识信息永远不会从本政策所论及的途径以外的其他途径中泄露出去。对于所有通过无线移动通讯设备传递的隐私信息，我们都不保证它们不会被泄露。例如，信息的第三方可能在没有获得我们同意的情况下，就非法地拦截您的信息或进入信息的传递和通讯渠道之中窃取您的信息。此外，在遵循法律以及不违背公平信赖原则的情况下，为了满足以下三种情形中的需要，我们可能会披露您的个人信息：①遵循法律程序；②为了回应被侵害权益的第三方当事人的要求；③为了保护我们安吉星或者其他用户和公众的合法权利、财产或者安全。我们不为任何偶然的或者疏忽的信息披露行为、他人未经授权的信息侵入行为以及该政策所描述的法律要求承担任何责任。我们利用远程信息处理系统使用的信息都是一般的系统都需要使用的信息。您不必要担心我们会滥用您的信息或侵犯您的隐私权。"

7. 专用的短程通讯（DSRC）

美国联邦通讯委员会（FCC）的一份报告以及其在 2004 年 5 月下达的一个命令①很可能会扩大远程信息处理系统在美国的使用范围。FCC 的命令给 ITS 指定的无线频率为 5.850 到 5.925 千兆赫之间，此外，该命令还接受了 ASTM E221303（ASTM-DSRC）通讯标准，将车辆的 WiFi 提高到一个更高的速率。这些 DSRC 通讯工具一般都包含了连接着 GPS 定位配置的机载附件（OBUs）。这些 OBUs 被人们安装在正在驾驶的车辆里面。FCC 规定，连接车辆里面的 OBUs 的通讯工具和连接 OBUs 与路边附件（RSUs）的通讯工具都要安装在沿途的公路和高速公路上。

大部分的 OBUs 会被安装在车辆里面，但是，也有小部分的 OBUs 被设计成轻便式的附件甚至是智能标识，不一定会被安装在车辆里面。实际上，美国联邦交通运输部曾经考虑过将 OBUs 作为车辆的标准配置，并将之在美国的市场上进行销售。OBUs 是双向的无线收发机，一般被安装在车辆里面，它可以自动与以 DSRC 为标准的路

---

① FCC 03-324.

边附件以及其他安装 OBUs 的车辆进行联系。不同的车辆通过各自的 OBUs 之间的联系，可以有效地减少交通事故的出现，还可以警示车辆在驶进交通堵塞路段之前调转方向。FCC 的规定还指出，车辆的大量短程通讯工具都处于无线 WiFi 的覆盖之下。只要可以与被 ITS 接受的符合 802.11 通讯标准的通讯工具进行联系和沟通，那么，人们使用 OBUs 就不需要申请专门的许可证。

通过被安装在路边 45 英尺高空的天线，RSUs 可以与车辆里面的 OBUs 连接。人们可以在一定的地理区域自由使用 RSUs。在美国，人们可以使用功率在 30 瓦特以内的 RSUs 接收器，并使用它来接收 5 英尺至 3000 英尺范围内的通讯信号。人们可以申请许可证，以便使用 RSUs 接受全国范围内的通讯信号，但是，这种许可证仅允许持有此证的人在指定的地理区域内使用 RSUs，并且，申请人还必须在 FCC 登记注册其使用的 RSUs。商家也可以用宽带在网上为其使用的商用 RSUs 进行登记注册。尽管 FCC 主张，政府在公共道路安装 DSRC 通讯工具的主要目的是为了保障公共道路的安全，但是，包括远程信息处理服务在内的商业应用会给安装了 OBUs 设备的车辆带来大量推销定位信息和出行信息的广告。OBUs 也极有可能带来新的收费系统，这样一来，商家会为了收取费用而将 OBUs 连接到收费设备上，从而用 OBUs 来取代电子缴费器。

总而言之，FCC 授权 ITS 使用 DSRC，这个授权不仅涉及很多利益关系，而且也没有提出任何保障信息安全传输和隐私权的规定。这会对为其汽车安装了 USB 设备的公民的隐私权造成危害。

8. 无线通讯

无线通讯是十分受欢迎的一种通讯方式，它的使用范围并不局限于公路。它是车辆的远程信息处理系统的重要组成部分。车主和行人越来越频繁地使用远程信息处理系统、移动电话、WiFi、蓝牙等通讯工具。这些无线通讯设备具备一个肉眼不可见的功能——它们可以对每一个移动通讯设备进行精确定位。《1999 年无线通信和公共安全法案》① 指定将"911"作为全国范围内的紧急电话和无线信号。该法包含了一个名为 E911 的授权，根据该授权的内容，为了达到及时救

---

① 47 U.S.C. 251 (e) (2001).

援的目的，无线运营商可以对拨打911信号的人进行定位。FCC的规定要求，无线运营商要保证，到2005年11月31日为止，其95%以上的用户都使用安装了定位设备的手机。① 无线通讯工具用户的定位信息被称为自动定位信息（ALI）。无线运营商利用ALI来自动连接固定的无线设备和发出紧急信号的无线设备。这样一来，无线运营商便可以尽快找到发出紧急信号的用户并对其进行支援。根据依照《爱国者法》② 进行修改的《执法机关通讯援助法》③，执法机关也可以获取ALI。直至下文讨论的无线通讯技术出现后，美国才开始对ALI的使用设置了法律上的限制。

9. 数据档案

数据档案用户服务（ADUS）是ITS新推出的一项服务项目，通过该项目，ITS可以储存用户在过去所去过的所有地方的定位信息。政府的运输系统规划员可以使用公民过去的定位信息来预测公民将要去的地方，从而预知交通运输未来的流向，并据此来设计高速公路以及各个交通系统。同样地，市场营销商也可以通过这种渠道来预测公民的出行计划和消费倾向。此外，广告商也会利用这些信息来构建自己的消费者档案，以便更好地推销自己的产品。ITS的ADUS的主要功能在于收集和保存交通信息，从而帮助使用者更好地了解某个特定地区的交通模式。如今，ADUS技术的功能不再集中于收集和存储个别公民的出行信息。

但是，由于越来越多的商家收集公民信息，所以，在将来，商家还是很可能大量收集或购买公民的出行信息。为了构建消费者的信息档案，营销组织将会发现，公民的信息存在很高的市场价值。离婚律师很早就敏锐地察觉到公民过往信息具备巨大的利益。执法机关同样也很快意识到，公民的出行信息对于他们调查案件而言十分有用。此外，情报机构出于国家安全的目的也会搜集这些公民信息。

---

① 47C. F. R. §20.18（g）（1）（v）(2003). These regulations require location accuracy to be better than 300 meters for almost all calls, and better than 150 meters for two-thirds of all calls.
② Usa Patriot Act of 2001, Pub. L. No. 107-156, 115 Stat. 272 (2001).
③ Cell phone records have been successfully used as evidence in criminal cases. See, e. g., United States v. Forest, 355 F. 3d 942 (6th Cit. 2004).

（二）执法机关的监控技术

在很长一段时间内，执法机关经常不遗余力地使用监控科技来抓捕犯罪嫌疑人或者将犯罪嫌疑人定罪。为了保护国家安全和惩治犯罪，执法机关使用的监控手段多种多样，其中包括驾车或者驾驶飞机紧紧尾随犯罪嫌疑人。执法机关最常使用的监控技术莫过于无线寻呼机、GPS 等电子追踪设备。最近，执法机关开始使用无线通讯工具自动地记录犯罪嫌疑人的信息。这些技术中的大部分都可以让执法机关在无声无息中追踪犯罪嫌疑人。还有另外两种监控技术，即光雷达和红线照相机，经常被执法机关安装在公共领域内，以监测交通犯罪行为。

1. 电子追踪设备

美国联邦的《1986 年电子通讯隐私权法》是这样形容电子追踪设备的："所谓电子追踪设备，是指可以追踪某个事物的移动轨迹以及公民活动的电子装备。"美国参议院在其报告中对电子追踪设备的使用进行了解释。在该报告中，参议院是这样定义电子追踪设备的："它是一种单向无线电通讯设备。它可以通过一种特殊的无线电频率发射信号。特殊的追踪设备可以接收它发出的这些信号。此外，这些信号还可以使其使用者追踪信号发射器的地理位置。执法机关的工作人员经常用它来追踪安装着这些信号发射器的车辆、人或者其他事物。"①

2. 无线寻呼机

自 20 世纪中期以来，美国的执法机关便开始广泛地使用无线寻呼机。无线寻呼机是一种简单而廉价的设备，只要将它安装在某人或者某事物的表面，那么，执法机关该人或该物品之外的一定距离内对其进行定位和追踪。一般的无线寻呼机都是充电式的单向信号发射器，它可以悄无声息地发出频繁的电子信号。一般情况下，无线寻呼机的体积是非常小的，因此，执法机关可以将它们隐藏在人体或者车辆的隐秘部位而不会被别人发现。执法机关甚至可以将微型的无线寻呼机植入宠物或者人体的皮肤里面。这样一来，在该宠物或者该人失

---

① S. REP. No. 99-541, at 10 (1986).

踪的时候，执法机关还是可以根据微型无线寻呼机的信号将他们找到。

在调查案件时，为了能够远距离监控某人，执法机关经常将无线寻呼机附在人体上或者车辆里面。即使执法机关的工作人员看不见调查对象，但是，他们也根据无线寻呼机发出的信号继续追踪该调查对象。执法机关经常在无法对调查对象实施可视化监视行为或者与被追踪者失去联络时使用无线寻呼机。在 United States v. Knotts 一案①中，美国联邦最高法院认定，执法机关使用无线寻呼机对被告实施的监控行为与一般的可视化监控行为在性质上是一样的。随后，在 United States v. Karo 一案②中，美国联邦最高法院判定，执法机关只能在公民住宅以外的地方使用无线寻呼机。根据美国联邦最高法院在该案中的观点，如果执法机关使用无线寻呼机的行为泄露了公民住宅里面的信息，并且执法机关不能够通过实施可视化的监控行为获取这些信息时，那么，其行为被视为《第四修正案》所说的搜查行为。但如果执法机关仅在公共领域使用无线寻呼机，那么，其行为不受《第四修正案》的限制。

随着《1986 电子通讯隐私权法》的颁布，美国联邦有关电子监控的制定法③明确承认，执法机关使用无线寻呼机以及其他电子追踪设备的行为是合法行为。④ 在 United States v. Gbemisola 一案中，哥伦比亚地方上诉法院认定，美国联邦有关电子监控的制定法的唯一作用在于，承认执法机关可以在搜查令所指向的司法管辖区域之外使用电子追踪设备。这种搜查令被称为"流动搜查令"。当《爱国者法》⑤授权得到"流动搜查令"的执法机关在国外收集国外情报时，这种搜查令引起了社会的广泛争议。

---

① 460 U.S. 276 (1983).
② 468 U.S. 705 (1984). See also United States v. Application of the United States for an Order Authorizing the Installation, Monitoring, Maintaining, Repairing, & Removing of Elec. Transmitting Devices & Infra-Red Tracking Devices on or Within a White Ford Truck, 155 F.R.D. 401 (D. Mass. 1994).
③ Electronic Communications Privacy Act of 1986, Pub. L. No. 99-508, 100 Stat. 1848 (codified as amended in scattered sections of 18 U.S.C.).
④ 18 U.S.C. § 3117 (2001).
⑤ Usa Patriot Act of 2001 § 206, 50 U.S.C. § 1805 (c) (2) (B) (2001).

3. GPS 设备

执法机关使用的 GPS 设备一般都很小（但相比之下还是比无线寻呼机大）。这些 GPS 设备不仅具备可以指出设备的位置的 GPS 卫星通讯功能，而且还包含一个可以对信息进行计算机化处理的设备或仪器。执法机关一般将该设备安装在车底等不易被人发觉的地方。之后，该设备会自动记录该车去过的地点和时间，以及该车在每一个地点所停留的时间。执法机关可以将这些信息全部下载下来。和无线寻呼机不同，GPS 使用起来更加方便，因为它不要求执法机关必须在设备所在地的一定范围内接收信息。

在一个谋杀案件中，一名父亲被指控谋杀了自己亲生女儿，后者的尸体被埋藏了很长一段时间之后才被发现。在该案中，警察在被告不知情的情况下用 GPS 设备对被告实施了追踪行为。根据该设备传递的信息，警察发现被告去过谋杀的案发现场以及死者尸体被发现的地点。在审理该案的过程中，法院解释道："通过使用 GPS 设备，警察不需要紧紧尾随被告，便可以在互联网下载有关被告的出行地点的精确信息。"[①]

正如上如提到的那样，为了方便出游以及获得紧急救援，车主经常自愿安装 GPS 设备。如果安装 GPS 设备的车辆被偷了，那么，车主和警察可以通过 GPS 设备很快地追踪到车辆的下落。在很多车辆失窃案中，车主和警察都是凭借车上的 GPS 设备才能成功起诉小偷的。

4. 无线通讯

为了达到追踪目标的目的，执法机关会使用无线通讯设备以及由无线通讯服务项目得到的自动定位信息。在最近的 Forest 一案[②]中，审理该案的法院判定，执法机关可以使用无线通讯设备追踪犯罪嫌疑人。美国联邦第六巡回法院允许美国缉毒署（DEA）不断地拨打毒贩车内的移动电话，然后使用具有争议性的监控技术来追踪毒贩的车辆所在地，从而发现了毒贩用来巡逻所驾驶的车辆的所在地。虽然无线电话是毒贩在巡逻时的必备之物，但是，DEA 在整个调查过程中，

---

① Jackson, 76 P. 3d at 257.

② 355 F. 3d 942 (6th Cir. 2004).

不停地重复拨打毒贩的电话,又在毒贩接通电话之前挂断电话,这种行为是比较反常的。实际上,即使毒贩的无线电话没有响起,DEA也可以通过该电话产生的"基站数据"来追踪毒贩,这样一来,DEA在追踪毒贩的过程中,既实施了可视化的监控行为,也实施了追踪"基站数据"的监控行为。审理该案的美国联邦第六巡回法院认定,DEA通过使用无线电话发出的"基站数据"来追踪毒贩的行为并不是使用追踪设备的行为,因此,该行为不用受到美国联邦有关电子监控的制定法的限制。

5. 光雷达和红线照相机

光雷达技术以及与其相近的技术,如红线照相机,都是笔者在上文讨论过的遥感相机和车牌识别系统技术中的一种应用技术。它们代表着执法机关在执行交通法时所采取的一种自动化的执法方法。它们二者都是使用电子相机来自动生成因为超速行驶等问题形成的交通罚款单。这些自动生成的交通罚款单通常包含公民违反交通法时留下的照片,并且人们能够通过这些照片看清楚违法的人是谁。此外,这些交通罚款单上面还附有违法车辆的车牌照片。执法机关还可以通过车牌号才找到已经登记注册的车主的姓名和地址等信息。这样一来,执法机关不需要使用备受争议的脸部识别软件,也能确认违法交通法的公民是谁。[①] 但是,在将来,为了确保执法的高度准确性,执法机关在实施自动执法行为的过程中也有可能加入人脸识别技术。

执法机关的自动交通执法系统经常结合使用红线照相机技术和光雷达技术。[②] 这些可以自动监控路面的照相机既可以被独立地安装在一个固定的位置,也可以安装在警察的巡逻车上,随着巡逻车的移动而移动。这些电子相机既可能被执法机关藏起来,也可能被执法机关安装在明显可见的地方,甚至执法机关还可能在路边挂出此地正在使用这些照相机的警示牌。这些照相机只有在路面发生违法事件的时候才会拍照。当违法事件发生时,这些照相机会自动拍下事件的全过程

---

① Facelt software, Identix, Inc. website, at http://www.identix.com/products tprosdks multi.htmnl (last visited Aug. 10, 2004).

② A typical combined system of this type is illustrated at the Redflex Holding Limited website, at http://www.redflex.com (last visited Aug. 10, 2004).

以及肇事者的照片，并将这些照片传送给照片加工处理中心，以自动生成交通罚单。这些罚单甚至会自动以电子邮件的方式发送给肇事车辆的车主。整个交通执法过程几乎不需要任何人工的参与。

当执法机关将这些光雷达照相机和红线照相机安装到高空的某一固定可见的位置或者明确指出附近装有这些照相机时，这些照相机可以发挥警示的作用——如果公民胆敢做出违规行为，那么，他们马上就会被发现。这些照相机一般都被安装在学校路段或者容易发生交通事故的十字路口等地，以警示大家不要违法交通规则，降低交通事故的发生率。

上述几种技术都是情报机构和执法机关在公共道路上追踪公民时经常使用的。通过这些电子追踪设备，执法机关在公共道路上可以轻而易举地追踪公民的行踪。执法机关很可能被允许通过非法的执法系统，获取公民的信息。例如，由电子缴费器和ITS的其他技术自动生成的信息。实际上，《爱国者法》使得执法机关更加容易获得公民的这些信息。

三、公民在公共道路上的隐私权益

自从人们可以通过定位技术来确定某人的实时位置以来，人们就开始担忧，自己永远都要生活在别人的监控之下。当一个人在公共道路上紧紧尾随另一个人时，前者的行为便对后者的隐私权产生威胁。公民的定位信息和出行模式透露出，其日常活动都有哪些、其社交关系怎么样以及其看重什么样的事物。上文所讨论的技术可以持续追踪公民在公共道路上的每一个举动，并且这种追踪行为一般不会让被追踪者发现。此外，在技术发达的现代社会，这种追踪行为几乎无处不在，因此，如果法律不对科技的使用做出限制，那么，人人都要活在无时无刻不被别人监视的恐惧之中。

按照一般的逻辑来讲，人们在公共场所做出的行为算不上很隐私的行为。此外，出现在公共道路上的人们也不会仍然保留着很强的隐私权益。只有理性看待隐私与公共道路这二者在表面上存在的矛盾，从而了解它们之间的真实区别，人们才能明白，人们在公共道路上的行为会或者可能会被别人记录下来这一事实对隐私权的影响到底有多深。

道德哲学家 Jeffrey Reiman 在一篇文章中对公民在公共道路上的隐私权益进行了检讨。① 在该文中，Jeffrey Reiman 提到圆形监狱（在圆形监狱里面，人们的所有举动都会被别人看得一清二楚）。Jeremy Bentham 曾在 1971 年提出要在国内建立这样一个强大的监狱。根据 Jeremy Bentham 的构想，圆形监狱里面的所有犯人的一举一动全都被守卫们看得一清二楚。他认为，这样一个监狱体系不仅能在地域上锁住监狱里的犯人，还能在心理上震慑犯人。总之，这种圆形监狱代表着政府对犯人的全面控制和震慑。② 很多人担忧，这种反人性的、要求国民每时每刻都活在政府监控之下的政治体制会导致公民人性的扭曲。George Orwell 在其小说《1984》中也对这种现象有所描述。不管是圆形监狱，还是《1984》，它们都向人们传达了这样一个信号：公民在公共道路上的隐私权益正处于严重的危机之中。

Jeffrey Reiman 认为，"所谓隐私权，是指公民所享有的防止别人接近自己的权利"。此外，Jeffrey Reiman 还指出，如今，人们对信息收集技术和监控技术的使用加剧了人们在公共道路上面临的道德风险。首先，人们本身的懦弱使得自己很容易受到外界的攻击。人们会出于对别人的屈服、对法律的盲从以及其他因素而忍受别人对自己的监控和操控，而不会出于自己的理性、独立的思考而反抗别人对自己的监控。其次，Jeffrey Reiman 认为，人的本性就是喜欢去观察和追踪别人，人们无法抑制这一天性对自己行为的驱使。实际上，全面的监控行为对于社会来讲是极具危害的，因为这种行为并没有尊重人作为一个具有独立意志的个体所享有的尊严，而是将人当作一个没有思想和尊严的物品。最后，过度的监控行为会扭曲人性，破坏人的独立思考能力，从而侵蚀人的尊严和自尊。这样一来，人将会变成冷冰冰的、没有感情的物品，而不是具备人性的独立个体。

---

① Jeffrey H. Reiman, Driving to the Panopticon: A philosophical Explorationofthe Risks to Privacy Posed by the Highway Technology of the Future, 11 Santa Clara Computer & High Tech. LJ. 27 (1995).
② Michel Foucault emphasized this point in his discussions of what Foucault called "panopticism." Michel Foucault, Discipline And Punish 195 – 228 (Alan Sheridan trans., Vintage Books 2d ed. 1995) (1978).

公民的隐私权益以公民的个人价值和自治权为基础。[1] 所谓公民的自治权，是指公民所享有的决定自己去哪里、做什么事情的权利。尽管研究隐私权的学者已经对隐私权应当如何界定这一问题争论了很久，[2] 但是，根据现代的法律分析方法，人们一般将隐私权归为以下两类：①自治（或者说决定权）权益；②信息隐私权益。在公共道路和高速公路的语境中，公民的隐私权益很明显与自治权益、信息隐私权益都有关系，不仅如此，它还与影响了这两类隐私权益的第三个因素关系紧密。这第三个因素指的就是上文所讨论的全面监控行为所带来的影响。

（一）自治权益

所谓自治权益，是指公民所享有的"在没有被监视、侵犯、干扰"的情况下自主做出决定或行为的权利。在公共道路上监视公民的行为会侵犯公民的好几种自治权益，如后者在没有被监视的情况下出行的权益、有权是否同意前者的监视行为的权益、不被政府和私营实体侵扰的权益等。尽管自治权益经常与性、生殖繁衍等私密性很强的个人选择联系在一起，但是，除此之外，还有一些私密性并没有那么强的个人选择权利也很值得保护的，也应当免受来自外界的干扰。

在历史上，公民的自治权通常被包含在公民的自由权里面。例如，为了描述隐私权的多层次性，William O. Douglas 大法官曾经总结出，公民所享有的最外层的隐私权在于享有"行走、漫步、闲逛的自由权"。[3] 不管是人们（包括各种机关和组织）使用哪种监控体

---

[1] Samuel D. Warren & Louis D. Brandeis, The Right to Privacy, 4 HARV. L REV. 193, 198 (1890). Brandeis, who was the primary author of the article referred to privacy as the individual's right to an "inviolate personality." Id. at 205. See Dorothy Glancy, The Invention of the Rightto Privacy, 21 Ariz. l. Rev. 1 (1979).

[2] For leading legal theoreticians who propose different views of privacy see Arthur R. Miller, the-assault On Privacy (1971); Alan F. Westin, Privacy And Freedom (1967); Edward J. Bloustein, Privacyas an Aspect of Human Dignity: An Answer to Dean Prosser, 39 N. Y. U. L. REV. 962 (1964); Charles Fried, Privacy, 77 YALE LJ. 475 (1968); Richard A. Posner, The Right of Privacy, 12 GA. L. REV. 393 (1978); William L. Prosser, Privacy, 48 CAL. L. REV. 383 (1960).

[3] Doe v. Bolton, 410 U. S. 179, 213 (1973) (Douglas, J., concurring).

系去监视和追踪行人的行踪，前者都侵犯了后者所享有的自治权。因为监控系统的存在，人们走在路上时不得小心翼翼、战战兢兢，生怕自己的行为会被别人记录下来。尤其是人们准备做一些不太常规的事情或者去一些比较有争议的地方时，这种害怕被别人监视的忧虑简直会压得他们喘不过气来。当这些监控行为是由政府实施的时候，人们对于隐私权的担忧还会引发一些政治上的问题——人们会质疑，这样的政府是否过于专制？

公共道路监控在好几个方面都影响了公民的自治隐私权。

首先，在公民不知情的情况下收集的信息一般涉及公民的个人信息、消费信息等。公民原本享有是否同意这些监控行为和信息收集行为的权利，但在这种情况下，他们的这个权利明显被剥夺了。除了下文所讨论的信息隐私权问题之外，这些监控行为和信息收集行为甚至还侮辱了公民作为一个拥有自治意识的人的尊严。这些行为还会让公民感受到了各种潜在的危险和威胁，使得他们惶惶不可终日，严重影响了他们的正常生活。还有，因为汽车销售商可以在车主使用车辆的过程中收集大量的车主信息，所以，即使汽车销售商不会刻意分辨哪些信息与哪位车主相匹配，但是，那些知道商家可以在自己不知情或者不同意的情况下监控自己的车主还是会感到，自己就像一个被商家操控的玩偶，这种感觉让他们感到十分的忧虑和不满。

其次，当商家将自己监控所得的信息制成公民的"个人"档案，并在这些档案的基础之上制定市场营销方案，从而将公民归类到各类商品的销售目标时，公民感到商家严重地侵犯了自己的尊严和隐私。例如，当某个公民经常在特定的地理区域活动时，该公民将会被商家"标为"某种收入层次或种族的一类人。如果这些"个人"档案里面的信息被商家（或者其他主体）进行仔细的剖析，那么，这将会引起人们对隐私权深深的担忧。因为，一旦这些繁杂的信息被层层细化、剖析，那么，信息所有者最终可以找出每个具体的信息对应的公民是谁。如此一来，公民的隐私将被信息所有者一览无遗。例如，如果汽车销售商用汽车的编码对车主的信息进行排序，那么，车辆的出厂时间、型号、年限等信息都可以使得商家将目标锁定在一两个车主之间。

再次，通过研究销售目标的居住环境以及经常去的地方等信息，汽车商可以揣摩销售目标的心理情况和偏好，从而进行针对性的广告推销，提高成功推销的概率。大部分人经常可以收到一些来路不明的匿名信息，这些信息清楚地呈现了他们的住址、他们经常驾车去的地方以及让他们感到不安的地方都有哪些。在将来，当车主从他们的路面 DSRC 附件那里收到这些目标明确的信息（这些信息准确得就像发出信息的人紧紧尾随着他们一样）时，他们肯定会感受到自己的宁静生活被打破了。在不久的将来，远程信息处理系统将会直接通过发送位置短讯的方式，自动向特定的车主发送特定的广告。在那种情况下，车主一样会抱怨自己的宁静生活被侵扰了。他们可能会发现，这些广告比普通的广告牌还要烦人，因为，他们可以选择不去看广告牌，却不能不看这些广告，因为只要他们需要看定位信息，就一定会看到这些广告。

最后，为了侦查某些案件，执法机关很有可能不仅自己收集公民的信息，而且还会通过私营企业等私人主体来收集某些公民的私人信息。如此一来，即使是奉公守法的公民也会因为执法机关这种穷竭一切方式监控公民、收集公民信息的做法而感到十分压抑和恐惧。虽然执法机关这么做在一定程度上是为了防止恐怖袭击，保卫国家安全；公民也愿意为了国家安全分担一些责任。例如，当在公共道路上遇到交通堵塞时，很多公民都会细心观察周边的环境，一旦发现可疑人物或者事物便会及时报警；但是，执法机关的做法明显已经超出了一个正常公民的预期与意愿。如今，当在公共道路上驾车时，公民明显感觉到自己的自治权遭到了执法机关的侵犯，因为他们总能感觉到在有一双无形的眼睛在盯着自己的一举一动，这使得他们感到十分不自在。又因为至今为止，美国还固执地将公共道路视为不存在合理隐私期待的"公共"领域，因此，公民完全没有反抗这双"无形的眼睛"的监控的合法依据。

（二）信息隐私权益

所谓信息隐私权益，是指他人所享有的"禁止行为人对其敏感信息或机密信息进行传播与滥用"的权益。[①] 当他人的行程信息被行

---

① Hill, 865 P. 2d at 654.

为人（政府或私人）的监控系统所收集、储存或者分析时，他人的信息隐私权益就遭到了侵犯。如果行为人的监控行为并没有得到他人的同意，那么，行为人的行为还侵犯了他人的自治隐私权益。之所以这么说是因为，公民的定位信息也有可能是敏感信息或机密信息。例如，在某些情况下，公民可能不希望别人知道他的定位信息。尽管公民的出行模式一般都是不是敏感信息或机密信息，但是，一般的公民仍希望自己的行程不为别人所知，不会遭到别人长时间的追踪。否则，人们虽然不知道到底是谁在监控自己，但是，人们还是会因为感受到有人在监控自己而倍感焦虑，甚至是恐惧。

正如 Alexander Sholzenitzen [1] 曾说道："每个人都有自己独特的生活经历以及对于世界的一些疑惑，这些疑惑使得人们心中对于自己所处的世界常怀敬畏，甚至是恐惧之心。但这些恐惧只存在人们的心中，它们并非是有形的实体。如果有一天，这些恐惧变得实体化，人们可以清清楚楚地看见它们，那么，人们所在的整个世界就会像一张巨大的蜘蛛网一样，里面所有的事物都失去了行动的能力，就连风也会停止吹动——虽然在实际上，这些令人感到恐惧的东西是人们看不到摸不着的，但是，我们每个人都能清晰地感受到它们的存在，并且对那些能够操控它们的人感到更加的敬畏。"

从本质上讲，每个公民的定位信息和行程信息都是不一样的，这些信息能够体现出该公民的个人特性，都属于该公民所有。如果政府或者其他主体通过无形的监控系统和交通数据来收集公民的这些信息，那么，他们的行为等于侵犯了该公民所享有的信息所有权。

当监控系统在收集公民（路人）的定位信息以及行程模式信息并将这些信息数据化时，这些监控系统正在行使这些公民（路人）对其信息所享有的所有权。如果行为人在未得到他人的同意的情况下就使用他人的信息，那么，行为人就侵犯了他人对其信息享有的信息隐私权益。他人所享有的信息隐私权益既包括他人同意行为人收集其定位信息和行程信息的权益，也包括他人所享有的反对行为人收集其定位信息和行程信息的权益，还包括了他人所享有的禁止行为人传播和滥用其生活细节和行程的权益。涉及公民的行程的卷宗、文档等信

---

[1] Alexander I. Solzhenitsyn, Cancer Ward (1968).

息都能够对公民的信息隐私权益产生十分重大的影响。当行为人在他人不知情或者无法阻止的情况下利用无形的监控技术来监控和收集他人的信息时，他人就无法阻止行为人实施滥用其信息的行为。

行为人通过公共道路监控收集的他人信息的应为对他人的影响十分深刻。第一，行为人利用收集的信息对他人进行产品推销的行为会侵扰他人生活的安宁。第二，行为人甚至可以利用这些信息阻碍行为人的行为和决定。第三，这些信息甚至可能使得他人遭到别人的谋杀。第四，政府机关（如执法机关和情报机构）可以利用这些信息来跟踪和调查可疑人物。第五，行为人还可以通过这些信息对他人来制作信息档案，从而预测他人的行为，进而在暗中影响他人自主的行程选择。

ITS技术对公民的信息隐私权影响深远。车牌识别技术不仅可以指出特定的车辆的所在的位置，而且还可以长期跟踪该车辆的定位信息。根据车辆以往的行程信息，人们可以预测该车辆未来一定时间内的行程。远程交通摄像机可以拍下公共道路上所有人（不管是乘客、司机，还是路人）的照片。这些照片被相关部门储存起来以做备用。无线寻呼机和电子收费应答器还可以用来跟踪人们的行踪，提供详细的实时定位信息。被安装在车辆里面的GPS设备还可以为监控者提供车主的定位信息，例如车主在某个时间点在哪个地方。移动电话技术使用起来比GPS技术麻烦一些，监控者需要始终与监控对象保持在一定的距离之内才可以获得移动电话发射的信息。监控者通过这些技术获得信息都可以帮助其预测被监控者未来的行程或者活动。

不管在何时何地，一旦行为人收集了他人的信息（不管这个人是可辨别的还是不可辨别的），那么，其行为必定侵犯了他人的信息隐私权益。在某种程度上，ITS对各种技术和智能系统的应用会比其他技术的应用对公民的信息隐私权益产生的影响更大。因为，ITS可以更好地发挥各种智能系统的作用。这些智能系统不仅可以高效率地解决交通问题，还能保护公民的隐私权。例如，除了可以收集公民的信息之外，智能系统还可以将人们收集的公民信息最小化以及缩短这些信息的储存时间，还可以限制别人访问或者查阅这些信息。当智能系统收集到某些可辨别的公民信息时，如果有人侵入了这个系统，那么，系统便会自动对信息进行加密或者自行破坏其中的信息，使得这些信息免受别人的窃取。实际上，有一些负责任的 ITS 系统管理机关已经要求对可能影响公民信息隐私权益的 ITS 系统施加隐私保护。

一般来讲，不那么智能的系统在收集公民信息时并不能较好地保护这些信息的隐私。例如，技术开发者在设计 ITS 系统时，如果想要在收集和传播大量可辨别的公民信息的同时保护公民的信息隐私，那么，他们也只能在 ITS 系统组建好之后再附加一个程序来保护这些信息的隐私，而不是在运行 ITS 系统的过程中就插入一个保护信息隐私的程序。尽管这些系统包含着保护信息隐私的程序，但这也并不能很好地阻止信息的外泄。这是因为，当一个监控系统尽可能地收集了大量的私人信息之后，黑客或者情报机关可以在这些信息保护程序启动之前窃取监控系统里面的信息。又例如，交通监控系统可以通过车牌识别技术的应用来持续监控车辆的定位信息，也可以通过加密技术对车牌识别技术收集的信息进行加密；但是，别人（如私人侦探或者情报机关）还是可以在加密术启动之前进入这些系统，从而窃取系统内的公民信息。上述这些窃取公民信息的主体可能会利用这些庞杂的信息来锁定某个公民并对该公民发起攻击。所以说，想要通过为智能系统加设信息保护程序来保障公民信息隐私的方法是没有用的。

幸运的是，在美国，管理 ITS 系统的相关部门之中还有一些比较负责任的机关，它们承认了这样的原则：保护公民的信息隐私是 ITS 系统的应用和发展过程中必不可少的一部分。根据这些原则，ITS 系统的应用和发展必须以保护公民的信息隐私为基础。这些原则被称为"美国 ITS 系统的信息公平和隐私原则"，它们承认，在 ITS 系统的应用过程中，保护公民的信息隐私是十分重要的……ITS 系统的发起者不仅要公开他们在应用 ITS 系统时遵循的信息公平和隐私原则，还要确保其协议里面包含着可以切实保护信息隐私的条款。[1] 实际上，这些原则能为信息隐私提供的保护并非无懈可击，而是存在一定的缺

---

[1] See Fair Information and Privacy Principles, Intelligent Transportation Society of America (ITS) website, at http：//64.233.167.104/search? q = cache：lEpp7uNV2GoJ：www.itsa.org/subject.nsf/836e8941046dcc0e852565860062db0d/c34171cc9664b456852569430060955a/%24FILE/Board%252OApproved%2520Privacy%252OPrinciples.doc+%22prepared+in+recognition+of+the+importance+of+upholding+individual%22&hl=en（last visited Aug. 10, 2004）.

陷。但是，至少它们明确承认了，国家应当尊重和保护 ITS 系统所收集的公民信息内所蕴含的公民信息隐私权益。这已经是一个很大的进步了。

（三）"圆形监狱"的影响与公民隐私权的关系

政府机关以及私营的公共道路监控企业收集公民信息的行为有其政治、心理以及实践上的影响和意义。奉行独裁主义的政府不仅会利用其收集的公民信息来监控公民的一举一动，从而抓捕犯罪嫌疑人；而且还会因为公民以往的不当行为而永久性地将公民视为不良分子。全面记录公民行程信息的系统不仅可以协助政府制作公民的信息档案，而且还可以推测公民的出行模式以及预测公民将来的行程。

这种系统使得大量的公民信息集中在某部分人的手上，这会使公民产生巨大的心理阴影，进而迫使公民牺牲一定程度上的决定权和自治权。正如上文所述，当信息收集者知晓公民的大量信息时，实际上，信息收集者限制了公民的自由权。并且，通过强大的追踪和监控系统，信息收集者可以获取大量的公民信息，这使得信息收集者可以影响公民在未来做出的决定以及公民对于一个地点安全与否的判断。人类天生就十分反感别人操控、威胁以及预测自己的行为。但是，当人们走出家门，从一个地方去到另一个地方时，公共道路上的各种监控系统就会记录人们的一举一动，如此一来，掌控这些监控系统的机构便可以知晓人们的大量信息，并因此享有凌驾于公民自由权之上的权力。所谓"圆形监狱"的影响，指的就是公民自由权所受到的上述影响（或者说是限制）。

人们可以预料到，如果国家不对国内的监控系统进行规范，那么，整个国家都将会变成一个巨大的"圆形监狱"——"圆形监狱"的影响将会像一个巨大的阴影一样，永久地笼罩在人们的心头，让人们感到窒息。实际上，Michel Foucault 曾将这种"圆形监狱"形容为政府为了奉行独裁主义所采用的主要机制。通过上文的介绍，我们得以总结出：因为监控技术以及智能系统的应用，对于身处公共道路上的人而言，整个社会就相当于一个"圆形监狱"。无处不在的监控设备使得奉行独裁主义的政府可以追踪出现在公共道路上的每一个人。

几乎所有人都在自己不知情的情况下就被别人所追踪或监视。当普通的公民了解到这种事实之后，他们感受到巨大的压力。但不幸的是，他们手中并无权力，无法推翻这种事实，在这种情况下，他们的出行计划将会受到来自监控者的影响，这些都是"圆形监狱"的影响。公民的隐私时时刻刻都受到政府的监控和控制。这使得一般的司机会觉得自己是 Jeremy Bentham 所说的监狱里面的犯人，而不是一个正常的守法公民。当在大量的公共道路上安装监控系统时，政府可以监控在公共道路上的公民所有行为，这也就意味着，在公共道路上的公民不再享有像以往那样完整的自由。人们关于"圆形监狱"的想象将会变成实质的存在，人们在考虑去哪里或者做什么事情的时候，都会受到这个"圆形监狱"的限制，甚至可以说是控制。

在一个半世纪之前，Thomas 先生在撰写《英国宪政历史》一书时，曾经指出"圆形监狱"的影响将会给社会带来的问题。Thomas 先生的原话如下："在公民所享有的自由权之中，有一种自由是非常重要的，即公民可以免受别人（可以指政府机构）带有猜忌性意味的观察。公民在其所享有的自由权之内可以做任何自己想做的事情，以享受生活的乐趣；但是，如果有告密者或者间谍记录下他们的一切行为（如犯罪行为、社交行为），那么，还有谁会认为自己是自由的？实际上，没有什么事情能比这更让人感到气愤和反感的了……这些监控和记录行为像一个阴魂不散的幽灵似的，始终环绕在人们的身边，让人们感到害怕，它剥夺了人们的快乐、限制了人们智慧的发挥、给人们的社交以及心理健康蒙上了巨大的阴影。国民的自由体现在其行为免受政府恶意的、不人道的监控和干涉。"[①]

现在，美国的法院也发出了类似的警告。在俄勒冈州发生的一个案件中，一名男子涉嫌盗窃，警察在没有获得搜查令也没有告知犯罪嫌疑人的情况下，就使用无线寻呼机追踪了该名犯罪嫌疑人。通过解释该州的宪法对公民自由权的规定，审理该案的俄勒冈州最高法院对警察使用先进技术的行为进行了宪法审查。在该案中，法院认为，自本州正式通过《俄勒冈州宪法》（1859 年）起，随着科技的发展和

---

① Thomas E. May, 2 Constitutional History Of England Since The Accession Of George The Third 1760 – 1860（Boston: Crosby & Nichols, 1862 – 1864）, available at http://www.don-aitken.freeuk.con/emay3v039.html（last visited Aug. 10, 2004）.

政府编制的进步，俄勒冈州的政府审查公民事务的能力得到了空前的提高。只要在公民的物品上安装微型无线电发射器，政府甚至可以在公民看不到或者不知情的情况下就对公民事务进行审查。通过技术设备，警察可以不分昼夜地、长时间地对某人或某物进行准确的定位——这明显限制了宪法赋予公民的免受政府监控的自由权。随着科技的发展和政府越来越广泛地运用科技，公民时时刻刻都在担心，自己的定位信息会受到政府的监控。也就是说，实际上，公民的自由权已经遭到了严重的损害。如果政府在使用科技设备之前（如无线电发射器）不需要申请法院签发搜查令，那么，公民在"公共场所"的所有举动和信息都将处于政府的监控之下。这使得公民完全没有办法确定，自己什么时候会受到政府的监控，什么时候不会。这将对公民的自由权产生深远的影响，并且这种影响明显是带有侵犯意味的。[1]

可见，俄勒冈州的法院不仅指出政府对科技设备的滥用会侵害公民自由权，而且还对"圆形监狱"的影响进行了批判。

在一个涉及 GPS 设备的案件中，华盛顿州的最高法院也同样表达了对"圆形监狱"的影响的担忧。在该案中，法院支持警察对公民使用 GPS 设备的行为，但那是因为，警察的这个行为是以法院签发的搜查令作为合法依据的。在类似涉及监控设备的案件中，在讨论警察的搜查行为是否需要以搜查令为依据时，华盛顿州的最高法院做出了以下警示：利用 GPS 等科技设备，政府可以侵扰公民的私人事务并获得大量的公民信息。例如，政府利用这些设备可以获得公民的病例、银行记录、日常行程等五花八门的信息。在当今这个时代，车辆成为公民出行的主要方式，所以，通过追踪公民车辆的定位信息，政府可以获得公民的所有行程信息，从而根据这些信息分析出公民的喜好和缺点等。例如，GPS 追踪设备可以为政府提供公民的全部行程信息，并由此将公民详细的生活细节全部提供给政府。

通过将 GPS 追踪设备安装在公民车辆上，政府可以在公民毫不知情的情况下长期记录公民的行程信息，从而获取大量的公民私人信息。政府的这种行为带有明显的侵犯性质。最后，我们得出结论，在华盛顿州，不管公民的隐私期待是否因为科技的发展而有所下降，但

---

[1] State v. Campbell, 759 P. 2d 1040, 1048 – 1049 (Or. 1988).

是，在没有获得搜查令或公民同意的情况下，政府无权使用 GPS 追踪设备跟踪公民车辆以获取公民信息。①

由此我们可以看出，华盛顿州的最高法院于俄勒冈州的最高法院一样，都极力抵制"圆形监狱"的影响。

对于那些关注科技发展和社会安全的学者而言，"圆形监狱"的影响一直以来都让他们感到十分棘手和苦恼。不管是倡导科技倡导者还是隐私权倡导者，他们都十分重视科技发展对公民人格以及公民隐私权的影响。一方面，科技倡导者担心，"圆形监狱"的影响会侵蚀人与人之间的信任，并导致国家限制政府对路面监控技术的使用。另一方面，隐私权倡导者认为，只有限制政府对路面监控技术的使用，公民才不会无缘无故地被政府认定为不良分子，社会也不会轻易出现政治动荡。

在 30 多年前的 United States v. White 一案②中，美国联邦最高法院的大多数法官认定，警察使用有线技术的行为并不构成宪法上所说的搜查或扣押行为。针对这个观点，当时有两位大法官提出了异议，他们认为，如果人们不重视"圆形监狱"的影响，那么，社会将会陷入危机之中。Halan 大法官是提出异议的法官之一，他坚持认为，法院必须对某些特殊的执法行为的性质以及该行为对公民的安全感造成的影响做出恰当的评估，此外，法院还应当将评估结果与执法行为的有效性进行协调与平衡，绝对不可以单一地注重执法机关的执法效益而忽略执法行为所带来的各种不良影响。由此可见，Halan 大法官认为，在该案中，执法机关的执法行为过分地侵害了公民的安全感，但法院在审理该案时却忽略了这一点。另外一个对法院的多数意见提出异议的大法官是 Douglas 大法官，他告诫人们：因为今天受到执法行为伤害的受害者只是一个微不足道的小罪犯，所以可能没有人注意到，在该案中，执法机关如此使用科技的行为是一种错误的执法行为。但实际上，如果今天我们不去阻止执法机关的这种行为，那么，我们每一个人都将成为科技的受害者。

因为路面监控设备很可能会侵犯公民隐私权并引发"圆形监狱"

---

① State v. Jackson, 76 P. 3d 217, 223 – 224 (Wash. 2003).
② 401 U. S. 745 (1971).

的影响，所以政府在安装路面监控设备之前，必须要先考虑好如何保护公民的隐私权。实际上，政府通过实施某个项目（如在公共道路上安装监控设备）来收集公民信息的行为会引发很多问题，这在历史上是有史可鉴的。当政府在各个公共道路上安装监控设备时，对于公民而言，昔日的街道等于变成了一个可怕的"圆形监狱"，这必定会引发整个社会的愤怒和政治上的动荡。毋庸置疑的是，对于那些认定科技与公民隐私权无法并存的公民而言，到处都是监控设备的公共道路就等于一个巨大的"圆形监狱"。

四、承认公民在公共道路上享有合法的隐私权

实际上，美国的法院和立法机关已经强烈地意识到了上述隐私权问题。在公共场所，人们要判断公民的那些信息是需要保护的隐私信息以及哪些信息是公开的信息，这是十分困难的。因此，在解答这个问题时，决策者经常会承认，人们无法将公民在公共道路上享有隐私权的信息完全列举出来，与其这么机械地判断公民的哪些信息是隐私信息或公开信息，还不如依据特定的情形去判断公民在当时是否对其特定的信息享有隐私权。当法院和立法机关在探讨，为了保护公民隐私权，国家应当如何限制监控技术在公共道路上的使用时，它们的关注点往往不在于公民信息的性质（是隐私信息还是公开信息），而在于这些技术在公共道路上的使用会带来什么样的社会影响（如"圆形监狱"的影响）。因为公共道路上的监控系统会导致政府过分侵扰公民的隐私与生活，因此，国家在制定公共政策或者法律时，一般都会将公民隐私权作为主要的考虑因素。

在美国的很多案件中，法院都会将公民是否享有"合理隐私期待"作为判断公民信息是否是为隐私信息（或公开的信息）的标准。根据《第四修正案》，美国的执法机关虽然不可以在公共道路上拦截公民车辆，但却可以在公共道路或者高速公路上追踪公民。这种规定是极不合理的，可以说，相比拦截公民车辆的行为，追踪公民的行为对公民的侵犯更甚。在一些侵权案件中，行为人必须为其在公共道路上侵扰他人的行为承担侵权责任。据此，美国有关为公民在公共道路上的隐私权提供合法保护的讨论终于得出了一个结论：为了防止路面监控技术对公民隐私权造成过度的损害，美国需要制定一些专门的制

定法来保护公民在公共道路上的隐私权。

(一) 公民在公共道路上的合理隐私期待

所谓公民在公共道路或者其他地方所享有的隐私保护,指的就是公民在那些地方所享有的合理隐私期待。根据"合理隐私期待"理论,公民的隐私权益比社会的公共利益更加重要。尽管在大多数情况下,法院只有在判断执法机关的搜查和扣押行为是否违反《第四修正案》时才会适用"合理隐私期待"理论,但是,这个理论还是比美国那些乱七八糟的隐私权法更能保护公民的隐私权益。至于在讨论公民在公共道路上是否享有隐私权保护或享有何种程度上的隐私保护时,以合理隐私期待理论为基础的分析方法能否发挥作用,这又是另一个更深层次的问题了——对于这个问题的解答,美国法学界并没有达成共识。

用以合理隐私期待理论为基础的分析方法分析隐私案件的做法起源于 Katz v. United States 一案。[①] 在该案中,执法机关长时间偷听被告在公共玻璃电话亭与别人进行的谈话内容,被告主张执法机关的这个行为侵犯了他的隐私权。根据美国以往对《第四修正案》的司法解释,只有当执法机关的行为侵犯了公民的财产权时,公民才可以主张《第四修正案》的保护。在审理该案时,以 Stewart 大法官为首的大多数大法官不仅否定了这种过时的司法解释,而且认定:《第四修正案》保护的是人,不是地点。根据这个观点,美国的隐私权保护不再局限于以公民的财产权为基础,又因为在该类涉及隐私权的案件中,公民的财产多以私人住宅的形式出现;因此,上述观点等于承认了,公民不仅在其私人住宅中享有隐私权,在其他场所(如公共道路等)也能够享有隐私权。

在该案中,Halan 大法官也提出了自己的观点,他认为,根据《第四修正案》,在判断执法机关实施搜查或扣押行为是否需要持有合理依据或者搜查令时,法院要考虑的因素其实只有两个:一是被告是否持有主观上的隐私期待;二是社会是否承认被告的主观隐私期待的合理性。尽管 Halan 大法官一直认为,他所提出的分析方法与涉案

---

① Katz v. United States, 389 U. S. 347, 351 (1967).

公民当时所在的地点有关，但是，他还是坚持认为，即使该公民当时身处公共场所，其隐私期待也有可能被社会认为是合理隐私期待。随着时光的流逝，Halan大法官所提出的以合理隐私期待理论为基础的分析方法由最开始的判断公民的隐私期待在主观和客观上是否为"合理"期待变成判断公民的隐私期待是否"合法"或者"正当"又或者是否同时满足"合理"、"合法"、"正当"这三个条件。[①]

在判断公民在公共道路上是否享有隐私权益时，以合理隐私期待理论为基础的分析方法并不能很好地发挥保护公民隐私权益的作用。在美国，当出现在公共道路时，公民就丧失了合理的隐私期待（不管是主观上的还是客观上的）。但是，美国又有无数的案例支持公民在公共道路上的隐私权可以得到法律的保护。保护公民在公共道路上的隐私权不仅是执法机关在做出搜查扣押决定时必须考虑的一个因素，而且还是美国各州对公民隐私权提供宪法性保护的一个体现。尽管美国有保护公民在公共道路上的隐私权，但是，公民在公共道路上的隐私权还是有可能遭到一些损害行为的侵犯。此外，立法机关在立法时也会注意在立法中限制政府在公共道路上实施的技术监控行为，这也是公民在公共道路上亦能享有隐私保护的一个表现。通过合理隐私期待理论，美国或许真的可以构建起保护公民在公共道路上的隐私权的法律体系。但对于公民隐私权在公共道路的语境之下能否受到保护或者在何种情形下应当受到权保护这个问题，以合理隐私期待理论为基础的分析方法并不能给出一个合理的、有说服力的答案。

当美国公民在公共道路上的隐私权得到法律上的明确保护时，以下两个因素在相关案件中会变得十分重要：①语境因素；②结果因素。能够产生受保护的公民隐私权的语境因素是十分重要的。在法院在审理案件时，也十分注重程序语境对案件的影响。例如，在一个案件中，警察在刑事诉讼中采取强制措施收集某些特定的证据；而在另一个案件中，警察在公共道路上拦截正在驾驶车辆的公民。这两个案件的程序语境是十分不同的。可以说，在后一种程序语境中，更可能会出现受保护的隐私权。对于法院和立法机关而言，实际具体的语境是很重要的。例如，政府采用的监控设备是如何运行的，政府的监控

---

① United States v. Dunn, 480 U.S. 294, 315 (1987).

行为是否明显可见等。

在政府或者私营企业对公民实施监控行为的情况下，公民隐私权受到保护（或者没有获得保护）将会引发的后果，可能对于公民在公共道路上的隐私权是否应当得到保护有一定的影响。从根本上来讲，公民在公共道路上的隐私权是否应当得到保护的最重要因素在于，实施监控行为的主体（政府或私营企业）对公民施加的社会控制是否在公民可以容忍的范围之内。如果它们施加的社会控制并不是很强，那是无可厚非的，因为公共道路本身就是公民和社会进行互动的一个场所，而非完全的私人场所。但如果它们施加的社会控制超过了合理的程度，那么，这会严重侵犯公民的自由权，这是令人无法容忍的。在社会控制与公民自由权之间寻找平衡点是一件很困难的事情，但这也是至关重要的事情。无论如何，法院不能机械地适用以合理隐私期待理论为基础的分析方法来解决公民在公共道路上的隐私权问题，因为这种做法往往会误导人们，使人们忘记了，在社会控制与公民自由权之间寻找平衡点才是解决该问题的关键所在。

美国的学者从不同的方面批判了以合理隐私期待理论为基础的分析方法。但并非所有的批判观点都倾向于保护公民在公共场所享有的隐私权。在这些批判中，最尖锐的一个批判出自于 Scalia 大法官。[①] 他认为，合理隐私期待这个判断标准"在《美国联邦宪法修正案》中找不到真实存在的合理依据"。他尖酸地嘲弄道："毫无意外地，这些所谓'社会准备承认其为合理的'、'真实的（客观的）隐私期待'与法院所认为的合理隐私期待极其相似"。言下之意，即在适用以合理隐私期待理论为基础的分析方法审理案件时，法院很可能把几个大法官们的观点当成社会民众的观点，这是极不合理的。

后来，即使是提出了以合理隐私期待理论为基础的分析方法的 Harlan 大法官也开始质疑自己提出的这个理论。在 Katz 一案的四年之后，美国联邦最高法院审判了 White 一案。[②] 在该案中，法院判定，警察偷偷通过线人获取侦查信息的行为并没有侵犯公民的合理隐私期待。Harlan 大法官据此提出以下异议："在以前，法院通常通过判断

---

① Minnesota v. Carter, 525 U. S. 83, 97 (1998) (Scalia, J., concurring).
② 401 U. S. at 786.

警察行为是否构成非法入侵行为来判断警察行为是否违反公民的隐私权；直至'合理隐私期待'理论问世，法院才开始转变其判案的分析方法，用以合理隐私期待理论为基础的分析方法取代上述的以非法入侵为基础的分析方法。但是，以合理隐私期待理论为基础的分析方法并非是万能的，它也有它的局限之处。"

尽管以"合理隐私期待"理论为基础的分析方法相对以前以非法入侵为基础的分析方法要进步很多，但是，这种分析方法并非十全十美，而是存在着不少局限，并且这些缺陷会导致法院在审判案件时套用一些生硬的字词或概念来对一些应当认真谨慎地进行分析的问题进行武断的判断。在我看来，法院在适用这个分析方法评价公民在搜查行为中的主观隐私期待时，不应当盲目地适用风险自担理论。在很大程度上，我们的隐私期待以及我们能够预料到的风险，一般会在我们现在或者过去的习惯和价值观念上体现出来。既然法律的任务是酝酿、设计以及反映人们的社会观念，那么，我们法官就不应当罔顾现实社会的观念，而仅仅僵硬地适用以往法院所认定的公民隐私期待和公民所能预料的风险。所以，问题的关键点在于，不管我们的政府体制是否符合宪法的精神，但是，至少在政府（电子监听者或电子监视者）没有搜查令的情况下，我们不能认定公民能够预料到自己会受到政府的监控。

在 Harlan 大法官看来，在审判 White 一案时，相比讨论被告是否能预料到谈话的对象是警察的线人而言，法院更重要的是应当讨论，警察对公民施加的过多控制是否会引发一些不良的社会后果。Harlan 大法官认为，在 White 一案中，真正地问题在于，美国民众在日常生活中，是否能坦然地接受警方线人在其生活中偷偷骗取信息这一现象。很明显，Harlan 大法官对此持否定态度，这也是他会对该案判决提出异议的原因。

在 Indianapolis v. Edmond 一案[①]中，O'Connor 大法官也表达了自己对以合理隐私期待理论为基础的分析方法的担忧，她甚至在裁判书中避免出现于与"合理隐私期待"相关的字眼。以下是引自该案裁判书中的一段话："如果法院不明确地将政府的拦截行为认定为非法

---

① 531 U.S. 32 (2000).

行为，主要只是为了实现政府对犯罪的控制，那么，《第四修正案》将无法保护公民在日常生活中可以免受来自外界的侵扰。我们不可以仅仅因为稍微怀疑某个汽车司机犯法了，或者认为拦截司机有很小的可能可以得到将罪犯定罪的证据，就恣意地在道路上拦截车辆。"

在该案中，O'Connor 大法官认为，案件的关键点不在于被告在印第安纳波利斯之外的高速公路上持有的隐私期待是否合理，而在于，一旦社会接受了执法机关在怀疑众多司机中有某些司机在参与非法活动时就可以随意拦截守法的司机的车辆这种现状，那么，这将会引发什么样的社会后果。O'Connor 大法官特别指出，我们应当防止这样一种社会意识的形成——在公共道路或者高速公路上，在自己的行为不足以引起执法机关的怀疑的情况下，公民也应当自己承担执法机关可以随意拦截自己的车辆的风险。

除了 Harlan 大法官和 O'Connor 大法官之外，其他学者也从另一个视角上对以合理隐私期待理论为基础的分析方法在涉及公共道路的案件中的适用提出了批判意见。例如，俄勒冈州的最高法院曾在很多案件中通过解释该州宪法中反对不合理搜查行为的部分来对以合理隐私期待理论为基础的分析方法提出质疑。① 在其中的一个案件②中（在该案中，警察在没有搜查令的情况下对被告使用了无线寻呼机），Lent 大法官坦率地认定，因为"合理隐私期待"这一词语在相关的法学争论中被援用的概率如此之高，所以，在该案中，我们明确地拒绝用该理论来进行案件的分析，而是打算用本州（俄勒冈州）的宪法中有关搜查与扣押的部分来定义宪法上的"搜查"一词的含义。在最初的时候，"合理隐私期待"理论只是展开案件分析的一个起点，但如今，却已经变成表述案件结论的标准公式，使得人们在探讨相关案件时，忽略了《第四修正案》真正考虑的大量因素。本州宪法保护的公民隐私权不是公民的合理期待，而是公民所享有的一种隐私权利。

通过否定以合理隐私期待理论为基础的分析方法以及以本州的宪

---

① State v. Tanner, 745 P. 2d 757, 762n. 7 (Or. 1987); State v. Louis, 672 P. 2d 708, 710 (Or. 1983).

② State v. Campbell, 759 P. 2d 1040, 1044 (Or. 1988) (emphasis in original).

法为分析案件的基础，俄勒冈州的最高法院认定，如果警察在没有搜查令的情况下便对公民使用追踪设备，那么，警察的行为便侵犯了俄勒冈州的宪法所保护的公民隐私权。

上述这些司法意见和大量的以保护公民在道路上的隐私权为目的的制定法一样，都是在试图将人们对于隐私权益的关注点重新带回到保护公民在公共道路上的隐私权益所带来的社会后果上，而不是让人们继续盲目地探讨公民的隐私期待是否合理。根据这种观点，在探讨相关的隐私问题时，人们必须解决的一个基本问题是，在公共道路或者高速公路的语境中，公民的隐私权益是否值得法律的保护。对此，法学家的争论焦点在于政府或某些组织对公民所施加的社会控制是否在社会可以容忍的范围之内。如果政府或某些组织对公民所施加的社会控制是社会可以容忍的，那么，法律不必要保护这种语境下的公民隐私权益，相反，则法律应当保护公民的隐私权益。

（二）警察在公共道路上拦截车辆的行为构成搜查行为

在探讨与隐私权相关的问题时，法院应当更多地考虑与之相关的具体语境以及其得出的结论将会带来的社会影响，而不是考虑相关公民的隐私期待是否合理，这种观点可以在美国联邦最高法院最近的审判中得到很好的体现。最近，美国联邦最高法院在几个案件中认定，警察在公共道路上拦截公民车辆的行为构成《第四修正案》所说的搜查行为。[1] 在最近的两个案件中，美国联邦最高法院规定，如果执法机关在道路上拦截公民车辆，那么，执法机关必须为自己的行为出示足够的合理依据，否则，该行为会被认定为违宪行为。

但是，法院的这个观点还不够具体，它还存在一个潜在的理论问题，即，执法机关所持有的足够的合理依据是被限定在有限的几种例外情形中？还是不管在什么情况下，只要具备足够的合理依据，执法机关就可以拦截公民车辆？如今，在美国联邦最高法院中，大部分的大法官认为，执法机关只能在某些例外情况之下才能算是具备了足够的合理依据，才可以拦截公民车辆；而还有小部分的大法官认为，不管在什么情况下，只要具备足够的合理依据，执法机关就可以拦截公

---

[1] Illinois v. Lidster, 124 S. Ct. 885 (2004).

民车辆。之所以大部分的法官都认定执法机关只能在某些例外情况之下才能拦截公民车辆，是因为他们坚持认为，国家必须限制政府凌驾于公民之上的权力，这样才能保证公民的自由权不被政府权力所侵犯。因此，他们认为，国家应当保护公民在公共道路上的隐私权不被执法机关过多的执法行为（如设置路障、检查关口等行为）所侵犯。

随着汽车等交通工具和高速公路的出现，执法机关早在20世纪就已经开始想方设法加强对路面的监控，以抓捕刑事犯罪嫌疑人。[1]当美国颁发禁酒令之后，执法机关便开始追查非法运输酒水的走私犯。在此期间，美国联邦最高法院大力支持执法机关使用监控技术来抓捕违反禁酒令的罪犯的执法行为。[2] 执法机关经常为了抓捕违反禁酒令的走私犯而在高速公路上拦截大量的公民车辆。[3]

在 Carroll v. United 一案[4]中，警察拦截了被告的车辆并对其车辆实施了搜查和扣押行为。该案是由禁酒令引发的第一个与隐私权相关的案件。在该案中，警察在没有搜查令的情况下对车辆实施了搜查行为。在审判该案时，尽管美国联邦最高法院煞费苦心地承认，公民在公共道路上仍然保留着一定程度上的隐私权，但是，在作出判决时，它还是支持了警察的做法院。审理该案的法院首席大法官 Taft 大法官认为，法院授权警察可以在没有搜查令的情况下拦截公民车辆的做法是令人无法忍受的、不可理喻的，这种做法不仅给在公共道路上遵纪守法的公民带来很大的不便，而且还使得公民因为这种不合理的搜查行为而感到人格上的不尊重。在该案中，尽管法院判定，警察的搜查行为是合法行为，但是，法院仍然特别指出，警察这种在公共道路上追踪公民的行为很可能在宪法上是站不住脚的。换言之，警察在公共道路上追踪以及拦截甚至搜查特定的犯罪嫌疑人的行为是被法院所允许的。但是，警察为了拦截公民车辆而在公共道路上大范围地监控公民的行为可能是令人无法忍受的、不可理喻的。

---

[1]　U. S. CONST. amend. XVIII (ratified 1919, repealed 1933). Roadway surveillance of course continued even after Prohibition was repealed in 1933 by U. S. CONST. amend. XXI (ratified 1933).

[2]　See Olmstead v. United States, 277 U. S. 438 (1928).

[3]　Carroll v. United States, 267 U. S. 132 (1925).

[4]　267 U. S. 132 (1925).

在评价政府在公共道路或高速公路上拦截公民车辆的行为的合法性时，不允许政府在公共道路上拦截车辆或公民的原则一直发挥着很重要的作用。法院和公民都坚持合理限制政府的权力，以免政府会因为权力过大而凌驾于法律和公民之上；这一点也体现出美国社会对上文所说的"圆形监狱的影响"的担忧与预防。这种担忧在很大程度上影响了美国联邦最高法院在最近两个涉及政府在公共道路上拦截车辆的行为的案件中所作出的判决。

在 Edmond 一案[①]中，警察在公共道路上设置了一个专门阻碍毒品交易的毒品检查站。警察不仅在公路上拦截了所有开往印第安纳波利斯的公民车辆，并且在没有搜查令的情况下用缉毒犬在车辆外部进行了搜查（并没有对车辆内部进行搜查）。但是，该案与其他普通的搜查与扣押案件有些不一样。一方面，在该案中，警察的取证行为并没有触犯取证制度的禁止性规定，另一方面，该案也不存在《第四修正案》为车辆搜查所规定的警察的搜查行为不需要以搜查令作为合理依据的"有关车辆的例外"情况。在该案中，两名在印第安纳波利斯毒品检查点被拦截的普通汽车司机向法院提起了集体诉讼，作为被拦截的汽车司机之一，Edmond 因此被牵涉进案件里。

原告的诉讼代表主张，执法机关在没有任何可靠的证据可以怀疑他们之中有人参与毒品交易的情况下就扣押他们车辆的行为是违宪行为。因为该诉讼是一项集体诉讼，所以，在美国联邦最高法院审判该案之前，该案的争论的关键点与其说是执法机关扣押或者搜查某个特定犯罪嫌疑人的行为的合法性，还不如说是执法机关拦截了所有的汽车司机的车辆的行为的合法性。因此，审理该案的法院关注的主要焦点是，在该案的情形下，法院保护或者不保护汽车司机的隐私权益将会带来的社会后果。O'Connor 大法官规定："如果执法机关在路上设置路障的行为是以实现刑法得以顺利执行等社会公共利益为合理依据的话，那么，《第四修正案》并不能禁止执法机关在日常执法活动中在公共道路上设置路障的行为（以及类似的行为），哪怕这些行为会在一定程度上对公民造成侵扰。"但在该案中，执法机关设置路障的做法仅仅是为了保证印第安纳波利斯这一个州的利益，而不是为了整

[①] Edmond, 531 U.S. at 42.

个社会的公共利益。因此，根据 O'Connor 大法官的观点，该案中的执法机关的行为违反了《第四修正案》的规定。

之所以说该项集体诉讼与其他的诉讼有所不同，是因为，在美国联邦最高法院审理该诉讼之前，该诉讼的争论焦点在与执法机关对所有汽车司机的车辆都实施了的拦截行为，而不是对某个特定的司机的车辆的拦截行为或搜查和扣押行为。在美国联邦最高法院审理该诉讼之前，审理该诉讼的法院的六个大法官都认为，执法机关中在印第安纳波利斯的毒品检查点实施的执法行为是违宪行为，这种行为是对公民的一种非法侵扰。以 O'Connor 大法官为首的多数法官强调，"根据《第四修正案》，执法机关只有在对某些特定公民产生的怀疑达到一定程度时，才可以拦截公民车辆；但是，在该诉讼中，执法机关显然在没有足够的怀疑，也没有特定的怀疑对象的情况下就拦截了公民车辆，这是违反宪法规定的"。由此可见，虽然上述观点将执法机关的拦截行为归纳为不以足够的怀疑（怀疑公民参与非法活动）为依据的侵扰行为外，但是，它并没有对执法机关的行为所引起的侵扰以及带来的社会影响进行过多的探讨。

审理 Edmond 一案的法院的多数观点致力于将该案的执法行为与其他获得宪法允许的拦截和扣押行为区分开来。例如，美国联邦最高法院就已经在其他案件中认定，执法机关在边境设置检查点（以拦截公民、车辆或其他物品）的行为[1]以及其他限制公民活动的行为[2]是合宪行为。美国联邦最高法院将执法机关设置这些路障或者检查点的行为认定为有特别的理由或目的作为依据的合理行为，这些特别的理由和目的使得执法机关的这些行为即使没有以特定的怀疑对象为依据也不会违反《第四修正案》的规定。根据 Edmond 一案[3]的判决，这些"其他类型的"的行为只有在"紧急情况下的冲突利益与该行为的执法效益"之中做出适当的平衡与协调时，才是合宪行为。但是，如果执法机关"在没有合理的怀疑依据时，就依据基本方案对公民实施侵扰行为"，那么，不管该行为有没有处理好政府利益与公

---

[1] United States v. Martinez-Fuerte, 428 U. S. 543 (1976).
[2] Michigan Dep't of State Police v. Sitz, 496 U. S. 444 (1990).
[3] Edmond, 531 U. S. at 47.

民利益之间的关系，该行为也必定是不合理的行为。在 Edmond 一案中，法院保护的是这样一个基本原则：每一个公民，尤其是在公共道路上的公民，有权享有免受政府侵扰的独处权——这是一种宪法赋予的公民权利。根据宪法，在没有合理怀疑的情况下，执法机关不能在公共道路或高速公路上拦截公民。

审理 Edmond 一案的法院坚持公民在公共道路或者高速公路上享有免受政府侵扰的独处权，除非政府持有合理的证据怀疑公民在从事非法活动，或者政府可以证明其之所以侵扰公民，是因为其正在进行一个十分重要的政府项目。总之，除非政府以某种法律上的例外情况（如为了停止公民的醉驾行为）为依据；否则，在没有合理理由怀疑公民从事非法活动的情况下，政府在公共场所侵扰公民隐私权的行为被认为是不合理的、不合宪的行为。Edmond 一案的判决清楚地表达出这一个基本规定：除非有足够的理由怀疑特定的公民在从事非法活动或者以其他重大的理由为依据，否则，执法机关扣押公民车辆的行为会被认定为不合理的行为。此外，上述例外情况也必须以特殊的语境作为依据，否则，执法机关拦截公民的行为仍然会被认为是不合宪的行为。

首席大法官，即 Rehnquist 大法官，与 Scalia 大法官和 Thomas 大法官一同对 Edmond 一案的判决提出了异议。他们主张一个与该案判决相反的基本规定。根据该异议，公民并不享有希望自己在公共道路上不会被警察所拦截的合理隐私期待。该异议主张，适当地限制执法机关在公共道路上设置路障（如检查点）以拦截公民车辆的做法可以说是合理的，此外，该做法可以使得执法机关的行为只会"对公民隐私权造成最小的侵害"。根据该异议，虽然执法机关在公共道路上设置路障的行为应当受到适当的限制，但是，执法机关仍然有一定的权力可以在公共道路上设置路障以及拦截公民。据此，在公共场所的公民应当可以合理地预料到，即使政府在公共道路上设置路障的行为会受到一些限制，但是，自己仍然可能遭到政府的侵犯。

在公共道路上，公民可能会遭到执法机关的拦截——这是一个基本的社会规则。该异议主要以两个先例为依据来论证这个观点。这两个先例分别为 Michigan Dep't of State Police v. Sitz 一案①以及 United

---

① 496 U.S. 444 (1990).

States v. Martinez-Fuert 一案。① 在这两个案件中，法院都认定，执法机关设置一定数量的路障的行为是合宪行为。Rehnquist 大法官等三人的异议认为，这两个案件涵盖了一个认定执法机关设置路障的行为是被公民和社会所接受的行为的基本规定。在 Edmond 一案中，以 O'Connor 大法官为首的多数意见谨慎地将一般不为人所接受的、不以合理怀疑为依据的执法行为与其他类型的例外情况相区分。上述异议的观点恰好与该多数意见的观点是一致的。

  Edmond 一案刚好为人们呈现出两种截然不同的观点：多数人支持的观点认为，公民在公共道路上享有隐私权；而少数人的异议则刚好相反。根据多数人的观点，当执法机关在公共道路上实施了侵扰公民的行为时，则执法机关明显违反了宪法的规定。相反，根据少数人的异议，则当公民出现在公共道路时，如果执法机关对公民实施的行为是合理的、一视同仁的，那么，执法机关的行为并不违反《第四修正案》的规定。该异议声称："Edmond 一案与 Sitz 一案的唯一区别在于，前者执法机关出动了一条警犬对在公民车辆外部进行了搜查，而后者执法机关则没有。"② 在 Edmond 一案的判决书的脚注里面，法院的多数意见反驳道，在 Edmond 一案中，执法机关拦截公民车辆的行为之所以被认定为违宪行为，不是因为执法机关使用了警犬在车辆外部实施了搜查行为。相反，"导致执法机关的行为违宪的关键点在于，该行为的目的是为了促进刑事侦查中的刑法利益的实现"。两种观点的基本分歧点在于，社会中的普通公民身处公共道路时，是否可以要求执法机关在缺乏例外情况作为依据的情况下，不能设置路障来侵扰他们（公民）。换言之，两种观点的基本分歧在于，公民在公共场所是否享有独处的权利。也就是说，Edmond 一案与 Sitz 一案的判决的不同跟那只警犬毫无关系。根据多数人的观点，有关公共道路的基本规定是，在没有强有力的合理根据怀疑公民从事非法活动的情况下，政府不得侵扰遵纪守法的公民的任何活动。政府据以侵扰公民的合理依据必须足够具体，而不能仅仅是一个模糊的概念，如所谓的控制犯罪这一基本利益。

---

① 428 U. S. 543 (1976).
② Edmond, 531 U. S. at 52 (Rehnquist, C. J., dissenting).

在仔细探讨了上述两种观点的差异之后，Thomas 大法官提出了一个新的异议，不管有没有合理的怀疑作为依据，执法机关都可以在公共道路上拦截公民，这才是有关公共道路的基本规则。Thomas 大法官认同少数人提出的异议。他认为，根据 Michigan Dep't of State Police v. Sitz 一案以及 United States v. Martinez-Fuert 一案的判决，国家应当承认，执法机关在没有足够的怀疑作为依据时所实施的某些拦截或扣押行为也是合理合法的行为。但与此同时，Thomas 大法官也重点指出，他并不会由此认为 United States v. Martinez-Fuert 一案的判决是正确的；如果没有这些先例，那么，上述多数意见对公民在公共道路上的隐私权的基本规则的解释，或许就是对《第四修正案》最好的解读。他说道："实际上，《第四修正案》的制定者真的会认为，执法机关对并不涉嫌从事非法活动的公民实施的拦截行为是合理行为吗？我认为不会。"但是，由于在当时（Edmond 一案之后），推翻 Michigan Dep't of State Police v. Sitz 一案以及 United States v. Martinez-Fuert 一案的判决将会引发的问题在现实中还未曾出现过，人们对这些问题的了解并不深入，所以，Thomas 大法官并不认为在 Edmond 一案中推翻这两个案件的判决是一个明智的做法。Thomas 提出的新异议代表着，在 Edmond 一案中，有 7 名大法官认为，如果执法机关出于一般的执法目的，在没有足够的怀疑作为依据时就对公民实施拦截行为，那么，公民不应当容忍执法机关的此种行为。

在之后的 Illinois v. Lidster 一案中，美国联邦最高法院认定，执法机关设置信息检查点的行为是合宪行为。在审理该案的过程中，美国联邦最高法院重新确认了 Edmond 一案中的多数意见，即在公共道路上，在执法机关没有合理证据怀疑公民从事非法活动的情况下，遵纪守法的公民有权不受执法机关出于一般的执法目的而实施的拦截行为所侵扰。在该案中，有一个汽车司机撞到了一名 70 岁的骑自行车的老人之后逃逸了。为此，一周之后，地方警察在路上设置了一个信息检查点，以便从汽车司机那里获取案发时该车辆的信息。在这个信息检查点里面，警察每隔 10～15 分钟便拦截一辆车辆，询问司机在前一周都看到了什么或者做了什么事情，并且还给了每个司机一张传单，让司机填写相关的信息。在被众多被拦截以及询问的司机中，正好有 Lidster 先生。Lidster 的小型货车在急转弯时不小心伤了一名警察。在 Lidster 的呼吸之间，警察闻到了酒精的味道，随后，警察直接将 Lidster 带到了专门负责管理酒精测试的另一名警察那里。在做完酒精测试之后，Lidster 就因为醉驾而警察逮捕了。为了推翻法院对自己醉驾的定罪，Lidster 主张，警察通过设置信息检查点来拦截自己的行为违反《第四修正案》的规定。因此，警察由此搜集到的醉驾证据应当被排除。

审理该案的美国联邦最高法院认定，根据 Edmond 一案的判决，在该案中，警察的拦截行为以及该行为导致的对 Lidster 的逮捕行为都是违宪行为。但是，美国联邦最高法院同样认定，Lidster 的确应当被定罪为醉驾。因为在该案中，具体的案情与 Edmond 一案的案情是有所区别的。因为，Lidster 是在高速公路的一次"简单的信息搜集"中被拦截下来的，而不是在一个执法机关设置的检查点里面被拦截下来的，执法机关拦截 Lidster 只是为了询问一些与别人的犯罪有关的信息，而不是为了对 Lidster 本人进行任何的讯问、搜查或扣押。在这种情况下，警察对 Lidster 实施的扣押行为是合法的。

在做出这个判决时，美国联邦最高法院适用了法院在 Brown v. Texas 一案中提出的判断标准。审理 Brown v. Texas 一案的法院在做出判决时，考虑了执法机关询问行人的行为对案件的影响。在审理 Lidster 一案的法院中，有三个法官认为，为了适用 Brown v. Texas 一案的判断标准，法院应当将该案发回到审理 Illinois 一案的法院。

根据 Breyer 大法官为首的大多数法官的观点，警察在路上设置信息检查点拦截公民并向公民问询信息的行为对于警察侦破重大的刑事案件而言有着很重要的作用，并且，该行为只会对公民的行程造成很轻微的影响，而不会对公民造成过大的侵扰。因此，审理该案的法院判定，在该案中，警察拦截公民的行为并不违反《第四修正案》的规定。审理该案的法院的所有法官一致解释道："为了证明警察行为的合理性，我们挖掘了警察对 Lidster 所实施的扣押行为背后具备的公共利益的重要程度、该行为所能实现的公共利益的程度以及该行为对公民自由权所造成的侵扰的严重性。"[1]

这些判断标准明显都出自于 Brown 一案。在 Brown 一案中，美国

---

[1] Lidster, 124 S. Ct. at 890 (quoting Brown, 443 U. S. at 51) .

联邦最高法院认定，根据《第四修正案》，政府因为一名行人在小巷中拒绝向警察确认自己的身份信息而对该公民提起公诉的行为是不符合宪法的。在随后的 Florida v. Royer 一案①中，法院对 Brown 一案的判决进行了新的解释，即，在最开始，《美国联邦宪法》允许警察在公共场所调查刑事案件的时候寻求自愿合作的公民的帮助。该法院认为，"如果仅仅是在大街上或者其他公共场所里询问公民是否愿意回答某些问题或者仅向公民提出问题而不强迫公民回答，那么，执法机关的这些行为不会违反《第四修正案》的规定"。换言之，即使执法机关在刑事调查中拦截公民的行为构成《第四修正案》所说的扣押行为，但是，如果执法机关在拦截公民时仅仅对公民开展普通的警方调查而并不强迫公民做任何事情，那么，这种行为也是正当行为，并不会违反《第四修正案》的规定。

在 Lidster 一案中，Breyer 大法官的观点巩固了 Edmond 一案的判决做出的规定，即"执法机关在公民不同意的情况下拦截公民车辆的行为等同于《第四修正案》所说的扣押行为"。此外，根据 Breyer 大法官的观点，在评价这些拦截行为的合法性时，法院不能武断地认定执法机关实施的拦截行为是违宪行为，而应当通过考虑这些行为在具体情况下的合理性来认定这些拦截行为是否合法。② 在 Sitz 一案以及 Martinez-Fuerte 一案中，执法机关设置其他类型的路障如（毒品检查点和边境检查点）以拦截公民的行为被认定为合法行为。

对此，Breyer 大法官认定，在审判涉及信息检查点的案件时，法院也应当考虑审理 Brown 一案的法院在审理过程中考虑的因素。但与此同时，Breyer 大法官也明确说明："这并不意味着执法机关实施的这些类型的拦截行为就一定是合宪的行为。这仅仅意味着，法院必须在结合具体情况对这些行为的合理性和合宪性进行评估之后才能评价这些行为的合法性。"这个得到了美国联邦最高法院全体法官的一致同意的观点，似乎解决了 Edmond 一案中的多数意见与异议对基本规则的争论，即，除非存在某些执法机关可以免责的特殊情况，否则，公民在公共道路上享有不被执法机关拦截的权利。根据这个基本规

---

① 460 U. S. 491 (1983).
② Lidster, 124 S. Ct. at 890.

则，在执法机关没有足够的理由可以怀疑公民从事非法活动的情况下，公民在公共道路上仍然保留着不被执法机关拦截的权利。[1] Breyer 大法官的这些观点并没有推翻 Sitz 一案以及 Martinez-Fuerte 一案的判决，这还可以避免 Thomas 大法官所担忧的问题的发生。Breyer 大法官不仅没有推翻 Sitz 一案以及 Martinez-Fuerte 一案的判决，而且还利用这两个案件的判决证明，在一个更广的语境中，执法机关设置路障以拦截公民的行为也有可能是合法行为。在这个"更广的语境"中，法院必须通过适用在 Edmond 一案中被提出的判断标准去论证执法机关设置路障以拦截公民的行为是否合法。

Lidster 一案以及 Edmond 一案共同说明了，在一般情况下，执法机关在公共道路上拦截公民车辆的行为是违宪行为，但是，在某些特殊的情况下，为了平衡这些行为所具备的公共利益以及这些行为将会侵犯的公民权利两者之间的关系，法院有可能会认定这些行为是合法行为。也就是说，如果法院认为，这些行为所具备的公共利益比因为这些行为被牺牲掉（或者说被侵犯）的公民权利更有价值，那么，法院将会认定这些行为是合法行为；反之，则法院将会认定这些行为是非法行为。在法官们一致判定执法机关的拦截行为构成《第四修正案》所说的扣押行为的情况下，除非执法机关有足够的理由作为合法依据，否则，法院将会判定，公民在公共道路上享有独处的权利，如果执法机关的行为侵犯了公民的独处权，那么，该行为就是违宪行为。尽管 Breyer 大法官嘲讽道："《第四修正案》不会把公民车辆当成保护公民的城堡。"但是，美国联邦最高法院认为，在拦截公民车辆的时候，执法机关必须持有"特殊的执法利益"作为合法依据，否则，其行为就是违宪行为。Breyer 大法官还认定，有时候，"特殊的执法利益"只可以证明执法机关在没有特定的怀疑对象时在高速公路所实施的拦截行为的合法性；如果执法机关已经有了特定的怀疑对象，那么，它就不能在高速公路上随意拦截其他公民的车辆。

除了美国联邦最高法院之外，连美国各州的法院也认定，公民在公共道路上享有隐私权益，可以免受执法机关实施的拦截行为的侵

---

[1] In Atwater v. City of Lago Vista, 532 U. S. 318 (2001).

扰。美国各州的法院还据此审判了很多案件，其中最著名的一个案件是由宾夕法尼亚最高法院审理的 Commonwealth v. Whitmyer 一案[1]。在该案中，警察拦截了一名汽车司机的车辆，并向该司机实施了强制取证的行为，根据该警察所言，该司机当时在不触犯交通规则和法律的情况下频繁地变换车道。在审理该案时，宾夕法尼亚最高法院坚守"公民在公共场所享有隐私权益"的原则。通过援用美国联邦最高法院在 Delaware v. Prous 一案[2]做出的判决，宾夕法尼亚最高法院指出："当公民驾车行驶在路上时，其汽车以及其汽车的用途会受到政府规定的限制，但是，公民并不会因此就丧失其所享有的全部合理隐私期待。驾驶汽车是最常见、最普遍的公民出行方式。很多公民每天都会花很多时间驾驶车辆到不同的地方去。毋庸置疑的是，当公民驾车在公共场所出现时，他们会比其他行走的路人以及使用其他方式出行的人们感到自己享有更多的安全感和隐私权。"[3]

换言之，在执法机关实施了搜查和扣押行为的语境中，不管政府向公民实施了强制取证的行为还是其他类型的侵扰行为，在政府没有足够的证据怀疑公民在从事非法活动时，在公共道路上的公民都享有隐私权以反对政府实施的拦截行为。

一旦出现在高速公路上，公民就会将自己暴露在别人（包括执法机关）面前。但是，如果我们允许执法机关在没有足够的证据怀疑公民在从事非法活动或者没有特殊的执法利益的情况下，就拥有拦截公民的权力，那么，这会导致公民的隐私权受到过多的社会控制的侵蚀。尽管学者们认为，公民在公共道路上享有的隐私权是已经削减的、最小化的隐私权，但这并不等于，公民在公共道路上就完全不享有隐私权。在传统上，美国一向注重限制政府的权力，以免公民的权利会遭到政府权力的任意侵犯。正如 Brandeis 大法官所言："为了使公民享有足够的权利以抑制政府的权力，美国的制宪者将独处权赋予公民——独处权对于公民而言，是一项内容最广泛的、最强有力的、

---

[1] 668 A.2d 1113 (Pa. 1995).
[2] 440 U.S. 648 (1979).
[3] Whitmyer, 668 A.2d at 1117 (quoting Prouse, 440 U.S. at 662).

最有价值的权利。"① 公共道路是公民在生活中不可能不接触的一类场所。如果要求出现在公共道路上的公民自动放弃《第四修正案》所赋予的所有隐私权益，那么，公民将会过多地受到来自于政府的控制，此外，政府由此获得的自由裁量权也过于泛滥了。至于公民在公共道路上参与活动所带来的其他社会后果，如公共安全以及解决犯罪等，也是十分重要的。因此，在审理相关的案件时，美国的法院会在各种社会后果以及利益中寻找一个平衡点，使得公民的隐私权益与执法机关的执法利益能到达到一种平衡的状态。这使得法院一直以来都坚持这样一个原则：当执法机关在公共道路上拦截公民车辆时，执法机关的行为必须以重要的正当理由作为合法依据，否则，该行为就是非法行为。

（三）公共道路相当于开放领域

1. 有关追踪公民的联邦法律

正如上文所讨论的那样，执法机关在公共道路上追踪公民以及公民车辆的行为引起了很多宪法上的问题。但是也有一些学者认为，执法机关在公共道路上追踪公民以及公民车辆的行为完全不会产生任何与宪法有关的问题。因此，似乎美国学者对于《第四修正案》法律体系中有关公民在公共道路上的隐私权的法律存在两种不同恰好相反的看法：一方面，正如上文所述，在最近做出的判决中，美国联邦最高法院已经明确认定，《第四修正案》对公民隐私权提供的保护不允许执法机关在没有足够的证据怀疑公民从事非法活动的情况下，在高速公路上拦截公民车辆。另一方面，另一种看法则认为，在高速公路上，如果执法机关只是追踪了公民（或者公民车辆），并没有拦截公民（或者公民车辆），根据《第四修正案》，执法机关的这种行为是不受该法限制的。这两种看法都很值得人们去检验。

总之，《第四修正案》对执法机关在公共道路上对车辆实施的追踪行为和搜查行为施加的限制并不是严格。美国经常会这样子解释《美国联邦宪法》对执法活动的容忍：对于执法机关而言，公民在公

---

① Olmstead v. United States, 277 U.S. 438, 478 (1928) (Brandeis, J., dissenting) (involving wiretapping without a warrant).

众面前暴露自己的信息的行为就好比一个公平的游戏——其他人可以看到被公民暴露的信息,执法机关当然也可以。不仅如此,甚至当执法机关在公共场所使用复杂的监控技术设备来获取人们通过物理性的监视行为或者可视化的跟踪行为就能获取的信息时,执法机关的这种行为也是合法行为。当执法机关使用自动化的科技(如 GPS)收集的信息远远超过其实施可视化的监控行为所能获取的信息时,美国法院一开始也认为执法机关使用这些新技术实施的行为(如追踪行为)是合法行为。法院倾向于认为这些追踪行为并不构成《第四修正案》所说的搜查行为。法院经常假设,在一个执法机关都拥有敏感意识和强大毅力的完美世界中,如果这些完美的执法机关原本可以通过可视化的监视行为来收集信息,但是他们却没有那么做,他们通过使用自动化的监控科技来收集原本可以通过可视化的监视行为来收集的信息,那么,执法机关的这种行为是不会产生任何宪法上的问题的。此外,因为美国的法院经常认定,在汽车里面的公民所享有的合理隐私期待是不完整的、有所削弱的。[1] 同样地,因为车辆本身就安装了监控设备,所以,法院还会因此认定,执法机关通过追踪车辆进而搜查车辆的行为是合法行为。[2]

在 United States v. Hester 一案[3]中,Holmes 大法官在评价执法机关在公共道路上追踪公民车辆的行为时适用了开放领域原则。在该案中,执法机关在被告父亲的房子的外面搜到了一罐和一瓶非法生产的摩闪威士忌。审理该案的法院认为:"《第四修正案》仅对公民的'人身、房屋、文件和财产'提供特殊的保护,这种保护不会拓展到开放领域。后者和房屋的区别在美国诞生普通法的时候就已经存在了。"尽管在 Katz 一案中,美国联邦最高法院反对用地点来决定公民是否享有《第四修正案》所赋予的权利,但是,开放领域原则却忽

---

[1] Arkansas v. Sanders, 442 U. S. 753, 761 (1979) (collects a number of the early cases). See also Maryland v. Pringle, 124 S. Ct. 795 (2003); Wyoming v. Houghton, 526 U. S. 295 (1999); United States v. Ross, 456 U. S. 798 (1982); Rakas v. Illinois, 439 U. S. 128 (1978).

[2] The treatment of automobiles as specially justifying searches because they are mobile dates back to Carroll v. United States, 267 U. S. 132, 153 (1925).

[3] 265 U. S. 57 (1924).

略这一点，坚持以地域作为是否适用《第四修正案》所说的搜查令要求和合理依据的要求的决定性因素。

尽管之前的规定并没有规定开放领域的具体定义，也没有规定执法机关能否在开放领域内实施监控行为，但是，开放领域原则逐渐发展成一个"开放则允许观察"的判断标准。① 美国的法院简单地规定，执法机关在开放领域内对公民进行观察的行为并不会受到《第四修正案》的规范和限制。例如，在 Oliver v. United States 一案②中，被告在屋外的地面上种植大麻，并且把这片地面围起来，在门上上了锁，还在围墙旁竖了一个"禁止入内"的警示牌。美国联邦最高法院在审理该案时，不仅对开放领域原则展开了讨论，而且还在该案中将其解释为，即使执法机关忽略了能够令大部分人望而却步的门锁以及警示牌，执法机关走进该开放领域的行为也不会构成《第四修正案》所说的无理搜查行为。

根据美国联邦最高法院在 Florida v. Riley 一案③（在该案中，警察使用直升机观察了被告在家里种植的大麻）中的判决，执法机关可以使用监控科技收集那些原本就可以被公众看到的信息。该判决与很多涉及开放领域的规定很相似，它们都没有解决公民在公共道路上的隐私权问题，也没有解释，到底哪些信息是别人都已经看到的信息。相反，该判决讨论的是，哪些信息是可能被人们看到的信息以及人们是否会尝试去看这些信息。美国的法院还规定，在理论上，有些信息之所以不对公众公开，是因为，它们隐藏在公民的房屋里面，而公民的房屋是不允许执法机关进行监控的，除非执法机关持有搜查令或者合理的依据。在 Kyllo v. United States 一案④中，美国联邦最高法院认定，在没有搜查令的情况下，如果执法机关使用红外线感应器来记录公民房屋内的热量数据来判断屋内是否种植大麻，那么，该行为违反《第四修正案》的规定。此外，甚至当公民身处公共场所时，在执法机关实施了不可见的监控行为的情况下，法院不能适用"开

---

① Justice Douglas applied this doctrine in an environmental enforcement case. See Air Pollution Variance Bd. of Colorado v. W. Alfalfa Corp., 416 U. S. 861, 865 (1974).
② 466 U. S. 170 (1984).
③ 488 U. S. 445 (1989).
④ 533 U. S. 27 (2001).

放则允许观察"的规定来审理案件。在 Bond v. United States 一案[①]中,审理该案的法院认定,当公民将自己的行李包放在公交车上的时候,虽然其他乘客也有可能触碰到该行李包并由此得知包里面放有什么物品,但是,执法机关通过触碰该行李包来调查公民的行为仍然构成《第四修正案》所说的搜查行为。如果根据开放领域原则来评估这种行为,那么,因为执法机关通过该行为获取的信息不是肉眼可见的信息,所以,根据《第四修正案》的规定,该行为是一次无效的搜查行为。但实际上,该行为明显不受开放领域原则的规范。

在很大程度上,这些有关公共道路监控的制定法是由美国联邦最高法院在20世纪80年代做出的两个判决导致的。这两个判决分别是United States v. Knotts 一案和 UnitedStates v. Karo 一案的判决,它们都与执法机关对无线寻呼机的使用有关。这两个判决建立了这样一个规定:"《第四修正案》不限制执法机关在公共道路上使用电子追踪设备追踪公民的行为。"尽管这两个案件中,执法机关使用的都只是原始的、功能落后的无线寻呼机,但是,该规定却被美国的法院适用到涉及所有类型的追踪设备(包括功能远比无线寻呼机强大和复杂的设备)的案件当中。

在1983年,美国联邦最高法院在 Knotts 一案中评估了执法机关使用无线寻呼机的行为。在该案中,执法机关使用无线寻呼机来抓捕涉嫌非法制作毒品的犯罪嫌疑人。审理该案的首席大法官(Rehnquist 大法官)虽然指出,在某些情形中,执法机关大范围使用这些追踪设备的行为会带来不少问题,但是,他还是总结道:"如果这类执法行为是被告可以预料得到的,那么,法院在审理该类案件时可以考虑是否适用与以前不同的宪法性原则来分析案件。"换言之,Rehnquist 大法官虽然也认为执法机关滥用追踪科技会带来很多问题,但是,在某些公民可以预料到自己可能被政执法机关追踪的情形中,法院可以认定执法机关的行为是合法行为。在 Knott 一案之后,执法机关使用无线寻呼机和雷达收发器来追踪公民的行为不需要以搜查令作为合法依据,因为,这样的执法活动不被人们认为是《第四修正案》所说的搜查行为。

---

① 529 U.S. 334 (2000).

有时候，当执法机关必须实施物理性的非法入侵行为才能够将无线寻呼机安装在目的车辆里面时，执法机关在安装设备之前必须获得法院签发的搜查令。此外，在 Knotts 一案的一年以后，美国联邦最高法院在 Karo 一案①中限制了执法机关在公民房屋外面对追踪设备的使用。根据美国联邦最高法院在 Karo 一案中做出的判决，当监控设备泄漏出公民房屋里面的重要信息，并且这些信息是人们通过可视化的监控行为无法获取的信息时，执法机关监控无线寻呼机发出的信息的行为构成《第四修正案》所说的搜查行为。这个观点被认为与在随后的 Kyllo 一案②中提到的"开放则允许观察"的规定（该规定适用于在户外的领域）相一致。

允许执法机关在公共道路以及高速公路上使用无线寻呼机来追踪刑事犯罪嫌疑人的规定似乎遵循着以下两个分析方法：①如果最初的物理性监控行为原本就可以追踪一辆在房屋外面的车辆，那么，执法机关使用新的电子设备来追踪车辆的行为不会构成《第四修正案》所说的搜查行为；②如果车辆进入了公民的房屋里面，那么，执法机关继续监控该车的行为就会受到《第四修正案》的规范，则该行为应当以合理依据或者搜查令作为依据。换言之，即使在执法机关所实施的可视化监控已经失去了调查目标的踪迹或者可视化监控已经无法继续下去的时候，只要该追踪行为没有涉及公民房屋里面的空间，那么，"开放则允许观察"的规定将会允许执法机关使用追踪设备继续追踪调查目标。③

当 GPS 设备可以为人们提供远远比以前的可视化监控设备更强大的功能以记录更加详细的信息时，美国联邦的法院仍然照搬以前的审判原则和规定，即执法机关仍然可以在公共场所使用各种设备来追踪公民。例如，在蒙大拿州的 United States v. McIver 一案④中，被告

---

① United States v. Karo, 468 U. S. 705, 715 (1984).
② Kyllo, 533 U. S. at 27 (involving use of an infrared device to detect heat patterns in portions of a home used for growing marijuana).
③ See, e. g. , United States v. Forest, 355 F. 3d 942 (6th Cir. 2004) (DEA agents repeatedly called a drug dealer's cellular telephone in order to generally locate the suspect within a wide metropolitan area.).
④ 186F. 3d 1119 (9th Cir. 1999).

（Mclver）在国家森林里面种植大麻。在没有搜查令的情况下，执法机关在被告的私人跑道上，在被告的丰田汽车的底盘上面安装了追踪设备。随后，被告驾驶车辆进入大麻地，执法机关通过追踪设备拍下了被告在森林公园种植大麻的证据。在审理该案时，美国联邦第九巡回法院认定，执法机关的行为是合法行为。

美国的联邦法院认为，只要执法机关使用追踪设备获取的信息是可能被人们看到的信息（不是事实上已经被人们看到的信息），那么，执法机关使用该设备的行为就不会受到《第四修正案》的限制。因为，执法人员用正常的感知能力在公共场所获取信息的行为明显不会构成《第四修正案》所说的搜查行为。在 Mclver 一案中，法院认定，执法机关使用照相机在公共场所对公民实施监控的行为是合法行为。这也是之后的法院在案件中支持执法机关使用照相机的行为的实践基础。同样地，根据这个观点，法院也认为，执法机关在公共道路上使用车牌识别技术追踪公民的行为不会侵犯公民的合理隐私期待。

在 Knotts 一案以及 Karo 一案之后，在对最初的电子监控法律进行修改之后，美国国会颁布了《1986 电子通讯隐私法》（ECPA）。该法制定了两条专门针对电子追踪设备的法规。根据这两条法规，一方面，通过电子追踪设备实现的通讯内容（如各种信号）不会得到与"电子通讯（内容）"一样的法律保护。① 另一方面，该法增加了一部分规定，该规定不仅对电子追踪设备做出了明确的定义，而且还为执法机关在管辖区之外使用电子追踪设备提供了"流动搜查令"，以该类搜查令为依据，执法机关可以在签发搜查令的法院的辖区之外使用电子追逐设备来追踪公民。② 正如上文所述，在后来的判决当中，法院已经认定，该法不仅不限制执法机关对电子追踪设备的使用，而且实际上还扩大了签发搜查令的法院的管辖范围。

2. 有关在公共道路上追踪公民的州法

关于执法机关使用追踪设备是否需要以搜查令作为合理依据，美国的州法院有着不同的见解。在评价执法机关使用追踪设备的行为是否合法时，一些州的法院拒绝采纳"开放则允许观察"的判断标准。

---

① 18 U.S.C. § 2510 (12) (C) (2001).
② 18 U.S.C. § 3117.

例如，在1988年，俄勒冈州的法院总结道："警察使用无线电发射器对被告车辆进行定位的行为构成《第四修正案》所说的不合理搜查行为。这一方面是因为，警察在使用无线电发射器时并不持有法院签发的搜查令；另一方面是因为，在该案中，根本就不存在警察需要违反搜查令规定以追踪被告的紧急情况，警察的这种行为侵犯了《俄勒冈州宪法》赋予被告的权利。"根据《俄勒冈州宪法》潜在的禁止政府对公民实施无理搜查行为的原则，俄勒冈州最高法院认定，在评估政府使用无线寻呼机的行为是否合宪时，法院需要考量两个因素：① 一是政府所享有的自由裁量权是否足以使政府有权做出该行为；二是该行为是否会对公民免受政府审查的自由权造成严重的侵害。俄勒冈州最高法院还指出："公民在公共场所的行为难免会受到政府的监控。公民根本没有十足的把握确定，自己什么时候会受到政府的审查，什么时候不会。公民的自由权总是会受到一些限制，这没有什么好吃惊的。但这也不代表政府可以滥用权力过多地侵扰公民生活。"

俄勒冈州最高法院认为，政府并没有那么大的自由裁量权，使其可以在公共道路上追踪公民，因为这会使公民的生活受到政府过多的控制。因此，如果政府的这种行为没有搜查令作为依据，那么，这种行为是不合法的。

与上述观点相反的是，在2002年的连环强奸案中，内华达州最高法院允许政府在没有搜查令的情况下，在调查过程中适用电子追踪设备。在该案中，根据政府提供的证据，法院宣判被告身犯多罪，但这些罪名并不包括强奸罪。内华达州最高法院总结道："根据联邦的开放则允许观察规定，公民在车辆外面不享有任何主观的隐私期待。"内华达州最高法院和俄勒冈州最高法院一样，都是通过分析被告的隐私期待来审理案件，但实际上，这种分析方法的思路实在过于狭隘。它应当考虑，如果其认定政府行为为合法行为，那么，这将会带来什么样的社会后果，然后才据此得出政府行为是否合法的判决。因为，如果它认可了政府行为的合法性，那么，这将扩大政府所享有的自由裁量权，从而使公民的生活受到过多的政府控制。限制政府的

---

① State v. Campbell, 759 P. 2d 1040, 1049 (Or. 1988).

自由裁量权、保护公民免受政府审查的权利的有效途径就是，在政府没有合理的依据怀疑公民在从事非法活动的情况下，要求政府必须持有搜查令才能审查公民。但可惜的是，内华达州最高法院明显不是这么认为的，相比限制政府的权力，它更愿意容忍政府通过使用电子追踪设备来对公民施加更多社会控制的行为。

美国有一些州已经制定了专门的法律来限制政府对电子追踪设备的使用。美国至少有一半的州已经制定法律来规范政府对电子追踪设备的使用。其中有一些州的制定法设置了一个法院命令的程序来规范执法机关对电子追踪设备的安装和使用程序。但是，除此之外，它们并没有对执法机关对电子追踪设备的使用提出其他的规范与限制。还有一些州（如加利福尼亚州、夏威夷州、田纳西州以及得克萨斯州）制定的法律严格地限制了各个群体（尤其是执法机关）对电子追踪设备的使用。

每个州之间的制定法都不尽相同。其中有一项特别的制定法即加利福尼亚州的刑法典[1]严格禁止政府在没有得到被追踪的车主同意之前就"使用电子追踪设备来确定公民的位置以及活动"。在颁布该法的时候，加利福尼亚州的立法机关宣称，"在一个自由和文明的社会中，隐私权是公民的基本权利之一，执法机关对电子追踪设备的使用的增多会侵蚀公民的个人自由"。除此之外，它还宣称，"如果执法机关在未得到公民同意的情况下就使用电子追踪设备获取公民的定位信息，那么，执法机关的行为侵犯了公民的合理隐私期待"。[2] 就像该法开篇所说的那样，该法禁止执法机关使用电子追踪设备，但是，该法还保留了几种例外情况，其中的一种就是"执法机关对电子追踪设备的合法使用"。根据该法，所谓的"电子追踪设备"，指的是"能够安装在车辆或者其他移动物品上的、能够通过电子信息泄漏其所在的车辆或者物品的位置和活动的设备"。除了因为品行不端被公诉机关起诉之外，如果有人（或组织）非法使用了电子追踪设备，那么，该人（或组织）也有可能会被撤销营业执照。尽管新闻偶尔也会报道有人因为违反该法被逮捕，但是，加利福尼亚州从来

---

[1] Cal. Penalcode § 637.7 (a) (West 1999).
[2] 1998 Cal. Stat. 499, §1.

没有过关于对该法进行解释的法院判决的报道。该法不仅规范各个主体（公民或政府机关）对传统的无线寻呼机以及 GPS 设备的使用，而且还规范各个主体对几乎所有能对公民进行追踪和定位的设备的使用。甚至执法机关使用电话信息或者 DSRC 的路面附件来追踪公民的行为也受到该法的规范。

此外，其他涉及电子追逐设备的制定法也影响了法院对执法机关在公共道路上追踪公民的行为是否合法的评估。这其中有许多制定法并不仅仅局限于规范涉及公共道路的监控行为，尽管它们一般都只适用于公共道路的语境中的案件。在这些制定法中，最突出的就是"追踪法"（stalking statutes）。这些"追踪法"可能会授权政府机关实施某些损害行为以及建立由于追踪行为产生的刑事责任。大部分州的制定法都明确禁止这些追踪行为。例如，加利福尼亚州的民法典创造了由于跟踪、威胁、侵犯公民的行为（这种行为足以威胁公民及其家庭的安全）导致的损害赔偿责任。该民法典规定，只要在被告有意且在实际上的确引起了被害人的恐慌的情况下，被告才需要承担损害赔偿责任。该法所说的引起恐慌的行为包括公民（或组织）使用电子通讯工具的行为，该行为被人们惯称为"网络跟踪"。上述制定法不仅可以授予公民反对别人跟踪自己的权利，而且在公民受到路面监控或者汽车监控系统威胁和伤害的情况下，保护公民的合法权益。

（四）侵犯公民在公共道路上的隐私权所应承担的侵权行为责任

当行为人在公共道路上追踪他人时，其可能要为自己的行为承担侵权行为责任。尽管适用这些侵权行为法来判决案件的做法是十分新颖的，但是，法院很有可能会适用侵权行为法来论证公民在公共道路上的隐私权的合法性，尤其是在涉及上文讨论的最新追踪技术的案件中。根据侵权行为法，隐私侵权行为的构成特征在于以下方面：首先，即使没有对原告的财产造成物理性入侵，被告的行为也有可能会构成隐私侵权行为，需要承担隐私侵权责任。其次，即使原告受到被告侵犯的场所并非私人场所或者隐居场所，原告也可以控告被告侵犯了自己的隐私权。最后，即使原告没有意识到自己的隐私权已经遭到了被告的错误行为的侵犯,这也不会妨碍被告的隐私侵权行为的成立。

综上所述,即使原告身处公共道路上,或者被告并没有近距离接触原告,又或者原告当时根本不知道被告在侵犯自己,但是,这都不会影响被告的隐私侵权行为的构成,更不会影响被告为其行为承担隐私侵权责任。

实际上,根据《美国隐私侵权法复述(第二版)》[1],如果被告对身处公共道路上的原告实施了以下四种隐私侵权行为中的任何一种,那么,被告就必须为自己的以下行为承担隐私侵权责任:

(1) 侵扰原告独居或隐居安宁或者侵犯原告私人事实的隐私侵权行为(俗称"隐私侵扰行为")。

(2) 为商业目的擅自使用原告肖像或姓名的隐私侵权行为(俗称"商业利用行为")。

(3) 公开披露与原告有关的、令有理性的人感到尴尬的私人事实的隐私侵权行为(俗称"公开披露行为")。

(4) 在公众面前丑化原告形象的隐私侵权行为(俗称"歪曲报道行为")。

被告在公共道路或高速公路上追踪原告的行为最有可能构成"隐私侵扰行为"或"商业利用行为"。

至于其他两种隐私侵权行为——"公开披露行为"以及"歪曲报道行为"则不太可能会被适用到涉及公共道路监控的案件当中。根据《美国隐私侵权法复述(第二版)》,只有当被告广泛地向公众(而不是仅仅向某些人)披露原告的信息时,被告的行为才有可能构成这两种隐私侵权行为。因为这两种隐私侵权行为都与媒体的报道行为关系密切(被告一般也是媒体组织),所以,它们都受到了来自《美国联邦宪法第一修正案》赋予公民的言论自由权的严格限制。隐私侵权行为中的"公开披露行为"并不能有效地限制媒体对公民的私人事实的公开披露,这一点自 Florida Star v. B. J. F. 一案[2]之后越发明显。在该案中,美国联邦最高法院实际上根本没有办法认定被告

---

[1] Restatement (second) of Torts §§ 652A – 652I (1997).

[2] 491 U. S. 524 (1989).

（一个媒体组织）的行为构成隐私侵权行为中的"公开披露行为"。相似地，"歪曲报道行为"在实际上也等于是虚有其表，因为根据《美国隐私侵权法复述（第二版）》，只有当被告在主观上怀有"诽谤"意图的情况下歪曲报道原告的信息时，被告的行为才会构成"歪曲报道行为"。因此，有关"歪曲报道行为"的法律根本无法有效地保护原告的隐私权。①

1. 隐私侵扰行为

不仅侵犯原告的隐私生活的行为会构成隐私侵扰行为，即使是在公共道路上侵犯公民的行为也会构成隐私侵扰行为。《美国隐私侵权法复述（第二版）》将隐私侵扰行为形容为"侵扰他人生活安宁"的行为。《美国隐私侵权法复述（第二版）》原文如下："如果被告故意侵扰原告的隐居（和独居）生活或者私人事务，并且该行为会使有理性的公民感到十分反感，那么，该行为会构成隐私侵权行为，被告必须为自己的行为承担隐私侵权责任。这种隐私侵权行为（即隐私侵扰行为）与其他类型的隐私侵权行为不同，因为它不以被告使用原告信息这一事实为构成要件。只要被告的行为侵扰了原告的隐私利益，那么，该行为就构成隐私侵扰行为。"

被告之所以要为自己的隐私侵扰行为承担责任，是因为，其行为"侵扰了原告在其中生活或处理私人事务的私人隐居空间"。尽管《美国隐私侵权法复述（第二版）》主要保护公民在隐私场所（如房屋）的隐私权，但是，隐私侵扰行为所说的"私人隐居空间"并不仅指公民的房屋。隐私侵扰行为明确保护公民在公共道路上的隐居空间，"即使是在公共场所，原告的某些私人事务（如其内衣）是不会暴露在公众的视野之内的，当被告侵扰了原告的这些私人事务时，被告的行为仍然构成隐私侵扰行为"。隐私侵扰行为尊重且保护一个有理性的公民认为私人或者隐秘的事物。《美国隐私侵权法复述（第二版）》还指出："除非被告的行为侵扰原告隐居安宁的行为会使一个有理性的人感到十分反感，否则，被告不需要为自己的行为承担隐私侵权责任。"此外，如果被告的行为得到了原告的同意，那么，被告

---

① Diane Leenheer Zimmerman, False Light Invasion of Privacy: The Light That Failed, 64 N. Y. U. L. REV. 364 (1989).

也不需要为自己的行为承担任何责任。

　　法院已经在很多涉及隐私侵扰行为的案件中承认，公民在道路上也享有反对别人侵犯自己隐私的权利。或许在这些案件中，最著名的就是 Galella v. Onassis 一案①。在该案中，通过在公共场所跟踪杰奎琳及其孩子，狗仔队偷拍了很多他们的照片。联邦地区法院在审理该案时，签发了一个禁止令来禁止狗仔队的行为。最后，美国联邦第二巡回上诉法院修改了联邦地区法院签发的禁止令，以便不会限制媒体对于杰奎琳及其孩子的适当报道。但是，修改后的禁止令并没有推翻联邦地区法院对狗仔队的行为的评价，即狗仔队的行为仍然构成隐私侵扰行为。因为，即使杰奎琳带着孩子外出到公共道路上，这也不代表着她已经默认别人可以侵扰其隐私。

　　Ralph Nader. In Nader v. General Motors Corp. 一案比 Galella v. Onassis 一案发生得更早一些。在该案中，原告投诉通用汽车公司一直在偷偷地监控自己的行为，如使用电子设备追踪自己在公共道路以及其他公共场所的位置。审理该案的纽约上诉法院指出，并不是只要公民出现在公共场所，公民的一切行为都会变成公共行为。换言之，法院支持公民在公共场所也享有隐私权。从上述的案件以及其他类似的案件中，我们可以得出结论：法院认为，通过适用有关隐私侵扰行为的法律，公民在公共场所（如公共道路）仍然享有反对别人侵犯隐私的权利。

　　根据《美国隐私侵权法复述（第二版）》，只有当被告的侵扰行为会"使一个有理性的人感到十分反感"的时候，原告可以成功起诉被告。例如，在 Wolfson v. Lewis 一案②中，审理该案的联邦地区法院签发了一个临时禁止令，以禁止电视记者（被告）对一家医疗保险公司的高管（原告）的家庭生活进行报道。在该案中，被告在近距离尾随原告的汽车的前提下，使用遥控摄像机等设备监控了原告以及家庭成员的日常活动。法院认为，被告的行为侵犯原告的安全和隐私，因此，法院将其行为形容为"追捕猎物似的、令人感到惊吓和

---

① Galella v. Onassis, 353 F. Supp. 196（S. D. N. Y. 1972）modified by 487 F. 2d 986（2d Cir. 1973）.
② 924 F. Supp. 1413（E. D. Pa. 1996）.

恐惧的行为"。此外，法院还认为，被告使用电子设备监控、偷拍原告的行为尤其侵扰了原告的隐居生活安宁。根据有关隐私侵扰行为的法律，被告在公共场所实施侵扰行为的事实不会影响原告诉求的成立，所以，在该案中，被告需要为自己的行为承担隐私侵权责任。

相比上述案件，Hidey v. Ohio State Highway Patrol 一案[1]有所不同。该案涉及一次交通事故。电视台（被告）在没有得到受害者（原告）同意的情况下，就报道了这次交通事故，其中包括几名受伤很重的原告的相关信息。原告因此提起隐私侵权诉讼，主张被告的行为侵犯了自己的隐私权。被告的行为实际上牵涉了好几种隐私侵权行为，法院对于到底将被告的行为归纳为哪一种隐私侵权行为时争论不休。最终，审理该案的大多数法官认为，被告的行为应当被归为隐私侵扰行为。此外，法院还认定："被告的隐私侵权行为对原告尊严的冒犯在涉及隐私侵扰行为的案件中能够得到最清晰的体现。"该多数意见还引用了 Edward Bloustein 不久之前说过的一段话："只有在至少能保证自己的自由权和尊严不受别人侵犯的情况下，公民才可能会放弃自己的隐居空间以及自我控制的权利。如果放弃自己的隐私空间或者自我控制的权利会使自己的自由和尊严受到伤害，公民是绝对不会自愿这么做的——这是人类社会对自由和尊严等概念的普遍认知。如果有人可以恣意侵扰别人的生活，那么，该人等于统治了别人的生活。实际上，有关隐私侵扰行为的法律是人们反对这种暴君（指恣意侵扰别人生活的人）的有力武器。"

尽管在该案中，法院并不认为交通事故的事发现场是一个隐私场所，但是，法院认定，在该案中，存在两个证明被告行为侵扰了原告的隐居空间的论据。一方面，法院将救援的直升机比拟为救护车和病房，并由此认定，原告在直升机内享有主观上的合理隐私期待。另一方面，法院在一名受害者和医疗救护人员的对话中找到了值得法律保护的公民隐私权益。此外，在加利福尼亚州的 Sanders v. ABC 一案[2]中，法院认定，在涉及隐私侵扰行为的案件中，应当由陪审团来决定新闻报道是否对公民隐私权造成了严重的侵犯。

---

[1] 689 N. E. 2d 89 (Ohio Ct. App. 1996).

[2] 978 P. 2d 67 (Cal. 1999).

在随后一个涉及隐私侵扰行为的案件①中,加利福尼亚州最高法院一致认定,在办公室的原告也享有值得保护的隐私期待,可以反对被告实施的隐私侵扰行为。在该案中,加利福尼亚州最高法院强调,被告的行为只有在同时满足以下两个因素的情况下才会构成隐私侵扰行为:①该行为发生在私人场所;②该行为会使一个有理性的人感到十分反感。第一个因素要求原告必须享有合理隐私期待,但并不要求其隐私期待必须是"百分百隐私的"。加利福尼亚州最高法院解释道:"为了防止隐私侵扰行为对公民造成的伤害,公民在公共语境中也可能享有一些实际的隐私期待以及有限的隐私权。隐私权并不是处于一种要么全有要么全没有的状态。社会对不同语境中的隐私期待的认可程度是不一样的;在一个设定的语境中,公民隐私期待的不完整性不会导致该隐私期待在法律上一定会变得不合理。"

通过引用 Thomas McCarthy 教授的话,加利福尼亚州最高法院指出:首先,隐私和隐居这两个概念是相互紧密联系的。在法律上,一个人有可能会被另一个人看到这一事实不会导致前者必须要被每一个人看到。② 其次,应当由陪审团或者了解实情的人来判定,案件涉及的场所是否属于不那么隐秘的场所。在涉及隐私侵扰行为的案件中,公民对于视觉和听觉上的隐私享有的期待的合理性不仅取决于有哪些人能够观察到他们,还取决于侵犯者的身份以及隐私侵扰行为的含义。③ 最后,我们并不主张在涉及政府搜查行为的案件中与涉及私人的隐私侵扰行为的案件中适用相同的标准来认定公民的隐私期待的合理性程度。根据加利福尼亚州最高法院的观点,侵权行为法上的合理隐私期待的概念与在联邦有关搜查和扣押行为的法律上所说的合理隐私期待概念是不同的。

人们并不确定,在公共道路上实施的日常监控活动是否会构成隐私侵权行为中的隐私侵扰行为。但是,加利福尼亚的法院审判的隐私

---

① Sanders v. ABC, 978 P. 2d 67 (Cal. 1999) (involving an investigative reporters use of a hidden microphone and camera in investigating a telepsychic business from inside the offices of that business).
② (quoting Thomas J. McCarthy, The Rights of Publicity And Privacy § 5. 10 (A) (2) (2d ed. West Group 2000)).
③ Sanders, 978 P. 2d at 77.

侵扰行为案件可能会改变以往司法界对该问题"一刀切"的做法（即认为在公共道路上实施的日常监控活动一定不会构成隐私侵权行为中的隐私侵扰行为）。尤其是对于那些发生在公共道路上，但特别能激起人们的反感的监控行为（如在车里安装监控设备偷窥车主），行为人很可能要为自己的行为承担隐私侵权责任。根据加利福尼亚州最高法院建立的隐私侵扰行为诉讼，美国在审判类似的案件时，很可能将会由陪审团来判定，案件的具体语境是否足够隐私以及被告的隐私侵扰行为是否足以令有理性的人感到十分反感。

2. 商业利用行为

公民享有的反对别人为商业目的擅自使用其肖像或姓名的隐私权利可以适用到涉及公民在车辆里遭到侵犯的案件当中。在 Motschenbacher v. R. J. Reynolds Tobacco Co. 一案①中，审理该案的美国联邦第九巡回法院认定，在没有获得车主同意的情况下，烟草公司就在电视广告中利用了该车主的赛车，在这种情况下，法院应当为车主的财产权益提供法律保护。尽管在烟草公司的广告中，原告（赛车手）的赛车的样子被轻微改动过，但是其车的一些显著特征还是没有改变，人们很容易就能认出该赛车的车主是谁。这使得看到这个广告的人都会以为，当时该著名赛车手正在车里面，只不过画面并没有把他显示出来而已。

当车辆或者某些出行方式与一些特殊的人群紧密联系在一起，并且这种联系被展示在一个广告里面的时候，广告商很可能需要因为自己利用了别人的个人身份作为商业用途而承担法律责任。在大部分的商业利用行为诉讼中，被告都是因为实施了为商业目的擅自使用原告肖像或姓名的行为而承担了隐私侵权责任。例如，如果在没有得到他人同意的情况下，行为人将他人的照片来做广告，那么，行为人的行为就构成隐私侵权行为中的商业利用行为，行为人需要为此承担隐私侵权责任。

在本文的第二部分中，笔者详细介绍了执法机关管理的监控系统。就现在而言，执法机关并不会为了广告目的而收集或者传播监控系统的信息。但有一些先进的 ITS 技术，尤其是那些带有定位设备和

---

① 498 F. 2d 821 (9th Cir. 1974).

路面通讯附件的汽车装备，使人们可以收集有关公民的活动和决定的数据成像——这些数据成像有时候被称为用户配置文档。这种电子文档具有相当大的商业价值。因为有很多人通过收集这些数据来从事商业活动，所以，很多学者都主张在涉及数据收集的案件中适用有关隐私侵权法中有关商业利用行为的法律。例如，Andrew McClurg 教授[①]主张在涉及消费者数据、数据挖掘和消费者信息文档的案件中适用有关商业利用行为的隐私侵权法律。他主张，人们应当重视一点，即普通人群（非名人）对其人格及身份也享有隐私权，人们也不能擅自使用普通人的肖像等信息进行商业活动。毕竟在涉及商业利用行为的案件中，法院会认为，被告侵扰原告（普通人）的自决权的行为并不违法，这与那些涉及名人的案件很不一样。在涉及名人的案件中，法院会以名人的知名权具备财产利益为依据，由此判定被告的行为是侵权行为。[②] 其实，在那些不涉及名人的案件中，法院可以通过适用商业利用行为的法律来论证普通公民也对其人格权和身份权享有权益。这些与隐私自治权益联系密切的权利会因为大量的信息收集、信息挖掘等行为遭到严重的损害。在公民的出行方式被先进的路面监控系统所记录下来的情况下，法院应当适用与商业利用行为有关的隐私侵权法来保护公民的权益。下文将会讨论与车辆"黑匣子"有关的立法，该立法将会证明，美国的立法机关已经承认，普通的公民也对其信息控制权享有隐私权益。

（五）美国各州为隐私权提供的宪法性保障

美国联邦的宪法性法律只保护公民免受无理搜查和扣押行为的侵扰，但并不保护公民的隐私权可以免受道路监控的侵犯。《美国联邦宪法》也没有限制人们对公民信息的收集和使用行为。但是，州的宪法性法律与联邦的很不一样。事实上，一些州的宪法为公民在公共

[①] Andrew J. McClurg, A Thousand Words Are Worth a Picture: A Privacy Tort Response to Consumer Data Profiling, 98 NW. U. L. REv. 63 (2003).

[②] The United States Supreme Court approved such an appropriation right for a person who performed a human canon ball act in Zacchini v. Scripps-Howard Broad. Co., 433 U. S. 562 (1977). See, e. g., Midler v. Ford Motor Co., 849 F. 2d 460 (9th Cir. 1988); Estate of Presley v. Russen, 513 F. Supp. 1339 (D. N. J. 1981).

道路上的隐私权提供重要的保护。大约有 10 个州①的法律中明文保护公民的隐私权。其他州则在其司法解释中说明其法律也一样保护公民隐私权。② 许多州的法律不仅禁止政府机关和私营企业对公民私人信息的侵犯，而且还禁止所有信息收集者和信息传播者对公民私人信息的侵犯。尽管这些保护公民免受搜查扣押行为侵扰的宪法性法律可以作为限制人们使用追踪设备追踪公民的法律依据，但是，到目前为止，这些法律还没有被适用到涉及公民在公共道路上被追踪的案件当中。

有一些州的宪法性法律已经明确规定，公民至少对于自己在公共道路上的某些行为是享有隐私权的。美国联邦最高法院认为，对于被自己丢弃在路上的垃圾桶里面的垃圾，公民不享有隐私权。③ 但也有一些州的法院以其宪法性法律为依据，在类似的案件中保护公民对上述垃圾享有的隐私权。④ 法院可以通过将这些案件（公民对其丢弃的垃圾享有隐私权的案件）中的垃圾拓展到公共道路上的车辆，来保护公民在公共道路上隐私权。

加利福尼亚州是最早为公民隐私权提供宪法性保护的州之一。在 1972 年反对收集和滥用公民信息的运动浪潮中，加利福尼亚制定了为公民隐私权提供宪法性保护的法律。在加利福尼亚州，法院可以通过适用公民的宪法性隐私权利去审判与收集和使用公民在公共道路上的信息的行为有关的案件：

所谓隐私权，指的是公民所享有的独处的权利。它不允许政府或者其他商业组织出于某些商业目的或者只是为了让公民难堪而收集和滥用公民的信息。没有人有权控制自己收集来的别人的信息，尤其是那些偷偷收集的信息。人们利用现代技术可以监控、收集信息并将信

---

① These states include Alaska, Arizona, California, Florida, Hawaii, Illinois, Louisiana, Montana, South Carolina, and West Virginia.
② The Alaska, California, Hawaii, Illinois, and Louisiana constitutions provide that their privacy guarantees apply to private-sector as well as public-sector invasions of privacy.
③ California v. Greenwood, 486 U. S. 35 (1988).
④ The states in which state constitutional privacy rights protect privacy in these circumstances include California, Hawaii, New Jersey, Washington, and perhaps Indiana, where the intermediate appellate courts are divided on the issue.

息电脑化，这可能会削弱公民的隐私权。加利福尼亚州的宪法之所以保护公民的隐私权，就是为了防止人们在未得到信息所有者同意的情况下，就为了达到某些目的而擅自收集或滥用别人的信息。此外，加利福尼亚州的宪法还不允许人们收集与自己无关的各种零散信息。

根据加利福尼亚州的宪法性规定，不管是公有企业还是私营企业，都只有在以十分重要的社会利益作为合法依据的时候，它们所实施的侵扰公民隐私权的行为才是合法行为。预防交通堵塞、抓捕恐怖分子等目的是否具备足够重要的社会利益，加利福尼亚州至今没有得出一个明确的答案。

从来没有公开的法院判决曾经通过适用宪法性的公民隐私权来解决有关公共道路监控的问题。但是，加利福尼亚州最高法院已经适用宪法性的公民隐私权来解决公共场所的监控问题。在 White v. Davis 一案①中，根据《加利福尼亚州民事诉讼法》，加利福尼亚州最高法院在洛杉矶找到了一个禁止令，该禁止令不允许政府在公共基金中拨款支持警察在加利福尼亚大学的课堂以及其他公共场所里安装监控设备。据此，法院在审判该案时支持了纳税人的诉求。在该案中，Tobriner 大法官指出了两个问题：一是根据美国联邦的宪法，警察是否有权像学生一样进入大学的课室里面，并偷偷地记录下课堂的一切活动，随后将这些信息编辑成警察的卷宗以及情报报告，使得他们可以记录和储存课堂上的教授和学生的所有行为。二是警察的情报收集行为收集了课堂讨论、大学赞助者与学校的公私会面等内容，那么，在他们的行为并没有涉及非法活动的信息时，他们的行为在宪法上是否合法？

上述两个问题的答案都是否定性的。只有在证明这些行为有足够的州利益作为合法依据时，它们才算是合法的监控行为。

或许在 White v. Davis 一案中，法院对大学监控这种行为的强烈反应或多或少会受到以下事实的影响：法院认为，大量的、日常的、隐秘的警察监控行为（对大学的监控）"在我们国家的历史上是史无前例的"。但是，法院同样指出："在大学的课室里、会议厅里面的警察，不管他们的身份是隐秘的公开的，他们日常的监控行为既可以

---

① 533 P. 2d 222 (Cal. 1975).

说是公共行为，又可以说是私人行为。"审理该案的加利福尼亚州最高法院认定，这些日常的政府监控行为是十分过分的。因为这些隐藏在大学里面的警察监控到的信息里面，根本没有多少涉及非法活动的信息，所以，加利福尼亚州最高法院推测，这些被警察收集并编辑成档案的信息，对于政府打击犯罪根本没什么作用，也就是说，警察的这些信息收集行为根本没有足够的政府利益作为合法依据。警察偷偷在公共道路上收集守法公民信息的行为与上述的大学监控行为是很相似的，但是在加利福尼亚州，法院是否应当对这些行为下同样的结论还是一个未知数。

在随后的一个案件中，法院对加利福尼亚州的宪法性隐私权保护展开了司法解释，并重申了以下结论：加利福尼亚州的宪法性隐私权的适用范围是十分广泛的，它既可以适用到涉及政府（如上文所说的"大哥大"和"大姐大"）的案件中，也可以适用到涉及非政府（如上文说的"小弟"）的案件中。在 Hill v. NCAA 一案[①]中，审理该案的加利福尼亚最高法院不仅将该案的情形与 White 一案的情形严格地区分开来，而且还规定，如果仅仅以简单的对抗性社会利益（指与公民隐私权有所冲突的社会利益）作为合法依据，那么，根据加利福尼亚州的大部分宪法性隐私权立法，非政府机构或个人对公民实施的隐私侵扰行为都是非法行为。通过列出在诉讼中导致法院判决被告行为侵犯原告的宪法性隐私权的因素，加利福尼亚州最高法院为人们平衡对抗性社会利益与公民隐私权之间的关系提供了指导。

以下就是加利福尼亚州最高法院列出的因素：①原告享有受法律保护的隐私权益；②原告在当时的情形中享有合理隐私期待；③被告的行为严重侵犯了原告的隐私权。换言之，如果在案件同时存在这三个因素，则法院应当认定被告的行为侵犯了公民的隐私权。加利福尼亚州最高法院还承认，以对抗性利益为形式的辩护理由的合理性来源于"政府和私营企业所实施的活动是经过法律授权并具备社会效益的活动"。在诉讼中，如果原告尝试通过加利福尼亚州的宪法性隐私权来支撑自己的诉求，那么，原告将会发现，自己很难证明自己满足

---

① 865 P. 2d 633（Cal. 1994）（upholding drug testing of student athletes under an NCAA anti-drug program）.

上述三个要求。

为了展现自己享有受到法律保护的隐私权,人们要记住加利福尼亚州最高法院在 Hill 一案中做出的解释:

正如隐私权不是一种完整的权利一样,隐私权益也不会包含所有种类的公民权益。受到法律承认的隐私权益大体上只有两种:①禁止别人传播和滥用自己的敏感和机密信息的权益(信息隐私权益);②在没有受到观察、侵犯或侵扰的情况下做出决定和参加活动的权益(自治隐私权益)。

首先,正如上文所述,道路监控行为会对所有种类的隐私权益造成影响。这些权益既包括可以禁止别人滥用自己的定位信息的信息隐私权益,也包括禁止别人审查自己的公共活动以及禁止别人擅自收集自己的信息的自治隐私权益。审判 White 一案的法院特别重视监控公民的公共活动的行为对公民的自治隐私权益产生影响的方式。在 ITS 的语境下,政府通过道路监控在不知名的车流中收集到的信息并不涉及公民的个人身份信息。这些信息只有在通过车牌等信息与特定的车主相联系时,才会泄露出特定的车主的身份信息。当然,通过将特定公民的行程信息以及其他信息(如姓名、地址等)整合起来,政府可以得到特定公民的综合信息。在这些情况下,加利福尼亚州的法院很可能会承认,根据州的宪法规定,公民享有的隐私权益会比平时强烈很多。

其次,在 Hill 一案中,原告要证明自己宪法性隐私权遭到被告行为的侵犯,还必须证明自己在当时的情况下享有合理隐私期待。正如加利福尼亚州最高法院在该案中解释的那样:"合理隐私期待应当以被人们广泛接纳的、客观的社会规范为基础。"加利福尼亚州最高法院指出,在那些能够创造或者限制合理隐私期待的习惯、惯例以及特殊活动的周边语境中,有一个因素尤其能够影响合理隐私期待的存在与否。这个因素就是人们有没有机会去同意或反对那些可能对其隐私权益产生影响的活动和行为。因此,在公共道路上行走的公民似乎是主动默认自己放弃了自己享有的隐私期待。但是,尽管大部分在公共道路上参与的活动都是公开的,加利福尼亚州的宪法性隐私权仍然会保护公民在相对公开的场所里享有的隐私期待。例如在 White 一案中,大学也是一个公共场所,但法院还是认定警察的监控行为对公民的隐私权造成了不好的影响。

最后，根据加利福尼亚州最高法院的观点，原告要证明自己宪法性隐私权遭到被告行为的侵犯，还必须证明，被告的行为必须在性质上、范围上对那些能够产生隐私权的社会规范产生足够严重的影响。正如加利福尼亚州最高法院在 Hill 一案中指出的那样："如果每个侵犯行为都会成为侵犯公民隐私权的行为，那么，没有一个社会可以正常地运转下去。"关于应当如何判决涉及道路监控的案件，目前法院还没有很清晰的社会规范可以借鉴，因为这些规范也只是刚刚开始出现而已。在某些案件中，例如涉及车辆拦截行为的案件，相关的社会规范是比较清晰的，这从上文的讨论中就可以得知。但是在其他类型的案件中，如在使用先进的监控技术在公共道路上对公民实施监控行为的案件中，相关的社会规范就没有那么清晰明白。但是，上文所讨论的美国社会的智能交通系统可以为道路监控的案件提供一些社会规范。

即使在原告已经满足了上述三个要求的情况下，法院可能还需要对隐私权益与对抗性社会利益进行平衡。在 Hill 一案中，被告在为自己辩护时曾讨论过这种平衡关系：

因为隐私权益是一种多样化的权益，并且它还在一定程度上具备不确定性，因此，法院在决定隐私权益的存在与否时，必须将其与其对抗性社会利益进行比较和平衡。对于隐私权的法律体系而言，这种比较与平衡是很重要的。①

在不同类型的道路监控中，存在不同的对抗性社会目的与公民隐私权益之间的平衡关系：执法机关的路面监控系统可以实现服务交通以及顺利执法的目的；ITS 交通管理系统可以实现诸如交通安全等社会利益；一些私营企业的监控系统可以实现方便消费者、打广告等目的，这些目的中的社会利益并不是很强烈。法院会通过平衡上述这些利益或目的与公民的隐私权之间的关系来决定这些利益是否足以凌驾于公民隐私权之上。

在隐私侵权诉讼中，被告可以通过两个相互联系的隐私来证明自己的行为并没有侵扰原告的宪法性隐私权。这两个因素分别是：原告

---

① Hill, 865 P. 2d at 655.

在当时缺乏选择权、政府没有对原告实施强制行为。加利福尼亚州最高法院反复强调原告的是否具备选择权这一事实的重要性。例如，如果主张自己的宪法性隐私权受到被告侵犯的原告有机会可以自由地选择是否获取政府或私营企业提供一些机会、商品或者服务的情况下，仍然选择了获得政府或私营企业的商品或服务等，那么，其隐私权益在上述的平衡过程中将会处于弱势地位。相反，如果政府或者私营企业提供的是原告无法缺少的一些物品，那么，原告在诉讼中会享有更多的隐私权。

当 ITS 交通管理系统在未告知或未获得公民同意的情况下就收集了公民的信息，那么，公民的选择权等于被 ITS 交通管理系统所剥夺。如果汽车司机可以选择以匿名的方式通过收费道路，那么，就等于他/她掌握了选择权。当路人被告知他们的起讫点信息会被道路监控所记录和收集，并且他们有权同意或者反对别人对其信息的使用的时候，他们很难主张别人的行为严重侵扰了自己的隐私权。加利福尼亚州最高法院已经明确表示，政府强权的普遍存在已经对公民基本的生活空间产生了巨大的影响，这对公民自由权施加了太多的压力和危险。如果执法机关偷偷在公民汽车上安装了追踪设备，那么，这将会提高社会对公民隐私权保护的关注。

加利福尼亚州的宪法性隐私权保障还十分注重保护公民免受别人的信息披露行为的侵害。例如，在 Planned Parenthood Golden Gate v. Superior Court 一案①中，Haerle 大法官认定，在该案中，原告的宪法性隐私权超过了被告披露原告以及与本案无关的志愿者的信息所带来的利益。审理该案的法院认定，在公民隐私权被认定之前，隐私权是不会被别人侵犯的。在最近的历史中，我们可以体悟到，披露别人的隐私信息会来带可悲的后果。有观点认为，公民对自己的住宅地址、电话号码等信息不享有很高的隐私权益，因为这些信息经常被人们在日常生活中泄露出去。为了回应这个观点，Harele 大法官曾解释道："在某些特殊的情形中，如果公民尽力避免这些信息的外泄，那么，公民也可能对这些信息享有强烈的隐私权益。"

正如上文所述，所有州的宪法都明确禁止政府对公民实施无理的

---

① 99 Cal. Rptr. 2d 627 (Cal. Ct. App. 2000).

搜查和扣押行为。在某些情形中，法院会通过适用州宪法来反对政府在没有搜查令的情况下使用电子追踪设备来实施搜查和扣押行为。俄勒冈州最高法院甚至认定，俄勒冈州的宪法保护公民享有免受别人审查的自由权。华盛顿州最高法院也总结道："不管公民的隐私期待有没有因为先进科技的出现而受到削减，本州的公民享有的自由权可以使其免受政府使用 GPS 设备来追踪公民的行为的侵扰。"[1]

（六）限制道路监控的制定法

美国社会对于公民在公共道路上的隐私权感到十分担忧，这使得美国制定了一系列重大的制定法。这些制定法解决了特定类型的道路监控引发的隐私权问题。因为立法者是根据不同的技术类型来进行不同的立法，从而解决道路监控带来的隐私权问题；所以，人们对这些制定法进行分类是很困难的。因为联邦的法律比任何州的法律的适用范围都要广，在下文中，笔者会先讨论与隐私权相关的联邦立法，然后才讨论各种不同的州立法。

1. 联邦法律

最初建立智能交通系统的法律要求该系统在运行过程中必须要考虑公民隐私权的保护问题。美国联邦运输部局和 ITS 各个项目的管理部门在遵守这个原则的前提下继续为 ITS 项目提供基金。不仅联邦在为 ITS 项目提供资金时要考虑公民隐私权的问题；而且连美国智能交通部门（交通部在早期为解决 ITS 问题指定的顾问委员会）在运行智能交通系统时也要保护被社会广泛认可的隐私权。因此，公民隐私权几乎贯穿于 ITS 项目的各个方面。

更具体一点来讲，联邦的《司机隐私权保护法》（DPPA）限制各州的汽车管理部门和其他兜售或披露汽车司机的信息的企业在没有获得车主同意的情况下，就披露车主的信息。在 Reno v. Condon 一案[2]中，美国联邦最高法院一致认定，根据《美国联邦宪法第十修正案》和《美国联邦宪法第十一修正案》，公民对其信息享有的同意别人使用与否的权利不会因为各州具体制度的不同而有所改变。美国联

---

[1] State v. Jackson, 76 P. 3d 217, 224 (Wash. 2003).
[2] 528 U. S. 141 (2000).

邦最高法院规定，在涉及买卖汽车司机的信息的案件中，不管这些案件发生在哪一个州，也不管案件中的信息提供者是各州政府还是私营企业，法院都应当适用《司机隐私权保护法》来审理案件。

根据《司机隐私权保护法》，在没有获得他人同意的情况下，行为人不得获取能够锁定他人身份的私人信息。受到该制定法保护的私人信息包括能够锁定他人身份的信息，如他人的照片、社会安全保险密码等，但并不包括能够显示车主社会地位的信息、车主违反交通规则的信息、车主发生交通事故的信息。① 除此之外，还有一类受到法律的高度保护的私人信息，这类私人信息包括公民的照片和图像信息、社会安全保险密码、用药记录、身体残疾的疾病记录。一些特定的法规限制政府使用和披露相关部门通过颁发汽车许可证和汽车执照记录或许的公民信息。《司机隐私权保护法》特别限制政府对通过办法汽车许可证的方法收集到的公民信息进行再次使用。没有车主的书面同意，政府不能因为其他目的使用车主的信息。在某些声名狼藉的案件中②，被告通过利用车管局向其披露的信息谋杀了被害人。这种现象在一定程度上促使了上述法律的出台。

此外，联邦的电子监控法律保护车主在车里进行无线通讯所产生的信息内容免受非法的拦截行为的侵害。在某些特定的情形中，执法机关和情报机关要获取这些通讯内容必须要遵循一些特定的程序。上文提到的《美国爱国者法》已经明确地将执法机关和情报机构的职能拓展到可以利用电子监控技术来窃取公民的通讯内容以及获取大量的公民商业记录。

因为在 1979 年的 Smith v. Maryland 一案③中，美国联邦最高法院认定，执法机关可以在没有搜查令的情况下，使用笔式录音器记录公

---

① 18 U.S.C. § 2725 (3).

② According to Senator Barbara Boxer, The Driver's Privacy Protection Act, 18 U.S.C. §§ 2721 – 2725, was prompted by the 1989 murder of actress Rebecca Schaeffer, star of the hit television series, "My Sister Sam." See 139 Cong. REc. S15745 – 01, 515762 (1993) (statement of Sen. Boxer). But there were other notorious cases as well. See also Ellen Barry, Killer's Dreams Bared on the Internet N. H. Man Took to Web to Boast and to Stalk, Boston Globe, Nov. 29, 1999, at B 1.

③ 442 U.S. 735, 740 (1979).

民在其电话上拨出的电话号码。这种行为不会像电子监控行为一样受到法律的限制，又因为政府窃取公民的无线通讯内容的行为与该案的执法机关的行为相似；所以，政府窃取公民的无线通讯内容的行为不需要以搜查令为依据。此外，正如上文所述，根据《电子通信隐私法》，与使用其他电子监控技术的行为不一样的是，人们使用电子追踪设备来追踪公民的行为并没有受到法律的限制；并且，执法机关还可以在签发搜查令的法院的管辖区域之外使用电子追踪设备来追踪公民。根据这些法律，执法机关使用电子追踪设备的行为只会受到很少的限制，并且，这些行为不仅得到了法院的认可，而且执法机关还可以在法院的管辖区域之外继续实施这些行为。

人们可以通过追踪被安装在车辆里面的无线通讯设备来对车辆进行定位，这使得美国国会要求，除非为了解决某些紧急情况，否则，人们不能使用自动定位识别技术来追踪使用无线通讯工具的车主的位置。[①]《执法机关的通讯援助法》[②]却支持执法机关实施获取车主的定位信息的行为。[③] 实际上，国会对自动定位识别技术的担忧体现在另一部保护公民对那些被无线运营商获取的信息所享有的隐私权的法律当中。联邦的法律保护公民的定位信息免受无线运营商的披露。但是，在 United States West, Inc. v. FCC 一案[④]中，美国联邦第十巡回上诉法院否定了美国联邦邦通讯委员会（FCC）的规定，将这些制定法解释为订阅网络专有信息的订阅者实际上已经默认了无线用户可以披露自己的信息，这一判决使得隐私权保护在一定程度上变得模糊不清。

如今，联邦的通讯法[⑤]已经对公民对其移动电话内容的隐私权做出了规定。该法要求通讯运营商必须保护用户的机密信息。

关于公民的无线定位信息，联邦的相关法律规定，除非是在某些

---

① 47 U.S.C. § 222 (2001).
② 18 U.S.C. § 2522 and 47 U.S.C. §§ 229, 1001–1010.
③ Cell phone records have been successfully used as evidence in criminal cases. United States v. Forest, 355 F.3d 942 (6th Cir. 2004).
④ 182 F.3d 1224 (10th Cir. 1999), cert. denied, 530 U.S. 1213 (2000) (vacating on First Amendment grounds a FCC order restricting wireless carriers from using and disclosing CPNI).
⑤ 47 U.S.C. §222.

紧急的情况下，否则，在商业移动业务中，运营商在使用或披露或截取用户的电话定位信息之前，必须先获得用户的授权。联邦的相关法律还规定，用户的专用网络信息包括"与信息的数量、技术整合、类型、终点、储存位置、与用户在通讯运营商那里订阅的通讯服务的数量有关的信息以及运营商能够凭借其与用户之间的关系就可以获取的用户信息"。但是，根据联邦的另一项制定法[1]，为了实现服务条款之外的通讯服务或者出于实现条款内的服务条款的需要，因为服务条款而接收或获取用户的专有网络信息的通讯运营商可以使用、披露或者整合用户的信息。联邦的法律将"信息整合"这一概念解释为，"将大量的用户身份信息和特征信息转移到同一个地方，并将这些信息整合成以某一服务项目或者某一用户相关为核心的信息组合体"。[2]根据上述的联邦法律，我们可以得知，无线通讯运营商在日常的服务中就在收集用户的定位信息。人们能否使用使用这些信息取决于人们的身份、是否得到用户的同意以及人们准备将这些信息作何用途。

上文已经提过，美国联邦通讯委员会最近通过了一项命令，该命令为ITS运用中的专业短程通讯技术设定了频带宽度；这是为了方便相关的管理部门管理在新的机载附件（OBUs）和路边的通讯节点设备中的无线电通讯设备。有学者者认为，因为这些机载附件（OBUs）属于无线通讯设备的一种，所以，法律应当像保护无线电话通讯中的定位信息一样保护这些附件收集的信息。但是，正如上文提过的那样，根据新的ITS规则和命令没有提及要如何保护这些信息所有者的隐私权。从实践上讲，有些DSRC技术在地理上，特别受到路边的技术设备的限制，所以，人们要求法律像对待州际之间的通讯运营商那样对待这些技术是不太合理的。总之，美国联邦对新的ITS通讯运用所能收集的信息涉及的隐私权问题还没有解决清楚。

2. 各州的法律

相比联邦对是否保护公民在公共道路上的隐私权的犹豫不决，大部分州的法律则倾向于为公民在公共道路上的隐私权，提供更多的保护。例如，针对上文提过的追踪设备所引发的隐私权问题，州的法律

---

[1] 47 U.S.C. § 222 (c) (3).
[2] 47 U.S.C. § 222 (h) (2).

比联邦法律为公民隐私权提供的保护要多得多。

上文已经提过,美国有几个州都已经颁布了限制人们对光雷达和红线照相机的使用。第一个颁布这种法律的是新泽西州。① 犹他州也限制人们对光雷达的使用,但与此同时,它还列出了一些例外情况,例如,学校可以在校内使用光雷达。② 俄勒冈州的法律规定人们只能在指定的几种情况下可以使用光雷达,并且设定了时间上的限制以及其他一些限制。③ 但是,无论如何,除了几个明确立法限制使用光雷达的州之外,在美国的其他地方,人们对光雷达的使用时十分广泛的。

其他的州的法律则强调限制人们对远程摄像机的滥用。最近,根据加利福尼亚州的一项法律,公民可以在遭到"严重的隐私权侵犯行为"的伤害时提起诉讼:在原告享有合理隐私期待的情况下,如果被告试图通过使用听觉或视觉加强设备等能够令一个有理性的人感到冒犯的方式,来获取有关原告私人或家庭活动的影像、录音或其他信息,并且这些信息是人们不使用听觉或视觉加强设备或不实施非法入侵行为便无法获取的,那么,不管被告的行为是否构成非法入侵行为,其行为都构成"严重的隐私权侵犯行为",被告应为此承担相关的法律责任。

在加利福尼亚州,即使行为人的行为没有对他人的财产造成物理性的入侵,但是,行为人仍然需要为自己使用电子设备获取他人的私人照片的行为承担民事责任。政府滥用远程摄像机来监控高速公路旁的公寓内部的行为似乎也违反了该法的规定。只要公民享有合理隐私期待,则不管公民当时身处何处,包括公共道路以及道路上的车辆的内部,公民都可以以"严重的隐私权侵犯行为"这一理论为基础来保护自己的隐私权益。

美国有一个州最后颁布了一项被称为"黑盒子"的法规,它可以说是美国各州有关道路监测技术的立法中最有意思的一项。它限制

---

① N. j. Stat. Ann. § 39:4 – 103.1 (a). Notwithstanding any law, rule or regulation to the contrary, a law enforcement officer or agency shall not use photo radar to enforce the provisions of [traffic regulations].
② Utah Code Ann. § 41 – 6 – 52.5 (1998).
③ Or. Rev. Stat. § 810.438 (2003).

人们从上文提起过的电脑诊断模块中获取信息。此外，加利福尼亚州颁布了一项制定法。[①] 根据该法的规定，针对任何2004年7月1日或以后在加利福尼亚州生产或出售或出租的、装有一个或多个录音设备的车辆，商家都必须在使用手册中说明。该制定法所说的设备不仅包括记录车辆速度和方向、历史行程、转向性能等信息的设备，而且还包括在车辆发生事故时能够传输事故信息的任何设备。通常来讲，保险公司和汽车制造商会通过下载这类"黑盒子"的信息来判断事故起因和责任。

该制定法还限制车主以外的人（或组织）从这类设备中获取信息。除非得到车主的同意或者以法院的命令作为合法依据，否则，登记的车主以外的任何人都不能以任何方式获取"黑盒子"的信息。当车辆登记的车主或司机身份不明时，相关的组织可以在安全检测中使用这些信息。汽车技术员被允许获取"黑盒子"的信息来服务或维修车辆，但是不能向外泄露这些信息。该制定法还特别要求商家在提供远程信息处理订阅服务时，像用户明确说明自己会披露用户的那些信息。

到目前为止，加利福尼亚州是唯一把车主或司机规定为车辆信息所有者的州。如果美国能将"信息—所有者"模式拓展到与公民在公共道路上的活动相关的其他信息上，那么，美国对公民在公共道路的隐私权提供的保护将会得到进一步的发展。

五、结语

"人们对自己在道路活动的信息享有控制权"这一原则是加利福尼亚州所制定的有关"黑匣子"信息制定法的基础。这一原则还可以促使美国对本文讨论的其他类型的隐私权提供应有的保护。承认公民对其在公共道路和高速公路上的信息享有隐私权，是保护公民在公共道路上享有自治隐私权和信息隐私权益的有效途径。

维护公民在公共道路和高速公路上的隐私权的基础在于，尊重公民作为独立的个体所享有的尊严和自治权。这些法律不仅维护公民作为独立的个体享有的自主选择去处的自治隐私权，而且还维护公民享

[①] Vehicle Code section 9951.

有的收集、披露或控制自己的行程信息的信息隐私权。

在一个半世纪以前，William O. Douglas 大法官曾经将隐私权益描述为从位于世界中心的个体辐射出来的各种权益：一是对发展和表现个人才智、兴趣、品位和个性的自主控制权。二是在关于结婚、离婚、生育、节育、抚养和教育儿童等个人生活决定上的选择自由权。三是关心身体健康和内心的自由，脱离身体强制和约束的自由，行走、漫步、闲逛的自由。

本文关注的隐私权益范围包括了上述这些的处于中心外层的权益。

公民在公共道路上的隐私权是一种重要的隐私权益，它值得受到关注和保护。通过本文所讨论的新技术对这些处于中心外层的隐私权益的影响，笔者特别强调，公民在公共道路上一直都享有隐私权，只是这些隐私权还没有被人们发现或没有受到人们的重视罢了。

车牌自动识别系统（ALPR）对他人隐私权的侵犯

——《美国联邦宪法第四修正案》当中的马赛克理论

杰西卡·古铁雷斯·阿尔姆[①]著　陈圆欣[②]译

目　次

一、导论
二、背景
三、分析
四、结语

一、导论

在希德勒统治下的德国，政府执法人员都能够十分有效地执法，因为公民几乎没有隐私，而自由的号角更是从未响起。[③] 前首席大法官 Rehnquist 认为，公民所享有的隐私权和政府监控所维护的社会安全之间必须保持平衡。为了达到此种平衡，这些利益必须达成妥协。正如美国联邦最高法院大法官 Alito 最近在 United States v. Jones 一案中指出的那样："新技术能够为公民带来更多的便利和安全，虽然这种便利和安全的代价是公民的隐私，但是大部分公民认为此种交易是

[①] 杰西卡·古铁雷斯·阿尔姆（Jessica Gutierrez Alm），美国哈姆莱大学法学院法学博士，温斯洛普 & 温斯坦律师事务所律师。
[②] 陈圆欣，中山大学法学院助教。
[③] William H. Rehnquist, Is an Expanded Right of Privacy Consistent with Fair and Effective Law Enforcement? Or: Privacy, You've Come a Long Way, Baby, 23 U. KAN. L. REV. 121 (1974).

值得的。即便公众不愿意新技术对其隐私造成损害，他们最终也会接受科技发展是不可避免的。"为了保持隐私利益和安全利益之间的平衡，法官应该正确适用《美国联邦宪法第四修正案》（下面简称为《第四修正案》），并且保证此种隐私交易不会触犯宪法的底线。①

在2001年9月11日的恐怖袭击发生后，社会要求政府采取先进的技术进行监控以防恐怖袭击再次发生，政府执法人员重新关注预防犯罪发生的监控措施而非犯罪发生的事后调查。② 伴随着公众对政府实施监控的呼声越来越高，使用监控技术的成本越来越低，因此，政府执法人员能够更容易地采取这些技术。车牌自动识别系统（Automatic License Plate Recognition，下面简称为 ALPR 系统）就是如今被许多州政府和地方警察局使用的新型监控技术之一。这种技术最近才吸引到隐私拥护者和媒体的注意。只要公民开车经过 ALPR 系统的摄像机，那么政府执法人员就能够利用 ALPR 系统搜集到该公民的信息。ALPR 系统利用监控摄像机拍下汽车车牌号码的照片，并且将该车牌号码出现的时间、日期和地点等信息记录下来。政府执法人员可以利用此种被广泛使用的技术和它所搜集的历史数据来追踪某位公民的行踪。此外，政府执法人员多数在没有搜查令的情况中时刻对公民采取此种近距离的监控。

政府执法人员对公民实施的无差别的数据搜集行为实际上牵涉到《第四修正案》，它规定公民享有"隐私的合理期待"，即公民免受政府执法人员所实施的不合理搜查行为和扣押行为的侵扰。虽然涉及《第四修正案》的司法审判通常认为，公民对其在公共街道上的行踪不享有隐私的合理期待，但是如果政府执法人员搜集了公民长期的位置信息，那么这些位置信息就可能会揭露该公民私密的个人信息。美

---

① Orin S. Kerr, The Fourth Amendment and New Technologies: Constitutional Myths and the Case for Caution, 102 Mich. L. Rev. 801805 (2004).
② Courtney E. Walsh, Surveillance Technology and the Loss of Something a lot like Privacy: An Examination of the "Mosaic Theory" and the Limits of the Fourth Amendment, 24 ST. THOMAS L. REV. 169171 (2012); Carla Scherr, You Better Watch Out, You Better Not Frown, New Video Surveillance Technologies are Already in Town (and Other Public Spaces), 3 I/S: J. L. & Rol'y For Info. soc'y 499500 (2008).

国联邦最高法院在 United States v. Maynard 一案①中提出了"马赛克理论（mosaic theory）"，该理论在 United States v. Jones 一案②的并存意见中得到认可。根据马赛克理论，如果政府执法人员将公民所经过的位置信息进行编制和审查，那么公民对该编制信息享有合理期待。当政府执法人员利用 ALPR 系统拍摄到公民的车牌信息并且将这些信息进行编制和审查时，他们便侵犯了公民所享有的隐私期待，而且此种行为触犯了《第四修正案》的规定。

  本文的第二部分将讨论 ALPR 系统的广泛应用及其先进的技术能力。然后，笔者将会探讨美国联邦最高法院对《第四修正案》所规定的隐私的认识发生了何种变化，以及它用于判断是否存在侵权行为的判断标准之演变。最后，笔者将在这部分内容中总结马赛克理论应用到隐私法律中的效果，正如 United States v. Maynard 一案和 United States v. Jones 一案的并存意见所提到那样。根据马赛克理论，本文的第三部分主张政府执法人员利用 ALPR 系统搜集和编制公民信息的行为侵犯了《第四修正案》所规定的公民的隐私权。本文的第三部分建议，正如马赛克理论所指出的那样，政府执法人员利用 ALPR 系统搜集和编制公民信息的行为必须受到法律的规制。

二、背景

（一）ALPR：利用监控摄像机搜集驾车公民的位置信息

  ALPR 系统利用专业的监控摄像机自动捕捉在其附近行走或者停靠的车辆车牌号码。③ 当公民开车经过监控摄像机能够拍摄的范围时，监控摄像机就会拍下数张电子照片并且从照片中读取该汽车的车牌号码。此外，ALPR 系统会自动地将车牌号码与"热点清单"中的车牌号码进行比对，"热点清单"中的车牌号码包括已报失车辆的车牌号码、通缉犯的车牌号码、触犯安珀警戒（AMBER Alert）的车牌

---

① 615 F. 3d 544, 562 (D. C Cir. 2010).
② 132 S. Ct. 945 (2012).
③ Int'l Ass'n Of Chiefs Of Police, Privacy Impact Assessment Report For The Utilization Of License Plate Readers 1, 5 (2009) [hereafter Iacp Report] available at http://www.theiacp.prg/portals/0/pdfs/LPR_Privacy_Impact_Assessment.pdf

号码、假释犯的车牌号码和已知的性罪犯的车牌号码。如果系统发现其所拍摄的车牌号码与"热点清单"所列举的号码相匹配,那么系统就会向政府执法人员发出警告。① ALPR 系统要么被安装在移动设备上,要么被安装在固定设备上。移动设备一般指巡逻警车,被安装在巡逻警车上的 ALPR 系统能够拍摄经过警车身边的所有汽车的车牌号码。② 被安装在固定设备上的 ALPR 系统有另外的功能。他们可以被用于划分区域或者建立"地域栅栏"(geo-fences),阻止性罪犯、假释犯、缓刑犯或者其他人进入某个区域或者离开某个区域。③ 当固定的监控摄像机发现上述受限人员驾驶汽车逾越这些界限时,ALPR 系统就会告知政府执法人员。

1976 年,英国人发明了 ALPR 系统。在 20 世纪 90 年代,英国人将 ALPR 系统用于抵抗爱尔兰共和军的袭击活动。④ 如今,ALPR 系统已经被美国的许多执法机构使用,其他国家的执法机构也越来越普遍地使用此种技术。美国的明尼苏达州、明尼阿波里斯市、圣保罗市、布卢明顿市、莱克维尔市和华盛顿都在广泛地使用此技术。⑤ 某些被安装在固定设备上的 ALPR 系统甚至被用于私人区域的监控。

通过利用 ALPR 系统,警察取得很大的成功。⑥ 最先进的 ALPR 系统能够在每分钟内读取 3600 个车牌号码,并且能够读取行驶速度

---

① Tyson E. Hubbard, Comment, Automatic License Plate Recognition: An Exciting New Law Enforcement Tool with Potentially Scary Consequences, 18 Syracuse Scl & Tech L. Rev. 3 (2008).
② Stephen Rushin, The Judicial Response to Mass Police Surveillance, 2011 U. ILL. J. L. Tech. & Pol'y 281, 285 (2011).
③ Cyrus Farivar, Your Car, Tracked: The Rapid Rise of License Plate Readers, Ars Techinca (Sept. 27, 2012), http://arstechnica.com/tech-policy/2012/09/your-car-tracked-the-rapid-rise-of-license-plate-readers/2/.
④ David J. Roberts & Meghann Casanova, Automated License Plate Recognition Systems: Policy And Operationl Guidance For Law Enforcement 1, 5 (2012).
⑤ Eric Roper, Police Cameras Quietly Capture License Plates, Collect Data, Star Tribune (Aug. 10, 2012) [hereafter Police Cameras], www.startribune.com/local/minneapolis/1665680946.html?page=1&c=y.
⑥ See Police Executive Research Forum, Critical Issues In Policing Series: "How Are Innovations In Technology Transforming Pilicing?" 1, 29 – 32 (2012), available at http://www.policeforum.org/assets/doc/critical_issues_series/how%20are%20in%20technology%20transforming%20policing%202012.pdf.

高达160公里/小时的车辆的车牌号码。① 在使用ALPR系统之前,警察只能通过手动输入其所记录的车牌号码来与热点清单的车牌号码进行比对。② 在一个值班时段里,一名普通的警察能够比对50到100个车牌号码,但是在相同的时间里,ALPR系统可以比对至少5000个车牌号码。

(二) ALPR系统搜集数据的实践:利用庞大的数据库编制其搜集的位置信息

ALPR系统提高了警察的执法能力。相比警察的手动输入,ALPR系统能够更快速地将其所拍摄到的车牌号码与热点清单上的车牌号码进行比对,它还能够为警察合法地截停公民的汽车提供合理依据。然而,ALPR系统还能够编制和存储其所拍摄到的车牌号码,直到该信息被删除。ALPR的系统里记载着监控摄像机所拍摄到的车牌号码出现的日期、时间和具体的地理位置。正如一名警察局局长所解释的那样:"ALPR系统的真正价值在于,它能够帮助警察长期观察特定车辆所到之处和驾驶该车辆的公民所做之事。"③ 显然,目前没有法律标准或者指引规定此种数据应该如何被存储;相反,每位政府执法人员都是根据自由裁量权来使用这种数据。有些政府机构不会将ALPR所搜集到的数据存放太久。比如,明尼苏达州的警察局只会保留这些数据48小时,圣保罗市警察局在数据存储的14天后就会删除这些数据。而其他政府机构,比如华盛顿州警察局和加利福尼亚州公路警察局保留数据的时间长达60天。明尼阿波里斯市警察局和田纳

---

① See Pip Technology, The Driving Force In Automatic License Late Recognition (2009), available at http://www.unifiedps.com/wpcontent/uploads/2012/06/pips/lit/Pips_law_enforcement_solutions.pdf.
② See Motorola, Solution Brief: Automatic License Plate Regonition (2011), available at http://www.motorolasolutions.com/web/business/products/software%20and%20Applicaions/Publi%20Sector%20Applications/Video%20Applications/Automatic%20License%20Plate%20Recognition%20%28ALPR%29/_Documents/Static%20Files/Motorola_ALPR_Solution_Brief.pdf.
③ Brian Alseth, Automated License Plate Recognition: The Newest Threat to Your Privacy When You Travel, ACLU BLOG (May 26, 2010, 9:31AM) http://www.acluwa.org/blog/automated-license-plate-recognition-newest-threat-your-privacy-when-you-travel.

西州公路警察局以及马里兰州警察局会将数据保留长达一年。纽约州警察局是目前为数不多的可以不受限制地存储 ALPR 系统所搜集到的数据的警察局之一,他们可以无限期地保留数据。通过保留车牌号码及其出现的时间、地点,警察可以利用 ALPR 系统追溯到公民的过往经历。通过搜寻数个月或者数年的记录,警察能够确定哪些车辆出现在了特定日期和特定地点,更令人担忧的是,警察可以利用此技术对某位公民进行长期的追踪监控。

此外,联邦机构和第三方公司利用这些数据建立了庞大的全国性数据库。一家位于加利福尼亚州的公司正在提供名为全国汽车定位服务(National Vehicle Location Service)的服务:它拥有一个私人的全国汽车位置数据库,目前该数据库记录了超过 5.5 亿个车牌号码,这些车牌号码来源于该公司的搜集活动和公共机构的提供。政府执法人员可以不费成本地使用此数据库。① 这个庞大的数据库能够让政府执法人员不费吹灰之力地追踪某位公民在全国范围内的行踪。

有时候,虽然政府执法人员对某位公民进行长期追踪是有合理理由的,但是 ALPR 系统的监控摄像机和电脑数据库自身并不能区分罪犯和非罪犯。ALPR 系统只能不加区别地对车牌号码进行拍摄和记录。这样一来,政府执法人员和第三方当事人便可以追踪到每一位在美国登记了汽车信息的公民的行踪,这个事实潜在地威胁着公民的隐私,它导致美国公民自由联盟和其他相关团体陷入岌岌可危的境地。②

ALPR 技术不仅让公民担忧政府执法人员借此侵犯他们的隐私,还让《联邦自由信息法》(Federal Freedom of Information Act)和其他相关法律的实施出现问题。除了极少数情况外,这些法律允许公民从政府机构中获取信息。③ 至少在某些州里,法律并没有禁止公民获取

---

① See Cynthia Lum et. al, Center For Evidence-based Crime Policy, George Mason University, License Plate Recognition Technology (lpr): Impact Evaluation And Community Assessment 1, 67 (2010), available at http://cebcp.org/wp-content/evidence-based-policiing/LPR_FINAL.pdf.
② Cade Crockford In Massachusets, a Registry of Everywhere you've Ever Driven?, ACLU (May 15, 2012), http://www.aclu.rog/blog/technology-and-liberty/massachusetts-registry-every-where-youve-ever-driven.
③ See United States Department of Justice, Foia. Gov, http://www.foia.gov (last visited Oct. 20, 2012).

ALPR系统所搜集到的信息,因此,公民可以通过政府执法机构获取这些信息。如果公众能够广泛地接触 ALPR 系统所搜集到的信息,那么社会可能会面临危险的结果。①

随着 ALPR 系统被广泛使用和公民能够广泛地接触此系统所搜集到的信息,上述有关数据搜集的政策可能会带来 ALPR 系统信息被滥用的问题。机构保存 ALPR 系统所搜集到的信息越久,那么越多的公民位置信息会被编制到一个单一的数据库内,因此,某位公民的行踪更有可能被其他人追踪。迄今为止,美国至少有两个州的立法机构已经颁布了法律来规制政府执法人员利用 ALPR 系统搜集信息的行为,但是并没有任何法律来规制政府执法人员保留 ALPR 系统所搜集到的信息的行为。②

(三) 涉及《第四修正案》的司法审判所认定的生活隐私

美国联邦和各州的政府执法人员在没有搜查令的情况下使用 ALPR 系统的行为引发了宪法问题,即他们的行为有没有侵犯公民的隐私。《第四修正案》保护公民的隐私利益免受政府执法人员不合理的搜查行为和扣押行为的干扰。虽然在修正案的条文和立法背景中都没有提及"隐私"的概念,但是现代法官一般承认《第四修正案》包含了保护公民隐私的概念,其条文如下:公民享有确保其人身、住宅、文件和财产安全的权利,这种权利免受政府执法人员不合理的搜查行为和扣押行为的侵犯。在 Boyd v. United States 一案③中,法官首次提出《第四修正案》保护公民隐私的观点,这是美国联邦最高法院对《第四修正案》首次重要的解读。美国联邦最高法院承认,《第四修正案》最初的目的在于限制殖民时期英国政府执法人员滥用一般搜查令的行为。因此,根据固有财产隐私权理论,Boyd 一案的法官认定《第四修正案》蕴含"公民的住宅和生活隐私神圣不可侵犯"的思想,《第四修正案》所保护的隐私概念由此产生。

---

① ric Roper, Police Cameras Quietly Capture License Plates, Collect Data, Star Tribune (Aug. 10, 2012) [hereafter Police Cameras], www.startribune.com/local /minneapolis/ 1665680946. html? page = 1&c = y.
② Me. Rev. Stat. tit 29 – A, §2117 – A (2009); N. H. Rev. Stat. Ann. §236:130 (2011).
③ 116 U. S. 616 (1886).

然而，只有当政府执法人员的行为构成法官所解释的"搜查行为或者扣押行为"时，他们的行为才会受到《第四修正案》的规制。也就是说，当政府执法人员的行为对公民的财产性利益造成实质性影响时，他们的行为才构成扣押公民财产的行为，而当政府执法人员故意限制公民的行动时，他们的行为才构成扣留公民人身的行为。① 然而，因为 ALPR 系统拍摄公民车牌号码并且将该号码与热点清单比对的行为不是实际扣押公民财产的行为，也不是限制驾驶汽车的公民行动的行为，所以政府执法人员利用 ALPR 系统进行监控的行为不是扣押行为而是搜查行为。

（四）Katz 一案和隐私的合理期待

正如 Scalia 大法官最近在 United States v. Jones 一案②的多数意见中所指出那样，《第四修正案》与公民财产有着密切的联系，而涉及《第四修正案》的司法审判与普通法侵权也有关联，至少这种关联持续到 20 世纪下半叶。在判断政府执法人员的行为是否构成搜查行为时，早期的法官都是关注政府执法人员有没有对公民造成实际侵犯（physical trespass）。Olmstead v. United States 一案③是最早涉及政府执法人员实施技术监控措施的案件，在该案中，美国联邦最高法院的法官认定，政府执法人员在公民住宅外面的电话线上安装窃听器的行为没有实际侵犯公民的财产，所以他们的行为不构成《第四修正案》所规定的搜查行为。然而，随着监控技术变得越来越有侵犯性，《第四修正案》最终在 Katz v. United States 一案④中推翻了 Olmstead 一案的认定，将《第四修正案》从财产保护的法律中分离出来。

在 Katz 一案中，美国联邦最高法院宣称《第四修正案》保护的"是公民而非公民所在的场所"，每一位公民都享有隐私的合理期待。在 Katz 一案中，通过在被告使用的公共电话亭内安装窃听器，FBI 探员窃听到了 Katz 与其他公民之间的通话内容。根据传统的隐私法律，

---

① Soldal v. Cook County, Ill., 113 S. Ct. 538, 543（1992）（qouting United States v. Jacobsen, 466 U.S. 109, 113 (1984)）; Brower v. County of Inyo, 489 U.S. 593, 593 (1989).
② 132 S. Ct. At 949（citing Kyllo v. United States, 533 U.S. 27, 31 (2001)）.
③ 277 U.S. 438, 457 (1928).
④ 389 U.S. 347 (1967).

因为政府执法人员没有对 Katz 实施任何实际侵入行为，所以他们的行为没有侵犯 Katz 所享有的隐私权。然而，美国联邦最高法院认识到它需要重新评估新技术对隐私法律带来的影响，并且认定 Katz 的通话内容受到宪法的保护，这种保护不是一般意义上的宪法对公民隐私权的保护，而是因为当"公民认为某件事务是隐私"时，《第四修正案》将保护公民的该项事务。美国联邦最高法院推理到，既然 Katz 已经关上了公用电话亭的门并且进行投币，那么他就有权认为其所说出的话不是说给全世界听的。美国联邦最高法院的法官认定，即便身处公共场所中的某个区域，只要公民认为某件事务是隐私，那么该项事务就能受到宪法的保护。

在 Katz 一案后，美国联邦最高法院的法官坚持认为实际侵入并非《第四修正案》所规定的搜查行为的必要因素，并且采纳了 Harlan 大法官在 Katz 一案的并存意见中提出的两步分析法。① Harlan 大法官的并存意见原本试图进一步阐释和明确 Katz 一案的分析，但是它所提出的判断标准被后人认为是难以实现的标准，其陷入了循环论证的困境。② 根据 Harlan 大法官提出的判断标准，如果政府执法人员的行为侵犯了公民"真实的主观隐私期待"，并且"此种期待被社会公众认为是合理的"，那么美国联邦最高法院的法官就会认为政府执法人员的行为构成《第四修正案》所规定的搜查行为。因此，此种判断标准强调对公民的隐私期待的主观方面和客观方面进行判断。

（五）在 Katz 一案后，美国联邦最高法院对技术监控措施涉及《第四修正案》的思考

1. 保持隐私的主观意愿

Harlan 大法官所提出的判断标准中的主观方面要求对公民隐私期待的外在表现进行判断："公民必须表现出其在主观上享有真实的隐私期待。如果公民将其物品、活动或者宣言公之于众，那么该公民的

---

① See e. g Smith v. Maryland, 442 U. S. 735 (1979); United States v. Karo, 468 U. S. 705 (1984); California v. Ciraolo, 476 U. S. 207 (1986).

② Jim Harper, Reforming Fourth Amendment Privacy Doctrine, 57 AM. U. L. REV. 1381, 1386 −95 (2008).

物品、活动或者宣言都不能得到保护,因为公民没有表现出保护这些事务的隐私的意愿。"在判断公民是否存在主观上的隐私期待时,美国联邦最高法院的法官所面临的最大困难就是判断公民何种行为表现出其想保持隐私的主观意愿。Katz"关上公用电话亭的门并且进行投币的行为"并没有明确地表现他希望隐藏通话内容的意愿。而此种明确的外在表现不必然反映公民在日常生活中所产生的隐私期待。在信息时代里,外在的行为难以显示公民想要保持其信息隐私的意愿,因为虽然公民对其信息产生了隐私期待,但是此种信息在现实世界中不是有形的存在。①

2. 客观的隐私合理期待,以及美国联邦最高法院对增强政府执法人员感官能力的技术和取代政府执法人员感官能力的技术所做出的区分

根据 Harlan 大法官所提出的判断标准的客观方面要求,美国联邦最高法院将分析的重点放在政府执法人员所使用的搜集信息技术的侵犯性之上,对增强政府执法人员感官能力的技术和取代政府执法人员感官能力的技术做出了区分。② 例如,在 United States v. Caceres 一案③中,美国联邦最高法院认定,美国国税局的执法人员利用隐藏的录音设备记录其与被告的对话内容的行为不构成《第四修正案》所规定的搜查行为。美国联邦最高法院指出,政府执法人员使用录音设备的行为没有侵犯公民所享有的隐私合理期待,因为政府执法人员使用录音设备与其在谈话过程中或者谈话结束后用纸笔记录下谈话内容的行为没有实质差别,录音设备仅仅提高了政府执法人员自然能力。无论根据政府执法人员的记忆还是录音设备来记录对话内容,其结果都是一样的,因此政府执法人员的行为没有违反宪法的规定。

美国联邦最高法院对政府执法人员采取类似录音设备的其他监控

---

① See Haley Ploure-Cole, Note, Back to Katz: Reasonable Expectation of Privacy in the Facebook AGE, 38 Fordham Ureb. L. J. 571, 618 (2010).

② See Adam Koppel, Note, Warranting a Warrant: Fourth Amendment Concerns Raised by Law Enforcement's Warrantless Use of GPS and Cellular Phone Tracking, 64 U. Miami L. Rev. 1061, 1070 – 1071 (2010).

③ 440 U.S. 741, 751 (1979).

技术的态度也一样。在 Smith v. Maryland 一案①中，美国联邦最高法院认为，政府执法人员通过描笔式记录器记录公民所拨打的电话号码与他们通过电话操作人员得到这些电话号码并没有本质的差别。描笔式记录器只是让政府执法人员更有效率地工作，因此，政府执法人员利用描笔式记录器的行为没有触犯《第四修正案》的规定。类似地，在 Dow Chemical Co. v. United States 一案②中，在 Dow Chemical 公司拒绝环境保护署的执法人员进行现场检查之后，执法人员通过航空拍摄的方式看到 Dow Chemical 工厂里种植的植物。美国联邦最高法院认定，执法人员所实施的监控措施是符合宪法规定，因为航空拍摄仅仅是提升了人类视觉能力。

3. Knotts 一案和 Karo 一案：公共监控不能逾越住宅的门槛

除了对辅助感官的工具做出区分，美国联邦最高法院的法官还在 United States v. Knotts 一案③和 United States v. Karo 一案④中指出，公民在住宅内享有隐私合理期待，公共监控不得侵犯公民的隐私安全。在 Knotts 一案和 Karo 一案中，警察都运用了蜂鸣器对公民进行监控，蜂鸣器是一种能够发出微弱信号的无线电发射机。在一定的范围内，警察能够利用无线电接收器来接收此种信号，这样一来，即便警察身处公民住宅的外部，他们也能知道公民的动向。在 Knotts 一案中，警察将蜂鸣器安置在一个装有化学物品的容器内，从而监控被告从购买化学物品的地方到其家中的行踪。美国联邦最高法院认定，因为蜂鸣器仅仅增加了警察的视觉能力，所以警察的行为没有侵犯被告根据《第四修正案》的规定而享有的权利。警察在 Knotts 一案中所使用的工具仅仅增强了他们的视觉能力，即便没有此工具，警察也能在公共街道上清楚地观察 Knotts 的行踪，因此，Knotts 对其行踪不享有任何"隐私的合理期待"。虽然美国联邦最高法院在 Knotts 一案中提出政府执法人员实施公共监控的行为是符合《第四修正案》的规定，但是它认为政府执法人员对公民实施长期的持续监控行为是不合适的，

---

① 442 U. S. 735（1979）.
② 476 U. S. At 277.
③ 460 U. S. 276（1983）.
④ 468 U. S. 705（1984）.

如果假设政府执法人员能够长时间实施此种撒网式的执法措施，那么我们应该考虑对此措施采取不同的宪法原则。

随后，Karo 一案的法官做出了与 Knotts 一案不同的判决，因为在 Karo 一案中，警察通过蜂鸣器获得了被告住宅内部的信息。在该案中，警察将蜂鸣器放到装着乙醚的容器里。当被告将该容器运回家中时，警察还测试该容器是否仍在被告家中。正如 Karo 一案的法官所指出那样，在 Knotts 一案中，当 Knotts 将容器运回家中时，警察就停止了利用蜂鸣器来搜集公民的信息。然而，在 Karo 一案中，即便当 Karo 将装有蜂鸣器的容器运回家中后，警察仍然继续进行他们的定位活动，并且发现了"公民住宅内部的重要信息，这些信息是政府执法人员在没有搜查令的情况下不得搜集的"。蜂鸣器能够帮助警察判断装有乙醚的容器是否仍在 Karo 家中，也就是说，蜂鸣器赋予了警察超越感官的能力，它"取代"了警察的眼睛来观察公民住宅内部的情况。由 Katz 一案确立的判断标准的主观方面和客观方面似乎都根据政府执法人员有没有搜集公民住宅内部信息来判断政府执法人员的行为是否构成《第四修正案》所规定的搜查行为，但是 Karo 一案的法官做出了不同的判断。总而言之，Knotts 一案和 Karo 一案都表明，政府执法人员不得在没有搜查令的情况下逾越公民住宅的界限来搜集信息。

4. Jones 一案和全球定位系统追踪装置：用美国联邦最高法院通过回归财产权理论来解读《第四修正案》的方法回避问题

最近，美国联邦最高法院审判的涉及技术监控和《第四修正案》的案件就是 United States v. Jones 一案。① 在 Jones 一案中，通过在 Jones 的汽车内安装全球定位系统追踪装置（下面简称 GPS 追踪装置），警察对 Jones 的行踪进行了为期 28 天的监控。哥伦比亚特区巡回上诉法院的法官认定，根据 Katz 一案确立的判断标准，政府执法人员对 Jones 采取的监控措施已经触犯《第四修正案》的规定。美国联邦最高法院在 Knotts 一案中保留了对政府执法人员所实施的长期监控行为的质疑，而哥伦比亚特区巡回上诉法院已经做出了相关的分析，因此，美国联邦最高法院也准备根据 Katz 一案确立的规则来分

---

① 132 S. Ct. At945.

析政府执法人员所实施的长期监控行为。然而，Jones 一案的多数意见再次避免回答政府执法人员所实施的长期监控行为是否违反宪法规定的问题。Jones 一案的多数意见没有采取 Katz 一案确立的规则，因为他们不愿意从主客方面来判断长期监控行为的合理性，他们选择回归以财产权理论来解读《第四修正案》，认定政府执法人员在公民车内安装 GPS 追踪装置的行为构成普通法上的侵权行为，所以他们的行为构成搜查行为。① 因此，美国联邦最高法院的法官认可了哥伦比亚特区巡回上诉法院的法官对 Maynard 一案做出的判决，然而，此种认可的基础建立在普通法侵权之上。这种观点可以追溯到 1928 年 Olmstead 一案②，而 Katz 一案的判决已经推翻了 Olmstead 一案的规则。美国联邦最高法院成功地将 Katz 一案的情况与 Knotts 一案的情形做出区分，而之所以大多数有关技术监控的案件涉及《第四修正案》，其原因是这些案件没有涉及政府执法人员对公民实施实际侵入的行为。

虽然"18 世纪侵权法"有复兴的趋势，但是美国联邦最高法院宣称纯粹的技术监控案件仍然受到"Katz 一案确立的规则"的约束。③ 美国联邦最高法院指出，只有那些类似 Jones 一案的涉及超过四周的技术监控案件可能"侵犯公民根据宪法规定所享有的隐私权"，但是它拒绝回答具体问题。然而，Sotomayor 大法官和 Alito 大法官试图在并存意见中回答这个问题，Alito 大法官指责美国联邦最高法院的多数意见利用传统的财产法理论来解决政府执法人员所实施的长期监控行为是否构成《第四修正案》的问题，而不是探究此种长期技术监控行为所带来的现实问题。Jones 一案的并存意见和地方法院都利用了马赛克理论，他们指出，政府执法人员对公民实施长达 4 周的信息搜集行为已经侵犯其享有的隐私合理期待。

（六）马赛克理论使公民对编制数据整体享有隐私利益

根据马赛克理论，虽然某些个人信息似乎不是重要的信息，但是

---

① United States v. Jones, 132 S. Ct. At 950.
② 277 U. S. At 464.
③ United States v. Jones, 132 S. Ct. At 957（Alito, J., concurring）.

当它们被编制时，它们所形成的整体数据就会变成重要的情报信息，这种情报信息要求得到更高程度的隐私保护。① 多年以来，这个理论被政府执法人员用来证明他们保留某些私人信息的正当性。② 在Maynard一案之前，马赛克理论并没有被用于涉及《第四修正案》的案件中。

1. United States v. Maynard 一案和 Jones 一案的并存意见：根据《第四修正案》的隐私理论，利用马赛克理论对政府执法人员所实施的长期搜集数据行为进行分析

United States v. Maynard 一案③体现了哥伦比亚特区巡回上诉法院对 Jones 一案④的意见，并随后被美国联邦最高法院在 Maynard 一案中重申，但是美国联邦最高法院是基于与 Jones 一案不同的理论基础来重申此意见。在 Marynard 一案被上诉到美国联邦最高法院之前，哥伦比亚特区巡回上诉法院的法官在结合马赛克理论和《第四修正案》的隐私理论的基础上分析政府执法人员所实施的长期搜集数据的行为，认定政府执法人员所实施的长期搜集数据的行为侵犯了公民的隐私。首先，哥伦比亚特区巡回上诉法院的法官指出，Maynard 一案不受 Knotts 一案的判决约束，因为美国联邦最高法院的法官在 Knotts 一案中没有回答政府执法人员所实施的长期监控行为是否侵犯了公民的隐私。因此，政府执法人员通过在 Jones 的车上安装 GPS 追踪装置来获取信息的行为只是一种"撒网式的监控行为"，而此种监控行为是美国联邦最高法院在 Knotts 一案中避而不谈的行为。然后，审理 Marynard 一案的哥伦比亚特区巡回上诉法院的法官试图利用 Katz 一案确立的两步分析法对本案作出判决。在考虑公民是否享有隐私合理期待时，法官总结道，因为 Jones 在这 28 天里的全部行动没有真正地暴露在公众的视线中，他也没有故意要将全部行动公之于众，所以 Jones 对其在 28 天里全部的行动享有隐私期待。法官将"独立

---

① David. E. Pozen, The Mosaic Theory, National Security, and the Freedom of Information Act, 115 Yale L. J. 628, 630 (2005).
② Christina E. Wells, CIA v. Sims: Mosaic Theory and Government Attitude, 58 Admin. L. Rev. 845, 857 (2006).
③ 615 F. 3d 544 (D. C. Cir. 2010).
④ United States v. Jones, 132 S. Ct. At 950.

的行程"和某段时间内公民整个行程做出区分。将 Jones 一案与先前以马赛克理论限制公众获取秘密的政府数据的案件类比,法官认定:Jones 对其在将近一个月内的行动享有隐私的合理期待,因为一个理性人"会期待他在这个月内的行动保持匿名和不会连贯地被别人知道"。法官将马赛克理论运用到对公民行动的分析:如果政府执法人员只看到公民的某次行动,那么他们并不能获取公民的私人信息,但是,如果政府执法人员观察到公民重复去某个教堂、某间健身房、某个酒吧或者某个赛马场,那么他们就有可能知道公民的私人信息。例如,单从某位妇女去了一次妇科医院来看,政府执法人员不能知道妇女更多信息,但是,如果该妇女过了几个星期之后去了婴儿用品商店,那么政府执法人员就可以得出该妇女可能怀孕的推论。当政府执法人员知道某位公民的日常行程时,他们便可以知道该公民是否每周都会去一次教堂,他是否酗酒,他有没有定期做健身活动,他是不是一名不忠诚的丈夫,他是不是一名正在接受药物治疗的门诊病人,他是不是某个私人团体或者政治团体的成员。①

根据 Katz 一案确立的规则的主观方面要求,法官指出,一位公民不可能实际地记录和追踪另一位公民的所有行动。这就是 Orin Kerr 教授用于解释 Katz 一案确立的规则的主观方面要求的理论——"概率模型"理论所用到的例子。② 根据这个模型,当其他公民和警察获取特定公民的信息的概率很低时,特定公民对该信息享有隐私期待。因此,Jones 一案的法官认定,其他人像 GPS 追踪装置那样了解到 Jones 全部行踪的可能性几乎为零。

在 Maynard 一案中,哥伦比亚特区巡回上诉法院的法官将一种新观念引入《第四修正案》的分析中,即他们认为 Jones 对于聚合的行

---

① Julian Sanchez, GPS Tracking and a "Mosaic Theory" of Government Searches, Cato@ liberty (Aug. 11, 2010, 9:22PM). http://www.cato-at-liberty.org/gps-tracking-and-a-mosaic-theory-of government-searches.
② See Orin S. Kerr, Four Models of Fourth Amendment Protection, 60 Stan. L. Rev. 503, 506 (2007).

动整体享有隐私利益,但是此种隐私利益并不存在于单个行动之中。① 虽然法官重申"如果公民故意将其信息暴露在公众的视线之内,那么此信息不能受到《第四修正案》的保护",但是他们认为,一位公民在 28 天内的行动不可能全部都被公众知晓。虽然 Maynard 一案的法官提供了新观念,但是在 Jones 一案的上诉庭审中,美国联邦最高法院的多数意见拒绝使用马赛克理论,而是认为在该案中,政府执法人员对 Jones 实施了实际侵入行为,因此,他们采取了更为简化的《第四修正案》的分析。然而,其他提出并存意见的法官的确将马赛克理论用于对 Jones 一案的分析。

Sotomayor 大法官和 Alito 大法官都为 Jones 一案写下了并存意见。虽然这两份意见都没有认可地方法院所提出的马赛克理论,但是它们都认为,政府执法人员通过 GPS 追踪装置对 Jones 实施的信息搜集行为触犯了《第四修正案》的规定。② Ginsburg 大法官、Breyer 大法官和 Kagan 大法官都同意 Alito 大法官提出的并存意见,即美国联邦最高法院的多数意见不应该运用财产权理论来对 Jones 一案所涉及的《第四修正案》的问题进行分析,因为这会给将来仅仅涉及技术监控而不涉及实际入侵行为的案件增添困惑。③

在利用 Katz 一案确立的规则和回顾 Maynard 一案多数意见的判决的基础上,Alito 大法官对 Jones 一案进行分析。Alito 大法官对"较短时间的监控行为"和长达 28 天的"长时间监控行为"做出了区分。他总结道,社会大众不会希望警察或者其他公民长时间地监控和记录某位公民的一举一动。他根据信息的马赛克理论对 Jones 的主客观是否享有隐私合理期待进行分析。Alito 大法官还运用了哥伦比亚特区巡回上诉法院所使用的概率模型对 Jones 在主观上是否享有隐私

---

① Orin S. Kerr, D. C. Circuit Court Introduces "Mosaic Theory" of Fourth Amendment, Holds GPS Monitoring a Fourth Amendment Search, The Volokh Conspiracy (Aug. 6, 2010, 2: 46pm)[hereafter D. C. Circuit Introduces], http://www.volokh.com/2010/08/06/d-c-circuit-introduce-mosaic-theory-of fourth-admendment-holds-gps-monitoring-a-fourth-amendment-search.

② Orin S. Kerr, What's the Status of the Mosaic Theory After Jones?, The Volokh Conspiracy (Jan. 23, 2012 1: 59p. m.) [hereafter What's the Status], http://www.volokh.com/2012/01/23/whats-the status-of the mosaic-theory-after-Jones.

③ United States v. Jones, 132 S. Ct. At 964 (Alito J. , concurring).

期待进行分析。根据他的分析,因为 Jones 所享有的隐私合理期待受到政府执法人员的侵犯,所以政府执法人员的行为构成《第四修正案》所规定的搜查行为。

Sotomayor 大法官提出了与 Alito 大法官不一样的并存意见,他对《第四修正案》所规定的隐私做出了更为宽广的理解。他同意美国联邦最高法院的多数意见运用财产理论来解释《第四修正案》所规定的隐私,并且指出这是基于"宪法最低要求"而做出的认定。同时,Sotomayor 大法官也支持 Alito 大法官的观点,即政府执法人员实施的长期 GPS 监控措施侵犯了公民所享有的隐私合理期待。[1] 然而,她进一步提出,即便政府执法人员对公民实施的是短期 GPS 监控行为,如果此监控行为能够准确并且全面地记录公民在公共场所里的活动,以至于披露公民家庭、政治、职业、宗教和性活动的详细信息,那么政府执法人员的行为也构成《第四修正案》所规定的搜查行为。Sotomayor 大法官声称,在判断政府执法人员监控"某个人在公共场所的活动"的行为是否侵犯其隐私期待时,法官需要考虑政府执法人员的监控有没有披露上述详细信息,也就说,她关注的是政府执法人员对公民私人信息掌握的程度,而非他们对公民实施监控的时间长短,她会根据前者而非后者来判断公民所享有的隐私合理期待是否受到侵犯。

因此,在 Jones 一案中,总共有五位美国联邦最高法院的法官愿意将马赛克理论作为解释《第四修正案》所规定的隐私的理论之一。虽然 Scalia 大法官认为,作为一种新理论,马赛克理论会带来很多棘手的问题,但是当将来发生涉及政府执法人员对公民实施纯粹技术监控行为而不涉及实际侵入行为的案件时,Jones 一案仍会让美国联邦最高法院的法官以 5 比 4 的比例支持以马赛克理论解读《第四修正案》。

2. 利用马赛克理论对《第四修正案》所规定的隐私进行解读的前景:United States v. Graham 一案的不足之处

在 Jones 一案后,第一个涉及政府执法人员利用定位系统搜集公

---

[1] United States v. Jones, 132 S. Ct. At 964 (Sotomayor J., concurring).

民信息的案件就是 United States v. Graham 一案①，美国联邦地方法院拒绝在该案中使用 Jones 一案的并存意见所倡导的马赛克理论。在 Graham 一案中，当警察取得被告的手机后，被告要求警察不得查看手机的历史定位记录。被告主张，如果这些历史数据被组合到一起，那么警察就可能勾勒出他过去所到之处的私密画面。

Graham 一案的法官认可了 Maynard 一案所提出的马赛克理论以及该理论被 Jones 一案的并存意见支持。虽然 Graham 一案的法官看到美国联邦最高法院的五位大法官愿意接受这样一个原则，即政府执法人员所实施的长时间监控行为侵犯公民所享有的隐私合理期待，但是他们对马赛克理论仍然持有保留态度，因为现在的法律不认可政府执法人员所实施的传统监控行为只有在少数情况下才构成《第四修正案》所规定的搜查行为。

根据其对马赛克理论的理解，Graham 一案的法官认为马赛克理论存在一个致命的问题：回溯违宪（retroactive unconstitutional）。Maynard 一案的多数意见和 Jones 一案的并存意见暗示，如果政府执法人员对公民实施的 GPS 定位监控行为是短期的监控行为，比如少于 28 天，那么根据马赛克理论，他们的行为就是符合宪法规定。假如政府执法人员第一天对公民实施的监控行为是合法的，那么在被监控的第一天里，Jones 的权利就没有被侵犯。当政府执法人员搜集到一定数量的信息并将这些信息编制在一起时，他们就可能发现 Jones 的私密信息，这样一来，政府执法人员在第一天搜集到的信息就是违反宪法的行为成果。此种观点认为马赛克理论的问题在于，它认为公民仅对其整体行动享有隐私的合理期待。因此，即便政府执法人员搜集公民某个信息的行为是符合宪法规定，但是当这个信息成为整体行动的一部分时，政府执法人员搜集此信息的行为就是违宪的，这就是说，当我们回溯到政府执法人员最初的搜集行为时，他们的这种行为是违宪的。

学者注意到，虽然 Maynard 一案和 Jones 一案的意见支持马赛克理论，但是他们没有提出任何标准来判断何种程度以及何种范围的信

---

① 846 F. Supp. 2d 384（D. Md. 2012）.

息编制行为会触犯《第四修正案》的底线。① 这对警察的执法实践造成了困惑，同时也为辩护律师提供了新的辩护基础。在实施监控行为的过程中，警察缺乏明确的指引，他们不知道在触犯宪法之前，他们能够实施多久的信息搜查行为。此前，美国联邦最高法院曾经明确表示，警察的执法工作需要受到清晰的《第四修正案》的判断标准的指引。② 因为马赛克理论存在不足之处，所以它可能导致政府执法人员所实施的整个调查活动违反宪法的规定。辩护律师可能会主张，政府执法人员搜集了其当事人的大量信息，并且在此基础上进行信息编制，而他们所提出的对当事人的不利证据正是编制结果的一部分。这个不足之处致使某些学者提出，对政府执法人员实施长期监控行为的规制问题最好还是留给立法机构解决。

对 Maynard 一案和 Jones 一案的并存意见所提出的马赛克理论的最后批评是，它与涉及《第四修正案》的司法审判不一致。为了不遵循 Knotts 一案的判决，Maynard 一案的法官指出，在 Knotts 一案中，美国联邦最高法院对政府执法人员所实施的"撒网式"监控行为保留了意见。除了这个保留意见外，Knotts 一案的法官认定，当公民驾驶汽车穿梭在公共街道中时，他对其行踪不享有隐私的合理期待。对 Maynard 一案和 Jones 一案的并存意见所提出的马赛克理论进行批评的学者认为，Knotts 一案的认定应该得到遵循，Jones 在公共场所内进行的活动不是隐私。然而，Maynard 一案的法官对案件的判断完全建立在 Knotts 一案对"撒网式监控行为"做出的保留意见，允许法官忽视先例所确定的公民在公共街道上无隐私这一规则。学者认为，Karo 一案的法官实际上也考虑到 Knotts 一案的法官对"撒网式监控行为"做出的保留意见，在 Karo 一案中，法官认为政府执法人员在住宅内部利用蜂鸣器监控公民的行为侵犯了公民的隐私权，因此，Maynard 一案和 Jones 一案也应该遵循 Knotts 一案的认定。③ 虽然

---

① Courtney E. Walsh, Surveillance Technology and the Loss of Something a lot like Privacy: An Examination of the "Mosaic Theory" and the Limits of the Fourth Amendment, 24 ST. Thomas L. Rev. 2361 (2012).
② New York v. Belton, 453 U. S. 454, 458 (1981).
③ From Jones to Drones: How to Define Fourth Amendment Doctrine for Searches in Public, Youtube at 0: 54: 18 (July 4 2012), http://youtu.be/_pGCWZGdq08? t=54m18s.

学者提出了诸多的批评，但是根据 Maynard 一案的判决和 Jones 一案 Alito 和 Sotomayor 大法官的并存意见，美国联邦最高法院的五名大法官已经准备将马赛克理论作为分析《第四修正案》的理论之一。

三、分析

（一）针对《第四修正案》的马赛克理论用于分析政府执法人员利用 ALPR 系统搜集公民信息的行为：以 Maynard 一案和 Jones 一案的并存意见为例

ALPR 系统能够搜集经过监控摄像机的每个车牌号码的 GPS 坐标。这种信息搜集行为是悄无声息的，不会被驾驶车辆的公民知道，也未经搜查令的许可。虽然每个信息搜集点都会独立地向政府执法人员发送数据，但是更重要的是，一旦这些数据被编制到了数据库，那么这些数据被存储的时间长短就会不同。就像是政府执法人员利用 GPS 追踪装置搜集公民车辆的位置信息那样，ALPR 系统的使用也可能侵犯公民根据《第四修正案》的规定所享有的隐私权。与利用 GPS 追踪装置搜集公民的信息一样，政府执法人员通过 ALPR 系统长时间地搜集公民信息会侵犯公民所享有的隐私合理期待。因为涉及《第四修正案》的司法审判认为公民的位置信息是公开的，所以如果政府执法人员只是短期地搜集公民的位置信息，那么他们的行为就不会侵犯驾驶汽车的公民所享有的隐私合理期待。然而，如果政府执法人员长时间追踪和记录公民的位置信息，那么他们就可以知道该公民太多的私密信息了。根据 Katz 一案的分析，公民在主客观上都对其长期的位置记录享有隐私期待，所以政府执法人员利用 ALPR 系统对公民实施的长期监控行为已经等同于《第四修正案》所规定的搜查行为。

1. 主观要素：ALPR 数据的编制满足隐私期待的主观判断标准：概率模型

从主观要素来看，如果公民的位置信息被公认是公开的，那么公民难以认定其位置信息是隐私。为了展现公民对其 GPS 定位数据享有外在的隐私利益，Maynard 一案和 Jones 一案的法官对涉及数据编制的马赛克理论和 Orin Kerr 针对 Katz 一案确立的规则的主观要素提出的概率模型进行了分析。结果发现，虽然一个陌生人在任何时候都能轻而易举地观察到某位公民的位置，但是这个陌生人几乎不可能观察到该公民在将近4周内的一举一动。因此，公民在这段时间内的整体位置信息体现了隐私期待的主观判断标准所要求的隐私。类似地，公民在主观上对 ALPR 系统长期搜集和编制的数据也享有隐私期待。虽然与 GPS 追踪装置提供的 24 小时监控不同，ALPR 系统搜集数据的站点是不连贯的，但是一个陌生人几乎不可能搜集到某位驾驶人员在几个月甚至几年内出现在这些不连贯的站点的信息。

这突出表明 GPS 数据和 ALPR 数据之间涉及公民的不同隐私。GPS 追踪装置为政府执法人员提供某位公民连续的、不受干扰的位置信息。然而，ALPR 系统所搜集的位置信息是不连贯的，只有当公民驾驶车辆经过 ALPR 系统的摄像机，或者经过安装了 ALPR 系统的巡警车时，公民车辆的位置信息才会被 ALPR 系统截取。因此，一个月的 GPS 数据可能会更能披露公民的隐私，GPS 追踪装置在一个月内所搜集到的数据也会比 ALPR 系统在同样时间内搜集到的数据更多。如果要使政府执法人员通过 ALPR 系统所搜集的数据达到侵犯公民隐私的程度，那么他们所花费的时间会比使用 GPS 追踪装置搜集数据更多。虽然政府执法人员没有将数月甚至数年的 ALPR 数据用作某个审判的证据，也没有主动地将其编制到一起，但是根据概率模型，ALPR 数据的存储已经满足了隐私期待的主观判断标准。我们没有理由相信某位公民会在几个月或者几年内断断续续地观察另一位公民的行踪。因此，根据 Orin Kerr 提出的概率模型，公民在主观上对 ALPR 系统所搜集的数据整体享有隐私期待，正如 Maynard 一案的判决和 Jones 一案的并存意见所说那样。诚然，对 ALPR 系统进行分析最困难的地方在于，在客观上，公民对 ALPR 系统所搜集的数据所享有的隐私期待能否被社会大众（以及美国联邦最高法院的法官）认为是合理的。

2. 客观要素：当 ALPR 系统所搜集的数据被编制成一个整体时，公民所享有的隐私期待是合理的推定就成立了

通说认为，公民对其在公共场所的行踪不享有任何隐私的合理期待。Maynard 一案的判决和 Jones 一案的并存意见也认同了这个观点。① Knotts 一案的法官认定，公民在公共街道上的行踪本质上是公开的，这种公开的本质使其不享有任何隐私利益。通过利用家门划分公民的公共信息和私人信息之间的界线，Karo 一案的法官着重强调了这个观点。在 Knotts 一案、Maynard 一案和 Jones 一案中，政府执法人员通过 GPS 追踪装置获取了公民的信息；与此相似，ALPR 系统只能够获取公民在公共场所的行踪，因为 ALPR 系统的摄像机只能被安装在巡警车或者公共街道的固定站点上。因此，人们会推定，因为 ALPR 系统只搜集公民在公共场所的行踪，所以公民对这些数据不享有隐私的合理期待；除非有其他迹象表明公民享有合理期待。

美国联邦最高法院在涉及技术监控的案件中提供了第二种原始推定：监控技术只提高了警察天生具备的监控能力，它没有赋予警察超感官的能力。在 Knotts 一案中，美国联邦最高法院指出，政府执法人员利用 GPS 追踪装置搜集公民信息的某些行为不构成《第四修正案》所规定的搜查行为，因为在搜集这些信息时，GPS 追踪装置仅仅提高了警察天生具备的监控能力。Maynard 一案的判决和 Jones 一案的并存意见似乎也认同了这个观点，因为这两个法院都将 Jones 一案的案件事实与 Knotts 一案的案件事实做出了区分，指出政府执法人员在 Jones 一案中利用 GPS 追踪装置搜集到的信息更多。ALPR 系统只在某些地方捕捉公民的车牌号码，这种技术仅仅提高了警察的监控能力，如果没有 ALPR 系统，警察仍然能够观察公民的车牌号码，并且通过手动输入的方式将观察到的车牌号码与热点清单的车牌号码进行比对。为了推翻政府执法人员所使用的监控技术仅仅提高了他们天生具备的监控能力这个推论，犯罪嫌疑人需要证明，如果没有此种监控技术，政府执法人员将不能获得现在他们已经获取的信息，因此，政府执法人员所实施的监控行为侵犯了他们根据《第四修正案》所享有的权利。②

当政府执法人员搜集到大量的公民信息并且将这些编制成一个整

---

① United States v. Maynard, 615 F. 3d 544 (D. C. Cir. 2010); United States v. Jones, 132 S. Ct. At 964 (Alito J., concurring).
② See Adam Koppel, Note, Warranting a Warrant: Fourth Amendment Concerns Raised by Law Enforcement's Warrantless Use of GPS and Cellular Phone Tracking, 64 U. Miami L. Rev. 1061, 1070–1071 (2010).

体时，上述的推论都可以被推翻。正如 Ginsburg 大法官在 Maynard 一案的多数意见所指出那样，一直在运行的 GPS 追踪装置能够披露公民更多的私人信息。虽然公民在公共街道上的行踪被公认为公开的，但是公民不会合理地预料到他在数个月，甚至是数年内的举动会被别人事无巨细地监控。正如前面所说那样，从表面来看，ALPR 系统比 GPS 追踪装置对公民造成的侵犯程度更低，因为 ALPR 系统只能间断地记录公民数据。然而，随着 ALPR 系统的普及，公民在单次旅程中被 ALPR 系统的摄像机拍到车牌号码的概率会上升。①

虽然从表面上看，ALPR 系统不能像 GPS 追踪装置那样清楚地描绘出公民的私人生活情景，但是一连串的 ALPR 数据仍然可能披露公民的私人习惯。此外，相比于 GPS 追踪装置，ALPR 系统更容易保持长期搜集和编制信息，因为 ALPR 系统不针对某位公民，而且不要求在公民的车内安装 GPS 装置并保证其持续运作。政府执法人员对 ALPR 数据的编制和分享将建立公民私人信息的数据库。因为政府执法人员能够从长期的 ALPR 数据中发现公民的私人习惯和行为模式，所以 ALPR 系统已经赋予了政府执法人员超感官的监控能力，公民对这些 ALPR 数据享有隐私的合理期待。

ALPR 系统无差别地搜集全体驾驶人员的位置信息的事实进一步推动了有关它赋予政府执法人员超感官的监控能力的争议。这个事实令 ALPR 系统不同于其他监控技术，包括 GPS 追踪装置，因为 GPS 追踪装置只针对某位公民。为了判断 GPS 追踪装置是否赋予了政府执法人员超感官的监控能力，Maynard 一案的法官和 Jones 一案的 Alito 大法官关注到了短期 GPS 监控和长期 GPS 监控之间的差异。他们认定，长期 GPS 监控赋予了政府执法人员超感官的监控能力，因为虽然政府执法人员能够花几个小时或者几天的时间实际地跟踪某个嫌疑人，但是他不太可能持续地跟踪该嫌疑人长达 28 天。同样地，虽然一名有效率的巡警也能像一个安装了 ALPR 系统的摄像机那样，记录下他所看到的每个车牌号码，但是不可能全部警察都会记录下他们所看到的每一个车牌号码，并且将这些车牌号码输入数据库，绘制出

---

① David J. Roberts & Meghann Casanova, Automated License Plate Recognition Systems: Policy and Operationl Guidance For Law Enforcement 6, 7 (2012).

每个车牌号码的行踪。即便警察能够记录每个车牌号码并且将这些车牌号码与热点清单的车牌号码进行比对，但是这种工作不可能持久进行，因为警察不可能一直保持注意力集中的状态。与单纯提高警察感官能力的技术相比，因为 ALPR 系统具备全方位搜集信息的能力，所以它是一项赋予政府执法人员超感官能力的技术，它更容易侵犯公民根据《第四修正案》所享有的权利。

与 GPS 数据一样，当 ALPR 系统所搜集的数据被编制成一个整体时，公民享有公共场所隐私权的假定就成立了，ALPR 系统不仅仅是一项提高政府执法人员感官能力的技术。为了更好地阐释隐私的合理期待，在分析公民对 ALPR 数据是否享有隐私的合理期待时，我们需要运用马赛克理论来对《第四修正案》进行分析，这个理论由 Maynard 一案的法官提出并且被 Jones 一案的并存意见认可。虽然在 Jones 一案的判决中，美国联邦最高法院的多数意见不愿意用马赛克理论来分析政府执法人员利用 GPS 技术对公民实施监控的行为是否违反《第四修正案》的规定，但是他们的决策表明，在判断政府执法人员利用 ALPR 系统对公民进行监控时，法官应该运用马赛克理论来分析他们的行为有没有违反《第四修正案》的规定。

（二）在判断政府执法人员利用 ALPR 系统对公民进行监控时，法官应该运用马赛克理论来分析他们的行为有没有违反《第四修正案》的规定

美国联邦最高法院对 Knotts 一案和 Jones 一案所带来的有关长期技术监控的问题避而不谈。虽然马赛克理论是可行的，但是美国联邦最高法院似乎不愿意过多地扩张《第四修正案》所规定的隐私保护范围。然而，相比于 GPS 追踪技术，政府执法人员利用 ALPR 系统搜集公民数据的行为更能引起公民的隐私忧虑，因为 ALPR 系统的摄像机无差别地记录其所遇到的每个车牌号码。因为 ALPR 系统能够不受约束地搜集公民信息，所以公民应该享有更高程度的隐私保护。正如 Sotomayor 大法官在 Jones 一案的并存意见所说的那样，如果某种技术能让政府执法人员搜集到每位公民的"实质性私密信息"，那么此种技术可能会改变公民与政府之间的关系，而这种改变对于一个民主社会而言是有害的。如果美国联邦最高法院不愿意认定公民对其长期的

行踪享有隐私的合理期待，那么就可能出现认定公民在住宅以外的活动不享有任何隐私合理期待的判例。

正如 Alito 大法官在 Jones 一案的并存意见所指出那样，如果不承认公民对其整体行踪享有隐私的合理期待，那么可能就会出现前后矛盾的隐私侵权结果。例如，因为 Jones 一案确认了，法官能够以实际侵入理论来分析《第四修正案》，所以，如果政府执法人员实际接触到公民的汽车并且在该汽车上安装了 GPS 追踪装置，那么即便政府执法只对该公民实施了几个小时的监控，他们的行为触犯了《第四修正案》的规定。然而，如果在判断政府执法人员利用 ALPR 系统对公民进行监控时，法官没有运用马赛克理论来分析他们的行为有没有违反《第四修正案》的规定，那么即便数个政府执法机构将其搜集的某位公民在 5 年内的行踪编制到一个数据库，他们的行为也没有侵犯公民的隐私权，因为他们没有实施实际侵入行为。这种前后矛盾的结果表明，层出不穷的监控技术需要受到不同的法律理论的调整。如果我们将马赛克理论纳入到涉及《第四修正案》的隐私法律中，那么我们就能保证公民的隐私免受现代监控技术的侵犯。

（三）立法机构应该采取立法行动来限制政府搜集和编制 ALPR 数据的行为

相比于适用马赛克理论来解读《第四修正案》为公民隐私提供保护的范围，立法行为能够更加直接地对抗政府利用 ALPR 系统侵犯公民隐私的行为。因为是政府执法人员利用 ALPR 系统搜集和编制公民信息的行为引发了公民的隐私忧虑，而非该系统本身引发此忧虑，所以我们不需要扩大宪法为公民隐私提供的保护范围，而需要限制政府执法人员编制公民信息的行为。正如 Alito 大法官在 Jones 一案中所说那样："在技术日新月异的时代里，解决公民隐私忧虑的最佳途径就是立法。"①

许多执法机构将 ALPR 系统所搜集到的数据保存数个月，甚至数年，这种保存行为可能侵犯了公民合理的隐私利益。一旦这些数据被传送到其他机构或者第三方数据库，那么这些数据的存放时间更加不

---

① United States v. Jones, 132 S. Ct. At 964 (Alito J., concurring).

受约束了。① 然而，如果立法机构能够适当地约束州政府、联邦机构和第三方当事人保存 ALPR 数据的时间长度，那么公民就无须面对这些长年积累的数据可能披露其私人信息的风险。缅因州的法律对 ALPR 数据的保存时间已经做出了规定，它认为 ALPR 数据涉及公民的隐私，所有执法机构和公司使用 ALPR 系统或者存储 ALPR 系统所搜集的数据的时间不得超过 21 天。② 因为与 GPS 追踪装置可以连续地记录公民的信息不同，ALPR 系统是间断地搜集数据，所以执法机构和公司在 21 天内使用该系统或者存储数据的行为不会侵犯《第四修正案》所规定的公民权利。即便某位公民的车辆在 21 天内每次出行都被 ALPR 系统的摄像机拍照，政府执法人员仅从这 21 天的数据中也不可能知道太多关于该公民的信息。③ 诚然，21 天似乎是立法机构随意确定的期限。然而，确定删除 ALPR 系统所搜集的数据的时间是一件困难的事情，因为立法机构难以判断 ALPR 系统搜集的信息总量到达哪个程度才会侵犯公民的隐私权。虽然缅因州的法律以 21 天为期限是比较合理的做法，但是在警察需要进行深度调查的情况下，这个期限需要延长。或者，随着 ALPR 系统被越来越广泛地使用，越来越多监控摄像机会被安装在公共街道上或者巡警车上，公民每次驾车出行被监控摄像机拍摄的概率就会变大，也许立法机构应该将使用数据存储时间缩短为 7 天或者 14 天。因为 ALPR 系统所搜集的数据是不连贯的，不像 GPS 追踪装置搜集的数据那样连贯，所以限制政府或者其他机构利用 ALPR 系统的最佳方法可能是，限制拍摄某个车牌号码的摄像机的数量。Alito 大法官和 Sotomayor 大法官在 Jones 一案中说过，我们难以确定政府执法人员能够在多长时间内利用 GPS 追踪装置搜集公民信息。然而，他们承认"四周的监控时间的确超出

---

① The Department of Homeland Security's Customs and Border Protection and the Drug Enforcement Agency are also reportedly sharing license plate information banks. Andy Greenberg, U. S. Customs Tracks Millions of License Plates and has Shared Sata with Insurance Firms, Forbes (Aug. 21, 2012), http: //www.forbes.com/sites/andygrenberg/2012/08/21/documents-show-u-s-customs-tracking-millions-of-license-plates-and-sharing-data-with-insurance-firms.
② Me. rev. Stat. tit. 29 – A, § 2117 – A (2009).
③ United States v. Maynard, 615 F. 3d 544 (D. C. Cir. 2010) (Ginsburg, J.).

了我们能够接受的范围"。无论政府和其他机构能够在多长时间内存储 ALPR 系统所搜集的信息,立法行为是保护公民对其长期行踪所享有的隐私利益的最直接途径。

四、结语

虽然政府执法人员利用监控技术记录公民的车牌号码及其在公共场所的行踪这种行为本身不违反《第四修正案》的规定,但是根据 Maynard 一案的法官所提出的马赛克理论,政府执法人员编制、存储和参考 ALPR 系统长期以来搜集到的数据的行为已经构成了《第四修正案》所规定的搜查行为。根据马赛克理论,被编制而成的 ALPR 数据可以视为一个数据整体。根据 Katz 一案确定的判断标准,公民在主观和客观方面都对这个数据整体享有隐私的合理期待。当 Jones 一案的法官重申了 Maynard 一案的意见时,虽然美国联邦最高法院的多数意见拒绝接受 Maynard 一案的意见,但是五位大法官在并存意见中明确表示他们愿意接受此理论。由此可见,在未来涉及政府或者其他机构整合公民的位置信息的案件时,美国联邦最高法院会以 5 比 4 的比数支持公民对此整合信息享有隐私的合理期待。考虑到目前《第四修正案》的司法审判情况和立法缺乏约束信息整合行为的机制,在涉及新的监控技术,比如 GPS 技术或者 ALPR 系统的案件中,法官需要运用马赛克理论来判断公民的隐私利益有没有受到侵害。如果不这样做,法官将不能做出一致的裁决,而且公民的隐私将得不到充分的保护。因此,从另一个角度来看,为了预防上述情况的发生,立法机构应该采取行动,限制政府或者其他机构存储 ALPR 系统所搜集的数据的时间。只有通过这种方式,前首席大法官 Rehnquist 所提出的维持公民隐私和国家安全之间平衡的目标才能够最终实现。

公共道路上的隐私权所面临的风险

杰弗里·H. 雷曼[①]著　敬罗晖[②]译

目　次

一、导论
二、自由权遭受外部损害的风险
三、自由权遭受内部损害的风险
四、象征意义上的风险
五、政治心理学异化的风险
六、结语

一、导论

美国法律事务委员会认为："智能车辆公路系统（Intelligent Vehicle Highway Systems）能够收集与驾驶目的地、驾驶路线相关的驾驶信息。这类信息如果被政府执法人员所收集，可能会损害驾驶人员的利益，因此法律应当保护此类信息。"[③] 法律事务委员会隐私事务小组曾草拟了一份名为"稻草人隐私权原则（Strawman' Privacy Principles）"的清单，其中便列明了驾驶隐私权。笔者在本文标题中采用"驶向圆形监狱的道路"，就是为了告诉读者，智能车辆公路系统的确会给驾驶人员的隐私权造成实质性的损害。笔者同时认为，允许政府执法人员使用上述可能会对驾驶人员造成损害的信息，除了暗示驾驶人员可能存在的风险外，还可能会造成其他严重后果。

[①] 杰弗里·H. 雷曼（Jeffrey H. Reiman），美国美利坚大学哲学教授。
[②] 敬罗晖，中山大学法学院助教。
[③] Ivhs America Legal Issues Committee, 'Strawman' Privacy Principles-Comment Form, at 2.

圆形监狱最初由 Jeremy Bentham 提出，其目的就在于使用少量的狱警以监视大量的罪犯。顾名思义，圆形监狱就是指以看守台为中心，环绕着看守台建设牢房。在该环形以外会有窗户，窗户透出的光线能够照射到每一间牢房，因此狱警能够从看守台上看到每一个罪犯的剪影，并以此监视罪犯的一举一动。法国哲学家 Michel Foucault 曾将塑造现代社会的大规模社会控制机制比作圆形监狱，换句话说，在 19 世纪的欧洲和美国，各种社会体制都是按照圆形监狱的原理进行设计的。Foucault 还曾提出这样的疑问："如果我们发现所有的学校、工厂、兵营和医院的实质都跟监狱相差无几，我们是否会感觉到震惊？"①

正如 Bentham 和 Foucault 所言，即便没有狱警，该圆形监狱同样能够正常运作。关在牢房中的罪犯知道自己的行为可能会被狱警所看到（而不是正在被狱警所看到），所以他们不得不限制自己的行为。因此，即使没有狱警，该社会控制机制仍然能够运行。

当公民意识到自己的行为可能会被别人看到时，他们就不自觉地沦落入被支配的地位，而实际上，支配他们的可能就是他们自己本身。Foucault 曾写道："当公民进入一个别人能够从外部看到其行为的区域，并且他也知道别人能够看到其行为时，该公民便承担起限制权力滥用的义务。他纵容别人玩弄自己；他陷入权力关系的桎梏当中，并且不自觉地同时扮演者被控制者和控制者两种角色；他一方面沦为被支配者，但另一方面，他却又掌控着被支配者的生杀大权。"

Foucault 在使用圆形监狱这个比喻时超越了建筑学的范畴，并将其引申至传统医学、心理学和性教育领域。在他看来，上述领域使得公民受到越来越多的社会控制，因为这些领域将公民的私生活细节转化成为某种临床症状，任何医生都能够通过公民的病例看到其私生活细节，哪怕可能根本就没有医生真正在看该公民的病例。笔者想要将圆形监狱引申至更深层次，因为圆形监狱除了使得公民能够被外界人看到外，还使得别人能够从某一个角度（single point）上看到公民的一言一行。

智能车辆公路系统可能会对隐私权造成严重的损害，其中一项有

---

① Michel Foucault, Discipline and punish: The Birth of the PRISON 195 – 228.

意思又颇具启发作用的批评意见认为,由于驾驶信息的公共化,因此别人能够不断收集公民的私人驾驶信息。不论公民驾驶的目的地在何处,公民都无法脱离公共世界范畴,因此也无法逃避社会大众对其的观察,并且公众的观察行为往往不会造成社会的妨碍。法院长期坚持认为,如果警察是在公共场所内对公民实施正常的观察,那么警察的行为不属于干涉公民私人事务的行为。法院同时明确表示,政府有权驾驶警车"在公共街道或者高速公路上尾随公民驾驶的车辆",哪怕警察事先在该公民的车内安装了追踪器,也不影响该行为的正当性。在 U. S. V. Knotts 一案[1]中,联邦最高法院认定,一旦被告驾驶车辆进入公共街道,那么被告对于别人在此类公共场所内观察到的信息并不享有隐私期待。

如果智能车辆公路系统的确能够会给隐私权造成威胁,那么其必定来源于这一事实——侦探小说爱好者肯定很熟悉,通过搜集毫不相关的公共信息碎片,别人能够发现公民私人生活的详细情况。举例而言,别人能够发现该公民有哪些朋友、休闲娱乐方式、盈利方式等,并且别人还能够根据获得的信息分析该公民是否守时、诚信,等等。Richard Wasserstrom 在其发表于1978年的论文中写道,各种数据库已经收集了公民的大量信息,如果将各种数据库的信息汇总起来,那么将能够得出非常详细的结论,包括公民的生活状态及公民的言行举止等,其详细程度超越人们的想象,即便公民本人根据其回忆也无法如此细致地对其个人生活进行描述。

根据智能车辆公路系统所造成的隐私权危机,我们知道:锁上门和拉上窗帘能够使人们获得一定的隐私权,但公民在公共场所内实施的可视行为的传播方式,同样会影响公民的隐私权。由于存在现代信息采集科技,传统的锁好门窗的方式并不能够全面保护公民的隐私权,因为别人能够搜集公民公共生活的信息碎片,并使得社会公众能够从某一个角度看到该信息碎片,从而损害公民的隐私权。学者们曾用玻璃鱼缸比喻面临多种威胁的隐私权,但相比而言,环形监狱似乎更能体现隐私权四面楚歌的状况。

隐私权易受到损害或者隐私权保护某种易受到损害的价值,但这

---

[1] U. S. v, Knotts, 460 U. S. 276, 281 (1983).

正是隐私权所面临的其中一项威胁。毫无疑问,隐私权在保护公民不希望别人知晓的事物方面具有重要价值,但这并不足以说明为什么法律应当保护隐私权。同时,它也提醒我们,无论隐私的价值有多高,保护隐私权必定需要付出一定的社会成本。公民享有的隐私权越多,如果要阻止或者惩罚不当行为,社会便需要付出越多的成本搜集公民的相关信息。而且,传统认为公民在其家中享有充分的隐私权,但这也同时使得妇女和儿童遭遇家庭暴力时无法得到解救。隐私权并不是免费午餐,相信隐私权对于自由社会而言至关重要,我们首先应当相信保护隐私权所付出的社会成本是物有所值的。但自由同样不是免费午餐,自由社会同时也是一个充满危险和鱼龙混杂的社会。让我们首先看看隐私权的价值所在。

在笔者看来,隐私权是指别人不能够获取公民的某些信息或者个人经验的一种状态。为了行文简洁,笔者暂且将隐私权定义为剥夺别人获取公民信息的权利的状态。笔者将个人经验包括在公民私人信息的范围当中。公民在洗澡时有权禁止被别人窥视,这是公民隐私权的一部分,即便偷窥者可能根本无法从该窥视行为中获取任何跟公民有关信息(偷窥者在高中阶段可能根本没有上过生物课)。如果有学者反驳道,偷窥者可能会看到公民身上的某些特殊标记,那么笔者认为,即便别人事先已经看过该公民的身体,或者别人身上有跟该公民一样的特殊标记,公民仍然享有隐私权,即禁止别人观察其身体的权利。也就是说,笔者是从信息的角度分析隐私权的价值,因为智能车辆公路系统采集的不是其他内容,而正是跟公民驾驶相关的信息。

值得注意的是,笔者是从别人不能获取公民个人信息的角度对隐私权进行定义的。有些哲学家认为,公民有能力决定由谁来获取其个人的隐私信息,Charles Fried便是其中之一。在Fried看来,认为在孤岛上的某一公民享有隐私权的说法是非常讽刺的。但笔者却并不觉得这一说法有什么讽刺之处。更重要的是,将控制权作为隐私权的一部分会导致混乱,举例而言,Fried认为,在我们的文化当中,身体的排泄功能属于公民隐私权的一部分,如果别人损害公民的此种隐私权,那么将会给该公民造成非常严重的心理损害。但在现实当中,如果别人有意窥视,公民实际上却无法阻止别人的此种行为。由于别人窥视公民上厕所的行为肯定属于侵害公民隐私权的行为,因此我们可以说，隐私权跟控制权是相互独立的，隐私权并不意味着控制权。

在某些私人事务当中，控制权的确起到重要的作用，因此隐私权和控制权之间的关系确实很复杂。举例而言，公民不但希望禁止别人窥视自己的裸体，而且希望有能力决定看到或者接触到其身体的对象。然而上述的案件告诉我们，即便公民无法控制自己的私人事务不被窥视，但这并不损害公民享有隐私利益的客观事实。如果将控制权作为隐私权内涵的一部分，那么会限制我们对隐私权价值的理解，仿佛只有那些我们能够控制的隐私权才是重要的，而 Fried 恰恰希望通过其案例得出此结论。他认为隐私权的确是一种应当保护的价值，因为它赋予公民一种分配稀缺资源的能力，正是因为公民具有此种分配能力，公民才能够建立亲密关系。笔者认为 Fried 对亲密关系的理解是不正确的，因为在笔者看来，亲密关系是指公民相互关心的程度，而不是相互了解的程度。即使没有跟对方分享私人信息，公民仍旧可以跟别人享有非常亲密的社会关系；公民也可以与其心理医生、牧师甚至飞机上认识的陌生人分享其私人信息，但却不跟上述人群建立亲密关系。

如果我们将控制权作为隐私权的内涵的一部分，那么我们只能够获得我们希望在卧室内获得的那种隐私权，而不能获得我们希望在厕所获得的隐私权。在卧室内，我们希望有权利选择允许谁进入卧室；在厕所内，我们仅仅希望别人不能够进入而已。值得注意的是，我们希望在卧室内获得的隐私权以我们希望在厕所内获得的隐私权为前提条件。除非别人不得进入，否则我们无法选择允许谁进入我们的卧室。在厕所内，这正是我们希望达到的全部目的；但在卧室内，我们还希望额外地享有权利决定允许谁进入卧室之内。两种隐私利益具有共同性，也就是别人不得自由选择是否进入（无论是卧室还是厕所）以获取公民的个人信息。如果我们试图发现隐私权的一般价值，那么我们首先应当发现这种禁止别人进行特定行为的价值。有时，其价值在于给予公民控制私人事务的空间；但有些时候，其价值仅仅在于禁止别人侵入公民私人生活获取信息。这一点十分重要，因为智能车辆公路系统获取的信息，往往是公民应当有权选择是否公布的重要的个人信息，甚至是公民不希望别人获得的信息。

笔者对隐私权的定义符合隐私权概念中的一项重要内涵：隐私权

的核心并不是公民决定由谁获取其个人信息的控制权,而是别人不得进入公民的私人生活获取公民个人信息。在某些案件当中,禁止别人进入其私人生活获取信息的权利,能够保证公民享有决定由谁获取其私人信息的控制权。

隐私和隐私权并不相同,公民可以有隐私但是没有隐私权,也可以有隐私权但是没有隐私。举例而言,如果公民成功地隐藏自己的犯罪活动,那么即使公民对该犯罪活动不享有隐私权,但该犯罪活动仍然是公民的隐私;如果被别人侵犯了公民的隐私权,即便此时公民享有隐私权,其隐私仍然无法受到保护。

为了保护公民的隐私权,应当存在某些有效的规范,这些规范的适用范围包括公民的某些私人信息以及个人经历,未经公民同意,别人不得获取此类信息。当然,这些规范必须是合法的。笔者已经列举过许多保护隐私权的法律规范。但是如果我们认为,无论法律如何规定,别人不得介入公民的私人事务获取公民的私人信息,那么这种隐私权更像是一种道德权利(moral right),并且我们希望法律通过保护某些合法权利以有效地保护此种道德权利。在笔者看来,智能车辆公路系统严重损害了公民的隐私权,并且公民难以通过现行的合法权利保障自己的利益,因此有必要保护道德性隐私权(moral right to privacy)。

除非我们知道权利的边界以及公民对哪些事物或者活动享有拒绝别人窥视的权利,否则说某公民享有道德性隐私权仅仅是一纸空文。除非生活在洞穴或者沙漠之中,否则公民是无法享有完全私人的生活空间的。一般而言,我们认为某些事务完全属于公民的隐私(比如公民的宗教信仰),某些事务则完全不属于隐私权的范畴(比如公民眼睛的颜色)。正如 Roe v. Wade 一案①和 Bowers v. Hardwick 一案②所反映的那样,我们很难根据隐私权的范围确定公民应当做什么,不应当做什么。有些学者认为,在自由社会当中,公民应当享有广泛的隐私权,以此方能实现社会的和谐共存;有些学者则认为,公民日常生活中的某些特殊方面才值得法律的保护,如身体接触、亲密关系以

---

① Roe v. Wade, 410 U.S. 113 (1973).

② Bowers v. Hardwick, 478 U.S. 186 (1986).

及那些形成政治观点和意见的活动等。现行法律和对智能车辆公路系统的担忧相互角力,此外,有反对意见认为,别人搜集公共信息碎片的行为不应当纳入隐私权的保护范围当中。

为了解决争议,必须清晰地认识到隐私权的价值所在。当我们知道保有隐私或者享有隐私权对于人类的生存发展所产生的重要意义,我们便能够分析出隐私权的保护范围,从而更好地实现隐私权的价值。

想象一下,在一个智能车辆公路系统高度完善的世界中,政府执法人员能够大量收集公民的私人信息,那么公民将可能遭受怎样的损害。当信息出现真空(vacuum)时,上述智能车辆公路系统是无法存在的,认识到这一点非常重要。当然,智能车辆公路系统不可能单独存在,它必须跟其他信息采集科技同生共荣,比如人口普查电脑化技术、国税信息采集系统、记录公民使用信用卡进行购物的电脑记录系统、公民的银行交易记录系统、社会信用体系、公民的通话记录、就医记录、教育记录和工作经历等,甚至包括公民的轻微犯罪记录以及最终被无罪释放的逮捕记录等。一般意义上的"信息公路"将上述记录统统收入囊中,并且还会将公民之间发生的任何互动都自动地转化为电子记录,大势所趋,势不可挡,更不用说FBI一直希望法律能够长期允许其通过窃听方式获取公民的上述个人信息。与此同时,公民越来越多地通过电子通信方式进行日常的商事活动,一个简单的电话——警察已经能够轻易地获取公民的通话记录——就能够让政府执法人员掌握大量跟公民个人爱好和日常活动相关的私人信息。①

笔者认为,正是因为信息采集方式的复杂多样,才会威胁到公民的隐私安全,它导致别人能够从某一角度了解到公民的私人生活,其作用也与圆形监狱相差无几。另外,在分析智能车辆公路系统造成的威胁前,我们有必要了解负载的信息采集方式。

有人可能认为,将智能车辆公路系统和其他信息采集方式联系起来的做法不甚妥当,但笔者认为恰恰相反,否则我们无法正确地认识到智能车辆公路系统所带来的威胁。原因如下:当公民将私人事务隐

---

① John Schwartz, Industry Fights Wiretap Proposal: Group Says Clinton Plan Would Scare Consumers Off "Data Highway", Wash. Post, Mar. 12, 1994, at Cl, C7.

藏起来不让别人知晓时，公民能够对该事务享有隐私权。即便允许政府执法人员在某些特定领域内收集公民个人信息，似乎也不会给公民造成严重损害，因为公民可以选择不进入这些特殊领域之内。因此，如果我们将每一种信息采集方式独立出来进行讨论，似乎都不会给公民的隐私权造成多么严重的威胁。但在实践中，各种信息采集方式能够被有效地整合起来，隔绝公民脱离公共场所的每一条路径，从而发挥各种信息采集方式的最大功效，其作用远比单个信息采集方式的作用的总和大得多。我们必须了解智能车辆公路系统所扮演的角色，它能够引起此种整体效应（overall effect），因为其构建起整个信息采集流程的基础模型。

笔者认为，智能车辆公路系统将会成为信息圆形监狱（informational panopticon）的组成部分，笔者想要着重探究其对隐私权造成的威胁。

首先让我们初步了解一下圆形监狱，思考一旦别人掌握公民的私人信息，将会给公民造成怎样的损害。笔者认为我们应当从四个因素分析这一潜在的风险：①自由权遭受外部损失的风险；②自由权遭受内部损失的风险；③象征意义上的风险；④政治心理学异化的风险。这些方面乍一看似乎非常古怪，可一旦时机成熟，读者将发现其真实内涵。笔者给第四个因素取了拗口而古怪的名称，因为笔者对这一部分的内容最不熟悉，并且认为这一部分最变幻莫测，甚至有不吉之兆。应当说明的是，这四个因素并不是无懈可击的形而上学的理论，而是我们很难充分掌握的学术观点。正如许多哲学分类一样，如果我们过分追根究底，那么这一观点也必定会土崩瓦解。但是如果我们关注其核心内容，这四个因素便能够引导我们了解智能车辆公路系统所带来的风险的全貌，并且还能够了解其他信息圆形监狱给隐私权造成的威胁。

二、自由权遭受外部损害的风险

就自由权遭受外部损害方面（extrinsic loss of freedom）而言，如果公民无法受到隐私权的保护，那么公民的行为则可能会被别人所控制。显而易见，如果公民试图实施某些不受欢迎的或者反传统的行为时，他们可能会受到来自社会的压力，如遭受不利结果、失业、开除社团身份等,如果他们的行为被别人知晓,别人甚至可能会勒索该公民。即便公民有理由相信其行为会被别人所知晓,并且别人可能会因此惩罚该公民,这仍然可能造成寒蝉效应,使得公民不该自由地实施某些行为。在 Foucault 看来,圆形监狱引起公民对被别人窥视的恐惧,从而保障了权力的自动运行。

Ruth Gavison 写道,如果公民享有隐私权,那么别人就不得干涉公民的私人事务,不得强迫、嘲笑、惩罚公民不受欢迎的决定,也不得采用敌对的方式对公民进行反击。如果隐私权能够发挥其应有的作用,那么公民就能够自由地实施行为,无须担心其行为可能引发不利后果,最终实现促进自由权发展的目的。① 但这并不仅限于自由地从事某些不道德的或者不合法的行为,当公民实施某些不受欢迎的政治行为时,该政治行为可能并不存在任何不道德或者不合法之处,但根据该理论,公民仍然应当享有隐私权和实施该行为的自由权。

更重要的是,在一个自由社会当中,被许多人甚至大多数人认为不道德的行为,在少数人看来却根本没有任何道德瑕疵。保护自由权意味着,应当由公民自己决定其所实施的行为是否存在道德问题,因此,即便大多数人都认为某一行为不道德,也并不意味着该行为就是不合法的(举例而言,色情文学、赌博、醉酒、同性恋、婚前性行为和通奸行为等)。在上述议题上,多数人不得强迫少数人认同多数派意见,那么同理可证,多数人也同样不得使用社会高压实现其目的。正因为如此,Mill 在《论自由》一书中明确反对利用法律实现道德目标,也反对间接地利用社会强制措施(如辱骂和放逐等方式)实现多数人的道德目标。②

在 Mill 看来,别人不应当告诉公民哪些事情是道德的,哪些事情是不道德的,应当允许公民根据自己的意愿进行其日常活动。通过说理游说公民和通过武力(或者非正式的严厉的社会惩罚方式)征服公民之间有明显的差别:在公共平台上,通过说理或者证据说服少数人是可行的,因为它不会使特定公民陷入危险境地,也不针对特定公民,而且更重要的是,这种方式使得少数人能够自由地做出选择;

---

① Ruth Gavison, Privacy and the Limits of Law, at 363 – 364.
② John Stuart Mill, On Liberty 9.

通过威胁或者恐吓等武力方式征服别人则不同，这种方式并没有改变公民本身的意愿，而是通过可能发生的严重后果制约公民，使其不敢根据自己的意愿从事某一活动。隐私权的价值正是在于保护公民，使其免受这种武力胁迫的滋扰，从而保证公民的自由权。

有的学者认为，"公民需要隐私权以自由行为"的说法根基于公民的人性之上：强势的公民更容易抵制来自社会的压力，性格较为软弱的公民则容易屈服于强权之下，因此他们需要隐秘的私人角落以自由行使活动。这种观点以不同的方式论证了笔者阐述的隐私权风险，因此笔者认为有必要作出回应：

第一，法律和社会实践的规范对象是真实存在的公民，而不是学者臆想出来的理想公民。Madison曾说，如果每个公民都是天使，那么我们就根本不需要政府了。① 因此，我们似乎也补充道，如果每个公民都是英雄，那么我们就根本不需要隐私权了。实际上，公民既不是天使也不是英雄（例外情况除外），所以我们既需要政府，也需要隐私权。

第二，正是因为公民不是天使，当某些公民实施反传统的活动时，社会其他成员可能会倾向于对该公民进行惩戒。即便公民能够抵挡住社会压力，如侮辱或者排挤等，由于公民实施不受欢迎的或者反传统的行为而对公民实施惩戒也是不正当的。在真实的社会当中，我们需要隐私权保护免受这种不正当的对待。

第三，假设我们希望将每个公民都塑造成能够抵挡社会压力的意志坚定的人，那么我们不得不在其形成坚强意志前赋予他们人生经验，从而促使他们根据经验做出并且执行其选择。当他们暂时还是软弱无力时，我们应当保护其免受社会压力的迫害，方能够成为我们希望的那种意志坚定的人；此时他们需要获得隐私权的保护，但这种保护恰恰是为了使其以后成为无需隐私权保护的人。Mill认为自由权就是人性的学校（school for character），在笔者看来，隐私权同样也是人性的学校。为了保护自由权，这所学校必须持续地向成年人和未成年人提供教育；为了保护隐私权，这所学校同样应当持续地保护社会成员的隐私。简单来说，在现实社会中，多数人都需要隐私权保护以

---

① Federalist No. 51 (James Madison).

自由实施行为，那些自认为不需要隐私权保护的人，也同样需要隐私权保护以成为其所想要成为的人。是英雄也罢，不是英雄也罢，公民都需要获得隐私权的保护。

三、自由权遭受内部损害的风险

就自由权遭受内部损害的风险（intrinsic loss of freedom）而言，否定隐私权的方式不但会直接损害公民的自由权，还会使得公民容易受到社会压力或者社会惩戒的影响。在笔者看来，隐私权不单是保护自由权的一种手段，隐私权本身就是自由权的重要组成部分。

在论述之前，首先回顾一下在隐私权定义中"控制（control）"的重要地位。在上文中笔者已经阐述过"控制"并不是隐私权的一部分，但是在某些案件当中，正是因为公民控制着其隐私，其才真正意义上获得了隐私权。如果笔者希望能够决定选择谁接触自己的身体，或者谁知道自己的私人生活经历，那前提就是别人不能根据自由意愿接触笔者的身体或者获取笔者的私人生活经历信息。也就是说，如果笔者的身体或者私人生活经历信息无法受到隐私权保护的话，笔者根本就无法做出上述决定。这就是笔者所称的"自由权遭受内部损害"的含义。公民的确可以因为恐惧某些后果而做出选择，但首先公民应当拥有选择的权利，这也正是隐私权的价值。

另一种自由权遭受内部损害的情形如下：许多学者认为，当自己的言行受到别人的窥视时，公民可能会做出完全完全不同的行为决定。[①] 在不受智能车辆公路系统影响的案件当中，这一点表露无遗：私下批评公民和在大庭广众之下批评公民的效果完全不同。同样，当众实施性行为也不同于私下实施该行为。在信息圆形监狱中，这种差异更为微妙。与从前相比，每一种行为，比如在 T 时间驾车到目的地 X，变成了一种更为复杂的事件，因为除了驾驶车辆本身，还增加了记录该事件的数据信息。该数据记录跟电话留言或者排练预演不同：如果公民的每一项驾驶行为（更不要说其他会被别人从信息圆形监狱外观察到的行为）都会被记录成为电子数据，那么不但会影响公民的具体行为，同时还严重地限制了公民的自由权。公民不再能

---

① Berm, Privacy, Freedom, and Respect for Persons, in PDOP, at 226.

够自由地在 T 时驾驶车辆到 X 地，因为其驾驶信息会被转化成为电子数据记录。

由于存在此种电子数据记录，公民同时也丧失了根据自己的意愿实施特定活动的自由。Richard Wasserstrom 认为，在一个记录公民所有活动数据记录的社会当中，当公民外出购买一瓶煤气时，其购买行为会自动地被转化成为电子数据记录；当公民申报参加人寿保险时；其个人健康信息以及其他重要私人信息也同样会被永久性地记录下来。无论公民的目的和行为是否正当，一旦知道该行为可能会被记录下来，公民必定会更为谨慎地从事活动。公民的生活因此也会变得更为谨慎刻意。①

当公民知道别人正在观察自己时，公民必然会猜测观察者的目的，并且根据观察者的目的和自身的意图调整自己的行为。无论是实施性行为还是驾驶车辆，这种双重考虑会改变公民原本打算实施的行为。圆形监狱中的囚犯能够知道或者感受到狱警正在监视他们，并且会因此调整其行为，而当没有人观察他们时，他们肯定不会实施这样的行为。当享有隐私权时，公民会根据自己内心的意愿做出决定，一旦丧失选择的自由，公民则不得不按照别人的意愿，实施自己不愿意实施的行为。

四、象征意义上的风险

笔者在其他文章中提到，隐私权是一种社会仪式，公民通过这种仪式表达对别人的人身、人格以及思想的尊重。② 传统认为组织是不享有隐私权的，如修道院、军队、社会主义国家的监狱以及精神病院等，因为在该组织的成员是出于全局性的考虑加入该组织。正是因为隐私权是一种社会仪式，即使侵权人没有对公民的名誉造成实质损害，或者侵权人使用获取到的信息的方式并没有造成公民的损害，或者公民并不知道其隐私权被侵害，该侵权人的侵权行为仍然是不正当的。侵权行为除了造成公民的损失外，还可能是侮辱性的：这些行为

---

① Richard Wasserstrom, Privacy: Some Arguments and Assumptions, in Philosophical Dimensions of privacy, 325 – 26 (Ferdinaud Schoeman, ed. , 1984) [hereinafter PDOP].
② Jeffrey Reiman, Privacy, Intimacy, and Person hood, Phil. & Pub. Aff. 26 – 44 (1976).

贬损了公民的人格，并且通过否定公民独特个性的方式达到侮辱公民的目的。举例而言，偷窥者在未经公民同意的情况下窥视公民，其不正当的行为同样会使公民感觉受到侮辱。

隐私权向公民传递了一种自我控制的意思，即公民能够通过自己的能力和权威保障自己免受别人的审查。一旦公民丧失了这种能力或者权利，那么其可能会感觉到丧失了对自己的控制能力，而成为了别人的实验白老鼠或者实验对象。毫无疑问，圆形监狱是监狱涉及的一种模式，如果公民实施犯罪，那么将会被关押在该圆形监狱中，该监狱通过抑制公民对自己的控制能力而发挥作用。在信息圆形监狱中，公民对自己的控制能力同样受到抑制，但此时公民并没有实施任何犯罪行为；因此，信息圆形监狱对公民的抑制行为实际上是不正当的，对公民而言构成了侮辱。

笔者将在下文中分析圆形监狱是怎样使别人能够从某一角度观察公民的私人生活的，值得注意的是，该观察位置就是狱警所处的平台。圆形监狱象征着公民将对自己的统治权让与给站在平台上的观察者，公民沦为该观察者的实验对象。

笔者将这种情形称之为"象征意义上的风险"，因为它向公民传递了某种信息，并且这种信息来源于该圆形监狱的制度架构。公民丧失了对自己的统治权，但这种剥夺方式跟奴隶或者囚犯被剥夺对自身的统治权的方式不同。圆形监狱的设计模式向公民传达了一项跟我们相关的信息，即公民无权禁止别人在该平台上对其进行观察。公民的一言一行都能够被观察者看到并且记录下来成为电子数据，因此公民也最终丧失了自己的统治权。从象征意义上说，虽然它并没有实质上损害公民，但却严重地侮辱了公民。

当然，它还可能造成更严重的影响。这种象征意义上的风险塑造公民对自身的理解和认识：在信息圆形监狱成长起来的公民，对自身的认同和统治可能会明显削弱，他们对自己缺乏权威，对别人缺乏尊重。在笔者看来，个性意味着公民能够统治自己，即"道德个性"。公民天然地能够决定其行为，并且对自己的行为承担责任；公民掌握了自己的命运，并且有权利选择自己生活的轨迹。因此，象征意义上的损害对隐私权的威胁是极为严重的：没有了灵魂，即使赢了全世界又怎样呢？

五、政治心理学异化的风险

上文分析的风险并不是说公民会丧失现有的东西,而是指公民会变成跟现在不一样的自己,变得卑微、无趣和不值得别人尊重。Hubert Humphrey 曾表达过对这种状况的担忧。① 下文中,笔者将对这一点进行深入分析。

电影《超级战警》描绘了一个充斥着大量信息收集科技的未来世界,其中也包括智能车辆公路系统。但在笔者看来,电影最有趣内容在于该社会居民的言谈,他们的思维方式甚至可以说是幼稚可笑的。他们简单化所有事物和生活经验,对所有事物的反应局限于简单数字分析。而且,他们几乎没有情感世界,在他们的情感世界内只有简单的三原色,没有阴影、语调起伏、反对声音或者含糊不清之处。笔者认为该社会就是一个信息圆形监狱,公民的言行会被外界看得一清二楚,公民变得幼儿化(infantilize),他们缺乏内心世界,从而更容易受到来自外界的压迫。

隐私权和成人化(adulthood)之间的联系早已为人们所熟知,但却是以一种反向的理解方式:公民越不成熟,其获得的隐私权越少;公民越成熟,其获得的隐私权越多。笔者认为,隐私权和成人化是相辅相成的,缺乏隐私权同样会阻碍公民变得成熟,使公民一直都处于一种简单幼稚的状态。

这一切是怎样发生的?美国罗格斯大学校长 Edward Bloustein 认为,当公民不得不与别人分享私人生活时,该公民的需求、思想、欲望、喜好或者喜悦都受到别人的审查,这会损害该公民的个人以及作为独立个体的尊严。在公共场所内,少数人倾向于发表符合多数人喜好的观点;少数人的感受会趋同与多数人的感受,丧失独特的人性温暖。这样的个体虽然有感情知觉,但却是可被替代的,他们甚至称不上是"个体"。②

---

① Hubert H. Humphrey, Forward to Edward V. Lono, The Intruders, at viii (New York, 1967).
② Edward J. Bloustein, Privacy As an Aspect of Human Dignity: An Answer to Dean Prosse, at 188.

但这只是序曲。且看其过程和结果：当公民遭受公共监视时，其言行都会受到社会的审查，因此公民倾向于实施那些能够被社会接受的行为。出于安全考虑，他们会坚持、表达广为接受的观点，或者说最普通、最老套的观点。（在此请读者想象一下电视赞助商经历的社会压力，他们不敢随意发表任何反传统的观点，否则可能会冒犯任意年龄段的购物群体。）如果长期被训练实施传统的行为，那么公民将会采用传统的方式思考或者感受。公民的内心世界将变得非常贫瘠，促使其接受外部世界的观察和遏制。公民的情感和反应会被社会传统所侵蚀，变得更加简单、安全、可预测、粗糙以及可替换。Bloustein 已经观察到这一趋势，但是笔者认为他对过程的理解还不够深入。

当公民的内心世界越来越屈服于社会传统，那些还没有受到社会传统侵蚀的部分则会不断收缩，并且丧失发展的机会，而只能一直保持其原始状态。同样地，当越来越多的内心世界受到外部压力的制约时，公民根据内心一直做出决定的需求也会不断收缩。公民无法根据自己最深层次的渴望以及个性发展、创造力的潜能形成自己对世界的认知。公民内心的情感世界变得匮乏，公民评估和分析世界的能力也因此受到限制。

因此，公民内心世界的核心也会丧失，换句话说，公民的批判传统、创新、反抗和复兴的能力都会丧失（这就是笔者所说的最凶险的征兆）。当然我们不能简单地说，缺少这种能力的公民容易受到外界的压迫：如果公民的内心世界没有反传统的躁动因子，或者公民根本就没有发现自己受到传统的制约，那么公民实际上并没有受到社会传统的制约。这样的公民就是 Herbert Marcuse 最恐惧的"平面人（one-dimensional men）"：他们平淡无奇，但却最可能成为法西斯主义者。

话叙至此，我们需要分析更为深层次、却又鲜少被提及的内容，它涉及自由主义和隐私权之间的联系，同时还牵涉民主。自由派假设公民都是自由的，他们在评判的基础上形成自己的原则，并且根据原则实施具体行为，而不是简单地不经思考地接受外界给予其的价值判断。而且自由派认为，公民应当形成自己对世界的独特认识，并掌握自己的人生轨迹。这要求公民享有一个能够维系其信仰、测试信仰是否正确的空间——隐私空间。

更进一步地说,自由派相信,公民的内心世界是可以转化和改善的,否则民主或者个人自由都毫无意义。除非公民能够形成自己的观点,否则民主投票仅仅是对传统的承认罢了,而个人自由也只是意味着公民对大多数人观点的附和而已。而且,在形成独特观点的过程中,公民必须从自己的内心寻找更好的答案,否则无法真正实现民主或者个性解放,更无法提升人类生活的质量。

隐私权丧失会带来多种风险,正如笔者所言,这些风险让我们知道隐私权的价值所在。具体而言,隐私权的价值包括:保护自由、道德个性以及丰富的、具有批评性的内心世界。如果智能车辆公路系统损害上述价值,那么我们就应当将在公共道路上的驾驶信息纳入隐私权保护范围之内。

但笔者所言仅仅是抛砖引玉。Bentham 和 Foucault 认为,即使没有狱警,圆形监狱都能够发挥作用。同样,信息圆形监狱的风险不在于公民会被外界窥视,而在于公民知道自己能够被别人所看到。这意味着保护公民免遭上述风险比我们想象的难得多。

笔者认为,我们可以从外在和实质两个方面保护隐私权。从隐私权的外在形式方面看,某些社会规则要不就直接赋予公民隐私权,要不就能够产生类似的保护作用(比如社会规范限制行为人的好奇心或者窥视行为,要求其对公民保持尊重和谦逊)。这些社会规则可能是法律、社会习惯或道德要求,又或者是上述三者的结合。就隐私权的实质方面,现实生活中存在能够保护公民隐私权的工具,如锁头、篱笆、门窗等,公民能够将自己隔离起来,跟别人拉开距离。

很明显,即使缺乏实质方面的内容,公民仍然可以享有形式方面的保护。举例而言,高峰时段的地铁内,大家像沙丁鱼一样拥挤在一起,但即使公民实质上已经接触到别人的身体,但是公民仍然可以展现其对别人隐私权的尊重。另一方面,即便缺乏形式方面的内容,公民仍然可以享有实质方面的保护。例如,笔者的学生震慑于霍布斯对绝对政治权力的辩护[1],但笔者同时提醒他们,在霍布斯生活的年代,穿越英国东西海岸需要一个星期,自北到南则需要两个星期的时

---

[1] Thomas Hobbes, Leviathan (Prometheus Books, 1988) (1651).

间。英国是一个绝对主权国家,虽然较少受到外界的限制,但是政府却缺乏侵入公民私人生活的能力;可在现今的美国,即使联邦宪法保护公民享有隐私权,美国州政府还是能够从各个方面侵入公民的私人生活之中。

政府忽视联邦宪法的禁止性规定告诉我们:隐私权的实质方面相对于形式方面而言,更能够保护公民的隐私权,实质方面有形式方面不能超越的优势。因此,如果政府掌握着侵入公民隐私权的实质手段,那么即便形式上享有隐私权,公民的隐私权仍然无法得到保障。掌握侵入公民隐私权的实质手段实际上就是掌握一项权力,权力易被滥用,掌权人容易变得腐败,正如 Acton 法官曾说,权力越大,掌权者越容易腐败。

这一点非常重要,因为积累公民出行详细信息就是从实质层面侵犯公民的隐私权。而且,随着信息收集的不断扩大,加上其他来源的信息,信息圆形监狱的产生似乎是不可遏制的结果。在智能车辆公路系统的辅助下,所有智能车辆公路系统的组成部分都能够各司其职,发挥整体的最大功效。我们应当铭记 Louis Brandeis 的警告①,谨防政府假借施惠于民的旗号,损害公民的自由权。已经收集的信息和新兴收集公民私人信息的科技共同作用,能够产生巨大的描绘公民隐私生活的能力。简言之,实质性手段能够以空前的规模侵害公民的隐私权。乐观的公民需要对社会规则保持信心,相信社会规则能够保护公民享有隐私权。对于不那么乐观的公民而言,即便没有人正在对其进行观察,他们还是假设自己能够被别人所看到,因此,他们不得不承受笔者所述的种种隐私权风险。

六、结语

在未来的时间里,由于科技的发展,公民的言行不可避免地会被别人听到、看到,公民不仅仅需要担心自己的信息被别人滥用,更要提防别人正在滥用自己的信息。这是信息圆形监狱教会我们的教训:我们不仅仅需要保护公民不被别人看到,更重要的是,公民会感觉到别人可能会看到其言行,因此我们还应当帮助公民消除这种恐惧感。

---

① Olnstead v. United States, 277 U. S. 438 (1928) (Brandeis, J., dissenting).

除了解释隐私权的重要性，促使别人尊重隐私权第二天性的地位，不侵犯公民的隐私权外，我们还应当保证社会其他成员也同样遵守保护隐私权的社会规则。在信息圆形监狱中，为了保护隐私权，公民不得不提防其他社会成员。